U0870944

广东省社会科学院哲学社会科学
“三大体系”建设工程

广东省哲学社会科学规划
2023年度重大项目

廣東簡史

李宜航 等 著

SPM 南方传媒
全国优秀出版社
全国百佳图书出版单位 广东教育出版社
·广 州·

图书在版编目（CIP）数据

广东简史 / 李宜航等著. -- 广州 ：广东教育出版社，2025. 5（2025.10重印）. -- ISBN 978-7-5548-7248-2

Ⅰ. K296.5

中国国家版本馆CIP数据核字第2025U3969N号

广东简史

GUANGDONG JIANSHI

出 版 人：朱文清

出版统筹：卞晓琰　周　莉

责任编辑：周　晶　王　亮　王泽冰　卓晓纯　易　意　卢碧莹

营销编辑：周　莉　卢颖璇

责任技编：杨启承　刘思琴

装帧设计：张贤良

版式设计：友间文化

责任校对：黄　莹　黎飞婷　窦咏琦

封面书名：集梁启超字

出版发行：广东教育出版社

（广州市环市东路472号12-15楼　邮政编码：510075）

销售热线：020-87614531

网　　址：http://www.gjs.cn

邮　　箱：gjs-quality@nfcb.com.cn

经　　销：广东新华发行集团股份有限公司

印　　刷：广州市岭美文化科技有限公司

（广州市荔湾区花地大道南海南工商贸易区A幢）

规　　格：787 mm × 1092 mm　1/16

印　　张：41.75

字　　数：660千

版　　次：2025年5月第1版

2025年10月第3次印刷

定　　价：138.00元

如发现因印装质量问题影响阅读，请与本社联系调换（电话：020-87613102）

前言

PREFACE

历史是当下世界的“来龙”，并深刻地影响着人类生活的“去脉”。以史为鉴，方知兴替；以史为鉴，可开新境。正所谓：大河奔流，大风浩荡，大道致远。

“出乎史，入乎道。欲知大道，必先为史。”中华民族素有修史、学史、用史的优良传统，中国共产党就是一个善于从中外历史经验教训中汲取营养而不断进步、取得胜利的政党。习近平总书记深刻指出，“历史是最好的教科书，也是最好的清醒剂”①“历史研究是一切社会科学的基础”②“要围绕实现中华民族伟大复兴做好研史学史工作，整合历史研究资源和力量，提高研究水平和创新能力，更好总结历史经验、揭示历史规律、把握历史趋势”③。这些重要论述，为我们振裘持领、探骊得珠，在新时代编撰史学著作提供了根本遵循。

“五岭北来峰在地，九州南尽水浮天。”广东地处中国大陆南端，系环太平洋文化圈的一环。这一坐标，蕴意着作为中国的广东乃至作为世界的广东，在人类历史上具有其不容忽视的征表与贡献。回顾广东的历史，当然不止于总结一地之人文风物，还要以大的视野、阔的进深，观来势、知所趋。也只有在浩浩汤汤的历史长河、泱泱苍苍的思想峰峦中审视广

① 《坚定不移走中国特色社会主义法治道路 为全面建设社会主义现代化国家提供有力法治保障》，《求是》杂志2021年第5期。

② 《习近平致信祝贺中国社会科学院中国历史研究院成立》，《人民日报》2019年1月4日，第1版。

③ 《习近平在河北承德考察时强调 贯彻新发展理念弘扬塞罕坝精神 努力完成全年经济社会发展主要目标任务》，《人民日报》2021年8月26日，第1版。

东，才能更加全面、深刻地理解中华文明史和世界文明史。正如屈大均所言："广东者，吾之乡也。不能述吾之乡，不可以述天下。"

一

广东历史渊源有自，踵武赓续，日新月著。

我们溯源磨刀山，看红土莽莽、石器凛凛，"最早的广东人"敲开远古时代的文明之门。广东古称越、粤、南越、南粤等，是古人类生息繁衍的地区之一。2013年，郁南县河口镇和都村磨刀山遗址考古发掘出土各类石制品近400件，显示距今约80万—60万年的旧石器时代早期，珠江流域已经有古人类活动。岭南人类活动史从约13万年前的"马坝人"时代，大幅向前推至"北京人"时代。商周时期，居住于此的百越先民与中原、吴、楚等地有了直接或间接的经济文化往来。

我们"重访"南越国，看岭南平定、辑睦百越，经略"甚有文理"。公元前219年，秦派将领屠睢率50万大军征岭南，令御史监史禄开凿灵渠。公元前214年，秦统一岭南，置南海、桂林、象3郡，推行郡县制。这是岭南历史上首次划分行政区。秦又拓辟新道，修设关防，徙民与越人杂处，促进岭南经济社会发展和汉越民族融合。秦亡之际，龙川县令赵佗承南海郡尉任嚣遗训，扼守五岭，兼并桂林、象郡，划岭而治，于汉初建立南越国，自称南越武王，一度与汉朝分庭抗礼，后归汉称臣。赵佗主张"和辑百越"，鼓励汉越通婚，政简刑清。南越国模仿汉制，郡县制和分封制并行，屯垦开荒，引入中原农耕技术，"中县人以故不耗减，粤人相攻击之俗益止"。

我们回望交趾部，看田畴垦辟、百姓充给，中原生产技术进一步传惠岭南。公元前112年，汉武帝派伏波将军路博德、楼船将军杨仆率大军平定南越国，设南海、苍梧、郁林、合浦、九真、交趾、日南、儋耳、珠崖9郡。汉朝在全国设立13个常驻监察机构，称"十三部"，其中交趾部设在苍梧郡广信县（今封开），取"广布恩信"之意，监察岭南9郡。东汉末期，地方建制由郡、县二级变为州、郡、县三级，交趾部改为交州。两汉时期，广东人口增加，富有渔盐之利，中原的铁器、农具、牛耕等生产工具和技术渐次输入，封建经济不断进步。

我们“穿越”古广州，看岭南汉俚融合、内联外通，海上贸易往来频仍。公元210年，孙权任命步骘为交州刺史，领兵进驻番禺。217年，步骘将州治从广信东迁番禺。226年，孙权把交州东部的四郡（南海、苍梧、郁林、合浦）划出，设立广州，州治番禺，广州由此得名。旋废，复于264年分立交、广二州，遂为定制。孙吴一朝，今广东省大部分属广州，粤北属荆州，雷州半岛和海南岛属交州。六朝时期，南北暌隔，彼此相持，政权更迭，州、郡、县颇多变动。两晋之际，北方人口大批南迁。南朝对岭南少数民族地区实行“以俚治俚”的政策。粤西俚人首领冼夫人“锦伞平积乱，犀渠破余疑”，为汉俚融合、地方稳定、国家统一作出重要贡献。两汉时期，岭南通向南海诸国乃至印度洋的贸易和官方往来航线日渐兴起。六朝时期，江左政权偏安南方，广州是主要外贸港口，“舟舶继路，商使交属”，海上交通与贸易活跃，佛教也循海路东传。

我们研读隋唐南汉，看广东商脉繁阜、珍货辐辏，借商舶之利向海而兴。隋初，岭南设广州、循州2总管府，统领诸州。入唐，岭南45州分属广州、桂州等5都督府，名“岭南五管”。655年以后，五府皆隶于广州，长官称五府经略使，由广州刺史兼任。唐初全国划分十道，岭南道辖今两广地区。862年，岭南划为东、西两道，东道治所位于广州，西道治所位于邕州（今南宁），各设节度使，岭南自此东西分治。唐末刘知谦、刘隐父子起家封州（今封开），势力日盛。刘岩承父兄基业，据岭南称帝，建南汉国，定都广州。南汉参照唐制立国，疆界一度拓展至今湖南境内。唐代岭南成为中国南方重要的农耕区，陶瓷、丝织品等手工业品畅销海内外，“周岁以时，循环不绝”。同时，“蛮胡贾人，舶交海中”，“蕃坊”港口“蛮声喧夜市，海色浸潮台”。由是，东南海路对外贸易频繁，“映日帆多宝舶来”。

我们探究大南迁，看广东时和岁丰、人稠物穰，渐成经济重镇。971年，宋灭南汉，置广南路。997年，广南路正式分为广南东路和广南西路，东路治所在广州，西路治所在桂州（今桂林），分别简称“广东”“广西”，广东由此而得名。广南东路辖广州、韶州、潮州、梅州等14州43县。元朝始设行省，下辖路、府（州、军）、县三级，另有道，为省以下、路府之上的承转机构。今广东境内分属江西行省广东道和湖广行省海北海南道，广东道治所在广州，海北海南道治所在雷州。宋元时期岭南相对稳定，江南、北方人口相率南迁，“辟地以种食”。珠江三角洲、韩江三角洲开发加快，粮食自给有余，经济地位迅速提升。广州城市人口大增，城区面积扩大，呈“三城并立”之格局。

我们放眼大航海，看广东交得其道、千里同好，成为中国最早参与经济全球化进程的地区之一。1369年，明朝改广东道为广东等处行中书省，并将海北海南道改隶广东。广东行政区域基本定局。大航海时代开启后，广东最先卷入经济全球化进程。16世纪中叶，澳门开埠，葡萄牙人获许居留其间，肇启中西文化碰撞与交融的历史。明清时期，广州、澳门、佛山等城市商业勃兴，对外贸易发达，如18世纪60年代初到19世纪30年代初的70余年间，广州出口的茶叶量增长了10倍。此时，广州是全球最大的城市之一，是中国最大的通商口岸，也成为中西文化交流的最前沿。

我们关注近代风云，看广东以雄直之气、驱迈之势，率先探索改造中国的思想之路。自鸦片战争以降，兵连祸结，国事蜩螗，清政府与西方列强签订一系列不平等条约。广东最早受列强侵略，创巨痛深，同时也最早开启富民强国、顺应世界趋势的思想求索。林则徐是近代中国“开眼看世界的第一人”，编译《四洲志》览世界大局，述各国“夷情”；魏源以此为蓝本编撰《海国图志》，以求“师夷之长技以制夷”。王韬、郑观应深求格致，提出效仿西法与“商战”的重要思想。康有为、梁启超力主维新，见诸行动。戊戌变法失败后，以孙中山为代表的革命党人在广东多次策动反清斗争，发动了“如同一道闪电”的辛亥革命，推翻了清王朝的腐朽统治，结束了在中国延续两千余年的君主专制制度。近代以来中国发生的深刻社会变革由此拉开序幕。

我们致敬广东解放，看南粤无役不予、斗争始终，在百年党史上写下重要篇章。中国共产党的成立，是开天辟地的大事变，奋袂前导，经天纬地。广东是国内最早传播马克思主义、最早成立中国共产党早期组织的省份之一，陈独秀、杨匏安等早期共产党人在此推宗明本，激浊扬清。在广州召开的中共三大，促成国共第一次握手，掀起了大革命的洪流。大革命失败后，共产党人不避汤火，领导发动广州起义，建立工农武装，开展土地革命，刀尖上行走“中央红色交通线”，积极探索中国革命道路。抗日战争时期，共产党人在广东裹血力战、百折不挠，开辟华南敌后战场，建立东江纵队、琼崖纵队、珠江纵队等抗日武装，组织“省港秘密大营救”。华南敌后战场成为全国三大敌后抗日战场之一，广东党组织成为华南抗战的中流砥柱。解放战争时期，广东党组织先后开辟了7大块游击根据地，成立了粤赣湘边纵队、闽粤赣边纵队等7支人民解放武装，配合南下大军胜利解放广东大陆全境，并随即解放了海南岛。从20世纪20年代初到40年代末的近30年间，先烈们蹈锋饮血、裹尸马革，支撑他们的，无疑是铁一般坚定的信仰。正如新中国成立前夕广东一位普通共产党员在遗言中所说，“我们这一代就是施肥的一代，用自己的血灌溉快将实现的乐园，让后代享受人类应有一切幸福，这就是我们一代的任务，是光荣不过的事业”。

我们聚焦改革开放，看广东器惟求新、劈波斩浪，成长为中国经济大省、外贸大省和制造业大省。新中国成立以来，广东在筚路蓝缕中奋起，在自力更生中奋进，在风驰雨骤中奋楫。1978年，党的十一届三中全会作出了把党和国家工作中心转移到经济建设上来、实行改革开放的历史性决策。广东担当起改革开放排头兵、先行地、实验区的历史重任，披坚执锐，滚石上山，常革故鼎新，多干将之断。新时代以来，广东折冲厌难、不步人脚，积极参与共建“一带一路”，深入推进广东自由贸易试验区和粤港澳大湾区建设，加力提速实施“百县千镇万村高质量发展工程”，努力以科技创新引领新质生产力发展。“大舸中流下，青山两岸移。”当前，全省上下正乘势而上、拔新领异，以“经济大省挑大梁”的思想自觉和行动自觉，“坐不住、等不起、慢不得”的责任感和紧迫感，“早出工、多下田、干累活”的工作热情和干劲，扎实落实省委“1310”具体部署，奋力把中国式现代化广东实践的“施工图”变成“实景画”，在全面深化改革、扩大高水平对外开放、提升科技自立自强能力、建设现代化产业体系、促进城乡区域协调发展等方面继续走在全国前列。

“观今宜鉴古，无古不成今。”从岭南的根看岭南的脉，从广东之内看广东之外，我们看见了春风化雨、万象更新，“人民既是历史的创造者、也是历史的见证者，既是历史的‘剧中人’、也是历史的‘剧作者’”[①]；看见了南国潮起、波澜壮阔，这不仅是磅礴的力量之源，也是浩瀚的智慧之海。

① 《习近平在文艺工作座谈会上的讲话》，《人民日报》2015年10月15日，第2版。

二

广东，经贸繁荣，人文荟萃；广东人，向上向善，刚健朴实。穿越时空隧道，广东业已成为岭南文化中心地、海上丝绸之路发祥地、近代民主革命策源地、改革开放先行地，也逐步发展成为著名侨乡。

“春深如海，天涯未远”，广东是岭南文化中心地。广东地处五岭之南，在历史发展长河中孕育出山海互济、贯通南北、汇聚中西、融合古今的岭南文化。岭南文化是中华文化的重要组成部分，在中国地域文化中独树一帜。满天星斗的百越史前文明遗存，呈现出岭南文化的多元根基。历代王朝的经略开发，使广东的政治经济地位提升显著，人文逐渐兴盛，涌现出大批影响中国历史进程的杰出人物。唐代张九龄通梅关古道，开大庾岭新路，连海陆丝绸之路，亦以诗文成为“岭南第一人”。六祖惠能主张在劈柴担水中悟道，“明心见性”“顿悟成佛”，以禅定之心，行日常之善，促进了佛教的中国化、大众化。明清时期，岭南经济真正崛起，对中国而言，其意义比肩唐宋之际江南的崛起。与之相伴，岭南文化也愈益璀璨夺目。明代新会陈白沙儒禅会通，经世致用，开创岭南心学，“天地我立，万化我出，而宇宙在我”，打破程朱理学的桎梏，突出人之于天地万物的主体价值。他的弟子湛甘泉，提出“随处体认天理”的主张，成为中华优秀传统文化重要的思想资源。“始然于汉，炽于唐于宋，至有明乃照于四方焉。”岭南文化以容纳之量、消化之功与中原文化、江南文化等交流融合，更加炳炳烺烺、铿铿锵锵，继而引领近现代文化发展的潮流。云山可鉴，广东在中国早期现代化进程中开风气之先，成为革命和社会发展的先导；珠水为证，改革开放以来，积厚流光的岭南文化与开放、包容、务实、创新的时代精神相结合，生发出“纳四海之新风，融多元之文明”的广东文化。伟哉！得天时与地利，沟通东方与西方，融汇中学与西学，广东吐故纳新，不断为岭南文化注入新动力，使其焕发出蓬勃新活力。

“临江喧万井，立地涌千艘”，广东是海上丝绸之路发祥地。广东濒临南海，地处亚太海洋交通要冲，大陆海岸线长达4100多千米，是我国海洋经济第一大省。先秦时期，越人泛海为生，南海周行，诸蕃众类，往来交织。秦统一岭南后，海舶珍异得以朝贡王室。两汉时期，徐闻、合浦、番禺渐成海上丝绸之路的重要节点。魏晋南北朝以降，至隋唐两代经略四海，广东与内陆腹地及海外诸蕃的联系愈趋紧密。唐朝遣市舶使于广州，专司海务及海外贸易之事，开启中国古代外贸管理新纪元。8世纪下半叶至9世纪初，中国和阿拉伯、波斯商人共同开辟“广州通海夷道”。这条当时世界上最长的远洋航线始于广州，远至欧非，蜿蜒浩渺，万舶争先。五代至北宋，广州是中国海外贸易最发达的港口。宋改市舶使院为市舶司，首设于广州，“以来远人，通远物”，贸易管理制度日臻完善，遂致广东诸港繁盛，此景一直延续至元末。明初，海上贸易被纳为官营，广东、福建、浙江三地设市舶提举司，广州成为同占城、暹罗、西洋诸国进行政治、商贸往来的港口。后福建、浙江两地市舶提举司被罢，唯广东独存。16世纪初，葡萄牙人到达南海，1553年徙其据点于澳门。1685年，清廷分设江、浙、闽、粤四海关，粤海关进出口货物吞吐量与税款均远高于其他三关。1757年，除允许葡萄牙和西班牙的船只仍驶往澳门外，清政府将广州作为西方商船往来贸易的唯一口岸。毋庸置疑，在一个相当长的时期内，作为商品集散地和生产中心的广东，是国内市场与世界市场联系最密切的地区。如今，满载着“中国制造”的货轮每天都从珠江水系的枢纽港口启航，驶向遍布五大洲的100多个国家和地区。挺进深蓝，向海图强，截至2024年，广东海洋生产总值突破2万亿元，已连续30年居全国之首。

“酣战春云湛碧血，愁看秋雨湿黄花”，广东是近代民主革命策源地。近代民主革命先行者孙中山早年在广东求学行医，革命思想于此萌生。随后，他投袂而起，先后成立兴中会和中国同盟会，率先喊出“振兴中华”的时代强音。彼时，广东不仅是革命派与改良派论战的主战场，也是武装起义的主要发起地，是孙中山多年来进行革命活动的重要依托——孙中山领导的10次武装反清起义，8次发生在广东境内。为捍卫共和，孙中山愈挫愈奋，晚年3次在广东建立革命政权。在苏俄、共产国际代表和中国共产党的帮助下，孙中山改组国民党，重新解释三民主义，实现伟大转变。此后，黄埔军校、广州农民运动讲习所和国立广东大学（后改名为中山大学）成立。广东革命政府截取“关余”、平乱讨逆、东征南征、组织北伐，同封建军阀和帝国主义列强展开顽强斗争。农民运动、工人运动席卷南粤，学生运动、妇女运动如火如荼，轰轰烈烈的国民大革命奔涌而来。郭沫若1926年曾直抒胸臆："我们要改造中国的局面，非国民革命策源地的广东不能担当；我们要革新中国的文化，也非在国民革命的空气中所酝酿的珠江文化不能为力。"

"风起南方，领跑中国"，广东是改革开放先行地。改革开放是决定当代中国命运的关键一招。1979年4月，省委第一书记习仲勋向中央争取"特殊政策、灵活措施"，矢志带领广东人民以"敢为天下先"的担当"杀出一条血路"。46年来，从率先改革开放、率先创办经济特区到扛起建设粤港澳大湾区、深圳中国特色社会主义先行示范区和横琴、前海、南沙、河套四大平台等重大国家战略的重要职责；从突破计划体制的"开路先锋"、率先确立社会主义市场经济体制到进一步全面深化改革，充分激发新的发展活力；从坚定拓宽对外开放的广度和深度、形成全方位对外开放新格局到锐意推进高水平对外开放，着力塑造开放型经济新优势；从推进科教兴粤、实施创新驱动到聚力推进高水平科技自立自强，打造具有全球影响力的科技和产业创新高地……载驰载驱，汤汤川流，广东负芒披苇、勇立潮头，实现了从一个农业省向全国第一经济大省、全球重要制造基地的历史性跨越。截至2024年，广东经济总量连续36年居全国首位，进出口总量连续39年居全国首位，地方一般公共预算收入连续34年居全国首位，区域创新能力连续8年居全国首位。广东蹚新路、作示范，不断创造新鲜经验，"在中国式现代化建设的大局中地位重要、作用突出"①，蔚为改革开放"关键一招"的最佳演绎和精彩华章。

"悠悠天宇旷，切切故乡情"，广东是著名的华侨大省、侨务大省。广东是中国海上贸易和移民出洋最早、最广的省份之一，也是海外侨胞最多的省份，近代以后逐渐发展成为重点侨乡。截至2022年，祖籍广东的海外华侨华人数量达3000余万，占全国海外华侨华人人数一半以上，分布在世界160多个国家和地区。省内约有11.6万名归侨、1000多万名侨眷，人数均居全国第一，主要集中在珠江三角洲、潮汕平原和梅州等侨乡地区以及23个原华侨农场所在地。长期以来，粤籍华侨华人虽"割慈忍

① 《习近平在广东考察时强调 坚定不移全面深化改革扩大高水平对外开放 在推进中国式现代化建设中走在前列》，《人民日报》2023年4月14日，第1版。

爱，离邦去里”，但始终情系祖国兴衰、民族复兴、家乡建设。辛亥革命时，孙中山感佩华侨“匹夫有责”的家国情怀、舍生取义的铁血忠魂，盛赞“华侨乃革命之母”。新中国成立后，海外华侨反哺桑梓，情殷意切，功若丘山。改革开放以来，广大海外侨胞以拳拳爱国心、浓浓赤子情把一个个“金山箱”化作建设家乡的“第一桶金”，广东一直是他们投资兴业的热土，在粤创业发展的侨资企业占到了全省外资企业的半数以上。党的十八大以来，华侨华人充分发挥“超级联系人”“民间外交大使”的特殊作用，不断厚植广东的“侨”优势，日益汇聚起恢宏的“侨”力量。在广东与全国一道如期打赢脱贫攻坚战、全面建成小康社会的伟大征程中，在沉着应对百年变局、成功战胜世纪疫情的艰辛历程中，在全力推进广东高质量发展、现代化建设的火热实践中，处处活跃着“侨”的身影，烙刻着“侨”的印记。

“如果不从源远流长的历史连续性来认识中国，就不可能理解古代中国，也不可能理解现代中国，更不可能理解未来中国。”[①]国如是，省亦然。1905年，梁启超曾在《世界史上广东之位置》中直言，作为“世界交通第一等孔道”，“广东非徒重于世界，抑且重于国中矣”。诚如斯言，广东既是中外贸易和文化交流的通道，又是思想启蒙与民族精神觉醒的摇篮，更抒写了中国奇迹的广东篇章，提供了一个理解区域与全球互动珍贵而生动的样本。历史已经雄辩地证明：广东融汇天下、惠利四方，其兴衰与全球历史进程紧密相连；它在不同历史时期的经济、文化和科技贡献，不仅塑造了中国历史的轨迹，而且在世界历史进程中激荡出深远的回响。

“度之往事，验之来事，参之平素，可则决之。”对历史的最好纪念，就是创造新的历史。我们坚信，广东浩瀚历史长河孕育的宝贵财富历久弥新，也必将在新征程上熠熠生辉，指引广东走进高质量发展的时代之门，开启新的成长周期，创造新的辉煌！

三

“知今不知古，谓之盲瞽；知古不知今，谓之陆沉。”从历史唯物主

① 《在文化传承发展座谈会上的讲话》，《求是》杂志2023年第17期。

义出发，培养历史思维以周万事之理，锤炼历史眼光以通难知之意，强化历史担当以适天下之用，我们才能走好新时代的赶考之路。

“观乎人文，以化成天下。”为深入学习习近平文化思想，认真贯彻落实习近平总书记关于哲学社会科学的重要论述精神，锚定省委赋予的“广东社科界研究阐释新思想的主力军、广东基础学科建设的省代表队、省委省政府最重要的新型智库”三个新定位，广东省社会科学院深入实施哲学社会科学“三大体系”建设工程，聚力若干国内先进、省内一流、特色鲜明的重点研究领域，打造系列高质量研究成果。《广东简史》（多卷本）课题即为其中最具代表性的研究成果之一，被确定为广东省哲学社会科学规划2023年度特别委托重大项目。

《广东简史》（多卷本）课题采取总论与系列专题本相结合的丛书形式，旨在构建内容厚重、意蕴丰赡、学理支撑坚实的广东地方史知识体系。它由《广东简史（总论）》《广东政治制度史》《广东财政史》《广东思想文化史》《广东社会史》《广东教育史》《广东对外交往史》《广东海洋史》《南海诸岛史》9卷组成。课题由广东省社会科学院党组书记郭跃文、院长王廷惠担任督导，李宜航担任组长，广东省社会科学院历史与孙中山研究所（海洋史研究中心）的科研骨干为课题组撰写成员。

“江山留胜迹，我辈复登临。”我们深知，帮助党员干部、在校师生、社会大众更好地了解世情、国情、省情，传承和弘扬中华优秀传统文化，是责任，是使命，是我们必须坚定扛起的新时代担当。为撰写好这一大型丛书，课题组努力“登高眺远”。非常幸运的是，我们站在了前辈学者坚实的肩膀上。改革开放以来，广东省社会科学院在全国较早启动地方通史编纂工作，相继出版《简明广东史》、《广东通史》（6卷）、《广东改革开放史（1978～2018年）》等。《简明广东史》积基树本，为学界广征博引。《广东通史》（6卷）闳中肆外，被誉为“广东地方史研究的里程碑”“权威的地方史巨著”。《广东改革开放史（1978～2018年）》独开生面，入选“十三五”国家重点出版物出版规划项目，成为广东哲学社会科学研究的标志性成果之一。这些经典著作，为我们学习、内化、完成课题奠定了良好基础。同时，我们还强调“凡百一新”，新益求新，尽最大可能吸纳最新的出土文献和研究成果。而近年来广东地方历史研究方兴未艾，新材料、新方法、新理论不断面世，无疑为我们提供了丰富的观察视角和多元的研究路径。何其幸哉！

“周虽旧邦，其命维新。”《广东简史（总论）》作为丛书的首卷，除前言外，依时间为序，分5编20章记述自远古时代至当下的发展进程，从政治、军事、经济、文化、科技、教育、社会、民族、华侨等多个维度，扼要地反映广东历史的演进特点，析历代因革之得失，究区域强弱之本原，明时代发展之大势。全书坚持以马克思列宁主义、毛泽东思想、邓小平理论、“三个代表”重要思想、科学发展观、习近平新时代中国特色社会主义思想为指导，坚持历史唯物主义与辩证唯物主义、党性原则和科学精神相统一，坚持把握历史发展的主题主线、主流本质，坚持论从史出、史论结合，力求忠实于历史原貌，并揭示蕴藏于其中的力量与规律。

“看似寻常最奇崛，成如容易却艰辛。”本书写作历时三年，课题组成员不舍昼夜，在时光中漫溯，于空间里穿梭，往宽处走，向纵深寻，对史实反复核对，不敢有一丝怠忽。其间，广东省委宣传部领导给予极大的鼓励与支持，20位史学前辈巨眼纠谬，提出了许多真知灼见，在此深致谢忱。

“夫天地者，万物之逆旅也；光阴者，百代之过客也。”广东历史，风云际会，刻刻变迁，煌煌泱泱，弥纶天地，被我们孜孜矻矻秉笔直书，浓缩成帙。而我们不揣浅陋，忠于职守，为承担这一兼具学术价值和现实意义的课题深自砥砺，与有荣焉。

“却顾所来径，苍苍横翠微。”岁月如驰，春秋代序，千帆竞发。谨此，重现一些历史的渡口，以及穿江过海的摆渡人。诚恳期待您的批评与指正。

目录

Contents

第二编
贰 隋唐至明前期王朝治理与社会开发

第三编

叁 明中叶至清前期中西碰撞下广东的地方转型

第四编
肆 鸦片战争爆发至新民主主义革命胜利

目录 Contents

伍 第五编 新中国成立至中国特色社会主义新时代

第一编

先秦至南朝时期的岭南

第一章

从文明初开到岭南初定

随着历史研究的深入，岭南地区自史前至南朝时期的历史发展逐渐清晰。从地质学的角度审视，该地区的环境演变为早期人类活动提供了物质基础。考古学上的连续文化层揭示了从旧石器时代至新石器时代晚期的文化发展序列，展现了先秦时期岭南地区人类社会的演化脉络。秦朝的统一与郡县制度的实施，标志着中央集权制度在岭南的确立，同时也开启了汉越文化融合的新纪元。南越国的兴衰，以及两汉至南朝时期岭南政区的开拓与地方势力的兴衰，进一步反映了中央与地方、汉文化与土著文化之间的动态关系。

第一节

早期岭南文明探源及其演变

岭南，这片古老而神秘的土地，孕育了丰富多彩的史前文明。北江、西江水系的形成，为古人类提供了繁衍生息的环境。旧石器时代的早期人类活动在这里留下了深刻印记。磨刀山遗址的石器技术展现了鲜明的文化特征，与长江流域的文化迥然不同，马坝人化石的发现则为研究早期人类体质形态的演化提供了珍贵资料。随着时间的推移，岭南地区的文化面貌逐渐丰富。咸头岭文化、古椰文化和石峡文化从不同层面展示了岭南与长江中下游地区文化的交流与融合。进入夏商周时期，岭南地区的文化发展与中原地区的联系更加紧密。这一系列文化交流和发展极大丰富了岭南的历史底蕴。

一、追溯岭南文化源头：粤从何来?

地质研究表明，广东地区的北江、西江水系在新近纪初期形成。新近纪中期至早更新世，广东地区形成广泛的陆地环境。约在距今55万年前，海水沿西江及其支流上溯，影响范围达至今四会及其北。中更新世末至晚更新世初，因地壳抬升，各地形成二级阶地。进入晚更新世中期，海进主导地理环境演变，中部三角洲环境开始形成，整体气候较为温暖湿润，适宜动植物生长。这些都为广东地区古人类的繁衍生息提供了良好条件。

目前所知，广东最早的人类活动可以上溯至中更新世偏早阶段，即旧石器时代早期，距今80万—60万年，活动范围主要集中于西江支流的南江盆地东北部，从四级阶地延伸至二级阶地，且大部分活动地点分布在20平方千米的密集区域内。南江旧石器地点群的年代跨度从中更新世一直延续至晚更新世，形成了一个相对完整的文化发展序列，涵盖了旧石器时代早期至晚期。值得注意的是，磨刀山遗址的石器技术具有中国华南地区砾石石器工业的一般特征，与长江流域湖南等地的旧石器时代早期文化具有相同的时代特征，但仍有一定的地区差异，与广西百色盆地以及东南亚地区的旧石器早期文化具有更多同质性。[①]这表明广东早期人类为适应亚热带—热带气候环境作出了具有偏好性的选择。

不过，磨刀山遗址并未发现人类化石，所以马坝人化石作为目前广东地区唯一发现的早期智人头骨化石，对于研究广东地区早期人类体质形态的演化仍具有重要意义。广东地区目前发现的早期智人化石包括云浮蟠龙洞人（距今约29.2万年）、曲江马坝人（距今13万年左右）以及封开罗沙岩人（距今7.9万年），初步勾勒出广东地区早期智人的演化进程。

根据基因学的研究，距今4万年前后，被称为“澳美人种”（Australo-Melanesians）的人群通过印度洋沿岸到达东南亚大陆的南部边缘，其后逐渐北进。[②]岭南的考古学发现（特别是屈肢葬）为上述观点提供了支持。在广东、广西的洞穴遗址中，大量距今约2万年的屈肢葬遗迹被发掘出来。这种葬俗一直持续至距今约6000年前的咸头岭文化时期。在距今20 000—6000年之间，岭南地区和东南亚地区普遍存在屈肢葬的葬俗。根据观察对比，这些古人的个头不大，在体质特征上与蒙古人种有明显差别，如广西娅怀洞遗址出土的人骨材料以及广东青塘遗址发现的“青塘少女”遗骸都体现了这些特征。

广东省境南北跨度约为600千米，拥有多样化的生态环境。在大约3万—1万年前，华北地区经历了从细石器传统的采集、狩猎模式向农业模式的转变；与此同时，华南地区的古人类则维持着比较富饶的渔猎生活。考古学者在华南的古人类遗址发现了大量的动物骨骼，包括啮齿类动物，这表明华南古人类的食谱相当广泛。此外，华南地区石器属砾石石器，这与华北地区的细石器传统形成了鲜明对比。

距今约10 000—8000年，南岭地区的南北两侧出现显著的文化差异。

---

① 广东省文物考古研究所、北京大学考古文博学院、云浮市博物馆、郁南县博物馆：《广东郁南县磨刀山旧石器时代遗址发掘简报》，《考古》2017年第5期。

② 澳美人种是“非洲老祖母”的后代走出非洲后的一支，个子不高、皮肤较黑、大眼睛、双眼皮，接近现代赤道附近的土著人。

马坝人头骨（复制品）

1958年发现于广东曲江马坝，是一具不完整的头骨化石，可能属于一名男性中年个体。作为岭南发现的最早人类之一，马坝人的发现扩大了我国早期智人的分布范围，填补了华南人类进化系统上的空白。

· 中国国家博物馆藏

位于岭北的湖南澧县城头山遗址的发现令人瞩目，该遗址早期就出现了发达的稻作农业（距今约8000年）。相近时期的广西则有甑皮岩洞穴遗址（距今12 000—7000年）以及顶蛳山遗址（距今约10 000—6000年）。后者是一个贝丘遗址，陶器形状比初始阶段复杂，且普遍装饰有绳纹，葬俗以各种类型的屈肢葬为主。广东雷州半岛的遂溪鲤鱼墩遗址一期、二期与顶蛳山遗址具有密切联系。[①]考虑到顶蛳山遗址的特征以及广东地区后续发现的遗址情况，可以推断这个时期整个广东的遗址可能在很大程度上与顶蛳山遗址有相似之处。

二、咸头岭文化：岭南与长江中下游文化的初步交流

从考古学视角来看，进入距今7000—6000年后，深圳咸头岭遗址是岭南地区尤其是珠江三角洲地区的“文化高地”。咸头岭遗址第一期出土的白陶和彩陶引人注目，其部分文化因素来自湖南高庙遗址。在环珠江口的众多同期遗址中也发现了白陶和彩陶。来自沅江中上游和湘江中下游地区的白陶与彩陶传统明确显示出洞庭湖地区的考古学文化对环珠江口区域产生了影响。[②]在肇庆的蚬壳洲遗址，除了发现咸头岭文化类型的彩陶外，还发掘出大量屈肢葬的人骨（包括侧身屈肢葬、仰身屈肢葬、蹲踞葬），说明岭南先民在接受外来文化影响的同时也在维系着原有的文化传统。总体而言，咸头岭文化表明，从这个时期开始，珠三角地区的社会发展进程开始紧随长江中下游文化发达地区。

咸头岭文化的遗址分为沙丘遗址和贝丘遗址两种，这反映了远古先民对不同自然地理环境的适应。这些遗址的面积普遍不大，人口规模偏小，主要以渔猎、采集为生，而且尚未发现其接受原始稻作农业和驯养动物的证据。同时期的长江中下游地区大量出现稻作文化遗址，在岭南地区目前还没有看到类似情况。因此，可以推测岭南先民在这一时期仍然固守着原

① 广东省文物考古研究所、湛江市博物馆、遂溪县博物馆：《广东遂溪鲤鱼墩新石器时代贝丘遗址发掘简报》，《文物》2015年第7期。

② 深圳市文物考古鉴定所编著《深圳咸头岭2006年发掘报告》，文物出版社，2013，第256—274页；广东省文物局、广东省文物考古研究所编著《溯本求源：广东重要考古发现概览》，科学出版社，2021，第33—39、41—42页。

来的生活方式，稻作农业尚未被彻底接受。尽管如此，咸头岭遗址谱写了广东历史的新篇章，它见证了岭南、岭北地区在精神文化领域交流的开始，且以彩陶、白陶为载体。

三、古椰文化：来自环太湖地区的影响

在大约8000—7000年前，长江中下游流域的洞庭湖区域和江汉平原成为文明发展的中心。自距今7000年左右的河姆渡文化开始，长江下游地区的稻作文明逐渐发展壮大。到崧泽—良渚文化阶段，长三角地区的环太湖平原成为中国南方社会发展的“领头羊”。距今6000—5000年的佛山高明古椰贝丘遗址发掘出土的一些陶器，除了受到湘西南考古遗存的文化因素的影响外，还有数件与环太湖地区马家浜文化类似的腰沿釜、具有崧泽文化特征的陶豆以及具有良渚文化早期特征的圈足罐，说明这一时期的岭南在长江中下游文明的持续影响下出现了历史画风的转变。

古椰文化阶段的另一重大事件就是对西樵山的开发。西樵山被考古学家曾骐誉为“珠江文明的灯塔”，其主要石器类型是双肩石器和细石器传统的石叶、石核。[①]双肩石器受到广西的影响，这种石器大举进入广东的原因是当地人群对石器的庞大需求。与古椰贝丘遗址同期的遗址在广东还有不少，这实际上意味着当时人口规模和社会单位增长，劳动工具需求量相应增加。西樵山的石器主要用于加工木头和竹子，而不是直接用于农耕作业。这应该与当时先民建造竹木房子以及制作舟、筏等竹木交通工具密切相关。

古椰贝丘遗址位于珠江三角洲地区，遗址中发现大量植物遗存，包括果核、竹木片、树叶、植物果实等，还有一些动物遗骨，如猪脊骨、鳖壳等。然而，目前尚未发现人工栽培稻遗存的确凿证据。古椰遗址的植物遗存为研究珠三角地区人类社会在稻作农业进入前的植物性食物种类提供了

① 曾骐：《珠江文明的灯塔：南海西樵山古遗址》，广西师范大学出版社，2012，第41—107页；广东省文物局、广东省文物考古研究所编著《溯本求源：广东重要考古发现概览》，科学出版社，2021，第51—53页。

线索。[1]岭南史前文化的面貌和人们的生计方式呈现出丰富的多样性。

四、石峡文化：良渚玉礼和稻作农业的南渐

在距今5000—4700年的岭南考古遗址中，具有代表性的是广州从化横岭遗址，即横岭类型。横岭遗址出土的陶器反映了长江下游地区崧泽—良渚文化和薛家岗文化的影响，其中尤以圈足罐及带羊角把的容器为代表。[2]横岭类型出现了影响整个东南和华南的文化因素——拍印的几何印纹。这说明它可能是中国东南地区的几何印纹陶与原始瓷文化区的源头之一。从这一时期开始，几何印纹陶在广东逐渐被发扬光大，并出现了高温泥质陶器。高温泥质陶器的出现表明当时人们能够稳定掌控窑炉温度，是制陶工艺上的一次重大突破。

到了石峡文化阶段，岭南地区文化面貌多元化的特点越发明显。横岭类型向东发展演化为虎头埔文化，成为广东在考古学文化面貌上具有强烈地方特色的文化类型，主要分布在粤东、粤东北的部分地区。与此同时，珠三角地区的几何印纹陶是另一种风貌，与虎头埔文化有所区别。而粤北地区的石峡文化风貌则又与前两者有所不同。考古学家苏秉琦曾提出“区系文化类型”的概念[3]，广东学者以朱非素为代表，通过考古实践，逐渐将广东地区划分为珠三角、粤东、粤北、粤西和雷州半岛五大区块，进一步展现了广东地区的多元文化面貌[4]。

石峡文化的陶器除了具有本地因素外，还直接受到良渚文化的影响，如盘形鼎、贯耳壶等器型，尽管数量有限，但权重大，与玉器同理。[5]在石峡文化的历史时期，其主流文化全面接受了良渚文化的用玉制度。不仅在石峡遗址，在英德岩山寨遗址也出土了琮、钺等良渚文化玉器。以礼玉

① 杨晓燕、李昭、王维维、崔勇：《稻作南传：岭南稻作农业肇始的年代及人类社会的生计模式背景》，《文博学刊》2018年第1期。

② 广州市文物考古研究院：《广东从化横岭遗址新石器时代墓葬发掘简报》，《文博学刊》2022年第4期。

③ 苏秉琦、殷玮璋：《关于考古学文化的区系类型问题》，《文物》1981年第5期。

④ 朱非素：《岭外求真：朱非素考古论集》，科学出版社，2015，第10页。

⑤ 广东省文物考古研究所、广东省博物馆、广东省韶关市曲江区博物馆编著《石峡遗址：1973—1978年考古发掘报告》，文物出版社，2014。

古椰遗址航拍图

位于广东佛山高明区。遗址发掘出土的遗物种类丰富，包括石器、陶器、木器等人工制品和大量动植物遗存，为研究这一时期珠江三角洲乃至岭南地区史前人类的生产生活方式、古生态环境及海岸线的变化等提供了宝贵的资料。

· 广东省文物考古研究院供图

新石器时代玉琮

出土于石峡遗址的新石器时代玉琮，内圆外方，四面平直，由五节组成，每一节以方角为中轴刻出一组简化人面纹。这件玉琮在形制上与良渚文化的玉琮相似，但从用料和其他差异来看，仍有本地文化的特点。

· 广东省博物馆（广州鲁迅纪念馆）藏

为代表的意识形态，其影响已扩展至广州东北部，这一点可从黄埔茶岭遗址和甘草岭遗址中看出端倪。

近十年来，考古学者对石峡文化的一些地点（和平等地）的浮选和检测表明，石峡文化的作物结构是稻子加小米，良渚文化的稻作农业则是单纯地栽培稻子。因此，从作物的种类来看，石峡文化的农业与良渚文化基本没有关系；而与长江中游地区的考古学文化之农业更为类似，如屈家岭文化等，这些考古学文化农业种植的作物同样为稻子和粟（小米）。由此推断，石峡文化的农业来源于长江中游地区的同期考古学文化。

总体而言，岭南在夏商周三代之前的历史文化始于对长江中游文化因素的吸收与学习，随着时间的推移，岭南地区的文化与历史发展逐渐与长江下游良渚文化的文明进程趋于同步。同时，岭南在地理空间上也是以良渚文化为代表的文明的南部边缘。

五、岭南的“夏商周”

探讨岭南地区夏商周三代的起始，须从广东地区确认夏纪年的考古学文化遗存开始。夏纪年从绝对年代上距今大约4100—3600年，岭南夏纪年的代表性遗存是石峡遗址第三期。总体而言，在夏纪年的时间段内，岭南地区再次受到来自长江中下游地区的重大影响，形成了以几何印纹陶和原始瓷为代表的文化区。岭南地区延续并进一步发扬其原有的几何印纹陶传统。几何印纹陶与原始瓷一起形成了百越文化圈里最具代表性的文化因素。

在夏纪年晚期或夏商之际，玉石礼器的影响源发生了变化。源自中原地区的牙璋等礼器通过长江中游进入岭南。据考古发现，牙璋最早出现于山东龙山文化，随后在二里头文化中大量出现，而且在四川三星堆以及广东、广西、香港乃至越南北部都有发现，其分布范围很广。牙璋进入南中国地区的意义重大。以东莞村头遗址为例，牙璋本地化现象尤为明显，除了玉石材质外，还有数量较多的石质、骨质、角质牙璋。夏商之际，牙璋的传入及其思想意识的广泛普及，是岭南“大变局”前酝酿阶段的特征。不过，岭南的夏纪年并未完全按照中原地区的发展脉络来演进，在某种程度上岭南仍然按照自己的惯性在发展。

从夏纪年到早中商阶段，广东地区的遗址分布范围进一步扩大。其中，东莞村头文化的分布范围从粤北向西一直到西江干流两岸，向南一直波及珠江口。粤东地区则有相当一部分属于后山类型。从考古学文化谱系的角度来看，后山类型在陶器技术上继承了虎头埔文化的高温陶器，但是在器物上并没有表现出与虎头埔文化有更多联系，二者只存在松散的承袭关系。石峡文化的器物器型在这个时期几乎消失了。村头文化的影响范围向西扩至南宁以东，向西北则已经进入湖南南部和广西东北部。例如，湖南靖州斗篷坡遗址明显受到村头文化的影响，桂林全州一带的遗址也出土了具有村头文化风格的器物。在生产技术方面，广东地区继续取得进步，如原始瓷的制造。广东平远县水口窑的陶器烧制温度更高，表面有类似釉的褐色斑点，其中一些可能是有意局部施加的。这符合原始瓷技术发展的逻辑。可以说，这是岭南本土文化因素进一步发展的时期，为岭南地区内部文化因素整合为夔纹陶时期的统一奠定了基础。

此外，在南沙鹿颈、东莞蚝岗、三水银洲等遗址还发现了该时期的人骨材料，从中可以观察到此时的人种已经发生了较大变化，人种个头比较大，并且都是仰身直肢葬，明显不同于咸头岭文化时期。

进入商文化时期，粤东地区发生了重要变化，尤其是浮滨文化的出现。浮滨文化与珠三角的东莞村头文化并行发展，并一直延续至商周之际。浮滨文化不仅在陶器技术上有所突破并变得更加成熟，而且在社会复杂化的进程上也比较靠前。同时，浮滨文化在原始瓷制造上展现了高超的技艺，并朝着带黄沁色的酱色釉方向发展，这与浙江原始青瓷的发展方向有所区别。单就原始瓷技术而言，浮滨文化的源头与横岭类型、虎头埔文化存在直接联系。浮滨文化在等级和文明化程度上都比较高，其成熟阶段与晚商殷墟时期相当。然而，原本在该地流行的几何印纹陶却消失了。[1]

从商周之际开始，来自湖南地区的大宽沿瓮、鼎以及粤东揭阳面头岭墓群20号墓出土的原始青瓷豆，均在博罗横岭山墓葬中有所发现。惠州博罗梅花墩窑址的烧造活动从西周中期开始，一直持续到春秋早期。它显示出本地制造的夔纹陶和原始瓷相当繁荣，而且本地烧造的原始瓷可与浙江

① 李岩：《广东印纹陶及原始瓷发展脉络》，载《从石峡到珠三角：中国南方史前先秦考古研究》，科学出版社，2020，第275—299页；广东省文物考古研究所编《浮滨撷英：广东大埔、饶平原始瓷发现与研究》，上海古籍出版社，2020。

地区同时期的相媲美。此外，广东也出土了同时期的礼器类青铜容器，如乐昌对面山墓地出土的与高砂脊一模一样的铜鼎。由此可以推断，自商周之际到西周早期或中期，广东吸收了来自湖南的文化因素，同时保留了自身的原始瓷传统，并向北输出，双方的交流频繁。相比之下，此时广东与长江下游的交流弱化了。横岭山墓地的考古发现显示，岭南内部正在酝酿变局，以原始瓷、几何印纹陶为主体，以方格纹和夔纹为组合的文化因素向西扩散到了广西东北部以及湖南和江西的部分地区，向东则扩散到福建三明地区。与此同时，粤东的浮滨文化消失。

进入西周之后，西周最核心的礼制影响了岭南地区，博罗横岭山先秦墓葬群就是其中的代表。该墓葬群集中出土了编钟等青铜重器。此外，西周晚期至春秋阶段，岭南地区还发现几处窖藏青铜器，这些窖藏或在河边，或在山顶，可能是当时越族先民举行完祭祀仪式后把这些东西就地埋藏。虽然时人不像中原地区那样埋葬成套的礼乐重器，但这的确是中原礼制影响下的产物，体现了两周青铜礼制的地方化。

根据博罗横岭山和增城浮扶岭的考古发现，可以推测珠三角地区西周时期的高等级聚落中心或者城址很可能位于广州东北方向的增城、博罗一带。横岭山墓葬第一期出土器物的情况比较混杂，既有本地风格的器物，也有增城石滩围岭遗址风格的器物，还有浮滨文化风格的器物。[①]这表明增城、博罗一带很可能是珠三角和粤东浮滨文化的交汇地，这种交汇对后来在博罗和增城形成新的文化中心起到了重要作用。这个文化中心的形成基于年代稍早的增城墨依山遗址和稍晚的博罗横岭山第一期墓葬。博罗横岭山一期文化代表着多元文化的交汇，是夔纹陶文化阶段的前奏，也标志着岭南在商代晚期开启了新的内部整合。

春秋战国之际，夔纹陶文化结束，但仍有夔纹造型的器物存在，夔纹逐渐演变成勾连云雷纹。春秋晚期至战国中期，岭南地区受到长江下游越文化的强烈影响，这种影响源自越国的强大。楚国打败越国后，部分越国人南迁，粤东、珠三角、雷州半岛、桂南一带成为长江下游越国人的避难所。南迁越国人给岭南地区注入了新元素，直接推动岭南尤其是广东和桂

① 广东省文物考古研究所编著《博罗横岭山：商周时期墓地2000年发掘报告》，科学出版社，2005。

双耳夔纹陶罐

西周中晚期的陶器，器型较为规整，整体线条流畅，兼具实用性和美观性。夔纹是商周时期常见的装饰纹样之一，多用于青铜器物上。以夔纹陶为典型特征的文化因素是岭南早期文明的重要代表。

·广东省博物馆（广州鲁迅纪念馆）藏

西周兽面纹青铜盉

1974年出土于广东信宜，是广东首次发现的西周青铜盉，通体饰夔纹、雷纹和饕餮纹，刻镂精细，具有商代晚期至西周中期的风格，可能是周人赠予越族贵族的礼物，或是周人南迁所携。它的出土为研究我国岭南地区秦汉以前的历史和文化提供了实物资料。

·广东省博物馆（广州鲁迅纪念馆）藏

南地区文明化进程的加速发展。例如，在广西合浦双墩土墩墓和广东湛江硇洲岛都出现了战国中晚期来自浙江的典型越国人器物以及墓葬形制。战国时期米字纹陶的影响范围比西周和春秋时期夔纹陶更大，尤其是在广东地区。

总体而言，在夏纪年和早中商阶段，粤东和珠三角各自独立发展；到了商代晚期，粤东浮滨文化强势发展，珠三角地区则陷入衰退。进入商周之际，长江中游文化的影响开始在岭南显现，多元文化在横岭山交汇，为岭南地区新文化中心的出现提供了新的动力，出现了分布广泛的夔纹陶文化。春秋战国之际，夔纹陶文化结束。到了战国中期，由于楚越长期争霸，越国人在长江下游被打散，米字纹陶、越国的原始瓷技术传入广东。这一时期以几何印纹陶和原始瓷为代表的百越文化也在进行内部整合，其文化面貌的共性范围随之不断扩大。

第二节

秦统一岭南

秦军南下统一岭南，标志着秦朝中央集权制度向边疆地区的延伸。灵渠的开凿，既是军事战略上的巧妙布局，也使灵渠成为连接长江与珠江水系的重要通道，对促进岭南与中原的经济文化交流产生了深远影响。岭南三郡的设立，不仅是行政地理版图的扩张，也预示着文化与政治融合的开始。在这个历史的转折点上，秦朝的治理策略和筑道设关的举措对促进汉越民族的交流与融合起到了重要作用。

一、统一岭南与灵渠开凿

公元前221年，秦平六国，建立统一王朝。然而，此时北方匈奴、南方百越和西南夷尚未被纳入秦朝的统治范围。秦始皇通过议帝号、行郡县制、销天下兵刃、统一文字和度量衡、治天下驰道等措施整顿内政，而后北逐匈奴，南取岭南，以实现其扫平四方、平定四夷、声教讫于四海的夙愿。

公元前223年，秦军攻灭楚国，驻军湘桂赣粤边界。公元前219年，秦始皇派将领屠睢（suī）率军向岭南进发。当时，装备精良的秦军占据明显优势，而岭南越人各部“君长”则互不统属，力量分散。尽管秦军成功击杀了西瓯族首领译吁宋，但越人随即推举桀骏为将，坚决抵抗，令秦军伤亡惨重。越人又趁夜奇袭，将屠睢斩杀，使秦军大败。因疲于奔命，孤立无援，秦军只好在险要地区筑城固守，攻势一度减弱，形成对峙局面。

秦进军岭南时，面临着大量物资和人员的转移调度问题，尤其是后勤供应。虽然水运较为便捷，但当时并没有从岭北通往岭南的水道，只能依靠陆路运输，耗时费力。为了解决运输和补给问题，秦始皇派遣御史监史禄负责开凿渠道以确保粮食供应。史禄率领秦军和民工在海阳山（今广西兴安县境）开凿了一条长约60里、宽约2丈的人工运河——灵渠，将湘水引入漓水，连接了长江与珠江两大水系，使得岭南和岭北之间的交通更为便利。灵渠保障了当时军事物资的运输供应，直至隋唐时期仍是连接岭南和岭北地区的重要水道。

随着灵渠的凿成，秦军的粮食供给和兵员补充得以保障，实力大为增强。秦始皇重新部署统一岭南的战略，命令任嚣、赵佗率领楼船之士南攻百越。任嚣、赵佗吸取屠睢失败的教训，采取稳健战术，筑城守险，避免孤军冒进，同时分派部分秦军驻守岭南的各个越岭关隘。任嚣、赵佗善于用兵，并且注意和辑越人，很快就扭转战局，取得胜利。公元前214年，秦统一岭南，岭南与中原连为一体，正式成为中央集权王朝版图的一部分。

二、岭南三郡的设立

秦始皇统一岭南后，根据百越部族原来的活动范围，设置了南海、桂林、象3郡进行统治。今广东省大部属南海郡，下辖番禺、四会、龙川、博罗4县，郡治设在番禺（今广州）。此外，海南岛及南部地区划归象郡，粤西部分则划属桂林郡。这是岭南设置郡县之始，标志着岭南正式被纳入中央王朝统一管辖范围。

秦王朝在岭南推行郡县制，改变了长期以来岭南被视为“化外绝域”的境况，确立了中央与地方之间的行政隶属关系。此举也促使岭南境内深居溪洞的越族部落结束长期分散自治的无序状态，逐步融入封建王朝的行政管理体系，成为郡县制度下的编户齐民。从这个意义上说，秦朝统一岭南以及南海诸郡的首置，揭开了广东古代史的重要篇章。不过，秦朝对南海诸郡的设置较为粗疏，越人适应这个新制度还需要经历相当漫长的历史过程。

秦朝实行以郡县制为基础的中央集权制，郡设郡守、郡尉和监御史分掌政务、军事和监察，县设令或长。岭南三郡作为新置郡县，官制尚不完备。当时岭南地处南陲，与中央王朝联系困难，加上岭南刚刚归属于秦，越人反抗意识较强，因此，秦始皇在岭南只任命了南海郡尉，没有设郡守，而是由南海郡尉统领管制三郡，使南海郡尉集军、政、财三权于一身。任嚣是首任南海郡尉，赵佗是首任龙川县令。此举固然有利于强化和巩固中央王朝对岭南地区的统治，但也为南海郡尉发展成地方割据力量提供了便利条件。秦在岭南设置郡县后，针对岭南百越部族实际情况，任命原来各越族部落首领担任地方官吏，代表中央王朝管理当地政务。

此外，岭南距离王朝统治中心过于遥远，可以借助南岭作为屏障形成割据之势。由于山川形便是促成岭南地方割据的一个重要因素，因此自秦代统一岭南起，中央王朝便有意识地采用犬牙相错原则对岭南进行地域划分，以严密控制岭南百越之地。在秦代设计的犬牙相错划分方案中，秦廷划置的长沙郡桂阳县位于岭南，象郡镡城县则位于岭北。

三、筑道设关与谪戍移民

五岭山脉横亘于两广与湖南、江西之间，成为五岭南北交通的天然屏障。先秦时期，五岭南北之间借助山隘小路已有经济交往和文化交流。但原来的古道显然满足不了秦统一岭南后的政治军事需要。公元前213年，为了加强对岭南的政治军事联系，秦始皇发配有罪官吏在岭南从事苦役，修筑岭南新道，主要是对原有古道进行加宽扩展。据考证，秦代修筑的新道有4条：一是从今江西南安越过大庾岭进入今广东南雄；二是从今湖南郴州逾岭入今广东连州；三是从今湖南道县入今广西贺州；四是从今湖南入今广西桂林一带。[1]尽管岭南新道没有完全依照内地驰道规格修筑，但它把秦都咸阳和岭南联系起来，从咸阳东南取陆路出武关，接着顺汉水下抵长江，而后分别溯湘水或赣水到达五岭。其中，自湖南入桂林一路走灵渠取水路过岭，其余三路皆走陆路过岭，然后或下贺水、取道西江，或下湞水、湟水，取道北江，最终抵达番禺。秦所开灵渠和新道，不仅是军事上的一项重大战略举措，而且加强了中原和岭南的联系，便于中央朝廷对岭南的控制，打破了岭南相对闭塞的局面，对岭南的政治、经济、文化发展具有重要作用。

在筑新道的同时，秦军还在新道的岭口要塞和战略要地修筑关卡。例如，在湘桂走廊的灵渠附近设置严关，在大庾岭上设横浦关，在洭水流域设置洭浦关、阳山关和湟溪关。这些关卡设在交通要冲，驻有戍卒，平时保障中原与岭南的交通畅通，遇到越人反叛时，既能阻止越人北上，又有利于秦军南下增援。

鉴于岭南甫平，政局不稳，以及南疆地广人稀、地利未尽的特点，秦朝为满足政治和军事需求，接连从内地向岭南迁徙人口。第一批迁徙发生在秦始皇三十三年（前214），“发诸尝逋亡人、赘婿、贾人略取陆梁地，为桂林、象郡、南海，以适遣戍”[2]，“以谪徙民，与越杂处十三岁”[3]。这一批主要配合军事占领，据传统说法约有50万人，是迁徙人数最多的一批。第二批发生在三十四年（前213），当时秦廷强迫有过失的低级官吏到岭南修城筑路。第三批是赵佗上书，“求女无夫家者三万人，以为士卒衣补，秦皇帝可其万五千人”[4]，其具体年代不明，实为解决驻守岭南士卒的婚配问题。

秦代，中原人南迁，“与百粤杂处”，逐渐改化其俗。尽管冲突难以避免，但汉越民族通过“杂处”频繁接触，有助于打破民族隔阂。这对于岭南开发起到了积极的作用，越族人民接受中原的先进生产技术，增进相互间的经济文化交流，为岭南社会经济文化的发展注入了新的活力。

① 张荣芳、黄森章：《南越国史》，广东人民出版社，1995，第45—46页。

② 司马迁：《史记》卷6《秦始皇本纪》，中华书局，1959，第253页。

③ 司马迁：《史记》卷113《南越列传》，中华书局，1959，第2967页。

④ 司马迁：《史记》卷118《淮南衡山列传》，中华书局，1959，第3086页。

第三节

南越国的兴亡

秦末汉初，岭南地区迎来了一段独特的历史时期。在中原动荡之际，赵佗，这位秦朝的将领，凭借其智谋和勇气，宣布自立为南越武王，建立南越国。这一地方政权的崛起，不仅意味着岭南地区政治格局的重大变化，也开启了汉越文化交融的新篇章。南越国的历史，是岭南与中原王朝互动的缩影，反映了地方势力与中央政权之间微妙的平衡与斗争。

一、赵佗立国

秦朝在岭南的统治并不稳固。秦末，赵佗接受任嚣遗训，继任南海郡尉，趁中原战乱，起兵割据岭南。他首先绝道自守，封锁横浦、阳山和湟溪三关，切断南北交通，划岭而治；其次诛杀秦吏，代以亲信党羽，翦除异己势力；然后出兵击并桂林和象郡，完全控制岭南三郡。同时，他迅速修筑关防城池，以郡治番禺为中心建起三段军事防线，其东段位于东北部以横浦关为中心的今浈江流域，中段位于正北以阳山关为中心的今连江、北江流域，西段位于西北部的今漓江、贺江流域。

公元前204年，赵佗自立为南越武王，以番禺为王都。南越国的疆域范围东连闽越，西至今广西百色、河池、环江一带，与夜郎等西南夷相邻，北以五岭为界，与长沙国相接，南抵今越南中部的长山山脉以东及大岭以北，濒临南海。南越国全盛时期包括今广东全境、广西大部、福建西南一隅和越南中北部。南越国的建立维护了岭南的安定，巩固了秦朝开拓南疆的成果，推进了汉越融合和中原文化的传播。

二、南越国对岭南的治理

赵佗割据岭南自立后，因地制宜，审时度势，制定和实施了一系列治理岭南的政策。

在制度建设上，南越国主要沿袭秦制、融摄汉制。首先，实行郡国并行制。南越国保留南海、桂林两郡，将象郡析分为交趾、九真二郡。南海郡下设番禺、龙川、博罗、揭阳、湞阳、含洭等县，桂林郡下设布山、四会等县。交趾、九真二郡仍由雒将主管，实行越人自治，南越国仅派遣行政官员处理重大事务。同时，南越国仿照汉制，分封王侯，主要有苍梧王赵光（赵佗的宗亲）、西吁王（瓯骆部族首领）、高昌侯赵建德等。其次，南越国设立了中央官职，王之下有丞相、御史大夫、中尉、内史、太傅、郎，王后有私官，少府有居室令、景巷、乐府、泰官、常御，詹事有私府、厨令、厨丞和食官，膳食称大厨，宫官称长秋居室等。[①]这些制度基本沿袭秦制，并与汉初中央王朝的制度相似。南越国地方官职中可考者有假守、郡监、县令等，侯国有啬夫官职。南越国自创了"使者"一职，派遣至交趾、九真二郡。最后，南越国在预立太子制、后宫制度、纪年等方面也仿秦汉之制，并积极推广汉字，广泛推行中原度量衡制。汉字与中原度量衡制的推广和使用，对岭南地区文化和经济的发展产生了深远的影响。

南越立国伊始，土著越人仍占大多数。作为汉人来统治岭南越族，赵佗采取了"和辑百越、俗化南夷"的政策。赵佗自称"蛮夷大长"，在丞相吕嘉的家族中，"男尽尚王女，女尽嫁王子弟宗室，及苍梧秦王有连"[②]。可见在血缘上南下汉人与土著越人融合程度较高，南越国统治阶层实际上是由越化汉人和土著越人构成。赵佗还吸收土著豪酋进入南越国各级政权，以缓和不同族群间的矛盾。在允许越人地区"以旧俗治"的同时，赵佗也采取一定的防范措施，先是派亲信统兵控制一些要塞城邑，后又把越人迁移到城邑里。

这些举措在不同程度上加速了汉越民族的融合和文化交流。从南越

---

① 广州市文物考古研究院、中国社会科学院考古研究所、南越王博物院编著《南越木简》，文物出版社，2022。

② 班固：《汉书》卷95《西南夷两粤朝鲜传》，中华书局，1962，第3855页。

犀角形玉杯

1983年出土于南越文王墓，整体由一块青白玉雕刻而成，材质通透温润，局部有红褐浸斑，运用了线刻、圆雕等多种玉雕工艺，是中国汉玉中不可多得的珍品，也是中国首批禁止出国（境）展览的文物之一。

· 南越王博物院藏

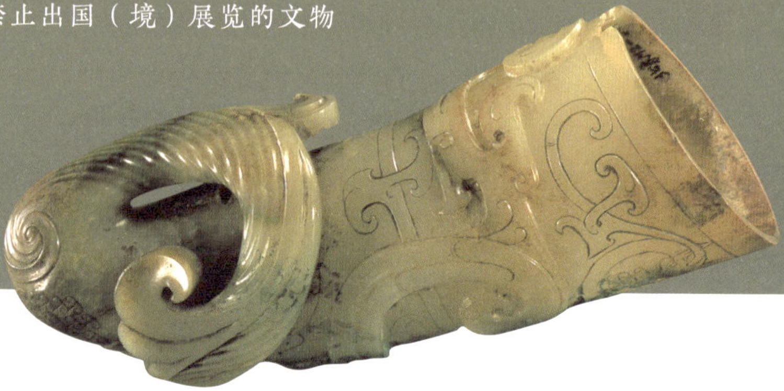

丝缕玉衣

1983年出土于南越文王墓，共使用了2291片玉，以丝缕和麻布粘贴编缀而成，是我国目前所见唯一一套形制完备的丝缕玉衣。这件丝缕玉衣既继承了中原的玉衣形制，也具备南越国的地域特色，反映了南越国的厚葬习俗和崇玉观念。

· 南越王博物院藏

国时期的考古遗存来看，无论是南越王墓和南越国宫署遗址的出土器物，还是南越王墓的墓葬形制、南越国宫署的布局等都显示出南越国与中央王朝在文化上的紧密联系和高度相似性。南越国宫署遗址出土简牍用的是汉隶，南越国墓葬中汉制墓葬的占比也明显较大。[①]这些都说明了南越国即便是偏安一隅、割据一方，仍然高度认同中原汉文化。在这一时期，带有汉文化因素的越族首领大墓集中分布于郡县治所周边，与此同时，普通土著居民墓葬也多发现于这些地区。可见南越国时期汉越文化的融合是自上而下渐次展开、由中心向外围逐步扩散的过程，尽管这种文化融合在番禺和其他重要城邑以外的地区影响还相对有限，但其在中心城邑及其周边地区的发展是显而易见的。

三、汉越关系与南越国灭

秦末中原大乱，赵佗僻守岭南，既不参与亡秦之战，也不介入楚汉之争，着力发展自身。西汉王朝建立后，南越国面临着如何在与汉廷中央的博弈中谋求生存和发展的问题。由于南越国经济基础相对较弱，其发展需要加强与中原的经济联系，中原的“金铁田器”、牲口和农耕技术对于岭南开发至关重要。换言之，南越社会经济的进步离不开汉越间的经济文化交流。因此，赵佗及其继任者主要采取外附汉而内自治的策略，其间也曾因势而变。在整个南越国存续的93年中，从高祖时期的称臣于汉，到吕后临政时期的叛汉称帝，再到文帝时期的再度臣服，直到最后吕嘉叛乱，南越被武帝平定，汉越关系几经变化。

从汉廷中央的角度来看，汉高祖、汉文帝对南越国主要采取怀柔政策，这是迫于当时国力不足，需要休养生息的客观形势而作出的选择。这种政策带来相对和平的局面，有利于汉初社会安定和生产发展。随着社会经济的恢复和发展，汉朝国力逐渐强盛。到汉武帝时期，西汉政府对南越

① 广州市文物管理委员会、中国社会科学院考古研究所、广东省博物馆编《西汉南越王墓》，文物出版社，1991；中国社会科学院考古研究所、广州市文物管理委员会、广州市博物馆编《广州汉墓》，文物出版社，1981；南越王宫博物馆编《南越国宫署遗址：岭南两千年中心地》，广东人民出版社，2010；广州市文物考古研究院、中国社会科学院考古研究所、南越王博物院编著《南越木简》，文物出版社，2022。

国的政策发生根本性转变。中央集权的加强，封建经济的繁荣，使汉武帝有足够力量平定南越国。元鼎五年（前112）吕嘉拒绝内属，发动叛乱。汉武帝派五路大军进攻南越国，次年（前111）南越国灭。

汉武帝平定南越国，对岭南地区具有重要的历史意义。在政治上，汉武帝把南越故地划分为南海、苍梧、合浦、郁林、日南、九真、交趾、珠崖、儋耳9郡，这使郡县制最终在岭南地区稳定下来。郡县制度能在岭南实行两千多年，其功始于秦而成于汉。在经济上，由于割据消除，中原和岭南经济往来畅通，汉族先进的生产工具和生产技术渐次传入岭南，南方土特产和海贸商品成批北运，有利于推进岭南封建经济的发展。在文化上，南北文化的接触加强，推动了岭南的文化教化和移风易俗。

第四节

王朝力量的深入与地方势力的崛起

随着南越国的覆灭，岭南地区步入一个新的历史阶段。两汉至南朝时期，岭南政区经历了持续的开拓与变革，地方势力也随之兴衰更替。从汉武帝的南疆政策到南朝时期的州郡扩张，岭南不仅在行政上逐渐内郡化，其社会结构和文化面貌也经历了深刻的变化。地方家族势力的崛起，特别是那些世代执掌州郡要职的家族，在岭南政治格局中占据了重要地位，同时也在推动地方发展和汉越融合中发挥了关键作用。

一、从“禁锢”“初郡”并存到积极教化

在南越国归入西汉版图后，为了通过治理实现岭南统治的稳定，汉武帝针对岭南诸郡的具体情况采取了不同的统治政策。南海郡由于经历秦及南越国百余年的发展，不仅是当时岭南的政治、经济和文化中心，也是吕嘉叛乱之地，因此汉武帝对其采取了“禁锢”压制的政策，将其排除在

"初郡"政策之外，通过将反叛主力内迁至南阳、河内、东海等郡，控制铁器流入等手段加强对南海郡的控制，渐次削弱当地反抗力量。此外，由于战争破坏和人口外迁，郡治番禺遭受重创，南海郡由此从岭南首郡沦为普通一郡，社会发展倒退，直至东汉中期才得以复苏。相比之下，汉武帝对南海郡周边的苍梧郡、合浦郡、郁林郡采取了既利于郡县统治又利于当地发展的"初郡"政策，"广布恩信"。其核心内容是"以其故俗治"和"毋赋税"，通过安抚笼络来缓解民族冲突和社会矛盾，支持并促进这几个郡的社会发展。在这种优厚政策的支持下，合浦郡在西汉中晚期一直保持较快的发展速度，郁林郡基本保持发展之势，苍梧郡更是凭借郡治广信（今广西梧州）成为交趾刺史部治所的优势，逐渐取得岭南政治中心、文化中心的地位。

元封五年（前106），汉廷置十三部刺史，以监察各郡官吏。由于岭南地处南陲，又是初开之地，汉武帝特令交趾刺史常驻岭南，持节治苍梧。可见汉武帝对南越国残余势力仍存有戒心，把岭南政治中心从番禺西移至广信，借以削弱南越国的影响，加强汉廷对岭南的控制。西汉末，儋耳、珠崖两郡因官吏贪暴导致当地反叛不断而相继被撤销，汉廷置珠崖县"遥领"两郡事务，隶属合浦郡。

东汉时期，汉廷在岭南地区的统治政策发生改变。汉武帝的"初郡"政策被全面修正，代之以积极教化、移风易俗政策，并征收赋税。其动因是中央王朝希望将岭南纳入与内地统一的政策中进行治理。特别是在马援南平"二征之乱"后，汉廷在调和汉律与越律矛盾的同时，"悉定郡县为令长"，大大推进岭南边郡政令归一的内郡化进程。岭南地方行政制度从郡、县二级变为州、郡、县三级：州设刺史，郡设太守，县仍设令或长，管理体制逐步与内地一致。东汉末，交州辖下的整个南海郡（粤中、粤东），再加上苍梧郡、合浦郡、荆州桂阳郡和扬州豫章郡的一部分，就相当于今广东省境范围。

东汉王朝的政策转变在一定程度上加快了南、北方文化的融合，促进了汉文化在岭南的发展，客观上逐步缩小了汉越民族之间的差距。不过，由于东汉岭南各郡地方官多放弃了汉武帝时确立的"以其故俗治"的统治政策，开始在各郡主动推行移风易俗的教化（如《后汉书·循吏列传》所载任延、锡光、贾琮等岭南郡守所行的教化之事），并且在原来依据"初郡”政策实现“毋赋税”或少赋税的地区征敛赋税，这都给越人在文化、经济上带来了持续的压力。与此同时，两汉之际气候条件改善，北方移民大量南迁，对越人生存空间造成挤压，汉越冲突势必难免。[①]东汉中后期，由于边吏贪腐不贤及赋敛过重，岭南诸郡俚僚[②]反抗不断。当中央王朝由盛而衰，对岭南控制力渐弱时，地方家族势力趁势抬头，如东汉末的士燮（xiè）家族，祖孙三代在交州任太守超过50年，拥有宗兵。这种“藉累世之恩”形成的地方家族统治在相当长时期内影响着岭南的局势，其后六朝王朝力量深入岭南的过程也是与之博弈的过程。

二、广州首置与交广分治

东汉末年，朝廷逐渐失去对岭南的控制。先是荆州牧刘表擅自委任部将吴巨为苍梧郡太守，掌握交州中枢；继而苍梧广信士氏家族以士燮为首，据有交趾、九真、合浦、南海4郡，并由汉廷任命士燮“董督七郡”，与吴巨抗衡。建安十五年（210），孙权任命步骘（zhì）为交州刺史，令其率领武射吏几百人从湘桂水道南进。步骘袭杀吴巨，夺得苍梧郡。士燮迫于形势，宣布归附孙权，保住交趾、九真、合浦3郡。步骘率部沿江东下，在高要峡击溃吴巨余部，顺利开抵番禺。随后，步骘扩建了原番禺城，向东延伸至赵佗故城以东27里，这成为后来广州城发展的基础。建安二十二年（217），步骘将交州州治从广信东迁至番禺，标志着孙权对交州地区控制的加强。

黄武五年（226），孙吴为加强对岭南控制，削弱交州士氏势力，从交州析置广州，即以今广西合浦县为界，将合浦以南的岭南诸郡划归交州，治龙编（今越南河内东），下辖交趾、九真、日南3郡（今越南中北部、广东雷州半岛和广西钦州）；合浦以北为广州，州治设在南海郡番禺，下辖南海、苍梧、郁林、合浦4郡（今广东、广西大部），广州由此得名。吕岱、戴良分别为广州、交州刺史，士燮之子士徽为九真太守。士徽不服反叛，吕岱带兵攻入交州九真，士氏一族幸存者全部沦为庶人。平

① 刘瑞：《秦汉帝国南缘的面相：以考古视角的审视》，中国社会科学出版社，2019，第93页。

② 自东汉初年起，岭南百越民族的后人才被称为“俚僚”。

定士氏之乱后，孙吴又把广州、交州合并，以吕岱为刺史。吴景帝永安七年（264），为便于治理，吴复将交州分为交、广二州。广州辖南海、苍梧、郁林、高凉、宁浦5郡（今两广大部），治番禺；交州则辖合浦、珠崖（今雷州半岛，郡治徐闻，遥领海南岛）、交趾、九真、日南5郡，治龙编。交广分治遂成定制。孙吴时期，今广东省境相当于当时广州辖下的南海、苍梧、合浦3郡以及荆州始兴郡（即汉代桂阳郡粤北诸县）和交州儋耳郡、珠崖郡。广州首置使岭南地区的郡县分布更趋合理，为日后经济发展奠定基础。广州及其下属郡县的置立和增加，表明孙吴势力较汉代更为深入岭南。孙吴瓦解士燮的残存势力后，对岭南滥加征发。天纪三年（279），孙吴在广州清查户口，以便征调，这激起了郭马等人的反抗，他们煽动兵民，控制广州。郭马之乱加速了孙吴的灭亡。

太康平吴后，晋廷大体以旧吴官员陶璜、滕修留驻岭南，并保留了岭南的州郡兵，这与西晋希望维持岭南的粗安局面有关。[①]广州归晋后，晋武帝专置“平越中郎将，居广州，主护南越”[②]。此后的广州刺史如阮孚、孔汪、邓岳、邓逸、嵇含等多兼任此职，以加强对广州的控制。两晋之际中原板荡，广州地近江东，岭北移民陆续南下，人口大量增加，地方行政建制大幅增长，由6郡28县增加至9郡50县。粤东韩江流域在两汉时仅设揭阳一县，至东晋义熙九年（413），义安郡置立，下设海阳、绥安、海宁、潮阳和义招5县。这是粤东潮汕地区郡一级建置的开始，新设县主要分布在韩江下游及沿海。临近番禺的西江下游和新兴江两岸因江海之便，流民聚集。东晋在此新设晋康、新宁两郡，下辖21县。

三、南朝岭南政区的开拓与治理

南朝时，西江及其支流水道是岭南东西交通动脉，但西江南北以山地为主，山谷间遍布俚僚等土著人群，这样的自然地理和人文环境成为南朝岭南政区开拓及其治理的背景。[③]南朝初，岭北移民继续南下，同时交

① 鲁浩：《“交广分治”与吴晋岭南政治地理格局》，《中国边疆史地研究》2022年第2期。

② 房玄龄等：《晋书》卷24《职官志》，中华书局，1974，第747页。

③ 曾昭璇、黄伟峰主编《广东自然地理》，广东人民出版社，2001，第373页。

州流民因林邑（今越南中部）北侵而浮海东来，二者先后汇聚于西江下游沿海地带。为安置流民，刘宋在元嘉九年（432）“割南海、新会、新宁三郡界上新民立宋安、新熙、永昌、始成、招集五县”，十八年（441）“以交州流寓立昌国、义怀、绥宁、新建四县为宋熙郡”。[①]安顿流民的同时，刘宋也有推进对俚区的经略。元嘉九年（432）在俚人盘踞的高凉地区（今广东电白、阳江、恩平、阳春、茂名等市县地）重新设立宋康郡，十三年（436）沿北江支流绥江北上辟置绥建郡，十六年（439）在高凉西部的鉴江流域开置海昌郡。

大明中，宋孝武帝为保障经略西江流域及其南岸俚区的持久和深入、强化俚区郡守的军事实力，特设西江督护镇抚俚僚，控制西江中下游的关键地域，以维持西江水道和交广二州间交通的畅通，进而保障岭南以水道交通为依托的统治网络的完整及有效运作。[②]泰始中，西江督护陈伯绍对郁江南岸俚区进行武力征伐，推动了该区高层政区的成立。泰始七年（471），析交州合浦郡、宋寿郡和广州临漳郡置越州，州下新置6郡，分布在南流江、钦江、鉴江诸流域，不过除合浦郡外，其余诸郡既无属县，也无编户。越州置立，改变了吴晋时代岭南交广二州并立的格局。

萧齐时，广州开发重心仍在西江南岸。针对西江下游南岸俚区的形势，萧齐设置南江督护，与西江督护共讨俚人。齐初，在西江南岸山区腹地的云雾山脉开置广熙郡及所属8县，分西江下游支流新兴江流域的宋隆、新宁二郡析置齐建郡。这都是南江督护伐俚的结果。同时，齐世广州的开发也在往北部内陆山区扩展。北江流域新设齐乐、齐康二郡，以此加强对南岭中部山区的控制。北江流域的始兴郡较早得到开发，至齐末已有较多土著人群被纳入朝廷的统治。越州俚区由宋末9郡发展为齐末20郡。其中，西部南流江下游、东部鉴江下游的濒海地带开发进展较快，齐世属县明显增多，但越州中部丘陵山地和南部雷州半岛仍多数没有设立郡县。

历齐入梁，梁武帝着力开拓疆域，岭南政区格局随之发生重要变化。此期岭南州郡数量大量增加，基本沿当时岭南主要交通线展开。从普通四年（523）梁武帝分广州析置南定州、成州、建州，到梁元帝设立东衡州

① 沈约：《宋书》卷38《州郡志》，中华书局，1974，第1198、1201页。
② 鲁浩：《南朝岭南西江督护与州的增置》，《中国历史地理论丛》2019年第2期。

为止，岭南东部地区[1]新置10个州，郡数增至39个，县辖数达到156个。萧梁后期，岭南东部地区各大河流流域大多单独设州，形成以一河谷平原自成一行政区划的格局。例如，新兴江上游的新州、漠阳江盆地的高州、西江与贺江交汇处的成州、鉴江的罗州、罗定江上中游的泷州、罗定江下游的建州、连江河谷及北江中游的西衡州、北江上游的东衡州等。不过，今粤东韩江流域例外，它与西江下游、漠阳江中游部分地方以及东南沿海一并划属瀛州，瀛州所辖郡地彼此并不相连。雷州半岛此期发展较快，萧齐在雷州半岛仅有徐闻一县，到萧梁时开始单独设立南合州，领5郡15县。梁代施行广建州郡的政策，在一定程度上是为了加强对岭南俚僚土著人群的控制，推进岭南开发进程。

南朝各代皆重视对岭南的控制和管理，希望将王朝力量进一步渗入该区，其突出表现是遣派宗室出镇岭南。宗室出镇，背后代表着中央政权将控制力伸入地方的意图，同时希望中央有事之时能得到地方的援助。刘宋后期，先后派随郡王刘诞、东海王刘祎、临海王刘子顼、始安王刘子真任广州刺史，尽管几人皆未到任，却开了宗室出镇岭南的先河。梁陈二代，至岭南任官的宗王比例大幅增加。细检《梁书》《陈书》可见，在出镇岭南的梁代宗室中，萧昌、萧勃、萧元简、萧昂、萧确、萧暎、萧誉为广州刺史，萧范为合州刺史，萧渊朗为桂州刺史，萧恭、萧昌为衡州刺史，萧绍基为始兴内史；在陈代宗室中，陈方泰、陈叔坚、陈方庆为广州刺史，陈拟为罗州刺史，陈伯言为西衡州刺史。可见，梁陈两朝试图通过宗室出任州郡长官来增强对岭南的支配。

四、六朝岭南地方家族势力的崛起

自秦汉以来，中央政权通过设置郡县、派遣流官对岭南进行治理，但要实现对地方的权力渗透、行政有效运作和社会秩序稳定，通常还要倚重地方豪族。在岭南，这些地方豪族包括流徙到此的北来家族或已土著化的流寓家族以及岭南土著势力。东汉末逐渐形成同一家族成员连续数代出任

① 本章所指的“岭南东部”依地理形势区分，以纵切岭南的云开大山与大桂山为界，其东面称岭南东部，即相当于今广东地区。

岭南州郡长官的现象，这在整个六朝时期持续存在，影响甚至左右着岭南的政治局势。

东汉末至三国吴，苍梧士燮家族实际统治岭南超过50年，影响甚大。士氏一族自士燮之父士赐任日南太守开始显名于世，到士燮迁交趾太守后，整个家族的地位扶摇直上。在交州刺史朱符被逐、州郡混乱时，交趾太守士燮趁机请求汉廷任命其弟士壹为合浦太守、士䵋为九真太守、士武为南海太守。此时汉廷对岭南已鞭长莫及，只能顺其所求。士氏一族达致鼎盛，正如《三国志·士燮传》所言："（士）燮兄弟并为列郡，雄长一州，偏在万里，威尊无上。"[①]黄武五年（226）士燮死后，孙吴以士燮之子士徽为九真太守，试图通过人事调动来打破士氏家族"藉累世之恩"形成的势力格局。士徽抗命，自署交趾太守，发动宗兵叛乱。孙吴派吕岱讨伐，士氏家族覆灭。

吴晋时期，继之而起的家族有陶氏、滕氏、王氏等。陶氏自陶基任吴交州刺史始，子陶璜继任，入晋后续任，在州30年，"威恩著于殊俗"。璜子陶威，晋苍梧太守，领交州刺史，威弟陶淑继任交州刺史，淑子陶绥仍任交州刺史。陶氏四世五人，先后出任交州刺史。吴晋时期滕修两任广州刺史，入晋仍被委以南方事，其孙滕含因讨苏峻有功，授广州刺史，滕含侄子滕遁之出任交州刺史十余年。王氏自王毅任吴苍梧太守始，西晋时王毅及其子王矩先后任广州刺史，其部曲故吏迎立王矩弟王机为广州刺史。足见这些家族在岭南根基不浅，为保证其家族能够最大限度地支配地方权力，势必要使家族成员充任州郡重要职位，且拥有宗兵部曲。

南朝梁大同年间，岭南地方势力表现活跃，从梁末到陈代，在朝廷占有重要地位，如陈朝开国皇帝陈霸先称帝前曾任西江督护、高要太守，其北上讨伐侯景之前在始兴纠集了一批地方豪杰，其中包括陈初名将侯安都。梁陈之际，值得注意的地方势力有始兴欧阳氏和钦州宁氏。前者欧阳頠（wěi）、欧阳纥父子二人先后任广州刺史，都督交广十九州诸军事，长期掌控岭南，欧阳頠之弟欧阳盛为交州刺史，欧阳邃为衡州刺史，"合门显贵，名振南土"[②]，"南通交、爱，北据衡、疑，兄弟叔侄，盘阻川

① 陈寿：《三国志》卷49《吴书·刘繇太史慈士燮传》，中华书局，1959，第1192页。
② 姚思廉：《陈书》卷9《欧阳頠传》，中华书局，1972，第159页。

洞”[1]。后者家族势力延续至隋唐，其中宁逵在梁武帝时任定州刺史，总督九州诸军事，陈朝为安州刺史，其子宁猛力亦任安州刺史，入隋后任钦州（即陈朝的安州）刺史，孙宁长真继任钦州刺史。

岭南土著豪酋势力的形成与发展可上溯至东晋南朝。东晋南朝统治者为加强对岭南俚僚地区的控制，选用当地的“蛮酋”“渠帅”“洞主”等担任州郡县行政长官，岭南遂出现一批集部族首领与地方州县行政长官于一身的土著豪族，而这种世袭性的政治特权又促使这些豪族向拥有大量土地、财富、部曲和甲兵的强大地方势力演变。[2]其中，最为著名的是高凉冼氏，《隋书·谯国夫人传》记载，高凉冼氏“世为南越首领，跨据山洞，部落十余万家”，“压服诸越”，“海南、儋耳归附者千余洞”，至隋灭陈时，冼夫人曾“集首领数千，尽日恸哭”。[3]梁大同初，高凉冼氏与南迁中原大族冯氏联姻，对岭南政局影响颇大。冼夫人历梁、陈、隋三朝，与三朝中央朝廷关系密切，在一定程度上协调了地方土著与中央王朝的关系。隋代冼夫人曾奉命安抚，历十余州，诸俚僚闻风归服。

陈朝末年，王朝对地方的控制力减弱，岭南地方豪族势力更进一步发展。陈亡之际，粤西还有陈佛智、庞靖等；粤中、粤东则有冯岑翁、邓马头、王仲宣等，其中王是俚帅，冯、邓或俚或汉。他们大多数是统治一方的豪帅，在隋军进入岭南以前，形成许多大小不等的割据势力。这也将是隋唐中央王朝经略岭南需要面对和解决的重要问题。

① 徐陵：《与章司空昭达书》，收入李昉等编《文苑英华》卷682，中华书局，1966，第3518页。

② 王承文：《唐代环南海开发与地域社会变迁研究》，中华书局，2018，第106—107页。

③ 魏征等：《隋书》卷80《谯国夫人传》，中华书局，1973，第1800—1802页。

第二章 隋以前岭南经济的初期发展

自秦朝设立南海三郡起，岭南地区便开始了与中原文化的深度融合。这一过程中，中原移民的南迁不仅带动了岭南地区人口结构的缓慢变化，也促进了岭南区域经济的初步发展。在农业生产方面，铁制农具和农耕技术的引入、应用和推广提高了土地开垦效率和农作物产量，为后续经济发展奠定了基础。六朝时期，岭南地区的特色产业如铸鼓、制陶、制瓷、采珠、煮盐和造船得到不同程度的发展，呈现出隋以前岭南地区经济发展初期阶段的多重面貌。同时，岭南作为海上丝绸之路的重要起点，其港口城市的兴起与海上贸易的繁荣，尤其是广州港的崛起，促进了中国与东南亚、南亚乃至更远地区的贸易往来，使得广州成为东西方文化交流的重要枢纽。

第一节

名籍统计、编户脱籍与流人南迁

秦汉至南朝时期，岭南区域经济的初步发展与中原地区人口的大规模南迁密切相关。

秦设立南海、桂林、象三郡后，中原人徙居岭南。两汉时期陆续有中原移民迁入，其主要形式分为三种：一是随着伏波将军路博德、马援等南征而留戍岭南的汉军士兵；二是政治斗争失败后被强迁至合浦等地的官僚贵族，如西汉末年的光禄大夫董恭；三是因避难而南迁的士民，这种情况在两汉末年尤为普遍，比如新莽时期南迁至苍梧广信的士氏。

秦代和南越国时期，岭南皆无名籍统计的记载留存。两汉时期各有一次名籍统计，分别是西汉平帝元始二年（2）和东汉顺帝永和五年（140）。在这138年里，全国人口下降了17%，而岭南诸郡因未受到两汉之交战乱的影响，属县数保持平稳，户数和口数则出现了不同程度的增长。苍梧郡户数、口数的增长均超过了南海郡，这与南越国被灭后，汉武帝对南越国中心的南海郡采取“禁锢”压制措施有关。两汉时期，岭南的政治中心和军事征战皆以西部为重，因此西部在人口和属县数方面占据优势。户口增长除自然增长外，岭北人的不断流入和本地越族被纳入编户也是重要原因。

表1-2-1 《汉书·地理志》《后汉书·郡国志》岭南诸郡属县数、户数、口数统计表[①]

郡名	属县数/个		户数/户		口数/口	
	西汉晚期	东汉中期	西汉晚期	东汉中期	西汉晚期	东汉中期
南海郡	6	7	19 613	71 477	94 253	250 282
苍梧郡	10	11	24 379	111 395	146 160	446 945
合浦郡	5	5	15 398	23 121	78 980	86 617
郁林郡	12	11	12 415	—	71 162	—

从东汉永和五年（140）到延康元年（220）的80年间，虽然没有名籍资料留存，但据现有资料，岭南诸郡没有经历重大自然灾害和战祸，中原人民由于汉末军阀混战而纷纷南来，岭南人口仍持续增长。然而，需要注意的是，由于奴婢和未归化的越人皆不被纳入户籍，两汉时期的两次名籍统计并不能反映岭南地区的自然人口数。

汉武帝平定南越后对岭南诸郡（除南海郡外）采取“毋赋税”的“初郡”政策。东汉前中期虽然开征赋税，但基本还能和辑越人，因此岭南越人部落陆续被纳入郡县编户，或是愿意接受郡县的管辖，从而使东汉中期的编户户口比西汉晚期大幅增加。然而，到了东汉晚期，全国赋税及“调”（征收实物）大增，岭南也不例外，汉越各族负担沉重，导致叛乱时兴。东汉末，汉廷在岭南的统治失控，汉越各族在汉人豪帅、部落酋帅的率领下，纷纷摆脱郡县管辖，不再供赋役，并以武力自保。东汉末至吴晋交替时，原有编户大量脱籍。西晋政权对此并未采取有效措施。太康元年（280）的名籍统计显示，从东汉永和五年（140）到西晋太康元年的140年间，岭南诸郡编户锐减。约至东晋中后期，晋廷才试图通过征服或笼络将脱籍户口重新纳入郡县编户，但这也只是开始。

① 《汉书·地理志》保留了基本完整的西汉晚期各郡国属县数及户口数，《后汉书·郡国志》保留了东汉中期各郡国属县数及户口数。珠崖、儋耳两郡后遭废置，二书均未载属县数、户数、口数，象郡属县数虽有学者进行复原，但缺乏相应的户口数，故皆未列入表格。

表1-2-2　汉晋时期岭南户口统计比较表[①]

东汉郡名	东汉永和五年（140）户数/户	西晋郡名	西晋太康元年（280）户数/户
南海	71 477	南海	9500
苍梧	111 395	苍梧、临贺、始安	16 200
合浦	23 121	合浦、高凉、高兴、宁浦	6420
郁林	18 623	郁林、桂林	8000
桂阳（岭南部分）	61 377	始兴	5000
共计	285 993	共计	45 120

永嘉之乱时，中原人为躲避战祸而纷纷南下，出现了自秦汉以来中原人民南渡的又一次高潮。这些自发流徙的南渡者，史称“流人”。其后，江南和荆州又经历了多次战乱，东晋前期，江东赋役沉重，导致中原和江南流人继续南徙。此次流人入粤持续时间较长，数量可观。流人或通过洞庭湖沿湘漓进入粤西，或经过鄱阳湖沿赣水进入粤北，又或者沿着闽浙沿海进入粤东、粤中。西晋末，江州、扬州的民众就因石冰、陈敏之乱多流入广州。广州出土的西晋砖文称“永嘉世天下荒，余广州皆平康”[②]，就反映了永嘉年间（307—313）岭南相对安定的社会现实。广东发现的晋代墓葬，除广州、佛山、高要外，大多集中于粤东、粤北各县。这些墓葬中合族葬的风俗以及出土的青瓷砚、石砚等，为大批北人南徙提供了实物证据。流人南迁的势头一直延续到南朝。流人入粤后，多数分布在南海郡和沿五岭南麓的晋康、苍梧、始兴、义安等郡，其中以南海郡为最。

这些人口迁移活动对岭南地区的社会经济产生了深远的影响。首先，人口增长带来了劳动力的增加，推动了土地的垦辟。其次，流人的聚居促成了村落的形成，进而立县，如东晋时期设立的侨宁县（今广东德庆一带）和义招县。再次，流人的背景多样化，带来了文化交流和融合，丰富了岭南地区的文化景观。不过，大量流人涌入也给当地带来了一定的社会

① 方志钦、蒋祖缘主编《广东通史》（古代上册），广东高等教育出版社，1996，第327页。
② 麦英豪、黎金：《广州西郊晋墓清理报导》，《文物参考资料》1955年第3期。

压力，如挑战社会秩序等问题。总体而言，从秦汉至南朝的流人南迁，在一定程度上推动了岭南社会经济的发展，但进展缓慢。

第二节

岭南经济开发的初始阶段

秦汉至南朝时期，岭南处于区域经济开发的初始阶段。传统农业起步并缓慢发展，手工业、海洋资源开发利用和海外贸易等展现出独特的经济活力。铜鼓铸造、制陶、制瓷、采珠、煮盐、造船等特色产业的发展，揭示了岭南丰富的自然资源和以此为基础的经济活动。造船技术的革新，为海上丝绸之路的繁荣提供了物质基础。早期水路交通网络的建立，不仅促进了商品流通和人员往来，也为文化交流和技术传播提供了条件。

一、传统农业的开端

先秦时期，岭南地区原始森林茂密，野象犀牛出没，越族深居溪洞，人烟稀少，且缺乏铁器，因此密林深谷的真正垦辟，实际上是从秦代移民岭南开始。南越国时期，岭南需从岭北输入铁器或半成品再进行锻铸，铁制农具的使用受到限制。两汉时期，铁制农具在岭南的应用也不普遍，朝廷严格控制冶铁技术的传播。直至晋代，广州刺史邓岳大开鼓铸，使粤民学得冶铸之法，可以铸造铁制兵器和农具。考古发现显示，两汉到南朝时期的铁质农具仅71件。[①]铁制农具出土数量少，说明当时铁矿开采和冶铁技术在岭南并不普及。不过，从类型来看，已经出现砍伐类、翻土类、中耕除草类、收割类铁制农具，尤其锸、锄、镢、铲这类翻土铁制农具在农

① 杨式挺：《广东农业考古概述》，载《岭南文物考古论集续集》，岭南美术出版社，2011，第263页。

业生产中的实际应用，使岭南农业向翻耕深锄的中耕农业迈进，是岭南传统农业开端的主要标志。①

西汉后期，番禺城以西的江浦即西樵山一带以及浈阳（今广东英德）的吴山开始有外来移民进行垦辟和耕种。曲江诸县凿通山道后，远离县治的偏远地区也出现了新的村落和农田。东汉末年，桂阳县袁姓兄弟开凿龙腹陂，灌溉农田五千多亩。随着农田垦辟的发展，岭南各地陆续出现了农业聚落或庄园。从广州汉墓、佛山澜石东汉墓、广州黄埔大沙姬堂村西晋墓、广州沙河西晋墓、肇庆坪石岗东晋墓出土的器物中，可以看到水田模型、仓囷模型，以及陶牛、陶猪、陶羊、陶狗、陶马、陶鸡、陶鸭、陶鹅等，这些都是农业聚落发展的明证。

从汉晋南朝出土墓葬中发现的炭化稻谷、陶仓、陶廪、陶囷等遗物可以看出，当时岭南的西江、北江流域及广州附近地区种植水稻。西汉后期，岭南已经出现牛耕，东汉时期牛耕逐渐得到推广。番禺沙头龟岗东汉墓中发现了犁头，肇庆怀集县博物馆藏的陶水田中有陶牛。佛山澜石东汉墓出土的水田模型上有陶俑扶犁赶牛的场景，广州黄埔大沙姬堂村西晋墓的陶水田有赶牛犁田的场景，韶关东晋墓及肇庆坪石岗东晋墓的陶水田也都有陶俑驾牛犁田的场景。

根据秦汉时期的考古遗存可知，当时岭南地区种植的粮食作物种类远比文献记载的要多，除了稻、黍（稷，即黄米）、粟（小米）、麦（小麦）、菽（大豆）等五谷外，还有高粱、薏苡、大麻以及芋等根茎块茎类作物。其中稻、薏苡、根茎块茎类作物主要是在本地培育的，而旱地作物则全部来自外地。②

汉晋南朝时期，岭南地区的农业生产方式还是以火耕水耨与刀耕火种为主。火耕水耨主要用于水乡地带，这些地带地广人稀、沼泽地多、水生动植物资源丰富，火耕水耨的劳作方式正是适应了水乡地带的土地资源条件。③刀耕火种则主要用于水源不足的山地。考虑到岭南以山地和丘陵为主的地理形势，可以推断在汉晋南朝时期，适合采用刀耕火种的山地应

① 吴建新编著《岭南农业史》（上），世界图书出版广东有限公司，2020，第75页。

② 龚世扬：《岭南地区汉代农业生产的考古研究》，博士学位论文，南京大学考古学，2019，第93页。

③ 彭世奖：《“火耕水耨”辨析》，《中国农史》1987年第2期。

该不少。虽然这两种方式都属于粗放式农作方法，但在此基础上，辅以其他耕作工具（如犁耙）和耕作方法（如牛耕），也能逐步走上精耕细作的道路。

二、特色产业的发展

（一）铜鼓铸造与金银流通

铜鼓流布于中国南方及东南亚地区。铜鼓铸造是中国古代南方少数民族的传统。据考古发现，铜鼓的起源可追溯至春秋早期，最初在云南中部的楚雄地区出现。战国晚期，滇系石寨山型铜鼓扩散至西江流域。汉晋时期，滇系铜鼓继续东传，与北来的楚（汉）文化汇集，在郁江流域形成了北流型铜鼓和灵山型铜鼓，两广南部由此形成一个新的铜鼓分布中心，学术界称之为“粤式铜鼓”，其最主要的特点是器形硕大。[①]以云开大山为辐射中心，北流型和灵山型铜鼓的流传范围从西江中下游地区扩展至今广东云浮、阳江，并通过雷州半岛延伸至海南岛。这两种铜鼓的制造和使用一直持续到南朝末期。在这一时期，铜鼓成为当地部族权力和财富的象征。随着时间的推移，铜鼓的制作越来越精细，尺寸也越来越大，鼓身与鼓面纹饰及立体雕塑也变得越来越复杂和精致。相当一部分北流型和灵山型铜鼓的鼓面直径超过了1米。[②]

汉代粤式铜鼓的铸造技术超越初始阶段，其工艺水平几乎可以与中原地区的青铜器制作技术相媲美。大型铜鼓的铸造采用了结合泥型合范法和失蜡法优点的蜡模泥范法，这一技术有效解决了内模转动不灵和图案花纹不清晰的问题。已有研究揭示了铜鼓铸造地点与矿料来源之间的密切联系，尤其是器形硕大的粤式铜鼓，它们大多在本地铸造。位于两广交界的北流铜石岭是一处从西汉至唐代都很重要的铜矿，开采规模很大，西汉时期便开始采掘和冶炼，在东汉及南朝时期达到鼎盛。这一铜矿为俚人提供了丰富的原材料，是他们铸造北流型铜鼓的关键矿料来源。

岭南铜鼓具有远距离传播声音的独特功能，可以满足岭南俚僚等部

① 陈洪波、赵腾宇：《西江流域的铜鼓文化》，科学出版社，2019，第16页。
② 陈洪波、赵腾宇：《西江流域的铜鼓文化》，科学出版社，2019，第14页。

落组织在远距离传递信息、集结力量以及指挥军事行动中的需求。此外，铜鼓还是俚僚豪强展示其财富和地位的重要标志。东晋末年裴渊《广州记》记载："俚僚贵铜鼓，唯高大为贵，面阔丈余，方以为奇……风俗好杀，多构仇怨。欲相攻击，鸣此鼓集众，到者如云。有是鼓者，极为豪强。"[①]《隋书·地理志》中记载，拥有铜鼓的人被称为"都老"，备受尊敬和推崇。[②]

不过，岭南地区在六朝时期铜产量有限，不足以支持当地的铜鼓铸造需求。东晋南朝时期，大量铜币从内地流入岭南，并被当地俚僚豪强用来铸造铜鼓。商人利用这一机会，通过贩运铜币至岭南获得巨额利润。为了遏制这种现象，朝廷采取严格的政策，禁止铜币流向岭南。此外，六朝统治中心南移后，交州和广州的海上贸易显著增加，除了以货易货的传统交易方式外，金银也成为重要的支付手段。历史记载和考古发现都表明，南朝时期存在一个以金银为通货的南海国际贸易圈。[③]再加上东晋南朝时期，岭南地区的金银矿开采和生产有所发展。这些因素促使金银成为该地区的主要流通货币。东晋裴渊《广州记》中提及"广州市司用银易米"[④]。《宋书》记载，刘宋时广州中宿等地俚民使用白银缴纳课税。《隋书·食货志》记载，南朝梁初交州、广州等地"全以金银为货"[⑤]。凡此皆表明，东晋南朝时期，岭南逐渐形成了以金银为通货的传统。

（二）从制陶到制瓷

岭南制陶的几何印纹传统起源于新石器时代晚期，当时人们开始使用拍印技术制作陶器。夏商时期是岭南本地陶器制作技术发展的重要阶段。印纹硬陶及黑釉陶技术呈现出由东向西逐渐发展的趋势。到了商代晚期，岭南的几何印纹技术首次出现衰落，同时粤东和闽南地区的印纹硬陶及原始釉陶技术开始流行，并对珠三角地区产生了影响。西周早期至战国早期，夔纹陶文化的本地特色最为显著和发达。夔纹陶文化以珠三角地区为

① 李昉等编《太平御览》卷785《四夷部》，中华书局，1960，第3478页。
② 魏征等：《隋书》卷31《地理地·林邑郡》，中华书局，1973，第888页。
③ 王承文：《唐代环南海开发与地域社会变迁研究》，中华书局，2018，第441—446页。
④ 李昉等编《太平御览》卷812《珍宝部》，中华书局，1960，第3609页。
⑤ 魏征等：《隋书》卷24《食货志》，中华书局，1973，第689页。

中心，广泛分布于今广东和广西东北部。这些地区成为西周至春秋时期中国原始青瓷制造的南部中心。

随着春秋战国之际夔纹陶文化淡出历史舞台，岭南制陶技术有了进步，陶器器型变得更加多样化。米字纹陶文化随之兴起，并延续至南越国时期。与夔纹陶相比，米字纹陶的分布更广泛，范围扩展到今海南岛和广西沿海地区。从博罗梅花墩窑址、银岗窑址，增城西瓜岭窑址，始兴白石坪窑址等地的分布情况来看，从战国到南越国时期，原始瓷和印纹硬陶的产品大幅增加①，展现了制陶技艺的蓬勃发展。

汉代，岭南制陶工艺显著进步，主要特征是普遍使用釉陶。这一时期，岭南陶器以硬陶为主，胎质灰白，施黄褐色釉，主要纹饰为几何印纹。制作方法主要采用轮制，器耳、器足经过手捏或模印后再黏合上。广州、肇庆、韶关、平远、清远、雷州、徐闻等地的汉代遗存多有陶器出土。从出土陶器的种类和器型来看，当时不仅制作日常用器，随葬明器和建筑用陶（如板瓦、筒瓦、瓦当和砖块）也有大量生产。东汉陶器胎质坚硬，一般带黄绿色或黄褐色釉，纹饰以划纹为主，纹样繁杂，且同一件器物上可能同时有多种花纹，这与西汉陶器的风格明显不同。值得一提的是广州海幅寺汉代窑场遗址，该遗址堆积丰富，时代从西汉中后期一直延续到东汉后期。烧造产品涵盖了广州地区同时期汉墓出土的大多数日用陶器种类，尤以瓮、罐、碗、盆、钵、盂等为大宗。结合该遗址的分布范围及堆积情况，初步推测这是一个较大规模的汉代窑场，可能由官府统一管理，窑场内应有窑炉区、作坊区、放置销售区、废料堆积区等不同功能分区。②

六朝时期，岭南制陶技术取得新的突破。考古发掘的古窑址（如肇庆封开长岗顶窑址、三水三江古灶窑址）和墓葬出土的陶瓷表明，各地陶窑在汉代釉陶基础上，转向烧制釉色晶莹的青釉陶器。尽管在晋代几何印纹陶和陶屋、陶灶、陶家禽、陶家畜等模型器仍有少量出现，但晋代以后，这些类型的陶器就基本消失了。

① 李岩：《广东印纹陶及原始瓷发展脉络》，载《从石峡到珠三角：中国南方史前先秦考古研究》，科学出版社，2020，第275—299页。

② 广州市文物考古研究所：《广州海幅寺汉代窑场遗址的发掘》，《考古学报》2003年第3期。

自晋代起，岭南地区已能制作青釉瓷器。海南岛东部海域曾发现成捆青瓷碗，西沙群岛北礁礁盘也发现了南朝南海等郡流行的青釉六耳罐残件和青釉小杯。[①]这都说明东晋南朝时期岭南瓷器很有可能通过南海销往海外。晋代和南朝的青瓷器种类繁多，包括碗、盘、罐、盏、豆、灯、杯、盂、盆、天鸡壶、唾盂、虎形器和砚台等。其中，天鸡壶、唾盂、虎形器和砚台是晋代和南朝新出的器型。岭南地区的青瓷承继汉代釉陶而来，其特点是施釉较厚，釉色一般青中带黄，发亮，均开片。与今福建、江西、浙江等地区同时期的瓷器不同，岭南青瓷器的胎质和釉色具有地方特色，烧制火候较低。广州、韶关、连州等地晋墓出土了不同类型的青釉瓷砚，制作精美。

（三）采珠、煮盐与造船

岭南地处南海之滨，拥有漫长的海岸线和众多河流，水网密布。这样的地理条件为采珠业、煮盐业和造船业提供了有利条件，促进了这些特色产业的持续发展。

先秦时期，环北部湾沿岸的古代先民就开始采捞珍珠。商周时，环北部湾出产的珍珠曾被列为贡品。秦始皇出兵统一岭南，部分原因也包括攫取珠玑等岭南特产。到了汉代，岭南成为珍珠的主要产地，尤其是珠崖和合浦两地。根据汉代的文献记载，珠崖得名于其出产珍珠。合浦更是因其珍珠而声名远扬。合浦珠又被称作“南珠”，在历史上享有“西珠不如东珠，东珠不如南珠”的美誉。由于合浦珠的优良品质和稀有价值，它被视为献给汉廷的珍贵贡品。合浦民众大多以采珠为业。《后汉书》记载，东汉中期，合浦“郡不产谷实而海出珠宝”，郡守“多贪秽，诡人采求，不知纪极，珠遂渐徙于交趾郡界”，桓帝时太守孟尝革除弊政，“去珠复还”。[②]“合浦珠还”的故事也从侧面反映了采珠业在当地经济中的重要地位。

合浦的采珠地点最初集中在廉江入海口的浅水湾，后来逐渐沿海湾扩展为众多珠池，成为2000多年来的重要产珠区。吴晋时期，合浦民众“善

① 广东省博物馆、广东省海南行政区文化局：《广东省西沙群岛第二次文物调查简报》，《文物》1976年第9期。

② 范晔：《后汉书》卷76《孟尝传》，中华书局，1965，第2473页。

游，采珠儿年十余，便教入水求珠。官禁民采珠，巧盗者蹲水底剖蚌，得好珠，吞之而出”[①]。可见，采珠在当时已经成为合浦民众的一种常见生计，珠民潜水采珠的技术高超。晋代刘欣期的《交州记》、徐衷的《南方草物状》都有关于珠民采珠祀神的记载。

汉廷直接控制产珠区的珍珠，并在交通要道设关盘查，禁止私人贩运。孙吴为垄断优质珍珠，实行珠禁，不准百姓私自采珠，并对商贾往来合浦加以限制，导致当地民众面临饥困。西晋初，交州刺史陶璜上书请求放宽禁令，规定凡采得的上等珠要缴纳三分之二，次等的缴三分之一，“粗者”则不征；每年十月至次年二月为非上等珠的产出期，允许商人自由往来买卖。这使得合浦珠民的生活境况有所改善。东晋南朝虽赋役苛重，但一般不干涉民间采珠。梁代任昉曾记载合浦有珠市，表明当时的珠禁可能比西晋时要宽松，合浦采珠业至少不会比陶璜时差。

岭南濒临南海，海盐生产有悠久的历史，其起源或可追溯至大约5000年前的新石器时代。在南海沿岸及诸多岛屿上，先民煎煮海盐的活动留下了深刻的历史印记。先秦时期的沙丘遗址，如深圳大鹏咸头岭，香港涌浪，珠海宝镜湾、东澳湾及环珠江口地区等，都发现了大量红烧土块堆积，以及特殊形制的器物，这些可能是古人制盐活动的遗存。[②]

岭南盐业的发展与盐官、盐户、盐场密切相关。岭南盐官设置始自西汉。元封元年（前110），朝廷设置了三处盐官，主管东南沿海盐务，岭南占据了其中两处，即苍梧高要、南海番禺，可见其重要地位。惠州博罗岭嘴头遗址发现东汉陶灯残件，上有“盐官□”铭文，是广东目前发现的关于汉代盐业生产与管理的直接实证。[③]孙吴在番禺设司盐都尉，负责海

① 李昉等编《太平御览》卷803《珍宝部》，中华书局，1960，第3568页。

② 肖一亭：《南海北岸史前渔业文化》，中国评论学术出版社，2009，第195页；李水城：《中国盐业考古20年》，载中国考古学会编《2017中国考古学年鉴》，中国社会科学出版社，2018，第128—148页。

③ 关于铭文“盐官□”，李海荣认为是“盐官家”，全洪认为是“盐官厨”，我们认为无论释读为“家”字还是“厨”字，这盏陶灯都与番禺盐官密切相关。参见李海荣：《也谈“番禺盐官”》，载广州市文化广电旅游局、广州市文物博物馆协会编《广州文博·拾肆》，文物出版社，2021，第66—82页；全洪：《番禺“盐官厨”释读》，载广州市文化广电旅游局、广州市文物博物馆协会编《广州文博·拾肆》，文物出版社，2021，第83—90页。

盐产销。盐民在长期的生产实践中发明了海盐煎制技术。裴渊《广州记》载："东官郡煮盐，织竹为釜，以牡蛎屑泥之烧用，七夕一易。"[①]东官郡是东晋成帝时从南海郡划分出来而设置的，是古代岭南沿海的主要产盐区。当时全国皆无晒盐的做法，制作海盐全用煮法。具体方法是先取盐度较高的海水淋沙制作卤水，将卤水流入池中，待其蒸发到一定浓度后，使用涂有牡蛎灰的竹釜进行煎煮，使水分蒸发，从而制得原盐。相较于淮、闽各区采用的刮咸、晒灰、淋灰取卤制盐的工艺，这种制盐工艺更为省力高效，且成本较低。尽管其他沿海地区可能已经开始使用铁制的煮盐器具，但广州地区仍偏好使用涂有牡蛎灰的竹釜进行煮盐。值得注意的是，这种竹釜在南朝初年并不耐用，将盐卤放入釜中熬煮，大约七天就需要更换新的竹釜。

岭南属百越之地，滨海、河网地带是百越先民聚居地，渔猎、交通多仰赖舟楫之便。远古时期的舟楫主要是刳木而成的独木舟。秦汉以后，岭南造船业有所发展。考古发现的各种船模主要出土于岭南内河濒江诸县，尤以番禺发现的船模数量为多。这些船模的形制各异，包括货艇、渡船、客货两用船和楼船等，船上设备有楫、桨、篙、橹、舵、锚等。六朝时期，岭南造船技术大有提高。根据孙吴万震《南州异物志》和康泰《吴时外国传》记载，广州等地的海船采用了四帆和七帆的设计。晋代裴渊《广州记》称当时广州造船工匠"随树所居，伐船为业"，制造的船只可用于内河、沿海和远洋航行，并善于利用风帆航行。晋代嵇含《南方草木状》卷中记载桄榔树"皮可作绠，得水则柔韧，胡人以此联木为舟"[②]。可见，这种曾流行于波斯湾地区的椰索缝合木船的制作技术已经传入岭南，推动了当地造船业的发展。

吴晋时期，岭南的造船能力和江海船只数量从几次大规模海上和内河军事行动中可见一斑。例如，孙吴将领吕岱发兵3000人前往合浦，若以每船100人计，需要同时出动30艘大型海船。东晋末，卢循从广州发兵北上时，徐道覆短期内建造了数百艘船只，装备精良，具有多层结构。当卢

① 李昉等编《太平御览》卷757《器物部》，中华书局，1960，第3359页。

② 嵇含：《南方草木状》，载刘恂等《历代岭南笔记八种》，鲁迅、杨伟群点校，广东人民出版社，2011，第17页。

循与徐道覆合兵进攻建康时，他们拥有“芙蓉舰千余艘”[①]，又曾“新作八槽舰九枚，起四层，高十余丈”[②]。可见当时岭南造船能力之强。所谓八槽舰，是指船底舱分为8个隔槽的船舰，即便某槽穿孔进水，水也不会漫延到其他隔槽，而且易于修补，利于远航。中国发明的这种船底舱隔槽法，西方迟至近代才开始采用，说明晋代岭南造船技术相当先进。

三、交通路线的开发

岭南具有倚山面海、诸河贯通的地理形势。然而，在隋唐以前，由于开发进展缓慢，交通系统尚未完善，一般行旅往来受限于地理环境，通常会借助航运之便，循着河流、沿海辗转南来，促成了秦汉至南朝时期岭南区域开发出现沿江、滨海的发展特征。[③]

两汉时期，中原通往粤北的三条主要路线初步发展完善。这些路线都是从湘赣地区翻越五岭到达粤北后，再循北江水系到今广州。其中，浈水道从赣江支流章江到今江西大余，跨过大庾岭，再沿北江支流浈江到今广东南雄、始兴；武水道由今湖南郴州越过骑田岭，沿北江支流武江到今广东乐昌；九嶷山道则由湘江支流潇水上溯至九嶷山，通过阳山关后沿北江支流连江到今广东英德。此外，还有一条路线是从湘江南下翻过越城岭，经灵渠入漓江到今广西梧州，再沿西江到达今广州，这条便捷路线在当时也被广泛使用。

东汉建武二年（26），桂阳郡太守卫飒在北江河谷的曲江诸县开凿山道500余里，并在沿途设置驿站。东汉建初八年（83），大司农郑宏因沿海航线存在险阻，上奏请求开辟零陵、桂阳峤道，进一步打通连江与湖南之间的通道。灵帝时，太守周憬对卢溪与武水交汇的泷口河道（今广东乐昌境）进行裁弯取直，疏浚河床，以便利曲江与郴州之间的商运。粤北早期水陆交通网逐步成形。

六朝皆立足南方，海上优势逐渐得到发挥。汉代初步开辟的粤东海

① 徐坚等编《初学记》卷25《器物部》，中华书局，1962，第610页。
② 李昉等编《太平御览》卷770《舟部》，中华书局，1960，第3415页。
③ 廖幼华：《历史地理学的应用：岭南地区早期发展之探讨》，台湾文津出版社，2004，第31页。

道在这一时期有所发展，通航船只增多。孙吴派康泰、朱应出使扶南国（约今柬埔寨以及老挝南部、越南南部和泰国东南部一带）以及对广州、交州的海上用兵皆取道这条海路。东晋末，卢循起义军乘坐船舰从闽粤沿海浮海而至南海，镇压起义的晋将孙季高、沈田子也沿着同一海路袭取广州。粤东海道上除了兵舰外，还有避乱南来者所乘之船。东汉末，中原士庶避乱南逃就取道闽粤沿海，“漂薄风波，绝粮茹草，饥殍荐臻，死者大半”[①]。西晋末，选择走这条海道的人更多，时人张华说：“今渡南海至交趾者，不绝也。”[②]东晋时，“东土多赋役，百姓乃从海道入广州”[③]。尽管此时粤东海道尚未成为商业航线，但它的进一步开辟为粤东地区的开发奠定了基础。

第三节

海路初开与海贸兴起

自汉代以降，随着海上丝绸之路的开辟与港口城市的变迁，岭南与外部经济联系日益紧密。海上贸易的兴起与繁荣不仅加强了岭南与东南亚、南亚乃至更远地区的经济文化交流，也推动了岭南区域经济的多元化发展。特别是随着广州港的崛起，广州成为连接东西方海上贸易的重要枢纽，对岭南乃至整个中国南方地区的经济发展产生了深远影响。

一、南海丝路的开辟

根据目前考古出土的资料可以看出，先秦时期岭南先民已经开始与南海沿岸、南太平洋沿岸及岛屿群进行往来，其文化可能间接影响到印度

① 陈寿：《三国志》卷38《蜀书·许靡孙简伊秦传》，中华书局，1959，第964页。
② 张华撰，范宁校证《博物志校证》卷1《水》，中华书局，1980，第11页。
③ 房玄龄等：《晋书》卷73《虞亮传》，中华书局，1974，第1932页。

洋沿岸及其岛屿。南越国时期，岭南与环南海地区已经建立起经济联系。南越王墓出土的镂空熏炉、非洲象牙、乳香、银盒和焊珠金花泡饰等海外舶来品证实了这一点。此外，在先秦至秦汉的考古发现中，自长江口至北部湾的沿海地区出土了良渚“原装”玉琮，合浦大浪双墩土墩墓从墓葬形制到出土的原始瓷均来自今浙江地区，这也是沿海路传来的。这些发现表明，汉武帝时期海上丝绸之路的兴起是基于先民们在此之前对沿海航线的长期探索。

元鼎六年（前111），汉武帝平定南越国。同年，汉武帝派遣使者从徐闻、合浦启航，经北部湾入暹罗湾、马来半岛，穿越马六甲海峡，进入孟加拉湾、印度半岛南部海域，到达黄支国（今印度东南部的甘吉布勒姆）。返程则从黄支国沿海路经皮宗国回到日南象林界。汉使甚至还到过黄支国以南的已程不国（今斯里兰卡）。此次通航，汉朝派出译长与应募者入海，带着黄金、杂缯（即染色丝织品）前往，交易明珠、璧琉璃、奇石和其他异国商品。秦汉时期的广州考古发现与《汉书·地理志》的记载都证实了这条西汉官方交往和贸易的海上航线的存在。这表明当时中国官方贸易船队已经到达了南亚次大陆最南端的斯里兰卡，联结东西方的航路开始对接。

东汉前期，中国商人或汉朝使者开始向西航行至印度，与印度、斯里兰卡、埃及、罗马的商人直接进行货物交易。这在古罗马科学家普林尼（23—79）的《自然史》中已有记载。到了东汉中期，这条海上丝路延伸至印度西海岸的天竺（即贵霜帝国）和地中海沿岸的大秦（即罗马帝国）。桓帝延熹二年（159）、延熹四年（161），印度使节通过海路前来汉朝。延熹九年（166），大秦王安敦遣使直航岭南，标志着东西方海路通道在此时建立起来。

二、港口城市的兴衰

雷州半岛是岭南沿海海岸线最早确定的区域之一，早在先秦时期就与海南岛和中南半岛进行跨海往来。汉武帝平定南越后，在雷州半岛南端设置徐闻县，作为经略海南岛的重镇，并设左右候官负责屯兵候望、稽查贸易。徐闻港成为汉代海上丝路的重要启航地，官方海上交往和贸易由此出入。民间海商依托官方拓展的成熟航线，集中于此进行交易，并随之出海远航。港口条件优于徐闻的合浦港同样也是汉代海上丝路的启航地，主要由民间海商使用。合浦位于北部湾北岸，临近交趾，采珠业发达，终汉之世，主要以珍珠与交趾交易买米。北部湾地区海道通畅，民间贸易可能沿海路来往。

徐闻、合浦两地的汉代遗迹分布较广。今徐闻县五里镇二桥村、仕尾村、南湾村半岛形岬角一带有290多座汉墓，今合浦县廉州镇东、南、北三面遍布汉墓群，地面封土可查的汉墓超过6000座。这些汉代墓葬与雷州覃态岭汉至南朝墓群、遂溪西边山村汉唐墓群共同构成环绕雷州半岛西部、西南部濒海地区的汉代遗存带，证明汉代北部湾沿岸是岭南开发较早的地区，而雷州半岛西部、西南部远比东部发展要早。

除了徐闻、合浦外，番禺虽在汉代尚未直接参与官方海外通航，但作为南越国国都和南海郡郡治，它同样是岭南重要的港口城市。由于其位于河海交汇处，具备交通枢纽和货物集散的功能，番禺成为当时全国十大都会之一。南越王墓和广州汉墓出土了诸多舶来品，如具有东南亚、西亚特色的玻璃器和波斯银盒、乳香、东南亚香料、犀角、非洲产的原支大象牙、象牙印章、象牙器等。[①]由此可见，当时集散于番禺的舶来品多数来自海外。

汉代徐闻港的兴盛很大程度上得益于国家制度的倾斜和当时航海技术的局限。然而，到了东汉末年，史料记载中已很少提到徐闻港。随着汉代北部湾航线逐渐被替代，徐闻的港口地位迅速丧失，五里镇二桥村、仕尾村的徐闻港考古遗迹自汉代后出现断层即可证明。[②]孙吴为了垄断合浦采珠业，禁止商旅在合浦沿海航行，导致合浦港的对外贸易也逐渐衰退。

六朝时期，随着造船和航海技术的进步，尤其是风帆的应用，远洋船舶不再需要沿着北部湾近岸航行，而是可以直接由广州出发，取道海南岛东岸、南岸与西沙群岛之间的海域横渡。西沙群岛北礁出水的南朝六耳

① 广州市文物管理委员会、中国社会科学院考古研究所、广东省博物馆编《西汉南越王墓》，文物出版社，1991；中国社会科学院考古研究所、广州市文物管理委员会、广州市博物馆编《广州汉墓》，文物出版社，1981。

② 广东省人民政府参事室（文史研究馆）编，周鑫、王潞编著《南海港群：广东海上丝绸之路古港》，广东经济出版社，2015，第112—113页。

罐、陶杯也证实了南海航路的东移。

三、广州港崛起与海贸盛况

孙吴时期，交广分治，其后广州逐渐成为岭南政治经济中心。由于广州内河港适于避风，且北有陆路可通中原，又居三江之汇，便于南出大海，水陆交通便利，地理条件更为优越，再加上海上航路的改变，广州逐渐取代徐闻、合浦，成为当时最重要的对外贸易口岸，开辟了广州直达东南亚、南亚、西亚的航线，海上丝路的航线日益增多且往来频繁。据阿拉伯人古行记的记载，中国的商舶从3世纪中叶开始西向，从广州到达槟榔屿，4世纪到锡兰，5世纪到亚丁，最终在波斯及美索不达米亚独占商权。[①]西晋太康二年（281），大秦商人循海路抵达广州，带来火浣布等海外珍货。东晋末，前往天竺求法的僧人法显在回程时自师子国（今斯里兰卡）途经耶婆提国（今印尼爪哇岛），转乘一艘载200多人的大船，“东北行，趣广州”，“常行时正可五十日便到广州”[②]。法显所走的正是这条新航线。南朝史籍也明确记载有海舶航行以广州为目的地，以及南海诸国至广州的里程或方位。如《宋书》载元嘉七年（430）诃罗陁（又称“呵罗单”，今印尼境内）国王致宋文帝表称，“愿敕广州时遣舶还”[③]。《南齐书》称宋末扶南国王“遣商货至广州”，至齐时，“商舶远届，委输南州，故交、广富实，牣积王府”。[④]《梁书》记载“狼牙修国，在南海中……去广州二万四千里”，“婆利国，在广州东南海中洲上，去广州二月日行”。[⑤]

两晋南朝，遣使前来的国家包括林邑、扶南、蒲林、诃罗陁、阇婆婆达（今印尼爪哇岛）、媻皇、蒲黄、苏靡黎、婆利（今印尼加里曼丹岛或巴厘岛）、斤陀利、狼牙修（今泰国南部马来半岛北大年及其附近一带）、盘盘（今泰国南部万年湾一带）、丹丹（一般以为在今马来西

① 王仲荦：《魏晋南北朝史》，上海人民出版社，2020，第491页。
② 释法显撰，章巽校注《法显传校注》，中华书局，2008，第145—146页。
③ 沈约：《宋书》卷97《蛮夷传》，中华书局，1974，第2381页。
④ 萧子显：《南齐书》卷58《东南夷传》，中华书局，1972，第1014、1018页。
⑤ 姚思廉：《梁书》卷54《诸夷传》，中华书局，1973，第795—796页。

亚）、干陁利（今印尼苏门答腊岛，或以为在马来半岛）、中天竺（今印度北部及其周边地区）、北天竺（今阿富汗、巴基斯坦北部及其周边地区）、狮子（今斯里兰卡）、波斯（今伊朗）、大秦等20余国。中国海商远航南海、印度洋、波斯湾诸国，把丝绸、陶瓷器出口到海外。外国商贾则带来金银、琉璃、珠玑、沉香、象牙、犀角等商品进行交易。

商舶往来促进了广州港的发展。南朝时航抵广州的海舶数量大增，进港贸易的海舶每年少则三四艘，多则十几艘。南朝政府并未设立专门机构管理海贸，而是由广州刺史和南海郡太守兼管，对进口宝货实行垄断。《梁书》载南海郡海舶“每岁数至，外国贾人以通货易”，“州郡以半价就市，又买而即卖，其利数倍，历政以为常”。[①]广州对外贸易持续发展，外国海商“久停广州，往来求利”[②]。

① 姚思廉：《梁书》卷33《王僧孺传》，中华书局，1973，第470页。

② 释慧皎撰，汤用彤校注，汤一玄整理《高僧传》卷1《译经上·晋江陵辛寺昙摩耶舍》，中华书局，1992，第42页。

第三章 秦至南朝的岭南社会变迁

生产力发展到一定阶段之后，不仅会催生社会阶层的分化，还会带动社会人口、城市等多方面的协调发展。岭南被纳入中原政权统治范围以及逐渐发展的过程一方面展现出与中原文化交流、融合的必然性，另一方面则展现出岭南本土文化固有的包容与开放。在这样的基础上，岭南早期城市的建立、大量内地百姓的南迁、汉朝制度在岭南的全面推行、百越民族风土民俗的渐变，甚至海外贸易交往的正式化都随之发生。民族融合的步伐不断加快，岭南逐渐形成一种具有独特地域特色与社会风貌的文化形态。

第一节

秦汉时期的民族汇聚与民俗发展

岭南地区从部落到封建社会的转型期，也是汉越民族交流与融合的时期。在这一时期，岭南社会催生出封建社会形态下的生产关系及社会阶层，汉越民族的多层面交往、碰撞，进一步促进了岭南地区的发展。城市的建立使岭南人民的生活面向一种新的状态，越族在保留了一部分原有民俗的基础上，生活方式也越来越趋向于汉族的民俗。此外，海外交流与贸易的开展是岭南人民生活的重要组成部分，岭南独特的海洋文化也可以在这一时期中找到成型的踪迹。

一、初设郡县与内地百姓南迁

秦朝在政治上实现了对岭南的统一，然而，秦朝的统治在岭南的社会层面影响尚浅。汉朝时，刘敬向刘邦建议："今陛下虽都关中，实少人。北近胡寇，东有六国之族，宗强，一日有变，陛下亦未得高枕而卧也。臣愿陛下徙齐诸田，楚昭、屈、景，燕、赵、韩、魏后，及豪桀名家居关中。无事，可以备胡；诸侯有变，亦足率以东伐。"[①]此举大幅度地削弱了原有阶层的凝聚力。汉朝通过创建赏赐国姓制度，将原同姓划分为异姓，原异姓归合为同姓，进一步控制原士族后代，从而削弱了原有阶层的阶级意识。

这一时期，生活在南粤的百越民族仍保持部落制，以部落方式聚居，酋长是最高领袖，普通族人的生产和生活均受酋长支配。在这种社会背景下，被秦纳入统治范围的越族社会直接过渡到阶级社会阶段。《汉书》记

① 司马迁：《史记》卷99《刘敬叔孙通列传》，中华书局，1959，第2720页。

载，赵佗在任嚣死后立即“诛秦所置吏，以其党为守假”[①]。汉越杂居的岭南社会受到了迁移至粤的汉人社会阶层的影响，也产生了地主阶层和依附于他们的奴仆。以南迁汉人和当地贵族为代表的地主阶层将汉文化带入南越社会，使其在融合百越民族原有治理方式的同时，又有别于中原的政治体制，形成了独特的社会形态。由于赵佗的“闭关绝道”政策，岭南地区在吸收中原社会的生产关系与统治秩序后，在特定的历史条件下，保证了社会秩序的稳定，免受战乱之苦[②]，稳定发展了近一个世纪。

秦朝的大一统促进了岭南商业的发展。秦始皇三十四年（前213）开始修筑新道，打破了两广与湖南、江西和福建之间的五岭障碍。通过设置横浦关等关卡，秦朝既保护了新道的畅通，又防范和打击了越人的反抗。道路的修筑是秦汉王朝经营岭南的关键，客观上促进了商贾这一新阶层的发展。尽管富比王侯的商贾在岭南出现，但由于秦汉始终实行重农抑商的政策，社会结构仍以农为本、以商为末。社会分工导致了阶层的贫富贵贱分化。商贾虽富却不能为官，普通农民吃穿不足，更难以进入上层社会，因此政权主要掌握在地主阶层手中。在这一阶层中，子弟通过举孝廉或“博士置弟子员”[③]进入政治仕途。

南越国的赵氏王室是汉族人，在推行“和辑百越”政策的同时，参照中原的治理体系，将士、农、工、商四民的社会地位压制于王权之下。越人首领吕嘉在南越国近百年的发展中发挥了重要作用。据史载，吕嘉为南越国丞相，辅佐三代国主，位高权重，吕氏宗族与王室联姻通婚，在越人中享有极高威望。元鼎四年（前113），汉武帝遣使至南越国，告谕赵兴和摎太后，要求南越国归属汉朝，遭到吕嘉的强烈抵制。在汉朝的强大压力和不利形势下，吕嘉率先发难，突袭汉朝军队。汉武帝随即遣军十万，兵分五路，经过一年攻破南越都城，斩获吕嘉首级，南越国灭亡。

秦汉两朝，岭南虽然不属于重要边地，但经历了两次大规模汉人移民和秦始皇为了巩固统治而留下的南略军队，汉人人数达到了二十余万。后来，汉武帝动员十万人平定南越国，铲除了以吕嘉为代表的越人贵族，初步确立了汉人“与越杂处”的社会格局。

① 班固：《汉书》卷95《西南夷两粤朝鲜传》，中华书局，1962，第3847页。
② 张荣芳、黄淼章：《南越国史》，广东人民出版社，1995，第387页。
③ 班固：《汉书》卷6《武帝纪》，中华书局，1962，第172页。

中原移民是使岭南越族社会迈入封建社会并稳步发展的主要力量，而且带来了中原地区的文化和先进生产技术，促进了越人对中原文化的了解。迁居至岭南的汉人大部分是“亡人、赘婿、贾人”[①]等，社会地位较低，到岭南后还是属于被统治阶层中的底层人民。他们与同样处于被统治阶层的越人在感情上容易产生共鸣，思想上容易沟通。此外，移居岭南的汉人大多数是劳动者，掌握了相对先进的生产技术，成为汉文化的直接传播者。不过，汉人大量进入岭南地区是秦朝统治策略的结果，政治制度的推行依赖于强大的戍军。越人未必希望改变习传已久的生活方式和民俗，因此汉越民族之间的隔阂仍然很深。

二、早期城市出现与汉越民族的日常生活

国家文明的形成和阶级社会的发展以城市的出现为标志。到殷商末期，为避免中原战争殃及荆蛮，吴太伯“起城，周三里二百步，外郭三百余里”[②]。时人通过建筑城郭来守君卫民的方式，逐渐影响到了更远的地区。岭南城邑起源于先秦的越人方国，以雒王、雒侯、雒将、安阳王之属的初建城邑为代表。《初学记》记载岭南地区陆续建立了许多使用时间不等的城池，大量的青铜文化考古发现也表明，岭南在青铜时代就产生了酋邦方国文明。[③]

秦统一岭南地区后，南海郡郡治番禺是珠玑、犀角、玳瑁、水果、葛布等物的集中地。南越国时期，南粤地区已经初步建立了以都城番禺为中心，网及珠江沿岸各郡所在地的城市点。当时，各郡县治所在地就是一个商业贸易中心。岭南南越国宫苑以及广州大量秦汉墓葬群的发现，是广东在秦汉时期城市基本状况的缩影。西汉中期以后，随着珠江南岸向前推移，以及城市规模的扩大和人口的增多，四周的墓葬群逐渐向外延伸，墓葬群的分布充分反映了两汉时期番禺城市的变化和发展。

汉武帝平定南越国，岭南重归统一，中央王朝将原南越国地区设九郡。随着郡县制度的推行，城市得以兴建，城邑开始在岭南地区增多。东

① 司马迁：《史记》卷6《秦始皇本纪》，中华书局，1959，第253页。

② 崔冶译注《吴越春秋》，中华书局，2019，第8页。

③ 韦伟燕：《越南境内汉墓的初步研究》，《考古学报》2023年第2期。

“蕃禺”汉式铜鼎

1983年出土于南越文王墓，器盖及器腹近口沿处均刻有“蕃禺”字样。“蕃禺”即番禺，为秦时南海郡治，后为南越国都。这件铜鼎说明广州建城至少已有2200多年的历史，是广州城市建设史的重要物证。

· 南越王博物院藏

汉时期，岭南在骆越“二征之乱”[①]结束后不久，城市建设再次有了大的发展，从现在越南地区汉墓出土的城堡模型、明器来看，大部分为陶制，城楼已经十分壮观，屋上架屋，亭上架亭，陶屋多为干栏式建筑，另有陶望楼、陶城堡、陶仓、陶囷、陶井、陶灶等，还出现了陶船。

整个岭南地区，地广人稀，采摘和渔业是当地人最早出现的物质生产，习俗与闽中、于越混杂。因为地形有利，食物充足，草木繁盛，刀耕火种，水耨除草，瓜果螺蛤能自给自足，居民没有饥馑之患，所以没有积蓄的习惯。南方地势低下，气候潮湿，盛产木料，越人用木、竹等材料在高处结棚而居，房子分为两层，下层用来养牲口，上层用于居住。但越人不事桑事，采木棉为絮。当地居民生活清苦，以通鱼盐之货为生。从整体情形来看，越人不至于挨饿受冻，但也缺少千金富户，大多为勉强温饱的贫困之家。越人以稻米为主食，以鱼贝水产为菜。在此基础上，当地人发展出了种植业，如水稻、柑、橘等。另外，当地还产菖蒲、沉香、青桂香、黄熟香等在晋朝时期就有记载的名贵香料，对于中原香文化的发展起到了推动作用。

岭南各地的一些民俗的形成与当地的地理环境、气候等也有密切关系。临水而居的吴越古人为避蛟龙之害，刻舟龙形，与后来端午节赛龙舟等民俗不无关系。此外，由于林木繁茂，多蛇蟒之害，为躲避攻击，早期越人以“断发文身”为计。东周时期人首柱形饰仅见于岭南出土，其断发文身的越人形象就反映了当时越人的风土民俗。百越民族信奉土神龙母，香港、澳门、珠海等地龙形石壁画的发现，“显示了先民们对海水的依存关联以及敬畏的崇祀意念”[②]。从文献记载和考古发现来看，岭南的社会活动往往与节令及相关的祭祀礼俗紧密联系，城乡生活则基本围绕着礼俗节令的活动展开。《汉书》言“粤人俗鬼”[③]，岭南土民的宗教节庆活动，几乎都是以神灵崇拜与祭祀活动相互交融的形式出现。此外，百越民

① 建武十六年（40），东汉派驻的交趾太守苏定因贪婪暴虐激起当地民众反抗，当地大族征氏姐妹征侧与征贰率领各部落攻城拔寨，后在伏波将军马援的征讨下，二征被杀，暴乱被平复。参见范晔：《后汉书》卷24《马援列传》，中华书局，1965，第838页。

② 李洪甫：《太平洋岩画：人类最古老的民俗文化遗迹》，上海文化出版社，1997，第251页。

③ 班固：《汉书》卷25《郊祀志》，中华书局，1962，第1241页。

族还有凿齿拔牙、椎髻箕踞、喜食蛇蚌、热衷鸡卜、干栏巢居等风俗。娱乐生活则盛行“角抵百戏”。

汉代岭南地方政府，一方面对越人的习俗表示尊重，没有过多干涉，对于有些习俗甚至有从俗之举；另一方面在当地推行汉制礼俗，为越族改变固有风俗创造条件。在没有受到汉族礼仪风俗影响之前，越人“无嫁娶礼法，各因淫好，无适对匹，不识父子之性，夫妇之道”①。后在九真太守任延的倡导下，这一现象方才有所改变。

三、早期的海外贸易与居民生活

秦汉之前，岭南地区的海外贸易处于初步发展阶段，对生活的影响较小，但为秦汉时期及之后海外贸易的发展奠定了基础。秦汉时期，海外贸易快速发展，加强了岭南地区与外部世界的联系和交流，推动了技术进步和经济发展，并对沿海居民的风俗民情形成了一定的影响。

岭南的海外贸易活动可追溯到战国时期。吕思勉认为《史记》提及“珠玑、犀、玳瑁、果、布之凑”之语“非指汉时，可见陆梁之地未开，蛮夷贾船已有至交、广者”。②从考古发现来看，中国的航海术在近5000年前已初现端倪。当时处于东南沿海的居民，在澎湖列岛的南部建立了一个大石器制造场，用火山岩制造体积较大的石碑以及其他石器，然后通过海运输送到台湾岛，证明中国东南沿海的岛屿在新石器时代晚期就出现了较为常见的航海活动。部分沿海居民有机会接触到一些来自海外的物品，虽然数量、种类有限，却在一定程度上开阔了眼界，丰富了生活。

汉武帝平定南越国并使岭南重归统一后，海上丝绸之路的东西方贸易更加繁荣，并且由于番禺在此时已经是一个有着相当规模、人口众多的城市，海上贸易的货物都在此集散，居民的商业意识也较中原地区更为强烈。一些异域的生活方式和文化元素随着海外贸易传入岭南，如胡人俑灯的出现，表明当时的达官贵人可能拥有为数不少来自海外的奴婢，他们会带来一些独特的生活习惯和文化特色。

① 范晔：《后汉书》卷76《任延传》，中华书局，1965，第2462页。

② 吕思勉：《吕思勉读史札记》，译林出版社，2016，第488页。

从岭南地区的汉代遗址研究中可发现，番禺、徐闻和合浦三个港口附近出土了大量的玻璃、玛瑙、香料等舶来品，这些物品深受贵族阶层喜爱。例如，熏炉的出土，反映出熏香的风行；还有狮形琥珀珠、棱柱形琥珀珠、榄形玛瑙串珠的出土，都体现出海外时尚对岭南地区的影响；椰子、沉香、菠萝蜜等热带作物在徐闻率先扎根，丰富了当地的农作物品种和人们的饮食选择，饮食方式更加多样化。

贸易带来的影响是双向的。两汉时期的中国丝绸向其他国家和地区输出，带来巨大的社会影响之余，还出现贸易顺差，使处于汉王朝南方门户的岭南丝织业出现了“一岁八蚕”的局面。另外，一种新兴的工艺品——錾刻花纹铜器的生产，也是在此时发展起来的。通过与海外的贸易往来，当地的特产能够输出到其他地区，同时也引入了外部的资源和技术，推动了农业、手工业等行业的发展，提高了人们的生活水平。岭南地区的传统青铜文化受来自内地的汉文化影响，逐渐演变为汉越融合的文化样貌。岭南的徐闻、合浦、交趾地区诸港，已成为东西方交通的重要中转站，手工业、商业都很繁荣。手工业和商业的繁荣，为政府增加了财政收入。

商业的发达，在客观上培养出沿海居民开通、进取的性格。但高额利润的回报往往也伴随着生命的代价。从6世纪左右关于航海的阿拉伯民间传说中，可以推测出早出五六百年的中国海上贸易活动更是百死一生之旅。而权贵阶层对来自岭南的珍宝异物的看重，更是加深了贫苦百姓的危难。

第二节

三国两晋南北朝的人口流动与民族融合

三国两晋南北朝是岭南实现汉越民族融合的一段重要时期，越人在国家权力的干涉下与汉人进一步交融，来自北方的汉人则为了自身的生存、发展，也因地制宜地改变了原有的生活状态。

一、南朝时期的中原移民与风俗渐变

秦朝以前，岭南被中原人视为南蛮之地，在秦朝于此地建郡之前甚至“无所谓明都”[1]。继秦朝中原人初入岭南之后，两汉期间因南征、战乱，又有三次较大规模的中原人南下入岭。从汉代开始，中原文化真正深入岭南，使当地居民普遍学会了使用、制作铁制农具和牛耕，并学会了制造砖瓦，同时移风易俗，兴办与中原地区相类似的学校，社会发展进入了一个新的阶段。

西晋末年，继司马氏八王之乱后，匈奴贵族刘渊入据洛阳、长安，城中人相食，死者过半。被称为“流人”的中原人民，一部分从黄河流域迁入长江流域，一部分则进入珠江流域。南粤为中原流人提供了一个较为安定的生活环境，接纳了大批经洞庭湖沿湘漓进入粤西，经鄱阳湖沿赣水进入粤北，经闽浙沿海进入粤东、粤中的流人。

持久的战乱促使中原人不断南迁。相对于因战乱而遭到严重破坏的北方而言，南粤较少受到战火的影响，社会相对安定平静。较之秦汉时期的汉人南迁，这次移民的特点是自愿性强、时间长、阶层广、人数多，因而对南北文化的融合影响深远。

大量来自雍州、凉州、汉中、益州、并州、幽州、冀州、司州、洛阳、安庆、徽州、青州、临淄的北方百姓携家带口，从陆路南迁，其中不乏士族地主，包括一些上层地主，甚至是两晋统治阶层的成员，都陆续进入了岭南。除此之外，还有一部分江浙人因“东土多赋役，百姓乃从海道入广州”[2]。这样一来，士、农、工、商四民重新在岭南扎根，打乱了当地原有的社会阶层分布，优化了生产力与生产关系，一些原本的名门望族又迅速成为当地新的望族。

越人面对这些外来的“不速之客”并不感到欢喜，史书记载“广州诸山并俚、僚，种类繁炽，前后屡为侵暴，历世患苦之”[3]。朝廷一方面为了汉人能够在此安居，另一方面由于几次大规模讨伐后“所获珍异，皆是未名之宝”，所以无论是出于自卫或治安的目的，还是出于获取利益的考

① 吕思勉：《读史札记》，译林出版社，1980，第363页。

② 房玄龄等：《晋书》卷73《庾亮传》，中华书局，1974，第1932页。

③ 沈约：《宋书》卷97《蛮夷传》，中华书局，1974，第2379页。

虑，这一时期的朝廷都开始有意识地将蛮俚纳入统治。官府在俚汉杂居的地区，将俚人纳入郡县编户，又开展教育以移风易俗；在俚人聚居区域，则以原来部落和溪洞为基础，设立左郡、左县，还对现有政区作调整，分交广之地设立越州，将高凉郡升为高州；同时，设西江与南江、东江督护，专司征讨之事。随着汉族在南方的开发，大部分越人与汉人逐渐融合，而南蛮校尉府、宁蛮校尉府的出现，则进一步"导致蛮的社会集团遭到彻底性破坏"[①]。

原有的越人社会对"法"的观念淡薄，"赕（dǎn）"制度的通行在一定程度上缓和了汉人与越人之间的矛盾，如"伤人者论，杀人者得以倓钱赎死"[②]。到南朝时，赕作为赎罪之物的同时还产生了税赋的意义，《南齐书》中多处记载了州刺史从蛮、僚帅处收赕之事。从越人处收赕之外，朝廷还试图掠取越人所拥有的特产、田地、矿山、盐井等资源。为了安抚俚人（越族），南朝统治者实行"羁縻"政策，在原地大量封官，所以广州境内的郡数不断增多，造成了地方官僚机构的臃肿。

国家对越人的讨伐、羁縻，使越人首领及其家族成员或者被朝廷吸纳，通过赐姓等方式改变原有身份；或者与汉人联姻，逐渐融入汉文化圈，并对本族人民发挥汉文化的影响力。另外，由于市场交易、贸易活动、雇佣劳作、人口迁移等原因，汉越两族的平民之间产生了错综复杂的交集。这些状况使越人逐渐改变了原有的生活模式，或主动或被动地接受了汉文化的影响。

二、"唯用一好心"的冼夫人

东汉以后的俚僚是岭南百越民族的后人，其中活跃于粤西、海南、广西东南及南部的被称为俚，活跃于闽粤赣三省交会处的被称为蛮或僚。秦末以来，俚人都是岭南地区土著中的主体，在本地人口中占比很大。俚人随山洞而栖，各有部落。部落之间大小不等，各为雄长，互相攻讨。也有势力较大的部落联盟，由酋帅们统治，互相攻杀，少与汉人往来，这种状

① 川本芳昭：《魏晋南北朝时代的社会与国家》，黄桢、张雨怡译，复旦大学出版社，2022，第341页。

② 范晔：《后汉书》卷86《南蛮西南夷列传》，中华书局，1965，第2842页。

况在很大程度上阻碍了俚人社会的进步。至南朝宋时，俚僚是南朝岭南地区的一股重要力量。

岭南俚人世族高凉冼氏有女自幼贤明睿智，善于谋略，因为会行军打仗，善于抚慰部众，成为俚族的大首领，被尊称为“冼夫人”。她坚决反对俚人互相攻杀，主张和睦相处，遵守信义，曾多次调解部落之间的怨隙，又制止其胞兄掠夺旁郡，因而不但为高凉一带的俚人所推服，也为高凉以外广大地区的诸越所拥戴，归附者千余洞。

诸越在她的统领下，止息怨隙，境内安宁。她愿意接受汉人的礼制和先进生产技术，与汉人往来密切。其时，冯宝任高凉太守，其父冯融为罗州刺史。冯融赏识冼夫人的才德，希望借助她治服诸越，故命冯宝娶其为妻。两人婚后感情甚笃。冼夫人仍然是俚人大首领。她约束俚人，改造俚人的旧俗，要求他们同汉人一样遵守汉族礼仪；与冯宝共同议定政事，公平地裁决汉俚纠纷，即使有至亲犯法，也无舍纵。从此，当地政令有序，俚人、汉人皆不敢违抗。

汉族在岭南的扎根必然需要得到当地俚蛮的合作，尤其是初来乍到之时，能否与当地人搞好关系是关键。冯氏一族与越族高凉冼氏的结合，使冯氏在本郡三世为太守，冼氏一族也与官府建立了联系。可以推测，汉族在适应了越人的风俗习惯之后，与当地人有了越来越多的婚姻联系，并通过礼乐文化的吸引力对俚越民族产生了一定影响。

冯宝死后，冼夫人进一步对百越民族施行怀柔政令，治下的几个州都较为安稳。陈永定二年（558），冼夫人遣子冯仆率南越诸首领至建康朝觐陈武帝。之后，广州刺史欧阳纥召冯仆至高安并扣留，引诱其共同反叛。冼夫人得知此事后，为了维护国家统一，不顾亲子被扣，毅然发兵拒境，率领百越酋长同往迎敌，欧阳纥溃败。诏使持节册封冼夫人为“中郎将”“石龙太夫人”，出行的规模等同于刺史。

至此，冼夫人得到朝廷赋权，成为陈朝在岭南行使辖控权力的代理。陈朝亡国后，岭南未有依附，冼夫人以其威望得到岭南数郡的信赖，将公事办得颇有条理，汉人、俚人之间相安无事，使由冼夫人领头保境的高凉几郡在乱世中保持了安宁，因此她被尊为保境安民的“圣母”。史载，陈将徐璒以南康（今江西赣州）拒守，隋文帝所遣的招抚使不敢入岭。在此朝代更替之际，冼夫人见到昔日献于陈主的扶南犀杖与兵符，验知陈亡，于是在集数千首领尽日恸哭后，才遵陈后主谕令归附隋朝。随后，冼夫人遣其孙冯魂率众迎隋使进驻广州，岭南入隋。

隋文帝册封冯魂仪同三司，敕冼夫人“宋康郡夫人”号，开设府署、辟置僚属。不久，番禺俚帅王仲宣携诸越首领反叛，冼夫人遣孙冯盎率兵讨伐，大败王仲宣。叛乱平定后，冼夫人护卫隋使臣巡抚诸州，招慰亡叛，借此机会重组地方秩序。隋文帝赞赏冼夫人，封“谯国夫人”，掌控六州兵马的听发权，“若有机急，便宜行事”。其夫冯宝被追赠为广州总管、谯国公，孙冯盎拜高州刺史。

隋文帝特别降敕书给冼夫人，令其教育训导子孙，要遵守当时的礼教规则，并服从朝廷命令。于是，此后每岁大会，冼夫人俱以隋文帝赐物陈设于庭，教诲孙裔赤心尽忠。后又爆发一起俚僚因番州总管赵讷贪虐而亡叛的事件。冼夫人知悉后，立即上禀朝廷。隋廷惩治赵讷后，冼夫人亲载诏书，以王朝使者身份出巡十余州，招慰亡叛俚僚，其所至处，众叛皆降。为表示嘉奖，隋文帝赐冼夫人临振县一千五百户作汤沐邑，又追赠其子冯仆为崖州总管、平原郡公。隋仁寿初，冼夫人与世长辞，谥号“诚敬夫人”。

“冼夫人”是当时族人和后人对她的敬称，其名已不可考。冼夫人经历梁、陈、隋三朝，驰骋岭表六十多年，在对子孙的宣教时，总言“汝等宜尽赤心向天子。我事三代主，唯用一好心”[①]，这一话语成为冼夫人一生为岭南稳定发展鞠躬尽瘁的写照。

以冯氏、冼氏为代表的汉人长官和俚人渠帅的活动，有利于民族隔阂的进一步消除。长期通婚以及封建礼制的渗透，使俚人与汉人逐渐交融，“越”“蛮”“僚”等古代岭南少数民族的泛称逐渐从史籍中消失，一部分溪洞俚人仍然保留自身的特点，以“瑶”“壮”“畲”“黎”等专称保留下来。南北朝是岭南地区在秦汉之后民族融合的又一个重要时期，冼夫人为维护国家统一，促进汉越民族融合以及俚人社会的进步作出了历史贡献。

① 魏征等：《隋书》卷80《谯国夫人传》，中华书局，1973，第1800页。

第四章 岭南儒释道文化的初兴

自秦汉起，中原王朝便开始向岭南地区推行儒家礼教，岭南逐渐形成了一套官私学体系，培养了一批儒家士人，更孕育出经学大师陈元。随着岭南开发的深入，反映岭南自然和人文地理的《异物志》《南方草木状》等地志作品相继问世。东汉以后，道教和佛教先后从岭北和海外传入。汉魏道教的集大成者葛洪，在罗浮山修道炼丹，开创了岭南道教，也使罗浮山成为道教圣地。以达摩为代表的“外国沙门”纷纷登陆广州，产生了广泛影响，不仅岭南官宦多出礼佛者，岭南佛寺和佛教徒数量也不断增多。儒释道三教在岭南的碰撞融合、交相辉映，构成了中古以前岭南文化的“三驾马车”。

第一节

儒学文化初布

汉朝将岭南纳入郡县后派遣了一批循吏治理。他们兴办学校、招揽中原人才，逐步改变了岭南地区相对落后的文化面貌，培养了一批岭南本土的儒家士人，儒家文化就此在岭南生根发芽。

一、官私之学与儒士大夫兴起

建元五年（前136），汉武帝设置五经博士，元朔五年（前124），在丞相公孙弘的建议下，又设置了太学，其后地方郡国学也得以推广。元始三年（3），执政的王莽进一步制定了地方学校制度，规定："郡国曰学，县、道、邑、侯国曰校，校、学置经师一人。乡曰庠，聚曰序，庠、序置《孝经》师一人。"[①]汉代中央与地方的学校均以儒家五经为教材，通经与仕途被捆绑到一起。为了获取进身之阶，全国士人皓首穷经，客观上推动了儒家文化的传播和中华民族共同心理的形成。

西汉时期，岭南诸郡何时设立学校已不得而知，但地方官学肯定存在，而且培养了一些儒家士大夫。如邓宓，番禺人，有勇有谋，汉武帝元狩末年被交趾部刺史罗弘举为茂才，"为属国都尉，寻为南海郡丞，至日南太守"。邓宓善于"柔远，民夷怀之"，这是儒家一贯的统治策略。何丹，字伯张，浈阳人，汉成帝鸿嘉初被举为茂才，"为含洭长，累迁中散大夫"，曾不畏强权，顶撞王莽，"出为松滋令"。何丹为官"慈祥岂弟，爱民如子"[②]，是典型的儒家士大夫作风。

① 班固：《汉书》卷12《平帝纪》，中华书局，1962，第355页。

② 欧大任：《百越先贤志》，收入《景印文渊阁四库全书》第453册，台湾商务印书馆，1986，第734—735页。

陈钦（前34—15），字子佚，广信人，是岭南最早的古文经学家。[①]他自幼勤奋好学，熟读儒家五经，才智过人。汉成帝建始元年（前32），陈钦被交州刺史举为茂才。在京城，他先是按照朝廷要求研习今文经，后师从古文经大师贾护，学习《左氏春秋》，成为《左氏春秋》的重要传人。陈钦治学，别开蹊径，自成一家。王莽执政时，曾为其讲授《左氏春秋》。自著的《陈氏春秋》（已佚），是岭南地区最早的学术著作，开南粤经学之先河。时与刘歆齐名，屈大均赞其为“粤人文之大宗”。

东汉时，岭南地区对学校的设置已有明确记载。《后汉书》的《卫飒传》记载桂阳太守卫飒“修庠序之教”[②]，《栾巴传》记载桂阳太守栾巴“兴立学［校］，以奖进之。虽干吏卑末，皆课令习读”[③]。南海、苍梧虽未有官学记载，却有私学存在。黄豪，字子微，南海人，16岁便能通《论语》《毛诗》，20岁时被举为茂才，后留寓广信，教授生徒。东汉末年，中原大乱，岭南成为一批儒家学者的避难之所，因而私学大盛。北海人刘熙，博学多闻，名重一时，避地岭南，往来苍梧、南海之间，教授生徒数百人，作《释名》27篇，又著《谥法》3卷，皆行于世。[④]

东汉末年岭南儒学的颇快发展，离不开当权人物的重视与力推，士燮便是其中典型。士燮（137—226），字威彦，广信人。他的先祖原籍山东，王莽时来交州避难。士燮“少游学京师，事颍川刘子奇，治《左氏春秋》”，后任交趾太守。他的几个弟弟也先后担任合浦太守、九真太守和南海太守。士燮“体器宽厚，谦虚下士”，善治《左氏春秋》，并为之作注。袁徽曾在给尚书令荀彧的信中，夸赞士燮的儒学素养与治绩，曰：“交阯士府君既学问优博，又达于从政，处大乱之中，保全一郡，二十余年疆场无事，民不失业，羁旅之徒，皆蒙其庆，虽窦融保河西，曷以加之？官事小阕，辄玩习《书》《传》，《春秋左氏传》尤简练精微，吾数

① 自汉武帝设五经博士后，儒学进入经学化时代。汉代的经学分今文经和古文经两派。今文经学注重现实政治，其经典多为汉代学者用当时通行的隶书书写。古文经学则侧重考证和训诂，其经典多以先秦古文字书写。西汉时，今文经为官学，影响巨大，古文经则在西汉末年开始崛起，东汉以后今古文经逐渐合流。

② 范晔：《后汉书》卷76《卫飒传》，中华书局，1965，第2459页。

③ 范晔：《后汉书》卷57《栾巴传》，中华书局，1965，第1841页。

④ 方志钦、蒋祖缘主编《广东通史》（古代上册），广东高等教育出版社，1996，第294页。

以咨问传中诸疑，皆有师说，意思甚密。又《尚书》兼通古今，大义详备。闻京师古今之学，是非纷争，今欲条《左氏》《尚书》长义上之。”士燮统治岭南期间，形成了以士氏兄弟为核心的“左氏学”群体。他们在当地设官学广收门徒，讲经著述以育文风，培养出许多杰出人才，为岭南地方的发展，特别是儒学的传播发挥了巨大的作用。①

两汉时期岭南大地接受了儒家文教与经术思想的洗礼，诞生了最早的一批儒家精英。这些人研习儒学经典，著书立说，培养后学，为早期岭南思想文化的起步与发展奠定了基础。

二、陈元、虞翻与岭南经学

在岭南经学的发展史上，陈元与虞翻起到过关键作用。

陈元，字长孙，广信人，古文经学家陈钦之子。“元少传父业，为之训诂，锐精覃思，至不与乡里通。以父任为郎。”汉光武帝初年，陈元与桓谭、杜林、郑兴等古文经学家“俱为学者所宗”。时议欲立《左氏春秋》博士，范升上奏认为《左氏春秋》浅末，不宜立。陈元闻之，与其反复辩难，最终得到汉光武帝的同意，立《左氏春秋》于学官，他也顺理成章地成为最早的四位《左氏春秋》博士之一。②屈大均在《广东新语·文语》中评价：“然则文其以汉之陈元为始乎。其请立《左氏》一疏，大有功圣经。”③陈元继承家学，在古文经《费氏易》和《左氏春秋》的研究和传授上，是当之无愧的专家，具有重要贡献。陈元“以才高著名”，后因病辞官讲学，著有《左氏同异》（已佚）。《广东通志》《广西通志》称陈元“独能以儒学振兴一时，诚岭海之儒宗也”。其子陈坚卿，继承先志，“有文章”“有名当世”。粤人称呼陈氏祖孙三代为“三陈”，尽管陈元及其子成长、治学于河洛，与原籍乡里联系很少，但后世粤人以“三陈”为榜样，慕风向学，积极接受儒家的礼仪教化，对于当时作为“边鄙之地”的岭南意义重大。

① 陈寿：《三国志》卷49《吴书·刘繇太史慈士燮传》，中华书局，1959，第1191—1192页。

② 范晔：《后汉书》卷36《陈元传》，中华书局，1965，第1229—1234页。

③ 屈大均：《广东新语》卷11《文语》，中华书局，1985，第318页。

虞翻（164—233），字仲翔，会稽余姚（今属浙江）人，因得罪孙权，被贬交州。到南海后，虞翻将原南越王赵建德官邸修整一番，世称“虞苑”，在此专心治学。作为汉易之集大成者，虞翻研究《易》学的成就，基本是在岭南完成的。他能够并敢于匡正经学大师郑玄的注释，足见其治经学的功力不凡。虞翻在岭南十余年，除了学术研究外，最大的贡献就是讲学，史载他“讲学不倦，门徒常数百人”。汉末至三国，岭南文化教育事业的发展与虞翻的贡献直接相关。虞翻有十一子，第四子虞汜最知名。虞汜，字世洪，出生于南海，年16，父卒，还乡里，后曾拜交州刺史、冠军将军、馀姚侯。[①]可见，虞氏父子两代人与岭南渊源甚深。

从“三陈”到虞翻，东汉的主流学术古文经学传入岭南，对岭南学术思想的发展产生深远影响，后世的南粤学者多以治古文经为主。

三、从《异物志》《南方草木状》到《南越志》《广州记》

随着岭南开发的不断深入，五岭南北人员的往来交流日益增多。一批出自儒家士大夫之手，能够向内地反映岭南地区自然和人文地理的地志类作品应时而生。

《异物志》，又称《南裔异物志》，是东汉杨孚所撰的中国第一部地区性物产志，《隋书·经籍志》载有“《异物志》一卷，后汉议郎杨孚撰”“《交州异物志》一卷，杨孚撰”，《宋史·艺文志》始不见著录。可见，书在宋代以后亡佚。《异物志》成书于东汉和帝年间（89—105），虽已亡佚，但内容散见于各种类书及古籍中，清人将其辑出一卷，收入《岭南丛书》和《汉唐地理书钞》。《异物志》作为岭南第一部物产志，留下了汉代岭南地区丰富的第一手资料。

杨孚，字孝元，番禺人，汉章帝时举贤良，以对策入选议郎，有卓识，敢谏言，史有“世服孚高识”之誉。东汉时，南方地区开发的速度加快，“殊异之物多为中原所未有，览者异之”。为使人们了解真实的岭南风俗物产，杨孚遂有《异物志》之作。[②]《异物志》首次分类记载了岭南

① 陈寿：《三国志》卷57《吴书·虞陆张骆陆吾朱传》，中华书局，1959，第1317—1328页。

② 罗晃湖：《杨孚及其〈异物志〉考述》，《广东图书馆学刊》1983年第1期。

动植物及矿物的种类、形态、价值以及民俗，据《异物志辑佚校注》初步统计，《异物志》共涉及动物52种、植物37种、器物9种、特殊风俗物类14种。此外，《异物志》运用韵语，便于诵读，屈大均在《广东新语》中认为“《异物志》是诗之流亚，广东之诗，实始于杨孚”。杨孚的《异物志》出现后，各种不同地域的异物志纷纷问世，可见其影响之大。

《南方草木状》是晋代嵇含所撰的一部植物志，被认为是“世界第一部地区植物志”。该书成于西晋永安元年（304），分上、中、下三卷，卷上草类29种，卷中木类28种，卷下果类17种、竹类6种，共80种植物。这80种植物分布在岭南各地，作者记述了它们的产地、形态、功用以及相关掌故等，详略不一。该书纲目分明，言简意赅，描写准确，是研究古代岭南地区植物分布的宝贵资料。此外，书中还记述了岭南各地的风土人情，是研究岭南史地、民俗的珍贵资料。该书的问世，客观上推动了魏晋以后笔记小说的发展。嵇含（263—306），字君道，“竹林七贤”之一嵇康的侄孙，曾任广州刺史。《隋书·经籍志》录有《嵇含集》10卷，已佚，现仅有《南方草木状》一书传世。①

《南越志》是南朝刘宋沈怀远所撰的地志作品。该书至南宋时期还流传甚广，元末明初陶宗仪《说郛》辑录《南越志》十余条，据此可知其约亡佚于元代以后。现存《南越志》佚文246条，内容驳杂，涵盖地理沿革、山水名胜、物产风俗、历史内容、传说故事等，甚至具有小说化的书写内容。其中，所述地理、风物等内容较多。该书为后人了解和研究古代岭南地区提供了珍贵的史料。沈怀远，吴兴武康（今浙江德清县西）人，出身于大族吴兴沈氏，因被卷入刘宋宗室内斗而被贬至广州。《南越志》便是其在广州时所撰。沈怀远娴于文笔，《隋书·经籍志》著录有《沈怀远集》19卷，后亡佚。清严可均《全宋文》辑其佚文两篇，内容是岭南地区的风物，与《南越志》所记相符。②

《广州记》有两部，一为顾微《广州记》，一为裴渊《广州记》。二书皆已亡佚。顾微，吴晋时人，字子欢，西晋初年撰《广州记》；裴渊，大致生活在东晋末年至刘宋初年。从现存的内容看，顾微《广州记》侧重

① 朱晓光、朱玲玲：《嵇含及其〈南方草木状〉》，《中医文献杂志》1998年第3期。

② 江永红：《南朝宋沈怀远〈南越志〉考论》，《中国地方志》2016年第6期。

于记载岭南地理、花木，裴渊《广州记》除记地理、花木外，还记载历史事件、城市胜迹。两部《广州记》的先后问世，反映出晋代岭南开发进程的加快和北人对岭南事物津津乐道的历史面相。[①]

第二节

道教南传与洞天福地

道教是中国的本土宗教，最早形成于东汉末年的蜀地。它的传播依靠多种途径和方式，传入岭南则主要通过楚地、蜀地和吴地与岭南的文化交流和人员往来实现。

一、葛洪与汉晋道教之集大成

东汉末年，中原丧乱，大批移民流入岭南。其中，信道人士为数颇多，这与道教在北方参与起义而被镇压受挫有关。西晋的永嘉之乱，又形成了一波移民潮，这批移民主要是以家族为核心的衣冠士族，其中多有信奉道教的个人甚至家族。他们的南下，势必将道教传入岭南。

道教的南传，首先从道士的南下传道开始。王远，字方平，汉桓帝时著名道士，相传他“常居昆仑山，往来罗浮山及句曲，惟乘一黄麟，十数侍者，山海神皆奉迎拜谒”[②]。“衡山有学道者张礼正、李明期二人……患丹砂之难得，俱出广州为游客。”[③]另据《罗浮山志汇编》载，葛玄

① 陈泽泓：《五羊传说勾沉：以旧志记载为中心》，载广州市文化广电旅游局、广州市文物博物馆学会编《广州文博·拾叁》，文物出版社，2020，第111—118页。

② 黄佐：《广东通志》，广东省地方史志办公室誊印，1997，第1648页。

③ 佚名：《道迹灵仙记》，载《道藏》第20册，文物出版社、上海书店出版社、天津古籍出版社，1988，第49页。

"上罗浮遇苏元朗授以金丹之旨……于飞云顶炼丹得仙"[①]。除了南下道士外，南下岭南任职的地方长官，也多有信道之人，著名者如张津。"昔南阳张津为交州刺史，舍前圣典训，废汉家法律，尝著绛帕头，鼓琴烧香，读邪俗道书，云以助化，卒为南夷所杀。"[②]

有正史可考，最早来岭南传播道教的是晋人鲍靓。鲍靓，字太玄，东海（治今山东郯城县北）人，"学兼内外，明天文河洛书""为南海太守，尝行部入海，遇风，饥甚，取白石煮食之以自济……尝见仙人阴君，授道诀，百余岁卒"[③]。鲍靓被奉为"岭南道教的开创者"，其女鲍姑亦承袭父业。

对岭南道教发展影响最大的是鲍靓的女婿葛洪。葛洪（283—363），字稚川，出身于江东官宦世家，祖、父任过吴晋时的高官。葛洪13岁时父亲去世，家道中落，好学的他白天去砍柴以换取纸笔，"夜辄写书诵习，遂以儒学知名"。葛洪个性寡欲，"为人木讷，不好荣利""尤好神仙导养之法"。晋太安年间，他以军功迁伏波将军。眼见天下大乱，葛洪遂借好友嵇含担任广州刺史的机会，以嵇含参军的名义先行南下避乱。嵇含遇害后，葛洪便留在了岭南。

葛洪在岭南居留的五年里，遇到了南海太守鲍靓。鲍靓精通道教理论、医术和养生之术，非常欣赏葛洪，于是将女儿鲍姑嫁给他。"洪传玄业，兼综练医术，凡所著撰，皆精核是非，而才章富赡"[④]。葛洪还在罗浮山师从郑隐习得炼丹之法。郑隐是葛玄的弟子，葛玄是葛洪的从祖，号葛仙公。

葛洪后来回到家乡，在东晋朝廷内任职，闲暇时撰写《抱朴子》。干宝因与其亲善，遂向朝廷推荐葛洪，认为他"才堪国史，选为散骑常侍，领大著作"，但葛洪无心仕途，推辞不就。咸和七年（332）后，葛洪自感年老，打算炼丹以延年益寿，听说交趾出丹砂，就向朝廷请求"为句漏令"。朝廷批准后，葛洪便带领子侄一同前往。到达广州后，刺史邓岳希

① 宋广业：《罗浮山志汇编》，收入《续修四库全书》卷725，上海古籍出版社，2002，第578页。

② 陈寿：《三国志》卷46《吴书·孙破虏讨逆传》，中华书局，1959，第1110页。

③ 房玄龄等：《晋书》卷95《鲍靓传》，中华书局，1974，第2482页。

④ 房玄龄等：《晋书》卷72《葛洪传》，中华书局，1974，第1911页。

望他留在广州，葛洪遂隐居罗浮山炼丹，“在山积年，优游闲养，著述不辍”，直至81岁去世。葛洪的著作主要是《抱朴子》。①

葛洪集汉晋道教之大成，创立了道教丹鼎派和神仙理论。他的弟子黄初平，又称“黄大仙”，是粤港澳地区道教信众崇奉的一位地方神，对道教在岭南的传播起了很大作用。东晋末年爆发孙恩、卢循起义，卢循率领起义军南下攻入广州，在广州活动七年，将天师道传入岭南。

二、罗浮山与五羊仙城

道教文化对岭南地区影响深远，素有“百越群山之祖”之称的罗浮山因道教而成为“洞天福地”；广州城亦因道教色彩浓郁的传说而得名“五羊仙城”。可以说，罗浮山与广州城在世人眼中的形象是道教文化对岭南产生深刻影响的集中体现。

罗浮山为罗山和浮山的结合体，位于今惠州市博罗县北。自秦汉以来，罗浮山便是道家炼丹制药、养生修仙的胜地，被道教尊称为“十大洞天之第七洞天，七十二福地之第三十四福地”。

罗浮山作为“仙山”，从它由两座山组合而成的传说中可见一斑。据明陈梿《罗浮志》记载，浮山是蓬莱的一岛，尧时为洪水所冲漂浮而来，与罗山合而为一。另据清屈大均《广东新语》载，蓬莱有三别岛，浮山是其中之一；太古时，浮山自东海漂来，与罗山合而为一；然而体合而性分，罗浮山的草木鸟兽，至今有山海之异，浮山的皆为海类。明清文人将罗浮山与秦汉以来著名的“神山”蓬莱仙岛捆绑到一起，为罗浮山增添了不少“仙气”。

东汉以降，罗浮山独特的自然景观和丰富的植物资源吸引了不少道教徒南下修炼，使其成为当之无愧的岭南道教发祥地。据《南海志》载，鲍靓精通仙道，为南海太守时，白天处理民政，夜晚来罗浮山。相传葛洪在罗浮山修道时，鲍靓夜里常往来山中，与葛洪彻夜长谈。

相较于鲍靓，葛洪对罗浮山成为道教圣地的作用更巨。葛洪一生在道教理论与著述上的成就基本在罗浮山上完成。为了修道传道，葛洪在罗浮

① 房玄龄等：《晋书》卷72《葛洪传》，中华书局，1974，第1912—1914页。

山上修建了冲虚（南庵）、白鹤（东庵）、孤青（西庵）、酥醪（北庵）四庵，并在此收徒讲学。冲虚观后来成为岭南道观的祖庭。自葛洪后，岭南道教绵延不绝，罗浮山成为岭南道教的发祥地，影响着整个岭南道教的走向。①

广州别称“羊城”“五羊城”，源自“五羊衔谷，萃于楚庭”的传说。相传周夷王时，有五位身着五色彩衣的仙人，手持稻穗，各骑仙羊，自南海降临古广州（时称“楚庭”），把稻穗赠给百姓，传授水稻种植技术，并祝福此地五谷丰登、永无饥荒。祝罢，仙人飘然而去，五只仙羊化为石羊留在广州。于是，广州有了“五羊城”“穗城”“羊城”等美称。事实上，这一传说表达的是岭南先民对美满富足生活的向往和希冀，其积极的象征意义被后人广泛接受。南汉时，广州修建了一座五仙观，来纪念那些传说中造福此地的仙人。新中国成立后，人民政府在越秀山建起五羊石像、五仙人像，成为广州的城市地标。

第三节

佛教东来与落地

佛教起源于印度，其传播主要是通过佛教徒向外的传法活动。佛教传入中国分海、陆两途，广州是佛教从海路进入中国的第一站。

一、“外国沙门”浮海而来

随着海上丝绸之路的畅通，越来越多的“外国沙门”来到交、广，在此译经传教。孙吴孙皓统治时期，西域人强梁娄至（中国名“真喜”）泛

① 罗立群：《笔记、方志中的罗浮山与岭南道教》，《韶关学院学报（社会科学版）》2017年第1期。

海来到广州，在此译《十二游经》1卷1部。与强梁娄至一同到达广州的还有天竺人迦摩罗，他在广州城内修建了岭南历史上最早的佛教寺庙。

昙摩耶舍，中国名“法明”，罽宾国（今喀布尔河下游及克什米尔一带）人，东晋隆安年间来到广州，住白沙寺。他有弟子85人，其中有一名清信女（指接受五戒的在家女居士）是广州刺史的女儿。昙摩耶舍为她解经，并为其翻译出《差摩经》1卷。

求那跋摩，罽宾国人，刘宋元嘉初年由海路漂流至广州，“深明律品”“总学三藏”，故以“三藏”为号。宋文帝邀请他去京城，他在路过粤北始兴时，住灵鹫山，别立禅室。此是岭南修禅的最早记录。求那跋摩在广州前后4年，翻译经书26卷，是在中国建立戒坛的第一人。

求那跋陀罗，中天竺人，刘宋元嘉中期来到广州。他甫一抵达，广州刺史车朗就将情况上报给朝廷，宋文帝马上下令让使节迎接求那跋陀罗进京。

智药禅师（约463—656），天竺人，梁武帝天监年间来到广州，在广州王园寺手植从天竺带来的菩提树。他到粤北韶州曹溪水后，预言“后一百七十年，有肉身菩萨，于此树下开演上乘，度无量众，真传佛心印法主也”①。

菩提达摩（？—536），南天竺人，梁武帝普通年间来到广州。他在绣衣坊码头登岸后，便在附近结草为庵，潜心苦修，是为西来庵。这是达摩在中国亲自建立的寺庙，清代改为华林寺。达摩祖师学识渊博，三藏五明，无不博通，因在中国首传禅宗，故被尊称为“禅宗之初祖”。他的佛教思想对后来的中国文化有着深远影响。达摩祖师来到广州后，广州刺史将此事上报梁武帝，以“佞佛”著称的梁武帝很快便派人将达摩祖师迎请到京。到了建康后，达摩祖师与梁武帝会晤，但机缘不契，遂一苇渡江，北上洛阳。后至嵩山少林寺，面壁9年，临终前将衣钵传与弟子慧可，并传《楞伽经》4卷。广州是达摩祖师传法的第一站，后世信徒将其当年的登陆地称为“西来古岸”，附近一带称为“西来初地”，以示纪念。②

波罗末陀（约499—569），西天竺人，中国名“真谛”。他于陈武帝

① 释真朴重修《曹溪通志》，杨权、张红、仇江点校，广东教育出版社，2016，第6页。
② 释道宣：《续高僧传》，文殊出版社，1988，第470页。

年间到广州，受到广州刺史欧阳頠延请，住制止寺。波罗末陀在此从事译经20年，前后所出经书多部，皆为中国未见者。

尽管多有“外国沙门”及岭北僧侣来岭南传法译经，但岭南本地并未出现佛法精深的高僧大德。[①]此外，六朝时期还出现了从广州出航的海路求法活动。据统计，有史可考的海路求法的183人中，东晋有10人，南朝刘宋有3人，南朝萧梁有82人，唐朝有68人，无法确定朝代的有20人。[②]其中，萧梁的82人，其实是梁武帝派遣的三批使团的总人数。这些人似乎都是俗家，且只到达扶南，并未带回什么佛经。刘宋时的3人则是东晋僧侣求法活动的余绪。

二、佛寺大兴

“外国沙门”将佛法带来中国的同时，也掀起了兴建佛教寺院的潮流。迦摩罗在广州修建了岭南最早的两所寺院：三归寺和仁王寺。三归寺早已湮灭，无从稽考，而仁王寺大概在今诗书路南端。王园寺，初名“制止寺”。东晋时，昙摩耶舍改寺名为“王苑朝延寺”，又名“王园寺”。南朝刘宋时，求那跋陀罗在此建戒坛和毗卢殿。

罗浮山不仅是道教“仙山”，也是佛教“圣地”。智药禅师曾于梁天监年间进入罗浮山，是第一个进入罗浮山的天竺僧人，相传他在此建宝积寺。在粤北曲江曹溪，智药禅师还建了檀特寺和月华寺。

南朝梁武帝大同年间，有头陀僧景泰禅师来罗浮山建庵。相传景泰禅师为解决吃水问题，曾“卓锡于地，泉涌数尺，流汲不竭”。广州刺史萧詧（chá）认为他是“圣僧”，故在其所居庵建寺，题为“南楼寺”。南楼寺是有史可查的第一座修建在罗浮山的佛教寺院。梁大同三年（537），景泰禅师又在广州建了宝庄严寺，还建了塔。清远在梁普通年间建有飞来寺，韶关仁化和清远英德在大通年间建有临江寺和果业寺。

① 徐强：《魏晋南北朝广东佛教的传播与分布》，硕士学位论文，暨南大学历史地理研究中心，2009，第33—38页。

② 何方耀：《晋唐时期南海求法高僧群体研究》，宗教文化出版社，2008，第55页。

三、官员礼佛与佛教徒增多

由于六朝的统治者多信奉并扶持佛教以维护统治，岭南的地方官遂对佛教礼遇有加，这一时期从海路来华弘法的域外高僧多得到岭南地方官的热情接待，如求那跋陀罗就得到广州刺史车朗的款待。

昙摩耶舍的女弟子普明尼，本名张普明，父亲是广州刺史张牧。普明尼是目前已知岭南女性修佛的第一人，身为官宦人家的女儿，没有家庭环境的熏陶和其父的支持，是不可能接触到佛教的。可见，张牧肯定也是礼佛之人。昙摩耶舍所收85名弟子中，有一名为法度者，天竺人，剩下包括普明尼在内的84名弟子，可能均为岭南本地人。

单道开，敦煌（治今甘肃敦煌西）人，晋穆帝升平三年（359）入罗浮山，独处于茅屋，萧然物外，百余岁时卒于山舍。晋哀帝时，西域人支法防泛海至广州，登罗浮山结庵传法。据《晋书》载，支法防曾同袁宏登罗浮山访单道开，一行人到了道开所居之石室口，见道开“形骸如生”。袁宏称赞曰：“法师业行殊群，正当如蝉蜕耳。”[①]袁宏，时任南海太守，出身世家大族汝南袁氏，一般认为他是儒家学者。从他与支法防的来往和对单道开的称赞来看，袁宏对佛教是礼遇有加的。

随着佛教在岭南传播的深入，佛教徒的数量亦不断增多。牟子（170—？），是东汉末居住苍梧郡广信、精通诸子百家的本土佛学家。他接触佛教以后，最早将梵文“Buddha”译为“佛”，并著《牟子理惑篇》，用儒家和道家的学说、观点把佛教教义解释一番，迅速完成佛教的中国化。慧琼，俗姓钟，广州人。她恪循佛道，志行高洁，安于贫素，执操严明，清苦自励，出任南安寺寺主，总领寺内诸事，又兼讲经说法，整日孜孜不倦。[②]僧敬，俗姓李，会稽人，寓居秣陵（今江苏南京境）。元嘉中，孔默出镇广州，携僧敬同往。僧敬原本打算乘船泛海，寻求圣迹，未能成行，于是留滞岭南30余载。在她的教化下，广州民风改易，为了在潮亭一带建众造寺，主动施舍园宅者就有13家之多。[③]

① 房玄龄：《晋书》卷95《单道开传》，中华书局，1974，第2491—2492页。

② 释宝唱著，王孺童校注《比丘尼传校注》卷2《南安寺释慧琼尼传》，中华书局，2006，第67页。

③ 释宝唱著，王孺童校注《比丘尼传校注》卷3《崇圣寺僧敬尼传》，中华书局，2006，第125—126页。

第二编

隋唐至明前期王朝治理与社会开发

第一章

中央政府治理岭南与广东省域基本形成

隋唐五代宋元时期是岭南发展历程中的一个重要阶段，岭南大部分时间被纳入统一王朝的统治之下。中央政府在岭南推行与内地大体相同的地方政制，岭南受中原政治、经济、文化影响渐多，加之其在对外贸易中的优势，地位不断提升。南汉国割据两广，亦注重以文治国，发展经济。广东与广西相连，东、西之分在岭南的行政建置中渐有凸显。广东于北宋初有定名之始，明初基本确立广东省的名称与版图。广东地处王朝南疆，襟江、枕山、控海，海上交通自古发达，在边地海疆管辖中占据一定地位。为加强对岭南的统治，中央政府在此推行过一些特殊的官员选授制度，水陆兵防也历来是广东军事部署的重要内容。

第一节

诸王朝经略与南汉政权短期统治

隋朝和唐朝相继建立统一王朝，对岭南经略日益增强，中央权力开始真正深入。唐末，藩镇割据，战乱频仍，继之以五代十国时期。南汉是岭南历史上继南越国后建立的第二个独立政权，历50余年，终为北宋所平。广东由宋代设广南东路而得名，历经宋元统辖近400年。元末明初，何真据粤归明，洪武初年广东为明朝十三行省之一，省域轮廓基本形成。

一、隋唐抚平岭南

581年二月，杨坚建立隋朝，定都大兴（今陕西西安），加紧统一全国的步伐。隋开皇九年（589）正月，隋军南下灭陈朝，随后横扫江南、荆湘诸地，兵分两路，进逼岭南：韦洸统兵出豫章（今江西南昌），击岭南东部；周法尚统兵出永州（今湖南永州），攻岭南西部。二月，韦洸率兵抵南康，遭陈朝豫章太守徐璒屯兵据守。陈朝东衡州（今广东韶关）刺史王勇亦屯兵大庾岭，以扼隋军。

隋军采取笼络、分化策略，策动岭南俚人首领高凉冼夫人、丰州（今福建福州）刺史郑万顷，夹击王勇，王勇降。冼氏归顺隋朝，派其孙冯魂北上接应韦洸。隋军南下，击斩徐璒，进入广州，岭南东部遂定。十二月，周法尚入桂州，陈将相继降附，岭南西部亦定。

隋在岭南推行了一系列措施，如实行州（郡）、县二级政制，减免徭赋，发展海外交通，等等。其中一些抑制豪族势力的措施，引起了南方豪族的强烈反抗。开皇十一年（591）十一月，番禺豪帅王仲宣举兵反隋，派部将周师举围东衡州，并亲自引兵攻广州城。广州总管韦洸阵亡。隋朝急命慕容三藏总领广州军事，固守广州城，令给事郎裴矩、大将军鹿愿率兵支援。裴矩在大庾岭大破周师举，解东衡州之围，驰援广州。冼夫人也出兵相助，其孙冯盎斩杀泷水（今罗定）首领陈佛智，进兵广州。隋军内外合击，王仲宣大败退散，广州解围，各路反隋豪帅望风归附。冼夫人陪同裴矩巡抚岭南20余州，隋朝在岭南的统治趋于稳定。

然隋朝是个统一又短命的王朝。隋炀帝的暴政，很快激起全国反隋的浪潮。岭南诸势力也纷纷据地称雄，拥兵自保，形成割据局面。隋义宁二年（618）三月，关陇贵族李渊废隋恭帝称帝，国号唐，改元武德。武德四年（621）九十月间，唐高祖李渊以李孝恭为荆湘道行军总管、李靖摄行军长史，统率十二总管包围江陵，梁主萧铣投降，南方州县也纷纷归附。交州刺史丘和等率先归降；正略地岭表的刘洎知萧铣败，亦以所得岭南50多座城池降唐。同年十一月，李靖率唐军进抵桂州，桂州总管李袭志出城请降。李靖遣使分道招抚。武德五年（622）正月至七月，循、潮二州杨世略，宁越和郁林一带宁长真，广州邓文进，合浦宁暄，日南李欧，高凉冯盎等势力相继归降，岭南悉平，得户60余万。唐以李靖为岭南道抚慰大使、检校桂州总管。其后，一些岭南豪族仍伺机叛乱，直至贞观初年局势才趋于平息。

唐朝在今广东境内实行的行政体制、军事制度等，与全国基本一致。广东社会经济较前有更快的发展，中唐以后渐成为南方大镇。但到唐末，久经宦官、藩镇之祸的唐王朝摇摇欲坠，社会矛盾尖锐，各种武装力量趁乱而起，岭南也受到黄巢军等的冲击。

唐乾符五年（878），农民军领袖黄巢称黄王，号冲天大将军，率十几万农民军转战东南沿海地区。六年（879）春，黄巢率军由福建进入岭南，攻陷广州，擒岭南东道节度使李迢，要求李迢起草表文代向唐朝求官，李迢不从被杀。黄巢乃亲自上表，自称义军百万都统兼韶、广等州观察处置等使，请求封为广州节度使同平章事（使相）兼安南都护。唐僖宗不主张用兵，派内侍仇公度至广州招抚。当时，农民军多为北方人，不习南方水土，多患疾疫，又思乡心切，士气低落。黄巢遂决定北伐，推翻唐朝统治。闰十月，农民军从桂州出发。广明元年（880）十二月，黄巢率军攻克长安（今陕西西安），建立大齐政权。黄巢占据岭南将近一年，镇压一些官吏和豪强，削弱了朝廷对地方的控制。据称，黄巢曾镇压在广州的外国商民，使广州对外贸易受到严重打击。

二、刘氏立国与南汉归宋

黄巢军进驻广州以后，唐朝在岭南政令不行，新的军事集团趁势而起，其中最大的一股势力是发迹于封州的刘氏。

唐末，刘知谦、刘隐父子起家封州，悉心经营，成为岭南颇具实力的军事集团。刘隐注重发展经济，充实财力，极力延揽人才，得封清海军、静海军节度使。乾化元年（911）三月，刘隐卒，其弟刘岩继位，表面上奉梁为正朔，实际上为建国称帝积极做准备。刘岩招贤纳士，重用刘隐旧部，对地方势力各个击破，数年内将岭南大部纳入控制范围。同时，刘岩通好邻藩，保境息民，大力发展海外贸易，开拓财政来源。后梁贞明元年（915），刘岩遣使上表，求加四邻都统，封南越王，梁末帝不许，刘岩自是与后梁断绝关系。贞明三年（917）十一月，刘岩在广州称帝，建立大越政权，追谥刘隐为襄皇帝。贞明四年（918），改国号为汉，史称南汉，以别于中原的后汉。

南汉疆域较广，雄踞岭海，号称“富强”，最盛时版图包括今广东、广西、海南三省全部及湖南、贵州、云南一部分，堪称南方大国。南汉参照唐制，建三省六部等中央机构，设置百官，开科取士；以文人和宗室诸王出任节度使，“刺史无武人”，削弱了地方方镇权力。南汉国力蒸蒸日上，经济保持增长势头，政府鼓励海外通商贸易。1997年，印尼雅加达印坦海域发现了一艘10世纪沉船“印坦沉船”，沉船中发现大批南汉钱币，证明这是一艘从广州贸易归航的东南亚商船。沉船出水瓷器、金器等数量众多的遗物，见证了南汉海外贸易的盛况。[1]

不过，与五代诸国一样，南汉统治者一二传之后，多不能守前人之策，渐现骄纵之弊。高祖刘岩晚年，骄奢自满，暴政渐兴，社会矛盾日趋激化。继位的殇帝刘玢荒淫无道，激起五代规模最大的张遇贤起义。南汉光天元年（942），循州博罗县吏张遇贤被农民推为首领，称“中天八国王”，建元永乐，辟置百官。起义军一律身穿红衣，时称“赤军子”，很快发展至数万人，一度大破南汉军队，军威大振。同年十月，义军攻陷循

① 杜希德、思鉴：《沉船遗宝：一艘十世纪沉船上的中国银锭》，载荣新江主编《唐研究》第十卷，北京大学出版社，2004，第383—432页。

南汉玻璃瓶

2003年出土于广州番禺南汉康陵地宫，高12.2厘米，口径5.3~5.5厘米，底径4.7~5厘米，壁厚0.1厘米。这是康陵出土的玻璃碎片中唯一一件能够修复完好的，因此特别珍贵。据专家研究，此为伊斯兰玻璃器的常见器形，可作为南汉海上丝绸之路贸易繁荣的印证。

·广州市文物考古研究院藏

州，斩刺史刘传。南汉应乾元年（943）初，南汉军反攻，义军受挫，越大庾岭入南唐境，攻占虔州（治今江西赣州）诸县。张遇贤据雩（yú）都县（今于都县）白云洞，造宫室营署，四处进攻。南唐命严恩、边镐带兵突袭白云洞，大破起义军。张遇贤败逃，被部将执送至南唐，在金陵（今江苏南京）被杀。

张遇贤起义虽被镇压，但南汉国势也已转衰。到后主刘铱（chǎng）时，奸邪当道，赋役苛重，严刑峻法，民不堪命。赵匡胤代周建宋后，南方诸国均遣使通好，唯南汉既不通好，又不防备，终为宋朝所灭。

三、宋元经略广东

宋朝建立后，为完成统一大业，赵宋君臣决定采取先南后北的战略方针，开始征伐南方各政权。北宋乾德元年（963）正月，宋军首先从长江中游的荆湖入手，先后平定荆南与湖南。乾德三年（965），宋军破成都，后蜀亡。

北宋开宝三年（970）九月初，宋太祖赵匡胤命潘美、尹崇珂为正副统帅，率领十州兵攻伐南汉。南汉境内的民众为摆脱刘氏末代君主的残暴统治，也渴望实现统一。宋军攻占贺州，继而进军粤北，十一月攻取连州，西江诸州相继降宋。十二月，南汉以李承渥为都统，率兵数万守韶州（今广东韶关），列象阵为前锋。宋军以劲弩射散象阵，大破南汉军，夺取韶州。开宝四年（971）正月，宋军连取英（今广东英德）、雄（今广东南雄）二州，直逼南汉都城兴王府（今广州）。二月，南汉守军兵败，后主刘铱焚烧府库，出城投降，南汉亡。岭南郡县渐次归宋，“海隅悉平”[1]。

北宋广开财源而重商，实行文治而兴学。在这两项基本政策的推动下，岭南的社会经济和文化都获得前所未有的发展。宋代也有一些名臣出任岭南地方长官，为岭南社会文化发展注入活力。例如，著名清官包拯康定年间出任端州（今广东肇庆）知州，体恤民生，兴利除弊；创建端州交通和邮政总站“崧台驿”，兴建丰济仓以储粮备荒。他以“清心为治本，

① 李焘：《续资治通鉴长编》卷14，开宝六年九月壬子，中华书局，2004，第307页。

直道是身谋”作为自己的座右铭，并屡破奇案，得到百姓拥戴。他还重视文治，创办星岩书院、文昌宫，在当地留下“朗朗经声明月上，入门疑听课书声”的佳话。

靖康二年（1127），北宋为金朝所灭，宋徽宗、宋钦宗二帝被掳。宋徽宗第九子、钦宗之弟赵构在南京应天府（今河南商丘）称帝，重建赵宋王朝，史称南宋。绍兴八年（1138），宋室正式定都于临安府（今浙江杭州）。南宋虽偏安于秦岭、淮河以南，版图大大缩小，却是中国历史上商品经济、文化科技高度发展的王朝，经济重心南移完成。岭南在南宋的统辖下，重商、兴文的情况有所增进。

13世纪初，北方草原民族蒙古崛起，不断南攻扩张疆域，先后在1227年和1234年灭亡西夏和金朝。金朝灭亡后，宋朝与大蒙古国之间正面对峙，争战不断。南宋咸淳十年（1274），元世祖忽必烈大举伐宋，势如破竹，不久便攻占都城临安。

在元军追击下，南宋君臣节节败退，流亡于福建、广东沿海，史称“行朝”。德祐二年（1276）五月，宋臣陈宜中等在福州拥立幼主益王赵昰为帝，改元景炎。六月，元军从江西进攻福建。十一月，元军追至福州，陈宜中等拥幼主移驻泉州，泉州招抚使蒲寿庚投降元朝，行朝遂向广东潮、惠地区转移。一心抗元的文天祥于潮阳被元军俘虏，在随敌船经过珠江口伶仃洋时，留下了“人生自古谁无死？留取丹心照汗青”的千古名句，后被押至元大都（今北京），慨然赴死。景炎三年（1278）四月，赵昰卒，其异母弟赵昺（bǐng）继为帝，改元祥兴。六月，行朝从雷州沿海移驻崖山（今新会崖门附近）。

宋军统帅张世杰率舟师10余万、船舰1000余艘守卫崖门海口，以缆绳连贯各舰，上建城橹，结成海上堡垒，又建行宫30间、军屋千间。祥兴二年（1279）正月中旬，元朝都元帅张弘范率水军逼近崖山，占领陆地，断宋军采樵、汲水。二月初七，元军从东、南、北三面进攻宋军水寨。张世杰欲撤走卫王座船，但座船庞大，又与其他战船连在一起，动弹不得。元军乘势火攻，宋军大溃。宰相陆秀夫见大势已去，抱少帝赵昺投海而死，后宫、官员、将士投海者不计其数。张世杰率10余舰突围而去，准备继续抗元，匡复宋朝。五月，张世杰在南恩州平章港口（今广东阳江南）遇飓风，坠海溺亡。

二王行朝是南宋朝廷的短暂延续。行朝败退时，广东作为南宋政权退守的根据地，当地军民开展了抗元的拉锯战。德祐元年（1275），东莞人熊飞率众入江西从文天祥勤王，兵败后一度降元。次年六月，元兵攻下广州，熊飞回到家乡东莞，于八月集结乡兵抗元。九月，他与新会县令曾逢龙一起收复广州，继而收复韶州、南雄州。十月，元军自江西逾大庾岭攻南雄州，曾逢龙战死，熊飞退保韶州，元军破城，熊飞率兵巷战，最后投水自尽。

景炎元年（1276）冬，广东摧锋军正将马发被推为潮州知州。次年正月，元兵至，马发战败，潮州失陷。五月，张世杰收复潮州，马发守之，元军攻之不下。景炎三年（1278）正月下旬，元将唆都率大军围攻潮州。马发死守月余，城破，元兵肆行屠杀。马发收残兵退守子城，后子城被攻破，马发全家自杀殉国。这是广东抗元守城时间最长、战况最惨烈的战役之一。又有梅州人蔡蒙吉，响应朝廷勤王之诏，出任梅州签书事、义兵总督，捐出家产，组织、资助义军，坚持抗元，后城陷被俘。蔡蒙吉英勇不屈，从容就义，年仅32岁，被称为“广东古八贤之一”。

宋元崖山海战后，岭南置于元朝统治之下。元朝实行种族等级政策，广东各族人民均属南宋遗民，等列第四，社会地位最低。科考、任职受到严格限制，劳役、刑罚则加倍，形成了严重的社会危机。到了元末，“中原兵起，岭海骚动”，广东土豪也在反抗元王朝斗争风浪的推动下，占地称雄，其中以东莞何真势力最强。至正二十三年（1363），元朝升何真为江西行省左丞，治广州，广州、惠州等地均属何真的势力范围。

四、广东归顺明朝

朱元璋在推翻元朝的战争进程中，于至正二十八年（1368）正月在南京即位，建立明朝，建元洪武。洪武元年（1368）二月，明军在平定福建后，分两路南征广东：东路以征南将军廖永忠、副将军朱亮祖率水师，由福建海上入粤；中路以赣州卫指挥使陆仲亨、副使胡通率师，从韶州直取德庆。明军采取招抚策略，元朝江西行省左丞何真降附，广州、惠州、梅州、循州不战而下，当地百姓免遭战乱之苦。陆仲亨部一路南下，德庆守将张鹏程弃城逃跑。四月，两路明军会师于广州，攻取雷州、廉州等处。

六月，海北海南道元帅罗福、海南分府元帅陈乾富归附。广东各地相继归属明朝，朱亮祖留镇广东。

洪武二年（1369）四月，明朝政府改广东道为广东等处行中书省，又于同年六月将海北海南道改隶广东。广东成为明朝十三行省之一，辖境直至清代都没有改变，省域自此基本形成。明朝政府对地处中国南方最边缘的广东行省颇为重视。广东单独设省，对之后社会经济、文化的发展起了重要作用。

第二节

岭南建置沿革与广东省之形成

隋唐五代至宋元明，岭南与中原的发展差距日渐缩小，更以濒临南海的地理优势，独占海上交通的鳌头，在王朝国家中的地位渐次上升。这一时期，岭南行政区划中逐渐出现广东之名称，并形成了广东省及其辖境。

一、从总管府到岭南道

隋朝初年，岭南东部设广州（治曲江）、循州（治归善，今惠州西）两个总管府，统领诸州军事。隋文帝推行州、县二级地方政制，以州统县，这是南朝以来地方行政体制的一大改革。开皇九年至十一年（589—591），岭南共设置了30多州，其中属于今广东境内的有潮、循、广、连、洭、罗、合、封、高、冈、建、泷、新、端、越、崖等16州。

隋炀帝时，政制多有更革。大业元年（605），罢诸总管，改越州为合州。三年（607），改州为郡，大加省并，以郡统县。大业年间，广东境内由南朝末30余郡减少为12郡，减少60%以上，彻底改变南朝州郡“民少官多，十羊九牧”的现象，由是扩大了郡县治理的面积与民户，减少了行政开支，提高了行政效率。

唐朝和平统一岭南之后，沿袭隋制于岭南东部置广州、高州和南康州3个总管府，以统军事。武德五年（622），再置循州总管府。七年（624），改总管府为都督府，都督为地方最高军政长官。九年（626），废南康州都督府，以所管11州隶广州都督府，广州升为大都督府，其辖区基本上相当于今广东、香港、澳门、海南和广西部分地区。

贞观元年（627），省并天下州县，将全国划为10道，作为朝廷不定期派遣使职视察各地的行政监察区，岭南道为其中之一，范围大致包含今广东、广西、海南、香港、澳门，以及福建、云南、越南部分地区。道内仍置都督府，分管数州军事。同年，改广州大都督府为中都督府，置崖州都督府，统御海南。贞观二年（628）、二十三年（649），先后废循州、高州都督府。唐高宗永徽以后，岭南道以广、桂、容、邕、交5个都督府（都护府）分管境内各州及都督府事务，称为“岭南五管”。五管又统摄于五府经略使（节度使）。广州在岭南具有很高的地位，故广州都督府长官循例兼岭南五府经略使（节度使），在五管中地位最高。

神龙二年（706）之后，岭南先后置巡察使、按察使等，作为岭南道的常设长官，管辖道内人事、监察、民政等，巡察州县。道逐渐演变为州以上的地方一级行政区。开元二十一年（733），分天下为15道，各置采访处置使，检察非法，举劾道内州县官吏，3年一奏。道正式成为地方一级行政机构。岭南道采访处置使治广州，辖境包括今广东、广西、海南、香港、澳门及越南北部。

唐玄宗天宝之后，岭南道节度使兼任管内经略、支度、营田、转运、采访处置等使，成为地方最高军政长官，而原有主管军事的都督府形同虚设。史籍言岭南必称“雄藩”“大藩”“重镇”“雄镇”等，朝廷选帅“常重于他镇”，委“旧德重臣，抚宁其地”。唐朝对岭南节度使的选任非常重视，所选之人必须忠于朝廷，以文官居多。另外，朝廷又在广州设置监军、市舶、盐铁等使，在军事、财政等方面形成对岭南节度使权力的分割与制约机制，使其不易专权。咸通三年（862），为加强对岭南的统治，朝廷将岭南道分为东道和西道，各设节度使。岭南东道治广州，西道治邕州（今广西南宁）。

唐初改郡为州，实行州、县二级制，州长官为刺史。武德初，大量增置州县，特别是直隶州的增加，一方面将大量溪洞地区开辟成新的州县，另一方面则是把豪族势力强大的州府加以分割。贞观元年（627），唐太宗以天下州县设置过滥而大加省并。从唐中宗至唐玄宗，地方行政体制又演变成道、州、县三级制。天宝元年（742），改州为郡，刺史改称太守。安史之乱后，地方建置变成方镇、郡（州）、县三级制。乾元元年（758），复改郡为州，太守复称刺史。自此至唐亡，州县建置再无大的变动。今广东境在唐代有州（郡）20余个，比隋朝有较大增长，不过州县布局并不均衡，大部分集中在广州以西地区。

二、广南东、西路

宋平南汉之初，仍把岭南作为一个地方行政区域，统称“广南”“广南路”或“岭南路”，一度称为“道”，以岭南转运使统管。宋太宗至道三年（997），以转运司路为准，定全国为15路（以后陆续有增加），广南路正式分为广南东路和广南西路，占其中两路，分别简称“广东”“广西”，广东得名自此始。广南东、西路的地理分界为北自贺州，经封州、康州至南恩州而尽于海，这几个州及其以东属东路，其西皆属西路。

宋制，地方最高一级行政区域是路（除京畿地区的府直属中央、不隶于路外），路以下为州（或府、军、监）、县。路有监司路与帅司路之别。长官为转运使（机构简称漕司）、提点刑狱（宪司）、提举常平（仓司）者，为监司路；长官为安抚使或经略安抚使者，为帅司路。诸长官互不统属，职权分工各有不同，但有时也协调合作。

宋代广东经略安抚使（一路最高军政长官）的产生及成为定制，与境内少数民族矛盾激化有关。皇祐年间，广南西路侬智高起兵，连克数州，进逼广州。为应对侬智高的进攻，皇祐四年（1052）朝廷特设广南东、西路经略安抚使，常驻地方，主持一路军政事宜。南宋诸路安抚使或省或置，唯广南东、西两路一直设经略安抚使，并分别由广州知州、桂州知州（南宋为静江府知府）兼任，直至宋亡。这在两宋诸路中为特例。宋代广南东路经略安抚使（1052—1276）人数较多，225年间共有128人实际赴任，平均每两年便更换一人。其中，任期最长的为北宋程师孟、南宋方大琮，均在职6年。[1]

经过宋太祖开宝年间的整顿和变更，至神宗元丰年间，广南东路计有15州军共40县；今广东省境当时属于广南西路的，还有3州军共6县。之后州县建置仍时有变动，如南宋时期，由于经济发展和政治军事需要，在广南东路增置香山、遂溪、徐闻3县。

三、广东道与海北海南道

元世祖忽必烈即位之年（1260），立中书省为中央最高政权机构。同年八月，立秦蜀行中书省，作为中央中书省的派出机构。此后，元朝陆续增派行中书省，称“某处行中书省”（简称“行省”），成为地方最高权力机构。元朝统一中国，先后设立陕西、四川、甘肃、云南、江浙、江西、湖广、河南、辽阳、岭北10行省，以治理广袤疆域。其中，元朝将宋广南东路改置为广东道，隶江西行省（唯将南宋属广州的怀集县割属广西）；广南西路沿海9州军立为海北海南道，隶湖广行省。

元制，道为部分行省与其郡县之间的承转辖区，不是地方一级行政区域，但总领郡县，掌军民之务，事权既广且重。道的主要机构为宣慰司。元世祖至元十五年（1278），设立广东道宣慰司，治所在广州。广东道宣慰司都元帅府设有宣慰使、同知、副使各若干员，宣慰使及同知分兼都元帅、副都元帅。

元代广东道下有路（州、军）、县二级行政机构。至元二十九年（1292），此前隶属广西的肇庆路、德庆路、封州、连州复划归广东道，广东道的疆域始定，计有15路（州）共36县。海北海南道属于今广东境者计3路共9县。这里的路、州、军皆隶属于宣慰司，为平级，但路的地位较州（元代称这种州为“散州”）、军为高。广东道中唯广州路为上路，余皆下路。元代道与路的长官品级都较高，权力也较大。

元代尚有一项特殊制度，即在路的治所“置一司，以掌城中户民之事”，称“录事司”；若“城市民少，则不置司，归之倚郭县”。[2]即把

① 杨芹：《弭盗靖海与稽管朝贡——宋代广南东路经略安抚使之设置及其主要职能》，《中山大学学报（社会科学版）》2014年第6期。

② 宋濂等：《元史》卷91《百官志》，中华书局，1976，第2317页。

人口众多的路治所在的城区划为一行政区域，归路管辖而不属县。录事司置达鲁花赤、录事、判官、典史等。元初，广东道诸路多置录事司，后因各路治所人口稀少，罢去不少；广东和海北海南两道中只广州、潮州、韶州3路设有录事司。

四、广东行中书省（布政使司）

明代是广东政区建置的重要时期。朱元璋即位后，从中央到地方的行政机构仍沿袭元朝的制度设置。中央设中书省，由左、右丞相总理吏、户、礼、兵、刑、工等六部事务；地方设行中书省，由左、右参政统管一省的军政、民政、财政等事务。洪武二年（1369），广东成为明朝行省之一。明初先后以刑部尚书周祯、中书省右丞相汪广洋、兵部尚书刘仁及刑部主事郑九等重臣为广东行省参政。

为进一步加强专制主义统治，朱元璋于洪武十三年（1380）废除中书省及丞相制，中书省和丞相的权力归属六部，六部尚书直接向皇帝负责。而在地方，为了避免地方行中书省权力过大，朱元璋于洪武四年至六年（1371—1373）分割地方行省的权力，形成行省、都卫、提刑按察三者并立的局面。接着，又于洪武九年（1376）在全国范围内改行中书省为承宣布政使司（习惯上仍称“省”），广东行中书省相应改为广东承宣布政使司。除南京直辖区（称“南直隶”）外，全国共分为浙江、江西、福建、北平、广西、四川、山东、广东、河南、陕西、湖广、山西等12布政使司；洪武十五年（1382）增设云南布政使司。

布政使司掌一省民政、财政，提刑按察使司掌司法、刑狱，都指挥使司掌军政，过去行中书省长官总揽的大权被一分为三，由三司分治，互不统辖。凡遇到重大政事，经三司会议才可上报中央部院。广东按制亦设三司，布政使司设左、右布政使各一人，左、右参政和左、右参议若干人。左、右布政使官位相同，但左布政使职权较大。布政使是一省最高行政长官，是朝廷派驻地方的代表，负责执行朝廷政令、考核官吏政绩等。提刑按察使司设按察使一人，还有副使和佥事。都指挥使司设指挥使一人，另有都指挥同知和都指挥佥事。

明初，朝廷实行布政使司、府、县三级地方行政体制。广东共置10

府，分别为广州、肇庆、韶州、南雄、惠州、潮州、高州、雷州、廉州和琼州。

第三节

特殊的地方官员选任制度

地方官员的选任制度，历来是古代中央王朝控制地方社会最重要、最有效的方式之一。由秦汉至隋，除中央规定的铨选制度之外，地方较少存在不同的选任途径。但从唐代开始，岭南的区域特性促使中央政府在此推行一些特殊的官员选授制度，并将之纳入正常的职官系统加以控制。

一、唐“南选”制

自东晋南朝以来，溪洞豪族逐渐成为岭南强大的地方政治势力。隋朝统一全国，作为高度中央集权的国家，其各级官吏包括地方州县官员，一律由中央任免。但岭南地方高级官员如刺史等的选任，仍主要由地方总管专断。隋朝广泛吸收溪洞豪族首领参与地方政权，其根本原因在于中央政府尚无力真正触动几个世纪以来岭南溪洞豪族的根基，不得不实行一种半妥协的政策。

李唐建国之初，岭南能轻易抚平，有赖当地豪族的支持。为继续招抚地方势力，唐初岭南一些州县官吏由所在都督府选择本地豪族和原有官吏充任，即实行“都督府简选”政策。本地官员中亦有精察吏治者，如贞观五年（631），陈文玉任合州（今雷州）刺史，安抚峒黎，正风俗，兴教化，被乡人尊为“雷祖”。不过，都督府简选的选官对象、简选程序等，基本达不到吏部铨选要求，选官“未得其所”，行政效率低下。随着国力日益强盛，唐王朝逐步改变了对岭南豪族妥协、招抚的政策，开始改革岭南选官制度。唐高宗上元年间推行“南选”，在优遇本地人的同时，将地方铨选官吏的权力收回中央。

唐代南选是中央在岭南、黔中等地区实行的一种特殊的选官制度。南选又称“南铨”，是由朝廷派遣“南选使”（或称“选补使”，一般由五品以上京官充任）主持的、不定期选拔当地及第而未授官者，以及前官、现官填补阙官的制度。南选的出现，代替了原来由各都督府分别举行的选官，反映了王朝统治者对岭南等地选官的高度重视。

南选不定期举行，三年或四年一选，主要针对岭南、黔中等地六至九品地方官员的选任。南选的程序，先由有关州府将符合条件的选人资历劳绩呈报给尚书省，由朝廷所派南选使协同吏部审核完成对选人的“结阶定品”。南选使前往指定的选官之地（广州、桂州先后是岭南南选举行之地），对选人进行考察，确认其品行、艺能等，然后上报朝廷。吏部铨毕，奏报皇帝。皇帝下旨除授，再派专使将任官告身（委任状）送到当地州府分发。南选使在南选地点审查选人的行为受到中央监察御史的监督。

南选是相对于吏部主持的、全国统一铨选的“北选”而言的，唐朝在岭南地方官员中长期同时实行这两种不同的选官方式。其中，桂州、广州、连州、贺州、韶州等社会经济发展较快的地区，其官员选任纳入中央吏部铨选，每年一次北选，同中原已经没有任何差别；而占岭南道绝大多数的其他州县，则实行南选。

南选将偏远地区州县官吏的任命权从都督府收归中央，从根本上改变了南朝以来豪族势力世袭为官的格局，有利于吸收各阶层人才进入地方州县机构，促使地方官员队伍保持活力，对岭南社会发展有积极意义。至唐代后期，随着岭南豪族走向衰灭，南选也逐渐失去其最初遏制打击岭南豪族的政治意义，遂向一般意义的铨选转化。随着岭南地方藩镇权力的扩大，地方官任命权相当一部分下移使府。从唐文宗后期直至唐末，一种由岭南观察使主导的每年一度的官员选拔，已经取代了由中央派南选使所主持的南选，但其选拔对象仍以本地士人为主。[1]

① 王承文：《唐代“南选”与岭南溪洞豪族》，《中国史研究》1998年第1期；王承文：《唐代“南选”制度相关问题新探索》，载荣新江主编《唐研究》第十九卷，北京大学出版社，2013，第113—153页。

二、宋两广“摄官”制

宋朝统一岭南后虽“天下一家”，但在两广官员选任问题上依然面临诸多挑战。广南路途遥远，瘴疠交侵，蛮荒化外，北方籍官员士大夫多不愿意出仕岭南，本地科举出身的士人又少，致使地方州县特别是烟瘴重处，缺官现象始终存在。宋朝实行辟差法、摄官法、定差法等特殊选官政策以解决岭南缺官问题，如通过“摄官”选任岭南本地士人充任州县官员。摄官也成为岭南士人很重要的入仕途径。

摄是代理之意。摄官是指两广转运司（漕司）代替中央吏部铨注州县官员人选，通过考试直接选任。宋代摄官制度沿用了唐代南选制度的某些形式，甚至被宋人直接称为南选。参加摄官考试的人，一般是参加两次全国性考试而没有中第的岭南籍举人。考试内容以司法、敕令格式、断案等为主。摄官考试录取的标准要低于全国性考试，士人考中后称为“南选摄官”，自此具备担任州县摄官的资格。

宋太宗太平兴国九年（984），史书中已有广南摄官的记载。雍熙四年（987）诏令岭南缺官处权用摄官，以后经考察，稍有可取者即选用，三年无过、有劳绩，即可量才录用为正式品官。宋神宗时，又规定每两年由转运司差官考试，“取合格人差摄，不中者许再试”[①]。摄官制度日臻完备，并一直保持以定额人数来控制摄官冗滥的做法。

宋代岭南摄官薪俸比朝廷正式命官低，故选用摄官可以减轻地方财政负担。另者，宋代岭南文化发展水准较北方要低，让岭南士人通过省试、殿试等取得入仕资格的难度亦比较大，而由两广转运司定期举行考试录用摄官，可以将岭南地方士人纳入朝廷政治体系，扩大统治基础。不过，南宋以降，随着岭南经济社会进一步发展，州县普遍兴学，文风渐盛，为求得更好晋升之阶，一些士人已不屑由摄试取得官职，转而投身科举。两广差官遂以科举为基础，持续增加吏部铨官比重。

① 李焘：《续资治通鉴长编》卷218，熙宁三年十二月丁丑，中华书局，2004，第5307页。

三、元“广海选”制

元朝统一南北后，重北方，轻南方。由于南部边疆多为穷边险远之地，经济文化相对落后，士大夫视为“迁谪之区”，以致缺官甚重，“诸两广、福建地面，或有全阙正官去处”[①]。元朝科举长期停废，常规的吏部铨选难以推行，也加剧了这一问题。为了加强对南部边疆的管理与开发，缓解缺官问题，元朝对唐宋南选制度进行改造，制定了“广海选”制度。

广海选制度，又称“广选”“两广选”，是元朝在南部边疆推行的一种特殊的官员铨选制度。元朝灭宋之初，先是允许“两广、福建五品以下官，从行省就便铨注”[②]，旋改为六品以下官员由行省就便选任。到元世祖后期，中央政府开始每3年派遣官员，与行省官员一道，铨选三品以下官员，选官范围进一步扩大。选拔时要写清楚选人的出身与履历，以及拟授予的官职，呈交中书省批准。所选拔的官员要拿到批准文书，方可前去任职。这一过程又有行台监察御史加以监督。

在执行广海选官员迁调时，“解由”是非常重要的文书。所谓解由，又称“给由”，即元代官员任满解职时所开出的官方证明，主要记录该官员的出身、仕宦经历以及任期内的功过是非等内容，“无解由人员不许铨注”。广海选制度重视解由在官员迁调中的作用，说明广海选也存在与常规吏部铨选一致的地方。

元朝称这一选官制度为广海选，但实际上这一制度的实施范围并不仅限于岭南。在地处偏远、自然条件较恶劣的福建、云南、四川等地，也实行这样的选官制度。据研究，有元一代，史籍明确记载的广海选有16次。在至元二十八年（1291）、元贞元年（1295）、大德二年（1298）、大德五年（1301）、大德九年（1305）、至大二年（1309）的广海选，基本遵循了“三岁一遣官”的原则，时间间隔均为3年左右，可见广海选制度在元朝前中期得到较好推行。但广海选常受政治局势影响，举废无常，如至正十二年（1352）到至正二十八年（1368）的17年间，广海选仅见3次，

① 方龄贵校注《通制条格校注》卷6《选举》，中华书局，2001，第254页。
② 宋濂等：《元史》卷12《世祖本纪》，中华书局，1976，第247页。

概因当时盗贼蜂起，干戈扰攘，南北交通阻隔，朝廷重在平叛，故无暇顾及。元末丧乱，广海选制度趋于消亡。

元代广海选制度在一定程度上缓解了岭南的缺官问题，且所选并不仅是岭南人。从选人的籍贯来看，绝大部分为南人，其中以江西人居多。因为广海选由特使偕行省官员一道进行，行省官员有保举推荐之权，广东道隶属江西行省，江西在元代是人才辈出之地。在元朝恢复科举之前，江西士子无上升渠道，后科举虽重开，但给南人的名额非常有限。江西乡试竞争非常激烈，大部分人无法依靠科举入仕，遂退而求其次，通过广海选制度获得出仕的机会。南人仕于南部边疆，对当地气候和风土人情也较为适应。[1]不过，元朝亦将贪赃官员通过广海选改注岭南等地任职，导致其他正常迁调的官员受到一些牵连，受人歧视。

第四节

军队与水陆兵防

广东地处王朝南疆，依山傍海、海陆兼备，是重要的边防、海防前线。元《大德南海志》中说："广为岭南巨镇，瞰海负山，前控蕃夷，后带蛮僚，兵威镇遏，诚为重事。山林险隘之地，水道津要之冲，自唐宋以来，并设屯戍。"[2]

① 贾建增：《元朝广海选制度初探》，《中国边疆史地研究》2020年第2期。

② 广州市地方志编纂委员会办公室编《元大德南海志残本（附辑佚）》卷10《兵防》，广东人民出版社，1991，第78页。

一、水军与海防[1]

“气脉雄如此，由来是广州。”以广州为中心的珠江口，历来是岭南防务的重点。唐代珠江口的海上防卫，有屯门镇（今深圳南山区附近）、香山镇（今广东中山、珠海）等镇戍机构，扼守粤海，皆广之门户。从唐代政制来说，镇不是一级行政机构，只是一个军事组织，但镇的长官级别一般都较高，且有军队驻扎，说明该地战略地位重要。唐开元二十四年（736），在珠江口设置屯门镇，镇兵2000名，扼守珠江口来往广州的海道咽喉，保护海上交通贸易及海疆的安宁。史籍记载，天宝初，浙江海盗吴令光于温州作乱，南海郡守刘巨麟从屯门镇调兵远征，参与剿平海乱，说明其已拥有相当的海防力量和海上作战能力。至德二载（757）香山建镇，也是作为岭南核心地区防务体系建设的一环。唐代岭南水军拥有楼船、蒙冲、斗舰、走舸、快艇等多种战船，在全国水军中居于领先地位。五代十国时期，南汉国设巨舰指挥使，统领水军，负责江海巡防。中宗刘晟统治时曾派水军远巡至中南半岛中部海域，加强海上经略。

宋代广南东路作为东南海疆的一部分，又有广州等对外贸易的重要口岸，海上防务的重要性日益凸显。北宋时即有驻扎于珠江口海域的巡海水师。据现存最早的官修兵书《武经总要》载，广东“控外海诸国，有市舶之利，蕃汉杂处。命王师出戍，置巡海水师，营垒在海东西二口，阔二百八十丈，至屯门山二百里”，并且“治舠鱼入海战舰”[2]，对于保障海外贸易、威慑海外诸国起到重要作用。南海诸岛也开始被纳入水军的巡防范围之内，政府有意识对南海诸岛及其海域进行有效管辖。

南宋偏安东南所形成的立国态势和海疆形势，使得东南地区战略地位上升，广东逐渐成为关系王朝后方稳固的区域。水军为南宋军队的重要组成部分，广东水军又称“经略安抚司水军”，非广东经略安抚使不得调

① 关于中国古代海防起源何时，因关涉海防概念等问题，学界存在不同说法。海防即为保卫国家（王朝）安全而在海上或沿海布置的防务，国家安全所面对的潜在威胁和挑战可能来自内外两面。海上设防自古有之。

② 曾公亮：《武经总要》前集卷20《边防·广南东路》，商务印书馆，2017，第336—337页。

遣，常有千余人，乾道五年（1169）又下诏“增置广东水军”[①]，一度扩充到2000人。另有潮州水军，创建于乾道四年（1168），定额200人[②]。水军在追捕境内海贼、遏制海上威胁等方面发挥了积极作用。

元朝疆域空前辽阔，并向南海积极进取。岭南地区的军队也直接参与中央政府招抚南海诸国的活动，如海南岛的黎兵多次为朝廷所派，南下交趾、占城等。在海北海南道，琼州白沙津（今海口）置有水军镇，所设水军负责巡防南海海面，保证南部海疆的安宁，加大朝廷对南海诸岛管辖的力度。

二、南宋广东摧锋军

历代广东的军队，虽名号各异，但基本上和全国一样，有中央军和地方军，以及各种形式的民间自卫武力，兵种以步兵为主。其中，南宋广东摧锋军可谓地方军的先驱和代表。

广东摧锋军设立于南宋高宗绍兴五年（1135）底，是南宋最早的地方军。其最后消失的时间，有资料可考是景炎三年（1278），前后存在达140余年，是南宋持续时间最久的地方军。广东摧锋军是一支独立的正规部队，初建时有兵约3000人，名义上隶属于中央殿前司，算是天子的禁军，但实际上长驻广东，受广东经略安抚使和提点刑狱节制，是广东陆军的主力。

摧锋军源于南宋政府为维持岭南地区的治安，增派常驻部队而设。其创置者韩京，奉命领军移屯广州，并长期在广东征剿盗寇，颇有功绩，但遭宰相秦桧“虑其难制”，被借机罢黜。韩京之后，曾于福建捕寇有功的张宁继任摧锋军统制。摧锋军一直是广东战斗力最强的军队，绍兴年间曾发展到七八千人，后也被抽调到别地平乱。随着最早随韩京南下的摧锋军士兵逐渐减少，其兵将多由本地人补充，“所部多土人”[③]。摧锋军的表

① 脱脱等：《宋史》卷34《孝宗本纪》，中华书局，1985，第647页。

② 脱脱等：《宋史》卷188《兵志》，中华书局，1985，第4633页。

③ 李心传：《建炎以来系年要录》卷154，绍兴十五年九月壬申，中华书局，1956，第2486页。

现也促使福建左翼军、湖南飞虎军等地方军相继发展起来。[1]

三、元万户府驻军

元朝在广东进行军事镇戍，旨在保证民众臣服其统治，预防和镇压民变，又为其积极进取南海诸国服务。元朝在广东的军事布置主要集中在广州路、潮州路、惠州路，元末还加强了对粤西地区的镇戍。

元朝在各地设镇戍军，多以万户府为单位。按元兵制，万户府分上、中、下三等，上万户府管军7000人以上，中万户府管军5000人以上，下万户府管军3000人以上。元代广东的万户府主要有在广州镇守的广州路万户府，在惠州镇守的季阳万户府和归德万户府，在潮州驻扎的江州万户府，以及至正年间在德庆驻扎的益都淄莱万户府王良分部。驻军以汉军和新附军（南人士兵）为主。但常驻广东的只有广州路万户府，其他几个万户府军队多采取两年一更戍的方法，或是因民变频发、形势严峻，临时被派来镇戍，很快便调离广东。[2]元世祖末年于海南设黎兵万户府，多以黎人或土人为兵，兼屯田，大德年间撤销。元统二年（1334）重设，领千户所13处，兵士5000人上下。

① 汪廷奎：《南宋广东摧锋军始末》，《岭南文史》1988年第1期；黄宽重：《南宋地方武力：地方军与民间自卫武力的探讨》，东大图书公司，2002。

② 刘晓：《元江西行省镇戍军万户府考》，《首都师范大学学报（社会科学版）》2016年第5期；丁书云：《元广东地区军事镇戍探析》，载《暨南史学》第十五辑，广西师范大学出版社，2018。

第二章

岭南经济千年开发的时空进程

秦汉六朝时期，岭南在中国的政治经济格局上还是僻居一隅的边缘地区。而16世纪中叶以后，广东尤其是珠江口湾区的经济开始腾飞，到清末民国时期甚至达到可与我国长期以来的经济中心——江南地区媲美的程度。这一突飞猛进，是以此前接近一千年的漫长开发积累为基础的。“不积跬步，无以至千里。”自隋开皇九年（589）隋军平定岭南，到明正德十二年（1517）广东右布政使吴廷举请求在广东建立番舶抽分制度，这近一千年时间是广东经济发展“积跬步”的阶段，也是16世纪以后“至千里”的准备阶段。在这千年间，广东地区的生态环境、人口构成、经济模式和空间格局都发生了巨大变化。伴随着岭南与岭北、海外交通路线的转变，以及北方移民南下，大一统王朝国家控驭岭南的重点区域从西江沿线转向粤北，继而再向珠江三角洲转移，这在一定程度上也体现了岭南地区的开发进程，为16世纪以后珠江口湾区辐射、引领广东经济发展的格局奠定了基础。

第一节

瘴疠消退与珠江三角洲加速成陆

自然环境决定了人类生存的物质条件，是考察经济活动的起点。南宋以前，岭南地区在朝廷和中原士人眼中，还是充满瘴气、远离文明教化的蛮荒之地，是用来流放罪犯、贬谪官员的九死一生之所。金灭北宋和元灭南宋两场大战争，造成了大量中原居民南迁进入岭南地区。新移民不仅增加了岭南人口数量，而且加速了岭南生产方式的变革。新的农耕方式在促进粤西、粤北地区开发的同时，也使宋明时期珠江三角洲加速成陆。

一、瘴气笼罩的“法场”

气候是最重要的自然环境因素之一。以1951年至1980年的平均气温为基准，隋到唐中期气候总体温暖，唐后期到五代前期总体寒冷，五代后期到元中期相对温暖，但其间北宋末到南宋中期为相对寒冷阶段，元后期直到民国初期为相对寒冷阶段。[①]广东气候湿热，原始森林遍布山地和丘陵，漆树、沉香木等热带珍贵树种均有生长。由于气候变迁，唐后期野象活动的北界后退到南岭。唐代广东的潮州及循州仍有很多野象、鳄鱼和犀牛出没，被贬为潮州刺史的韩愈曾作《鳄鱼文》，劝诫鳄鱼迁离；当地人甚至捕捉野象，以其鼻为食物。宋代至19世纪中叶，野象进一步南退，则主要是人类活动的结果。

当时岭南地区对人类生存最大的威胁是瘴疠。古人认为瘴气是由于树

① 16世纪以前广东地区气候变迁尚缺乏系统数据和可靠研究（参见方修琦等：《历史气候变化对中国社会经济的影响》，科学出版社，2019，第36页），这里的表述是根据全国特别是东中部地区的情况作出的。参见葛全胜等：《中国历朝气候变化》，科学出版社，2011，第35—36页。

林茂密，空气流通不畅，腐败的落叶和动物残骸发酵而形成的有毒气体。其实，所谓瘴疠，主要是疟疾，一种由于按蚊叮咬而感染疟原虫导致的虫媒传染病。按蚊主要分布在湿热的沼泽、池塘等天然积水周围。在炎热多雨的广东山林和低地溪谷、河口地区，自然容易滋生按蚊。①

岭南特殊的环境塑造了当地人的生存状态。一方面，充足的热量和丰富的动植物使得人们不用特别辛苦劳作，即可通过采集获得食物资源。宋代潮州知州许应龙说此处“地多鱼盐，民易为生，力穑服田，罕务蓄积，时和岁丰，固无乏绝”②。换句话说，在这里想填饱肚子是比较容易的。另一方面，这种湿热气候和未开发的森林、河谷环境，使很多人患有寄生虫病，因此身体素质并不好。南宋周去非称：“彼广人皆半羸长病，一日力作，明日必病，或至死耳。”③

这种生存环境对本地人来说还是好坏参半，但对当时的北方移民来说，前往岭南则不啻奔赴处决死囚的“法场”。据南宋《岭外代答》记载，时人就将新州（今广东新兴）称为“大法场”，英州（今广东英德）称为“小法场”。④北宋时人称春州（今广东阳春）“至者必死”⑤。但按蚊的分布具有环境依赖性，因此并非广东所有地区瘴气都很严重。广东北部特别是南雄州、连州、韶州，以及西南沿海的雷州半岛，瘴疠就相对较少，人口较为稠密，而今天人口密集的珠江口湾区当时反而人口密度并不大。

到宋元时期，随着人类活动的扩大，特别是种植农业生产模式的推广，森林植被覆盖面积缩小，大象、鳄鱼、孔雀等热带动物在珠江三角洲都灭绝了。人类的开发活动引发了大型动物与人类的冲突，华南虎伤人事件在南宋时期频频发生。宋代耕作农业向山地、丘陵扩展，畲田、山田被

① 马立博：《虎、米、丝、泥：帝制晚期华南的环境与经济》，王玉茹、关永强译，江苏人民出版社，2012，第68—71页。

② 许应龙：《初至潮州劝农文》，收入曾枣庄、刘琳主编《全宋文》第303册，上海辞书出版社、安徽教育出版社，2006，第303页。

③ 周去非著，杨武泉校注《岭外代答校注》卷3《风土门·惰农》，中华书局，1999，第146页。

④ 周去非著，杨武泉校注《岭外代答校注》卷4《风土门·瘴地》，中华书局，1999，第151页。

⑤ 赵善璙：《自警编》卷9《拾遗类·报应》，南宋端平元年刊本，第68页a。

开发出来，下游沼泽也向可耕地演变。由于人类活动区域扩大，开垦耕地，兴修水利，因此瘴疠之地日渐收缩，到明代瘴疠主要存在于一些山区。①

二、成长中的珠江三角洲

珠江三角洲与黄河、长江三角洲的地理特征及形成过程有显著差异。今天珠江三角洲这一区域是全新世形成的古海湾，其中分布着超过160个岛丘。珠江三角洲并非单一河流的河口，而是有着西江、北江、东江、流溪河、潭江等多条河流在这一区域汇聚入海。三角洲平原上的众多岛丘有利于河道分汊，是珠江三角洲水网密布的一个重要原因。平原上两个岛丘夹峙处形成"门"，众多岛丘也就形成多个"门"，从而形成了多条河流从多个口门入海的局面。②而海湾中分布的大量岛屿，则造成了珠江三角洲独特的成陆方式，也就是以岛丘为中心聚集泥沙形成沙洲，沙洲间海水逐渐收窄，最后沙洲合并，与大陆相连。沙洲间逐渐收窄的"海面"与河流一样，也是三角洲密集水网的组成部分。③

历史上珠江三角洲的伸展速度总体是越来越快的，秦汉至隋唐时期滨线（陆地与海面的交界线）推进缓慢，宋明时期滨线推进速度显著加快。④唐初西江、北江三角洲的滨线在南华—桂洲—庙头附近，东江三角洲的滨线在东莞城稍西，潭江三角洲的滨线在新会城西—沙富一带。宋代西江、北江三角洲的滨线大致在新会双水—江门外海—中山古镇—曹步—小榄—潭洲一带。潭洲以东的滨线可能在沙湾—黄阁一带。东江三角洲的滨线在望牛墩—厚街一带。到明初，西江、北江三角洲的滨线已经推移到上横—大沙—中山港口镇—番禺黄阁一带，东江三角洲的麻涌—大步一带

① 吴建新编著《岭南农业史》（上），世界图书出版广东有限公司，2020，第140、213—214页。

② 珠江三角洲众多河流的入海口门几经变迁，分分合合，有增有减，清代只有东三门（虎门、蕉门和横门）和西三门（磨刀门、虎跳门、崖门）。近百年来由于泥沙淤积成陆、海岛与陆地连接等因素，形成了八门入海的局面。

③ 邹逸麟、张修桂主编《中国历史自然地理》，科学出版社，2013，第609—610页。

④ 黄镇国等：《珠江三角洲形成发育演变》，科学普及出版社广州分社，1982，第204—205页。

已经成为滨线。[①]珠江三角洲的滨线变迁主要受海平面升降和河流泥沙淤积影响。有学者认为，晚唐以后海平面基本稳定甚至相对下降，宋明时期人们在下游筑堤围垦，加速了河流泥沙在河口的堆积，使陆地更快向外延伸。[②]

珠江水系下游进入台地、平原，泛滥、改道多发，宋代以后这一情况因水利建设发展得到改善。西江下游干流比较稳定，汊道情况差异较大。接受山溪暴流的汊道极易泛滥摆动，低丘、台地间的汊道则相对稳定。从北宋开始，西江下游开始修筑堤围，元明时期继续修建、加固加高，固定了河道，保护了农田。东江下游河道在宋代也筑造了堤坝。北江下游河道在元代及明前期也有较多堤围修建。[③]

唐代珠江三角洲的农业还主要分布在山岗、台地，冲积平原尚未成为耕作地。宋元时期堤围等水利工程的建设，不但使河道不再侵扰田地，而且堤内低地沼泽的水排干后也能成为可耕地，为珠江三角洲的农业发展提供了基础。[④]

第二节

人口增长与经济开发

与16世纪之后相比，隋至明中期是广东地区经济平缓增长的阶段。以北宋时期为界，此前广东人口和经济规模在较低水平波动；此后随着珠江三角洲、韩江三角洲等地区的开发，广东地区的人口规模明显增长，经济发展水平上了一个大台阶。

① 李平日等：《珠江三角洲一万年来环境演变》，海洋出版社，1991，第75—78页。

② 黄镇国等：《珠江三角洲形成发育演变》，科学普及出版社广州分社，1982，第206页；李平日等：《珠江三角洲一万年来环境演变》，海洋出版社，1991，第91页；曾昭璇：《珠江三角洲地貌发育》，暨南大学出版社，2012，第47、65—66页。

③ 邹逸麟、张修桂主编《中国历史自然地理》，科学出版社，2013，第412—419页。

④ 吴建新编著《岭南农业史》（上），世界图书出版广东有限公司，2020，第71、140页。

一、在籍户口的变动与分布

人口数量是衡量古代经济发展水平最重要的替代性指标之一。在中国古代，人口数字来自朝廷和地方官府出于征发赋役和治安等目的进行的户籍登记。因此，这种在册户口数字的多寡，一方面与当地实际人口变动相关，另一方面则受到朝廷对当地的管控模式和力度的深刻影响。

隋朝建立时，岭南地区是以土著居民俚僚为主的世界。这些人群未被纳入王朝国家编户齐民的统治体系，因此其人口也就未能在朝廷户籍统计数据中得到反映。随着北宋灭亡，大量中原人口南迁，很多北方移民越过五岭南下，极大改变了广东人口的族群结构，对广东经济开发起到了推动作用。而且这波移民潮本身构成了后世广东人叙述家族源流时的一种历史记忆，今天很多广东族谱在追溯祖先来历时都会提到，祖上是两宋之际自中原经南雄珠玑巷迁来的。由于宋代王朝国家对岭南地区的开发和管控力度加强，很多原本以羁縻方式进行间接管理的俚僚人群也开始被纳入户籍体系。在籍户口的变动与分布，可以说是经济开发、王朝管控与族群融合的综合“显示器”。

这一时期，广东地区与海外的人员往来也日渐频繁。《旧唐书》记载：“广州地际南海，每岁有昆仑乘舶以珍物与中国交市。”[①]来华外国人在广州聚居，唐代广州形成了独特的外国客商居住社区——蕃坊（今广州市越秀区光塔路一带）。唐代不少中国人也自广州扬帆出海，“唐人”至今仍是海外广为使用的华人称谓。

这一时期现存的户口统计数据并不完整，户数数据则留存较多。我们依据史料记载和既有研究，根据今天广东省的行政区划范围进行调整[②]，对个别缺失数据进行估算，得出表2-2-1和图2-2-1，基本可以反映该时期广东地区人口数量变化趋势和人口规模的大致区间。

① 刘昫等：《旧唐书》卷89《王方庆传》，中华书局，1975，第2897页。

② 关于今广东省所对应的历史行政区划，以广东省人民政府地方志办公室编《广东省行政区划图志》（广东省地图出版社，2016）为据。

表2-2-1　广东地区户数变迁

年份	户数/户
隋大业五年（609）	110 977
唐天宝元年（742）	170 917
唐天宝十一载（752）	208 275
北宋太平兴国五年（980）	89 920
北宋元丰元年（1078）	573 871
南宋绍兴三十二年（1162）	546 862
南宋乾道八年（1172）	592 890
南宋嘉定十六年（1223）	474 704
元至元二十七年（1290）	505 628
明洪武二十四年（1391）	499 352
明嘉靖十一年（1532）	427 572

资料来源与说明：广东地区这一时期的户数，来自《隋书·地理志》《通典·州郡典》《元和郡县图志》《太平寰宇记》《旧唐书·地理志》《新唐书·地理志》等资料，参考了《中国人口史》等相关研究，作者进行了计算调整。因调整依据和计算过程的考证过于烦琐，故此省略。

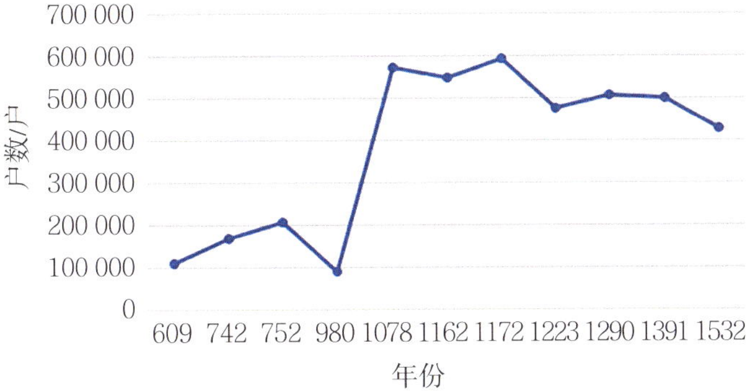

图2-2-1　广东地区户数变迁

“口数”的数据完整性更差。唐天宝元年（742）至天宝十一载（752）间今广东地区的口数在71.9万～83.3万，元至元二十七年（1290）为234.7万，明洪武二十四年（1391）为187万，明嘉靖十一年（1532）为170.5万。

11世纪是广东地区人口数量倍增的转折期。此前，隋唐时期广东人口规模虽然存在温和的增长趋势，但未明显突破20万户。此后，在籍户数从末低于40万户，12世纪后期一度接近60万户。这一台阶式的倍增转变在口数上也能得到佐证。8世纪中叶口数才刚80万出头，而到13世纪末就达到230多万，且应维持了至少一个世纪。这样的人口变化反映出北宋时期广东地区经济开发程度加深，王朝管控力度加强；与此相伴，土著族群与北方移民日渐融合，并进入王朝编户齐民体系。这一变化也彰显了中国人口增长的一个突出特点：时局乃是人口的“调节器”，人口又往往成为朝代兴亡的“加速器”。

二、多样化的农业生产

农业生产受到自然地理条件的深刻影响，而岭北和岭南的农业技术交流则是推动岭南农业发展的重要动力。[①]两宋之交是岭南农业发展的转折阶段，此后部分地区逐渐摆脱原始农业状态，由粗耕农业向精耕农业转化。[②]

这一时期，广东地区大体可以根据自然地理环境和不同耕作技术使用人群划分为两种农业类型。[③]第一种是居住在山地和高丘陵上被称为“蛮人”（包括瑶、僚、黎等）的人群所形成的农业类型，以农耕为主，狩猎、采集也占一定份额。刀耕火种的游耕是其主要耕作方式，冬春时砍树焚烧，在木灰中下种而不再施肥，等待秋季收获。耕作三四年后地力消耗，便将其抛荒，转而迁徙开垦新土地。[④]狩猎是他们获取蛋白质的重要途径。瑶人“耕山为生，以粟、豆、芋魁充粮。其稻田无几”[⑤]。南宋时

① 安史之乱后，北方移民给南方带来的技术变革主要有两个：一是从旱地复栽技术变化而来的水稻秧播技术，二是稻麦轮作制。这在江南地区表现最突出，在岭南地区稻麦轮作制的影响可能不那么明显。参见韩茂莉：《中国历史地理十五讲》，北京大学出版社，2015，第100—101页。

② 吴建新编著《岭南农业史》（上），世界图书出版广东有限公司，2020，第197页。韩茂莉：《中国历史农业地理》，北京大学出版社，2012，第1042页。

③ 韩茂莉：《中国历史农业地理》，北京大学出版社，2012，第1049—1051页。

④ 胡起望：《试论瑶族游耕的发展》，载《瑶族研究五十年》，中央民族大学出版社，2009，第49—61页。

⑤ 周去非著，杨武泉校注《岭外代答校注》卷3《外国门·瑶人》，中华书局，1999，第119页。

旱稻的种植开始增多。第二种是活动在山间沿河谷地、盆地以及南部的平原（如珠江三角洲平原、潮汕平原）、台地（如雷州半岛一带）的人群所形成的农业类型，水稻和麻的种植较为普遍，但耕作方式仍然较为粗放。

稻类是岭南地区的重要粮食作物，包括旱稻和水稻。由于岭南气候炎热，一年之中任何一个季节都可以种植作物，“无月不种，无月不收”[①]。至迟到宋初，潮州、雷州均有双季稻。北宋时广东地区又引进了耐旱且成熟快的占城稻。但是，作物熟制的普及不完全取决于自然条件和耕作技术，更取决于社会经济需求。水稻连作需要大量人力投入，在地狭人稠的情况下才适合。广东地区人口在宋代仍旧稀少，明清以前人地矛盾不突出，因此宋代广东地区最普遍的还是一年一熟制，双季稻直到明代仍然不能普及。[②]唐代国家在岭南道征收的正租是米，唐德宗贞元初年曾从岭南运米到长安地区，这些说明当时岭南稻米产量应有一定剩余。

这一时期，广东地区农业生产技术取得了长足进步。唐代韶州地区已经采用牛耕技术，到北宋，潮州地区牛耕很普遍。宋代广东地区采用了很多新的生产工具，如辘轳、翻车、筒车等汲水工具，碓等舂谷工具，秧马等插秧工具。宋代珠江三角洲围田区已经采用犁—耙—耖的作业方式，取代了之前火耕水耨的粗放作业模式。

唐代广东的水利设施不多，广州增城县修有石陂灌溉田地。宋代广东的水利工程有了较大发展，不同地区也表现出特色。滨海地带有防止海潮侵蚀的捍海大堤，如宋代潮州陆续修建的上中下外都堤（又名“南北堤”），东西两岸共8500多丈，百姓得以安居耕作。江河下游有防范洪涝的堤坝，如东江下游的东莞县在宋代陆续修筑了东江堤、西湖新堤、咸潮堤等堤坝，有效减轻了河水泛滥的危害，促进了珠江三角洲平原的农业开发。在山地丘陵则修筑堰塘来蓄水灌溉，如粤北的南雄州在宋代修建有凌陂、连陂等水利设施，能够灌溉几千亩田地。而雷州于宋代绍兴年间兴建的万顷洋田，则是广东古代规模最大的综合水利灌溉工程之一，包含筑堤、开渠、挖塘、设闸、造桥等5类互相配合的设施。[③]而堤围的修建，使

① 周去非著，杨武泉校注《岭外代答校注》卷8《花木门·月禾》，中华书局，1999，第338页。

② 邹逸麟主编《中国历史人文地理》，科学出版社，2001，第197、230页。

③ 郎国华：《从蛮裔到神州：宋代广东经济发展研究》，广东人民出版社，2006，第83页。

得三角洲的河道不容易暴涨肆虐，有助于排干低地沼泽的积水，将其变成可耕地，从而破坏按蚊的生存环境，让瘴气的危害逐渐消退。

麻是唐代广东地区最重要的纤维类作物，与芭蕉一同构成当地织布的原料。唐代广州以纻布为主，端州以蕉布为主，康州、封州以落麻布为主。而棉花栽培是宋元时期广东地区纤维类经济作物生产最重要的变化之一。两宋闽广地区种植的主要是木本棉花。时人称“闽广多种木绵，树高七八尺，叶如柞，结实如大菱而色青，秋深即开，露白绵茸然。土人摘取去壳，以铁杖杆尽黑子，徐以小弓弹令纷起，然后纺绩为布，名曰吉贝”①，“最为坚善”②。

广东地区的气候条件本不宜种麦，如唐代《岭表录异》卷中载“广州地热，种麦则苗而不实”③。但是，经过北宋时期官府推广，配合排水防渍等耕作技术改进，加之北宋后期开始渐趋寒冷的气候变化④，小麦种植区域南移，北宋末广东已经能成功种麦。宋仁宗时，惠州知州陈尧佐在与广州同一纬度的惠州“教民种麦”，获得丰收，“于是惠民种麦者众矣”⑤。到明初，小麦已经被列为广东田赋的名目。广东引种麦类的成功，是旱地作物南移而改变传统耕作制度的范例。⑥

来自南方亚热带地区和海洋的特殊物产是岭南地区的特色，也是朝廷在这里索取的贡品。唐代岭南的荔枝极其出名，张九龄称“百果之中，无一可比”。杜牧诗句“一骑红尘妃子笑，无人知是荔枝来”描述的就是岭南进贡荔枝到长安供杨贵妃品尝的情形。此外，还有蚺蛇胆、犀角、象牙、蕉等亚热带动植物产品，龟壳、玳瑁等海洋产品。宋元时期，珠江口一带还出现了人工养殖的蚝塘。

① 方勺：《泊宅编》卷3，中华书局，1983，第16页。

② 周去非著，杨武泉校注《岭外代答校注》卷6《服用门·吉贝》，中华书局，1999，第228页。

③ 刘恂著，商壁、潘博校补《岭表录异校补》，广西民族出版社，1988，第91页。

④ 赵瞳：《北宋农田与相关问题研究》，武汉大学出版社，2022，第146页。

⑤ 郑侠：《惠州太守陈文惠公祠堂记》，收入曾枣庄、刘琳主编《全宋文》第100册，上海辞书出版社、安徽教育出版社，2006，第8页。

⑥ 颜泽贤、黄世瑞：《岭南科学技术史》，广东人民出版社，2002，第206—207页。

三、手工业生产

隋至明前期，广东地区的手工业生产发展主要表现在矿冶、造船、陶瓷、纺织这几个行业。

广东地区富含多种矿藏，采矿和冶炼业很早就发展起来。唐代，岭南以生产金银闻名，是朝廷最重要的金银来源地之一。黄金生产主要有自然金的淘取和从矿石中冶炼两种方式。白银采炼在宋代已经采取了灰吹法进行提纯。金银产地主要集中在夷僚杂居的溪洞地区，广州、韶州等地也有金银矿冶。而唐朝在今湘粤交界处设立的桂阳监是一处重要的冶炼机构。唐代岭南地区开采的铜矿比较少，仅限于广州、勤州、桂州、连州、贺州等地。宋代是广东地区矿冶业发展的鼎盛时期，所谓“坑冶之利，二广为最”[①]，尤其是铜矿业异军突起，一改唐代广东铜矿稀少的局面，使广东成为全国举足轻重的铜产区。宋代广东的铜矿集中在粤北地区。韶州的岑水场、中子场占北宋元丰元年（1078）全国铜产量的87%。其中，岑水场一度“聚浮浪至十余万”，所产铜数量之巨，甚至使官府“已患无本钱可买”。[②]广东的铜矿除供本地的永通监等铸铜钱外，每年还可以运送300万斤铜供应岭北的冶铸机构。铜产量的增加与普遍采取胆水浸铜法的进步技术密切相关。但随着矿产资源趋于枯竭，进入南宋后，广东地区的铜矿业日渐衰落。宋代广东的冶铁业尚不发达，迄明初冶铁业集中在英州、韶州地区。从洪武末开始，伴随着铁矿业放开民营，冶铁生产逐渐向惠州、潮州地区转移，而佛山开始逐渐成为冶铁业的中心。

广东为滨海之地，所造船只较大，适合出海航行。广州对朝廷的土贡就有番舶，即海船。广东的造船技术也很有特色。由于铁钉和桐油难得，船匠就用藤条来绑合木板，在藤条与木板的缝隙中塞进晒干的海中茜草。这种草遇水则膨胀，因此船不会漏水。元英宗至治二年（1322），到达广州的罗马天主教圣方济各会修士鄂多立克（Friar Odoric）称广州城有数量庞大的船只，整个意大利的船只数量都没有广州一个城市的多。[③]

唐代广东地区的陶瓷业有了很大进步，广州、潮州、端州、封州、高

① 脱脱等：《宋史》卷185《食货志》，中华书局，1985，第4530页。
② 李焘：《续资治通鉴长编》卷240，熙宁五年十一月庚午，中华书局，2004，第5866页。
③ 鄂多立克：《鄂多立克东游录》，何高济译，中华书局，2002，第70页。

北宋潮州窑周明造佛像

1922年出土于潮州城西南郊羊皮岗，高31.5厘米，底宽10.5厘米。当时共出土4尊瓷佛造像，器座上皆刻有制瓷窑地、工匠姓名、日期等。此佛像为匠人周明所造，线条流畅优美，造像端庄隽秀，制作工艺极为高超，为北宋潮州窑的经典之作。

・广东省博物馆（广州鲁迅纪念馆）藏

州、罗州、雷州等地都有瓷窑，南汉时期广州地区的瓷窑进一步增多。[①]中晚唐时期的梅县水车窑、新会官冲窑，烧制的青瓷大量外销东南亚及中东、非洲地区。[②]宋代西村窑、潮州窑、雷州窑的外销瓷生产持续繁荣。其中笔架山潮州窑采取阶级窑的烧法，能更合理地利用热能控制温度。南宋沉船“南海I号”发现有佛山南海奇石窑和文头岭窑生产的酱釉罐，这是酒水、食物的盛储器，被称为“广东罐”，与一般纯商品属性的外销瓷不同。[③]

宋元时期，中国服装面料发生了重大变化，从以丝绢、麻布为主变为以棉布为主。这一转变首先发生在闽广地区。广东的纺织业在唐代主要生产蕉布、麻布，也有竹布、葛布。进入宋代，与棉花种植的扩展相伴，岭南棉纺织业也发展起来。元代木棉纺织技术进一步从岭南传播到江南松江地区。元明时期，棉花种植及棉纺织业的迅速普及，使人们的日常服装进入棉布时代。

四、交换经济与城市

广东地区的交换经济包括三个不同的层次。

首先，最基础的是与本地居民日常生计紧密联系的交易活动。比如，滨海人群捕鱼、制盐后需要将其出售来换取生活、生产所需物资，农耕地区的人们也需要购买铁制农具。这个层次的交换是最普遍的，包含以物易物等多种形式，兼业贩运和专门商贩并存。但正因其太过日常，历史上反而没有太多史料留存。

其次，是在此基础上发展出的岭南区域内的商品流通。这一层次的商业发展情况，可以通过所征商税的规模得到一定程度的反映。唐贞元年间，岭南节度使对商人、货栈的征课收入与两税收入额度相近。

最后，也是最高层次的交换经济，是围绕岭南、南海乃至来自海外的特殊物产或者说奇珍异宝而形成的奢侈品长途贸易。这类贸易既表现在

① 广东省博物馆：《广东唐宋窑址出土陶瓷》，香港大学冯平山博物馆，1985，第11页。
② 杨少祥：《广东梅县市唐宋窑址》，载广东省文物局等编《广东文物考古三十年》，暨南大学出版社，2009，第479—483页。
③ 肖达顺：《“南海Ⅰ号”沉船上的“广东罐”新探》，《文博学刊》2023年第2期。

海外贸易上，也表现在包含胡商在内的各类商人在岭南和江淮、中原之间的贩运上。奢侈品进口一直是这一时期海外贸易的主要内容，主要进口商品是宝石、香药（香料药物）、玳瑁、珍珠、犀角、象牙等南海周边地区的珍稀物产。8世纪中叶，阿拉伯航海家阿布·奥贝德阿卜杜拉·卡塞姆（Abu Obide Abdullah Qasim）从苏哈尔港出发到达广州，并在中国购买沉香木[①]，而输入商品应是阿曼特产乳香。我们耳熟能详的阿拉伯故事《辛巴达航海旅行记》，据说就取材于奥贝德这次旅程。香药是宋代进口物品中最大宗的商品之一。自唐至宋，主要进口香药从沉香变为乳香，政府角色也从香药的主要消费者变成专卖者或经营者。[②]长期以来，金银、铜钱都是海外贸易的主要出口商品。但随着中国手工业水平的提高，自宋元时期开始，以陶瓷为代表的中国手工业制成品在出口中的占比逐渐提高，这进一步刺激了本土相关产业的发展。唐末黄巢起义军转战广州时，广州的海外贸易受到打击，但到宋代又恢复了风采。就国内贸易而言，金银、犀角、象牙、珍珠、贝、玳瑁、香药等是岭南销往岭北的主要商品，其中相当一部分是海外进口商品或海洋物产；而岭北流向岭南的主要是茶叶、药品。

海外贸易的超高利润为官员们谋求私利提供了便利。因此，从当地外贸管理官员所积蓄的庞大个人财富也可以看出当时海外贸易的繁荣。唐初担任广州都督的党仁弘，靠与豪酋交往、勒索夷人，到离任时拥有70艘船。唐中期曾任岭南节度使的王锷被认为“家财富于公藏”[③]。

货币是便利交易的重要媒介。广东地区的交易货币呈现出明显的分区和分层现象。隋代岭南地区多以盐、米、布交易，“俱不用钱”[④]。但唐代岭南夷僚杂居的溪洞地区因为是金银产地，存在历史上延续下来的交易

---

① George Fadlo Hourani，*Arab Seafaring*：*In the Indian Ocean in Ancient and Early Medieval Times*（Princeton: Princeton University Press，1995），p.63；陈公元：《中国阿曼友好关系小史》，《西亚非洲》1981年第5期。

② 温翠芳：《从沉香到乳香——唐宋两代朝贡贸易中进口的主要香药之变迁研究》，《西南大学学报（社会科学版）》2015年第5期。

③ 刘昫等：《旧唐书》卷151《王锷传》，中华书局，1975，第4060页。

④ 魏征等：《隋书》卷24《食货志》，中华书局，1973，第690页。

习惯，呈现出“百姓市易，俗既用银”[①]的局面。唐朝的公廨本钱是官府经营的高利贷资本，广东地区以白银作为公廨本钱。这都反映出唐代白银在岭南地区已经发挥了货币职能。而广州口岸的海外贸易则多以黄金为交换手段，铜钱使用比例较低，形成了一个特殊的通货区。入宋后，铜钱成为主要货币。

在贸易牵动下，靠近重要交通路线的政治中心城市最先发展起来。西江沿岸的桂州、珠江口的广州和粤北大庾岭路附近的韶州，就是唐代岭南城市经济繁荣的代表。唐元和时期，广州的户数已经跃居岭南首位，广州不但是华南农林、鱼盐产品的贸易中心，而且与扬州、泉州同为当时三大胡商聚集地。韶州位于赣水—大庾岭—北江的交通线上，“唇齿江、湘，咽喉交、广，据五岭之口，当百粤之冲”[②]，随着粤北的开发，其在唐天宝时期成为户数仅次于广州和连州的地区。

第三节

广东地区在贡赋体制下的角色

隋至明中叶时期，岭南地区在王朝统治版图上并非核心区域，但因为地处亚热带、富有矿藏、濒临南海、拥有作为海外商贸门户的优良港口等区位因素，而对朝廷具有独特的经济意义。一方面，由于广东地区在唐宋时期先后有较大规模的金银铜矿发现与开发，所以它在唐代金银货币流通、宋代国家铸钱中具有举足轻重的地位。另一方面，南海贸易输入了海外奇珍异宝，由此衍生的奢侈品贸易构成了朝廷一项重要的财政收入来源，而且后来还被赋予了构建朝贡秩序的政治意义。朝贡贸易是这一时期

① 《唐开元户部格残卷》，转引自王承文《唐代环南海开发与地域社会变迁研究》，中华书局，2018，第501页。

② 顾祖禹：《读史方舆纪要》卷102《广东三》，贺次君、施和金点校，中华书局，2005，第4674页。

广东地区海外贸易的核心。因此，岭南地区最重要且稀缺的经济资源、附加值最高的经济活动，基本上是被纳入朝廷主导的贡赋体制之中的。

一、钱监与盐场

金、银、铜和盐是两类十分稀缺，但对国计民生又非常重要的经济资源，始终受到朝廷的高度关注。

岭南地区是唐朝金银最主要的来源地之一，其中既有本地金银矿的出产，也有来自海外的金银。本地金银矿场的生产存在由中央直接控制的官营和民间经营等不同形式，产出的金银中相当一部分被以土贡、庸调、商税等名义转运到朝廷。而在广州口岸以黄金等舶来品换取丝绸等商品的贸易，则往往由朝廷直接控制，大量舶来金银直接进入中央政府和皇室的府库。①

唐开元、会昌时期，广州曾设炉铸钱，但数量都不多。入宋后，随着广东地区特别是粤北韶州铜矿的大规模开发，广东地区的铸钱业发展起来。北宋庆历末年，朝廷在韶州设立永通监，这是当时宋朝第一大铸钱监，生产规模很大。元丰年间，广东的永通、阜民两个铸钱监共铸钱150多万贯，约占全国铸钱总量的三分之一。

盐关乎人的生命，是一项战略物资。制盐首先需要制备高咸度的卤汁。唐代广东沿海地区制备卤汁的方法与前代基本相同。②一直到明中叶，广东盐业生产仍主要采取煎法，一般经过晒灰取卤、淋卤、试卤和煎晒成盐4道工序。唐代广州新会县、潮州海阳县均产盐。宋代是广东盐业迅速发展的阶段，珠江口东西两岸的东莞、香山等地逐渐成为食盐生产中心，南宋时期环北部湾地区的食盐生产逐步增加。③

唐代后期，中央政府确立了国家专卖食盐的政策，即垄断生产、统一收购，加价卖给盐商以获得专卖收入。宋代形成了“茶盐司—州县—盐场—灶户”四级盐业生产及管理体系。南宋孝宗时，户部侍郎叶衡有“今

① 王承文：《唐代环南海开发与地域社会变迁研究》，中华书局，2018，第451—540页。

② 刘恂著，商璧、潘博校补《岭表录异校补》，广西民族出版社，1988，第205—206页。

③ 中山大学历史学系、广东省盐业集团有限公司编《广东盐业史》，中山大学出版社，2022，第23页。

日财赋，鬻海之利居其半”[①]之慨。所谓“鬻海之利”，即指海盐专卖收入。南宋高宗绍兴末年，全国盐产量约342 163 815斤，广南东路17处盐场约产盐16 553 000斤，占4.8%。[②]虽然广东盐产量在全国占比不及淮浙，但对本地区财政收入具有重要意义。曾任广南东路转运判官的范正国认为：“本路上供及州郡经费，全仰盐息应办。”[③]

二、市舶与朝贡

海外贸易是可以获得超额利润的经济活动，因此自唐朝开始，朝廷便以各种方式牢牢控制这一重要利源。

至迟在唐玄宗开元二年（714），朝廷便在广州设市舶使，专管海路邦交贸易，这是中国历史上第一次专门设立管理海外贸易的官职。市舶使负责征收商税、收购政府专卖品。宋初设市舶司，以知州为使，掌管海上贸易及国内沿海贸易。元丰改制后，转运使兼市舶司提举，成为中央直属的专职机构。北宋元丰三年（1080）制定的《广州市舶条》，是我国历史上第一部管理海外贸易的专门法规。法规全文没有流传下来，藤田丰八从文献中辑录相关内容，共包含八类：入口海舶运货检查与输入税征收，禁榷（专买）及其他舶货收买、出卖、保管与解送，海舶出口许可证付给与回舶事项规定，舶货贩卖许可公凭（贩卖许可证）发给，蕃国与番舶招徕及迎送，禁止出口铜币，对于一般官吏及市舶官吏舞弊事项规定，关于漂着船舶与居留蕃人规定。[④]海外贸易专职管理机构的设置及其权重变化、制度建设，凸显了朝廷对海外贸易收益的重视。

唐代以来广州海上贸易非常繁荣，这从沉船考古成果可以得到充分佐证。印度尼西亚海域发现的勿里洞沉船（又称“黑石号沉船”），是一艘9世纪上半叶阿拉伯督造的三桅船，该船从广州返回西亚途中沉没。从沉船遗址打捞的出水文物有陶瓷制品6.7万余件，不少瓷器是国外客商订

① 脱脱等：《宋史》卷182《食货志》，中华书局，1985，第4454页。

② 郭正忠：《宋代盐业经济史》，人民出版社，1990，第639、647页。

③ 徐松辑《宋会要辑稿》，刘琳等校点，上海古籍出版社，2014，第6572页。

④ 藤田丰八：《宋代之市舶司与市舶条例》，魏重庆译，山西人民出版社，2015，第85—129页。

制的外销瓷。印度尼西亚海域发现的印坦沉船，出水青铜器、锡块等文物1.1万件，其中有南汉银锭、“乾亨通宝”铅钱，该船是南汉时期从广州贸易归航的一艘东南亚商船。印度尼西亚海域发现的井里汶沉船，出水文物达49万余件，从出水的大量南汉铅钱推测，该沉船与南汉海外贸易有关。而2022年发现的南海西北陆坡一号、二号沉船遗址，则反映了明弘治、正德年间南海海上贸易的繁荣。

宋代朝廷对进口的宝货、香药等商品实行禁榷制度，从而获得可观的利润，改善了财政状况。以北宋神宗熙宁十年（1077）收到的乳香为例，广州所收占3处市舶司所收总量的98%。南宋海舶岁入200万缗，约占南宋年度财政总收入的二十分之一[①]，其中广州应该占了绝大部分比例。

元、明两朝在广州继续设市舶司。元代的海外贸易中官商和私商并存，但私人贸易是主流。入明后，海外贸易被作为构建朝贡秩序的一环。在明前期，贸易被严格限定为朝贡贸易。外国商人必须由贡使率领，持有勘合，按照规定的贡期和贡道来中国，才能在中国进行贸易。这一状况直到16世纪才发生根本性转变。

第四节

朝廷控驭、开发岭南的空间进程

广东地区的经济发展，一方面以本地人群的生计为基础，另一方面由王朝国家的政治控制、财政汲取需求与岭南地域的区位特质互动塑造。最鲜明地体现这一点的，就是王朝国家对岭南地区内部不同区域的重视、控制程度的变化与区域开发进程之间存在一定关联。自秦朝以来，广州（及其前身番禺）一直是朝廷控制岭南地区的重要据点，以广州为中心的贸易也是广东地区经济最突出的亮点之一。广州以外其他地区的开发进程则与

① 关履权：《宋代广州的海外贸易》，广东人民出版社，1994，第60、62页。

南下移民情况和朝廷重视程度相关。随着广州与岭北地区间交通路线的变化，朝廷重点关注、控制、开发的地区存在自西江沿线向粤北转移，再向珠江三角洲转移的趋势。[①]这在一定程度上也反映了广东地区经济空间格局的变迁。[②]

一、西江航道、大庾岭路与广州通海夷道

对广东地区经济发展起决定性影响的是两类交通路线和节点：一是岭南与王朝政治中心和经济发达地区联系的道路，二是岭南通过南海与海外联系的航路和港口。在很长时间内，这两类交通路线的连接点就是广州。

中央政府与岭南的联系最主要就是与广州的联系。中原地区与广州的联系有4条路线。最早开辟的是桂林路，即由湘江经灵渠至漓江，通西江，或从陆路越萌渚岭至西江。江淮地区与岭南的桂州、广州通过长江、湘水、漓水、郁水（西江）联系起来。秦朝开凿的灵渠到唐代已因为年代久远而废置。唐宝历初曾试图立斗门恢复灵渠运输，但因工程质量太差未能奏效。唐咸通九年（868）增置斗门，改筑石堤。重修后的灵渠通航能力有所提升，但仍然受限，而且这条路线相对偏远。另一条是郴州路，即自郴州越过骑田岭到韶州、连州，再利用北江南下，但武水、连水航行风险高。[③]

在这种情况下，唐开元四年（716）张九龄重修大庾岭通道，该通道逐渐成为沟通岭南与中原最重要的通道之一。大庾岭路不但满足了朝廷对岭南物产的汲取需求，也满足了江淮地区对岭南的商品需求。胡商可以经梅岭、赣水，过洪州、江州，沿着长江到达扬州。张九龄《开凿大庾岭路

① 参见徐俊鸣：《元代广东经济地理初探》，《中山大学学报（自然科学版）》1960年第2期。

② 既有研究用来讨论这一千年间广东地区内部各地经济开发进程的史料，多数是户口、赋税等国家管理运作中形成的数字。严格来说，这些数据直接说明的是国家控制下户口、赋税等经济情况，与各地真实的经济水平存在差异。但由于缺少系统、全面反映16世纪以前广东地区经济状况的其他类型史料，而且国家控制与地区开发间确实存在一定关联性，所以仍将这些数据作为区域经济发展情况的替代性指标使用。

③ 蔡良军：《唐宋岭南联系内地交通线路的变迁与该地区经济重心的转移》，《中国社会经济史研究》1992年第3期。

梅岭古道

位于大庾岭山脉中段，地理位置险要。唐开元四年（716），张九龄开辟大庾岭新路，梅岭古道成为岭南、岭北的交通咽喉，更是南方域外珍货上贡朝廷的必经之途。

序》称："海外诸国，日以通商，齿革羽毛之殷，鱼盐蜃蛤之利，上足以备府库之用，下足以赡江淮之求。"①

唐代、北宋及南宋初年，岭南与中原的人员往来、货物运输主要依靠大庾岭、郴州和桂州3条道路。南宋时期，自广州东行，经潮州或循、梅二州，过福建漳州、泉州、福州，再到两浙温州的陆路交通线开始发挥作用。②

岭南地区濒临大海，广州是唐代中国与东南亚、南亚、西亚、非洲乃至欧洲海上交通的门户。秦汉时期，灵渠沟通了长江水系和西江水系，而在藤县可以从西江进入北流河，进入玉林，沿着南流江到达合浦县，自合浦出海进入廉州湾，沿着北部湾沿岸向西再向南沿着中南半岛航行，可以到达交趾、日南。当时官方出海的启航地是雷州半岛最南端的徐闻，但也须沿着海岸线先行至合浦，而非横渡琼州海峡。这种航路选择是由当时船只只能沿岸航行的技术约束决定的。今广西地区在当时中原与岭南的沟通和中国与东南亚的交通上具有重要地位，是当时岭南较为发达的地区。③到了唐代，随着风帆技术的应用，离岸航行成为可能。岭南出海的主要航路变成自广州出发向东南行至今香港屯门，再向西航行到今海南岛东北方向海域的七洲列岛，然后沿着海南岛东部海岸南行到今大洲岛，再向西南航行到越南中部的占婆岛，进而横渡抵达马来半岛，通过马六甲海峡进入印度洋。④这一航道变迁导致包括合浦在内的环北部湾港口在中外交通格局上的重要性下降，而广州在中外交通网络上的地位进一步上升。广州通海夷道被唐朝宰相贾耽列为七条入夷道之一，连接南海、印度洋、波斯湾和东非海岸的90多个国家和地区，是8、9世纪世界上最长的远洋航线之一，也是东西方最重要的海上交通线之一。⑤

宋元时期，在广州通海夷道（西航路）持续繁荣的同时，开辟出泉州经台湾至菲律宾的新航路（南航路），这使得此后自广州出海前往东

① 张九龄著，熊飞校注《张九龄集校注》卷17，中华书局，2008，第890—891页。

② 曹家齐：《唐宋时期南方地区交通研究》，华夏文化艺术出版社，2005，第74—75页。

③ 广东省人民政府参事室编，周鑫、王潞编著《南海港群：广东海上丝绸之路古港》，广东经济出版社，2015，第4—8、99—114页。

④ 刘义杰：《南海海道初探》，《南海学刊》2019年第4期。参见《汉书·地理志》、贾耽《皇华四达记》。

⑤ 李庆新：《海上丝绸之路》，五洲传播出版社，2006，第39页。

南亚、印度洋有了更多选择。广东台山、阳江交界海域出水的南宋沉船“南海I号”，船体残长约22.1米，残存最大船宽约9.35米，船型属于“福船”，首尖尾方，两头上翘。[①]船上不但装载有大量浙江龙泉等地生产的外销瓷器，而且有广东佛山南海奇石窑生产的酱釉罐，说明此船从福建出海后应经停过广州。结合船只沉没在川山群岛海域的情况推断，此船很可能是自福建出海后沿岸南下的。明代前期继承了宋元以来的主航道，并将其向更远处拓展。明永乐、宣德年间郑和下西洋，其中第二次、第六次即从广东启航，显示了广州在明代官方海外交通上的重要性。[②]

二、王朝视野下的区域开发进程

今天的广东省一般被划分为粤北（大庾岭、北江上游）、粤东（韩江流域）、粤西和珠江三角洲四大地区。结合历史上的交通、开发等人文要素，可将珠江三角洲的西北部（今肇庆）和粤西的北部（今云浮）作为粤西地区，其特征是沿西江流域的丘陵山区；而将今粤西的大部分称为粤西南地区，是云雾山脉分割出去的台地。

朝廷在一个地区的政区设置情况，体现了朝廷对该地区的角色定位。在一个地方新设政区或提高政区层级，要么是因为这一地区已经在政治、军事、财政上对朝廷具有至关重要的作用，要么是由于朝廷开始关注到这一地区，试图加大控制和开发力度。而户口数量及分布变化则同时体现了经济发展水平和朝廷的管控力度。

广州长期以来是岭南地区的政治中心和对海外交通的大港，也是朝廷控驭岭南的首要抓手。广州是唐朝最重要的海外贸易港口之一。中唐以后，由于灵渠的重修、大庾岭路的开凿，因此中原地区与广州的交往更为便捷。但因为珠江下游的河流泛滥和衍生的瘴气等问题，在宋代以前，广州城以外的珠江口湾区开发程度并不高。广州城好似一座由于朝廷控制岭

① 国家文物局水下文化遗产保护中心、广东省文物考古研究所、中国文化遗产研究院、广东省博物馆、广东海上丝绸之路博物馆编著《南海Ⅰ号沉船考古报告之二：2014—2015年发掘》，文物出版社，2018，第5、110、113页。

② 李庆新：《再议郑和下西洋：以两次从广东启航为中心》，《广东社会科学》2003年第2期。

南据点的政治地位和外国商人来华港口的贸易地位，而突兀地卓立于岭南经济版图之中的“孤岛”。

由于自秦朝以来，桂林路、西江航道就是中原与岭南之间重要的交通路线，所以航道沿线的行政管理、经济开发得到朝廷的重视。承袭南朝以来的格局，隋朝在广东所设的郡仍然大多在西部，但比起南朝末年已经有所减少。①这一通道沿线地区的商贸经济也因人流、物流而渐次发达。西江航道沿线遂成为唐代岭南地区的发达区域，如西江上游漓水旁的桂州，“东南通绝域，西北有高楼”，而且早在唐代就有相思埭等水利设施，铜器冶炼业也比较发达。

伴随着大庾岭路的开辟，以及北方移民的南下、南北商贸的繁荣，粤北地区特别是韶州在唐代后期迅速发展起来。宋代岭南以粤北的县治分布最密，韶州、南雄州、连州三州面积不及广南东路的十分之一，县治数量却超过四分之一，显示了朝廷对此地的重视。②连州、韶州的人口密度也超过了广州。北宋时期韶州的矿业发展达到鼎盛。

唐宋时期，广东与五岭以北地区的主要交通路线从粤西的西江一线向粤北的北江一线转移，这与全国经济重心及交通重心自以长安、洛阳为核心的中原地区向以扬州为核心的江南地区转移是密切相关的。③在唐中期以前，经济最发达的地区是以西安、洛阳为中心的关中及中原地区，与政治中心合一。就商贸物流而言，主要表现为香药等进口奢侈品的自南向北运输，供居住于东西两京的皇室、贵族和官僚消费。因此，广东与两京之间最方便的交通路线是走西江一线，然后沿着湘江、汉水通过两湖地区进入关中。而随着经济中心向江南转移，以及中国手工业产品生产能力增强，中国的瓷、丝、茶等商品南下出口取代奢侈品进口成为更主要的商贸物流。因此，广东与江南地区交通联系的重要性提升，直接联系岭南与江西、浙江、长江三角洲的北江、赣江、长江一线，成为广东与岭北之间最

① 方志钦、蒋祖缘主编《广东通史》（古代上册），广东高等教育出版社，1996，第418页。

② 蔡良军：《唐宋岭南联系内地交通线路的变迁与该地区经济重心的转移》，《中国社会经济史研究》1992年第3期。

③ 曹家齐：《唐宋中国交通中心之南移及其影响——对中国社会发展水平南北差距之形成且恒久未变之原因的一种解释》，载《宋代的交通与政治》，中华书局，2017，第61—88页。

主要的交通线。

这两条重要交通路线不但关系到岭南与岭北的交通，而且影响了岭南的行政区划设置。元朝将宋代广南东路划入江西行省、广南西路划入湖广行省，就体现了根据赣水—北江和湘水—西江这两条最重要的通岭南交通线来管理岭南的思路。[①]

南宋以降，珠江三角洲地区经济开发深入，环境改善，逐渐成为发达地区。这为明中叶后珠江三角洲进一步崛起成为广东经济中心奠定了基础。

这一区域开发进程也可以从不同地区人户密度的变化得到反映。如表2-2-2所示，唐代粤北的连州人户密度最大，粤西南（高州、潘州）的台地人户密度也较大。随着大庾岭路的开辟，北宋时期韶州的人户密度跃居广东地区首位，连州位居第二，珠江三角洲的广州、新州上升至第三，随后是潮州、南雄州。而到元代，雷州居首位，广州、新州居第二位，然后是端州、潮州。

表2-2-2　广东若干地区人户密度变化表[②]（单位：户/平方千米）

区域	州名	不同时期的人户密度		
		唐	北宋	元
粤西	封州	1.6	1.0	0.9
	端州（肇庆）	2.4	3.4	4.6
珠江三角洲	广州、新州	1.2	4.8	6.1
粤西南	高州、潘州	3.4	1.4	1.7
	雷州	0.5	2.0	10.4
粤北	韶州	2.1	5.5	2.4
	南雄州		4.5	2.4
	连州	4.7	5.4	2.5
粤东	潮州	0.2	4.5	3.9

① 李孝聪：《中国区域历史地理》，北京大学出版社，2004，第358—359页。

② 蔡良军：《唐宋岭南联系内地交通线路的变迁与该地区经济重心的转移》，《中国社会经济史研究》1992年第3期。

从北宋初年到元代，岭南地区人口密度也呈现出北降南升趋势。北宋元丰初年，各州中人口密度超过20人/平方千米的，除广州外，均位于南岭南麓（韶州、循州、潮州、连州、贺州、南雄州），这反映了南下移民过岭后就近定居的情况。而元代各州人口密度中，广州达到30人/平方千米，潮州为25人/平方千米；而南岭南麓各州中人口密度最大的韶州不过15人/平方千米，连州仅2人/平方千米。这反映出随着北方移民逐渐适应岭南环境，出现了二次移民现象。与此相伴的是，农业开发区自北向南推移。[①]

前述区域开发进程还可以从城镇分布格局的变化得到反映。唐代以前，城镇主要集中在西江沿线，其次才是粤北，粤东极少。唐代基本因袭这一格局，西江沿岸和高州一带城镇最多，其次是北江流域。但是人口分布上，五岭地区已经超过西江流域。宋、元两代城镇分布不平衡状况得到改善，珠江三角洲、韩江三角洲的开发改变了北部农业优于沿海的局面，粤东城镇有所增加。到明万历时期，广东城镇格局基本定型，主要集中在韩江三角洲、珠江三角洲，西江、潭江流域和东江中上游。[②]经过千年发展，珠江口湾区成为商业繁荣地区。1514年，葡萄牙航海家科尔沙利（Andrea Corsali）抵达广州沿海及东莞县屯门岛，他认为这里是他到过的最富裕的地方，城墙、街道、帆船、商店令他目不暇接。[③]这正是16世纪以降珠江口湾区成为中西贸易中心的经济基础。

综上，自隋至明中叶，在大一统王朝视野下，广东地区内部区域开发进程，大体表现为一枝独秀、持续繁荣的广州城与其他因中原与广州联络道路转变而依次开发的区域组合。截至隋朝，西江仍是主要通道。而从唐代开始，粤北地区因大庾岭路的开通和安史之乱后的南下移民而兴起。宋代以降，随着珠江三角洲的农业开发与环境改善，人口向广州附近聚集。与此同时，粤东潮州地区开始慢慢发展起来。

① 韩茂莉：《中国历史农业地理》，北京大学出版社，2012，第1048页。

② 李孝聪：《中国区域历史地理》，北京大学出版社，2004，第375—376页。

③ 朱培初编著《明清陶瓷和世界文化的交流》，轻工业出版社，1984，第35页。

第三章 岭南社会生活百态

岭南地区是不同人群活动的舞台，各族群在长期的互动中走向融合。从俚僚民族与汉族的融合，到唐代以后地方大族的崛起，再到蕃坊的出现与波斯后裔的融入，岭南人群社会在不断的分化与重构中展现出丰富的面貌。岭南人民凭借勤劳与智慧，创造出多样化的生产方式与物质文化。从黄道婆将黎族棉纺织技术传播到江南，推动全国服装业的发展，到占城稻的引进与普及，使广东成为重要的粮食生产基地；从广州城的大规模建设，成为全国知名的大都会，到交通出行方式的不断演变，促进了岭南与内地乃至海外的交流与合作，推动了地区经济的繁荣与文化的交融；等等。这些成就不仅体现出岭南人民的创造力与适应力，也为岭南社会的持续发展奠定了坚实的基础。

岭南医学上，葛洪《肘后备急方》对后世医学发展产生深远影响；李珣《海药本草》专门研究外来和南方药物，为岭南医学的发展注入新鲜血液；到宋代诸医书在岭南的颁行，对推行药物治疗和移风易俗起到积极作用。岭南医学在与疾病斗争的实践中不断发展，形成了独具特色的医疗体系，为保障人民健康作出了重要贡献。

贬谪官员带来的中原文化，在广东本土的吸收与融合中，逐渐生根发芽，不仅丰富了岭南的文化内涵，也为当地文教进步注入了新的活力。广东方言的初步形成，也反映了中原文化与本土文化的交融与碰撞，为岭南文化的多样性和独特性增添了浓墨重彩的一笔。州县学、书院、社学等教育机构的建立与普及，使儒学在岭南地区广泛流传，培养了一大批有文化、有思想的士人，为社会的发展提供了智力支持。从宋代州县学的逐步确立，到书院作为新型学校的兴起，再到元代社学的推广，教育事业不断发展，使岭南地区的文化氛围日益浓厚，为文化的传承与创新提供了良好环境。

第一节

族群融合与多民族格局

在岭南地区的历史长河中，多元族群的融合与分化一直是社会发展的重要特征。秦汉至隋唐时期，岭南地区的民族与组织又经历了一轮重构，俚僚民族与汉族积极融合，形成新的组织形式，又分化出新的族群。随着海外贸易发展，中外人群交流密切，出现了“蕃坊”这种新的管理体系。

一、地方大族的形成

随着岭南地区的开发，在南北朝时期，新的地方大族开始形成。首先是俚帅，他们有着雄厚的军事及政治力量，有着一定汉文化素养，能够左右一方汉俚社会秩序。他们有些本是汉人或是早先南来汉人之后，但本身或者混有较多的俚人血统，或者势力在俚人社会中具有较大的影响。俚人大族的代表，除高凉冼氏外，见诸文献的还有以宁猛力为代表的钦州宁氏，以李逊、李贲、李佛子、李光仕为代表的李氏等。

至唐代，汉人亦形成大族，其中以冯氏最为知名。冯氏家族原是北燕皇帝冯弘后裔，太兴六年（436）北燕亡后冯弘逃亡高句丽，后有归刘宋之意，遣其子冯业带300人出使建康。冯弘为高句丽王所杀，冯业则率族人留居岭南。冯业世袭罗州刺史，传至其孙冯融时，冯融安排其子冯宝与高凉冼氏联姻。冯氏家族正是凭借着冼氏家族的威望和自身中央政府汉族官员的特殊身份地位，一步步增强其在岭南地区的统治势力和威信。冯宝本人获隋朝追赠广州总管、谯国公。其子冯仆被封为阳春郡太守，以平定欧阳纥获封信都侯，加平越中郎将。至其孙冯盎，唐初控制着番禺、苍梧、海南、朱崖等地，据地2000里，后以其辖地降唐。唐授其上柱国、高州总管，并封越国公。隋唐之际，冯家的势力和声望已至顶峰。

唐宋时期，北方家族大量向岭南迁移[①]，其中具有代表性的有孔子家族后裔。唐元和年间，孔子第38代孙孔戣（kuí）出任广州刺史兼岭南节度使，任满后返回长安。至其曾孙孔昌弼时，正值唐末朱温篡唐，天下大乱。孔昌弼遂率领其家族中部分成员，跟随出任清海军节度使的宰相徐彦若进入岭南避乱，先至南雄，再到广州。从宋代开始，孔氏家族逐渐成为广州本地具有影响力的大族。唐代北方家族在迁移岭南后，一般都聚族而居，且世代尊尚儒学，因而在汉文化传播岭南的过程中发挥了重要作用。[②]

宋元时期，岭南地区农业发展，掀起了开荒运动，产生了以自耕农为主体的农民群体。但随着时间的推移，特别是南宋以后，客户即佃户的比例逐步上升，形成岭南地主土地所有制，造就一大批被称为“乡豪”的大土地占有者[③]，其中最为知名的是元末明初东莞的何真。何真曾祖父何嗣于宋南渡时迁至东莞，其祖父何发藻时期，何家“家道寖昌，创土名员头山、石壁头、周塘等宅场，筑居员头山，招佃张、游、吴、黎、陈、魏、黄、叶等姓旁居”[④]。何真（1321—1388）出生于元至治年间，自小喜骑马射箭，也颇涉诗书。他年轻时与广东官府中的一些官吏多有往来，并在地方社会中建立起关系网络，后曾任元廷河源县务官及淡水场管勾，但其志不在小。面对元末社会乱象，他选择归侍母亲，以等待时机。至正十五年（1355），东莞县境内乡豪势力相继而起，割据一方，混战不已。何真初时势力尚弱，不得不依附他人。至正二十一年（1361），他平定惠州黄常叛乱，获授惠州路总管，占据惠州、东莞等地，逐渐成长为一方诸侯。至正二十七年（1367），何真攻克广州，控制广东。明朝建立后，他选择奉户口、兵马、钱粮等册籍请降的方式归顺新朝廷。洪武二十年（1387），何真第三次致仕，获封东莞伯，“禄一千五百石，予世券”。何真死后，何氏家族于洪武二十六年（1393）受到蓝玉案牵连，遭严重打击。[⑤]

① 王承文：《唐代北方家族与岭南溪洞社会》，载荣新江主编《唐研究》第二卷，北京大学出版社，1996，第373—414页。

② 王承文：《广州孔氏族谱所见晚唐北方家族迁移岭南考》，《岭南文史》2018年第2期。

③ 吴建新编著《岭南农业史》（上），世界图书出版广东有限公司，2020，第138页。

④ 何崇祖：《庐江郡何氏家记》，收入《玄览堂丛书续集》，国立中央图书馆影印本，1947，第3页。

⑤ 张廷玉等：《明史》卷130《何真传》，中华书局，1974，第3835页。

二、从俚、僚到瑶、黎

南朝时期，官府与俚人频繁互动，加之汉俚长期通婚以及礼法制度的渗透，使俚人与汉人逐渐融合，“越”“蛮”“俚”“僚”等古代民族名称逐渐从史籍中消失。一部分未被同化的部族，则以“瑶”“僮”“畲”“黎”等名称出现，其中广东地区比较活跃的部族主要是瑶族与黎族。

瑶族先民是古越族的一部分，具体起源有“武陵蛮说”“五溪蛮说”“盘瓠蛮说”“山越说”等说法。秦汉以后，瑶族先民定居于粤北，被泛称为“蛮”“蛮夷”“荆蛮”“俚”“僚”等。隋唐以后，未被汉族同化的部分被称为“瑶族”。瑶族人进入农耕社会，并发展出有山地特色的瑶医。他们的语言属于汉藏语系苗瑶语族瑶语支，并无文字，但使用过刻木记事。瑶族人有多神崇拜、图腾崇拜，敬畏鬼神。宋元以来，道教、佛教也在瑶区广泛传播。瑶族人崇拜盘瓠，约在唐宋时期开始形成融音乐、舞蹈、歌谣于一体的民族史诗《盘王大歌》。隋唐以后，瑶族广泛迁徙到粤中、粤西和粤东，成为广东分布最广的少数民族。进入明代，瑶族社会虽整体发展程度不高，但也有较大的进步。瑶族人分化出居住在山区的“高山瑶”、进入平原地区的“平地瑶”，以及纳入官府编户齐民的“民瑶”，他们从事耕种、狩猎、采集山货等，受明政府封赏的各种瑶族土官管理。

“黎族”作为族名，首见于唐后期刘恂所著《岭表录异》。黎族源于古越族中的骆越，在距今三四千年，黎族先民由两广地区沿水路跨海相继迁徙到海南岛，带来了以几何印纹陶为主要特征的古越族文化，形成了古越族文化分布在最南部的一个分支，并在长期的历史融合过程中逐渐发展成一个新的民族。黎族的语言属汉藏语系壮侗语族黎语支，无文字。黎族人信奉万物有灵，在此基础上形成包括图腾崇拜、自然崇拜及祖先崇拜的民间信仰体系。黎族人断发文身，干栏居屋，不落夫家，种植水稻，纺织吉贝，善使舟楫，多食海产品，好占卜。随着唐宋元时期对海南岛的开发、贬谪官员的到来，黎汉经济文化交流趋于频密。至明代，黎族主要聚集在以五指山为中心的儋州、昌化、感恩、陵水、崖州等州县交界处，分为居住在山区里的“生黎”与居住在山区以外的“熟黎”。自宋代以来，统治者委派本岛黎族土官统治黎族人民，该制度于明代发展成熟。

三、蕃坊与波斯后裔

唐宋时期，随着海外贸易的发展，外国商人产生了长居本地的需求。在唐宋政府的允准下，他们在广州、扬州、泉州等港口城市率先建立外国人聚居地——蕃坊，由蕃长负责蕃坊日常管理，生活在其内的外国人被称为“蕃客”或“蕃商”。

“蕃坊”一词，最早见于唐太和年间成书的《投荒杂录》，书中说：“顷年在广州，蕃坊献食，多用糖蜜脑麝，有鱼虽甘旨，而腥臭自若也。”[①]但蕃坊的建立要早于此。早期，外国商人在广州自行定居，后为便于管理，唐朝政府指定广州城西南的番舶码头区作为外国人居住区，称为“蕃坊”。坊内蕃商，“皆富有”。至宋代，广州知州程师孟增筑西城，把原位于城西的蕃坊区和商业区纳入城墙范围内加以保护，商业发展达到最繁盛。据当年阿拉伯学者的统计，蕃坊居民达20万人。正如南宋岭南名臣李昴英所言：“万宝集登天子库，诸蛮遮泣海山楼。”

广州蕃坊设蕃长一人，由蕃客在行政、法律及宗教上的领袖担任，负责“管勾蕃坊公事，专切招邀蕃商入贡”[②]。由于居住在广州蕃坊的外国人中，以波斯、阿拉伯人势力最大，故通常由阿拉伯人依伊斯兰教教义及风俗管理。蕃客犯法，一般先送中国官方审讯，再转交蕃坊执行，徒刑以上之罪，则由官方决定。

蕃坊中有独特的生活方式。蕃客虽服饰与华人相同，但有独特的饮食习惯，以及游玩阿拉伯双陆棋等生活习惯。蕃坊中建有伊斯兰教寺庙怀圣寺，寺内有光塔，除用作祈风的宗教场所外，也用于导航。蕃客虽然住在固定的蕃坊，但也有蕃汉通婚的例子。随着蕃客在华繁衍生息，亦有专门提供蕃客子弟入学受教育的“蕃学”，“授蕃人以汉学之教，期柔服远人”。宋元之际，著名商人蒲寿庚的先祖就曾居住于广州蕃坊。

---

① 朱彧：《萍洲可谈》卷2，李伟国点校，中华书局，2007，第138页。

② 朱彧：《萍洲可谈》卷2，李伟国点校，中华书局，2007，第134页。

第二节

衣食住行革新

岭南地区的生活、生产多样而丰富，从黄道婆的棉纺织技术革新到占城稻的引进与普及，再到广州城的大规模建设，无不反映出岭南人民的智慧与勤劳。交通方式的演变，则促进了岭南与内地乃至海外的交流与合作，推动了岭南地区的经济发展和文化交融。

一、新衣料与新纹样

岭南棉纺织品向全国推广是宋元时期服装业的一件大事。在此以前，海南岛是棉纺织业的重要地区。当地的纺织业历史悠久，至宋元时已相当发达。岛上黎族人的棉纺织技艺尤为高超，南宋时期黎族人有20余种棉织品种作为贡品进献临安，吸引了全国各地商人纷纷前来崖州购买棉布，并把黎族人所织棉布销往各地。而黄道婆则将该项技术传播到江南。

黄道婆名四娘[①]，因其信仰佛教，故被称为黄道婆[②]，松江府乌泥泾人。她少年时沦落崖州，在那生活了30多年，直到元成宗元贞二年（1296）年老时才返回故乡乌泥泾，并带回了从黎族人民学到的棉纺织技术。她发明及革新的手摇搅车、粗弦大弓以及脚踏纺车等是当时最先进的除籽、弹花和纺纱工具之一，使纺织效率大为提高。她还将海南岛黎族人纺织所用的传统纹样引入，将提花技术、挑织嫁接到江南的普通织机上。黄道婆悉心传授黎族人民的先进技术，为淞沪以至江南地区早期棉纺业的发展作出了贡献，后人建成“黄母祠”作纪念。

---

① 王逢：《梧溪集》，收入《景印文渊阁四库全书》第1218册，台湾商务印书馆，1986，第655页。

② 张所望：《移建黄道婆祠记》，载王孝俭主编《上海县志》，上海人民出版社，1993，第1275页。

除棉布以外，广东地区其他布料制造技术也有突破。唐代初期，广东纺织品逐步进入国际市场。日本奈良正仓院现存有唐代“广东锦”，说明该产品深受当地人喜爱。宋代广南瑶族人民用蓝料染印“瑶斑布”的方法也是一项先进技术。它是用两块镂成细花的木板夹住布匹，然后熔蜡灌入镂痕中，解板，把布投进染缸，着色后捞起，再放入清水中煮沸去蜡，布身就现出“炳然可观”的细花来。

岭南地区的服饰形制也在慢慢发生变化。魏晋南北朝时期，岭南居民服饰一部分保有古越国遗风，一部分与移民的中原服饰融合。受道教、佛教等文化影响，该时段服饰已形成低色度、宽衫宽口裤型的特征。至唐宋元时期，在延续前代特征的基础上，伴随广府、客家、福佬民系的形成，逐渐形成了广府、客家、福佬服饰。其中，广府的传统服饰色彩多样，较艳丽，以红、黄、绿、蓝、紫为主；客家的服饰色彩要单调、朴实得多，以蓝、灰、黑为主；福佬的传统服饰多以黑色、深蓝色、红色为主。

二、饮食结构变化

大中祥符元年（1008），宋真宗遣使求得占城稻种让福建引种，3年后再推广至江、淮、两浙地区以及全国其他地区。占城稻是一种抗旱能力较强的水稻，是早稻或中稻收获后，根茎的休眠芽萌发，一岁两熟的再生稻。它不择地而生，对水肥要求也不高。该品种引进后，迅速在珠江三角洲与韩江三角洲铺开种植。因其耐旱特性，部分丘陵地区亦可种植。在潮州地区，出现白占、黄占、赤占之分。此时广东一跃成为全国重要的粮食生产基地。

同时，广东生产的水果也深受欢迎。荔枝、柑橘、芭蕉的种植得到推广，其中以荔枝为最。唐宋时期，果树种植逐渐形成岭南、川蜀和福建三大主产区。伴随南方地区的开发、人员交流的扩大、士人的推崇以及荔枝加工品商品化等的发展，唐宋时期荔枝的果品价值得到全面提升。与此同时，荔枝核、壳、花及根等的药物价值也逐渐被开发出来，深刻影响了后世医药学的发展。明朝李时珍《本草纲目》就有记载：荔枝可“止渴、益人颜色……通神、益智、健气、治瘰（luǒ）疬（lì）瘤赘”。[1]

① 李时珍：《本草纲目》卷31《果之三》，明万历二十四年刻本，第3页a。

三、大都会营造

经济发展促进了广东地区的城镇建设。唐宋时期，香山、乳源、英德、高要、新兴、德庆、阳江、化州、琼山、万安军、朱崖军、南雄州、梅州等地的城区得到增筑，部分使用砖石砌成，耗费巨大。

广州作为广东地区全国知名的大都会，在唐宋时期得到了大规模扩充与营建。广州原有任嚣所筑的“任嚣城”，后南越国时期拓展为包含“城周十里”的宫署在内的番禺城。元鼎六年（前111），汉武帝击败越人，纵火焚烧番禺城。东汉建安二十二年（217），东吴官员步骘在越城旧址上修建了新的城郭，但较南越国时期小。此后直至唐代，广州城的格局未有大的变化。唐代广州城的规模略有拓宽，已接近宋代子城的规模，其西界甚至已经扩展到宋西城的范围内，为日后宋代广州城市的大发展奠定了基础。唐天祐三年（906），清海军节度使刘隐凿禺山，扩建新南城，把南城门改为双阙，勾画出广州城的中轴线。南汉国建立后，改广州为兴王府，兴王府城已接近宋代子城。南汉灭亡时，城池遭到一定破坏。

两宋期间，广州城修筑或扩建多达20余次。北宋庆历四年（1044），魏瓘在南汉兴王府城的基础上主持建成周长5里的子城。熙宁三年（1070），筑成周长4里的东城，广州城东界扩展至今越秀北路大东门一带。熙宁四年（1071），筑成周长18里的西城，向西拓展至今人民北路一带。南宋嘉定四年（1211），又筑成东、西两厢雁翼城。最终，广州城形成东城、子城、西城并立格局，因此广州又有“三城”之称呼。另外，广州城内还挖掘南濠、清水濠和内濠，用于防火排涝及舟楫通行。东郊开辟鹿步滘作为番舶避风港，在州城附近形成扶胥、猎德、大水、瑞石、平石、白田、大通、石门8个兼有军事和商业性质的城镇，构成一套完整的城市体系。这一时期，广州城内居民住房改用砖瓦，繁华程度超过前代。

元末，广州城虽经历邵宗愚（广东农民起义首领）等焚烧抢掠，但在何真的努力下，明军得以不战而下，城池大致保存完整。明洪武初年，随着人口增长，原有广州城市格局难以适应需求。洪武十一年（1378），由布政司参政韩祯主持，将宋代东城、子城、西城之间的城墙打通，即“三城合一”。本次工程，除拆除城墙外，还开辟了从西门（今中山六路与人民路交会处）至东门（今中山三路与越秀北路、越秀中路交会处）贯通全城的街道（惠爱大街，即今中山三、四、五、六路范围），并将广州城向北扩展至越秀山（观音山），在山上筑5层的望海楼（后改名“镇海楼”）。自此，明清时期广州城市规模基本奠定。

四、交通出行方式变化

唐宋时期，岭南地区民众出行以步行为主。其中瑶人因缺乏交通工具，多为徒步行走，以至于变得善走，故传递信息、抬轿等交通事务，多使用瑶人，甚至由瑶族妇女充任。唐朝人也广泛使用马、牛等畜力出行，如“一骑红尘妃子笑，无人知是荔枝来”，写的是官府利用驿站中的驿马，昼夜兼程将荔枝送往长安的情景。

海路方面，唐宋时期，广州通海夷道仍是承载南海贸易的主航路，海外贸易的目的地拓展至西亚与东非，“南海I号”沉船即是这一时期经停广东海域的商船。在这些商船上，船员的分工明确，有掌管全船的纲首、辨航向的火长、掌船舵的梢工、管风帆的司缭等。除了船员，再加上一些商人、船客，一条船少则三五十人，多则近百人，在漫长的航程中相依为伴。

从宋代开始，指南针被运用于航海中。南宋时期，依靠针盘来掌握正确的航向，并通过对水色、鱼群、水的深浅、水底泥沙等的分析来确定方位，是包括“南海I号”在内的船只所使用的导航手段。

从“南海I号”沉船出水的动物遗骸来看，船员食用猪、牛、绵羊、山羊、鸡、鹅、龟、蛙等，还会在航海过程中捕获鱼类、海洋哺乳类动物、鸟类、软体动物和节肢动物等来食用。船员蓄淡水，酿美酒，发豆芽，还能够吃到新鲜的蔬菜。

金项饰

南宋“南海Ⅰ号”沉船出水金器，长1.72米，由四股八条纯金金线编织而成，纹饰、造型极具异域特色。该沉船除出水大量瓷器外，也发现不少金银制品，总重量超过300千克。这些都是南宋海洋贸易繁荣的见证。

·广东省博物馆（广州鲁迅纪念馆）藏

金璎珞胸佩

“南海Ⅰ号”沉船出水金器。据专家推测，这条金饰品可能是国外订制国内加工，中间5个圆孔即为宝石镶嵌之处，待商船行至宝石产地或集散地再加工完成。

·广东省文物考古研究院藏

第三节

岭南医疗

岭南医学作为中国传统医学的一个重要流派，具有深厚的历史底蕴和独特的地域特色。它的发展不仅反映了岭南人民与疾病斗争的实践过程，也展现了中外医学交流的成果，为后世留下了宝贵的医学遗产。

一、葛洪与岭南早期医疗

葛洪先后两次在广东罗浮山隐居，边炼丹行医边从事著述，最终于罗浮山去世。[①]历代史书记载的葛洪著作有60余种近千卷，门类丰富，《晋书》称赞其著述可与汉代司马迁、班固比肩。[②]现仅存《肘后备急方》《抱朴子》《神仙传》《西京杂记》《枕中书》等。他在医学上的成就主要体现在《肘后备急方》一书中，这是中国第一部临床急救手册。书中有结核病、恙虫病（斑疹伤寒）、天花的世界最早记载。葛洪注意到瘴疠、疟疾、脚气等岭南常见病，提出了一些合理的处方，并尽量将药方控制在患者可负担的范围内。

1971年下半年，中国中医研究院屠呦呦从葛洪所著《肘后备急方》一书中受到启发。书中记载“青蒿一握，以水二升渍，绞取汁，尽服之”[③]，屠呦呦由此认为高温有可能对青蒿有效成分造成破坏，从而影响疗效。于是，她降低了提取温度，由乙醇提取改为用沸点更低的乙醚提取，结果发现，使用乙醚提取法的提取物对鼠疟和猴疟的抑制率均达到100%。2015年，屠呦呦因开创性地从中草药中分离出青蒿素应用于疟疾

① 韩吉绍：《葛洪南海游记：〈太清金液神丹经〉卷下新证》，《四川大学学报（哲学社会科学版）》2022年第4期。

② 房玄龄等：《晋书》卷72《葛洪传》，中华书局，1974，第1913页。

③ 葛洪：《葛仙翁肘后备急方》卷3，明万历二年刻本，第1页。

治疗而被授予诺贝尔生理学或医学奖。

此外，《肘后备急方》还揭秘了虱子是恙虫病的传染源，并提出了预防方案。

葛洪弟子黄初平，在罗浮山协助葛洪炼丹，常在民间行医济世、扶危济困，人称“黄大仙”，广州、香港等地均有黄大仙的祠祀。

二、李珣与《海药本草》

李珣为五代时前蜀人，生卒年不详。他原在前蜀王衍殿下官邸做宾贡官，前蜀为后唐所灭，遂弃官不仕。他曾乘船东下，经巫峡，过洞庭，到南方特别是广州游历。李珣家世以售香药为业，他本人又是波斯裔，因此对岭南和海外药物非常熟悉。

李珣所著《海药本草》是继唐代郑虔《胡本草》之后的又一部专门研究外来和南方药物的专著。《海药本草》收载的药物种类，依据《证类本草》和北宋傅肱《蟹谱》所载，分玉石、草、木、兽禽、虫鱼、果米6部，共6卷。该书收录的药物中，注明外国产地的计有96种。《海药本草》还收载了众多西域药物。该书对药物的气味和主治都有不少新的发现，同时修正了过去本草书中的一些错误，如草犀一药，陈藏器说“煮汁服之……并解之”，而李珣则说“烧研服之，临死者亦得活”[①]；再如迷迭香，陈藏器说它“辛温无毒”，李珣则纠正说“性平不温”[②]。该书的出现，是岭南医学发展、吸收新鲜血液的有力证据。

三、宋代官私医书的流行

宋初，岭南的医药传播以安抚和疏导为主，效果不彰。北宋太平兴国年间，宋太宗诏令翰林医官院献验方，得一万多条，命医官王怀隐、陈昭遇等分类编辑，成书定名《太平圣惠方》，颁行全国。参与编辑的陈昭遇是南海县（今广州）人，因此获得表彰，成为广南第一个有全国声誉的名

① 李时珍：《本草纲目》卷13《草之二》，明万历二十四年刻本，第40页a。
② 李时珍：《本草纲目》卷14《草之三》，明万历二十四年刻本，第45页a。

医。《太平圣惠方》颁行后，宋元皇帝均在岭南加以推广，对推行药物治疗和移风易俗起到积极作用。此外，在侬智高起兵期间，北宋政府也在岭南积极开展医疗救助。①

宋高宗时，海阳县（今广东潮州）人刘昉编成一部医书《幼幼新书》。这部古代儿科大全取材广博，立论严谨，保存了大量古医籍佚文，具有很高的医学价值。全书40卷，共分547门，或以病理分，如“惊风急慢”“斑疹麻豆”；或以人体部位分，如“眼目耳鼻”“唇喉齿”。该书对保护幼儿健康很有裨益，颇受医家重视，有明代手抄本和删刻本流播海外。

宋代还有一些医家经过长期实践，把瘴疠恶疾分为热瘴、冷瘴和哑瘴3种，分别按治伤寒、疟疾、失音伤寒的不同方法处理，形成了一批验方。元代以后，这种地方性多发病日见减少，可见与当时医药水平的提高有关。

第四节

岭南文教

岭南文教的发展反映了岭南社会的历史变迁和文化多样性。贬谪官员带来的中原文化，经过广东本土吸收，逐渐生根发芽。这一时期，广东方言开始成型，岭南形象也被大量书写，这些构成了广东文化的“原典”。

一、贬谪官员与地方教化

唐宋时期，以岭南为代表的南方成为我国古代中央政府贬谪知识分子和朝廷官员的主要区域范围。有唐一代，在有具体姓名和流贬地名可考的

① 赵瑶杰：《医药传播与北宋对岭南的治理》，《中国边疆史地研究》2023年第4期。

流人中，属岭南地区者138人次，占整个唐代流人总数211人次的65%。[①] 而宋代整个岭南地区的谪宦，仅见于史籍者，即有400多人次，湮没无考者，更是不计其数。然而贬谪官员的到来，对广东来说未尝不是件幸事。大量北方文人贬谪过来后，兴利除弊，使广东开发水平大为提高。

唐代贬谪岭南的官员中最著名者为韩愈。元和十四年（819），韩愈因谏迎佛骨，加之卷入裴度与李逢吉的党争，被贬为潮州刺史。韩愈在潮州8个月，驱除鳄鱼，鼓励农业生产，正乡音，放免奴婢。他最为人称道的是在潮州兴学育才。韩愈让本地人赵德负责州学事务，又把自己的俸禄拿出来尽数投入到建立州学之中。因韩愈文学地位高，又适逢唐后期潮州地区经济起步、文化初兴，故其特别受当地人民的尊重，以其姓氏命名韩江、韩山，并兴建韩文公祠等纪念性建筑。

宋代贬谪岭南的官员中最有名的是苏轼。绍圣元年（1094），苏轼被贬为宁远军节度副使、惠州安置。在惠州的2年7个月，他在感受“山水秀邃”，发出“越峤（惠州）真我家”之叹的同时，向当地人民推广新农具水碓、水磨和秧马，倡建军队营房，施药于穷苦百姓。特别是他在惠州主持修筑了“两桥一堤”，至今被传为美谈。《宋史》评价其斐然政绩：“每因法以便民，民赖以安。”

绍圣四年（1097）四月，苏轼再贬授琼州别驾、昌化军安置。他以豁达的襟怀迎接逆境，在这个当时不服王化、荒僻异常的“鬼门关”，学黎语，穿黎装，“短篱寻丈间，寄我无穷境”。而黎族人也学会了“东坡话”，后来就形成一种夹有浓重四川口音的儋县方言。“春牛春杖，无限春风来海上”，苏轼以真挚的感情对待黎族人，对于他们不重视粮食生产和有病只知屠牛祭神等落后思想有所规劝。他还热情指导和鼓励黎族人民学习汉文化，在载酒堂同黎族人讲学。苏轼对惠州、昌化军的社会文化发展产生了重大的影响，海南开始步入“遥从海外数中原”的新时代，而当地人民也给他提供了不竭的创作源泉。正如苏轼《自题金山画像》中所写：“心似已灰之木，身如不系之舟。问汝平生功业，黄州惠州儋州。”

① 王雪玲：《两〈唐书〉所见流人的地域分布及其特征》，《中国历史地理论丛》2002年第4期。

二、广东方言初步形成

历代人口南移也同时带来了中原地区的汉语，中原汉语同原居越人的语言长期接触，就逐渐产生了后来被称为粤语方言（广州话）、客家方言和潮州方言（含海南方言）的广东方言。

粤语萌芽于汉代，并非形成于一个特定时期和特定地点，而是随着不同时期的汉族移民由不同路径进入粤地逐渐演变形成。各地粤语呈现出差异性，但由于广府文化的权威性和示范性，各地粤语形成后，有慢慢向广府片粤语靠拢的趋势。在长时间的发展中，粤语逐渐形成有自己特色的成语，如“知慳识俭”等。

客家先民是黄河流域的汉人，东晋时因避乱迁到赣水中部，唐末至北宋已达广东路的韶、循、梅、惠诸州，南宋以后迁居规模及范围更加扩大，遍及闽、粤、赣等地。这部分移民聚居于交通不便的山地，加上强烈的宗族观念，使其长期保存了大量的固有文化和习俗，在语言上就出现了一个以梅州音为准、分布于粤东和粤北的客家方言。

潮州与闽南同俗，中原人迁入这个地区，始于秦汉而盛于唐宋。韩愈为潮州刺史时试图“正音”但无成效，可见以潮州音为准的潮州方言在唐代业已形成。宋、元两代，由于逃避战争或从事商贩，不少福建士民落籍于海南和粤西沿海州县，于是当地就有了以文昌音为准的海南方言。潮州方言与海南方言，均属闽南方言系。

三、州县学、书院、社学与儒学流传

宋朝吸取了唐末五代藩镇割据的教训，重文轻武，文官的社会地位和需求量都大幅提高。宋元的地方教育因应国家政策的需要，得到快速发展，包括州县学、书院和社学在内的学校广泛建立。

宋初，除潮州有州学外，广东其他地区学校极少。进入北宋中期，学校渐多，特别是庆历新政后，广东各地闻风办学。到北宋末年，州一级的官学基本确立；至于县学，限于师资、经费等原因，数量较少。州县官学，一般有政府划拨的学田，其出租的收入作为养士之费。

书院始于唐代，为学者授徒讲学之所，或公办或私立。北宋时广东的书院极少，且多为祠堂性质。南宋时作为新型学校的书院才渐多。据学者统计，南宋广东共有书院33所（包括北宋原有2所在内），初具规模的有钓鳌书院、禺山书院、番山书院、相江书院、丰湖书院等。其中，丰湖书院建院伊始就跻身广东四大书院之列，成为岭南地区传播程朱理学的重要中心地之一。不过，总的来讲，宋代广东的书院与其他发达地区相比，数量较少，教学质量亦不甚高。

元代的地方学校更为齐全，除州县学、书院外，值得注意的是社学。至元二十八年（1291），元廷颁布《劝农立社事理》15款，其中第8款为："今后每社设立学校一所，择通晓经书者为学师，于农隙时分各令子弟入学，先读《孝经》、《小学》，次及《大学》、《论》、《孟》、经、史，务要各知孝悌忠信，敦本抑末。"[①]元初大力推行社学，但效果似乎不明显，在广东，仅东莞、香山有社学的记载。

儒学到了宋代发展成理学，理学的代表人物如周敦颐、张载、程颐、程颢、朱熹等，都曾到过广东。然而，终北宋一世，理学并未在广东流传。

罗从彦是将理学带入广东的第一人。罗从彦（1072—1135），字仲素，福建沙县人，人称"豫章先生"，师从"二程"弟子杨时。南宋绍兴二年（1132），罗从彦任博罗县主簿，"筑室于罗浮山，澄心静坐，穷天地万物之理，以及古今事变之归"。他曾说："士之立朝，以正直忠厚为本。"罗从彦认为朝廷用人要用"使人主多忧"的君子，而不是"使人主多乐"的小人，国家的安危取决于朝廷内部，"不起于四方"。[②]

朱熹是宋代理学的集大成者，到过潮州、韶州等地。他的门人弟子众多，潮阳郑南升、揭阳郭叔云便是其学生。郑、郭二人在乡里弘扬师教，被称为"南宋一代，潮海之醇儒"。张栻（1133—1180），字敬夫，丞相张浚之子，少年时曾随父生活在连州，后发展理学，创立"湖湘学派"，人称"南轩先生"。他的弟子简克己（约1142—1224），南海人，居乡期间喜欢启迪后学，门塾里巷的求学子弟路过者，必呼之于前，考问其学，

① 《元典章》卷23《户部》卷9《农桑》"立社"，陈高华等点校，天津古籍出版社、中华书局，2011，第920页。

② 郭棐：《粤大记》卷6《宦迹类》，黄国声、邓贵忠点校，广东人民出版社，2014，第140页。

丰湖书院

坐落在惠州西湖之畔，始建于南宋淳祐四年（1244），是岭南书院建设的典型代表之一，在广东教育史上占有重要地位。到明代，丰湖书院逐渐荒废。一直到清康熙年间，才得以复建，并进入一个新的鼎盛时期。

对“通习者，抚而劝奖之，不通者，辄加警诲”，关心的程度甚至超过他们的父亲和老师，故“士无长少，咸呼简先生”。[①]此外，理学的另一支心学在岭南亦有传人，如南海人陈去华，师从陆九渊（字象山），回乡后开馆授徒，传播“象山之学”。

① 黄佐：《广州人物传》卷7，收入王云五主编《丛书集成初编》，商务印书馆，1936，排印本，第49—50页。

第四章 岭南多元文化的兴盛

隋唐宋元的岭南文化，呈现出儒释道“三教”齐头并进到儒学一枝独秀的发展轨迹。广州是佛教的“西来初地”，唐代岭南更是出了一位土生土长的佛教高僧惠能。宋代之后，佛教总体走向式微，岭南佛教亦是如此。道教是中国本土宗教，葛洪以后罗浮山成为岭南道教的圣地，陈楠、白玉蟾等都曾在此修炼。唐宋以后，岭南儒学得到了有力的推广和传播，先后出现张九龄、余靖、崔与之等闻名全国的儒臣，方志学等学术文化事业也在进步。

第一节

佛教在岭南的风行与没落

进入隋唐时代，佛教迎来了发展的黄金时期。新州人惠能，继承禅宗衣钵，创立南禅，有力地推动了佛教的中国化。南禅后来发展成“五家七宗”，其中沩仰宗和云门宗在广东影响最大。广东的佛教寺院林立，南华寺、光孝寺和六榕寺的历史折射出广东佛教的兴衰沉浮。南宋以后，广东佛教式微，逐渐与岭南民间信仰相互渗透。明正德年间，崇儒派官员魏校在广东推行“毁寺观淫祠”运动，广东佛教进一步衰落。

一、渡海求法僧、惠能与南禅

继承南朝余风，唐代有68位佛教僧侣从广东出海，经室利佛逝、诃陵等地到印度求法，其中最著名者为义净。

义净（635—713），俗姓张，齐州（治今山东济南）人，一说范阳（今北京城西南）人。咸亨二年（671），在冯孝铨兄弟的资助下，义净率领弟子从广州出发，泛海前往印度，咸亨四年（673）到达东印度。上元元年（674），义净随商队游历中印度30余国，后在那烂陀寺留住10年研究佛法，求得佛经约400部，合50余万颂。垂拱元年（685）东归，次年到室利佛逝译经。永昌元年（689）七月回到广州，住制止寺。该年年底，义净率广东僧人贞固、怀业、道宏、法朗回到室利佛逝译写佛经。证圣元年（695），义净回到东都洛阳，得到武则天赏识，后在洛阳一带译经传法。义净是继法显、玄奘后，又一位杰出的求法高僧。他的求法译经工作，丰富了佛教理论，所撰《大唐西域求法高僧传》2卷、《南海寄归内法传》4卷，是中外关系史、佛教史研究的珍贵史料。[①]

唐代僧人的渡海求法活动，都是搭乘中外的商舶，显示出海上丝绸之路对中外文化交流的重要作用。渡海求法是一趟艰苦的旅程，未及返国、中道崩殂者大有人在。因此，这场持续百年的“留学”运动，是由诸多僧人以生命为代价创造的。

禅宗经过初祖菩提达摩、二祖慧可、三祖僧璨、四祖道信、五祖弘忍，已渐成主流。弘忍后，禅宗分为南、北两派，即北禅神秀和南禅惠能。

惠能（638—713），俗姓卢，原籍范阳，生于岭南新州。其父在唐高祖时谪官到岭南新州，落籍南粤。一日，惠能在街上卖柴时听人诵《金刚经》，心有所悟，决心去黄梅东禅寺求法。因对佛性的深刻洞见，惠能被五祖弘忍选为接班人。回到岭南后，他驻足曹溪，隐于四会、怀集之间，避于猎人队伍之中。仪凤元年（676），惠能在广州法性寺听印宗法师讲《涅槃经》，时有风吹幡动，一僧曰“风动”，一僧曰“幡动”，惠能则曰：“不是风动，不是幡动，仁者心动。”语惊四座。印宗法师问：“久闻黄梅衣法南来，莫非就是行者？”惠能开示衣钵，印宗法师乃集众为惠能剃发、受戒。[②]后来，惠能住曹溪宝林寺，广阐“顿教”。

惠能开创了南禅，主要思想集中在《坛经》里。他认为佛性在自性中，自性即心，即心即佛，只要明心见性，即可成佛；提倡心性本净、佛性本有、直指人心、见性成佛。与北派神秀的“渐悟”不同，惠能主张“顿悟”，认为成佛只有凭借自心的顿悟方能实现，这一说法简单明了，因此受到越来越多人的欢迎。

惠能的得法弟子有43人，其中15人在岭南各地传法。佼佼者有惠照，开元年间曾弘法于潮州西山。惠照的弟子中，大颠和尚“能以理自胜，不为事物侵乱”，先居于罗浮山瀑布岩，后回潮阳老家建寺传法，将粤东潮州打造成禅宗又一弘法中心。宪宗年间，韩愈谪贬潮州，闻大颠名，与之诗文唱和，传为一时佳话。

---

① 李庆新：《海上丝绸之路》，五洲传播出版社，2006，第64页。

② 尚荣译注《坛经》，中华书局，2010，第31页。

二、沩仰宗与云门宗

惠能在世时，南禅影响力不及北禅。惠能的弟子神会，大力提倡“顿悟”，与北禅激烈竞争，终于使南禅获得正统地位。惠能的另两名弟子，青原行思门下形成曹洞、云门、法眼三宗；南岳怀让门下形成临济、沩仰二宗，临济宗后来又分为黄龙、杨岐二派，合称为“五家七宗”。

沩仰宗的开山祖师之一是仰山慧寂禅师。慧寂（815—891），俗姓叶，韶州怀化（今广东番禺东南）人，年少时便投广州和安寺，跟随不语通禅师出家；14岁时自断二指，“誓求正法”；18岁时，往韶州南华寺听经，剃度为僧；后往吉州孝义寺，“礼性空”，再次出家。慧寂未受足戒即云游四方，“初谒耽源，悟玄旨”，后又往江陵受戒，“探律藏”，继叩访沩山灵佑禅师，遂入堂奥。慧寂得法后，被广州当局迎入法性寺，说法度众。唐乾符年间，开法江西仰山。因长期居住在仰山弘扬禅法，世人称其为“仰山慧寂”。慧寂在圆寂前有偈云：“年满七十七，无常在今日。日轮正当午，两手攀屈膝。”说罢，以两手抱膝而终，谥“智通大师”，塔号“妙光”。[①]沩仰宗主张“不说破原则”，慧寂曾说“诸佛密印，岂容言乎”，主张摒弃语言，自心顿悟。

云门宗的开山祖师是文偃禅师（864—949），俗姓张，嘉兴（今属浙江）人，以童真出家，先参睦州陈道踪，后拜雪峰义存。文偃在粤北韶州云门山弘法，受到南汉王室的支持，形成了一大宗派。云门山大觉禅寺，俗称云门寺，是云门宗的开宗道场，始建于五代后唐庄宗同光元年（923），南汉大宝六年（963）敕为“大觉禅寺”。云门宗的思想主张为“云门三句”：函盖乾坤，截断众流，随波逐浪。

文偃禅师接引学人时，常常只用一个字或一句短语。例如，有人问他：“什么是禅？”禅师答：“是。”又问：“什么是道？”禅师答：“得。”用简短的词语，干脆利落地截断一切纠缠。这样做可以使学人猝不及防，于混沌之中峰回路转，清除心中的疑惑，看清自己的本性，开启觉悟之门。[②]

① 顾光、何淙修：《光孝寺志》，仇江、曾燕闻点校，广东教育出版社，2015，第76—77页。

② 普济：《五灯会元》，苏渊雷点校，中华书局，1984，第922—934页。

云门宗在北宋比较兴盛，广东是云门宗的摇篮。云门宗在广东的影响要比在其他地区的大，高僧众多。但南宋时云门宗已显衰态，至元初法系已无从查考。

三、南华寺、光孝寺和六榕寺

南华寺始建于南朝梁武帝天监元年（502），由智药禅师主持修建，初名“宝林寺”。从唐仪凤二年（677）开始，六祖惠能住持曹溪，在此弘法37载，真身至今保存在寺内，所以南华寺素有“南禅祖庭”之称。神龙元年（705），中宗将寺名赐改为“中兴寺”；神龙三年（707）再改为“法泉寺”。宋开宝元年（968），宋太祖赐名“南华禅寺”，沿用至今。南华寺历经磨难，屡次重修重建。隋末曾毁于大火，六祖惠能时重建。宋初，南汉士兵作乱，焚烧殿宇大半，开宝元年重建大殿，太平兴国元年（976）重建寺塔。天禧四年（1020），宋真宗迎请六祖真身和信衣入宫瞻礼，颁《大藏经》予南华寺。天圣十年（1032），宋仁宗迎请六祖真身和信衣入宫供养。延祐四年（1317），元廷赐南华寺《孔雀经》一部。元末，南华寺遭兵乱损毁，明永乐年间稍得修葺，成化、正德、嘉靖年间均做局部修缮。①

光孝寺是岭南地区现存时代最早、规模最大的古刹之一。据《光孝寺志》记载，寺址本是南越王赵建德的旧宅，东吴虞翻谪居于此时，改为苑囿，在此讲学。虞翻去世后，家人施其为寺，名曰“制止”。东晋隆安年间，昙摩耶舍建大殿5间，改寺名为“王园寺”。刘宋永初元年（420），求那跋陀罗飞锡至此，始创戒坛。梁天监元年（502），智药禅师在寺内种植菩提树。普通八年（527），达摩初祖到此。中大同元年（546），西天竺人波罗末陀来广州，其间辗转游历各地，最后又回到广州，在寺内翻译佛经多部。唐贞观十九年（645），寺名改为“乾明法性寺”。仪凤元年（676），六祖惠能于寺内菩提树下剃发。神龙元年（705），般剌密谛于此翻译《楞严经》，“中国之有楞严，自岭南始”。会昌法难时寺改作

① 释真朴重修《曹溪通志》，杨权、张红、仇江点校，广东教育出版社，2016，第7、5254页。

北宋庆历八年木雕罗汉像

此罗汉像来源于韶关南华寺，高51厘米，座宽22.6厘米。基座实心，刻有铭文，前半部分为宋刻，大意为：庆历八年正月，广州女弟子谭一娘舍造罗汉像一尊，供奉于南华寺。后半部分为明刻，表示永乐及成化年间对罗汉像进行了重新装饰。南华寺总共发现360尊木雕罗汉像，是北宋时雕刻的南华寺五百罗汉的一部分，承载了当地深厚的佛教历史文化底蕴。

·广东省博物馆（广州鲁迅纪念馆）藏

西云道宫，大中年间恢复。宋代时，寺名屡易，徽宗崇道，易寺为观。南宋绍兴七年（1137），诏改为“报恩广孝禅寺”，后易“广”为“光”。明正统十年（1445），朝廷颁赐光孝寺《大藏经典》一藏；成化十八年（1482），又赐“光孝禅寺”匾额。[①]光孝寺的建筑，结构严谨，典雅庄重，在佛教史上占据着重要地位。原建筑有“十房四院”，现有的建筑布局为“伽蓝七堂”制，规模颇大。其中，有始建于东晋的大雄宝殿，萧梁时的达摩洗钵泉，唐代的瘗（yì）发塔、石经幢，南汉的东西铁塔，宋明时期的六祖殿、卧佛殿、碑刻、佛像、菩提树等。[②]这些珍贵的佛教遗迹遗物，对于研究中国佛教史、广东地方史具有重要价值。

六榕寺前身为宝庄严寺，寺内建有舍利塔。唐高宗上元二年（675），“初唐四杰”之一的王勃赴交趾探父，途经广州，受寺僧请托写下号称古今最长宝塔铭文的《广州宝庄严寺舍利塔碑》。宋初灭南汉国时，“寺塔均毁，胜迹荡然”。宋端拱元年（988），重修寺院，供奉曹溪六祖惠能等身铜像，改名“净慧寺”。绍圣四年（1097），重建佛塔，因内供千佛像，故称“千佛塔”；又因塔身色彩斑斓，故俗称“花塔”。元符三年（1100），大文豪苏东坡从海南奉诏而归，途经广州，见寺内有6株榕树，便欣然题书“六榕”，“六榕寺”因此得名。明洪武六年（1373），寺院一半被辟为永丰仓，后香火逐渐凋零。[③]

四、魏校“毁佛”

魏校（1483—1543），字子才，明代苏州府昆山县（今属江苏）人。弘治十八年（1505）进士，历任南京刑部郎中、兵部郎中。正德十六年（1521），魏校担任广东提学副使，1年后因父母之丧离任。在仅有的1年任期内，魏校大力开展了“毁寺观淫祠”行动。

岭南佛教发展至明代，各地寺庙均有自己的田产，成为继皇族、官僚

① 顾光、何淙修：《光孝寺志》，仇江、曾燕闻点校，广东教育出版社，2015，第16—19页。

② 顾光、何淙修：《光孝寺志》，仇江、曾燕闻点校，广东教育出版社，2015，第20—49页。

③ 云峰：《广州六榕寺和花塔》，《法音》1989年第5期。

地主后又一土地垄断者。在魏校看来，佛教寺庙的田产“非出僧道自创置也，皆由愚民施舍，遂使无父无君之人不耕而食，坐而延祸于无穷”。民间土地流入寺观，意味着朝廷赋税减少。于是，魏校将拆毁的寺观田产没收，充归社学、书院。

“毁寺观淫祠”，可以打击宗教对朝廷统治的威胁，更重要的是，可以维护正统的儒家意识形态。黄佐《广东通志》云，魏校“令民兴孝，乃大毁寺观淫祠，或改公署及书院，余盖建社学教童生”。屈大均《广东新语》又云：“大毁寺观淫祠，以为书院、社学，使诸童生三时分肄歌诗习礼演乐。”将“寺观淫祠”改建为供奉儒家先圣的书院等场所，可见魏校作为儒学出身的官僚维护儒家正统的初心。

魏校的“毁寺观淫祠”，史称有“崇正辟邪之功”。不过，它对岭南佛教的破坏也是极为明显的。直到明万历年间憨山大师抵岭南，岭南佛教才又获中兴。[①]

第二节

道教与夷教

广东由于特殊的地理环境，形成宗教底蕴深厚、种类齐全的格局。除佛教之外，中国本土的道教与外来的景教、祆教、摩尼教、伊斯兰教等，都在广东文化史上留下或多或少的印迹。

一、罗浮山道士

隋唐时期，葛洪的道教外丹派逐渐式微，主张内修内练的内丹派得到重视。罗浮山仍然是这一时期岭南道教的中心，聚集了一大批有影响力的

① 林有能：《魏校岭南毁佛述略》，《暨南学报（哲学社会科学版）》2015年第3期。

道士，如苏元朗、邓元起、轩辕集、钟离权、吕洞宾、何仙姑等。苏元朗在罗浮山时首倡内丹派，强调以主观意念控制内修内练的过程。

唐末五代，道教内丹派盛行。及至北宋，张伯端《悟真篇》确立了以性命为核心的内修内练理论体系，因此他被奉为道教全真派南宗五祖之首。北宋时，道教主要流行于北方，罗浮山的道教默默无闻。南宗五祖的前三位张伯端、石泰、薛道光均不是岭南人，直到第四祖陈楠，罗浮山的道教地位才重新崛起。

陈楠（？—1213），字南木，号翠虚，惠州博罗（今广东惠阳东）人，因善用泥丸治病，故人称“陈泥丸”。宋徽宗政和年间，他曾任提举道录院事，后回到家乡，先于罗浮山传道，再辗转南方各地弘法。传世作品有《翠虚篇》《太上三五邵阳铁面火车五雷大法》《罗浮翠虚吟》等。

陈楠的内丹思想承前启后，强调以气为本，讲究修炼过程循序渐进。他将内丹分为上、中、下三品：下品“地仙之道”者，中品“水仙之道”者，上品“天仙之道”者。①陈楠的内丹法，看似与“与禅法稍同”，但又异于禅宗的“终日谈演问答”“长年枯兀昏坐”。他继承南宗传统，不倡导出家，主张“独身清修”，又将雷法引入丹法，扩大了南宗的信众基础。

白玉蟾（1194—1229），原名葛长庚，字如晦，琼州（今海南琼山）人，号海琼子，因幼年过继给白氏，遂改名白玉蟾。他自幼聪颖，好诗书，喜任侠，云游四方，后入罗浮山拜陈楠为师，学习内丹雷法，出师后，足迹踏遍南方数省。按照南宗传法世系，白玉蟾是五祖，但前四祖均为个人传授，没有形成组织。从白玉蟾开始，南宗形成教团组织，白玉蟾是道教全真派南宗的真正创始人。他主张性命双修，先性后命，融摄理学与禅宗，提出“至道在心，即心是道”②，后人称其“心通三教，学贯九流”，对宋以后道教的修炼理论有较大影响。

白玉蟾生性洒脱豁达，看淡生死，多才多艺，在文学、书画领域均有成就，是岭南地区最早的词人之一，也是广东有记录以来最早的书画家之一。他一生数次到罗浮山，所传弟子“皆住罗浮”。弟子彭耜整理其遗作，撰成《海琼玉蟾先生文集》40卷。

---

① 《修真十书杂著指玄篇》卷4《修仙辨惑论》，收入《道藏》第4册，文物出版社、上海书店出版社、天津古籍出版社，1988，第617页。

② 《海琼白真人语录》，收入《正统道藏》第55册，新文丰出版公司，1957，第686页。

二、广州与中古“三夷教”

唐代的广州是国内对外贸易的主要港口，吸引了大批外国商人。居于蕃坊内的外商，以信仰伊斯兰教的波斯和阿拉伯人居多，也有相当一部分三夷教信徒。

所谓“三夷教”，是指古代波斯及叙利亚传入中国的景教、祆教和摩尼教的合称。它们在隋唐时期曾于长安、洛阳以及广州等地建立寺院传教，一度颇为盛行。唐以后逐渐销声匿迹，湮没在历史的长河里。

景教源于基督教的东方教会，即叙利亚基督教的聂斯脱利派。唐贞观初年，该教教士阿罗本（Alopen Abraham）泛海来到广州，在广州胡人的帮助下，于蕃坊内建立大秦寺。贞观九年（635），阿罗本进入长安，受到太宗接见，景教遂开始在中原传播。开元年间，为了争取朝廷对景教的优容，广州的景教教士僧及烈等人与时任岭南市舶使、右威卫中郎将周庆立一道，“广造奇器异巧以进”[①]。会昌五年（845），武宗灭佛[②]，景教亦被禁止，但广州的景教似未受影响，直至唐末。

祆教是原产于古代波斯的琐罗亚斯德教，以崇拜圣火为特征，唐初由波斯商人传入广州。该教一般不主动向外族传教，估计只流行在蕃坊内部。因为该教的封闭保守，其信众基础相当有限。会昌灭佛后，祆教命悬一线。

摩尼教是产生于萨珊波斯时期的二元论宗教，强调光明与黑暗的对立，唐初传入中国，但香火不继。安史之乱后，因回鹘对唐朝的影响，摩尼教方才兴盛一时。会昌灭佛时，摩尼教是三夷教中受到冲击最严重者。广州的摩尼教也由波斯商人传入，有唐一代，颇具影响。乾符六年（879），黄巢起义军进入岭南，占领广州城，广州的外商死伤惨重[③]，三夷教也因此失去信众基础，遭受接近毁灭性的打击。

---

① 王溥：《唐会要》卷62，中华书局，1955，第1078页。

② 唐武宗会昌年间的毁佛活动，史称“会昌灭佛”，是佛教与国家在经济上矛盾冲突，佛教与道教争夺宗教领导权的结果。会昌灭佛一方面加强了中央集权，缓解了社会危机；另一方面也导致佛教在中国的衰微，阻碍了外来宗教在本土的传播与发展。

③ 苏莱曼：《中国印度见闻录》，穆根来、汶江、黄倬汉译，中华书局，1983，第96页；马苏第：《黄金草原》，耿昇译，中国藏学出版社，2013，第150页。

三、元明岭南伊斯兰教

伊斯兰教在7世纪初由阿拉伯人穆罕默德创立并广泛传播。唐代，随着阿拉伯人的势力不断扩大，伊斯兰教在中亚、西亚等地确立起主流地位。广州通海夷道的畅通，引得阿拉伯与波斯的穆斯林纷纷到广州贸易，伊斯兰教也因此传入岭南，蕃坊内人数最多者便是伊斯兰教教徒。

唐末的社会动荡沉重打击了岭南的外贸和外来宗教。进入宋代，广州的贸易得以恢复并超越唐代，蕃坊的规模不断扩大，外商数量也不断增长。在宋代广州的蕃商中，蒲氏家族最具代表性。据南宋岳珂《桯史》记载："番禺有海獠杂居，其最豪者蒲姓……既浮海而遇风涛，惮于复反，乃请于其主，愿留中国，以通往来之货……岁益久，定居城中，屋室稍侈靡逾禁……獠性尚鬼而好洁，平居终日，相与膜拜祈福。有堂焉，以祀名，如中国之佛，而实无像设，称谓聱牙，亦莫能晓，竟不知何神也。"[①]这里的"堂"指的是怀圣寺。蒲氏是在广州经营海上贸易的蕃商，日常在怀圣寺做礼拜，是虔诚的穆斯林。

元朝统治者重用色目人。所谓"色目"，是"各色名目"之意，凡是流入元朝境内的西域、中亚、西亚乃至欧洲人，都算色目人。回回也是色目人。回回最早是回纥、回鹘一声的转音，泛指葱岭一带的民族。元朝建立后，外来民族来往愈繁，中国人发现从西方来的人群在信仰上有差别，于是为了区分，便称呼伊斯兰教信徒为"回回"。至晚在元世祖时，回回已特指穆斯林。

元代的广东，色目人不少，其中大部分为回回。宋代的蕃坊仍然是元时穆斯林的聚居地。怀圣寺于元至正三年（1343）毁于大火，至正十年（1350）得以重建。[②]与宋代相比，元代的海外贸易中心转移至泉州，广州的重要性相对降低，因此回回大多迁居泉州，比较著名的就是蒲氏家族，其一支后来控制了元代泉州的贸易。明代的广东，回回形成了自己的穆斯林社区。元末明初，广州唐宋以来的穆斯林后裔已所剩无几。明成化年间，朝廷为了镇压两广少数民族起义，从南京一带调来回回军士参战。

---

① 岳珂：《桯史》，吴企明点校，中华书局，1981，第125页。
② 谭棣华等编著《广东碑刻集》，广东高等教育出版社，2001，第7—9页。

战事结束后，这些回回军士被安插到广州，基本分布在唐宋时期的蕃坊附近。[①]

第三节

岭南文化学术的推进

隋唐在岭南推行科举制和学校制，为教育发展、人才培养提供了制度保障。17岁的广南封州人莫宣卿于唐大中五年（851）参加廷试，取得第一，成为广东历史上第一个状元，也是隋唐科举取士以来最年轻的状元，打破了“南蛮”文化落后的偏见，鼓舞了广东士子的读书风气。大儒韩愈等人谪迁岭南，更使儒学进一步在地方社会扎根。伴随着儒学在岭南的发展，岭南社会出现了一批在全国具有影响力的儒家士大夫，如唐代的张九龄，宋代的余靖、崔与之等；地方文献也有了更新。

一、岭南儒学的进步

唐宋沿袭前代习惯，将岭南作为贬官的主要目的地。在这些贬谪官员中，有不少是闻名天下的儒学大家。他们来到岭南后，为岭南文化事业作出了诸多贡献，推动了岭南儒学的进步。

韩愈（768—824），字退之，河南河阳（今河南孟州南）人，自称昌黎人，故称“韩昌黎”，曾任监察御史、刑部侍郎等职，唐元和十四年（819）被贬为潮州刺史。韩愈是唐代儒学复兴的一代宗师、古文运动的倡导者，他“刺潮”虽然只有短短8个月，却为潮州留下了绵延千年的恩泽。

韩愈“刺潮”，推动了潮州地区儒学的发展。具体来说，有以下两

① 雷雨田等：《广东宗教简史》，百家出版社，2007，第220页。

个方面的事迹。一是兴学重教。韩愈来到潮州后，看到当地文风不振、州学久废之状，即撰《潮州请置乡校牒》。他认为，治国安邦，要“德礼为先，而辅以政刑也”，欲用德礼，“未有不由学校师弟子者”。为此，韩愈“请摄海阳县尉，为衙推官，专勾当州学，以督生徒”。二是移风易俗。韩愈在潮州期间，组织过多次祭典，留下了一些祭文。这些祭文无不反映了韩愈天人感应、仁政爱民的儒家思想。当时的岭南人口买卖的风气还很盛行，韩愈下令解放奴婢，“掠卖人口，计庸免之，未相值辄与钱赎。及还，著之赦令”。①

刘禹锡（772—842），字梦得，河南洛阳（今属河南）人，素有“诗豪”之称。唐元和十年（815），刘禹锡被贬为连州刺史，时长4年9个月，在任期间，岭南文风为之大振。刘禹锡对岭南儒学社会产生的影响，体现在多个方面。首先是重视地方文化建设，培养提拔后学。刘禹锡的学生刘景是连州第一个进士，自刘景以后，连州共出进士138人，宋时有“连州科第甲通省”的美誉。其次是整治虚浮的社会风气。刘禹锡在连州时曾作《插田歌》以讽当时鄙视劳动的民气：“计吏笑致辞，长安真大处。省门高轲峨，侬入无度数。昨来补卫士，唯用筒竹布。君看二三年，我作官人去。”再次是关心瑶族地区瑶民的生活。他曾写下《莫徭歌》《蛮子歌》《连州腊日观莫徭猎西山》3首诗。最后，刘禹锡将园林艺术带到岭南，在连州建成唐代第一个岭南名园——海阳湖，并亲自为每处景物赋诗，合为《海阳十咏》。在连州期间，刘禹锡共写下诗歌73首、散文25篇。②作为儒家士子，刘禹锡在连州的活动，促进了儒学在岭南社会的传播。

儒学发展至宋代，吸收了佛道思想而形成理学。周敦颐（1017—1073），号濂溪，今湖南人，是北宋理学的宗主。他曾于熙宁元年至四年（1068—1071）在广东做官，先后担任转运判官、提点刑狱。在广东为官的3年多时间里，他不辞劳苦，足迹踏遍广州、韶州、惠州、春州、端州、潮州等地，平反了大量冤案。巡按所及，周敦颐常有所题留。从这些诗作中可以窥见他尊儒反佛的思想，如在潮州作《题大颠壁》诗：“退之

① 李庆新：《论韩愈刺潮》，《广东社会科学》1986年第4期。

② 李小松、陈泽泓编著《历代入粤名人》，广东人民出版社，1994，第141—149页。

自谓如夫子，原道深排佛老非。不识大颠何似者，数书珍重更留衣。”显然，这是周敦颐在对韩愈结交和尚的行为表达不满。[1]

周敦颐在广东传播理学，推动文化建设，影响颇巨。北宋以后，广东多地出现以周敦颐之号命名的书院，如广州濂溪书院、曲江濂溪书院。周敦颐的孙子周叟梅在南宋后期任潮州知州，为了纪念先人在潮州的政绩，并进一步传播理学思想，他在潮州建立了元公书院。

二、张九龄、余靖、崔与之

唐宋时期，以儒家思想为主要内容的科举考试为岭南培养了一批影响全国的儒士。张九龄、余靖和崔与之是这一时期岭南儒家士大夫的杰出代表。

张九龄（673—740），字子寿，韶州曲江（今广东曲江）人，盛唐著名的政治家、文学家，谥号文献。张九龄在朝为官30余年，以中书侍郎为相，被称为“开元盛世的最后一位贤相”。张九龄为官清廉干练、直言敢谏，有识人之才，曾主持开凿大庾岭通道，促进了岭南岭北的政治、经济和文化交流。“有明一代文臣之宗”的丘濬称赞他“岭海千年第一人，一时功业迥无伦”。

从张九龄传世的20卷《曲江集》来看，他的思想属于儒家。在政治上，他主张德治、仁政爱民，推崇董仲舒的天人感应思想。据载：“九龄……文章高雅，亦不在燕、许诸人下。《新唐书·文艺传》载徐坚之言，谓其文‘如轻缣素练，实济时用，而窘边幅’。今观其《感遇》诸作，神味超轶，可与陈子昂方驾。文笔宏博典实，有垂绅正笏气象，亦具见大雅之遗。坚局于当时风气，以富艳求之，不足以为定论。至所撰制草，明白切当，多得王言之体。”[2]无论政绩还是文章，张九龄都实至名归。

余靖（1000—1064），字安道，韶州曲江人，北宋著名政治家、诗人、学者，时称“四贤”之一，谥号襄。他自幼好学，以文学著称乡里。

① 李小松、陈泽泓编著《历代入粤名人》，广东人民出版社，1994，第208页。

② 永瑢、纪昀主编《四库全书总目提要》，海南出版社，1999，第772页。

宋仁宗初年中进士，一路为官，从地方到中央，累迁至工部尚书，“迹其生平树立，要不失为名臣”。余靖是范仲淹庆历新政的积极支持者和参与者，为政主张“安民为本”。在平息岭南的侬智高起兵及处理善后问题上，余靖以广南西路经略安抚使的身份作出了突出贡献。

余靖一生的成就主要表现在政治方面，并不以文章著名。然狄青讨平侬智高后，他“磨崖作记，以旌武功”，在当时备受推崇。余靖奉命出使辽国时，作《契丹官仪》一篇，“颇可与史传参证”。其他文章如《论史》《序潮》等，“亦多斐然可观”。余靖的文史造诣虽然比不上同时代的欧阳修、梅尧臣，但在北宋诸人之中，“固亦自成一队也”[①]。明代丘濬曾说：“岭南人物，首称唐张文献公、宋余襄公。”宋仁宗称其“文理足以绥众，武备足以折冲”。余靖的诗文被后人编为《武溪集》20卷，与张九龄的《曲江集》遥相辉映，为南粤增光。

崔与之（1158—1239），字正子，号菊坡，增城（今广州增城区）人，谥号清献，南宋著名政治家、词人、学者。历任浔州司法参军、淮东安抚使、工部侍郎、广东经略安抚使兼知广州等职，累封至南海郡公。其言切于时弊，其人匡扶国势，摧折权奸。崔与之在广东历史上开创了多个第一：由太学中进士的第一人；开创岭南宋词，有“粤词之祖”之称；创菊坡学派，这是岭南历史上第一个学术流派。他淡泊名利，急流勇退，七辞参知政事，十三疏辞右丞相兼枢密使，与张九龄合称“二献”。

南宋嘉定十七年（1224），崔与之辞官回广州定居。他将居所命名为“菊坡”，将自家园林改建为“菊坡书院”。在思想上，崔与之主张经世致用，重事功而轻空谈，与程朱一派不同，接近陈亮、叶适的事功学派；在学术理念上，他注重仁治、君权与才观，体现了儒家思想的精髓。在崔氏的门人弟子中，李昴英是最杰出者。李昴英（1201—1257），字俊明，号文溪，番禺人，是广东历史上第一个探花、菊坡学派第二代掌门人。崔与之去世后，李昴英隐居文溪，广收门徒，有《文溪存稿》等著作传世。在他的努力下，菊坡学派成为宋末元初岭南最重要的学术门派之一。[②]有“神判”之誉的陈大震即是李昴英的弟子。

① 永瑢、纪昀主编《四库全书总目提要》，海南出版社，1999，第790页。
② 陈椰：《岭南学术思想》，广东人民出版社，2019，第65—70页。

三、从《岭表录异》到《大德南海志》

在岭南方志方面，隋唐有图经，宋元则有州县志和图经。宋代以后，随着地方经济的发展，特别是印刷术的普及，广东的方志数量不断增多。南宋是广东方志发展的关键期，形成了地方大吏领衔、本地士人执笔的修志惯例。根据道光《广东通志·艺文略》统计，宋、元两代岭南共修志书59部，基本每个州都有志，并开创了每隔若干年修一部志书的传统。可惜的是，这一时期的方志绝大部分佚失不存，仅有《岭表录异》《大德南海志》残存。

《岭表录异》3卷，刘恂撰。刘恂于唐昭宗朝出为广州司马，后定居南海，写作《岭表录异》的时间约在五代后梁时期。《岭表录异》原本已佚，今本为乾隆年间四库馆臣从《永乐大典》等书中辑出，"排比其文，仍成三卷，以复《唐志》之旧"。今本《岭表录异》，卷上41条，记岭南的自然环境、物产风俗等；卷中41条，记岭南古代草花竹木果类等；卷下42条，记各种鱼类、贝类、虫蛇等。《四库全书总目提要》评价它："记载博赡，而文章古雅，于虫鱼草木，所录尤繁，训诂名义，率多精核……历来考据之家，皆资引证，盖不特图经之圭臬，抑亦苍雅之支流，有裨小学，非浅鲜也。"[①]《岭表录异》是一部质量颇高的岭南风物志，对于研究古代岭南历史地理、民族社会、人民生产生活、古代生物学等，有重要的参考价值。

《大德南海志》20卷，元成宗大德八年（1304）陈大震等人编纂，实为广州路志。潘宗周跋云："元世祖攻克广州，立广州路总管府，设录事司，元领八县。其后以怀集一县割属贺州，余七县，一南海，二番禺，三东莞，四增城，五香山，六新会，七清远。本书记载先录事司，次及七县。"[②]该志现存5卷，即卷6至卷10，叙事下限至元致和元年（1328）。志内所及，涵盖历史沿革、山川名物、户口税赋、舶货与诸蕃之名等。作者陈大震（1228—1307），字希声，李昴英的高足，宋理宗时进士，历任博罗主簿、长乐知县、广济县令、权知雷州、朝奉大夫。宋亡后，元朝授

① 永瑢、纪昀主编《四库全书总目提要》，海南出版社，1999，第387页。

② 广州市地方志编纂委员会办公室编《元大德南海志残本（附辑佚）》，广东人民出版社，1991，"序"第1页。

其司农卿、广东儒学提举等职，坚辞不就，隐居乡里。陈大震为官刚直清廉，处事果决，判案数百而无冤案，故被百姓称为“神判”。他晚年致力于家乡的文化建设，与吕桂孙合纂广东第一本地方志《南海志》，另著有《蘧觉集》。①

四、文艺作品中的岭南书写

有关岭南的文艺作品，可分为本地人写作和外来人写作两部分。本地人的岭南书写，杨孚《异物志》是起点，奠定了汉晋以后以“异物”眼光介绍岭南奇特的远国异民、山川湖泊、动植物和民风土俗的书写传统。

外来人写作中，贬谪人占主力。唐代贬谪诗人对岭南的描写，常将心理挫折与地理阻隔及物候上的蛮烟瘴雨相联系，如：“瘴江昏雾连天合，欲作家书更断肠。今日病身悲状候，岂能埋骨向炎荒。”宋代岭南贬谪文人的岭南书写，常与岭南日常生活相联系，“异物”感明显降低，表现出精神的自我调适。如“日啖荔枝三百颗，不辞长作岭南人”“试问岭南应不好？却道，此心安处是吾乡”。②

另外，值得一提的是，伴随着古代中央政府对五岭以南地区的控制和开发力度增强，以及世人对这一区域了解的增多，“岭南”“岭海”等与政区名称相同或相关的指代称呼开始得到广泛运用。尽管唐宋时人在言及“岭海”时，依然主要是“瘴地”“蛮荒”“与死为伴”等印象，多带贬义色彩，但愈往后，与“岭南”等词一样，“岭海”一词不再象征着偏远和瘴疠，而成为令人自豪的、经常被用来修饰特色文化和地方历史传统的区域文化地理概念。③

① 王贵忱：《大德本〈南海志〉残卷跋》，《广州师院学报（社会科学版）》1999年第3期。

② 陈恩维：《从异物到乡邦：明代以前的岭南书写及其意义》，《学术研究》2017年第5期。

③ 杨芹：《唐宋“岭海”一称之意涵及其建立》，《广东社会科学》2023年第2期。

第三编

明中叶至清前期中西碰撞下广东的地方转型

第一章 明清之变与广东军政格局

明清时期，中国进入帝制晚期。从明代中叶旧秩序逐渐崩坏到清代前期新秩序的重建，更加高效、专制、集权的政体得以确立。同时，大航海时代到来，欧洲国家相继进行全球性海上扩张与殖民活动，世界历史进入大变革与转折时期，中西方深入接触、相互碰撞，进入激荡的篇章。广东因特殊的历史际遇与地理位置，在历史大潮中首先受到冲击。

第一节

山海动荡下的因应之策

明代中叶以后，王朝的控制力和政治活力急剧下降。同时，广东的丘陵山地与滨海地区蓬勃发展，民间力量壮大。随着西方殖民者的到来，广东最先遭遇了新崛起的西方海洋强国。外来人群的窥伺加剧了沿海的武装动乱与走私，海陆交困的局面对政府的应对与管理提出了挑战。

一、黄萧养起义与县级行政增设

明代中叶，洪武朝建立的画地为牢的里甲户籍制度逐渐崩坏。白银流入，货币化经济加剧了社会贫富分化，不堪忍受沉重徭役和地主盘剥的贫民，脱离政府控制，逃往海上、山区与新兴城市，流民聚集之处往往成为动乱频发之地。正统年间，中国南方地区起义不断，影响较大的有福建邓茂七、浙江叶宗留、广东黄萧养领导的起义，以及湖北、湖南、贵州、广东、广西等苗、瑶、僮等山地族群的起义，对明政府造成巨大冲击。

正统十三年（1448），广州府南海县冲鹤堡潘村（今属佛山顺德）人黄萧养带领狱友十九人逃狱，“其党先舟以待，遂入海去”。九月，“应之者如响，旬月至万余人”[①]。正统十四年（1449）八月，黄萧养围攻广州城，重创明朝军队。此后，其名声大振，随众渐至十万余人，归附者多是珠江三角洲地区出身穷苦的农民、渔民、疍民、盐民。黄萧养以广州城南五羊驿为行宫，建立“大东国”，自封“顺民天王”，改元“东阳”。“萧养聚船河之南千余艘，势甚锐。”[②]有学者认为，这1000多艘船应是

① 郭棐：《粤大记》卷3《事纪类》，黄国声、邓贵忠点校，广东人民出版社，2014，第38页。

② 郭棐：《粤大记》卷3《事纪类》，黄国声、邓贵忠点校，广东人民出版社，2014，第38页。

疍家艇。因其活跃于珠江三角洲的水网之间，黄萧养也因此被视为海寇，“海盗之雄，莫过萧养”①。景泰元年（1450）六月，黄萧养再度率众分水陆两路进攻广州城，围城三个月后，黄萧养中流矢而亡。此后，余部仍继续作战数月，时称“黄萧养之乱”。

黄萧养起义持续时间虽只有一年半，波及区域主要在珠江三角洲地区，但得到了广东山地族群的呼应，有些趁着黄萧养围攻广州城起事，也有的与黄萧养联合攻城，高要吴大甑、新会黄循“叛应南海贼黄萧养”，其对地方秩序的冲击是巨大的，大量的编户逃亡或是死亡，脱离了政府的管理。因此，明人常以“山瑶海寇”来描述这一时期的动乱。为了避免叛乱再生，明王朝通过加强行政控制巩固成果。景泰三年（1452），明政府分南海县大良等37堡、新会县白藤堡置顺德县，取“顺天之德”意。

继顺德设县后，广东中部、东部地区进入设县高峰，至明末，共计添设2州（罗定直隶州、连平州）、21县，新设县的区域集中在广州府（新设6县）、潮州府（新设7县）、惠州府（新设4县）、肇庆府（新设4县）（见表3-1-1）②。这些新设县多是从原来某县或几个县中分出部分地区而设。其余6府则未见有增设，琼州府因地狭民少，正统四年（1439）反而有宜伦、万安、宁远3县被废，由此反映出明代中叶以后广东人口分布和经济开发的区域差异。至明末，广东计有10府、1直隶州，包括广州、韶州、南雄、惠州、潮州、肇庆、高州、廉州、雷州、琼州，罗定直隶州；下领8州、77县。此格局也奠定了清代广东县级行政区划的基本面貌。③到清末，广东计有9府，3直隶厅，7直隶州，1厅，4州，79县。④

---

① 屈大均：《广东新语》卷7《人语》，中华书局，1983，第251页。

② 惠州新设4县中的连平县，在崇祯六年（1633）新设不久即升为连平州，原先属惠州府直辖的河源、和平2县，归入连平州。

③ 参见周振鹤主编，郭红、靳润成：《中国行政区划通史（明代卷）》，复旦大学出版社，2017，第165页；傅林祥、林涓、任玉雪、王卫东：《中国行政区划通史（清代卷）》，复旦大学出版社，2017，第510页。清代行政区划的变动主要体现在府和直隶州、直隶厅一级，县一级的变动不大，主要有：康熙二十四年（1685），置花县；雍正九年（1731），置陆丰县、鹤山县；雍正十一年（1733），升程乡县为嘉应直隶州；乾隆三年（1738），置丰顺县；嘉庆二十一年（1816），升连山县为连山直隶厅。

④ 清代，州和县是一省最小行政单位，合而组成更大的单元——府、直隶厅或直隶州。直隶厅和直隶州不能等同于普通的厅和州。前者是在布政司直接兼管之下，有着与府相等的地位。参见瞿同祖：《清代地方政府》，新星出版社，2022，第5—7页。

表3-1-1 明代中叶至明末广东新设州县

府	县	添设年份	治所
广州府	顺德县	景泰三年（1452）	今佛山市顺德区
	从化县	弘治二年（1489）	今广州市从化区
	龙门县	弘治八年（1495）	今惠州市龙门县
	新宁县	弘治十一年（1498）	今江门市台山市
	三水县	嘉靖五年（1526）	今佛山市三水区
	新安县	万历元年（1573）	今深圳市宝安区
肇庆府	高明县	成化十一年（1475）	今佛山市高明区
	恩平县	成化十四年（1478）	今江门市恩平市
	广宁县	嘉靖三十八年（1559）	今肇庆市广宁县
	开平县	崇祯十一年（1638）	今江门市开平市
惠州府	和平县	正德十三年（1518）	今河源市和平县
	长宁县	隆庆三年（1569）	今韶关市新丰县
	永安县	隆庆三年（1569）	今河源市紫金县
	连平州	崇祯六年（1633）设县，寻升为州	今河源市连平县
潮州府	饶平县	成化十二年（1476）	今潮州市饶平县
	惠来县	嘉靖三年（1524）	今揭阳市惠来县
	大埔县	嘉靖五年（1526）	今梅州市大埔县
	平远县	嘉靖四十一年（1562）	今梅州市平远县
	普宁县	嘉靖四十二年（1563）	今揭阳市普宁市
	澄海县	嘉靖四十二年（1563）	今汕头市澄海区
	镇平县	崇祯六年（1633）	今梅州市蕉岭县
罗定直隶州（原为肇庆府泷水县）		万历五年（1577）	今云浮市罗定市

资料来源：本表根据周振鹤主编，郭红、靳润成著《中国行政区划通史（明代卷）》（复旦大学出版社，2017，第165—178页）绘制。

说明：罗定直隶州直属于广东布政司，不同于普通的州。

县级行政增设集中于明代中叶以后，这一现象并非广东所特有，它有着深层原因，对地方社会影响深远。15世纪以后，白银替代了实物税粮与徭役缴纳。这与明初里长、甲长催征里甲户，向国家缴纳粮食等实物作为税粮，每年定期提供劳力作为徭役，已截然不同。赋役折银之后，州县官肩负起征收税金、保障地方财政运转的重任。州县行政的重要性和操作空间大大增加。随着广东叛乱的发生与平定，大量无籍之民重新被编入里甲，田地被登记纳入赋税征收系统，新的移民和土地获得官方承认，成为州县官控制下的征税单位。因此，县级行政大幅增设是地方治理的现实之需。

因明朝规定地方官不能到出生地任官且任期一般为三年，为了快速了解地方实情，一批地方社会与州县官之间的中间人由此产生。这些在文献中被称为士绅、乡绅的人，在正统至嘉靖年间的历次叛乱中，因带领整个家族效忠、匡扶政府平乱而迅速崛起，拥有了地方话语权，开始以教化乡里为己任，倡导立本务农、遵循正统礼仪，积极参与到王朝秩序与地方社会的重建与整合中。

二、少数民族起义与两广总督的设立

正统以后，官吏需索不断，民族关系渐趋紧张，岭南少数民族人民的反抗活动日炽。“宣德间，赐诸徭敕谕，数十年间稍得休息。其作乱则始自正统间。”[①]明代广东文献中的“瑶”，包括了生活在广东、广西、湖南五岭山地丛林中的瑶、僮、俚、僚等多族群，也包括了逃离户籍、遁入山林的汉人。正统十一年（1446），广西大藤峡瑶民起义蔓延至广东肇庆、高州、雷州、廉州等地。广东瑶民伺机而起，其中以泷水、德庆瑶民起义影响最大。此后，景泰、天顺、成化年间，起义进一步扩散，遍及两广各州县。

景泰三年（1452），为镇压广东、广西少数民族起义，解决两广军事指挥权不统一的问题，中央派遣都察院左都御史王翱总督两广军务。[②]两广地区的总督设置由此开始。此时，该职为临时差遣，主要任务是调度军马，事毕即归，并无固定官邸。天顺末年，起义一发不可收拾。成化元年（1465），中央政府任命都察院左佥都御史韩雍为两广总督，掌管广东、

① 嘉靖《广东通志》卷67《外志四》，收入广东省地方史志办公室辑《广东历代方志集成》，岭南美术出版社，2006，第1760页。

② 嘉靖《广东通志初稿》卷3《政纪》，收入广东省地方史志办公室辑《广东历代方志集成》，岭南美术出版社，2006，第68页。

广西最高军事指挥权，镇压了持续近20年的少数民族起义。韩雍留任两广总督，并拥有节制两广都指挥使司、布政使司、按察使司的权力。至成化四年（1468），韩雍丁忧去官，两广起义活动再起。

成化五年（1469）十一月，为解决两广兵力、钱粮无法协调统一的问题，广东地方官奏请设立两广总督，以两广交界的梧州为总督府驻地，其全称为“总督两广军务兼理巡抚”①。实际上，从永乐朝开始，明政府已开始向广东、广西派出巡抚一职，尽管是临时差遣，但已有统筹两省民事之责。成化五年，总督兼理巡抚一职，总督的责权扩大为军事与行政。此后直至明末，两广总督成为常设官职。不过，终明一代，两广总督在名义上仍为中央都察院派驻至地方的钦差，即以京官的身份出任总督。两广总督与分别掌管广东民政、司法、军事的“三司”——布政使司、按察使司、都指挥使司之间，仍是中央与地方的关系。清代继承并发展了明朝的总督制度，明确了其作为两广地方最高长官的属性。

两广总督自设立起，称谓、权责、驻地等不断变化，如嘉靖四十二年（1563），明政府为打击福建、广东沿海倭寇，命右都御史张臬“总督广闽军务”。次年，常驻地迁至广东肇庆。嘉靖四十五年（1566），改两广提督为“总督两广军务兼理粮饷巡抚广西地方”，另设广东巡抚。万历三年（1575），总督带管盐法，全称为“总督两广军务，兼理粮饷，带管盐法，兼巡抚广东地方”，权责范围包括了军事、民事、财政等各个方面。清代，其常驻地和名称仍在变化。如：顺治四年（1647），清军攻克广州，任佟养甲为广东广西总督；顺治十三年（1656）移驻梧州府；顺治十八年（1661），广东、广西各设总督一员；康熙二年（1663），广东总督移驻广州府；康熙四年（1665），广西总督并入广东总督，复为两广总督，驻肇庆府；雍正五年（1727），为控制“苗乱”，以广西隶云贵总督，两广总督专管广东，改称“广东总督”；雍正十年（1732），两广总督府由肇庆移驻广州；雍正十二年（1734），广西复归广东总督，改称“两广总督”，仍驻肇庆；乾隆十一年（1746），两广总督府迁至广州后，直到清朝灭亡一直驻扎于此。

① 陶鲁：《奏立两广总督疏》，万历《新会县志》卷7《艺文略》，收入广东省地方史志办公室辑《广东历代方志集成》，岭南美术出版社，2007，第324—326页。

三、葡萄牙人初来与屯门、西草湾之战

1453年，奥斯曼土耳其帝国攻占君士坦丁堡，灭东罗马帝国，控制了经地中海通往东方的交通要道。西欧国家迫切需要开辟通往东方的新航线。葡萄牙位于欧洲伊比利亚半岛西部，东面和北面与西班牙接壤，西面和南面濒临大西洋，拥有得天独厚的海洋区位优势。葡萄牙人从罗马和阿拉伯人那里掌握了制造兵船和航海战船的技术，率先建立了一支强悍的海军。15世纪末，葡萄牙将寻找通往东方航线作为海外政策的主要目标。

1497至1498年，葡萄牙航海家达·伽马（Vasco da Gama）自西欧绕道非洲南端好望角，抵达印度洋西海岸，实现了欧洲人半个世纪的梦想。在传播天主教和获取香料目的的驱使下，葡萄牙人相继占领印度西海岸的果阿（1510年占领）、马来半岛的马六甲（1511年占领，明朝称“满剌加”），并以此为基地积极开拓据点。本就对中国充满好奇的葡萄牙人从马六甲华商那里收集有关中国的情报。

正德八年（1513），在葡属马六甲总督的派遣下，载满香料的葡萄牙商船抵达广东沿海，寄泊于屯门、上川岛一带，一面寻求贸易机会，一面打探中国虚实。此时，广东地方政府已开始对非朝贡船只征税，考虑到葡萄牙人带来的经济利益，并未驱赶。正德十二年（1517），为了进入中国内陆，葡萄牙使者托梅·皮雷斯（Tome Pires）带领一支舰队抵达广州城外，请求朝贡贸易。明政府方知朝贡国满剌加已被葡萄牙灭国，遂予以拒绝，“满剌加乃敕封之国，而佛郎机敢并之，且啖我以利，邀求封贡，决不可许，宜却其使臣，明示顺逆，令还满剌加疆土，方许朝贡”[①]。正德十五年（1520）底，满剌加求救公文抵达北京。加之，葡人擅自在珠江口外的屯门澳等地建筑要塞、制造火器、架设火炮，久留不归，“虎视海隅，志在吞并”[②]，引起明军警觉。正德十六年（1521），广东海道副使汪鋐下令驱逐葡萄牙人。葡人武力抗拒，并试图夺取南头寨。汪鋐招募海船，利用葡萄牙船只大而难动的弱点，趁南风起时，用火攻之，明军大胜。嘉靖元年（1522），带着葡萄牙国王及葡属印度总督旨意的另一支舰

① 张廷玉等：《明史》卷325《外国传六·佛郎机》，中华书局，1974，第8430页。

② 陈文辅：《都宪汪公遗爱祠记》，嘉庆《新安县志》卷23《艺文二》，收入广东省地方史志办公室辑《广东历代方志集成》，岭南美术出版社，2007，第460页。

队侵入珠江口海面，在新会县的西草湾与明朝军队发生海战，备倭指挥柯荣、百户王应恩率军激战。明军斩敌35人，俘虏42人，缴获葡船2艘，这就是著名的西草湾海战[①]。

四、澳门开埠与广州—澳门贸易管理体制的建立

经历了屯门海战和西草湾海战，广东禁止了朝贡之外的市舶贸易，加强了对沿海的封锁，珠江口外繁荣的海上贸易告停，“由是番舶几绝”。海上贸易的衰落直接影响到了广东地方财政的运转，“粤中公私诸费多资商税，番舶不至，则公私皆窘”[②]。嘉靖八年（1529），广东巡抚林富上奏《请通市舶疏》，获准。此后，只要外国商船来广东贸易，征榷关税，一概允许登岸。由于航行受到季风影响，外国商船必须等待季风才能顺风启程回国。因广州是省府，又是内河港口，出于安全考虑，明政府不允许外国人长期居留。外国商船只好在临近省城的海域寻觅海岛停泊，周边海岛“诸蕃互市其中”[③]。

葡人与广东军队交战失败后，转入福建、浙江沿海，在双屿、浯屿建立了根据地。嘉靖二十六年（1547），朱纨巡抚闽浙，为了消除倭寇，实行严厉的海禁政策。嘉靖二十七年（1548）至嘉靖二十八年（1549），中葡在浙闽海域爆发了双屿之战、走马溪之战，皆以葡人的失败告终。此后，葡人被迫潜回海禁松弛的广东海域，一改此前武力挑衅的做法，变得恭顺而谦卑。葡人湾泊于珠江口西侧的上川、浪白澳等地进行贸易，但这两处皆孤悬海中，水土环境恶劣，特别是离广州较远。因此，葡人急于寻求更为理想的贸易据点。

澳门与内陆相连，三面临海，从陆路能够获得蔬菜、粮食的供应，水陆交通四通八达。远在葡人来此定居之前，澳门就以安全的港湾著称，是各国船舶停靠之所。嘉靖三十二年（1553），葡人以晾晒货物为由将贸易点从上川、浪白澳移居至此，时人称这里为“濠镜澳”。“自是诸澳

① 《明世宗实录》卷24“嘉靖二年三月壬戌条”，台湾“中央研究院”历史语言研究所，1962，第693—694页。
② 张廷玉等：《明史》卷325《外国传六·佛郎机》，中华书局，1974，第8432页。
③ 屈大均：《广东新语》卷2《地语·澳门》，中华书局，1985，第36页。

俱废，濠镜独为舶薮矣。”[①]因明政府禁止中国人与日本人通商贸易，澳门开埠后，葡人积极发展澳门与日本长崎港的贸易，充当中日贸易的中介。凭借在世界各地的据点，葡人垄断了澳门至欧洲、印度果阿、马六甲的贸易航线，澳门迅速发展成为广州对外贸易的外港和繁荣的国际贸易中转港。

葡人混入澳门贸易之初，仅被允许搭盖临时草屋，形成一种搭棚过冬的季节性贸易方式。嘉靖三十六年（1557），葡人被允许在澳门定居。此后，葡人建房盖屋，发展极快。一般认为，葡人之所以获得在澳门贸易和定居的权利，主要是采取了贿赂和奉承的办法。[②]而另一个重要的直接原因，是其协助剿灭了让广东地方政府困扰多年的海寇势力和叛兵。[③]嘉靖四十三年（1564），潮州柘林水寨官兵因军饷问题，围困广州，由于葡人相助，兵变得以平息，葡人因此被允许在澳筑室，开始大兴土木。嘉靖五十一年（1572），葡人向广东地方政府公开租赁澳门。这种状况延续至清代，甚至在清初沿海五省迁界时，葡人也因“内地不便安插”而未被迁出。

康熙二十四年（1685），康熙皇帝开放海上贸易，成立江海、浙海、闽海和粤海四海关，恢复了澳门与广州的水陆贸易，还允许葡人进入广州贸易。不过，到了康熙五十年（1711）左右，外国洋船已经移入广州城外的黄埔港湾泊，澳门失去了作为广州唯一外港的地位。乾隆二十二年（1757），清廷对西洋商人采取“一口通商”限制之后，广州港凭借优越的地理位置和国家政策成为贸易全球化的中心港口。除了葡萄牙和西班牙船只在澳门港口停泊贸易[④]，其他西方国家的船只必须经虎门到黄埔港丈抽上税，方可将货物用中国的西瓜艇分批运入广州城贸易。“口岸以虎门为最重，而濠镜一澳，杂处诸番，百货流通，

① 万历《广东通志》卷69《澳门》，收入广东省地方史志办公室辑《广东历代方志集成》，岭南美术出版社，2006，第1551页。

② 黄鸿钊：《澳门史》，福建人民出版社，1999；黄庆华：《中葡关系史》，黄山书社，2006。

③ 戴裔煊：《关于澳门历史上所谓赶走海盗问题》，《中山大学学报（社会科学版）》1957年第3期；汤开建：《佛郎机助明剿灭海盗考》，载《澳门开埠初期史研究》，中华书局，1999，第104—130页。

④ 龙思泰：《早期澳门史》，吴义雄等译，东方出版社，1997，第301页。

定则征税，故澳门次之。”[①]

总之，明代中叶，因葡萄牙的海上扩张和明政府对葡人的宽松政策，澳门崛起成为贸易大港。明末，日本驱逐葡人，新兴海洋强国荷兰控制了果阿、马六甲，葡萄牙人的东方贸易航线中断，对澳门港带来很大冲击。“葡萄牙人的贸易衰落了，但澳门却繁荣起来，它在中国人的监督下，变成各国与广州之间贸易的基地。一切进口船只都在那里雇佣引水和买办，也从那里决定出发的方向；商人们在每季季末，都从广州商馆回到那里，并在那里等待下一季度的来临，使他们得以重新进入广州。”[②]1840年以后，中国在条约体制下被迫开放了更多的通商口岸，澳门在东西交往中的屏障地位被打破。加之，轮船取代帆船，香港作为自由港和深水港兴起，逐渐取代澳门浅水港的贸易地位，成为新的远洋航运中心。

第二节

明清鼎革中的广东政局

明王朝在危机四伏中走向灭亡。明清嬗变之际，广东地区饱受战火洗礼，政治秩序经历破坏与重建，地方社会结构与权力关系等发生一系列深刻变化。

一、明朝的覆灭与清军入粤

嘉靖以后，“南倭北虏”大大牵制了明朝的力量，后金在东北地区日益强大。天启年间，后金加紧了对辽东的进攻。天启元年（1621）三月，后金夺取辽阳，南下直逼辽宁海州、盖州、复州、金州沿海诸卫。崇祯二

① 梁廷枏总纂《粤海关志》卷5《口岸一》，袁钟仁校注，广东人民出版社，2002，第59页。

② 马士：《中华帝国对外关系史》，张汇文等译，上海书店出版社，2006，第50—51页。

年（1629），明朝将领袁崇焕斩杀东江镇（主力驻扎于鸭绿江口东侧的皮岛，故称）总兵毛文龙，辽东海域陷入混乱，毛文龙的部将孔有德、耿仲明、尚可喜相继投降后金，大大扩充了后金的兵力，壮大了后金的声势。崇祯九年（1636），皇太极正式称帝，改国号“大清”，封孔有德为恭顺王、耿仲明为怀顺王、尚可喜为智顺王。之后，清军夺取了旅顺和皮岛，除掉了明政府在海上的军事据点，控制了整个辽东海域，清军铁骑西向逐鹿中原。崇祯十七年（清顺治元年，1644），崇祯帝在大顺军攻入北京时自缢。随后，在降将吴三桂等人的帮助下，清军进入山海关，灭掉大顺政权，占领华北平原后继续大举南下。此后，南京、广东、福建、浙江等地的官员、士绅先后拥立朱氏子孙建立了弘光、隆武、鲁王、绍武、永历等政权，史称“南明”，这五个政权中，最后两个政权都建立于广东。①

清顺治四年（1647），清军将领李成栋、佟养甲从福建入广东，攻陷潮州、惠州、广州，李成栋乘胜向西，佟养甲留守广州。佟养甲被任命为清朝第一任两广总督，兼任兵部尚书及都察院右都御史衔，掌管广东、广西的军政、盐政。李成栋被任命为广东提督。次年，李成栋在广州宣布“反正归明”。清政府不得不重新部署对广东的军事行动。顺治六年（1649），尚可喜和耿仲明奉命南下攻取广东，开启了与南明永历政权、民间抗清力量持久的拉锯。

二、南明政权在广东的播迁

弘光、隆武、鲁王政权覆灭后，明朝部分宗室、大臣在广东继续抗清。顺治三年（1646）十月十四日，明两广总督丁魁楚、广西巡抚瞿式耜等人在肇庆拥立桂王朱由榔（明神宗万历帝之孙）为监国。同年十一月初五，曾任崇祯朝户部员外郎的苏观生等人在广州拥立唐王朱聿𨮁，建立“绍武政权”。十一月十八日，丁魁楚等紧随其后拥立朱由榔称帝，建立“永历政权”。绍武、永历政权建立后，非但未能合力抗清，反而互争“正统”。十二月底，当清军进入广州城时，绍武政权因忙于对付西线的

① 南明各政权的建立与覆亡可参见谢国桢：《南明史略》，上海人民出版社，1957；顾诚：《南明史》，中国青年出版社，2003；司徒琳：《南明史》，李荣庆等译，上海书店出版社，2007。

永历政权，竟无法召集兵力抵抗，很快就被李成栋率领的清军所灭，存在仅一个多月，犹如昙花一现。自顺治三年（1646）至顺治八年（1651），永历政权控制着两广、江西、湖南等地，是南方抗清力量的主力。

清兵进入广东后，永历元年（清顺治四年，1647），南明兵部主事陈邦彦联合农民军首领余龙，有众2万余人，起兵于顺德；南明监军御史张家玉起兵于东莞；明朝大学士陈子壮联合增城、花山农民军，起兵于南海。陈邦彦、张家玉和陈子壮领导的抗清起义军，坚持10个月之久，终被镇压，但拖住了清军在广东的兵力，使之不能西进，永历政权得以保住广西。陈邦彦、张家玉和陈子壮被誉为“广东三忠”[①]。各地的抗清活动此起彼伏，让平定广东反清起义的关键人物李成栋大受震动。李成栋领兵攻取广东后，仅被任命为广东提督，而军功远不如他的佟养甲被任命为两广总督兼任巡抚，自视功高的李成栋反受佟养甲的节制。顺治五年（1648），夹杂着对复杂局势的考量和对任命不公的愤懑，李成栋宣布“反正归明”，改奉南明永历政权，受封为惠国公。佟养甲也被迫归明，受封为“襄平伯”。广东全省和广西梧州等地归入南明。同年九月，李成栋北上进攻赣州，兵败。顺治六年（1649）正月，李成栋再次率军北上江西，三月，在与清军的战争中溺亡于信丰。

顺治七年（1650），尚耿两藩率领清军攻克广州。永历帝朱由榔由梧州逃向南宁。原守广州的南明将领杜永和撤往琼州，次年，率部降清。以广州为中心的各府州再次为清军所控制。同年，清军定南王孔有德占领桂林。南明政权失去了经营了四年的两广地区。永历帝继续西逃至云贵地区，接受了大顺军余部（时称“大西军”）的拥护，原大顺军余部、张献忠的养子李定国即其中一支重要力量。顺治十年（1653）至顺治十二年（1655），李定国一路攻取湖南、广西各州郡，将恢复广东、会师北上作为南明中兴的最终一搏，两次率军由广西进入广东。他联络抗清力量，发动了肇庆战役与新会战役，但由于郑成功部未能及时从海上应援，东西夹击的谋划落空，入粤之战以失败告终。李定国被迫退回广西南宁，后又冒险进入贵州，将被孙可望（大顺军余部）胁迫的永历帝迎至云南昆明。然

① 屈大均：《皇明四朝成仁录》卷10《永历朝》，叶恭绰校，收入周骏富辑《明代传记丛刊·名人类38》第67册，明文书局，1991，第374—382页。

而，此时广西大部分州县已被清军占领，不仅恢复广东无望，还为清军后来进攻贵州、云南提供了便利。

顺治十三年（1656）后，清军基本控制了广东内陆地区，但仍有大批反清复明武装聚集于珠江口以西沿海及北部湾海域活动，奉永历帝为正朔，并时常同台湾郑氏遥相呼应。顺治十五年（1658），清军将领吴三桂攻占贵州后，进入云南。顺治十八年（1661），永历帝逃亡缅甸。吴三桂追出境外将其俘获，押回云南并杀害。此后，抗清武装力量继续在粤西沿海开辟对外交往和海上贸易，主要据点为川山群岛、海陵岛、北部湾龙门岛一带。康熙十八年（1679），南明镇守龙门水陆等处地方总兵官杨彦迪率副将黄进，高雷廉总兵陈上川、副将陈安平，统兵3000余人、战船50余艘，开赴广南（今越南中部），杨彦迪等进驻美湫（今越南南部），陈上川等进驻盘辚（今越南边和）。康熙二十年（1681），清军攻陷南明在北部湾的基地龙门。至此，南明海上武装力量完全退出粤海。[①]

三、尚、耿两藩据广

明朝将领孔有德、耿仲明、尚可喜投降后金，成为清军入关后镇压李自成农民军和南明抗清武装的重要力量。顺治五年（1648），清广东提督李成栋突然倒戈。顺治六年（1649），清政府封耿仲明为靖南王、尚可喜为平南王，继续攻取广东。六月，耿仲明、尚可喜各率部1万人，取道江西南进广东。途中耿仲明畏罪（部下窝藏逃人）自杀，其子耿继茂随尚可喜进征广东。十二月，尚可喜攻占南雄，城内居民惨遭屠杀。接着，尚可喜、耿继茂率领清军抵达韶州府。顺治七年（1650）十一月，清军攻陷广州，十万平民惨遭杀害。顺治八年（1651），耿继茂凭着此战承袭其父靖南王爵。同年，在南明安西王李定国的攻伐下，清定南王孔有德兵败自尽于广西。四位汉族异姓王剩下吴三桂、尚可喜、耿继茂三位。顺治十一年（1654），清政府原命尚可喜留镇广东、耿继茂镇守广西，因当时云贵未定，大西军不时出击广西，耿继茂移镇广西难以实现，两藩遂并

① 陈荆和：《清初郑成功残部之移植南圻》（上），《新亚学报》1968年第1期，第451—454页；李庆新：《明末清初粤西反清势力及其与越南“明乡人”的关系》，载《“越南阮氏王朝（1558—1885）”学术研讨会论文集》，2012。

镇于广东。顺治十六年（1659），命平西王吴三桂镇守云南；康熙元年（1662），又令其兼辖贵州。

作为清军入关最重要的汉人同盟，三藩在清王朝统一全国的过程中立下汗马功劳，南方平定后，出于善后稳定的需要，留以镇守西南、东南。三藩在镇守之地握有重兵，势力迅速发展，逐渐掌控了政治、经济、军事大权。顺治十七年（1660），郑成功的抗清武装飘忽于福建沿海，接济招引沿海民人，清政府令耿继茂移镇福建，安辑兵民。尚可喜留镇广东，继续帮助清朝平定广东的诸股叛乱。

平南王尚可喜是三个藩王中对清朝最为恭谨的，然在地方又极其贪图财利。“凡粤中市舶、盐铁、材木等利，往往皆藩下人专之，大为民害。”[①]仅海上贸易，每年就获利高达数百万两白银。“凡凿山开矿，煮海鬻盐，无不穷极其利”，时人言“平南之富，甲于天下”[②]。尽管如此，中央政府仍需要拨付巨额军饷补贴，“天下财富半耗于三藩”。随着南明势力的逐渐消亡，三藩失去往日作用。由于连年战争，清朝财政早已入不敷出，三个藩镇成为中央的负担和威胁。[③]

康熙十二年（1673）三月，尚可喜上疏愿领属下归辽东家乡，留子尚之信镇守广东。康熙帝准其返回辽东，但并没有同意其子继续镇守广东，并要求除留6000余名绿旗兵（绿营）外，尚可喜其余部下全部撤离广东。七月，平西王吴三桂、靖南王耿精忠（耿继茂之子）先后奏请撤藩，实则试探朝廷。康熙皇帝决意撤藩，批准了奏请，令三藩皆归辽东。同年年底，平西王吴三桂率先叛乱，并以反清复明为标榜。康熙十三年（1674）三月，镇守福建的靖南王耿精忠亦叛。吴三桂叛后，镇守广东的尚可喜虽上表效忠清朝，但无法袭封王爵的尚之信早已怀恨在心。康熙十五年（1676），尚之信与其弟争夺藩王位，幽禁尚可喜，举兵响应吴三桂。至此，三藩俱叛，史称“三藩之乱”。不少原来降清的广东官兵加入反清阵营，其中潮州总兵刘进忠占据粤东、高雷廉总兵祖泽清占据粤西、尚之信占据粤中广府一带，他们与台湾郑氏联系密切。康熙十六年（1677），

① 王钺：《水西记略》，《世德堂文集》，康熙四十年刻本，第1页b。

② 留云居士辑《明季稗史初编》卷26《吴耿尚孔四王合传·平南王尚可喜传》，商务印书馆，1936，第458页。

③ 刘凤云：《清代三藩研究》，故宫出版社，2012，第129—130页。

尚之信宣布投降，清朝责令其立功自效，仍袭封平南亲王。康熙十九年（1680），清政府下诏逮捕尚之信，赐死。至此，统治广东长达30余年的尚藩被消灭。

四、迁界与复界

清廷在与抗清力量争夺东南沿海的过程中，采取禁海与招抚并举的策略，但效果不佳。为杜绝沿海民众与台湾郑氏等势力联系，将沿海地区纳入控制之下，康熙元年（1662），清廷正式下令“将山东、江、浙、闽、广滨海人民尽迁入内地，设界防守，片板不许下水，粒货不许越疆”[①]。此前，清沿海省份也曾在部分地区实施过迁界令，但康熙元年开始的这次迁界规模最大。广东省的迁界范围主要分布在广州、惠州、潮州、肇庆、高州、雷州、廉州濒海7府27州县，包括各府所属海岛。琼州因“辖三州十县，中有五指山，乃黎岐所居，而州县反环其外，惟安定居中，余皆濒海，势不可迁”，而不在迁界之列，只在岛岸划界，禁民外出。除了琼州，东起饶平、西迄钦州内迁50里，沿边划界派兵防守。界外的房屋什物一概烧毁，田地不准耕种，不准出海捕鱼，凡越出界外者立斩。康熙二年（1663）至康熙五年（1666）期间，广东继续推行迁界，挖深沟以区别内外，续迁主要是针对康熙元年（1662）未曾内迁的近海地区。虽然明初也曾在广东沿海部分地区施行过“虚岛”政策，但像清初这样划定边界，制定严酷禁令，禁民外出的军事行为在古代中国是前所未有的。迁界令给广东沿海造成了严重的损失，百姓流离失所，田地荒芜，社会秩序混乱不堪。[②]

由于迁界的目的是割断抗清势力，此时江浙以北沿海形势大体已定，而永历政权、台湾郑氏与清军在闽粤沿海展开激烈争夺，所以福建、广东迁界令最为严格，广东尤甚。镇粤藩王尚可喜曾上奏朝廷要求停止迁界，被否决后，则力行不殆。就迁界令在广东的执行情况而言，粤中较彻底，粤东次之，粤西最差。此外，令清朝意想不到的情况随之出现，即随着迁

---

① 夏琳、元斌纂《海纪辑要》卷1，载《台湾文献史料丛刊》第6辑，大通书局，2000，第29页。

② 刘正刚：《清初广东海洋经济》，《暨南学报》1999年第5期。

界令的实施，海上戍守跟着内撤，等于把海防前线收缩，界外及沿海岛屿拱手让予反清势力，结果造成沿海及岛屿防守空虚。

康熙八年（1669），广东巡抚王来任疏请复界，广东边界向海岸拓展，地方官开始安插迁民，复垦土地。康熙二十二年（1683），清朝统一台湾，宣布废止迁界令。次年春，清廷派遣工部侍郎金世鉴、副都御史雅思哈往江浙，工部尚书杜臻及内阁学士石柱赴闽粤等地，与地方督抚共同筹划展界事宜，内容包括归还土地、恢复海上防线、恢复民众生计与海上贸易等。开海后，广东地方官将劝垦、教化、编甲等作为恢复生产和社会秩序的措施。不过，开海的同时，康熙君臣制定一系列禁规，试图将沿海民众控制在近海一带。清中叶，随着人口增加，近海资源竞争日趋激烈，沿海民众逐渐突破禁令，走向外海。

第三节

王朝行政改革下的广东实践

正所谓清承明制，明、清两朝的制度有密切的承接关系。将历史之眼放置于明代中叶至清前期的时段中，关系国家命运的重大改革从雏形初立到系统化、大范围确立的持续与调整的过程，便清晰浮现。在此阶段，广东在贸易、赋役等方面的探索与实践牵动全局。

一、广州市舶司的终结与粤海关的建立

永乐三年（1405），明政府于广东、福建、浙江三省设市舶司，各置驿馆。广东设怀远驿，负责接待来华贡使等，有驿丞一员。和明以前朝贡贸易与民间贸易并行发展不同的是，明政府将中国和海外诸国的关系限定在朝贡制度的框架下，海外贸易被官方垄断，外国船只必须取得明政府颁

发的勘合，按照贡期、贡道等规定方能开展贸易。嘉靖二年（1523），宁波“争贡事件”[①]之后，兵科给事中夏言奏称“倭祸起于市舶”，福建、浙江二市舶司被革除，广东市舶司仍被保留下来。[②]明代中叶，外国商船与中国商人在广东沿海岛屿进行走私贸易，朝贡贸易大受影响。由于广西少数民族起义频发，战事吃紧，招募兵勇需要军饷支持，广东地方财政对海外贸易的依赖愈加明显。自正德至嘉靖年间，广东地方官率先实行抽分制，探索出一套与市舶制度相适应的新制度，时人称为“广中事例”[③]。

清朝在平定台湾之前，厉行海禁，前来贸易的国家不多。这一时期，在中央具体管理朝贡事务的机构是隶属礼部的主客清吏司和会同四译馆；在地方，由贡使入境省份的总督或巡抚兼管，贡舶贸易榷税事务由盐课提举司兼管。对澳门陆路贸易开放期间（1680—1684），广州曾短暂设立市舶司，市舶司制度在粤海关设立之后正式宣告终结。

康熙二十四年（1685），清廷于广东、福建、浙江和江苏四省设立粤海关、闽海关、浙海关、江海关。四海关中，粤海关有着更重要的地位，它的进出口货物吞吐量与税款均远远高于其他三个海关。海关监督之职，闽海关以将军兼任，浙海关、江海关由地方督抚兼任，唯独粤海关专设监督管理[④]。粤海关以省城大关为总汇，下设总口7处，每个总口下又分设了小口，有正税口、挂号口、稽查口等。其中，省城大关负责稽查广州城外十三洋行及黄埔港等口岸。澳门总口是外商聚集之地，重要性仅次于省城大关。康熙二十四年以后，清廷废止了从广州到澳门的陆路贸易，规定

---

① 明代规定，日本朝贡船必须持有明朝礼部颁发的勘合才可以在浙江市舶司（今宁波）登岸。明代中叶，日本两大家族细川氏与大内氏发生了争夺勘合贸易主导权的斗争，嘉靖二年（1523），两大家族的朝贡船相继抵达宁波，并在浙江沿海大打出手，震惊朝野，明政府决定终止日本的朝贡贸易。该事件对明朝的贸易政策影响深远。

② 张廷玉等：《明史》卷75《职官志四·市舶提举司》，中华书局，1974，第1848页。

③ 李庆新：《地方主导与制度转型：明中后期海外贸易体制演变及其区域特色》，《学术月刊》2016年第1期。

④ 粤海关监督初设于康熙二十四年，雍正二年（1724）至乾隆十五年（1750）间，曾多次停设，粤海关主管由广东地方官兼任。乾隆十五年后，专设监督。就整个清代而言，派遣海关监督是广东海外贸易主要的管理方式。见道光《广东通志》卷180《经政略二十三》，收入广东省地方史志办公室辑《广东历代方志集成》，岭南美术出版社，2006，第3007页。

19世纪的粤海关

乾隆二十二年（1757），清政府将广州作为与西方国家（西班牙、葡萄牙商船仍可驶往澳门）贸易往来的唯一口岸，直到1842年中国被迫开放五口通商为止。在这近百年间，“粤海关”俨然成为中国海关或清朝海关的代名词，在中西方文明交汇中发挥着重要的作用。

· 粤海关博物馆供图，原件藏香港艺术馆

到广东的外国商船在澳门港口接受检查后，必须经海运抵达广州进行交易。因此，粤海关所属口岸，只有省城大关所辖口岸和澳门总口供外国商船进驻，其余口岸则是稽查港口或者负责征收本港船税、沿海采捕鱼船号规的税口。每年贸易季节，清廷会选派旗人将军、衙门官员到达省城大关所辖口岸和澳门总口进行弹压。外国商船进港、出港，需要缴纳“船钞”（按照船只的吨位来缴纳）、“货税”、“规礼”、“杂费”等各项名目的费用数十种。

粤海关的建立是近现代海关管理的开始。除增加政府的财政收入，粤海关在领海制度、关税制度、行商制度等方面皆有开创意义。与市舶司相比，粤海关规定外国商船来华贸易，护送军舰不得进入广州港；出入内外港的外国商船均需由中国持证的引水员引领，并逐步形成了系统的引水制度；将对外贸易从整个贸易行业中分离出来，把国内商业税和进出口贸易税分开，把国内关口和海关的职责分开，采取分别管理、分别征税的办法；将明代中叶以后的牙行改为半官半商的行商贸易制度，行商包揽与西洋商人贸易的同时，需要代政府执行一定的贸易管理职能。

二、从一条鞭法到摊丁入地

自明景泰、天顺年间起，广东对赋役制度进行调整，逐步实行均徭法与均平法，核心是以钱代役，赋役折银。隆庆至万历初年，广东大多数州县施行一条鞭法：将名目繁多的赋税徭役合编为一；全面实行赋役征收白银；解除里甲负担，实行官收官解，简化征收手续；确定以人丁和土地为征税对象。一条鞭法以折银取代亲身应役制度，使政府与民众之间更多地通过货币发生联系。

一条鞭法实施以后，土地成为重要的征税对象。为保障赋税征收，清丈土地迫在眉睫。万历八年（1580），明政府下令田地清丈，这是继明初洪武清丈之后的第二次全国性土地清丈。万历九年（1581），广东以州县为单位，对土地进行清丈。通过这次清丈，田赋征收与土地占有相脱节的情况得到了改善，赋役征派方面的矛盾得到缓和。赋役折银以后，里甲制度逐渐失去对户籍和人口的控制，“丁”与“户”不再反映实际人口和家庭状况，而成为纳税单位。这样一来，不少地区开始按照田亩数额和田赋税额来折算丁额。明代后期，“丁随粮办”已在广东部分州县实行。

清康熙五十一年（1712），皇帝发布谕旨滋生人丁永不加赋①，以康熙五十年（1711）或其前后的登记丁额为依据，新增人丁不再额外征收丁银。丁银征收额得以固定，丁银与地粮合并起来变得顺理成章。康熙五十五年（1716）至雍正年间，全国大多数地区相继施行摊丁入地的改革。由此，清朝建立起定额化的赋税征收制度。不过，将固定的丁银摊入田赋，征收统一的地丁银，这样的变化并非一蹴而就。“广东各州县摊丁入地的改革，是一个从明后期到清前期逐渐展开、深化、完善的过程。”②

摊丁入地是明朝一条鞭法的延续和发展，学界将此视为继唐朝两税法之后的又一次重大赋税制度变革。它带来的主要变化：一是赋税征课对象的改变；二是税种的合并与简化。由于广东编户的登记丁额与实际人丁数已经基本脱钩，赋税登记上的户与现实中的家庭也多不再对应。自康熙五十七年（1718）开始，广东正式推行粮户归宗，在图甲制③中开立户口，宗族正式成为纳税单位。在一个“户”之下，往往包含一个或多个家族，几十户至几千户的家庭。粮户归宗以及与图甲制的结合，反映了明清以来广东赋役制度与社会组织的深刻变革。有学者认为，国家与民众的关系转变为依赖各种中介组织（宗族、士绅等）来实现控制，这是国家与社会交往方式的转型。④

① 《清圣祖实录》卷249“康熙五十一年二月壬午条”，中华书局，1985，第469页。

② 刘志伟：《在国家与社会之间：明清广东地区里甲赋役制度与乡村社会》，中国人民大学出版社，2010，第184页。

③ 清朝图甲制是集赋税征收、户籍编审、社会治理等多种功能的基层制度。一般来说，一图分为十甲，一甲之下有若干户。不过，这里的“户”更多是田税登记单位，常常由多个家庭共同使用。

④ 刘志伟：《从“纳粮当差”到“完纳钱粮”：明清王朝国家转型之一大关键》，《史学月刊》2014年第7期。

第四节

粤省三路海防与海上拓展

至16世纪，中西多股海上力量积聚汇流，成为不可逆转的历史趋势。地处南疆的广东在明清海上防御、保卫海洋疆土等方面担负重任。在国家海禁政策和内外海洋力量的多重作用下，传统中国的海上防御体系逐步建立。

一、嘉靖海寇与广东备倭

明代中叶至清代被学者称为“中国海盗的黄金年代”。该时期的海盗规模与活动范围为当时全球之冠，并出现了三个高峰。第一次是嘉靖至万历年间，严厉的海禁导致商人和倭寇活动频繁；第二次是明清鼎革之际，混乱局势下，海盗集团控制了沿海地区；第三次是乾嘉之际，人口增长、社会矛盾激化下的海盗组织兴起[①]。这三次高潮出现的背景不同，人群组成也有差异，但均对当时的政府造成很大的威胁。其中，嘉靖年间的海盗活动持续至隆庆、万历年间，史称“嘉靖倭患”。虽称为“倭”，但实际上大多数是中国人。这次海盗活动的高潮促使东南沿海各省不得不开展海防建设，对明清海防体系的发展影响深远。

嘉靖年间的海盗起因于嘉靖二年（1523），日本两大朝贡使团因勘合真伪在浙江宁波发生“争贡之役”。在该事件的影响下，明廷加强了浙闽沿海的海禁政策，罢去浙江、福建两省市舶司。浙江、福建、广东三省市舶司所管辖的朝贡贸易本就无法满足海外贸易不断高涨的需求，两省市舶司关闭后，官方贸易受阻，民间走私贸易取而代之，冒禁下海者，趋之若骛。正如嘉靖年间参与平倭的谭纶所说，“私通不得，则攘夺随

① 安乐博：《西方、日本及中国港台学者对明清时期的海盗研究》，载李庆新主编《学海扬帆一甲子：广东省社会科学院历史与孙中山研究所成立六十周年纪念文集》，科学出版社，2019，第826—840页。

之”[①]。时人之所以把这些海盗称为“倭”，一方面，是因为中日官方贸易中止后，一些日本人的确参与了走私贸易和掠夺活动；另一方面，是因为中国海商有意保护自己，装扮成日本人，“大抵真倭十之三，从倭十之七”[②]。且“真倭”多受中国商人的雇佣，听从于“假倭”。可以说，嘉靖年间更为严厉的海禁政策直接导致了商转为寇，“倭患”愈演愈烈[③]。

最先受到侵扰的浙、闽沿海地区不得不开展平倭、御倭的军事防御活动，浙、闽海防兵力不断加强。在此背景下，“海寇”向广东沿海转移蔓延。广东海岸线蜿蜒曲折，岛屿密集，为日本倭寇、本土海寇走私与藏匿提供了众多湾泊之地。本土海寇如潮州张琏、林国显、许朝光、何亚八、林道乾、吴平、曾一本、林凤等，与活跃在中国沿海进行走私贸易的日本人、葡萄牙人、西班牙人、荷兰人等声气相通。

明初的卫所防御体系侧重内陆与海岸防护，轻视海上防御，洪武、永乐年间甚至实行“虚岛”政策，将沿海岛屿民众迁回内地。到了明代中叶，卫所军户逃亡，士兵缺额严重，以海岸卫所为主体的防御体系已经衰落，无法满足备倭需求。嘉靖四十三年（1564），两广提督吴桂芳奏请设潮州柘林、惠州碣石、广州南头、肇庆北津、雷州白鸽、琼州白沙6处水寨，各建寨城，添设兵船。隆庆、万历年间，因倭寇侵犯粤西海域，又先后增设北津寨、莲头寨、限门寨、海朗寨、双鱼寨、虎头门寨、广海寨等。各水寨在海上划分所辖的汛地，画海为守，[④]分布于广东三路。

何为三路？明代中叶之后的文献中多有谈及。大体而言，主要有东、中、西之分，惠州、潮州二府为东路，广州为中路，高州、雷州、廉州、琼州四府为西路。[⑤]广东的分路防守是在倭寇南下的背景下提出的，正如明末地理学家顾祖禹言，“嘉靖中，倭寇闽浙，滋蔓亦及于广东，议者谓

① 谭纶：《海寇已宁比例陈情疏》，载《谭敏襄公奏议》卷二，万历二十八年顾所有刻本，第54页上。

② 张廷玉等：《明史》卷322《日本传》，中华书局，1974，第8353页。

③ 陈文石：《嘉靖年间浙福沿海寇乱与私贩贸易的关系》，《历史语言研究所集刊》第36本上册，第417页。

④ 陈贤波：《重门之御：明代广东海防体制的转变》，上海古籍出版社，2017，第185—244页。

⑤ 郑若曾：《筹海图编》卷3《广东事宜》，李致忠点校，中华书局，2007，第244—247页。

广东海防当分三路。三路者，左为惠、潮，右为高、雷、廉，而广州为中”[①]。清朝，三路海防之分得到延续与发展，又有四路、五路之分[②]，皆为时人对广东沿海冲要防御区域之划分，并无成规。明清时期海防分路的形成与发展，体现了明代中叶以后防御体系的建立和权责分工的细化。

二、海上会哨与水师驻守

明中叶为抗倭和抑制后金，明政府在浙、闽、粤及辽东海域的濒海地区建立水寨。为了防止地方推诿扯皮，明政府打破明初水寨分散式的点状防御，实行水寨间互动式的会哨巡视，将原来的点状防御连成线状防御，形成点、线、面的海洋防御区间。广东“凡三路，东起潮州，西尽廉南、尽琼崖，皆有水寨以守”[③]，各水寨兵船巡视至洋面交界处会哨，水寨兵船必须在取得会哨地附近卫所或巡司的结报并带回给自身所在水寨，以作为完成任务的证明，这就是游兵会哨之法。[④]明代水寨与游兵的建立，一方面使海防从陆地向海洋延伸，另一方面水寨间的会哨又使洋面防御有了横向联系。然而，这一制度在明后期的实际运作中渐次堕坏。[⑤]

清初开海后，广东军事防御重回海上，与明代中叶以后轮派游兵赴海上会哨不同，清廷将更多的兵力抽拨至海岛长期驻守。除将明代万历三年（1575）在南澳岛所设的粤闽南澳副总兵（二品）升级为粤闽南澳镇总兵（从一品）外，最重要的变化是新增了达濠营、龙门协、硇洲营（见表3-4-1）。广东地方官修建炮台、城垣、营房，调配和增加兵将、船只，将防御力量继续向海上推进，奠定了清代前期广东海防的基础，确定了重防东路的区域部署。尤其是以康熙五十七年（1718），两广总督杨琳对粤东海域的军事防御工事的添设规模最大。此次，新建炮台42座，修筑、改

① 顾祖禹：《读史方舆纪要》卷102《广东三》，贺次君、施和金点校，中华书局，2005，第4674页。

② 卢坤、邓廷桢主编，《广东海防汇览·凡例》，王宏斌等校，河北人民出版社，2009，第1页。

③ 屈大均：《广东新语》卷2《地语·海门》，中华书局，1985，第33页。

④ 应槚纂，刘尧诲重纂《苍梧总督军门志》卷6《六寨会哨法》，台湾学生书局，1971，第380—384页。后广东水寨数量又有增减。

⑤ 黄中青：《明代的水寨与游兵》，宜兰明史研究小组，1990。

造炮台71座，增筑城垣3座，增设汛地10处，合计126处；盖造、修整营房1380间，调守官兵3991人，炮台807位。[①]清代中后期，海盗、西方人活跃于广州港附近，以广州府为中心的珠江口海域成为广东海防部署的重点。

清代广东沿海水师营除负责缉捕要案、防守海面、护卫商船、稽查匪类外，还要巡查所属汛地（洋面）及海岛。通过部署水师镇营、建立汛哨体系和添设军事设施，海岛作为大陆屏障被利用起来，形成岛陆相维的防御体系。康熙五十四年（1715），为了进一步明确水师巡视职责，清廷开始推行内外洋划界。乾隆以后，内外洋分界逐渐清晰，内外洋界将洋面纵向切割成两部分。除此以外，还有军事巡防区（即各镇、协、营及其所辖汛地）、行政区域（即各省、府、州、县）之间的横向分界。内外洋与各镇协营、省州县间的海洋分界将洋面分割成纵横交错的网状区域，巡防兵丁在各辖区交界洋面（洋面分界以海岛为标识进行勘定）约期会哨，同时并集，联名申报总督、巡抚、提督察核，称为“巡防”。水师按照划定的范围巡查领取凭证，相互少有跨越，从而削弱了水师的防御力量。

表3-4-1　清前期广东营级以上海岛驻防

海岛	设置时间	衙署	兵官总额（初设之时）	备注	资料来源
南澳	康熙二十四年（1685）	南澳镇右营	1200（兵）	原额1200名，康熙四十一年（1702）裁20名，乾隆年又裁若干	乾隆《南澳志》卷8《海防》
达濠	康熙十九年（1680）	达濠营（南澳镇辖）	374（兵）	康熙十九年（1680）设协，康熙二十三年（1684）由协改营，次年后隶属南澳镇。原设兵374名，康熙五十七年（1718）添兵43名，乾隆四十七年（1782）奉行养廉名粮裁除酌增实兵公费名粮删除案内裁名粮35名	乾隆《潮州府志》卷36《兵防》；道光《广东通志》卷174《经政略十七·兵制》

① 雍正《广东通志》卷7《编年志》，第214页；一说此次“共新旧炮台、城垣、汛地一百一十六处”，见《广东海防汇览》卷31《方略二十·炮台》，河北人民出版社，2009，第805页。

续表

海岛	设置时间	衙署	兵官总额（初设之时）	备注	资料来源
龙门	康熙二十三年（1684）	龙门协（高雷廉镇辖）	1996（兵）	康熙五十六年（1717），设立炮台7处，营房若干间	康熙《廉州府志》卷2《地理志》
硇洲	康熙四十二年（1703）	硇洲营（高雷廉镇辖）	500（兵）	乾隆三十五年（1770）裁兵82名，乾隆五十九年（1794）增兵198名	雍正《吴川县志》卷6《武备》；乾隆《吴川县志》卷6《武备》
琼州	顺治八年（1651）	雷琼镇	2614（兵）	康熙四十一年（1702）左、右、中右营裁41名	乾隆《琼州府志》卷8《防海》

资料来源：
王潞：《清初广东迁界、展界与海岛管治》，载《海洋史研究》第6辑，社会科学文献出版社，2014年，第92—121页。
说明：上表中所列官兵为初设之时的数目。各镇属各省总督及提督节制，如雷琼镇总兵受广东总督及广东提督节制，而南澳镇属闽、粤两省共管，其总兵受闽浙总督、两广总督、福建水师提督、广东提督节制。

三、南海诸岛的巡视与经营

广东在历史上持续管辖南海诸岛，是经营南海诸岛历史最久的地区。明清时期，广东渔民不断向远海拓展，在南海诸岛捕捞鱼类及其他海产。渔民对南海诸岛及岛礁的分布情况和地理特征的认识不断加深。为了更好地进行生产实践，渔民将赴南海诸岛的航线、风况、水情、物产、岛礁名称及地理位置等信息记录在《更路簿》中，代代相传，流传至今。

随着民间对南海诸岛开发的兴盛，军事巡防随之远拓。明正德《琼台志》载："番夷诸国多在西南海中，逶迤而至崖南、占蜡、暹刺哇、佛泥诸番，而琼之东，则匝大海，千里长沙、万里石塘，是即地所不满之处。”[①]这里的“千里长沙”“万里石塘”分别指今天的西沙群岛和南沙群岛，明代将其列入广东省琼州府辖下。清康熙《广东舆图》载：“长沙海，石塘海：俱在城东海外洋。”[②]如前文所述，清代外洋属广东水师巡视范围。康熙年间，广东水师副将吴陞巡视南海诸岛，“自琼崖，历铜鼓，经七州洋、四更沙，周遭三千里，躬自巡视，地方宁谧”[③]。这里的“七州洋”即指西沙群岛附近海域。

陈伦炯，一位主要生活于康雍时期的地理学家，在其《海国闻见录》中描述了西沙群岛和南沙群岛的地理位置，并在插图“四海总图”中绘出了这两个群岛。这本著名的海洋地理著作，完成于雍正九年（1731）陈伦炯卸任广东高雷廉镇总兵不久。雍正《广东通志》载：“琼以海为界，地饶食货，黎峒介峙，郡邑环之……万州三曲水环泮宫，六连山障，州治千里长沙、万里石塘，烟波隐见。”[④]可见，西沙群岛、南沙群岛在万州的管辖范围内。乾隆二十七年（1762），署理广东巡抚明山派人在西沙群岛打捞暹罗进贡船，[⑤]广东政府对漂风船的救助也可证明清朝对该海域的管辖历史。道光《琼州府志》将西沙群岛、南沙群岛纳入万州海防，并介绍了南海诸岛中的部分岛屿，“大洲湾东三十里有前后坡，东接大洋，名大洲洋，中有前后岭、南观岭、双篷岭、鸡冠岭，皆屹立大海，不能泊船。昔传万州有千里石塘、万里长沙，为琼洋最险之处”[⑥]。同治《广东图

① 正德《琼台志》卷6《山川下》，收入广东省地方史志办公室辑《广东历代方志集成》，岭南美术出版社，2009，第79页。我国宋代以后的史书文献中多将南海诸岛的沙洲、暗沙、暗礁及其洋面称为“长沙”，将南海诸岛的环礁及其洋面称为“石塘”，“千里”“万里”意指绵延广阔。“千里长沙”“万里石塘”，常泛指南海诸岛；有时也指向某个群岛，需结合岛礁的方位、距离、地貌来作具体分析，常见的记载是“千里长沙”指西沙群岛（有时也包括中沙群岛），“万里石塘”指南沙群岛。

② 康熙《广东舆图》卷11《琼州总图》，收入广东省地方史志办公室辑《广东历代方志集成》，岭南美术出版社，2006，第276页。

③ 乾隆《泉州府志》卷56《国朝武迹》，收入《中国地方志集成》，上海书店出版社，2000，第177页。

④ 雍正《广东通志》卷4《疆域》，收入广东省地方史志办公室辑《广东历代方志集成》，岭南美术出版社，2006，第116页。

⑤ 韩振华主编《我国南海诸岛史料汇编》，东方出版社，1988，第70页。

⑥ 道光《琼州府志》卷18《海黎志·万州海防》，收入广东省地方史志办公室辑《广东历代方志集成》，岭南美术出版社，2009，第417页。

说》将南沙群岛及其附近海域归入“粤海”：“琼郡孤悬海外……港汊纷歧，岛屿错出，暗沙礁石所在有之，尤险阻者，则为万里长沙。自万州迤东直至南澳，此盖粤海天堑也。”[①]据光绪《广东省全省总图说》所绘，今天的东沙群岛、西沙群岛、中沙群岛、南沙群岛属广东境内，“广东全面濒海，东南值吕宋群岛（今属菲律宾），南对婆罗大洲（今加里曼丹岛），西南际越南东境，海面辽阔，总名南洋，属（广东）省境”[②]。上述史料有力证明，明清政府对南海诸岛的军政管辖历史无可辩驳。

不仅如此，鸦片战争之前，西方人已在南海非法探险、勘测，并在他们绘制的地图中将南海诸岛注明在中国版图之内。1796年出版的《麦卡托投影航海图》即是其中的一幅，该图由英国外交家、探险家约翰·巴罗爵士（Sir John Barrow，1764—1848）绘制[③]。而且当时的英国人还将地图中的南海标注为中国海（China Sea）[④]，这是因为抵达南海的英国人发现，他们所遇到的中国人在这片海域从事生产、生活、贸易，已有漫长的历史。

① 毛鸿宾等修，桂文灿等纂《广东图说》卷67《琼州府》，收入广东省地方史志办公室辑《广东历代方志集成》，岭南美术出版社，2006，第544页。

② 廖廷相、杨士骧：《广东全省总图说》精钞本第一本，清光绪十五年南州书楼刻本。转引自韩振华主编《我国南海诸岛史料汇编》，东方出版社，1988，第125页。

③《麦卡托投影航海图》（*A Chart on Mercator's Projection*），1796年4月12日出版，该图藏于澳大利亚国家图书馆。参见国家图书馆中国边疆文献研究中心编著《南海诸岛图籍录·外国卷》，国家图书馆出版社，2016，第39页。

④ 如英国著名出版社商人小威廉·达尔顿（William Darton Sr.，1755—1819）于1812年绘制的两幅地图《中国》（*China*）和《东印度群岛》（*The East India Islands*），均将南海标注为“China Sea”。参见国家图书馆中国边疆文献研究中心编著《南海诸岛图籍录·外国卷》，国家图书馆出版社，2016，第40—43页。

第二章 早期全球化浪潮中的广东经济

明清时期，岭南地区的传统农业全面发展。随着人口的迅速增长、耕地的大规模开垦，广东的生态环境发生显著变化。大片原始森林消失，动植物资源减少，水土流失严重。同时，沿海平原的淤积加快，珠江口的古海湾被填充。但瘴气、疟疾等现象有所减轻，对人类而言宜居环境反而优于前代。在农业生产技术上，双季稻得以普及，铁质农具被广泛运用，轮种、间作、套种已是普遍的栽培方式。商品性农业、海洋捕捞业与养殖业呈多元化发展。整体上，岭南的传统农、渔、手工业、商业呈现出后来居上的旺盛局面，并逐渐纳入全球贸易体系中。

第一节

环境变迁与农渔生产模式

一、环境变迁与土地开垦

明清时期，岭南的生态环境发生了根本性的变化。气候上，竺可桢、郑斯中等学者的研究表明：至少从1470年开始至16世纪中期，中国处于变冷的“小冰期”；从16世纪中期至17世纪早期又趋于变暖和适宜农业生产；大约在1820—1899年的第三冷期则导致经济萧条。地理上，最显著的变化，如珠江口的古海湾被填充，海岸线往外推移，河口冲积平原基本形成；珠江三角洲和韩江三角洲，上游植被减少，水土流失严重，河道水文发生变化。而且，大片的原始森林消失，华南虎、桧木、楠木、梓木等动植物资源大量减少。①

这一时期地理环境的重大变迁，与广东人口的增长、耕地的大规模开垦息息相关。宋元以来，北方人口的大量迁入与当地宗族人口的繁衍，使得农业聚落的密度比前代更大。自明中后期至清前期赋税制度的改革，从一条鞭法到摊丁入地，农民对国家的人身依附关系相对放松，因而刺激了人口的增长。而且，明清时期广东地方官员也多采取鼓励垦荒的农业政策。据研究，明万历二十八年（1600）是广东人口和耕地的最高峰，全省耕地面积为33 417 071亩（军屯数除外），人口为8 489 275人，人均耕地面积为3.94亩。②历经明清鼎革后，清初由于“迁海”造成了沿海田

① 马立博：《虎、米、丝、泥：帝制时期华南的环境与经济》，王玉茹、关永强译，江苏人民出版社，2012。

② 吴建新：《明清广东的农业与环境：以珠江三角洲为中心》，广东人民出版社，2012，第17页。

地的荒弃。直至康熙二十二年（1683）“全面展界”时，各地荒地才得到部分复垦。清代前期，岭南的田地开垦达到历史高潮，开垦地主要分布在山区与河口平原。康熙后期，从珠江三角洲以东的山地，到粤西南的雷州，甚至粤北等地都有大规模的土地开垦。乾隆十年（1745），全省只有粤西南的高州府、雷州府、廉州府还有可观的新垦区可垦辟，其他州府已无大片相连的荒芜之地。乾、嘉时期，珠江口的围垦已经从占垦“已成之沙”转向围垦“未成之沙”，到同治时期沙田的面积超过300万亩，约占全省耕地的10%①。嘉庆年间，广东全省耕地面积为34 481 849亩，人口为21 405 000人，人均耕地面积为1.61亩。②人均耕地数最高的是南雄府，最低的依次是廉州府、连山厅、高州府、嘉应州，人均耕地不足1亩。③这意味着清中期以后，广东人口迅速飙升，土地开垦虽接近最高限度，但不少地区仍出现人多田少的现象。

明清时期岭南地区大规模的农业开发与土地开垦，一方面重新塑造了当地的生态环境，致使沿海滩涂被破坏，山区水土流失严重，生物的多样性下降，水灾更甚；另一方面则使得广东的宜居环境优于前代，出现了更多应对灾害的措施与保护环境的制度和习俗。

二、农业生产技术与桑基鱼塘

15世纪，稻米已经是岭南的首要粮食，被广泛种植于旱地和水田。由于土壤、气候和灌溉条件的差异，年产一季、两季甚至三季不等。16世纪中期以后，小麦在岭南开始种植，到18世纪已经成为稻米的主要套种作物。此外，16世纪末美洲番薯经吕宋引入后，也渐渐在福建、广东地区普及。明中后期至清代，岭南地区除了山区尚流传刀耕火种的粗放耕作方式，平原、盆地、山区谷地已多采用精耕细作的方法。以珠江三角洲的双季稻种植为例：一般在开春前晒田、犁田；再以牛牵耙，耙碎犁晒后翻起的大块土，浸在水中；耙田后再用辊轴两端系绳摩田，再耖。早稻在立春后约十日浸种，夏季和冬季有所不同，夏禾布谷十三日可分秧，如果过了

① 谭棣华：《清代珠江三角洲的沙田》，广东人民出版社，1993，第224页。

② 吴建新：《明清广东人口流动概况》，《广东社会科学》1991年第2期。

③ 吴建新编著《岭南农业史》（上），世界图书出版广东有限公司，2020，第213页。

立夏则不必分秧，冬禾则需要四五十日才可分秧。扯秧后，插秧到其他田里，在水稻的生长时期，需要多次的耨草、灌溉、排水、防虫、施肥。水稻接近收成时，一般用丁字状木条压条，不使蔓乱。夏收后，则需再次犁田，同样采用"耕—耙—耖"的耕作法。水稻的栽培对水、土、肥的综合管理要求很高，需要大量劳动力的投入。

明清时期农业生产中，铁质农具的使用已经十分普遍，包括犁、耙、厚锄、薄锄、镫锄、铁搭等。犁、耙一般以牛牵引，故广东地区多养牛，一般的自耕农或富有的佃农平均五户有三头牛，不富裕的佃农，则每八户或十户有三头牛。在作物栽培工具上，宋元时期在广东出现的秧马仍在局部地区使用。施肥工具有尿筒、粪桶，肥料包括天然的灰粪、淤泥、人畜粪便、石灰、麸粪等。灌溉工具包括戽、桔槔、辘轳、水车等，收割工具有镰刀、摔桶等。谷粒加工则用砻、碓、风柜等。至于农产品加工工具，在乡村最常使用的是榨油机和榨糖机。

轮种、间作、套种已是当时普遍的栽培方式，这些做法有利于提高产出，改良土质。农田生态系统的维持很大程度上取决于水资源的利用，因而在珠江三角洲、韩江平原、雷州等地的水利灌溉体系十分发达。为了更好地利用土地与水资源，珠江三角洲出现了以种植为主、养殖为辅的基塘农业生产模式。宋代以来，人们就在珠江三角洲的低洼地带挖鱼塘以养殖鱼苗，将泥土堆砌在鱼塘四周作为塘基以防水患。明初，一些围垦沙田的农民在鱼塘堤岸上种植荔枝、茶、桑、柑、橙、龙眼等，形成"果基鱼塘""桑基鱼塘""茶基鱼塘"等模式。其中，16世纪后半叶因国际市场对蚕丝需求增长，"桑基鱼塘"模式兴盛一时。"桑基鱼塘"即桑树与鱼塘的组合，所谓"塘基种桑、桑叶喂蚕、蚕沙养鱼、鱼粪肥塘、塘泥壅桑"，池塘的鱼类以蚕桑业产生的蚕蛹、缫丝废水等有机物为饲料，而鱼塘中产生的肥料可以浇灌果树和稻田，也可增筑塘基以加固鱼塘，因此被20世纪的科学家赞叹为"前近代高效的可持续生态农业"。

三、经济作物的广泛种植

明中后期以来，在国内外市场的刺激之下，岭南的商品性农业逐渐起步，一些经济作物如甘蔗、蚕桑、水果、茶叶、蓝靛、麻、棉、蔬菜、花卉等被广泛种植。

大约在16世纪（一说17世纪初）以后，甘蔗在岭南地区大规模栽植，是仅次于稻米的重要农作物。明末清初，屈大均曾估算番禺、东莞、增城约40%的耕地、阳春约60%的耕地用于甘蔗种植，而且在韩江三角洲东南部、珠江三角洲、雷琼台地、广西沿浔江和左江以南均种植了大量的甘蔗。甘蔗用于制糖，可销往本地、省外、国外，其中新会白糖、潮阳砂糖等成为名品。明朝全国的蔗糖基本来自福建和岭南。

明中叶以后，珠三角的蚕桑业发展迅速，桑树在顺德、南海等养蚕区多有种植，在基塘中的比例尚次于果树、茶树。18世纪中期以后，由于外商对广州生丝需求的急升，珠三角掀起了第一次废稻树桑的高潮。直至鸦片战争前，珠三角种植蚕桑的势头不减，一些“桑园围”内遍为蚕桑业。现今位于佛山的“桑园围”，由西江、北江的大堤合围而成，集防洪、抗旱、灌溉、养殖、交通运输于一体，在2020年被列入第七批世界灌溉工程遗产名录。此外，岭南地区还种植棉、麻，广西农户主要种植大麻、苎麻、葛麻，所以棉和麻也是两广农民常用的纺织原料。

岭南向外地输出水果的历史至少可上溯至汉代，主要有荔枝、龙眼、橙子、橘子、香蕉等，有的在本地新鲜出售，有的则晒干后输往外地。南海、东莞、顺德、新会等地皆盛产荔枝、龙眼，最有名的如顺德的水乡陈村，村民多以水果种植为业。岭南茶叶种植也同样历史悠久，茶场多分布在广州南部及肇庆、惠州、潮州、桂林、梧州、南宁等地。南海西樵山和广州河南为广府地区最著名的产茶地，区大相《经碧云村》曾道：“客来惯煮胡麻饭，春到先收谷雨茶。”在山区，则多种植植物染料——蓝靛。

明清时期，广东的城镇郊区形成了生产蔬菜、花卉的专业产区。比如广州的西郊以出产菱角、茭笋、茨菇、荸荠等水生蔬菜而出名，北郊则以蕹菜塘居多，还种植芥蓝、白菜、生菜等。广东除了种植苋菜、芥菜、豆类等本地产品外，还种植番瓜、万寿果、荷兰豆等外地蔬菜。至于花卉，广府城镇在每月神诞活动中都要摆设鲜花，不少民俗活动需要消费大量鲜花，一些私人园林对花卉盆景也有需求，因此花卉成为城郊型农业的另一大产品。清代，广东多种植素馨花、露头花、茉莉、含笑、兰花、玫瑰、夜来香等，其中素馨花堪称当时广州的市花，而本地无产的水仙、牡丹、兰花奇品等则从岭北输入。另外，顺德的陈村，当时以花闻名，屈大均

《广东新语》以“渔舟曲折只穿花。溪上人多种树家”[①]盛赞。

四、海洋捕捞业与养殖业

明朝为防止渔民违禁“通番”，禁止他们打造适合远洋航行的双桅以上尖底大船，故大部分渔民只能用平底单桅船在近海捕捞。由于这种禁令不利于沿海民众的生计，因此很难真正落实。明末清初，适合远洋捕捞的双桅大船显著增多。清代，广府、肇庆、琼州一带沿海疍民不仅来往近海，以环珠江口渔场为最，其渔业活动还遍及粤东、粤西，并开辟了东沙、西沙、南沙群岛以及北部湾的渔场。广东海洋捕捞中常使用的船型有七艕船、围罟船、拖网船、拖风船、押虾船、舢板等。清中叶以后，拖风船配合围网作业非常普遍，往往需要两船以上配合，有时甚至出动七八十艘渔船组成船队，渔获量很大。粤东沿海将多船围网作业称之为“扣圈”。一般渔民用围刺网包围鱼群后，往往会敲击木板等，以声响惊吓鱼类使其入网，广东称之为“敲罟”。沿海渔民捕捞的方式多样，有设置罾棚、网艚、长笼、鱼笼等，也有直接垂钓或使用戽斗等捕捉。《广东新语》记载，沿海的渔民知道通过海上的风色、水流的动向、鱼群的声音来辨别出海情况与鱼群大小，并了解环珠江口咸淡水的分界线中咸淡鱼类的不同动向。广东海域中的水产资源丰富，渔民除了捕捞海藻类、鱿鱼等软体类、贻贝等甲壳类水产外，还喜欢捕捞一些经济价值较大的季节性洄游鱼类，如黄花鱼、鲈鱼、马鲛鱼、黄鲚鲷等。此外，从海南岛前往西沙、南沙群岛的渔民，主要的渔捞产品则是马蹄螺、海参、砗磲[②]、海龟[③]等，一部分销往海南本岛与珠江口沿岸，大部分销往新加坡等地。

明清时期，广东的海洋养殖业有了很大的发展，主要有三类。一是蚝类养殖。明至清初，珠江口的蚝类养殖大致只分布于番禺和东莞一带的咸淡水分界线。清中后期以后珠江口的海岸线后退，蚝类养殖向其他地方扩展。东莞、新安都有规模可观的蚝田，而且养蚝次数已发展到一年两造，并从单纯的投石法发展到将烧红的石头投入海中让蚝依附生长。清末，新

① 屈大均：《广东新语》卷2《地语·陈村》，中华书局，1985，第44页。

② 今已被列入《濒危野生动植物种国际贸易公约（CITES）》附录Ⅱ中加以保护。

③ 今已被列为国家二级保护动物。

会的沙洲、厓门、新宁县一带和粤东的惠州、潮州均有蚝类养殖。在环珠江口和潮州地区，渔民还发明了可在滩涂淤泥上滑行的橇板，以便采蚝。二是养蚶业。明代广东惠州、潮州沿海已有发达的养蚶业，且蚶户众多，豪民侵占渔民蚶蛎场的事也多有发生。清代道光年间，如海丰县霞埔乡陈姓宗族，整族都从事养蚶业，因此订立规约令蚶户共同遵守。三是海上人工鱼塭。濒海地区还有由堤围而成的陂池，鱼虾蟹类随潮水流入，并在堤围内自然生长，即人工鱼塭。此外，广东地区的养蚬业也很发达，珠江口的疍民在春天时将天然蚬苗播撒在蚬塘中，冬天再用罾船收取，这也成为他们维持生计的部分收入。

第二节

手工业的多元化

明中后期至清前期，广东的官营、民营手工业呈多样化发展，主要有制盐业、制糖业、纺织业、冶铁业、陶瓷业、造船业、制茶业、葵扇制作、造纸、酿酒、果蔬加工等。其中不少民营行业，不仅是岭南家庭的重要收入来源之一，而且关系国计民生，并与广阔的国内外市场相联系。

一、制盐业

明中后期以后，受海水咸淡环境与制盐技术、生产规模、水路交通等因素的影响，广东的盐业生产中心从珠江三角洲向粤东潮州、惠州一带转移。明末清初，华南盐场经过裁撤、合并，产盐区有所变动。至清前期，广东地区主要盐场有广州府的上川司，惠州府的淡水场、碧甲栅、大洲场、坎白场、石桥场、小靖场、海甲栅，潮州府的招收场、海西栅、隆井场、惠来栅、东界场、海山隆澳场、小江场，阳江直隶州的双恩场，高州府的电茂场、博茂场、茂晖场，廉州府的白石场。

明清海盐的制作技术，分为煎盐和晒盐两种，煎煮所得的食盐称为“熟盐”，通过曝晒得到的则叫“生盐”。明中期之前广东各盐场普遍采用煎盐法，之后晒盐法得以普及。大致来说，煎盐法首先需要耙晒，即在沙田中灌入海水后，多次放水晒田，并用牛耙沙，使沙饱吸盐分；再经过水淋，将沙面盐分由堀底流出外，取得卤水；其后，将盐卤贮藏于盐池，检验盐卤的浓度，等待官方定时开煎；最后是采办柴薪，将盐卤置于锅内，架灶煎煮成盐。不同于江淮地区多使用铁盘，广东灶户煎盐多用以竹篾编织而成的竹锅，又称“盐盘”。明代珠江口的盐场多属于熟盐场，不仅对海水含盐浓度要求较高，还需要准备大量的柴薪、锅灶。但随着珠江三角洲沙田的大量开发，咸淡水分界线逐渐南移，薪价高涨，许多盐田成陆变成农田，珠江口的盐业生产也由盛转衰。至于晒盐法，最晚在元末福建盐区已形成规模，分晒水法和晒沙法，其步骤大体是：第一阶段是将海水灌注于蓄水池，或是放水晒田，收沙上，淋卤于池；第二阶段则依靠自然蒸发的方式分池、分层曝晒取卤，再将达到一定浓度的卤水引入晒盐池成盐。晒盐法的成本相对低，关键在于天气。“当天气晴和时，在晨间放卤液入田，傍晚即可收盐，设遇暴雨至则全功因之尽弃。”[①]明中后期以后，广东许多盐场开始改用晒盐法。到清中期，广东盐课提举司辖下的24个场栅，除广州府的上川、归靖、香山、海甡4个场栅外，肇庆、惠州、高州、潮州四府的19个场栅和广州府的东莞场栅均已采用晒盐法。[②]随着晒盐法的推行，盐场的组织管理出现了新的变化。[③]

食盐是人们日常生活不可或缺的重要物资。盐利大为可观，故盐税也是传统社会官方财政收入的重要来源之一。明中叶至清前期，中央与广东地方对盐政管理制度多有变动，但总的来说官方是依赖与地方商人的合作来完成对盐业运销及盐税征收的。两广的食盐产量，不仅供给本地，而且销往江西、湖南、福建的南部。明正德以后，为治理盐场的税收问题，政府打击私盐，革除商引，防止盐商下场支盐，官方收紧了成化、弘治以来

① 邹琳编《粤鹾纪实》第3编《场产》，华泰印制有限公司，1922，第35—37页。

② 中山大学历史学系、广东省盐业集团有限公司编《广东盐业史》，中山大学出版社，2022，第105页。

③ 杨培娜：《生计与制度：明清闽粤滨海社会秩序》，社会科学文献出版社，2022，第117—132页。

宽松的盐业市场环境。这些措施也引发了广东盐业市场格局与盐场社会的转型，但从长远看并未解决盐政问题。直至清代前期，两广盐政一直面临盐课缺额、盐商资本乏力的困境。整个清代中期，经过几次盐务改革后，广东食盐专卖制度中官府的力量逐渐从盐业生产环节撤出，而主要集中于运销环节的管理，并着重依赖商人完成盐务各个环节的运作。[①]

二、制糖业

在前工业化时代，中国无疑是世界上最大的蔗糖生产地之一。16至18世纪，广东、福建已是重要的产糖区，台湾的制糖业也逐渐兴起。中国南方生产的蔗糖不仅通过内陆航线和沿海贸易贩销到北方地区，而且大量销往海外。据研究，广东地区蔗糖生产的地理布局可能在明嘉靖末年、万历年间已经形成。至清初，广州府的番禺、东莞、增城、阳春、新会等地均是蔗区，粤西南的雷州、高州一带受闽潮移民的影响也多种蔗熬糖。[②]

16世纪和17世纪初，制糖技术有较大改进。一是较之于生产含糖浆的红糖，更精炼的白糖已经普及起来。明代宋应星在《天工开物》中描述了熬糖的过程，“凡闽广南方经冬老蔗，榨汁入缸，看水花为火色。其花煎至细嫩，如煮羹沸，以手捻试，粘手则信来矣。此时尚黄黑色，将桶盛贮，凝成黑沙。然后以瓦溜教陶家烧造，置缸上，其溜上宽下尖，底有一小孔，将草塞住，倾桶中黑沙于内。待黑沙结定，然后去孔中塞草，用黄泥水淋下。其中黑滓入缸内，溜内尽成白霜。最上一层厚五寸许，洁白异常，名曰洋糖，西洋糖绝白美，故名”[③]。其中所用的瓦溜，又称“糖漏”，在佛山的石塔就有专门烧制糖漏者。如果产蔗地熬糖技术不成熟，则用船只运糖漏装糖水到熬炼点加工，而这种船被称为“糖漏船”[④]。澄海、东莞、雷州等地熬糖水平高，常自外地运入糖水熬制精糖，同时也销

① 李晓龙、徐靖捷：《清代盐政的“节源开流”与盐场管理制度演变》，《清史研究》2019年第4期。

② 吴建新编著《岭南农业史》（上），世界图书出版广东有限公司，2020，第307—308页。

③ 宋应星：《天工开物·甘嗜》，中华书局，2023，第181页。

④ 外销画中有绘“糖漏船”，参见英国维多利亚阿伯特博物馆等编《18—19世纪羊城风物：英国维多利亚阿伯特博物馆藏广州外销画》，上海古籍出版社，2003，第200页。

售糖水。二是明清时期广东沿海平原普遍采用辊轴式榨汁机，已经弃用臼杵榨汁法。辊轴有木质和石质两种，石轴机比木榨机出汁率更高，大概在17世纪已经使用，但到19世纪方在广东普及。广州府所用的辊轴式榨汁机可能是明中叶自越南传入，而潮州一带用的蔗绞机则从福建传入。康熙《广州府志》记载："取糖法，广人陈彦英得自交州。以二巨木合而竖之，如绞吉贝车子状，以牛车輭之。如推面磨状。投蔗其中汁易出，日数千条可。每冬初遍诸村冈陇，皆闻戛糖之声。"[①]由于糖利颇丰，清代曾在广东设牙行向糖商抽税。

明清时期，糖作为食品和药物越来越广泛地出现在日常生活中，用糖制作的各种糖果和蜜饯点心也常用于宫廷膳食与富裕阶层的常规饮食中。明末清初，屈大均在《广东新语》中曾记录广东乡村圩市中最常见的简单糖果叫"窠丝糖"，芝麻糖、牛皮糖、秀糖、葱糖、乌糖等也常见。根据美国学者穆素洁（Sucheta Mazumdar）的研究，在18世纪，白糖的价格是米价的4～5倍，普通农民、劳工阶层的工资根本买不起，他们只能购买售价1～2文的薄片花生糖或棉花糖，以及一些零碎的蜜饯水果。对糖及其相关商品的需求，主要是收入位于总人口顶端约2%的地主和士绅阶层。穆素洁提出明清时期中国人对糖的人均消耗量远低于同时期的欧洲各国，中国国内糖市场实际是不足以消耗其产量的，而广东生产的大量的红糖、白糖则被销售到日本、马六甲及欧洲市场。[②]

三、丝、棉、麻纺织业

纺织业是传统社会普通农户最重要的副业。家庭妇女们将不同的纺织原料制作成布，既自给自足制作家庭成员的衣物，又面向市场获得部分收入。明清时期，广东地区桑树种植面积扩大，养蚕增多，促进了丝织业的发展。丝织业从缫丝开始，要经过络丝、牵经、治纬、开织多重工序。一般大蚕茧4000个，小蚕茧6000个，可缫丝一斤。一个农村妇女一年，可

① 康熙《广州府志》卷10《物产》，收入广东省地方史志办公室辑《广东历代方志集成》，岭南美术出版社，2007，第115页b。

② 穆素洁：《中国：糖与社会——农民、技术和世界市场》，叶篱译，林燊禄校，广东人民出版社，2009。

缫丝40余斤。广东丝织业发达的地方主要在顺德、南海、佛山、广州、潮州和崖州等，而程乡、文昌、新兴则以产茧出名。顺德、南海等地多有基塘种桑养蚕并缫丝，织布兼用本地的土丝和湖丝，所产的丝织品如绢布、土绸、缎、纱等质量很好，“质密而匀，其色鲜华、光辉滑泽”“金陵苏杭皆不及”。[①]而且，珠江三角洲还有大宗刺绣品出洋贸易。至于粤西南的丝织品，雷州有用白、红、紫色棉线织成的雷被，崖州有绣人物花鸟图案在布帛上面的多织绵，儋州则多织生丝。不过，制作这些手工织品，效率尚低，没有形成规模性产业。

除了丝制品外，棉花、黄麻、苎麻、蕉麻、葛等也是纺织的原料。广东的棉织业以南海县最发达，但产棉较少，多从外地运来。当然也有部分采用本地的草本棉，如番禺一带形成了产业链，至清末才衰落。麻纺织则以新会、翁源、新兴等地为主，其中新会的苧布“甲于天下”，新兴县的“女红治络麻者十之九、治苎者十之三、治蕉者十之一”。葛布则以雷州最有名。雷州人擅长织葛，高凉、冈州等地产葛，但多在雷州织成，且盛行天下。[②]

明清时期，广东的丝绵麻葛等纺织业，除了佛山、广州等城镇已具行业分工外，大多属于家庭手工业。清末，广东的土布和土绸业渐衰，农家多用洋纱或麻纺织成布。而且由于进口的洋布物美价廉，鸦片战争后纺织业在家庭副业中的比例也大幅度下降，传统织品也逐渐衰落。

四、冶铁与陶瓷业

清代江苏人张心泰在《粤游小识》中说：“盖天下产铁之区，莫良于粤，而冶铁之工，莫良于佛山。”[③]早在明代宣德年间，佛山祖庙门前就多建造铸铁炉房。而佛山冶铁业大概在正统、景泰年间崛起，许多外省的商人均来佛山购买铁器。成化、弘治年间，佛山居民大多以冶铁为业。嘉靖以后，佛山冶铁业进入兴旺时期，出现了一批颇具规模的手工

① 乾隆《广州府志》卷48《物产二》，收入广东省地方史志办公室辑《广东历代方志集成》，岭南美术出版社，2007，第1075页。

② 屈大均：《广东新语》卷15《货语·葛布》，中华书局，1985，第424页。

③ 张心泰：《粤游小识》卷4，清光绪二十六年。

作坊，主要产品有铁锅、铁锁、铁线、铁钉、农具、钟鼎和军器，其中铁锅产量最大。佛山经营冶铁业者以李氏、霍氏、冼氏、黄氏居多，不少人因此致富。在生产技术上，冶铁业分工日益细密，有造型和熔水等工序。佛山工匠还创造了“红模铸造法”，用红模铸造的铁器质量上乘。铁锅有“薄而光滑”的特点，深受市场欢迎。其生铁原料则来自广州、韶州、惠州、潮州、肇庆、高州、雷州等地。至清前期，佛山俨然是广东冶铁中心，除了本地氏族外，外地商人挟资来广东开发铁矿、建造炉房者增多。据统计，至乾隆十五年（1750），佛山炒铁所有40余所，估计炒铁工人有5000~7000人；铸铁炉比炒铁炉大，所以其数量更在炒铁工人的2倍以上，铸铁行业工人超过2万人。炒、铸两行加上其他铁所，乾隆年间估计整个佛山冶铁业工匠在3万人以上。[①]

佛山铁器质量优良，加上珠江三角洲便利的水路交通，产品得以广销国内外。明中叶的霍与瑕曾描述：“富国强兵之术以盐铁为首务。两广铁货所都，七省需焉。每岁浙、直、湖、湘客人，腰缠过梅岭者数十万，皆置铁货而北。”[②]可见当时佛山铁器贸易之盛状。明代虽有海禁政策，但佛山铁器通过澳门走私出洋者不在少数，铁器连同当地的糖、果等产品远销日本及东南亚、南亚诸地。

明代广东地区的陶瓷业，如程乡、惠州、潮州、饶平、揭阳、阳江、东莞、石湾等地均有窑址，都属民窑。饶平县九村窑村的瓷器，嘉靖前多为青釉瓷器，属叠烧；嘉靖后，开始烧制青花瓷器，并改用匣钵单件烧，器形制作精良。不过，广东陶瓷业最著名的当数佛山石湾，其产品畅销国内外。石湾位于佛山东南约六千米，四周都是丘陵，有丰富的陶土资源，且傍北江支流东平河，交通便利。南宋时石湾的奇石窑是南中国陶瓷出口基地之一，元代有霍氏文灶等一批窑炉长期生产。明代石湾烧瓷技术进步，建成了南风灶[③]、高灶等一批龙窑，通过改善窑内结构和增加火眼，可以更好地控制火候。其产品多为日用的容器、炊具、花盆、花座等，也有人物塑像，而所产黑白青黄红绿各色瓦器，通行两广地区。石湾居民也

① 罗一星：《明清佛山经济发展与社会变迁》，广东人民出版社，2021，第273页。

② 霍与瑕：《霍勉斋集》卷12，《上吴自湖翁大司马书》，收入《明清佛山碑刻文献经济资料》，广东人民出版社，1987，第295页。

③ 南风古灶始建于明正德年间，沿用了500余年，至今仍在使用。

明石湾窑翠毛釉梅瓶

此瓶高24.3厘米，口径3.8厘米，底径10厘米。石湾窑在广东佛山石湾，民间有“石湾瓦，甲天下”之谚。石湾窑早期以仿钧瓷著称，仿钧釉色以钧蓝、翠毛釉、玫瑰紫为最佳。此瓶造型有元代遗风，蓝色窑变釉如翠鸟的羽毛，为早期仿钧之佳作。

· 广东省博物馆（广州鲁迅纪念馆）藏

明石湾窑钧蓝釉蟠螭纹瓶

此瓶高15厘米，口径5.7厘米，底径9.5厘米。瓶底刻“可松”款，说明此瓶是晚明石湾陶塑名家苏可松的作品。

· 广东省博物馆（广州鲁迅纪念馆）藏

多以陶为业。由于产品线长、价格低廉、质量上乘，石湾陶瓷不仅闻名两广，而且远销东南亚。陶业的发展，也促进了石湾镇的形成。康熙年间，石湾已经是商贾丛集之地。嘉庆年间，石湾发展为南海县屈指可数的大镇，相当繁盛。

五、造船业

明代是广东造船业的辉煌时期，广州、南海、东莞、新会、香山澳、高州、吴川、琼州、潮州、南澳等地均有造船工场。各地船型根据不同港澳的水文条件或用途而有差异。一般来说，明中后期广船以坚固结实而著称，造船多用铁力木、樟木、乌栾木、荔枝木、柚木等纹细质实的上好木材。广东所造的民船，最出名的是新会的“横江”（又称“尖尾船”）、东莞的“乌艚”（又称“乌尾船”），基本结构是艏尖体长，下窄上宽，圆形开艉式船尾，舵置于艉开槽内，并有种插板。[1]横江、乌艚本是广东沿海民间富户所用的商船、盐船，但在明中后期常常被征调为兵船，并作为主力战舰使用。此外，海防官兵在广东海面还常用叭喇唬船、蜈蚣船，这两种船是在东南亚船式的基础上改造而成，多备橹桨，装备先进火器，适于在风浪相对平静的广东内海快速航行。由于广船航行性能优良，加上用料坚固，在作战时不惧冲撞，灵活快速，福建、浙江部分海防兵船也会选择在广东打造。至于货船，最出名的是运米的白艚，采用福建船式，形制比乌艚简小，属于宽艏型。渔船则根据不同海域与捕鱼方式而有不同的形制，常见的有罟棚船，采用船队对拖方式捕鱼。廉州珠池则有采珠船，其形制比其他渔船较“横阔而圆”。除了一般的货船、渔船、兵船外，广东沿海的海盗也建造大型船舶，包括大鸟船、乌尾船等船式。

清初实行严格的海禁政策，从顺治十二年（1655）至康熙十四年（1675），先后颁布禁海令，严禁私造五百石以上的双桅大船。禁海令直至康熙二十三年（1684）才解除，广东的造船业与航运业受到严重破坏，加上沿海木材资源的长期消耗，广东在这段时间内很难打造大船。直至康

① 谭玉华：《岭海帆影：多元视角下的明清广船研究》，上海古籍出版社，2019，第21—45页。

熙二十四年（1685），广州设关，贸易开始复苏，造船业方渐渐兴旺。但官方对民船的管理依旧十分严格，康熙四十四年（1705）广东总督郭世隆议定广东渔船标准，梁头不得过五尺，只准用单桅，舱面不准钉盖板，水手不得过5人。而出洋商船基本按照康熙四十二年（1703）所定标准，梁头不得过一丈八尺，许用双桅，舵工、水手不得过28人。广东官府设置五大官营造船厂，分别是广州府厂、潮州府厂、琼州府厂、高州府厂和运司厂，并在各府县设有小规模的中小型船厂，私营船厂也星罗棋布。广东造船厂主要分布在广州、东莞、顺德、高州、海口、清澜、乐会、潮州、潮阳、澄海、惠州、汕尾、南澳等地。[1]清代广东船舶种类众多，数量、规模均在国内首屈一指。按照制造地区可分为广州船、潮州船、高州船和海南船。按照实际用途分，主要的商渔船有艚船、拖风船、米艇、快蟹船、红头船、缯船、红单船、包帆、七艕等，而战船主要有赶缯船、水艍船、拖风船、哨船、快桨船等，其中部分战船是雇用民船。但遗憾的是，清代造船工艺技术并没有进一步提高，落后于欧洲所造的“坚船利炮”。

第三节

东西洋航路上的中国帆船贸易

明清时期，中国海商沿着传统的东西洋航路来往东北亚、东南亚诸地，乃至更远的印度洋。广东面向海洋，商业活动十分活跃，广东商人也在其中有着举足轻重的地位。通过海上贸易活动，广东的社会经济也顺应时势融入早期全球化市场中，并对本土产生了深远的影响。

① 陈建平、关伟嘉、端木王、龚幼编著《广东船舶发展简史》，哈尔滨工程大学出版社，2018，第74页。

一、传统的东西洋航路

传统帆船贸易时代，中国沿海通往世界的航行区域长期以东洋、西洋来划分。元代的《大德南海志》《岛夷志略》，已经记录了“东洋”“西洋”“小东洋”“小西洋”诸名。明清时期，民间舟师海上导航所用的海道针簿和航海图书中，东洋、西洋的概念已经普遍使用。通过东西洋航路，可以勾勒出中国海洋贸易的图景。而且，其中一部分航线或者经过广东沿海，或者是从广东诸港出发，这些成熟的航路，意味着明清时期广东民间海洋力量充满活力，他们主动走向世界，积极地通过海洋网络谋求生存与发展。

东洋航路，指福建沿海往来台湾、澎湖之间海域的航线，以及前往琉球、日本、菲律宾群岛的航路。《顺风相送》《指南正法》等明清海上导航书目中的“针路”对诸航段均有详细记载。明清时期，闽船是东洋航路最活跃的群体。由于闽、广毗邻，在沿海航路往来频繁，潮汕一带渔民也通过东洋航路进入东沙岛等区域作业，其他广东商人也会前往东洋航路。清代成书的《指南正法》曾详细记录了广东往来日本长崎的针路。[①]

西洋航路，指从中国沿海包括福建、广东沿海出发南下，前往越南、暹罗、马来半岛、马六甲、爪哇等地，以及往更远的印度洋的航线。明代，东洋、西洋大致以文莱分界，西洋是海洋发展的主要方向。明前期的“郑和下西洋”，被称赞为世界航海史上的壮举。宣德年间以后，官方在西洋大规模的航海活动中止，民间往西洋航海贸易的活动却依旧活跃，但基本不再越过苏门答腊以西。《郑和航海图》《顺风相送》《指南正法》等海道针经与航海图，记录了由福建沿海等地经珠江口往西洋诸地的来回航路，以及由珠江口往西洋的来回航路。一般来说，福建海商走西洋航线，需要经过广东海域的南澳、南亭门以及海南岛附近的七洲山、独猪山等地。而从珠江口湾区出发的针路，一般始发港为南亭门（一般被认为是珠海的万山群岛，一说在东莞），经乌猪山到海南岛附近的七洲洋后，再沿着海南岛东南的独猪山东面南下，到达越南中部的外罗。然后，继续沿着越南东部沿海行船，经过灵山大佛、罗湾头等地，抵达南端的昆

① 《两种海道针经》，向达校注，中华书局，2012，第179—180页。

仑山，再往西南方向航行到龙牙门（今新加坡海峡口，是进入马六甲的通道）。过了龙牙门后，走过复杂的海区，往西北航行，到达马六甲或爪哇等地。[①]或者是从珠江口出发，在万山群岛附近放洋，到达越南沿岸、马来半岛东岸后，再前往新加坡、泰国等地贸易。广东与东南亚地区贸易往来频繁，清代称为“下南洋”。乾隆年间，由广东嘉应人谢清高口授、杨炳南笔录的《海录》中，记录了广东与“本底国”（河仙）、暹罗国诸港口的海上航程情况。从广东下南洋，即从万山到湄公河入海口的柴棍等港口后，分途经昆仑洋，绕过金瓯角，再折西向进入暹罗湾，西北航行到达河仙，整个航程需10多天。

事实上，明清时期的航海图与海道针经中记录了大量中国沿海来往交趾、柬埔寨、暹罗、大泥、马六甲、旧港等地的航路，广东也通过这些航线与东南亚诸国相通，并沿着福建沿海北上可到达琉球、朝鲜、日本等地。而随着16世纪中期“地理大发现”崛起的葡萄牙海洋势力迅速东扩后，一方面叩开了中国的南大门，一方面也使得传统的东西洋航线与新航路对接。从此，广东也位于世界贸易相互联接的复杂网络之中，开始面临新的机遇与挑战。

二、广东海商的活跃空间

明清时期，广东商人多以地缘关系而分群，并以“商帮”来称呼这些以某一地域为中心的自发的、松散的群体。广东商帮主要分为广州帮、潮州帮、客家帮。他们不仅经营国内的贸易，通过便利的水路交通活跃于全国市场，而且沿着传统的东西洋航线，到达海外各地。

广州帮商人，主要指广州府辖下珠江三角洲各县市的商人，其中以番禺、南海、顺德、新会等县居多。另外，恩平、韶关、南雄、乐昌、阳江、肇庆、惠州、湛江、海康、徐闻、合浦等县市的零散商人，多讲广州话，也可列入广州帮商人的范围。[②]由于明清时期朝廷曾一度允准广州对外贸易，所以外省的商人也纷纷来到广州、佛山等珠江三角洲地区城镇经

① 本节古地名注释，除特别注出外，均参考陈佳荣、谢方、陆峻岭编《古代南海地名汇释》，中华书局，1986。

② 黄启臣：《广东商帮》，黄山书社，2007，第77—78页。

商贸易，甚至在这里长期定居，成为“半是侨居半故家”的商人。例如，清朝闻名遐迩的十三行行商，原籍福建者有怡和行的伍国莹（晋江县）、同文行的潘振承（同安县）、丽泉行的潘长耀（同安县）、资元行的黎光华（晋江县）、义成行的叶上林（诏安县）、东裕行的谢嘉梧（诏安县）。广州帮商人数量最多，资本最雄厚，影响最广泛。广州、佛山的商行80%是广州帮商人经营的。除了本地商行外，他们还通过海道将广东物产销往福建、江苏、天津等地，再购买当地的棉花、色布运至琼州，这样获利甚多。广州帮商人也通过珠江口的水路前往澳门、日本、马六甲、暹罗等地贸易。

潮州帮商人，是指籍贯为潮州府说潮州话的海阳、潮阳、揭阳、饶平、惠来、澄海、普宁、丰顺、南澳等地的商人。[①]明代潮州商人并没有真正形成一个独立的商人群体。当时的潮州商人主要是海寇商人，如许栋、许朝光、张琏、林国显、林道乾、林凤等，他们往往与福建、漳州、泉州的海寇商人，如曾一本、谢策、严山老、洪迪珍、刘香、张维海等联系，以南澳为据点，进行走私贸易活动。到了清康熙二十三年（1684），清政府决定开海贸易，设立江海关、浙海关、闽海关和粤海关进行管理，规定“出海边船按次编号，船头桅杆油饰标记”，广东船头油以红色，江苏油黑色、浙江油白色、福建油绿色。广东商人称之为红头船，或称鸡目船。至此，潮州商人形成了真正独立的商人群体而成“帮”了。潮州海商通过红头船，在每年春夏之交，乘南风北上，经福建，至宁波、上海、辽东诸地，或是前往琉球、日本、菲律宾；秋冬以后，则乘北风顺流南下至海南、越南、马来半岛、暹罗等地。

客家帮商人，是指潮州府、惠州府和嘉应直隶州属下的大埔、程乡、平远、镇平（蕉岭）、长乐（五华）、兴宁等县的商人，其中又以大埔、程乡县的商人为多。因为这些县均讲客家话，故被称为客家帮商人。地处山区的客家帮商人比广州帮、潮州帮商人形成发展晚，主要是在清代才逐步发展起来，其贸易活跃于国内外市场。

① 黄启臣：《广东商帮》，黄山书社，2007，第89页。

三、米粮贸易

宋元以来，广东地区农业生产已有较大发展。从南宋至明中叶，广东一直是米粮输出省份，宋代广州和潮州有米粮运往江浙和福建泉州、福州一带，明代福建也依赖从广东输入粮食。[①]广东缺粮的局面是从明代万历年间开始的，整个清代一直严重缺粮，其缺粮的局面延续到20世纪50年代。相关研究表明，清代广东粮食严重短缺的直接原因是人口的迅速增长。从乾隆四十一年（1776）至乾隆五十六年（1791）的人口数据来看，广东人口年平均增长率高达6.8‰，这意味着一百年间正好翻了一番，至乾隆后期广东人口在1500万人左右。[②]但广东粮食的产量并未达到本省人口所需的标准。究其原因，主要是基于经济成本、收益、市场、社会环境等因素的考虑，广东人并没有通过扩种粮食作物的方式来弥补缺粮问题。18世纪广东各地经济作物的种植十分普遍，在缺粮最严重的珠江三角洲地区，不少耕地被用作果木、桑基鱼塘等的专业区，这些经济作物的收益高于粮食生产。而广东的缺粮问题长期依靠从外地输入米粮来解决，因此也形成了高度商业化的粮食供应市场。

清代广东与相邻各省都有米粮贸易往来。广西是广东最重要的米粮供应地，福建、江西、湖南等省与广东也有粮食交易。广西的米粮供应除了两地交界地区的短途贸易外，大规模米粮贸易则依靠水上运输。其粮食供应地主要是广西东部的桂林、平乐、柳州、梧州、浔州等府，这些地区通过西江水系的桂江、柳江、浔江和贺江连接在一起，可十分便捷地将余粮运往邻近的广东。两广之间每年米粮运输数量甚大，除了官方的粮食调运外，不少商人也从广西运米谷至广东，再将广东的日用百货和手工业品返贩广西。此外，湖南、江西也是清代主要的粮食产区。湘米运粤的主要商路是从湘江中上游的集散地湘潭，溯流直至广西兴安，经陡河进入漓江，再顺桂江而下在梧州进入西江，沿着西江运达广州、佛山等地。江西的余粮输入广东，则需要翻越梅岭或取道汀州，在本省的一段路程必须依靠肩挑，成本较高。在18世纪，湖南是仅次于广西的广东第二大米粮供应省。

① 陈春声：《论清代前中期广东缺粮的原因》，《广东史志》1989年第1期。

② 陈春声：《市场机制与社会变迁：18世纪广东米价分析》，北京师范大学出版社，2020，第17—19页。

福建与广东进行米粮贸易的主要有漳泉、台湾和汀州三个地区。其中，漳州、泉州在明清时期是严重缺粮地区，台湾为米粮外销地区，汀州为缺粮区。漳州、泉州一带的米粮主要依靠台湾运来以及长江中上游的供给，部分也从广东潮州府购买。而闽南和粤东之间帆船贸易活跃，米粮贸易主要通过近海航运。汀州则主要依赖江西的米粮供给，并转贩部分米谷至韩江下游的嘉应州和潮州府的大埔县，其贸易额不会太大。

除了国内的粮食输入外，康雍之际，广东还开始从东南亚进口洋米。18世纪，暹罗、柬埔寨、旧港、安南、柔佛等地均有余米，其中转入广东的洋米主要来自暹罗。清政府对运米来华的外国商人有优待政策。雍正年间，清政府多次免征暹罗运米船的税银，令在广东发卖，并逐渐将免税范围扩大到同船带运的其他货物。而且，清政府对于本国商人赴国外运米回国者也持鼓励态度。在广东米价居高不下的时期，清政府不仅免征船货税银，而且根据每船运米数量予以奖励。事实上，18世纪广东已经存在一个联结广西、湖南、江西、福建等省，并与外洋有一定联系的米粮贸易网络。

四、白银的大量输入

明初自洪武年间实行海禁政策，只允许周边特定国家的官方朝贡贸易活动。直至隆庆元年（1567）才解除，官方自此开放月港作为合法贸易的港口，但仍明令禁止中日之间的贸易活动。尽管如此，中外走私贸易活动并未停止。尤其是新航路开辟后，葡萄牙人驶入东南亚、中国沿海、日本，进一步寻求贸易机会。西班牙人在1492年“发现”美洲大陆后，大规模开采秘鲁、墨西哥的银矿，在1550年至1800年间，墨西哥及南美洲银矿的产量占世界银产量的80%以上。[①]西班牙还在菲律宾建立据点，将美洲白银运往菲律宾。而当时的明朝，普遍使用白银作为货币，求过于供，国内白银的市场价格远高于国际市场。因此，在这些非法或合法的贸易过程中，日本和西属菲律宾的白银大量流入中国。

岭南地区对外贸易输入白银的线路主要有两条，分别通往日本和马尼

① 全汉昇：《明清间美洲白银输入中国的估算》，载《中国近代经济史论丛》，中华书局，2011年，第34—47页。

拉。广东和福建的海商均会前往海外贸易，将本土货物卖掉后，换成白银或其他货物。在马尼拉与西班牙人交易后，中国海商尤以带回美洲白银居多，而中国商品则被运往拉丁美洲和欧洲。葡萄牙人每年两次前往珠江口湾区，一般用自带的白银，或者用转带的日本商人的白银购买中国的丝、瓷等商品，随后运往长崎，长崎的日本商人再用白银购买这些中国商品，开始新一轮的贸易。此外，沿海商人还通过巴达维亚等地与荷兰人的贸易，换取部分白银。据美国汉学家万志英（Richard von Glahn）估算，在1550至1645年间，每年从日本和美洲运往中国的白银为50～100吨。[①]明清史专家梁方仲先生估计，自万历元年至崇祯末年，从海外输入中国的白银达1亿银圆以上，大约有7500万两。[②]德裔经济史专家安德烈·贡德·弗兰克（Andre Gunde Frank）则估算，从16世纪中期到17世纪中期，美洲生产了3万吨白银，日本生产了大约8000吨，总计3.8万吨。如果减去留在美洲以及在转运中流失了的难以确定的一部分，最终流入中国的白银有7000至10 000吨。[③]至于有多少白银流入岭南地区，尚无法确知。从已知的史料中，我们了解到1636年葡萄牙船只把75 000公斤的日本银运往澳门，以供广州市场交易。[④]

明代中后期以后，白银的大量输入无疑给中国社会经济带来了深远影响。一方面白银在流通领域成为重要的货币支付手段，使得赋税财政开始普遍使用银钱来结算，保障了明清王朝银本位货币制度的实施；另一方面促进了商品的流通，刺激了商业化发展。白银大量流入岭南地区后，也意味着对丝织品等产品的需求不断增大，我们也可以看到珠江三角洲如顺德、番禺和香山县等地的桑基鱼塘系统发展起来，整个岭南地区的商业活动和市场也迅速扩展。

---

① Richard von Glahn，"Myth and Reality of China's Seventeenth Century Monetary Crisis"（paper presented at the UCLA Center for Chinese Studies Seminar，October 14–15，1995，Table 5）.

② 梁方仲：《明代国际贸易与银的输出入》，载《梁方仲经济史论文集》，中华书局，1989，第178—179页。

③ 贡德·弗兰克：《白银资本：重视经济全球化中的东方》，刘北成译，四川人民出版社，2021，第150页。

④ 马立博：《虎、米、丝、泥：帝制晚期华南的环境与经济》，王玉茹、关永强译，江苏人民出版社，2012，第124页。

第四节

环球贸易中的珠江口

明中后期至清代，葡萄牙、西班牙、荷兰、英国、法国、美国等西方海上势力相继东来，纷纷寻求与东方的直接贸易，东亚海域进入海国竞逐的时期。广东作为海上贸易的前沿地，在错综复杂的形势下面临着新的机遇与挑战。对此，从“广中事例”到“广州体制”，广东也建立起一套与贸易转型相适应的管理体制。17世纪末至19世纪初，珠江口的经济发展实际上已被逐渐纳入环球贸易体系中。

一、西人东来与环球贸易路线

15世纪末至16世纪初，位于欧洲西南伊比利亚半岛的葡萄牙和西班牙为寻找香料、黄金与发展基督教徒，网罗了一批航海家、探险家与船队，掀起了前往中国和印度洋的热潮，并积极开辟通往东方的海上新航道。17世纪，号称“海上马车夫”的荷兰加入其中。他们与阿拉伯商人竞争、夺取马六甲海峡以西的贸易权，其据点与活动随之遍及印度、苏门答腊、爪哇和摩鹿加岛等地，并先后抵达中国沿海，寻求与中国直接通商贸易。其中，率先在广东海域建立据点的是葡萄牙人，而西班牙人、荷兰人则一度分别以菲律宾、中国台湾为据点，将中国传统帆船贸易，纳入全球市场之中。

正德六年（1511），葡萄牙人通过武力控制印度洋与南海的交汇港口——马六甲，建立了东进的补给基地后，依次在印度东南地区的普里卡特、孟加拉湾的吉大港、缅甸的勃固建立据点。同时，葡萄牙人积极搜集与中国相关的情报，对中国南部港口广州及其附近停泊岛屿和港澳有浓厚的兴趣。1513年，葡萄牙海商乔治·阿尔瓦瑞斯（Jarge Alvares）首次抵达华南港口城市广州。但他并不符合明朝朝贡贸易的条件，于是就航行至珠江口的屯门岛一带进行走私贸易。不久，另一名葡商拉斐尔·佩雷斯特雷洛（Rafael Perestrello）来到中国贸易，并赚到20倍的利润。葡萄牙人很快明白，将中国的丝绸和瓷器销往东南亚，将东南亚的香料运往中国能获取高额利润。葡萄牙人来华贸易，遇到的是体制性的障碍。为了得到与华商贸易的官方许可，葡萄牙人试图接触中国的权力中心。在多次试探失败后，葡萄牙人在屯门与明朝水军发生暴力冲突，之后被迫转往广东饶平南部海中的南澳，浙江宁波的双屿，福建漳州的浯屿、月港等地继续走私贸易。直至嘉靖年间，巡视闽浙的朱纨发兵清除了这些走私据点。

大约在嘉靖三十二年（1553）[①]，葡萄牙人借口船只触礁需要晾晒货物，而获准在澳门半岛登岸，并通过贿赂广东海道副使而获得暂时居住权，之后他们逐渐将澳门发展成为东亚贸易网络上的商贸据点。其后，葡萄牙人于1571年在日本长崎开辟了另一个基地。澳门不仅是中葡贸易的中转站，而且是葡萄牙与日本、东南亚与印度的商业枢纽。每年五月至六月，葡萄牙人顺着西南季风从果阿出发，装载胡椒、苏木、象牙、檀香等货物，以及从拉丁美洲经里斯本运来的白银，抵达澳门后将其换成中国的生丝、丝绸、黄金、铅、锡、水银、糖、茯苓、棉布等物品。第二年初夏，他们乘季风至长崎，把中国商品换成日本的白银及其他少量商品，同年秋天回到澳门，用白银换取中国商品后，在第三年秋天返回印度。葡萄牙人获准在澳门居留贸易后，广东当局依照南头（屯门）的惯例即“广中事例”，开展广州与澳门之间的贸易。明代，广东地方对停泊与居留澳门的外国商船登记后，才发放许可证——部票，持有“部票”的外国商船才能进出澳门港。对于不按规定停泊，偷税漏税私自到广州交易的外国商船，执送提调司追究责任，没收船器。通过澳票制度，广州与澳门建立起贸易协作机制，广州主要面向国内，澳门面向海外，互相依赖，构成广东贸易“二元中心”结构。而葡萄牙人则以澳门为中心，操纵了几条航线：一是澳门—暹罗—马六甲—果阿—里斯本的航线；二是澳门—长崎航线；三是澳门—马尼拉—阿卡普尔科—秘鲁航线；四是澳门—东南亚航线。中国沿海的闽、粤海商与外国商人均集聚澳门，往来交易。事实上，通过这些航线，传统的东西洋贸易圈也被连接在环球贸易中。

① 一说嘉靖三十六年（1557）。

二、广州十三行

广州十三行，简单来说，是清代官方允许经营对外贸易的特许商行。康熙二十四年（1685），清政府设立江、浙、闽、粤四海关，准许对外贸易。次年（1686）四月，两广总督吴兴祚、广东巡抚李士祯和粤海关监督宜尔格图共同商议，决定在广州创设洋货行。为划清国内商税和海关贸易关税，分为住税和行税。住税是指本省内陆交易的一切落地货物，由税课司征收；行税是指外洋贩卖货物和出海贸易货物，由粤海关征收。为此，建立相应的商行以便分别经理税饷。前者即金丝行；后者称为洋货行，又名“十三行”。名义上虽称“十三”，其实并无定数。十三行在建立之初，主要是经营进出口货物的中介贸易商行，经营的贸易对象包括外洋、本港和海南三部分。但其业务范围在乾隆年间有所变动，专营外洋各国来广州贸易的叫“外洋行”，经营出海贸易的称为“海南行”。[①]乾隆十年（1745），清政府从广州二十多家行商中选择殷实者五家为保商，建立保商制度。他们要负责承保外国商船到广州贸易及其纳税事宜，承销洋货，采办出口货物，为外商提供仓库住房，代雇通事、工役等事务。关于广州贸易的过程，据美国学者范岱克（Paul van Dyke）的研究：（1）西方商船到达珠江三角洲后，第一站是找一个中国本地的领航员带领他们去澳门，在船只到达澳门后，船长上岸申请贸易许可以及一名内河领航员，再驶往虎门的海关通行站。待海关官员检查完毕，船只方可通行，并有两名监察员随船一同去黄埔，以确保没有走私活动。（2）船到达黄埔后，首先需要雇佣船买办来负责补充船员的日常补给与船只的修补工作，并前往广州寻找可出租的仓库或“工厂”，其次需要配备开展贸易的翻译及商人。只有少数中国商人被允许与西方贸易，他们被通称为“行商”，而受西方人任命作为其代理人的行商被称为“保商”，不仅要负责船只的安全与船员的行为，而且当洋船出现违背官方规定时，需要承担责任。广州海关通过翻译和行商的协助，完成船只的测量与计税后，才能卸下商品开始贸易。（3）贸易开始后，由中国劳工与工匠装载出口商品，一小部分行商负责支付所有的进出口关税，并承担保护船只的港口税，之后他们再向

① 彭泽益：《广州洋货十三行》，广东人民出版社，2020，第3—4页。

清乾隆广彩十三行通景图大碗

此瓷碗高15.5厘米，口径37厘米，底径19.8厘米，外壁以通景彩绘的方式描绘广州十三行的欧洲国家商馆区，包括各国国旗、炮台、粤海关，还有无数的小船、船夫、正在谈话的中欧商人，以及装车舢板、包装和搬运茶叶的情景等。清康、雍、乾时期，许多国家在广州设立商馆，兼行外交和贸易管理的功能，每个商馆门前都竖立本国国旗以示明国籍。

· 广东省博物馆（广州鲁迅纪念馆）藏

外商找回这些费用或间接将这些成本添加到商品的价格中去。（4）在洋船离开中国之前，洋人必须与中国人结算所有的账目（不包括私下的交易与借贷），再由广州海关签署出境许可"大印"，在虎门核查无误后方许离开。广州贸易结构完善，每艘洋船进入广州必须执行的一套标准程序，从中也可见行商在这套体系中的职责重大。[①]

乾隆二十二年（1757），清政府诏令欧美商只允许在广州贸易，不准再往其他三口，开启了广州一口通商的时代。在以广州口岸为中心的所谓广州贸易体系（the Canton System）下，粤海关负责征收关税，十三行负责同外商贸易并管理约束外商。自乾隆二十五年（1760）开始，外洋行不再兼办本港贸易的事务，而由几家行商专营暹罗贡使及其商民贸易税饷事宜，称为本港行。海南行则改为福潮行，经营广东潮州及其与福建商民往来买卖税务。乾隆六十年（1795），本港行商人因有倒账破产被官府革除的，其业务仍归外洋行，由每年推举两家轮流办理。嘉庆五年（1800）以后，广州的商行仍有外洋行、福潮行之分，而前者被称为洋货行或十三行。[②]清代乾嘉道三朝为西方商人所熟知的广州洋行，有潘氏同文（同孚）行、伍氏怡和行、卢氏广利行、梁氏天宝行等。马士（H. B. Morse）《东印度公司贸易编年史》曾记录担任总商的怡和行伍秉鉴（1769—1843）的经营情况，伍秉鉴也被后世誉为清朝的"世界首富"。虽然行商有优先承保外国商船货物的权利，有机会暴富，但他们在封建官府与外商的夹缝中，也常有破产的风险。

三、珠江口的外国商馆

十三行位于清代广州城西珠江北岸一带，其建筑包括中国公所各行号与外国商馆两个区域。所谓商馆（Factory），一般指对外港口的贸易机构，或者商业代理的运行基地。在广州，西方人在中国设立的贸易机构都可被称为"商馆"或"洋行"，但相应的中国人的贸易机构只能称为"洋行"。在18世纪早期，欧洲商人来广州贸易，在广州城外寻找可租住的房

① 范岱克：《广州贸易的结构》，载蔡鸿生、包乐史等：《航向珠江：荷兰人在华南（1600—2000年）》，广州出版社，2004，第44—52页。

② 彭泽益：《广州洋货十三行》，广东人民出版社，2020，第4页。

子、可临时租赁的仓库和住所。他们称这些房屋为“行”。当时，不同的欧洲洋行租用不同的商馆，而且每年租到的商馆并非固定不变的，这些商馆就坐落在广州城墙外的西郊。清代行商制度建立后，行商需要承保外商行为合乎清代法规。因此，作为商馆的主人，行商将他们的商馆租赁给西方洋行，并大致允许洋商对商馆内部进行改造。18世纪30年代后，部分商馆或者商馆的行商，已逐渐同特定国家的商人建立起固定的租赁关系。在18世纪中后期的外销画中，外商租赁的商馆已在江边排成一线，原来的中式建筑被改建为西式建筑。

据1840年出版的广州十三行商馆平面图，当时商馆的分布，自东向西依次为小溪行、荷兰行、英国行、丰泰行（啾啾行）、老英国行（隆顺行）、瑞典行、帝国行、宝顺行、美洲行、章官行（明官行）、法兰西行、西班牙行、丹麦行。每家商馆都有自己的客户、特色与组织，其中部分商馆已经同早期入驻的国家没有关系。[①]19世纪40年代以前，居住在洋行的绝大多数是来自欧洲、印度和北美洲的男性，西方妇女被禁止前往十三行。从珠江口望去，十三行风貌壮丽，是当时广州城最体面的建筑物之一。最靠近江边的街道，成为“十三行街”（the Street of the Factories）。对于来广州的西方人，他们的活动范围并非完全局限于商馆和商馆前的广场，他们还可出入广场到十三行街的几条狭窄街道的小店，买到各种中国产品。西方人最常去的街道是新中国街与老中国街。老中国街又称“中国街”或“靖远街”，宽度达12英尺（3.66米），位于十三行区中部的右端。新中国街位于十三行西端丹麦行与西班牙行之间，简称为“新街”。街道里面持有特殊经营许可证的商铺，可经营象牙雕刻、玳瑁壳、珍珠母、漆器、丝绸、茶叶、土棉布、银饰、烟火、扇子、灯笼、药材、绘画等生意。其主要顾客是西方人，十分繁华。但是，1822年11月广州发生大火灾，大约5万名广州民众因此流离失所，十三行也成为一片废墟。之后，得以迅速重建的十三行继续走完最后大约20年的“黄金时期”。1841年以后，受到“鸦片战争”的影响与多次的火灾，十三行走向衰败。而1856年第二次鸦片战争爆发时的大火灾，给十三行带来了前所未有的毁灭。

① 孔佩特：《广州十三行：中国外销画中的外商（1700—1900）》，于毅颖译，商务印书馆，2014。

四、进出口商品结构的变化

明中叶至清代，广东进出口商品结构有较大的变化。出口商品方面，明代官方朝贡贸易输出的商品主要是丝绸、瓷器、铁器、棉布、铜钱、麟香、书籍等，其中以生丝、丝绸、棉布量最大。明中叶以后，市舶贸易的出口商品，品种和数量比朝贡贸易中的赏赐品更加繁多。据不完全统计，全国出口商品有236种，包括手工业品、农副产品、矿产品、动物和肉制品、干鲜果品、中草药品和文化用品等八大类。从珠江口对外贸易的资料来看：第一，自广州经澳门出口到印度、非洲、欧洲各地的商品有生丝、细丝、绸缎、陶瓷器、中草药、砂糖、金、黄铜、生活用品等数十种，其中以生丝和丝织品为最大宗；第二，从广州经澳门出口到日本的商品有白丝、丝织品、棉线、棉布、金、铅、锡、水银、红木、砂糖、麟香、茯苓、大黄、甘草等；第三，从广州经澳门出口到菲律宾而转口运往拉丁美洲的商品有生丝、丝织品、丝绸、瓷器、陶缸、铁锅、铁、铜、锡、铅、水银、砂糖、火药、棉布、面纱、硝、花生、栗子、枣子、麟香、白纸、色纸、母牛、母马、火腿、咸猪肉、花边、安石榴、梨、橙、蜜饯、墨、珠子串、宝石、蓝玉等数十种。①整体上，明代中国南方出口商品以丝绸与陶瓷为主。

清代以后，最大宗的出口商品逐渐演变为茶叶。整个18世纪，中国南方出产的茶叶成为输出西方最主要的商品，丝绸出口退居第二位，因此18世纪也被称为“茶叶世纪”。16世纪，西方人认识到中国的茶叶。17世纪中叶以后，饮茶之风盛行于法国、德国、葡萄牙等国，并渗入贵族圈与宫廷。18世纪，在英国等地，茶叶作为饮料已普遍渗入咖啡店或家庭之中，而作为英国原来的殖民地，美国也是一个重要的茶叶销售市场。②18世纪60年代以前，荷兰是最大的华茶贩运商。据相关研究，荷兰东印度公司每年通过巴达维亚城与中国帆船的茶叶贸易获利10万～50万盾，并在1728—1734年间派出11只船到广州购买茶叶。18世纪以后，英国、法国、美国等商人纷纷来广州参加对华的茶叶贸易，英国东印度公司极力购买茶叶出

① 黄启臣主编《广东海上丝绸之路史》，广东经济出版社，2003，第412—419页。
② 黄启臣主编《广东海上丝绸之路史》，广东经济出版社，2003，第513页。

口，其对华茶叶贸易额发展迅速，几乎垄断了整个欧洲市场。[①]鸦片战争前，广东的出口商品以茶叶占首位，其次是生丝、绸缎、土布。此外，广彩也受欧洲市场欢迎。

进口商品方面，明代从海外诸国进口的商品，多是统治者及富有阶层的人们享用的奇香珍宝、飞禽走兽、银器细布等高级消费品。明中叶以后，广东海外贸易的进口商品结构发生了变化，除了各国的土特产如胡椒、苏木、象牙、檀香、沉香、葡萄酒、橄榄油等货物外，从海外最主要输入的商品是白银。当时，从日本长崎、菲律宾马尼拉等地经澳门进入广州的商品基本上是白银。清代以后，广东的进口商品结构发生显著变化。英美各国输入中国的主要商品中，就吨位来说，数量最大的是棉花、棉布、棉纱和毛纺织品；但就价值而言，成瘾性的鸦片占据首位。据统计，1729至1772年葡萄牙人操控鸦片走私期间，由澳门流入内地的鸦片，1729年之前每年约200箱，之后以20箱的速度逐年递增，至1767年，进口的鸦片已达1000多箱。[②]其后，英国逐步取代葡萄牙对华鸦片贸易的垄断地位。1800至1839年40年间，西方各国仅运进广州、澳门的鸦片就达63.8119万箱。[③]在鸦片战争前数十年，鸦片在广州进口商品量值中占据了首位，珠江口成为鸦片走私的集散地。鸦片的大量输入，从根本上改变了广东以至中国在国际贸易中的地位，使得白银内流变为外流，并严重危害国计民生。而“鸦片—茶叶”的商品贸易结构，也远非经济利益那么简单，更是直接影响到中国的近代化进程。

① 张晓宁：《天子南库：清前期广州制度下的中西贸易》，江西高校出版社，1999，第78—88页。

② 邓开颂：《鸦片战争前澳门的鸦片走私贸易》，《学术研究》1990年第3期。

③ 刘鉴唐：《鸦片战争前四十年间鸦片与白银外流数字的考察》，《南开史学》1984年第1期。

第三章 群体、社会与日常生活

15至19世纪的广东，伴随着沙田的大规模开发，沿海大批水上人为获得陆地入住权和土地拥有权、开发权，以及土地商业化发展带来的经济财富，按照陆地社会和中原王朝所认可的方式改换身份。与此同时，广东的宗族社会与士绅社会逐渐构建起来。广东民间众神的信仰体系对基层社会秩序的构建影响深远。这一时期，随着经济发展与中外交流，武器、军事技术焕然一新，卫生防疫能力提升，审美与工艺制作水平长足发展，形成了重要的本地民俗文化，并形成了一套既保留传统，又吸收外来事物的新生活习惯。

第一节

人群、人群组织与社会治理的转变

明中期以后，随着经济的发展与中部的广泛开发，居民的构成、组织与社会治理也发生深刻变化。水上人入住陆地，基层社会宗族化与士绅化，社会组织与社会治理也发生了相应转变。而作为岭南文化有机组成部分的广东民间信仰体系，对广东的基层社会治理作用巨大。

一、水上人上岸与宗族社会

大量水上人上岸，是明中期以后广东社会生活值得注意的重要变化。由于水上人群的经济生活与季节、气候密切相关，具有很大的不确定性，因此明中后期在广东开始大规模人工围筑沙田的同时，大量水上人开始在海湾的陆地或湾区靠近大陆的岛屿定居。据1952—1953年广东省民族事务委员会调查组对中山港口乡的调查，该乡农民从前靠渔业为生、以艇为家，到陆上沙田区后从事农业和蚕桑业，先从海上迁到顺德，再由顺德迁到中山。他们声称家族在港口乡居住已有四五代之久。①以25年为一代推算，他们的祖先在顺德上岸定居的时间更早，大概不迟于清中期。惠阳县东大洲岛，不迟于明万历年间已有人定居，这些人原本是海上漂泊的人群，在岛上定居以后，大部分人以晒盐为业，小部分仍为渔民。②当然，并非所有的水上人都渴望上岸定居，但上岸定居者绝非少数，诸如新会天马陈氏、佛山霍氏、香山小榄何氏等大家族，族谱中有关于祖先早年在水上生活和流动的记载。

① 叶显恩、周兆晴：《沙田开发与宗族势力》，《珠江经济》2008年1月，第94页。

② 刘志伟：《大洲岛的神庙与社区关系》，载郑振满、陈春声主编《民间信仰与社会空间》，福建人民出版社，2003，第415—437页。

水上人上岸后，往往会仿照陆地人的做法开始构建自己的宗族并修建祠堂，如惠阳县东大洲岛稔山镇范和村与芙蓉村的陈氏家族，就是典型的由水上人所建立的宗族。[①]虽然绝大部分广东族谱都声称自己家族的历史从宋代甚至更早开始，但经专家考证，广东宗族的兴起和宗族社会的构建，是从明中后期开始，这与广东沿海沙田全面开发的时间相吻合。[②]而在沙田全面开发过程中，上岸的水上人为了获得官府与更早的入住人群的身份认同，常常会将自己的家族附会为珠玑巷的后人或其他有身份地位的著名人物的后代，这便是广东大量族谱声称祖先来自珠玑巷的原因。尽管不能认为广东所有的宗族都是由上岸的水上人建立的，但在华南长期从事历史人类学研究的学者认为，上岸陆居的水上群体，对于华南宗族社会的构建意义重大。[③]并且他们认为，明清广东的宗族是以血缘关系的“语言表述”构建的经济组织。[④]宗族负责祠堂、祭田、祖茔等族产的管理和经营，以及族产利益的分配。对族产募集有贡献的族人及其嫡系后代，有资格参与族产利益的分配。为了保证这个经济组织的正常运作，宗族尽量维持乡村社会日常运作的平稳有序，无论是疏通河道、修乡道、筑堤坝，还是应对灾荒平粜陈谷等日常事务，都组织人力物力积极参与。为了提升宗族的社会地位，为宗族持续繁荣提供长远保障，宗族开办私塾，并用族规规定相应的奖学、助学制度。宗族村落成为传统中国乡村社会文化教育的核心。宗族还积极配合官府征收赋税，帮助官府维持治安。在社会动乱的非常时期，宗族还会组织一定规模的武装力量，参与平定动乱和重整地方秩序。明清广东宗族对于社会治理的作用，由此可见。

广东宗族社会根深蒂固，影响深远，日后仍然在基层社会发挥着巨大的影响力。

---

① 段雪玉、汪洁编著《淡水场：广东大亚湾盐业历史调查》，广东人民出版社，2021，第48—49页。

② 刘志伟：《宗族与沙田开发：番禺沙湾何族的个案研究》，《中国农史》1992年第4期。

③ 萧风霞、刘志伟：《宗族、市场、盗寇与疍民：明以后珠江三角洲的族群与社会》，《中国社会经济史研究》2004年第3期。

④ 科大卫：《皇帝和祖宗：华南的国家与宗族》，卜永坚译，江苏人民出版社，2009。

二、士绅群体、士绅权力组织与士绅社会

19世纪，传统中国社会有一个比较重要的现象，即由士绅主导社会，这在广东尤其典型。这一现象是在16至18世纪逐步形成的。史学界普遍认同的“士绅”定义，是张仲礼的定义，即“绅士的地位是通过取得功名、学品、学衔和官职而获得的，凡属上述身份者即自然成为绅士集团成员”[①]。明清时期，士绅是一个具有政治、文化特权的群体。士绅有高于一般庶民的社会地位，可以自由见官，可以参加祭祀文庙等官方典礼。地方官不可对士绅上刑，如果罪行严重必须受罚，首先要革去士绅身份，然后才能施加刑责。在诉讼中，平民不得指名士绅出庭作证。如士绅本人直接涉讼，不必亲自听审，可派代理人应诉。明代士绅免服徭役，且无须缴纳丁税，即使在清代施行摊丁入地后，士绅在缴纳赋税方面仍然享有某些优待和特权。在晚清广东，地方官往往委托、责成士绅向本族、本乡催收赋税，从而使士绅可以把本身的赋税设法转移到其他业户名下，甚至获得牟取额外利益的机会。

士绅与宗族的联系密不可分。明代中期以前，朝廷颁布的礼制对于官员建立祠堂以及主持祭祀等方面有很多限制，但从嘉靖年间开始逐步放松，允许品官模仿家庙形制建立祠堂，以及允许其主持祭祖。考取科举功名，获得士绅身份是最基本的资格。具有政治、经济实力的世家大族必然有较多中、高级士绅，而族人获得较高科举功名或重要官职，也必然会增强本宗族势力。因此，宗族努力为子孙提供教育机会，甚至培植私人关系，尽可能让子孙获取功名。族人一旦考取功名，宗族便在祠堂前为其竖立功名旗杆，将其事迹编入族谱，祠堂的重要活动也交由其主持，宗族视其为整个宗族的荣誉，极力彰显。因此，广东乡村社会的宗族化与士绅化过程是相辅相成的，16至19世纪广东宗族社会形成的同时，也形成了士绅社会。

士绅群体凭借文化权力在乡村社会建立起权威。明清时期的广东，如果乡村治理的范畴超出单个宗族的能力范围，则由多个宗族共同设立的士绅权力组织来管理。这里所讲的士绅权力组织，是指由士绅控制、在乡村

① 张仲礼：《中国绅士：关于其在19世纪中国社会中作用的研究》，载《中国绅士研究》（上编），上海人民出版社，2008，第3页。本书的“士绅”与“绅士”，词义相同。

地区具有政治及文化权力，并拥有武力的组织，并不是王朝法定意义上的一级行政机构。广东的士绅权力组织，比较常见的叫法是“乡约”“公约”和“公局”。

乡约创立于宋代，最初只是单纯的教化组织，之后广东部分乡约开始具有权力组织的性质，划地分民，统辖若干村庄。乡约的主持者“约长”，由地方官推荐或任免。乡约平日对乡民进行教化，如遇突发事件，约长负有协助官府传唤，以及率领乡民维持本乡秩序的责任。至迟在嘉靖、隆庆年间，源自乡约的“约”字，甚至演变为地名的用字，在方志中被列为“村”以上的一级区划层级，可见乡约组织的普遍性。乡约又衍生出“公约”，也被称作“公局”。广东最早以公约命名的，是乾隆时期的顺德勒楼公约。嘉庆五年（1800），顺德县知县沈权衡下令在各乡建立公约。自沈权衡颁布政令之后，顺德县内各地方设立公约成为一种制度。[①]作为士绅权力组织而言，三者性质上并没有什么区别，大概从管辖范围而言有大小区别。但很可能自沈权衡下令开始，广东的乡约、公约、公局才演变为真正的士绅权力组织，而在此之前的只是具有部分权力组织的性质而已。

明清广东士绅通过领导乡约、公约、公局这类组织，实现对乡村社会的治理。嘉庆十四年（1809），为组织团练抵御张保仔等海盗，番禺沙湾建仁让公局。嘉庆十五年（1810），香山县为防堵“洋匪张保、郑石氏之乱”，捐资创设固圉（yǔ）公所（又称“附城公所”）等。在明中期至清前期，乡约、公约、公局治理基层社会，未必是全广东的普遍现象，但各种资料显示，由于官府的默许甚至倡导，到了晚清，乡约、公约、公局成为遍及广东全省的由士绅掌握的乡村基层权力组织。

三、民间信仰下的基层社会秩序

广东民间除信奉佛祖、道教三清等神佛外，还信奉大量本土神明，种类、名目纷繁复杂，且地域差异鲜明。广东的民间信仰体系，对构建广东基层社会秩序作用巨大。

① 咸丰《顺德县志》卷21《列传·文职传》，收入广东省地方史志办公室辑《广东历代方志集成》，岭南美术出版社，2007，第498页。

封建王朝有一套祀典所载的“正统”神灵，包括崇圣（祭祀孔子）、关帝、文昌、天后、风神、龙王、火神、冼夫人等。这些神灵作为封建王朝意识形态的输出，都被赋予了特定的社会伦理道德内涵，如“仁义”“忠孝”“节妇”等。王朝通过在乡村社会推广正统神灵的祭祀活动，实现乡村社会的秩序整合与人群管理，并彰显帝王的统治权威。因此，非朝廷祀典所载的神灵的庙宇即为“淫祠”。正德十六年（1521），广东提学副使魏校全面取缔淫祠。[①]正因为如此，信仰反过来也成为人群获得王朝身份认同的一种手段。前文提及，明中后期至清前期，广东沿海新近由海成陆的沙田区，有大量水上人上岸陆居。接纳王朝的礼仪制度，是他们获得身份认同的另一种方式。比较典型的是，陆居的水上人模仿礼制社坛设立的“社”的信仰。[②]学者经田野调查发现，广东沿海地区的“社”的数量和密度，同人群定居时间的久远成反比。[③]

天灾人祸降临时，王朝官员通过出面祈禳，安抚乡民，在一定程度上稳定社会秩序。万历十三年（1585）潮州大旱，知县郭子章派遣税课司大使萧沔到潮阳东龙潭祭祀祈雨。[④]康熙五十五年（1716），河源大旱，知县王盛德“于闰三月十三日偕同城虔祷各庙凡数日”[⑤]。这种寄托于超自然力量的祈福活动，在社会发展水平不足、科学认识不高的封建乡村社会，可带给人们慰藉，朝廷和官府也借此达到稳定社会秩序的目的。

除王朝国家与地方官府建立的统治秩序外，广东乡村基层社会本身有一套自发形成的社会秩序，其形成与民间信仰关系密切。由信仰衍生的节日，串联起乡民一年四季的生活顺序，节日的庆祝活动调剂了乡民的生活。乡民在对节日活动的组织中，锻炼了自我管理能力，信仰场所本身往

① 魏校：《庄渠先生遗书》卷9，明嘉靖癸亥（1563）刻本，第6页。

② 即社公信仰，是朝廷官方祀典的基本组成部分。

③ 刘志伟：《地域社会研究的海洋视角：从地缘社会中寻找流动的历史》，载陈春声、郑振满主编《涛声回荡：杨国桢先生八十华诞纪念文集》，社会科学文献出版社，2020，第354—356页。

④ 光绪《潮阳县志》卷20《艺文》，收入广东省地方史志办公室辑《广东历代方志集成》，岭南美术出版社，2009，第381页。

⑤ 同治《河源县志》卷14《艺文》，收入广东省地方史志办公室辑《广东历代方志集成》，岭南美术出版社，2009，第308页。

往也是乡村社会自我管理的场所。[①]

乡村精英也会利用信仰来构建乡村社会伦理道德体系，更重要的是通过大规模的一村或跨村落的迎神赛会仪式形成凝聚力，以此作为乡村联盟的主要机制。比如，每年正月初十为番禺的“十乡会景日”，十乡由十个自然村组成，共同供奉关帝圣君神像。十乡一年一轮，祈求风调雨顺、国泰民安。但“十乡会”最早其实为十个没有沙田的势力较弱的小村，联合起来共同对抗周边掌控着沙田的大村落的村落联盟。又如，设在番禺潭山村的冈尾庙即南海神祠，祀洪圣王（南海神），每年农历二月十三为洪圣王诞（波罗诞），有冈尾社十八乡出会。这种“多乡之祀”，缘于明清鼎革以来尤其是乾嘉年间，区域人群为应对海盗、盗乱及宗族械斗的频繁骚扰而产生的乡民联防应对措施。

综上，广东民间信仰体系，无论对王朝国家统治秩序的构建，还是对乡村基层社会秩序的自发形成，都起到积极作用。但其负面影响也不能忽略。民间信仰是一种对超自然力量的崇拜，存在许多不科学之处；同时，信仰节庆仪式的盲目攀比，造成奢靡浪费，形成不良的社会风气。因此，应当更加理性客观地去认识民间信仰。

第二节

技艺的跃进

明清时期，广东作为新技术登陆中国的第一站，开风气之先，形成独特的创新氛围。而随着中外交流的日益频繁，广东人的生命质量及预防疾病的能力得到提升，审美与工艺制作水平也有长足发展。同时，明清时期也是广东本地民俗文化形成的重要时期，影响直至今日。

① 顾书娟：《明清广东民间信仰研究》，南方日报出版社，2015，第298—315页。

一、火器传入与军事技术革新

广东是新式火器传播与军事技术革新的重要前沿阵地。早在明永乐年间，明成祖平定交趾时，作战中双方均使用火器，明朝由此引入名为“神枪（或称神枪箭、神火枪）”的火器。[①]广东迅速展开仿制，至正统十四年（1449）黄萧养起义时，佛山有梁广等乡绅出资制造此种武器以抵抗。[②]而在西方人到来之前，东南亚也在与中国的船舶贸易等中学习到中式火器。

明代中期，葡萄牙人东来，带来了新式火器。嘉靖元年（1522），中葡双方在西草湾发生海战。取得胜利后，广东海道副使汪鋐从沉船中打捞出一种火炮，以其来源地称为“佛郎机”。佛郎机铳是母铳与子铳相配用的后装火炮，型号大小不一，每个子铳事先装好弹丸与火药，战时将子铳逐个放入发射，射毕取出重新装填，采用这种轮流换装子铳方式无疑提高了火炮的射速。这种火炮较明军此前所用火炮更优，故得到大规模仿制，列装部队。随后，葡萄牙人将使用火绳点火的火绳枪通过东亚海域交流传播至日本、朝鲜、东南亚等地，再由这些地方传入中国。[③]

在此期间，广东迅速接受新技术，并成为武器生产的一个中心。嘉靖二十六年（1547），葡萄牙铸炮专家伯多禄·波加罗（Pedro Tavorres Bocarro）在澳门兴建铸炮厂，生产佛郎机铳炮。后其子万奴·波加罗（Manoel Tavorres Bocarro）主持“万奴洋行”，专门经销本厂产品，远销中国内地与东南亚。为扩大生产规模，该厂又从佛山引进工人，从内地进口原材料与火药。[④]屈大均则在《广东新语》中记载“鸟枪以新会所造为精”，又称“粤人善鸟枪”。[⑤]

明代后期，前膛装填的新式大炮传入中国。明天启元年（1621），澳

① 孙来臣：《东南亚的中式火器：以考古资料为中心》，周鑫、任希娇译，载《海洋史研究》第9辑，社会科学文献出版社，2016。

② 陈贽：《祖庙灵应记》，载吴荣光：道光《佛山忠义乡志》卷12《金石上》，道光十年（1830）刻本，第13页。

③ 庞乃明：《火绳枪东来：明代鸟铳的传入路径》，《国际汉学》2019年第1期。

④ 黄启臣：《澳门通史：远古—1998年》，广东教育出版社，1999，第138页。

⑤ 屈大均：《广东新语》，中华书局，1985，第441页。

门葡商购捐四门荷兰沉船铁炮，是“红夷大炮”进入中国之始。[①]其时，明政府方在萨尔浒兵败，急需新式武器，这批火炮被解往京城，其中一门参与袁崇焕指挥的宁远大捷。在此前后，明朝开始仿制这种大炮。该项技术传播到后金，为皇太极所重视，并建立名为“乌真超哈”的炮队。[②]

为防御新式火器带来的威胁，中国人也开始修筑铳城、炮台等建筑。清代时期，面对日渐加剧的来自海上的威胁，清政府推行以陆地为核心的海岸防御战略，分别以海岛炮台为第一线、海口炮台为第二线、内河炮台为第三线构建海防纵深防御体系。在这些炮台中，以位于珠江内河狮子洋和外海穿鼻洋之间的虎门炮台群最为庞大且重要。虎门炮台群从康熙五十六年（1717）开始，历经三次大规模建设，至阮元督粤时形成以威远、镇远、靖远等炮台为核心的三重防线，使用800至8000斤铁炮。

二、医疗技术的变革

明清时期，中国医学通过广东走向世界，现代医学也通过海上丝绸之路传入中国。中外医学在广东发生剧烈反应，推动人类对自身的认识大幅度前进。

此时期，广东本土医药有较大发展。明万历二十七年（1599），南海人陈体全、李昇佐在广州双门底（今北京路）创设陈李济号。该商号制售膏、丹、丸、散等中成药，前店后场，初期雇工极少，手工生产。清末民国初期，制药场地逐步发展为驰名国内的中成药厂，产品发展为国内有名的“广药”。同时，广州药商凭借雄厚的人力、财力，在各地推销自产成药，贩运南北药材，开拓全国市场。[③]

因应广东湿热气候，民间逐渐发展出一种被称为“凉茶”的饮料。该饮料能在一定程度上预防与治疗疾病。清道光八年（1828），广东鹤山人王泽邦在广州十三行靖远街开设了第一间凉茶店，标志着凉茶作为一种商业饮品正式出现。

西方医学也在此时被引入。种痘技术是中外医学交流的一项重要成

① 董少新、黄一农：《崇祯年间招募葡兵新考》，《历史研究》2009年第5期。
② 黄一农：《红夷大炮与皇太极创立的八旗汉军》，《历史研究》2004年第4期。
③ 梁越：《广州陈李济药厂简介》，《中成药研究》1984年第1期。

虎门炮台群

虎门炮台因山就势，布局严密，扼守海口，形成了以岛屿、海口、山体为依托的水陆相维的海防要塞。虎门炮台旧址是中国近代海防战略思想及其实践的发展演变的实物见证。

就。天花是人类历史上最致命的疾病之一，感染后会出现高热、头痛、肌肉疼痛等症状，随后在面部、身体和四肢上出现红疹和水疱，最终结痂并留下永久性的疤痕。为预防该疾病，北宋时期，中国已经有了人痘接种的实践，当时被称为“鼻饲法”。明代，该法在民间流行，并出现了专门用于人痘接种的工具和方法。到了清代，出过痘的康熙十分重视人痘接种预防天花，对此加以推广。

中国的人痘接种术先后传入俄罗斯、中东等地。1700年，一名在中国经商的英国西印度公司人员写信将人痘接种术告知英国皇家学会。同一时间，哈维斯（Clopton Harvers）医生也在皇家学会作有关中国使用人痘接种术的报告。该技术最终于1721年英国天花大流行期间由蒙塔古夫人（Mary Wartty Montagu）在英国推广。[①]但人痘也存在传播其他更严重疾病的可能，风险较高。1796年，英国医生爱德华·詹纳（Edward Jenner）改良，用牛痘代替人痘。该技术取得成功，并迅速向世界各地推广。

1805年，英国医生亚历山大·皮尔逊（Alexander Pearson）乘坐商船到澳门传播牛痘接种术。牛痘接种术传播初期，受到守旧人士与人痘师的抵制，一度失传。后经皮尔逊培养的学生邱熺等大力推广，牛痘接种术得以普及。

邱熺生于清乾隆三十九年（1774），在科场失意后，前往澳门成为东印度公司的买办。1805年5月，邱熺在澳门从皮尔逊处学到牛痘接种术，并亲身接种。随后，他开始推广此技术，并撰写了《引痘略》，试图用中医理论来解释牛痘接种术，使一般民众更容易接纳。其子邱昶，继承其衣钵，从1818年开始在广州种痘局为人种痘。他们父子在推动中国接受和推广西方医学技术方面起到了重要的桥梁作用。[②]

西式医院于明清时期由传教士带入中国。1835年，美国公理会派遣的医学传教士彼得·伯驾（Peter Parker）在广州新豆栏街建立中国历史上最早的西医院眼科医局。该医院免费诊治，并创下多项中国乃至世界第一，如中国第一例剖腹产手术[③]、第一例眼疾手术、第一例卵巢切除术、第一例膀胱取石术、第一例乙醚麻醉术、第一例氯仿麻醉术、第一例病理解剖

① 谢蜀生、张大庆：《中国人痘接种术向西方的传播及影响》，《中华医史杂志》2000年第3期。

② 董少新：《论邱熺与牛痘在华之传播》，《广东社会科学》2001年第1期。

③ 《剖腹出儿》，《申报》1892年8月13日，第3版。

术，以及世界首个挂号系统等。

此外，一些带有隔离性质的医学机构也在中国建立，其中影响较大的是麻风病院。麻风病是由麻风分枝杆菌引起的一种慢性传染性疾病。这种疾病主要影响皮肤和周围神经，可以导致皮肤损伤、神经功能障碍以及畸形。该病主要通过呼吸道及直接接触传播。1569年，葡萄牙耶稣会士贾尼劳（D. Belchior Carneiro）在澳门建立了麻风病院，这是中国第一所西式麻风病院，持续运行400余年。[①]

三、特色民间艺术的兴起

明清时期是广东民俗形成的重要阶段。这一时期内，有大量延续至今的艺术形式出现、定型，灿若繁星，不胜枚举。地理大发现以后，中国的工艺美术品大量涌入欧洲，其自然精致、柔和的艺术风格深受欧洲各阶层的追捧，贵族豪门以使用、收藏中国生产的漆器、家具、木雕、牙雕、外销画为时髦。因此在17至18世纪欧洲兴起了长达百年的“中国热”。受中国艺术影响，一种被称为“洛可可”（Rococo），具有轻快、精致、细腻、繁复等特点的风格流行起来。

陶瓷业飞速发展。明代石湾陶的品类逐渐增加，除常见的炊煮器、饮食器、盛储器等日用陶外，大量原创的艺术类器皿，人物及动物陶塑、微陶塑，以及园林建筑用陶百花齐放。其中，以陶塑类最为突出，其装饰时兴，兼有功能性和艺术性，因而具有较高的艺术成就。

广东陶瓷业在中外交流中占有重要地位，在明清时期推动了珐琅彩与广彩的诞生。珐琅彩瓷器是在白瓷胎上施以珐琅釉料，经过高温烧制而成的。珐琅釉料含有多种金属氧化物，烧制后呈现出丰富的色彩，有红、黄、蓝、绿、紫等多种颜色，且色泽稳定，经久不褪。珐琅彩瓷器的绘画工艺讲究对称和平衡，富有装饰性，图案多为花鸟、山水、人物故事等，风格上中西融合而偏中国化。明代晚期，珐琅彩技术传入中国，最初是在铜胎上施以珐琅彩，称为“铜胎画珐琅”或“景泰蓝”。清康熙年间，皇帝对珐琅彩十分喜爱，先后聘请广东、景德镇乃至法国画匠参与制作，并

① 吴志良、汤开建、金国平编《澳门编年史》第1卷，广东人民出版社，2009，第147页。

开始应用于瓷器上。雍正、乾隆时期，珐琅彩瓷器的制作达到鼎盛，技艺更为精湛，色彩更加丰富多样，图案设计也更加精美细致。珐琅彩瓷器不仅在中国宫廷中流行，还远销海外。

清中叶，国外对中国瓷器需求旺盛，催生了主要面向外国的广彩。广彩又称“广州织金彩瓷”“广州彩瓷”等，是广州地区在景德镇或本地所产各种白胎瓷器上，由广州本地工匠在番禺县河南（今海珠区）开炉绘制和烧制的、具有程式化装饰图案的地方传统手工艺，以绚丽华美的色彩闻名于世，具有浓厚的岭南文化特质和独特的艺术价值。18世纪中叶以后，广彩多为订制瓷器，以提前订货为主，即外商将自己喜爱的图样交给粤商，由粤商按样生产，所制图案有的完全按照西方指定图样，也有的采用中西方元素混合的图案，颇受西方人的喜爱。

对外贸易同时也推动了广东绘画艺术的发展。西洋油画自明末利玛窦传入中国后，至18世纪，伴随着十三行商馆的贸易活动，广州出现相当数量的职业画师绘制以广州口岸为背景、题材繁多的外销画。这些绘画以油画颜料、水粉及水彩等绘制于蓪草纸上，融合了中国传统绘画技巧与西方写实绘画风格和透视法、明暗法。蓪草纸则以中国南方地区常见的蓪草茎髓切成薄片制成。

岭南本地绘画也有其脉络传承。清中期，广东画家居廉、居巢（并称“二居”），对广东绘画向现代转换的进程起到极大的推动作用。“二居”效法“清初六大家”之一的恽寿平，将写生传统和自己对岭南风物的真情体验予以创造性表达。他们以“十香园”为创作、授业之所，开创出“撞水”“撞粉”技法，并培养出高剑父、高奇峰、陈树人等画家，创建了岭南画派。①此后，岭南画派又将其提倡的折中中西的“新国画”融入广彩瓷绘，使清末民初部分广彩瓷受岭南绘画影响，改变了自清道光以来形成的传统风格，促成了广彩瓷地域特色的形成。②

在雕塑方面，明清时期广东也有极大突破。象牙雕刻走向繁荣。广州对外贸易的进一步发展，使得海外的象牙大量输入广州，本地的牙雕工艺品又可以向全球销售。此后，广州牙雕逐步形成了自己的风格，以精细

① 刘志辉：《居巢、居廉绘画艺术初探及对岭南画派的影响》，《文艺生活（艺术中国）》2023年第8期。

② 陈文彦：《清末民初岭南画坛参与广彩瓷创作研究》，《美术学报》2017年第2期。

清居廉《花卉草虫四屏图》

居廉（1828—1904），字古泉，号隔山老人，广东番禺人。早年随堂兄居巢习画，工花卉、草虫，尤以写生见长，善用没骨，继承并发展了“撞粉”“撞水”之法。晚年在家乡设馆授徒，影响甚大，“岭南画派”创始人高剑父、陈树人等皆出其门下。

该图纵167厘米，横45厘米，用四屏分写了牡丹、芙蓉、凌霄、紫薇等时卉，并配以湖石、蜜蜂、蝴蝶、知了、螳螂等，工写结合，形神兼备，使画面充满动感和深度。

· 广东省博物馆（广州鲁迅纪念馆）藏

工整、玲珑剔透闻名于世，与江南牙雕、宫廷牙雕并称“象牙雕刻三大流派”。代表作品有多层镂空旋转象牙球。①

潮州木雕植根于广东文化，同时也吸收了江浙地区，尤其是东阳木雕的艺术特色，在清代走向极盛。潮州木雕的应用非常广泛，题材丰富多样，包括民间传说、古今人物、花鸟虫鱼、飞禽走兽、江海水族以及戏剧故事等。潮州木雕利用其特有的多层镂空通雕技艺，将人物众多、情节复杂、场面宏大、景物丰富的题材表现得淋漓尽致，令人赞赏不已。

在雷州半岛，石狗文化发展进入繁盛期。石狗起源于少数民族的“九耳异犬”图腾崇拜，又受到儒、释、道文化的影响。人们相信，石狗能带来好运，而且具有赐福和镇邪等作用，因此将它祀立在家门口、巷口、村口、路口、井口、河口、庙前等地以“保境安民”。石狗形态多呈蹲坐状，前腿向前撑直，后腿弯曲蜷缩，昂头，嘴巴为张开状，或露牙或不露，并且多露出生殖器官，有“文相”与“武相”之分。石狗多用雷州半岛常见的玄武岩雕刻，少数石狗也会使用其他材料，如珊瑚等。②

在非物质文化方面，广东的民间说唱艺术在明清时期蓬勃发展，形成了木鱼歌、粤讴、潮州歌等不同形式的说唱艺术。明末清初，木鱼歌在广东兴起，以粤语创作。早期的木鱼歌都是随编随唱，后来才记录曲词，辗转传抄，或刻印传唱，抄本或刻本被称为“木鱼书”。木鱼歌的内容非常丰富，包括佛教故事、宫闱秘事、征战传奇、儿女姻缘、现实生活等，涵盖了历史学、社会学、民俗学、伦理学等内容。代表篇目有《二荷花史》《大闹广昌隆》等。

在木鱼歌的基础上，接受潮曲、南词的影响，经过不断加工锤炼，南音在清乾隆、嘉庆年间形成。南音流行于珠江三角洲地区。早期于勾栏画舫传唱，作品多为文人所撰，曲词较典雅，曲调哀怨缠绵。流入民间由瞽师（失明艺人）演唱的南音，具乡土气息，韵味浓郁，称为“地水南音”。19世纪末，受到粤剧影响，南音腔调有所发展，形成正线南音、流水南音、乙反南音和连环南音，有各种不同的板面、过序，节奏上有慢板、中板、流水板和快板之分。唱词基本属七字句，可加减衬字，句格、

① 梁莹：《试论清代至民国期间广州的象牙雕刻》，《中国民族博览》2019年第12期。
② 钟建准：《雷州石狗文化再议》，《艺术与民俗》2022年第2期。

声韵和节拍要求严整。伴奏惯用椰胡、洞箫、琵琶、筝等乐器。代表作品有《客途秋恨》《叹五更》等。[①]

此后，又形成了粤讴。粤讴亦以粤语演唱，起源于珠江一带的疍歌和咸水歌，于嘉庆年间成型，并在道光年间由南海人招子庸编著成《粤讴》一书。该书搜集了百余首歌伶咏唱的民间唱词俚句，以粤语韵律加以变调整理，其题材多为诉说男女爱情，后由香港总督金文泰译为英文，介绍至欧洲。辛亥革命前后，进步文人则利用粤讴短小精悍的优势，宣传革命。[②]

至迟在明嘉靖年间，潮州地区的民间小曲逐渐发展为多至数十万字的长篇，称为“潮州歌”或“潮州俗曲”等。至民国初年，潮州歌已有160余种。潮州歌以潮州话演唱，题材或出于作者自己的构思，或采自民间传说，或改编通行的戏剧和小说，或和其他说唱文学互相袭用。代表作有《刘成美总节全歌》等。[③]

四、四大剧种的形成与发展

明清时期，广东四大剧种粤剧、潮剧、汉剧和雷剧相继成型，日渐繁荣。明中叶，弋阳腔、昆腔开始在广东广泛流传，对广东戏曲界有极大启发。

粤剧于此时开始萌芽，最初的“广腔”，就是在弋阳腔、昆腔、高腔和京腔的基础上形成的。从清中叶开始，大量的外江班除带来高腔、昆腔外，还带来各地新近兴起或流行的梆子、西皮、二黄、四平、罗罗、吹腔等各种声腔，同时带来不同剧种和大量的剧目。不同风格、异彩纷呈的表演艺术，为本地戏班艺术的发展提供了丰富的、可供借鉴的材料，使本地戏班的艺术趋于成熟。至清末，本地班独盛，遂形成独具风格、特点鲜明的粤剧。进入20世纪，粤剧发展成熟，形成了薛（觉先）、马（师曾）、桂（名扬）、廖（侠怀）、白（驹荣）等艺术流派，排演了《六国大封相》《帝女花》等经典剧目。[④]

① 梁培炽：《香港大学所藏木鱼书叙录与研究》，香港中文大学亚洲研究中心，1978。

② 朱少璋编校《粤讴采辑》，广东人民出版社，2016，第3页。

③ 谭正璧、谭寻：《木鱼歌、潮州歌叙录》，书目文献出版社，1982，第101页。

④ 王沪生主编《粤剧史话》，社会科学文献出版社，2015，第23页。

潮州地区沿袭南戏渊源，受弋阳腔影响，于明代形成以官话演唱的正字戏。明中后期，逐渐产生以潮州土音演唱的白字戏，进而发展为“潮腔”，并最终演变为潮剧。潮剧早期采用童伶制，以童优唱平喉为基本声腔特征，废除童伶制后改以转换调门、起用女小生替代。著名剧目有《荔镜记》《扫窗会》等。[①]

流行于广东的梅县、汕头和粤东北、粤闽赣边区等地的汉剧则形成稍晚。清嘉庆年间，活跃于广州的外江班进入梅县一带，吸收客家“中军班”艺人参加，融合粤东民间音乐和佛、道乐曲，以及兴宁、梅县地区的“中军班”音乐，逐步形成自己的艺术风格。1933年，大埔县人钱热储著《汉剧提纲》，将该剧定名为“汉剧”，从此约定俗成，沿称至今。汉剧唱腔以皮黄为主，兼收昆曲、高腔、吹腔、小调等，朴实淳厚，高昂悲壮。代表剧目有《百里奚认妻》《齐王求将》等。

在粤西，雷剧亦于此时形成。雷剧起源于明末清初的雷州半岛，经过姑娘歌、劝世歌、大班歌、雷剧四个发展阶段，至嘉庆末年北和雷歌班成立，雷剧初步形成。雷剧的唱腔体系完整、曲调优美，以板式变化结构为主，采用原雷讴散、慢、中快板，高商雷讴散、中、快板，高台羽调慢、中板，高台宫调中板，原腔混合复、慢板等11种板式，根据剧情和不同的意境采用女声伴唱、男女声重唱的作曲手法来渲染不同的戏剧氛围。著名剧目有《断机教子》等。

第三节

饮食与习俗

明清时期，伴随着经济发展与中外交流，广东人的日常生活也发生了巨大变化。得风气之先，广东在饮食等方面积极吸收新鲜事物，创下多项

① 陈勃：《潮剧源流新证》，南方日报出版社，2018，第20页。

中国第一，并形成了一套既保留传统又吸收外来事物的新生活习惯。

一、外来作物与新饮食文化

明清时期，随着海外贸易兴盛，大量外来作物通过广东进入中国。其中，较知名的有番薯、烟草等原产于美洲的作物。明万历年间，番薯以多元路径进入中国，广东亦有东莞人陈益、电白人林怀兰分别自越南引进的说法。番薯传入后，因其高产、耐旱、适应性强的特性，在广东、福建、浙江普遍种植。闽粤移民又将番薯引种至江西，乾隆年间已经广泛种植于江西山区。至迟在19世纪中期，粤、闽、浙、赣四省构成东南番薯集中产区。番薯的广泛种植对于缓解明清人口增长带来的粮食压力起到了关键性作用，也促进了中国农业生产结构的变化。[①]

广东是成瘾性消费品进入中国的主要门户。原产于美洲的烟草于明清时期进入中国。17世纪初，广东与闽南地区开始种植烟草，并向全国扩散。明末至清中叶，烟草种植伴随客家移民迁徙，从沿海向内陆大规模普及，潮州出产的烟草也成为著名品种之一。[②]在消费层面，烟草以烟丝、鼻烟、卷烟三种形态传入广东。鼻烟通过广州口岸贸易与耶稣会传教士传入。至乾隆年间，广东已成为鼻烟与鼻烟壶的重要产地，其中广州所制鼻烟壶以工艺精湛、题材广泛而广受欢迎。19世纪30年代，卷烟制品兴起。几乎同时，吸食卷烟成为广东上流人士中的时尚，该习惯经由广东商人传播至全国各地。早期卷烟主要由外国进口，或由外商在上海设厂制造。1898年，三名广东商人在湖北宜昌开办茂大卷叶烟制造所，是中国人首次尝试制造卷烟。[③]

另一种成瘾性消费品是毒品。首先是鸦片，虽然鸦片早于唐宋时期即进入中国，17世纪时华人又从殖民爪哇的荷兰人处掌握吸食办法，但由于数量较少，影响不大。直到19世纪初，外国鸦片才大量涌入中国，给中国社会带来严重危害，最终导致鸦片战争的爆发。19世纪晚期，从罂粟中提取的吗啡被当成治疗鸦片烟瘾的药物引进，随后泛滥，对个体、家庭乃至

① 李昕升、崔思朋：《明代番薯入华多元路径再探》，《历史档案》2022年第1期。

② 班凯乐：《中国烟草史》，皇甫秋实译，北京大学出版社，2018，第18页。

③ 杨国安编《中国烟业史汇典》，光明日报出版社，2002，第67页。

整个社会的危害日益深重。[1]稍后，海洛因亦进入中国。英国殖民统治下的香港，成为中国南方毒品贸易的中转站，由此出发的汽船走私毒品进入各口岸。

明清时期，广东的饮食文化有巨大革新。此时，粤菜开始成型。粤菜主要由广州、潮汕、东江三种地方风味构成。广州菜以选料精、配料奇、善变化、品种多而著称，口味讲究清、鲜、滑、爽、脆、嫩，技法以爆、炒、煎、焗、炆、煲、烤、扣为主。潮汕菜集粤、闽两地风味而自成一派，善制海鲜，口味清纯，刀工细腻，擅长焖、炖、蒸、炒、炸、泡等技法，尤以甜菜、汤菜见称。东江菜原料多取肉类，善烹鸡鸭，香浓油重，口味偏咸，有独特的乡土色彩。粤菜主要名菜有白切鸡、烤乳猪、太爷鸡、太史蛇羹、鼎湖上素、护国菜、东江盐焗鸡、白灼螺片、大良炒牛奶等。清咸丰、同治年间，饮茶文化开始盛行，经历“二厘馆”到“茶居”再到“茶楼”，茶楼业最终形成。人们前往茶楼，既食茶点，也进行社交。

一些延续至今的老字号也在此时期诞生。明末清初，致美斋创立，至清代已成为全国四大酱园之一，以制作麻油、酱油等闻名，是广州城内一个重要的标志。当时市井有云：“致美斋磨油系咁氹氹转，行来行去在个处元圈，佢重腰缠帷裙带住个件巴揸缚，个的麻油磨出几咁香甜。”[2]随着饮茶文化的流行，一些老字号茶楼相继创立。光绪年间，第一间现代化的茶楼三元楼创立，此后茶楼遍布大街小巷，较为知名且延续至今的有莲香楼、陶陶居等。此外，作为通商口岸，西式餐饮也在广东落地生根，发扬光大。粤菜在制作中融入西式技法，创造出如蛋挞一类融合中西的菜式、点心等。

二、香云纱与服饰变化

明清时期，广东地区的丝织业生产迅速发展。明清鼎革之际，清政府

① 马维熙：《“梦神”与“醒狮”：清季吗啡问题治理述论（1899—1911）》，《史林》2023年第5期。

② 《阴阳雪恨三卷》，载陈建华、傅华主编《广州大典·曲类》第2册，广州出版社，2019，第107页上。

强硬推行“断发易服”，加之连年战乱，服饰生产大受打击。清中期地方稳定后，服装生产恢复正常。清雍正元年（1723），广东丝织行业东家会馆锦纶会馆在广州西关建立，标志着广东丝织业逐渐走向繁荣。

锦纶行是丝织行业大行的总称，下面又分为众多小行，如放机行、朝蟒行、金彩行、宫纻线平行、牛郎行、杂色行、洋货三行、十一行、十八行、丝纱行、线纱行、广纱行、绍纱行、三纱行、八丝行等。按雇佣关系，每一行又可分为拥有织机的东家行和由机工组成的西家行。此外，广东还存在大量与服装相关的商业行会，如经营外国进口毛纺品“大呢匹头”的匹头行等。[①]行业的细分与行会的建立，说明服装行业已高度商品化和专业化。

在此基础上，香云纱纺织技术与服饰应运而生。香云纱主要产于广州南沙、佛山顺德一带，由以蚕桑丝为原料织成的白坯经过薯莨与河涌泥涂染，“三蒸九煮十八晒”加工而成，有“软黄金”之誉。由于其会伴随着人的行动发出沙沙的响声，所以被称作“响云纱”，谐音为“香云纱”。“荔熟蝉鸣云纱响，蔗浪蕉风莨绸爽”，香云纱清凉挺爽，透风不透光，易洗易干，不易褶皱，深受民众喜爱。

三、“自梳女”与“不落家”

随着经济的发展和丝织业的进步，珠江三角洲地区出现了被称为“自梳”与“不落家”的现象。所谓自梳，即通过一定的仪式自行易辫而髻，以宣示永不婚嫁，独身终老，经过这种仪式的独身女性被称为“自梳女”。她们主要分布在广东顺德、南海、番禺、中山、肇庆等乡村地区。自梳女选择自梳，一方面是为了对抗传统的包办婚姻；另一方面也是因为她们可以通过缫丝、家政等新兴职业获得经济独立，从而摆脱人身依附。自梳女对抗的是婚姻形式，对宗族等传统文化仍持接纳态度。

自梳女是一个有着独特仪式、组织、活动场所和文化价值的社会群体，她们大多投身缫丝业。清末民初机器缫丝业急速发展，自梳女群体也

① 白芳：《清代广州丝绸商业行会研究：以匹头行锦联堂为例》，《文博学刊》2020年第4期。

不断扩大。20世纪30年代以后，广东缫丝业衰败，很多失业的自梳女外出广州、香港和新加坡、马来亚等地充当女佣，以维持家庭生计，自梳风气逐渐消散。

所谓不落家则指已婚女性不愿随夫家生活，而是选择留在或经常返回娘家居住的现象。这些女性利用“三朝回门”的机会长住娘家，或在婚后仍然保持与娘家的紧密联系，不愿意或拒绝履行传统意义上的妻子、媳妇的职责。不落家的女性可能是因为对夫家的不满、对婚姻的反抗或是对娘家的依恋而选择这种生活方式。这种“归宁不返”的习俗可能来自古代少数民族的遗存，在福建的畲族、广东的瑶族、海南的黎族、广西的壮族与贵州的苗族中有相似的习俗。

第四章 岭南学派与文脉传承

明中后期，岭南文化进入成熟期和成型期。以“义理”“考据”“辞章”“经世”为框架来分析明中叶至清代中前期广东学术与思想文化，可以看出，明代文章（辞章）之学、岭南风雅始自元末明初的南园诗社，经明末清初“岭南三大家”，直至清中期，文脉未衰；经世之学以“海南双璧”丘濬、海瑞为代表，也包括霍韬、黄佐、陈建等儒者；义理之学是宋明时期思想文化和学术主流，陈献章创立“江门学派”引领明代心学发展，湛若水的甘泉学派，方献夫、薛侃等人的岭南“王学”继之，共同将古代岭南义理（心性）之学带入“黄金岁月”；清代广东的“考据之学”长期缺席，直至学海堂时期才异军突起，但在“西学东渐”和“汉宋调和”论的合力下，已准备好直接拥抱以科学知识论为基础的“新学”。

第一节

诗文传承与史志文献中的岭南文脉

屈大均序其《广东文集》有云：广东文（诗）坛“至有明乃照于四方焉，故今天下言文者必称广东”[①]，诞生了不让中原、江南的众多诗人与作家。陈遇夫《岭海诗见序》也称：“有明三百年，吾粤诗最盛，比于中州，殆过之无不及者。”[②]以南园诗社前后“五先生”为代表形成“岭南诗派”，标志着有地方特色的岭南文学在全国崛起。明末清初，岭南诗坛异常繁荣，涌现出一批爱国诗人和遗民诗人，地域书写特征明显，形成“岭南三大家”“岭南七子”，继续在全国文坛产生广泛影响。同时，伴随岭南佛教复兴和王朝鼎革，形成了一个璀璨的诗僧群体，是明末清初岭南独特的社会文化现象。随着明代广东经济地位提升和社会发展，岭南文化进入整理乡邦文献和总结区域（地方）历史形态的阶段。《广东通志》等多种地方志的修撰，《广东新语》对“吾粤”的建构，是岭南文化发展臻于成熟的标志。

一、岭南文坛的鼎盛与文脉传承

明代岭南文坛，星汉灿烂，名家辈出。

南园五先生。元至正十八年（1358），顺德人孙蕡，南海人王佐，番禺人赵介、李德、黄哲五位广东籍诗人因在南园（抗风轩）结社，诗酬唱和，号为南园诗社，被称为“南园五先生”。当时，他们的影响力不亚于“吴中四杰”“闽南十才子”等。孙蕡字仲衍，号西庵先生，诗风雄直

① 屈大均：《广东新语》卷11《文语》，中华书局，1985，第316页。
② 陈遇夫：《涉需堂文集》，道光二十二年（1842）刻本。

率真，清圆流丽，豪放洒脱，卓然有古格，是南园诗社发起人，被公认为“南园五先生”之首，亦被尊为“岭南诗宗”。《南园五先生集》五卷在嘉靖年间被合刻传世。“南园五先生”带着对本土地域文化的认同和乡邦自豪感，开创了自成一格的以推崇盛唐、反对“以学问为诗”、重视风骨为诗学理想的“岭南诗派”[①]。《四库全书总目提要》称赞他们：“粤东诗派，数人实开其先，其提倡风雅之功，有未可没者。”

南园后五先生。嘉靖三十二年（1553）至三十五年（1556）间，欧大任（顺德人）、梁有誉（顺德人）、黎民表（从化人）、吴旦（南海人）、李时行（番禺人）等五位岭南诗人重结诗社于南园抗风轩。五人虽风格和成就各不相同，但均以“南园五先生”继承者自居，继承了岭南现实主义诗风，体现了岭南文人的家国情怀，感情真挚，清新自如，故被称为“南园后五先生”，诗名远播中原。欧大任被称为“学者诗人”。欧大任、梁有誉、黎民表任职京师期间，又与李攀龙等诗坛名流同盟结社，梁有誉甚至名列明“后七子”之一。

南园十二子。崇祯十二年（1639），南海人陈子壮（1596—1647）、陈子升（1614—1673）兄弟与番禺人黎遂球（1602—1646）、欧主遇、欧必元、区怀瑞、区怀年、黎邦瑊、黄圣年、黄季恒、徐棻、僧通岸等十二人借重修南园之机第三次结社于此，被称为“南园十二子”，也是南园诗社的绝唱。“南园十二子”以陈子壮、黎遂球师生二人为核心。黎遂球因参加扬州影园组织的黄牡丹诗会，所赋诗被推为第一，赢得“黄牡丹状元”美誉。回到广州后，南园诗社诸子纷纷和黎遂球的夺冠诗，并结集为《南园花信》，刊印成书。此次和诗事件，不仅是南园诗社的活动高潮，也是联结南园与影园、岭南与江南的重要契机。南园诗人的影响日益扩大，岭南诗坛再次崛起。他们的创作“标举唐音”“重视风骨”，对岭南诗派的“雄直之气”有着重要的继承和发展。

岭南前三家。南海人邝露（1604—1650）与番禺人黎遂球、顺德人陈邦彦（1603—1647）崛起于明末诗坛，被称为“岭南前三家”。其中，以邝露最为杰出，其诗汪洋恣肆，有“粤中屈原”之誉；黎遂球诗苍劲悲

① 胡应麟最早提出此概念，称“岭南诗派昉于孙蕡仲衍”。参见《诗薮》（新1版），上海古籍出版社，1979，第342页。

凉，被称为“粤中李白”；陈邦彦诗雄奇老健，被视作“粤中杜甫”。[1]

岭南三忠。有“岭南三忠”之称的爱国诗人陈邦彦、陈子壮与东莞人张家玉（1615—1647），南明永历时期在家乡组织抗清。他们的诗歌抒发了关心民生疾苦的情怀，再现了动荡的政局与社会现实，表达了中兴之愿、报国豪情，堪称“诗史”。

岭南三大家。明末清初文学成就最高的，当数番禺人屈大均（1630—1696）、顺德人陈恭尹（1631—1700）、南海人梁佩兰（1629—1705），他们被合称“岭南三大家”，是岭南诗派的典范性代表，成为全国诗坛的一个重要流派。王隼辑有《岭南三大家诗选》。沈德潜称许屈大均的五律、陈恭尹的七律、梁佩兰的七律。[2]三大家各有擅长的诗体，诗风也各不相同。陈恭尹《梁药亭诗序》称：“翁山江河之水也，药亭瀑布之水也，而予幽涧之水也；翁山之味醇而洌，药亭之味清而旨，予之咏籍而永。”[3]屈大均，字翁山；梁佩兰，字药亭；陈恭尹，字元孝，晚号独漉子。三大家共同的诗学合力体现在他们力扫明代的复古之风，呼应时代和社会民生，并有着鲜明的地方色彩，发展了岭南诗歌雄直的诗风。屈大均师从陈邦彦，持明遗民立场，终生不曾仕清。他自称“诗法少陵”“文法所南”，平生诗文以杜甫诗史、郑思肖心史为效法对象，居“岭南三大家”之首。他的诗歌，继承了“屈骚”传统；他的词，“当为有明一代殿军”[4]；他的文章，“被公认代表了当时岭南散文的最高成就”[5]。著有《屈翁山诗集》《翁山诗外》《翁山文外》《翁山文钞》等。

清初岭南文坛，风雅依旧，弦歌不辍。

岭南七子。梁佩兰、陈恭尹为“岭南三大家”人物，梁佩兰虽在清初仕清，但寄情山水，吟咏风土，结社赋诗与唱和、切磋，被推为清初岭南诗坛宗主。另有南海人程可则（1627—1676）、番禺人王邦畿（1618—1668）以及番禺人方殿元（1636—？）、方还（生卒年不详）、方朝

① 陈永正主编《岭南文学史》，广东高等教育出版社，1993，第8页。

② 原文：“岭南三家，翁山以五言律擅场，元孝以七言律擅场，而七言古体独推药亭。”参见沈德潜：《清诗别裁集》，河北人民出版社，1997，第307页。

③ 沈德潜：《清代文论选》（上），人民文学出版社，1999，第331页。

④ 陈永正主编《岭南文学史》，广东高等教育出版社，1993，第14页。

⑤ 陈永正主编《岭南文学史》，广东高等教育出版社，1993，第20页。

清屈大均《广东新语》书影

《广东新语》是清代笔记，成书于康熙年间。是书补《广东通志》之不足，体例有别于方志，每卷述事物一类，即所谓“一语”，共28卷。该书囊括岭南地区天文地理、经济物产、风土人情等，内容丰富翔实，可以说是一部百科全书式的广东笔记著作，是研究明清之际广东地方史的重要史料。

· 广东省博物馆（广州鲁迅纪念馆）藏

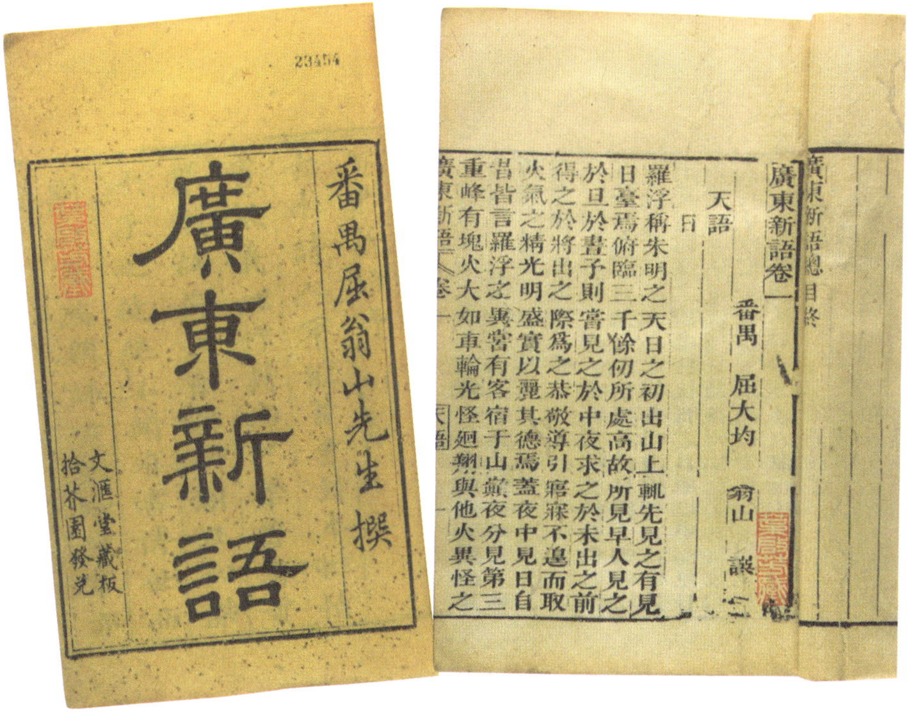

（1675—1734）父子三人。七人合称清初“岭南七子”，《清史稿》卷四百八十四均有传。如梁佩兰传称程可则“结兰湖社，与同邑程可则，番禺王邦畿、方殿元及恭尹等称‘岭南七子’”①。程可则在中国文学史上与宋琬、施闰章、王士禄、王士祯、汪琬、沈荃、曹尔堪等人并称“海内八大家”，吴之振合刻了八家诗选。程诗多感慨个人遭际，反映了清初仕清文人的矛盾心态，著有《海日堂集》，朱彝尊评曰“其音和以舒，其志廉以远”，不失为岭南清初名家。程可则在为京官时引介岭南诗人，增进了主流文坛对岭南诗坛的了解。王邦畿为明遗民诗人，凌扬藻《国朝岭海诗钞》称他的诗“寄托微远”②。其子王隼（1644—1700）编选屈大均、梁佩兰、陈恭尹三家之诗成《岭南三大家诗选》，自此“岭南三大家”之称流行开来。方殿元曾与“岭南三大家”等结社唱和，后迁居苏州，以“广歌”名其堂，欲后人“不忘广语、广歌”。沈德潜谓方殿元诗“高华伉爽，依傍一空，品不在岭南三家下”③。方殿元之子方还、方朝亦有诗名，与沈德潜交厚，并称“广南二方”或“吴下二方”。

廖燕（1644—1705），韶州曲江人，布衣文人，清初文坛奇士。凌扬藻称他性简傲，人共目为高尚士。④其《二十七松堂集》自序，下笔即为惊人之语：“笔代舌，墨代泪，字代语言，而笺纸代影照，如我立前而与之言，而文著焉。”韶州知府高纲序称其文“瑰奇雄伟，弛逐昌黎、眉山间”⑤。廖燕以猛烈抨击科举与八股闻名，《二十七松堂集》卷一有《明太祖论》称：“吾以为明太祖以制义取士，与秦焚书之术无异，特明巧而秦拙耳，其欲愚天下之心则一也。”“自《四书》、一经外，咸束高阁。虽图史满前，皆不暇目，以为妨吾之所为。于是天下之书不焚而自焚矣。非焚也，人不复读，与焚无异也。”他的著作在日本广受赞誉。有人将他与清初散文家侯方域、魏禧并提。

惠门四子。康熙、雍正年间，惠士奇（1671—1741）于康熙五十九年（1720）至雍正四年（1726）任广东学政时，培养了一批广东士子，开

① 赵尔巽：《清史稿·列传271》第44册，中华书局，1977，第13332页。
② 凌扬藻辑《国朝岭海诗钞》卷1，道光六年（1826）狎鸥亭藏板。
③ 沈德潜：《清诗别裁集》卷9，河北人民出版社，1997，第172页。
④ 凌扬藻辑《国朝岭海诗钞》卷3，道光六年（1826）狎鸥亭藏板。
⑤ 廖燕：《二十七松堂集》，清乾隆三年（1738）刻本。

清代广东学术源流的先河，但不以学术而是以诗文见长。何梦瑶（1693—1764）、苏珥（1699—1767）、罗天尺（1668—1766）、陈海天四人随惠士奇讲论文艺，时人合称为“惠门四子”。又有“惠门八子”之说，《清史稿》卷四百八十五何梦瑶传称：“惠士奇视学广东，一以通经、学古为教。梦瑶与同里劳孝舆、吴世忠，顺德罗天尺、苏珥、陈世和、陈海六，番禺吴秋一时并起，有‘惠门八子’之目。”[①]无论是四子还是八子，都为清中叶岭南文坛增添了光彩。

乾隆、嘉庆年间，顺德人黎简（1747—1799）、钦州人冯敏昌（1747—1807）、嘉应州人宋湘（1757—1826）所处时代已与“岭南三大家”完全不同，但他们仍然继承岭南诗派传统，不为“格调”“性灵”两派所牢笼，“卓然自树，屹立于中国诗林之中”[②]。

嘉庆、道光年间，翁方纲任广东学政时，称许番禺人张维屏（1778—1857）、香山人黄培芳（1779—1859）、阳春人谭敬昭（1774—1830）之诗，将三人合称“粤东三子”。张维屏《国朝诗人征略》、黄培芳诗话三种，通过诗学批评，建构岭南诗派。黄培芳有强烈的地域优越感与自信心，其《北行日记》中有“无一不逊于粤”的嚣张言论，似乎也表明嘉道之际广东与江南在争夺文化中心，虽未攻守易势，但至少发生了一些微妙变化。[③]不过，随着广州一口通商的结束，广东经济贸易独大的日子也终止，传统“文化中心”之争也就烟消云散了。历史看上去是要关上广东文学崛起的大门，其实却又开了一扇新门，一个以西学、“新学”为主角的文化舞台正徐徐拉开大幕。这次，岭南人终于要登上前台，独领风骚。

二、明末清初独特的诗僧群体

宋元时期，禅宗在佛教诸宗派中一枝独秀。禅门僧人与在俗士人交往益深，和明代禅宗的民间化和世俗化进程加速相一致。明中前期，岭南的禅宗衰败。与之形成鲜明对照的是岭南禅学大放异彩，以陈献章、杨起元

① 赵尔巽：《清史稿·列传272》第44册，中华书局，1977，第13375页。

② 陈永正主编《岭南文学史》，广东高等教育出版社，1993，第11页。

③ 李若晴：《青萍之末：嘉道年间岭南的文人生活与艺术世界》，人民美术出版社，2021，第338页。

为代表的岭南心学，使禅学与心学合流成为岭南士人思想与信仰的普遍样态。明末清初，万历佛教的复兴以及明清鼎革的变局，促使岭南佛教和禅宗再度繁荣。

明初朱元璋制定了禅、讲、教分类管理的佛教政策，对岭南佛教发展的压制非常明显。成化以后至隆庆、万历，明政府对宗教的管理越来越放任自流，带来晚明佛教的复兴，涌现出憨山德清等一批高僧，史称“万历佛教”。一批高僧来粤弘法，使岭南禅宗继惠能之后在明末清初形成第二个高潮。

释德清（1546—1623），号憨山。曾因私创寺院罪被流放岭南，于广州光孝寺、肇庆鼎湖山白云寺等地弘法，后住锡韶州曹溪南华寺，有《憨大师中兴曹溪实录》略见其概。他重刻《坛经》，并编修《曹溪通志》，记述了南禅一脉的源流及兴衰起伏的发展过程。其遗稿在岭南被刻为《憨山大师梦游全集》，他也被称为明末四大高僧之首。

道独（1600—1661），号宗宝，曹洞宗（禅宗、南宗五家之一）僧人。他于崇祯末年在粤弘法，与其徒天然函昰、祖心函可（号剩人）等在岭南产生了巨大的影响。适逢明清鼎革，大量士人出家为僧，遗民“逃禅”之风兴起。平南王尚可喜佞佛，“护法”广东各地佛教道场，遂使清初“遗民僧”群体聚集岭南。岭南因此成为全国“遗民逃禅”的中心之一，涌现了极具时代特点的禅僧、诗僧群体。禅宗道场遍布，如惠州罗浮山华首台，东莞芥庵，广州的光孝寺、海幢寺、大佛寺、长寿寺，番禺海云寺，韶州丹霞别传寺（为澹归今释即金堡所创），鼎湖山庆云寺（成鹫住持）等。其中，海云寺的天然和尚（1608—1685）是岭南遗民僧的精神领袖，形成了“海云禅派”。

大汕和尚（1633—1705），字石濂，系江南遗民僧领袖曹洞宗觉浪道盛的法嗣，先入住平南王家庙广州大佛寺，后住持长寿寺和清远飞来寺。工诗画，有才情，被誉为“诗僧”“画僧”。其“以禅通艺”的画学理论，颇为世人所重。康熙三十四年（1695），他受“大越国王”之邀前往越南南部弘法，并撰成《海外纪事》一书，在中越佛教交流史上留下了浓重一笔。他还重修澳门普济禅院，在澳门弘扬佛教。

出现如此众多的遗民僧，在岭南乃至中国的佛教发展史上前所未有。遗民僧中多硕学鸿儒，他们禅修、耕文两不误，其弘法事迹与诗文创作成为一份独特的精神文化遗产。

三、志谱文献与岭南文化的自觉

明代修志成风。据邸富生《中国方志学史》统计，当时的广东（含海南）纂修了通志4种、府志37种、州志6种、县志121种，共计168种。现存通志4种、府志14种、州志2种、县志30种，共计50种。

广东大规模修志始于嘉靖年间。嘉靖十四年（1535），广东巡按监察御史戴璟修、张岳纂《广东通志初稿》40卷刻成，是现存首部广东省通志。其仿《宋史》例专设《道学》卷，表明陈白沙、湛甘泉、王阳明心学的基本主张已为进士阶层、地方官员尤其是广东的地方官员所接受并践履。广东不愧是陈白沙开辟的理学重镇。

黄佐曾于正德年间撰成《广州人物传》24卷，嘉靖六年（1527）纂修《广州府志》70卷刊行。嘉靖四十年（1561），黄佐纂《嘉靖广东通志》70卷成，体裁渊雅，兼具识见，内容分为11门69类，人物门占了1/3篇幅。此外，他还编纂了《香山县志》《罗浮山志》等。

郭棐（1529—1605），南海籍番禺（今广州市）人，湛甘泉弟子。万历三十年（1602），郭棐、王学曾、袁昌祚等纂成《万历广东通志》72卷，内容分为35门，较黄佐志更加丰富，体例也臻于合理。郭棐还撰有《粤大记》32卷，详今略古，剖辨得失；《岭海名胜记》20卷，详述岭南地区的风土人情、历史名胜及古今沿革。

清代续修《广东通志》有3部，分别是金光祖修康熙志30卷、郝玉麟修雍正志64卷、阮元修道光志334卷，其中道光志备受推重。

广东提学使张邦翼于万历年间辑成《岭南文献》32卷，开广东地方文献编纂先河。屈大均不遗余力收集与岭南相关的乡邦文献、历史记载、风土人情、典故传说，纂成堪称广东百科全书的《广东新语》28卷，不仅补《广东通志》之阙，而且借古讽今，指物喻志，“不出乎广东之内，而有以见夫广东之外”[①]。他编选的《广东文集》《广东文选》，既是对“吾粤”岭南地域意识和历史文化的建构，也是守护和传承汉族传统文化

① 屈大均：《广东新语·序》，中华书局，1985，第1页。

的曲折表达。他在《广东文选》自序中满怀深情、不无自豪、无比自信地说："嗟夫！广东者，吾之乡也。不能述吾之乡，不可以述天下。文在于吾之乡，斯在于天下矣！惟能述而后能有文，文之存亡在述者之明，而不徒在作者之圣。吾所以为父母之邦尽心者，惟此一书。"[①]屈大均在其作品中频繁使用"吾粤"这一充满主体意识的、彰显地域归属感和认同感的表述，体现了对岭南人文传统的高度自信，以及传承和弘扬岭南文化的自觉与责任。[②]

温汝能（1748—1811），晚号谦山，顺德人。所辑《粤东诗海》100卷补遗6卷、《粤东文海》66卷，其序言概述了广东历代诗文的发展情况，是广东诗文的重要文献。

嘉万后，广东族谱家谱的编修迅速增多，反映了民间宗族建设的持续推进。如《南海丹桂方谱》，始修于弘治十三年（1500）方贵科之手，后经清代第五次修谱成今谱。方贵科之弟方献夫自觉为父亲、祖父撰写行状修传，撰写《方氏仕宦谱序》等。又如南海《石头霍氏族谱》，由霍韬、霍与瑕父子开始编纂，万历年间由霍尚守完成，但并未刊刻，后经清代第五次修谱成今谱。

人有传，族有谱，地有志，国有史。地方志与族谱家谱中记载了大量有关本地、本宗的历史事件和人物情况，既反映了岭南文化的自觉，也为王朝、国家之外的历史研究留下了丰富的"地方—家族—个人"资料宝库。

第二节

岭南儒者的经世思想与务实传统

岭南儒学经过唐、宋、元时期的发展，其家国情怀、经世思想、务

① 屈大均辑《广东文选》，广东人民出版社，2008。

② 彭玉平主编《广东文学通史》第1卷，人民文学出版社，2023，第459页。

实传统已深入人心。经世，指经邦济世。务实，既包括平实、积极入世，也包括独立思考，不跟风随大流。鲁迅先生曾说："我们从古以来，就有埋头苦干的人，有拼命硬干的人，有为民请命的人……虽是等于为帝王将相作家谱的所谓'正史'，也往往掩不住他们的光耀，这就是中国的脊梁。"[①]在明中叶至清前期广东的儒家士大夫群体中正有这样一批人，他们虽身处边陲，远离帝都，但一经科举取士，便在不同的职位上廉洁奉公、为民做主，有的甚至治国安邦，发挥中流砥柱的作用。

一、治世能臣辈出

明代广东最早出现的政坛杰出人物，是来自琼州府（今海南省）的丘濬。

丘濬（1421—1495），也作"邱濬""丘浚"，字仲深，号琼台、深庵、玉峰等，琼山（今海口市）人，世称琼台先生。景泰五年（1454）考中进士，选翰林院庶吉士，为官40余年，历事景泰、天顺、成化、弘治四朝。先后参与编修《寰宇通志》《英宗实录》，充《宪宗实录》副总裁。孝宗时官至礼部尚书、户部尚书，内阁大学士。年七十六卒，赠特进左柱国、太傅，谥文庄，是明中前期的理学名臣。《明史》有传。

丘濬一生"六转官阶，皆司文墨"，有"一代文宗"之誉，明人何乔新推崇他与唐代张九龄，宋代余靖、崔与之并称"岭南四大儒"。时人称其律己之严、理学之博、著述之富，无有出其右者。所著《朱子学的》弘扬程朱理学的精粹，以学成圣人为目标，倡导经世致用思想，是明代朱子学的代表作。又仿朱子《通鉴纲目》，著《世史正纲》以明正统大义；著《家礼仪节》以扶世教大端。他认为真德秀《大学衍义》有资治道，但对《大学》八目只论及前六目，缺了"治国""平天下"最能体现儒家经世思想的二目，于是旁采经传子史中有裨于"治国""平天下"者分门类辑，附以己见，名曰《大学衍义补》。该书以经国济世（所谓经济之学）为己任，不仅论述帝王施政原则、任官之道，还将程朱理学与民生相

① 鲁迅：《且介亭杂文·中国人失掉自信力了吗》，载《鲁迅全集》第6卷，人民文学出版社，2005，第122页。

互结合，聚焦民生问题，为民理财，安民、富民，对“弘治中兴”产生过积极作用。经济思想方面，他肯定商业交换的市场功能，主张以白银为价值基准，建立白银、纸钞和铜钱三个层次的货币体系，并且不迟于1487年提出“世间之物必资于人力而后能成其用，视其体之大小、精粗以及功力浅深定其价之多少”的思想。这是一种劳动价值论，比1662年英国人配第在《赋税论》中提出的劳动价值论早了175年。他还提出较为完备的“海运”思想：海运补漕运之不足，利大于河运，既可发展南北贸易和海洋经济，也是巩固国防之举。所存诗文编为《丘文庄公集》。

梁储（1451—1527），字叔厚，号厚斋，别号郁洲居士，谥文康，顺德（今南海）人。曾受业陈献章，但他和丘濬一样，学宗程朱，生平也未见提及白沙。梁储举成化十四年（1478）会试第一，二甲第一名进士，选庶吉士，授翰林院编修。弘治时，侍武宗于东宫，与修《宪宗实录》。正德时，同修《大明会典》，与修《孝宗实录》，出使安南，官至吏部尚书、内阁大学士，曾一度为首辅。忠君恤民，节制宦官，对武宗也多有规谏。明世宗初即位，为首辅杨廷和所不容，致仕归乡。黄佐称其“立朝四十余年，议论每持忠厚”。屈大均称：“世宗以为兼有张九龄之忠荩，崔与之之风概。”①有《郁洲遗稿》传世。

翁万达（1498—1552），字仁夫，号东涯，潮汕府揭阳县（今属汕头市金平区）人，官至兵部尚书，著名军事家。他征讨安南，“万达功最”。督边6年，“以宿将守边，威名慑敌”。明世宗曾褒其为“文足以安邦，武足以戡乱”，被称为“岭南第一名臣”。②

海瑞（1514—1587），字汝贤，号刚峰，谥忠介，琼山（今海口市）人，明代良吏典范，与丘濬并称“海南双璧”。海瑞死后，关于他的传说故事在民间广为流传，特别是一些审理冤狱、疑难案件的故事，被编写成《大红袍》《小红袍》《生死牌》等公案小说、弹词，使海瑞成为继“包青天”（包拯）后又一位中国古代著名清官的化身，有“海青天”之誉。其思想受王阳明心学影响，重视人的本心和真心，常言天下事只求个是而已。强调知和行不二，是个政治实干家。他注重修身，廉洁奉公，不畏权

① 屈大均：《广东新语》卷7《人语·崔清献》，中华书局，1985，第224页。

② 中共广东省委组织部、广东省人民政府地方志办公室编《广东资政志鉴》，广东人民出版社，2015，第193页。

臣，大胆惩治官场贪污腐败，屡平冤假错案。他关心民间疾苦，为民请命，《明史·海瑞本传》赞他“意主于利民”。海瑞的一生很好地实践了他在《政序》中的宣言：“学者内以修身，外以为民，爵位者，所托以为民之器也。”[①]

庞尚鹏（1524—1580），字少南，号惺庵，南海人，嘉靖三十二年（1553）进士，曾任浙江巡按、左副都御史巡抚福建等职，明代著名的经济改革家。在浙江、福建积极推行十段锦法、一条鞭法的赋税及徭役制度，成为万历九年（1581）张居正在全国推行一条鞭法改革之滥觞，开清代摊丁入地之先河，在中国财政史上占有一定的地位。梳理两淮盐政有明显成效，总领九边屯务，条陈整理盐政二十事获准施行，使国家盐利大增。

二、霍韬、黄佐、陈建等不跟风心学的独立儒者

正德嘉靖年间，岭南学术以白沙、甘泉心学为主流，但也不乏学宗孔子或程朱理学的独立儒者，如霍韬、黄佐、陈建。

霍韬（1487—1540），字渭先，号渭厓，南海人，正德九年（1514）进士。因丁忧于正德十一年（1516）入西樵山读书，与方献夫、湛若水等往来讲学。正德十五年（1520）出山赴京，任职兵部。嘉靖初年在“大礼议”事件中成为“议礼派”五功臣。《明史·霍韬传》肯定其“学博才高”，但“量褊隘，所至与人竞”，先后与杨一清、夏言争斗。官至吏部侍郎、礼部尚书，谥文敏。学宗孔子，以“居处恭”为总纲，以“四勿”为条目，自言“臣所言学，只‘居处恭’一语尽之……非礼勿视也，非礼勿听也，非礼勿言也，非礼勿动也。四者，‘居处恭’之目也”。从学理上批评陆（九渊）王（守仁）心学，黄宗羲《明儒学案》把他列入《诸儒学案》，并谓“先生荐文成，谓臣不如也。而与文成之学不能契”[②]。有《渭厓文集》等传世。

黄佐（1490—1566），字才伯，号泰泉，香山县荔山（今属珠海）

① 海瑞：《海瑞集》下册，《论著类》，中华书局，1962。

② 黄宗羲：《明儒学案》（修订本），中华书局，2008，第1273页。

人，正德十五年（1520）进士。历任翰林院编修、南京国子监祭酒等职，官至翰林宫詹、侍读学士，谥文裕。黄宗羲《明儒学案》将其列入《诸儒学案》（《泰泉学案》）。[1]《明史》称他“学以程朱为宗”，不满陆王心学。嘉靖二年（1523）、嘉靖七年（1528）两次与王阳明会面论学，批评“心即理”说，主张回归孔子，学术以博约（博学于文，约之以礼）为宗旨。重视六经，尤精《诗》《礼》《乐》。一生多数时间居乡讲学，弟子众多，活跃于地方政坛与文化领域。倡导乡礼教化，所作《泰泉乡礼》成为乡约范本。

陈建（1497—1567），字廷肇，号清澜，东莞人，嘉靖七年（1528）举人，两次会试皆中副榜，选授福建侯官县教谕，迁江西临江府教授，升山东阳信县知县，嘉靖二十三年（1544）辞官归乡，读书著述，隐居不出。王阳明曾编选《朱子晚年定论》试图调和“朱陆之辩”，持朱学陆学“早异晚同”论，陈建对此加以反驳，并直斥心学为禅学，又把禅学贬为异端、夷狄之教，于嘉靖二十七年（1548）完成《学蔀通辨》12卷，维护朱子正学地位，是反王学的代表作。所著《皇明启运录》是编年体明朝开国史；《皇明通纪》，凡24卷，上起元末至正十一年（1351），下迄明正德末年（1521），是第一部明代通史著作。

第三节

心学引领明代哲学精神

明中前期，广东的学校已形成官学、社学、书院的完整体系，科举也成为绝大多数人通往仕途的道路。科举的内容以四书五经为主，以朱熹所注四书为模板和解释标准，并且文体八股化。士子的知识和思想完全为程朱理学所牢笼，造成思想的日益僵化和功名利禄之心泛滥。随着科举队伍

① 黄宗羲：《明儒学案》（修订本），中华书局，2008，第1198页。

的不断扩大，落第士人越来越多，手工业和商业的活跃加剧了社会流动，办书院和讲会盛行，以反俗学和追求个人成圣为旗帜的心学思潮兴起并流行起来。

一、陈献章的白沙学和“江门学派”

明代的学术和思想文化的主线，无疑是程朱理学的官方化和日益僵化，心学思潮的崛起和流行。《明史·儒林传》称：“学术之分，则自陈献章、王守仁始。”明代心学，以陈献章的白沙学和“江门学派”为开篇，在湛若水的甘泉学派和王守仁的阳明学派那里进至高峰。黄宗羲《明儒学案》将这三个学派分列白沙学案、甘泉学案以及姚江学案。明代有四位大儒入祀孔庙，陈献章、王阳明两位心学家位列其中，陈献章也是岭南首位和唯一入祀孔庙的人，标志着儒学岭南化的形成。儒学岭南化进入新阶段。以陈献章和他的弟子湛若水为代表的“江门学派”引领明代心学，将岭南第一次推到全国主流思想文化的前台（此前仅葛洪道教和惠能禅学在宗教文化领域产生过全国性影响）。隆庆（1567—1572）年间，顾存仁《重刻白沙先生诗教解序》称：“我国家正学自白沙倡教，甘泉嗣响，一时岭南齐名邹鲁。”岭南文化和教育因此迎来了蓬勃发展的黄金时代。

白沙学崛起于成化、弘治年间。陈献章（1428—1500），字公甫，号石斋，广州府新会县都会村人，后迁白沙里（今属江门市蓬江区），世称白沙子、陈白沙。陈献章早年受同乡黎贞影响较大，有“吾乡称先达，以文行教后进，百余年间，黎秫坡一人而已”[①]之评语。黎贞曾从学于孙蕡，白沙拜他的高弟梁继灏（号澹斋）为师，算是黎贞的再传弟子。白沙门人区越曾指出二人间的传承：“白沙振扬于道化周洽之时，秫坡则崛起于文治草创之日。……然则白沙之道学固不可少，而秫坡亦岂可遗哉！”[②]陈献章的科举之路并不顺利，二试不中，乃弃举业，从学于江西大儒吴与弼半载，仍没有寻得学做圣贤的门径（“入处”）。乃返乡，筑

① 陈献章：《澹斋先生挽诗序》，载《陈献章全集》（上），黎业明编校，上海古籍出版社，2019，第11页。

② 区越：《乡贤区西屏集》，收入《广州大典》集部别集类（第五十六辑）第六册（总423册），广州出版社，2015，第352页。

春阳台，静坐其中，数年无户外迹，终悟出“自得之学”的心学法门。

陈献章39岁时再上京师，复游太学，所赋诗《和杨龟山此日不再得韵》受到国子监祭酒邢让的盛赞，以为“真儒复出”，由是名震京师。新科进士如状元罗伦、会元章懋等都欣然与他交往、同游。白沙42岁时三赴会试，又不中，大笑而归。开馆授徒，有教无类，无论和尚、道士、商人、农民、仆人，有叩无不告，四方来学者日进。主张“学贵知疑”“学贵乎自得”，因材施教，声誉日隆。后屡荐不起。著作今已编为《陈献章全集》出版。

陈献章门人众多，多清苦自立，不以富贵为意。清人阮榕龄编《白沙门人考》著录173人。有学者提出应为190人，其中籍贯可考者184人（事迹可考者约140人）。[①]本省164人，以顺德梁储、东莞林光、番禺张诩、增城湛若水等最为著名。外省20人，以辽东贺钦、湖北李承箕等最为著名。《明儒学案》中“白沙学案”收入11人，尚未包括另立“甘泉学案”的湛若水。湛若水被视为陈献章的衣钵传人，故陈献章的“江门学派”包括白沙学派和甘泉学派。后学南海何维柏（1511—1587）、归善（今惠州）杨起元（1547—1599）等续有私淑或推崇白沙学者。

黄宗羲认为“有明之学，至白沙始入精微”，称白沙“远之则为曾点，近之则为尧夫（邵雍）”。[②]白沙之学从静坐工夫中来，其教学者，但令端坐澄心，主张“为学须从静中坐养出个端倪来，方有商量处”[③]。端倪即真心、人的本心。又主张学做圣人，寻孔颜乐处。其《古蒙州学记》提出“学圣之道，即希贤、希圣、希天，学以变化气习，求至乎圣人而后已也”。舍是而训诂为陋，辞章又陋，科第之文则陋之甚。这些都是理学家的共识。但到白沙时，程朱理学已成为科举教条，理学成了陋学和俗学，离圣学远矣。故白沙强调为学须返回圣学本原，从外在的循理回归内在本心，将天理收归人的本心，带来理学工夫论的心学转向，白沙学因此被称为“白沙心学”。

陈献章“以自然为宗”，不重视经史章句，以道为诗，以诗代文，以

① 王光松：《白沙学派论考》，巴蜀书社，2018，第5页。

② 黄宗羲：《明儒学案》（修订本），中华书局，2008，第79页。

③ 陈献章：《与贺克恭黄门》，载《陈献章全集》（中），黎业明编校，上海古籍出版社，2019，第180页。

诗为教，吟风弄月，寄情天地山水。时人拿他的诗歌与庄昶比，称为“陈庄体”。朱彝尊又称他继承了邵雍的理学诗和陶渊明的田园诗。学者们指出，其率性、主情的诗学观点及诗歌，影响中原文坛，开启明代性灵诗派；经湛若水、黄佐、屈大均、陈子升等发扬，逐渐形成了以自然为宗、追求气韵的岭南诗风。

二、湛若水的甘泉学派与“西樵理学”的兴盛

宋明时期是中国思想史、学术史上重建道统和学统的年代，故思想活跃、学术繁荣。正如《宋元学案》《明儒学案》所呈现的：不仅学派林立，且即便同一学派、师承，也不尽守师说；即便是思想、学术同盟，也可能各有宗旨，互相指责。前者如湛若水和他的老师陈白沙，后者如湛若水和他的朋友王阳明。

湛若水（1466—1560），字元明，号甘泉，广州府增城县甘泉都（今新塘镇）人，世称甘泉子、甘泉先生。他是白沙弟子，以“随处体认天理”为旗帜，以心性学为学问旨归，所作《心性图》及《心性图说》主张“大心说”，始终以心，始终以敬，心性不二，心包性情。通过对白沙学或“江门学派”的修正，并在与阳明学的论辩中建立起甘泉学派，形成孔、孟、周、程、江门（白沙）的道统与学统。

湛若水27岁中举人，32岁揭“随处体认天理”之旨，得到白沙先生的称许。白沙遂以“江门钓台”相托付，视湛若水为学术传人。白沙卒，湛若水为先生服丧3年。弘治十八年（1505）40岁时中进士，选庶吉士，授翰林院编修，与王阳明定交。正德五年（1510），又与王阳明一起和黄绾订终身共学之盟。正德十年（1515）丁母忧，回乡庐墓3年。遂居西樵山，与方献夫、霍韬等建书院，收徒讲学，甘泉学派和“西樵理学”逐渐形成。来西樵山拜师、访学者，以岭南士人居多，其学派背景以白沙弟子、甘泉弟子居多，也不乏阳明弟子。一时“西樵理学”大盛，与江右王学（王阳明心学）形成呼应，一起共同推进了明中期的心学运动，时称“王湛之学”。

湛若水早期在白沙“勿忘勿助”“自然”意义上立论，“勿忘勿助是自然功夫”集中体现了他对于白沙心学的传承。西樵山讲学之后，《新

泉问辨录》中也有言："吾所谓天理者，体认于心，即心学也。"[①]但更有代表性的观点却是："体认天理云者，兼知行、合内外言之也……吾之所谓随处云者，随心、随意、随身、随家、随国、随天下，盖随其所寂所感时耳，一耳。"[②]由"勿忘勿助""自然"转到强调兼知行、合内外，德业与举业"二业合一"，学术关怀已由个体内圣转至内圣外王一体、尊德性（涵养）与道问学（致知）的调和。湛若水曾自省"吾年五十而后学渐得力，盖从前未曾深加致知之功，虽力行涵养而未能真知，是以未能无惑也。始知博学、审问、慎思、明辨、笃行，阙一不可"[③]。以这一自省为标志，湛若水走上以"道问学"的致知"主敬"路线修正白沙学"主静"的路线，调和理学与心学。他曾严厉地批评了白沙："古之论学，未有以静为言者，以静为言者，皆禅也。故孔门之教，皆欲事上求仁，动时着力，何者？静不可以致力，才致力即已非静矣。故《论语》曰'执事敬'。""故善学者，必令动静一于敬，敬立而动静混矣。此合内外之道也。"[④]但湛若水在致仕后又回归白沙学基本立场，便努力为白沙"主静"打圆场，他回忆说："乃知先师不欲人静坐也。"更有甚者，湛若水在与弟子信中声称："春阳台，先师自以为错用功者。"[⑤]白沙十年春阳台闭关静坐悟出自得之学，这里却被湛若水一言颠覆，恐系不实之词。

《明史·湛若水本传》称："初与守仁同讲学，后各立宗旨，守仁以致良知为宗，若水以随处体验天理为宗。"湛若水曾以"大心说"与王阳明发生"格物"之辩、"支离"之争，王阳明对湛若水的"随处体认天理"说有严厉批评。嘉靖五年（1526），王阳明甚至批评湛若水"似急于立言"，只要自立门户，自私自利，成为吾党自相求胜之罪人，破坏吾党

① 湛若水：《新泉问辨录》，收入《湛若水全集》第13册，上海古籍出版社，2020，第53页。

② 湛若水：《答阳明王都宪论格物》，收入《湛若水全集》第21册，上海古籍出版社，2020，第254页。

③ 湛若水：《知新后语》，收入《湛若水全集》第12册，上海古籍出版社，2020，第118页。

④ 湛若水：《答余督学》，收入《湛若水全集》第21册，上海古籍出版社，2020，第222—223页。

⑤ 湛若水：《与邓君恪昣论启洪大巡书》，收入《湛若水全集》第21册，上海古籍出版社，2020，第339页。

大业。黄宗羲后来在《甘泉学案》中评论说："王湛两家，各立宗旨。湛氏门人虽不及王氏之盛，然当时学于湛者，或卒业于王；学于王者，或卒业于湛，亦犹朱陆之门下递相出入也。其后源远流长，王氏之外，名湛氏学者，至今不绝，即未必仍其宗旨，而渊源不可没也。"[①]湛若水一传弟子也有近4000人，《明史·吕柟本传》有云："时天下言学者，不归王守仁，则归湛若水。"霍韬也称："天下学者遂分王、湛之门。"[②]

湛若水不仅是学者、思想家，而且"平生以兴学养贤为任"[③]，是岭南历史上前所未有的大教育家。他于嘉靖初年任南京国子监祭酒，后官至南京礼部、吏部、兵部尚书，75岁才致仕。他官历两京，所至迭创建书院，著书、讲学不息。致仕回粤后更大兴书院，专心讲学20年。著作今已编为《湛若水全集》出版。湛若水尊师重道，据统计，他和弟子们建了33所书院，每建书院，必立"先师祠"，传承白沙心学，光大师门。其学生有名有姓的就多达649人，遍布全国各地。《明儒学案·甘泉学案》共分6卷，介绍湛若水弟子10人，其中江西永丰的吕怀、湖北安陆的何迁、徽州婺源（今属江西）的洪垣、浙江归安（今湖州）的唐枢，被称为湛门"四大弟子"，而唐枢弟子许孚远门下出了刘宗周、黄宗羲师徒，还出了关学集大成者冯从吾，成就最大。有学者指出，湛学在后代弟子中广泛地与阳明学、关学、气学乃至程朱理学相融合，可见"江门学派"、甘泉学派的源远流长，在学术思想史上影响深远。[④]如庞嵩（1507—1583），号弼唐，南海人，早游王阳明门，为钱德洪门生，且师从薛侃，为王阳明再传弟子。晚年师从湛若水，成为其关门弟子和衣钵传人，致力于融会王阳明、湛若水心学，形成"弼唐之学"，是"西樵理学"后期代表人物。[⑤]

总结来看，湛若水调和理学与心学的学术性格，使其理论不彻底、不鲜明，存有诸多矛盾。他中期对白沙学有不少批评，持修正主义立场，有独立门户之意，但其早期和晚期基本在江门（白沙）学统中。湛若水中期和王阳明有激烈争辩，互不相让，各守宗旨。在王阳明去世后，湛若水

① 黄宗羲：《明儒学案》（修订本），中华书局，2008，第875页。
② 霍与瑕：《霍勉斋集》卷22，咸丰七年补刻本。
③ 屈大均：《广东新语》卷9《事语·养士》，中华书局，1985，第295页。
④ 戢斗勇：《甘泉学派》，广州出版社，2017，第9页。
⑤ 戢斗勇：《庞嵩评传》，广东人民出版社，2020，第5页。

寻求与阳明学的调和，这也加剧了湛若水弟子、湛氏后学调和王湛之学的努力。最终，在阳明学大流行中，湛门师承虽然不断，甘泉学却被逐渐冷落和遗忘，在“四传弟子”黄宗羲的《明儒学案》里被单列为“甘泉学案”，成为甘泉学派最后的高光。自此，湛若水主要作为“江门学派”一员，以“陈湛之学”的标识成为岭南学脉和历史文化资源沉淀。

三、王学粤军——岭南心学的第三势力

白沙、甘泉心学的创始人均为广东本地人，王阳明是浙江人，与湛若水同时创立阳明心学，也称“王学”或“姚江学派”。《明儒学案》将阳明心学代表性的弟子按地区划分出七个地方王学，其中便有“闽粤王门”，包括南海方献夫、梁焯（字日孚），潮阳陈洸，揭阳郑一初（字朝朔），揭阳薛尚贤、薛侃（号中离）兄弟子侄，[①]饶平杨仕德（骥）、杨仕鸣（鸾）兄弟等。王学粤军构成岭南心学的第三势力，代表人物有正德、嘉靖年间的方献夫和薛侃，以及万历时杨起元等阳明后学。

方献夫（1485—1544），初名献科，字叔贤，号西樵。21岁成进士，选庶吉士，入翰林。正德六年（1511）与王阳明同在吏部，官居王阳明之上，却拜师称弟子。《明儒学案》称：“岭海之士，学于文成者，自方西樵始。”正德六年冬告病归乡，隐居西樵山中十年，与湛若水、霍韬为友，兴书院，讲圣学，参与并见证了阳明学派和甘泉学派的形成与发展，是正（德）嘉（靖）之际王阳明心学运动和“西樵理学”的重要成员。

嘉靖改元，方献夫在“大礼议”事件中与南海同乡霍韬同为“议礼派”（主张继统不继嗣）五功臣（另三人为张璁、桂萼、席书），受到嘉靖帝的超常擢拔。嘉靖六年（1527），一年四迁，官至礼部尚书，成为皇帝的心腹红人。在王阳明的艰难时刻，维护王阳明，参与安排阳明身后事。在经筵日讲和日常奏疏中，方献夫发明圣学，以求正君心、致君向道，其对嘉靖皇帝的影响，是王阳明和湛若水无法比拟的。嘉靖八年（1529）迁吏部尚书；十一年（1532）进武英殿大学士，入阁办事；十三年（1534）称病致仕。致仕十年间，关心地方文献《广东通志》编纂，重

① 《明儒学案》对“闽粤王门”只单列薛侃及其弟子罗浮人周坦（号谦斋）。

视家族建设，建宗祠，修家谱，刊印《周易约说》，悠游林下，诗歌载道。嘉靖二十三年（1544）卒，赠太保，谥文襄。有《西樵遗稿》《古文周易传义约说》传世。作为学者和思想家的方献夫，易学堪称他的家学，但是理学或心学才是他的学问和思想特色。他于出处进退、社会交游、家族网络、地方社会，无不贯彻其中正平和的为人之道，也足见其心学功夫。[①]

薛侃（1486—1546），字尚谦，号中离，潮州府揭阳（今潮安区庵埠镇）人，是“闽粤王门”的领军人物。正德九年（1514）拜师王阳明，是《传习录》刊印人之一。正德十二年（1517）成进士，十六年（1521）授行人。王阳明去世后，先后筑杭州天真精舍、潮州宗山书院传播王学。嘉靖十年（1531）因上疏言建储事获罪，纳赎为民，回乡居山（后称“中离山”）聚徒讲学，粤东潮州因此成为阳明学重镇之一。思想以“良知”为宗，通过“克欲”工夫达到“无欲”境界。著作今人整理为《薛侃集》。

第四节

西学东渐与广东人的新知旧学

“西学东渐”一词的广泛流行，实际上源于容闳1901年用英文写成的回忆录*My Life in China and America*，该书1909年在美国出版，1915年商务印书馆发行中文译本，题名《西学东渐记》。此后，西学东渐被用来描述西方科学、哲学等学术著作逐渐被翻译成汉文及传播到中国的历史过程。始于广东的西学东渐给中国带来了西方科技文明的新知，催生着“新学”。广东人从得风气之先到领风气之先，逐渐引领近代中国走上向西方学习真理、救国图强之路。

清代考据之学大兴，广东学术界却长期游离其外，直至阮元督粤，学海堂兴办，陈澧东塾学派和朱次琦九江学派以“汉宋调和”姿态进入全国

① 邢益海：《方献夫传》，广东人民出版社，2022，第4页。

性的学术主流，才算是“赶上了国内先进地区的发展水平，岭学与浙派、皖派在晚清学界同居于重要地位”[①]。与此同时，“旧学”的挽歌已经唱响，以康有为为代表的“新学”已在九江学派腹中躁动。

一、利玛窦与西学东渐

明末，从沙勿略到罗明坚、利玛窦，天主教耶稣会传教士先后来到广东。无疑，他们是为了把基督教传播到中国而来的。但是，基督教教义和中国人信奉的儒家主流思想文化差异太大，民众和士大夫阶层并不容易感兴趣，官府起初也是不允许传教士们进入中国，更不用说让他们开展宗教活动。当传教士后来被允许进入中国后，不得已，他们采取了权宜策略，减少宗教宣传和宗教活动，把主要精力放到迎合中国人尤其是官吏和士大夫阶层的兴趣爱好上，即介绍西方新奇的器物、技术和自然科学。这就从客观上推动了第一次西学东渐的进程，利玛窦等耶稣会士因此成为早期中西文化交流的先驱和主角。但当后来的传教士们欲采取激进的传教方式并和中国人传统信仰产生冲突，酿成“礼仪之争”后，康熙六十年（1721）清政府发出了禁止天主教在华传播的命令。据研究，从罗明坚1581年进入广州算起，耶稣会在华140年，其间传教士译著西方书籍共437种，其中宗教书籍251种，占半数以上，但这些书籍产生的影响并不大。另有人文社科书籍55种，包括哲学（涉及逻辑）、教育、地理地图、语言文字等；自然科学书籍131种，包括数学、天文、医学、水利、农学、机械等。[②]它们构成了第一次西学东渐的主要成果，在一定程度上影响了明末清初的知识界和思想界。

方济各·沙勿略（St. Francis Xavier，1506—1552），西班牙人，天主教耶稣会创始人之一。他是最早来东方传教的耶稣会士，首先将天主教传播到亚洲的马六甲和日本。嘉靖三十一年（1552），他抵达广东上川岛（三洲岛），因明帝国海禁尚严，无法进入内地，死于该岛。此后，大约有50名神父试图进入中国，均告失败。

① 刘圣宜：《近代广州社会与文化》，广东高等教育出版社，2004，第231页。
② 钱存训：《近世译书对中国现代化的影响》，《文献》1986年第2期。

罗明坚（Michele Ruggieri，1543—1607），是最早进入中国内地长期居住的意大利耶稣会士，是“传教士汉学时期”汉学奠基人之一。他于1579年到达澳门传教，努力学习中文，并建立名为“经言学校”的传道所，是中国第一个用汉语来传教的机构，也是晚明时期中国第一所外国人学习汉语的学校。1581年，他成功进入广州，毫不犹豫地穿上地方官员赐予的僧服，后取得在肇庆居留和传教的实际成果。罗明坚是中西文化交流的开创者和奠基人之一，编写了第一部汉外辞典《葡汉辞典》，第一次将儒家蒙学经典《三字经》译成西方语言（拉丁语），写出西方人第一部中文著作《天主实录》（1854年出版），编绘了西方第一本中国地图集，还第一次以拉丁文翻译出儒家经典《四书》（仅《大学》部分内容发表）。

利玛窦（Matteo Ricci，1552—1610），意大利人，天主教耶稣会传教士。明万历十年（1582）被派往中国传教，抵达澳门。1583年，利玛窦携带三棱镜、世界地图等随罗明坚来到“完全为高厚的城垣所围绕”的肇庆，着僧服，在城外江边建成中国内地第一座名为“仙花寺”的天主教教堂。在仙花寺中，利玛窦带领两名本地工匠制造了中国第一台机械自鸣钟。自此，我国从“铜壶滴漏”计时迈向机械钟计时。1584年，利玛窦在肇庆绘制、知府王泮出资刻版印刷出第一幅中文世界地图《山海舆地图》，使中国人首次接触了近代地理学知识。1589年，利玛窦移居韶州，接受瞿太素建议，改穿儒服，戴儒冠，自称儒生儒家，行秀才礼，通过“身份认同”寻找到了融入中国主流社会的门径。穿僧服还是穿儒服的问题，实际上是接近佛僧还是接近士大夫的问题，兹事体大，直接影响基督教在中国的命运。[①]利玛窦后又到南昌、南京传教，直到1601年定居北京。他学问渊博，不仅精通天文、历法、地理、数学、工程等知识，且熟读中国儒家经典，虚心学习中国文化，积极撰写中文著作，其《天主实义》（始撰于今广东韶关）以孔子学说比附天主教教义，把天主教“十诫”与儒家“三纲五常”联系起来，通过“援耶补儒”、利用儒家权威宣传天主教，同时将中国人的敬孔和祭祖视为非宗教的世俗礼仪以消除宗教冲突。他还注重广交中国官员和社会名流，走上层路线，刻意隐瞒来华传教的真实意图，因而颇受中国士大夫的敬重，被尊称为“泰西儒士”。他

① 孙尚扬、钟鸣旦：《一八四〇年前的中国基督教》，学苑出版社，2004，第114页。

的这些具有中国化特色的传教方式为当时耶稣会传教士所普遍奉行，康熙帝将之称为“利玛窦规矩”。利玛窦还通过制作自鸣钟、运用几何知识测量和绘制地图以及神奇的记忆术等向中国人介绍西方技术和科学成就，以学术收揽人心，被称为“知识传教”或“学术传教”策略。起初，他在肇庆时重新摹绘以汉文附注的西文世界地图，后来他在《山海舆地全图》中将中国移至图的中央，欧洲、非洲与南、北美洲分列两旁，其向中国人展现的世界观是地理大发现的产物，影响颇巨，流传很广，一刻再刻。1601年，利玛窦入京后，靠自鸣钟、三棱镜等西方器物赢得万历皇帝和朝臣们的喜爱，又绘制著名的《坤舆万国全图》献给皇帝。他居留北京直到1610年去世，内阁首辅叶向高为之争取到了墓地。

利玛窦在中国传教28年（其中居粤12年），比较能够正确对待中国文化，对中西文化交流、文明对话和互鉴作出了重要贡献。他先后撰写或翻译了19种数学、天文、地理、语言、音乐等方面著作，如欧几里得的《几何原本》（与徐光启合译）。正是从利玛窦开始，此后的传教士大多采取“知识传教法”，客观上向中国传播了西方的科学文化知识，同时又向西方介绍了中国文化。

二、从马礼逊开始的新一轮西学东渐

清嘉庆、道光之际，以马礼逊（Robert Morrison，1782—1834）为代表的英美传教士从广东开始传播基督教新教，推动了新一轮西学东渐。

基督教新教的东传始自19世纪荷兰、英国、美国等国向东方的殖民扩张。1807年，英国伦敦会教士马礼逊受命前往中国，是第一名来到中国的新教传教士。新教传入时间虽比天主教晚，但新教教士在中国开办学校、医院、慈善机构，从事着更多的社会活动。马礼逊活动于鸦片战争前，主要还是凭借自身的品德、毅力与才能发展其传教以及与传教相关的文化交流和社会福利事业。

马礼逊最初以东印度公司职员的身份合法居留广州传教达25年。1818年，他和米怜（Willam Milne）在马六甲创立英华书院，[①]开传教士创办教

① 《广州番鬼录旧·中国杂记》的作者、美国人亨特（William C. Hunter）于1825—1826年曾在该校学习。

会学校之先河，所编纂《华英字典》，成为以后汉英、英汉双语词典编撰之圭臬。他还翻译了《新约全书》《旧约全书》，首次把《圣经》全译为中文并予以出版；创办《察世俗每月统记传》，是中国报刊发展史上的第一份中文近代期刊。他开创了译经、编字典、办刊物、设学校、开医馆、出版印刷等事业，是近代中西文化交流的先驱。为继承马礼逊的遗志，道光十九年（1839）马礼逊学校在澳门创建，是基督教在华教育事业的开端，容闳（1828—1912）、黄宽（1829—1879）等成为其第一批学生。鸦片战争后，马礼逊学校和英华书院先后搬迁至香港，客观上培养了中国最早的一批留学生和洋务人才。

《劝世良言》是基督教新教最早的中文布道书，由中国第一位华人牧师梁发于1832年所著，马礼逊作了修改校订后在广州印行。洪秀全及太平天国运动最初受到《劝世良言》的影响。

鸦片战争以后，基督教新教凭借不平等条约从边缘到内地，在华传播迅速。传教的同时，他们在广州以及澳门、香港等地，热衷于成立学校、医院，开设印书馆，创办报刊，同时也翻译各种西学书籍。19世纪40—60年代，西人在华有关史地科技的著译书籍约28种，涉及天文、数学、力学、物理学、地理学、生物学、化学、光学、医学等广泛的科学领域。这些崭新的科学知识，客观上对中国近代科学的发生和起步具有一定意义。[①]中国近代科技先驱开始在广东出现，如南海人邹伯奇（1819—1869）精于天文历算，撰有光学巨著《格术补》，时人将他目为“三大光学家之一”；番禺人潘仕成（1804—1873）等首造西式战舰、水雷、火药。[②]

随着西学东渐和中国教育近代化进程加快，西方科学和思想文化在华传播力度加大，影响到容闳、唐廷枢、孙中山等一批中国近代史先进人物的成长，具有积极的社会和历史意义。他们是最早一批接受教会学校教育，因此走出国门、走向世界，向西方寻求真理改造中国的人。

① 刘圣宜、宋德华：《岭南近代对外文化交流史》，广东人民出版社，1996，第208页。

② 刘圣宜：《近代广州社会与文化》，广东高等教育出版社，2005，第75—80页。

三、广东的旧学：心学余绪与“汉宋调和”论

清代广东学术文化在阮元创办学海堂、大兴朴学之前，多守白沙、甘泉理学之旧，可视为心学余绪。廖廷相《劬书室遗集·序》曾言：“岭南承白沙、甘泉之遗，国初如金竹、潜斋诸儒，多讲求身心性命之学。迨扬州阮文达公督粤，开学海堂以经术课士，而考据训诂之学大兴。”[①]所言“金竹”指胡方，“潜斋”指冯成修。胡方（1654—1727），字大灵，自号信天翁，学人称金竹先生，新会人，为学立场基本上属于白沙心学。著有《庄子注》《鸿桷堂诗文集》等。与胡方同时代的陈遇夫（1658—1727），新宁（今台山）人，学贵会通，以推广白沙学说为乐，著有《正学续》《史见》《白沙陈子年谱》《白沙门人录》《白沙先生语录》等。冯成修（1702—1796），号潜斋，南海人，乾隆四年（1739）进士，著名教育家，提倡学习经史、学以致用，著作有《养正要规》《人生必读书纂要》等。曾执掌粤秀书院、越华书院，讲学授徒近30年，“及门弟子之数估计起码有两三千人，这是可以与湛若水相比拟的成就。所以，冯成修无疑是清代中期，惠士奇之后、阮元之前，岭南最为重要的理学家”[②]。

阮元（1764—1849），字伯元，号芸台、雷塘庵主、揅经老人、怡情老人，扬州人，谥文达。嘉庆二十二年（1817）至道光六年（1826）担任两广总督，在嘉庆二十五年（1820）于广州粤秀山（今越秀山）督建学海堂。学海堂于道光四年（1824）建成，光绪二十九年（1903）停办，是全国性的学术重镇。阮元治学倡导“推明古训，实事求是”学风[③]，学海堂办学同样以之为宗旨，内容偏汉学考据为主，专于一经一史。阮元在粤代表性学术成就，一是编纂《皇清经解》（又名《学海堂经解》），这是对乾嘉考据学的一次全面总结，为有清一代大型文化工程之一；二是主修道光《广东通志》，体例和记录全面，考订精良，注重绘图，参以西法，质量高于前志。在《广东通志》风俗章中，“粤人”“粤俗”和以“粤”字起头的事物触目皆是，这无疑体现了编纂者谢兰生等本地文化精英一种群

① 廖廷相：《劬书室遗集·序》，光绪二十一年刻本。
② 任建敏、温春来：《西樵山与岭南理学的传承》，广东人民出版社，2017，第102页。
③ 阮元：《揅经室集》自序，中华书局，1993。

体身份认同和岭南独特地域文化的自觉，[1]是对屈大均开创的岭南文脉的传承和再总结。学海堂开办80余年，是名副其实的岭南第一高等学府，也使广东终于融入考据学这一清代学术主流。但讲求西学的“新学”已在这里积累能量，随后充当起考据学的掘墓人。

陈澧（1810—1882），字兰甫，号东塾，世称东塾先生，番禺（今广州）人。他相继主持学海堂、菊坡精舍数十年，对岭南学术发展影响不小。他在学术上持汉学宋学调和论，能会其通，著有《汉儒通义》，认为汉儒也精义理，宋儒也善考据。但陈澧对“义理”的了解并没有超出考据学的传统，未能走出汉学的营地，对义理与考据这一清代学术的核心问题的调和仍然是失败的，更没有在西学东渐的时代开出“新学”。不过，陈澧有浓厚的经世致用思想，促使他亲近林则徐和魏源这些新派人物，精研地理、音韵等专门学科。其《东塾读书记》的读书治学方法对后世影响很大，主张抛开门户之见，无论治汉学还是宋学，都要以读书为基础。陈澧及其后学被称为“东塾学派”，与朱次琦的“九江学派”相并立。

朱次琦（1807—1881），字稚圭，号子襄，南海九江人，世称九江先生。学海堂开办时招收高才生，他入选而未就。其学术理念也是兼采汉宋，回归孔子，强调教化为先和经世致用，标榜朱子为其治学榜样。晚年归隐家乡讲学达23年，开创了“九江学派”，被誉为“粤中大儒”。“九江学派”以“古之实学”即修身读书为依归：“学孔子之学，无汉学、无宋学也，修身读书，此其实也。”[2]修身四行与读书五学为其施教的核心纲领。修身四行指“惇行孝弟、崇尚名节、变化气质、检摄威仪”。读书五学指经学、史学、掌故之学、性理之学与辞章之学。以经史互证为治学根本，强调“夫经明其理，史证其事，以经通经则经解正，以史通经则经术行”。掌故之学主要包括历代政治典章制度、天文、历法等内容，对掌故之学的提倡是经世致用的需要。[3]朱次琦弟子众多，以简朝亮和康有为为最著者。康有为及其弟子梁启超后来成为“新学”领军人物，从这一意义上说，九江学派开启了广东乃至中国学术转型，成为“新学”的摇篮。

① 程美宝：《地域文化与国家认同：晚清以来“广东文化”观的形成》，生活·读书·新知三联书店，2006，第48页。

② 徐世昌等编纂《清儒学案》第七册，中华书局，2008，第6579页。

③ 李辰：《九江学派：晚清思想标本》，广东人民出版社，2023，第94—96页。

第四编

鸦片战争爆发至新民主主义革命胜利

第一章 广东步入近代社会

1840年鸦片战争的爆发，标志着中国近代史的开端。西方列强凭借船坚炮利，逼迫清政府签订了一系列不平等条约。从此，中国的独立被打破，侵略势力从中国沿海深入内地，使中国一步步陷入半殖民地半封建社会的深渊。正如毛泽东所说："帝国主义列强侵略中国，在一方面促使中国封建社会解体，促使中国发生了资本主义因素，把一个封建社会变成了一个半封建的社会；但是在另一方面，它们又残酷地统治了中国，把一个独立的中国变成了一个半殖民地和殖民地的中国。""帝国主义和中华民族的矛盾，封建主义和人民大众的矛盾，这些就是近代中国社会的主要的矛盾。"①为挽救濒临危亡的政局，清廷先后多次实行自上而下的改革运动，但均成效不彰。同时，国内自下而上的反抗运动接踵而至，尽管均以失败告终，但动摇了清廷的统治根基和打击了列强的来犯。1911年的辛亥革命，推翻了在中国存延两千多年的封建专制制度，遗憾的是，近代中国的社会性质并没有发生根本的改变，辛亥革命的胜利果实被军阀们窃取。为捍卫共和，孙中山三次在广东建立政权，并开创了国共两党的合作，广东成为中国民主革命的策源地。在中国共产党的带领下，广东党组织带领南粤儿女，经过土地革命、抗日战争和解放战争，挫败了国民党的反动统治和帝国主义列强的野蛮侵略，建立了人民政权，南粤大地迎来新生。

---

① 毛泽东：《中国革命和中国共产党》，载《毛泽东选集》第2卷，人民出版社，2003，第630、631页。

第一节

列强侵犯与广东人民的抗争

中国近代史发轫于广东。1840年和1856年先后爆发的两次鸦片战争，广东均是主战场。西方资本主义列强通过战争，打开了中国的国门。此后发生的太平天国运动、洋务运动和戊戌变法，使广东成为中国最早反抗西方列强侵略、最早学习西方先进科学技术的前沿阵地。

一、第一次鸦片战争在广东爆发

1757年，清政府实行闭关政策，海上只准广州一口对外通商。从广州出口的主要是蚕丝、丝织品、茶叶、瓷器、药材等商品，进口的多是棉毛织品、香料、铁、锡、铅等物品。中英双方的贸易并不平衡。至道光年间，在中英贸易中，英国一直存在巨额逆差。19世纪上半叶，为改变贸易逆差，英国不断扩大对华鸦片贸易。1834年，英国首任驻华商务监督律劳卑（John Napier），带着外交大臣巴麦尊（Palmerston）训令抵达广州，企图占领香港岛，作为鸦片贸易和侵略中国的基地。有统计表明，从1821—1839年的18年间，英、美等国平均每年将1万多箱鸦片源源不断输入中国，中国每年白银外流达1000多万两[1]。鸦片泛滥使中国国内流通货币减少，银荒严重，财政枯竭，国贫民弱，生产力遭到破坏，沿海地区工商业日渐萧条和衰落。

为扭转鸦片贸易造成的危局，1838年底，道光皇帝委任林则徐为钦差大臣前往广州查禁鸦片。1839年3月，林则徐带着“鸦片务须杜绝，边衅

① 吴义雄：《鸦片战争前的鸦片贸易再研究》，《近代史研究》2002年第2期。

绝不可开”的训令南下。到任后，他立即颁布一系列公告[①]，制定禁烟策略，采行非常措施，严禁国人吸食和贩卖鸦片。随后，他晓谕行商和外国鸦片商人交出趸船上的鸦片，并具结，保证以后不再贩卖鸦片到中国。6月3日至25日，林则徐在东莞虎门海滩当众销毁鸦片237万余斤[②]，表明了中国禁绝鸦片的决心。《澳门月报》《广州纪时报》《新加坡自由新闻》《季度评论》等外国人办的报刊，均大篇幅对此连续报道。为掌握敌情，防备英军的武装挑衅，林则徐广泛搜集情报，主持汇译《澳门新闻纸》《华事夷言》《各国律例》《洋事杂录》等，内容涉及西洋国情、中外交通、中西历法、各国货币、鸦片产地种类、各国对禁烟的反应等。他还搜罗世界各国地球仪、航海图、地图集等，以了解世界情势。

虎门销烟予英国侵略者沉重的打击，成为中国人民反抗西方殖民主义侵略斗争的伟大起点。但是，英国政府并未中止其侵华图谋。1839年7月7日，英国30余名水手于香港九龙登岸，在尖沙咀村酗酒行凶，村民林维喜被殴成重伤，次日殒命。林则徐派员赴现场勘验，谕令英方交出凶手。但英国驻华商务监督义律（Charles Elliot）百般狡辩，拒不交凶，并进行挑衅。8月24日，林则徐谕告葡萄牙澳门总管，将英国人赶出澳门。同时，林则徐积极备战，着手整顿广东海防，增强沿海防御能力。他招募渔民、疍民编为水勇，加紧水陆兵丁操练，添建珠江两岸和尖沙咀、官涌等炮台，安装拦江木排铁链，并修造战船，购买新船。

1839年8月31日，英舰“窝拉疑”（HMS Volage）号在舰长斯密斯（Henry Smith）率领下驶抵广东海域。9月4日，义律和斯密斯等前往九龙山，要求中方水师船接济物资供应，威胁如若拒绝，就轰沉中方水师兵船。交涉中，斯密斯却令英舰开火。中国水师船立刻还击，岸上炮台也投入战斗。战斗持续到傍晚，英舰撤出战斗。“九龙之战”为中英之间的第一战，以侵略者的失败而告终。

---

① 这些公告包括《禁烟章程》《晓谕粤省士商军民人等速戒鸦片告示稿》《颁发查禁营兵吸食鸦片规条稿》《札发编查保甲告示条款转发衿耆查照办理》《札各学教官严查生员有无吸烟造册互保》《批司道会详核议设局收缴鸦片章程》《谕洋商责令外商呈缴烟土稿》《饬拿贩烟犯嘛吔稿》等，载林则徐全集编辑委员会编《林则徐全集》第5册文录卷，海峡文艺出版社，2002，第106—118页。

② 《钦差大臣林则徐等奏报虎门销毁鸦片已一律完竣折》，载中国第一历史档案馆编《鸦片战争档案史料》第1册，上海人民出版社，1987，第610—611页。

“九龙之战”遇挫，英方又挑起“穿鼻之战”。1839年，11月3日，英国商船“皇家撒克逊”（Royal Saxon）号在穿鼻洋面准备入口进行正常贸易，斯密斯指挥兵舰进行阻拦，并开炮迫令其折回。水师提督关天培闻讯，率水师船5艘前往巡查。其间，英舰“窝拉疑”号突然开炮袭击，关天培当即命令开炮反击。战斗持续一个多小时，中方损失较重，3艘兵船受损进水，阵亡15人、数十人受伤。英船“窝拉疑”号、“海阿新”号亦被击中，损伤轻微。随后，英军驶往澳门。11月，英舰又多次进攻官涌山清军阵地，皆被击退。

英军在广东海域接连挑衅滋扰之时，1839年10月1日，英国内阁召开会议，决定发动对华战争。1840年6月，在美法两国支持下，英国派“东方远征军”（战舰16艘，载炮540门，武装轮船4艘，运兵舰1艘，运输舰27艘，载各兵种陆军4000人）[①]侵入广东海面，发动蓄谋已久的鸦片战争。6月28日，英国远征军司令懿律（George Elliot）随舰到达珠江口外，同时派“都鲁壹”（HMS Druid）号等5艘舰船封锁广东出海口，宣布“所有内地船只不准出入粤东省城门口，兼嗣后所指示各口岸，亦将不准出入”[②]。中英两国随即进入战争状态，战争爆发。

懿律原计划破坏珠江口一带的中国防御工事，并进攻虎门。但他见林则徐布防严密，未敢轻举妄动。为迫使清政府屈服，1840年6月30日，懿律按照英国政府的训令，留下4艘军舰封锁珠江口，率英军主力43艘舰船离粤北上。英军7月2日到达福建，对厦门展开进攻，被闽浙总督邓廷桢率军击退。7月5日，趁浙江防务空虚，英军攻占定海。8月，英军北犯大沽口，要挟清政府谈判。道光帝派琦善为钦差大臣到广州议和，将林则徐、邓廷桢革职。11月，琦善到达广州，遣散水勇，拆除水底暗桩，并允诺英军提出的割让香港本岛、赔款等无理要求。

1841年1月，趁广东撤除战备，英军突然攻陷沙角、大角炮台。年逾花甲的老将陈连升与其子率守军誓死抵抗。陈连升父子与英军展开肉搏战，激战数小时，重创敌军，但终因敌强我弱，腹背受敌，壮烈牺牲。随

① 马士：《中华帝国对外关系史》第1卷，张汇文等译，上海书店出版社，2006，第296页。

② 《英国兵船所出汉字说帖》，载中国第一历史档案馆编《鸦片战争档案史料》第2册，天津古籍出版社，1992，第147页。

后义律与琦善谈判，提出将香港本岛及其港口割让给英国，赔偿英国政府600万银元，5年交清等无理要求。义律还单方面公布双方议而未定的所谓《穿鼻草约》，并于1月26日出兵强占香港岛。道光帝下诏对英宣战，并派奕山率军赴广州对英作战。2月26日英军猛攻虎门炮台，广东水师提督关天培不畏强敌，亲自发炮，挥刀肉搏，受伤多处，因寡不敌众，和数百将士一同殉国。林则徐听闻噩耗，为关天培手书挽联：“六载固金汤，问何人忽坏长城，孤注空教躬尽瘁；双忠同坎壈，闻异类亦钦伟节，归魂相送面如生。”[①]此后，虎门保卫战失败。英军接连攻占威远、镇远、靖远、乌涌、定功等炮台，摧毁清军防线，长驱直入，逼近广州城。奕山战败求和，1841年5月，与英军签订《广州和约》，同意《穿鼻草约》中英方所提出的相关条件。

为攫取更大利益，1841年8月至10月，英国继续扩大战事，先后攻陷厦门、定海、镇海、宁波。道光皇帝派奕经援浙，1842年3月，奕经反攻宁波失利。5月，英军向长江下游进犯，6—7月攻陷吴淞、镇江，8月进犯南京。清政府战败投降，道光帝命耆英、伊里布在南京与英军代表璞鼎查（Henry Pottinger）议和。8月29日，清政府被迫签订《江宁条约》（即《南京条约》），将香港岛割让给英国，允许广州、福州、厦门、宁波和上海等5处为通商口岸等[②]。

第一次鸦片战争揭开了近代中国人民反抗外来侵略的篇章。《广州和约》签订后，英国侵略者进入广州城，占领城北各炮台，四处骚扰，激起乡民们的强烈反抗。乡民们不惧强暴，自发组织武装抗英。1841年5月29日，英军骚扰广州城北郊三元里一带。菜农韦绍光等群起抗击，击毙英军十余人，并与爱国士绅何玉成等联络附近各乡村民，于5月30日清晨在三元古庙集中，相约以庙中“三星旗”为指挥令旗，誓言“旗进人进，旗退人退，打死无怨”，决心与英军抗争到底。受三元里村民的影响，南海、番禺等地103乡的村民都组织了起来，商定共同抵抗英军。各乡村民数千人，手持锄头、铁锹、木棍、大刀、长矛、石锤、鸟枪，向英军盘踞的四

① 《挽关滋圃军门天培》，载林则徐全集编辑委员会编《林则徐全集》第6册诗词卷，海峡文艺出版社，2002，第327页。

② 王铁崖编《中外旧约章汇编》第1册，生活·读书·新知三联书店，1957，第30—33页。

方炮台挺进佯攻，引诱英军司令卧乌古（Hugh Gough）率兵千余名出战。数万民众向南且战且退，将英军引诱到牛栏冈丘陵地带，击杀英军少校军需毕霞（E. Belcher），迫使英军逃回四方炮台。经此重创，英军再也不敢在广州逗留。31日，番禺、南海、花县、增城各县四百余乡义勇将四方炮台包围。英军怯战，转向广州官府施压。奕山派人强行驱散民众，方才为英军解了围。三元里等地民众抗英，显示了中华民族不畏强暴、坚决抗击外来侵略的斗争精神和英勇气概。清代诗人张维屏专门写下粤人抗击英国侵略者的著名爱国诗篇《三元里》，有“三元里前声若雷，千众万众同时来”等句，描述了三元里人民抗英时群情激昂的生动画面。

第一次鸦片战争还引发了广州民众抵制英军入城的义举。《南京条约》签订后，英国援引条约条文要求允许英国人进入广州城进行贸易和居住。清政府认为此举有碍国体，不情愿，但也不敢拒绝。两广总督耆英向英方建议暂缓入城。1846年，英国公使德庇时（John Francis Davis）又要求入城，耆英派知府刘浔与英方密订进城日期。广州数千民众闻讯闯入府衙，烧毁刘浔朝珠公服，德庇时被迫退回香港。次年，德庇时再次提出入城要求，耆英答应两年后实行。1849年，英国公使文翰（Samuel George Bonham）率兵舰侵入省河，要求两广总督徐广缙履约，徐上奏清廷，请求批准英人入城。3月11日，道光帝下谕旨，批准英人“暂令入城瞻仰”[①]。英国派兵封锁广州，武力威胁。此举激起广州民众极大愤慨，自发组织起来，反对英军入城。无奈之下，清政府收回成命，徐广缙拒绝英军入城要求，并加强战守准备，调社学武装十余万人于省河布防。英军向广州城发动进攻，但广州城防御森严，英军兵力不足，只好撤退。广州人民的反入城斗争取得胜利。

第一次鸦片战争后，美国、法国等列强纷纷效仿英国，逼迫清政府签订不平等条约，使近代中国逐渐陷入半殖民地的深渊。

1844年7月3日，两广总督耆英与美国专使顾盛（Caleb Cushing）在澳门望厦村签订中美《望厦条约》，又称《中美五口贸易章程》，共34款，附有《海关税则》。该条约除了规定美国在通商、外交等方面享有与英

① 《著广东文武各官员于英使入城应慎密严防事上谕》，载中国第一历史档案馆编《鸦片战争档案史料》第7册，天津古籍出版社，1992，第903页。

国同等权利之外，还扩大了美国的侵略权益，如美国兵船可任意到中国各通商港口巡查贸易；有权在通商口岸开设医院，建立教堂等。同年10月24日，两广总督耆英和法国代表拉萼尼（Théodore de Lagrené）在停泊广州黄埔的法国兵船上签订了中法《黄埔条约》，共36款①。1845年7月25日，耆英等与比利时驻印度支那总领事在广州签订中比条约，“准许比利时在中国现有条约的办法下通商”。1847年3月20日，耆英又与瑞典、挪威国王所遣公使在广州签订中、瑞、挪《五口通商章程》和《海关税则》②。随后荷兰、丹麦、西班牙、普鲁士等国也派使臣来华，与中国订立通商章程和税则。

第一次鸦片战争对近代中国产生了深远影响，它冲击了中国的政治、经济结构，影响了中国的社会文化和内外政策。《南京条约》签订后，清廷不断被迫和列强签订不平等条约，向列强割地、赔款和开放通商口岸等，导致中国部分主权遭到严重破坏，开始沦为半殖民地半封建社会。鸦片战争后，由于清政府对鸦片贸易的默许，鸦片走私逐渐公开化，洋货在中国的销路也逐渐增加，严重冲击了中国的自然经济，并导致其逐渐解体。中国社会的主要矛盾也因此由地主阶级和农民阶级的矛盾转变为外国资本主义与中华民族的矛盾。民族危机的加剧逐渐唤醒了进步的中国人追求民族独立和解放的反抗精神，部分知识分子开始关注西方，研究西学，寻求强国之道。

二、第二次鸦片战争及其对广东的影响

在工业革命的推动下，19世纪50年代以后，英、法、美等资本主义国家的经济增长迅速，对于国外市场的需求更加迫切。从1853年开始，西方列强不断向清廷提出修约，要求获得中国全境开放通商、废除内地税、在北京设立使馆、鸦片贸易合法化等特权，被清政府拒绝。列强认为必须发动战争，才能使清政府屈服。

1856年，法国借口“马神甫事件”，英国借口“亚罗号事件”，在

① 王铁崖编《中外旧约章汇编》第1册，生活·读书·新知三联书店，1957，第62页。

② 马士：《中华帝国对外关系史》第1卷，张汇文等译，上海书店出版社，2006，第374页。

美、俄支持下联合发动侵华战争，史称“第二次鸦片战争”。

早在1853年，法国传教士马赖（Auguste Chapdelaine）就非法潜入广西西林县，以传教为名，唆使地方土匪无赖胡作非为，激起民愤。1856年初，马赖等人被当局逮捕审讯，后被处死。此为“马神甫事件”。10月8日，广东水师登上由中国人拥有、英国人担任挂名船长的走私船“亚罗”号，逮捕了2名中国海盗和10名有海盗嫌疑的水手。英国驻广州领事巴夏礼（Harry Smith Parkes）致函两广总督叶名琛要求中方送回水手，并赔礼道歉，遭拒。10月21日，英方发出最后通牒，要求广东当局于24小时内道歉并释放全部海盗、水手，否则武力解决。次日，叶名琛被迫同意英方全部要求。此为“亚罗号事件”。但英方出尔反尔，于10月23日派舰船突然驶入广州内河，发动炮击，夺占猎德、龟岗、凤凰岗、东安、西固、海珠等炮台。25日，海珠炮台失守。27日，英军炮轰总督衙署，入城。守军与英军展开巷战，互有伤亡。英军继续炮击。11月6日，东定炮台失守。12月初，各路清军与英军在广州内外水陆区域交战。美国海军也撕下中立伪装，于11月下旬占领并摧毁省河沿岸五座清军炮台。1857年1月，清军水师向英舰发起进攻，英军被迫从广州撤出。接着，英军进犯佛山、南海，与当地守军展开激战，英军伤亡惨重。

英国政府获知“亚罗号事件”后，于1857年春派驻华全权代表额尔金（James Bruce, 8th Earl of Elgin）率军侵华，7月到达香港，8月开始封锁广州城及珠江。10月，法国专使葛罗（Jean Baptiste Louis Gros）抵港，与英军合谋进犯广州。12月28日清晨，英法联军发动进攻，占领海珠炮台，开炮轰击城内。次日攻入广州城并大肆烧杀抢掠，还抢劫了两广总督衙门和藩库，掳走白银20多万两。1858年1月，叶名琛被俘，后被押解至印度囚禁，次年病死。英法联军随即扶持广东巡抚柏贵建立地方傀儡政权，持续4年。

随着广州的沦陷和傀儡政权的建立，在俄美支持下，英法侵略军于1858年5月，调整主力，集聚北上，攻陷大沽炮台，逼近天津。清政府派官员赴天津谈判，6月分别与俄、美、英、法四国代表签订《天津条约》。11月，清政府派员在上海签订中英、中法、中美通商章程。1860年，英法再组联军，扩大战争。9月，英法联军直攻北京，咸丰皇帝逃往热河（今河北承德）。10月，英法联军控制北京城。恭亲王奕䜣分别与英、法代表签订中英、中法《北京条约》[1]和《天津条约》。

在第二次鸦片战争期间，广东人民一直坚持与英法侵略者进行斗争。1858年初，广州乡绅在城郊石井招募乡勇、成立团练总局，打击英法侵略者，进行自卫和反入城斗争。东莞、新安等各乡农民也坚持斗争，直至英法联军退出广州。1860年，英国要求入驻潮州府城，遭潮州民众抵抗，遂放弃。直到1866年，英国领事才用威逼利诱的方式达到入驻潮州城的目的，而潮州沿街仍到处张贴着反对英国侵略者入城的标语。

五口通商后，广州失去中国一口通商对外贸易口岸的地位，中国外贸中心北移上海。及至第二次鸦片战争后，长江沿岸的汉口、九江、镇江、芜湖等地相继开放，原经由广州进出口的商品进一步分散至上述口岸进出，使广东外贸地位进一步下降。西方列强恃特权在香港、广州、汕头等地设立大批洋行，建立买办制度，并借资本与技术的绝对优势垄断广东沿海和远洋航运，控制广东对外贸易，使广东社会和经济呈现出半殖民地特征。

广东作为鸦片战争的主战场，面对战后割地赔款、五口通商、设立租界、领事裁判权、传教士涌入等变化，新的社会矛盾不断激化，广东人民受害极深。清政府从广东征调大量兵力、粮饷和军费，百姓屡受溃散兵勇的骚扰，官民对立，形同水火。广东在战争中报销军费数为624万多两白银，其中清廷拨款225万两，本省藩库、关库、盐库等172万两，官绅商人捐款202万两，捐纳银两占军费开支的1/3。战败后的赔款，广东负担了总数的70%左右，共1032.5万两白银，另有战争期间600万元赎城费和赔偿英商馆等66万元，也由广东承担[2]。战争后期，清政府已经无力负担巨额军费开支和赔款，基本靠捐输维持。这些捐输又以加重地租、高利贷等方式全部转嫁到普通民众身上。苛重的赋役和严重的灾荒，加速了土地的兼并和农民的破产，大量贫苦农民倾家荡产。大批破产失业者和战后裁散兵勇

① 《北京条约》原名为《续增条约》，于咸丰十年九月十一日（1860年10月24日）在北京签订，通常称为《北京条约》，同年11月14日奕䜣与俄国签订《北京续增条约》，见王铁崖编《中外旧约章汇编》第1册，生活·读书·新知三联书店，1957，第144—150页。

② 茅海建：《天朝的崩溃：鸦片战争再研究》，生活·读书·新知三联书店，2017，第409页。

沦为游民，成为庞大的失业人群。同时水患、瘟疫等天灾频仍。社会新旧矛盾交织并进一步激化，部分人开始铤而走险，沦为土匪，更多人则加入民间秘密结社组织，以致游民充斥、会党林立。广东天地会发展迅速，遍及城乡，尤其秘密流行于香山、新会、东莞、顺德、三水、新安、新宁、南海、番禺等地。社会动荡不安，起义频繁。其中范围最广、影响时间最长的是洪秀全领导的太平天国运动，而对广东影响最大的则为天地会领导的洪兵起义。

三、洪秀全与太平天国运动

洪秀全1814年出生于广东花县（今广州花都区）一个客家村落，先后4次参加科举考试均名落孙山，颇受打击。1843年，他偶读基督教牧师梁发的布道手册《劝世良言》，对书中抨击世风日下、人欲横流的言辞产生共鸣，认为自己是上帝指派来挽救世道人心、使中国重新信奉真神上帝的人，遂走上用“良言”救世之路。他还说服家人以及密友冯云山、族弟洪仁玕等皈依了上帝。1844年春，洪秀全、冯云山结伴赴广西浔州府贵县（今贵港）赐谷村传教，半年内发展了一批以客家人为主的信徒。他撰成《原道救世歌》《原道醒世训》等，宣传人人都有权敬拜上帝，号召所有人为实现“天下一家，共享太平”[①]的人间天国而奋斗。

1847年春，在广州民众群起反对洋人入城的背景下，洪秀全来到美国传教士罗孝全（Lssachar Jacox Roberts）设在广州的教堂学习基督教教义。随后，他再度前往广西桂平县紫荆山，接手冯云山组织的“上帝会”[②]，以教主身份主持传教，发展信徒。“上帝会”成员以穷苦人居多，对社会现状的不满情绪蓄积已久，上帝信仰迅速传播到周边数县。1847—1848年，洪秀全又编写《原道觉世训》《太平天日》，宣称自己是上帝的次子，耶稣之弟，受命下凡“斩邪留正”“诛妖救世”，“上帝会”从宗教团体转变成一个秘密反清组织。1847年年底，冯云山被官府羁押并递解回

① 载中国史学会主编《中国近代史资料丛刊　太平天国（一）》，上海人民出版社，1957，第92页。

② 夏春涛：《“拜上帝会”说辨正》，《近代史研究》2005年第5期；夏春涛：《“拜上帝会”说再辨正》，《福建论坛（文史哲版）》2009年第2期。

原籍花县管束。洪秀全返回广东试图营救冯云山，未果。其间，杨秀清、萧朝贵仿效当地降僮巫术，分别托称天父（上帝）、天兄（耶稣）附体下凡。洪秀全从广东返回紫荆山后，承认了杨、萧的特殊地位。

1850年4月，洪秀全数次以上帝名义发布预言，宣称灾劫将至、“人将瘟疫，宜信者则得救”等，向各地“上帝会”会众发出到紫荆山南麓金田村“团营”的号令。外地会众举家举族开赴金田村。11月初，各路人马聚集金田并接受整编，打破家庭结构，按性别划分男营、女营。1851年1月11日，两万余会众在金田村为洪秀全庆生。洪秀全以“太平天王”的身份宣布建号“太平天国”，金田起义爆发。

随后，太平军北上。1851年9月25日，太平军攻克永安州城（今蒙山）。12月，洪秀全在此颁布封王诏令，分别封杨秀清、萧朝贵、冯云山、韦昌辉、石达开等人为“东王”“西王”“南王”“北王”“翼王”，并制定各种制度，此为“永安封王”。后太平军攻下兴安、全州，沿湘江北上，清军前堵后追。1852年6月太平军离开广西，进入湖南，12月太平军占岳州（岳阳）。1853年初沿长江水陆并发，向湖北、江西推进。3月12日，水陆合围江宁府城（今南京），19日破城，29日洪秀全进入南京城，宣布在此建都，改称天京，正式建立了与清政府抗衡的农民政权，长达11年。

在清军对太平军进行疯狂“围剿”的同时，太平天国内部也内讧不断，1856年爆发的天京事变，是其由盛转衰的转折点。尽管后期洪秀全重用族弟洪仁玕制定并实行了具有一定进步意义的《资政新编》，仍无济于事。1864年7月，天京陷落，太平军节节败退。在汪海洋的带领下，太平天国余部退入广东，占领镇平（今蕉岭县），意图伺机北上，与捻军会合。1866年1月，汪部太平军在嘉应州被左宗棠指挥的闽、粤、赣三省清军合围，汪海洋中弹受伤而亡。2月，太平军余部突围，在白沙坝被清军追击，激战后被消灭。自此，太平天国运动在广东完全失败。

洪秀全领导的太平天国运动，反映了当时中国社会阶级矛盾的尖锐。它沉重打击了封建统治阶级，强烈撼动了清廷的统治根基，加速了清王朝和整个封建制度的衰落。

四、洪兵起义

在太平天国运动的直接影响下，广东天地会发动了一场波澜壮阔的起义。因起义军自称“洪兵”，即洪门造反军之意，所以这场持续11年的起义，史称“洪兵起义”。

1854年春，广东东部潮州府属各县天地会成员率先起事。6月中旬，东莞石龙镇何六起义。7月初，佛山陈开起义。起义军成员，来自城镇和农村劳动者、下层群众。义旗一举，全省响应。根据天地会“复明”和“太平”的传统，起义军提出“革故鼎新”“剿灭清国”①的口号，发布告示均书“大明”或“太平甲寅年”②，广州地区起义军还建立了“嗣统”年号。各路义军在三四个月之内，先后攻克府州县城40余座。其他如韶州、惠州、潮州、新会、香山等重要府县城池，起义军虽久攻不下，但都仅仅成为几个孤立的据点。广州地区陆路义军数十万“环逼省垣”，水上义军“海艘数千，环逼省河，会城势孤援绝，濒危者屡矣”③，地方当局坐困孤城，号令不出城外。

1854年12月，叶名琛以钦差大臣、两广总督的名义，乞求英国出兵协同镇压起义军。英法两国图谋进入广州城和在广州城外租地，迅即答应出兵。起义军久攻广州不下，于1855年初分头转移。陈开、李文茂等率部沿西江进入广西，何六、甘先、陈金钉等率部联合粤北葛耀明等北入湖南，陈显良等转移到清远以北的粤西北山区，翟火姑等由粤东转移到赣南，李快等率部分水上义军转移到珠江口以西至雷州半岛之间的沿海活动。西进和北上，使起义军势力迅速扩张到五岭南北各地。北上义军，原拟穿过湖南投奔太平军，但在湘南受阻，无法继续北进，于是占据湘南郴州、桂阳州等近十个州县。

1856年初，何六身死，陈金钉折回广东，周春、黄义潮等率部进入江

① 《太平天王先行告示》《统领水陆兵马众大元帅陈显良致英美法三国公使照会》，载广东省文史研究馆、中山大学历史系合编《广东洪兵起义史料》上册，广东人民出版社，1996，第44、92页。

② 《总理军机大臣统领水陆兵马大元帅陈告示》《统领各省总兵军务粮饷大元帅等告示》，同上书，第57、68页。

③ 梁绍献纂修同治《南海县志》卷二六杂录下。

西，同翟火姑先后归入太平军。陈开、李文茂等率部于1855年夏进入广西。9月27日，李文茂攻克桂平，连克浔江上下各州县。他们以桂平为都城，建立“大成国”。陈开称“镇南王”，后改称“平浔王”，驻秀京（桂平），李文茂称“平靖王”，驻龙城（柳州）。陈开、李文茂又与在桂西北活动的黄金亮等建立军事联盟。“大成国”政权鼎盛时期，控制了广西省的八个府、直隶州城和二十多个州县城的广大地区。陈金釭也于1857年9月在怀集称“南兴王”，建立“大洪”政权，踞粤桂交界的怀集、贺县、富川、开建、封川、德庆等州县及西江以北的广大地区。陈显良、练四虎等占据北江流域的英德、阳山山区，同“大成国”的控制区相接。

清政府调集了大量兵力，并组织地主武装团体，镇压洪兵起义。1858年，清政府增派刘长佑、刘坤一先后入桂，“围剿”洪兵起义军。1859年，李文茂在黔桂交界的怀远山区病死。1861年8月，“大成国”秀京失陷，陈开被俘处死[①]。1863年，陈金钉等被清军消灭，余部加入客家武装。1864年，活动于贵县的黄鼎凤被刘坤一“剿灭”。至此，“大成国”及广西各路起义军覆没，洪兵起义全部失败。

在两广，洪兵起义是响应太平天国运动的主要力量，并由此触发了广东西江流域的土客大械斗[②]，一定程度上牵制了清政府的兵力，有力配合了太平天国的反清斗争，对近代广东的社会演变产生了一定影响。

五、广东洋务运动的兴起

经过两次鸦片战争和太平天国运动的双重打击，清政府元气大伤，内部也发生了分化。一部分官员主张引进西方的船炮和枪械弹药、机器生产及科学技术，此为洋务派。洋务派的代表人物在朝廷有恭亲王奕䜣和总理各国事务衙门大臣文祥，在地方有曾国藩、李鸿章、左宗棠、张之洞等。

① 刘长佑：《浔州陈逆就擒石逆上窜疏》，载《刘长佑集》卷二，陈书良、刘文正、刘琦、陈树校点校，岳麓书社，2011，第104—106页。

② 详见刘平：《被遗忘的战争：咸丰同治年间广东土客大械斗研究》，商务印书馆，2003年；赵立人：《就〈被遗忘的战争：咸丰同治年间广东土客大械斗研究〉一书中有关问题与刘平先生商榷》，《学术研究》2005年第11期。

对广东洋务运动贡献较大的督抚，早期是瑞麟，中后期为刘坤一、张树声、张之洞等大员。瑞麟从1863年调任广州将军，1865年兼署两广总督，次年实授，督粤10年。其间，正值“同光中兴”，瑞麟顺势办理洋务，对其后的广东洋务活动影响较大。张之洞任内，广东洋务活动较有声势，办成或筹办的洋务项目较多。

广东的洋务运动在“自强”的口号下，以练兵、制器、筹设海防、建立新式海军与培养洋务人才等为主要内容，为广东近代军事、民用制造业的发展奠定了基础。其主要聚焦于以下几个方面：

创办新式学堂。1862年，奕䜣在北京设立同文馆，次年上海也开办了同文馆。广东的洋务运动与沪、津等地差不多同时起步，举办新式外语、实业、军事教育，改革旧书院，先后办有广州同文馆、水陆师学堂、鱼雷学堂、电报学堂等新式学堂。1864年6月，广州同文馆开办，这是一所学习外国语言的新式学堂。广州同文馆专招旗人子弟，课程设置以训练八股时文为主，效果不佳。其后瑞麟“即在广州驻防满、汉八旗向习清书翻译子弟内，拣选资质聪慧，年岁二十左右者十六人，又访择汉人世家子弟堪造就者四人，共肄业生二十名，选入馆中”，并议定相应章程[①]。馆址设于广州大北门内朝天街。同文馆的学生主要学习英文，学制3年。1879年，广州同文馆又增设法文馆和布（德）文馆，“三馆俱以十名为额，如有愿入附学者，每馆不得过五名”[②]，后又开设俄语、东文（日语）两门课程。1880年6月，清廷谕令两广总督张树声开设西学馆，开设机轮驾驶和洋务交涉等西学课程。1882年2月西学馆竣工，后改名实学馆。1884年张之洞接任两广总督后，将实学馆改为博学馆，1887年又将之改为水陆师学堂[③]，还在原博学馆附近购地47亩，扩建堂舍和机器厂、铸铁厂、码头等。1886年，张之洞奏请创办“广雅书院”，旨在“调集两省诸生才志

① 《瑞麟等奏广东同文馆开办情形拟议章程呈览折》《广东同文馆章程十五条》，载中华书局编辑部、李书源整理《筹办夷务始末（同治朝）》，中华书局，2008，第1166—1169页。

② 朱有瓛主编《中国近代学制史料》第1辑上册，华东师范大学出版社，1983，第272页。

③ 张之洞：《创办水陆师学堂折》，载赵德馨主编《张之洞全集》第1册，吴剑杰、周秀鸾等点校，武汉出版社，2008，第548—550页。

出众者，每省百名，肄业其中，讲求经义、史事、身心、经济之学”[①]。拟培养一批博通古今、明习时务的人才。10月，张之洞又奏陈开设广雅书局刊刻经籍。广雅书院于1888年7月开馆[②]。张之洞手订《广雅书院学规》[③]，还经常到书院考核学生学业。1898年，广雅书院又增设西学堂，传授历算、船炮等近代科学知识。

采用西法练兵。第二次鸦片战争结束后，广州八旗和绿营采用西法练兵，“会同英国官兵勤加练习，以成劲旅”[④]。1866年，瑞麟与英国领事罗伯逊（D. B. Robertson）商议，请其按期帮助操练官兵。广州将军长善分别于1875年、1880年挑选精壮旗营官兵1153人，和此前接受英国训练的350名官兵，共1503人一起训练。1881年，长善又增练200人的预备队，同时购买新式洋枪、子弹。广东虽然采用西法练兵，但是无论在装备还是训练等方面，都优先考虑八旗官兵。八旗官兵好逸恶劳，故训练效果不佳。于是张之洞于1884年另赴清远、韶关一带招募营勇，练习洋式火器，并将所编练新军命名为“广胜军”。广胜军专习炮准、卧枪、散队、夜战、疾行、逾壕登山、造营地、安地雷，兼演洋式火箭、行军电线等项，并兼派洋弁为教习[⑤]。

兴建军工，筹建军火厂。1866年，瑞麟与广东巡抚蒋益澧奏陈于福建设厂建造船只，供闽、粤两省巡洋之用。1873年，瑞麟与广东巡抚张兆栋奏请购买机器自行制造，以节省军费。不久，他们委派官员在广州聚贤坊创办了一间小规模的广州军装机器局，购有车床、刨床等，主要仿造枪炮、火药（后未生产）及修理、制造轮船等。1875年，新任两广总督张兆栋在广州西门外增埗购地设立军火厂，生产洋枪、洋炮所需火药。新建西式炮台并备西洋炮139尊，购买或自造吨位小、多为木质或铁骨木质的小

① 张之洞：《创建广雅书院折》，载赵德馨主编《张之洞全集》第1册，吴剑杰、周秀鸾等点校，武汉出版社，2008，第557页。

② 吴剑杰：《张之洞年谱长编》上卷，上海交通大学出版社，2009，第222页。

③ 张之洞：《广雅书院学规》，载邓洪波主编《中国书院学规集成》第三卷，上海中西书局，2011，第1309—1311页。

④ 《同治元年十二月十四日暂署两广总督晏端书奏》，载中国史学会主编《中国近代史资料丛刊·洋务运动（三）》，上海人民出版社，1961，第461—462页。

⑤ 张之洞：《教练广胜军专习洋战片》，载赵德馨主编《张之洞全集》第1册，吴剑杰、周秀鸾等点校，武汉出版社，2008，第299页。

兵船50多艘，共1.5万多吨。1876年12月，两广总督刘坤一购买英商的黄埔船坞及其设备，作为扩充机器局及开设西学馆之用[①]。1885年，两广总督张之洞奉旨将机器局与增埗军火厂合并为“制造东局”。又在广州城大北门外石井墟购地31亩多，创建枪弹厂，称为“制造西局”，专门生产毛瑟等4种洋枪枪弹，解决广东筹办海防，兼济滇、桂所需，以免“依藉外洋”[②]。从1886年10月到次年7月，兴建该厂共耗银7.46万两，由海防善后局筹支经费。枪弹厂（制造西局）建成后，初期日产子弹2000颗，后提升至8000颗。1888年，张之洞鉴于外购枪炮耗资巨大，且受人掣肘，为谋图自强，决定在广东设立枪炮厂。筹备妥当之际，清廷突然于1889年8月8日调张之洞为湖广总督。张之洞在粤创办枪炮厂后全部移至湖北。

修整炮台，筹设海防。第二次鸦片战争后，广州珠江沿岸及虎门原有各炮台多数被毁。瑞麟等在任内曾在广州的大黄滘、中流砥柱（即今二沙岛）、虎门的威远、下横档等处重建炮台，同时命令潮州等地官员在汕头海口崎碌、苏安扼要之处兴建炮台。由于经费问题，省河、虎门的炮台工程一直到1880年才竣工。续任两广总督张树声深感炮台建筑不得法，敕令改造修整，至1882年才全部完成。中法战争爆发后，广东成为前线。1884—1885年，广东先后新建了沙角、大角、沙路、鱼珠等地炮台群，加强了广东沿海、珠江沿岸的防御实力，震慑了外来侵略者。中法战争结束后，张之洞力主继续加强海防，又在广州珠江沿岸牛山地方历时一年新建炮台7座，以防止侵略者从波罗庙一带登陆，袭击鱼珠炮台后路。继任者李瀚章还在广东西部的防城、钦州一带修建若干炮台。经过多年苦心经营，至甲午战争前，广东的江防、海防逐渐形成了从虎门到广州珠江沿岸的三重防御体系。琼州海口，汕头崎碌、苏安，防城白龙尾等处也设有新式炮台若干座。此外，广东还尝试建造和购买船舰。1880年，由黄埔船厂建造的“海东雄”号蚊子船（即炮船）下水，在性能上与外购炮船相去不远。后建成“肇庆”“南图”两舰，分别派往巡视西江及九龙洋面。1883

① 刘坤一：《机器局经费请准援案报销折》，《光绪四年五月二十七日两广总督刘坤一等奏折附片》，载中国史学会主编《中国近代史资料丛刊·洋务运动（四）》，上海人民出版社，1961，第375—377页。

② 张之洞：《创设枪弹厂片》，载赵德馨主编《张之洞全集》第1册，吴剑杰、周秀鸾等点校，武汉出版社，2008，第532页。

年，法国吞并越南，西南海疆形势紧张，外购兵船成为广东海防的当务之急。两广总督张树声以及继任者张之洞数次向德国购买大型舰船。同时，清廷又分批从福建船政局调派“安澜”“济安”“飞云”等船来广东。1885年至1889年间，张之洞督令广东船局建成“广元”“广亨”“广利”“广贞”“广戊”“广己”6舰，用于海面巡防。

架设电报线路。电报线路的架设始于民办。1882年2月，穗港商人何慎、李玉衡等发起成立广东香港电报公司，不久改称广东香港华合公司。几经周折，粤港陆线建成。1883年7月，广州至九龙有线电报正式开通。张树声又增设到虎门、白土冈的支线，与省线相接。中法战争导致中国西南局势紧张，从广州至龙州电报线的铺设迫在眉睫。该线于1883年12月动工，次年7月全线竣工。此外，横（横州）廉线、廉钦线、廉琼线等也相继建成。到19世纪80年代末，广东全省建成了以广州为中心，西至广西梧州、桂林、南宁、龙州，远至云南剥隘，南连钦州、廉州、雷州到琼州最南的崖州、昌化，东至惠州、潮州接闽、浙、苏，北达韶州、南雄、大庾岭接江西赣州、南昌、九江的主干电报网。

创办民用企业。广东由于洋务运动经费短绌，因此官办民用企业进展缓慢，投资少，规模小。广东未单独创办官督商办的民用企业，只有总部在上海的轮船招商局和电报总局在1873年于汕头、广州设立的分局。两分局开辟了广东至沿海各省及省内的多条航线，从此广东各港口才有中国轮船航行。汕头、广州、海口等港口可以远航至厦门、上海、香港、澳门、牛庄、海防、新加坡。到1887年9月，广东又尝试创办内河航运，在肇庆、三水间试行浅水轮。此外，张之洞还主持建成汕头码头，便利广东省内外的水路交通和运输。

创办广东钱局。张之洞于1887年2月的奏折中痛陈外国银元日渐流通的巨大危害和自铸银元的必要性，请旨先在广东铸造银元。与此同时，他还上奏请求购买机器铸造制钱，解决晚清市面流通中缺乏制钱的困局。获准实施后，张之洞派人从英国购置铸制钱机器和铸银元大号机器及相关设施，并择址广州大东门外黄华塘建厂。1889年，广东钱局成立，这是中国第一个机器造币厂。至1911年，该局铸造了价值1.7亿元的多种银币。它与轮船招商局、电报总局一起打破了外国轮船独霸广东沿海航运的局面，抵制了外国在广东进一步攫夺电报线架设权，取代了部分外国银元在中国的流通，收到了局部“塞漏卮”“保利权”的作用。

倡办广州机器织布纺纱官局等。1888年，张之洞选址广州南岸筹办织布局，向英国订购织布机、纺纱机、染纱机等多种机器，拟生产各种布料。1889年，张之洞又计划在广州创办炼铁厂，厂址定于广州南岸凤凰岗。两局还未开办，张即调任湖广总督，两局后也迁至湖北。

派遣留学生。1872年，在洋务派官员曾国藩、李鸿章、丁日昌等的鼎力支持下，清政府任命广东籍官员陈兰彬和容闳为留美肄业局正、副监督，主持选派幼童赴美留学。1872年至1875年间，“清廷遣派出洋肄业学生百二十人，分四批放洋”，广东籍幼童有83人，占总数的69%，为各省之冠[①]。这批留学生虽因顽固派的反对和干预，未完成学业就提前撤回，但开了派遣留学生之先河。他们回国后，大部分人成为我国近代铁路、电报、矿务、制造、外交、海军等事业的骨干。

六、康有为、梁启超与戊戌变法

1894年7月，日本军舰在丰岛海面袭击中国军舰，挑起甲午战争。1895年，中国战败，中日签订《马关条约》，中国再次被迫割地、赔款。西方列强趁机掀起瓜分中国的狂潮，边疆地区出现新危机，中国呈瓜分豆剖之势。甲午战争中国惨败，表明靠洋务运动并不能救中国。亡国灭种的危机迫使一些先进的中国人开始寻找新的救亡道路，旗帜鲜明地提出了变革旧制度的主张，发动了一次维新变法运动，其领导人物为广东人康有为和梁启超。

康有为（1858—1927），字广厦，号长素，广东南海人，人称康南海或南海先生。1874年，康有为读到《瀛寰志略》地球图，“知万国之故，地球之理”。1879年后，他到香港、上海游历，目睹资本主义物质文明对中国的影响，遂开始阅读一些介绍西方社会政治制度和自然科学的书籍，感到西方资本主义国家“治国有法度”“治术之有本”。他开始转变观念，产生了学习西方资本主义、改革国家现状、致国家于富强的维新变法

① 容尚谦著，李喜所译：《中国近代早期留美学生小传》，《南开史学》1984年第1期；《温秉忠：最先留美同学录》，载陈学恂、田正平编《中国近代教育史资料汇编·留学教育》，上海教育出版社，1991，第104—109页。

思想。1888年，康有为痛感中法战争后的民族危机，利用在北京参加顺天乡试的机会，撰成《上清帝第一书》，指出“然今天下法弊极矣”，“时既变而仍用旧法，可以危国”，“宜易新法以治之”，“变通尽利”，提出“变成法、通下情、慎左右”，以挽救危局的建议[①]。1891年，康有为在广州长兴里创办万木草堂，聚徒讲学，宣传变法，培养维新人才。

梁启超（1873—1929），字卓如，号任公，广东新会人。他早年求学于广州学海堂，后至万木草堂师从康有为，并成为其重要助手，学习并宣传维新变法思想。

1885年，康有为开始撰写《人类公理》一书，阐述其早期大同思想。1891年后，康有为撰写《新学伪经考》《孔子改制考》等重要著作。他从“新学伪经说”，到“孔子改制说”，又合并成为“大同三世说”（据乱世、升平世、太平世）。他宣称“大同三世说”是孔子所创制，将两千多年前的孔子与西方近代民主政治中的“民主”和“议院”相连接，表述了中国社会当由专制进为立宪、共和之理，描绘了“大同之世，天下为公，无有阶级，一切平等”的空想社会主义理想世界，为其维新变法思想提供了初步理论依据[②]。

1895年，康有为与梁启超一起赴京参加会试。当时正值甲午战争惨败，李鸿章赴日签订丧权辱国的《马关条约》，以割台湾、赔巨款为代价，换取屈辱和平。条约内容传到京师，朝野震动，群情激愤。康有为立即草拟一份万言条陈，即《上清帝第二书》，联络在京会试1300多举人签名，奋起抗争，提出“拒和、迁都、变法”的政治主张，史称“公车上书”。此后，以康、梁为代表的维新派人士积极宣传、组织活动，在北京、上海、天津等地创办《万国公报》《时务报》《国闻报》等报刊，组

① 康有为：《上清帝第一书》，载《康有为全集（增订本）》第1集，姜义华、张荣华编校，中国人民大学出版社，2020，第182页。

② 康有为戊戌时期的“大同三世说”思想及其内容，主要见于黎祖健所录《万木草堂口说》及楼宇烈《长兴学记·桂学问答·万木草堂口说》，显然是为维新变法提供思想依据。这与他戊戌后避居海外，于1901年至1903年改写成的《大同书》中呈现的“大同三世说”相比，基本结构一样，但内容有些变化。戊戌后其一是接受西方进化论的思想，其二是不再强调孔子学说在世界文明体系中占有统治地位。详见茅海建所著《戊戌变法史事考三集》（生活·读书·新知三联书店，2024）、《戊戌时期康有为、梁启超的思想》（生活·读书·新知三联书店，2021）等。

织强学会、南学会等学会，创办时务学堂，著书立说，介绍外国变法经验教训，为变法制造舆论，培养人才。

1897年10月，梁启超在其主笔的《时务报》上发表《论君政民政相嬗之理》，对康有为“大同三世说”进行比较完整地阐述。他提出“三世六别”的说法：称“据乱世”为“多君世”，分“酋长之世”和“封建及世卿之世”两别；称“升平世”为“一君世”，分“君主之世”和“君民共主之世”两别；“太平世”为“民为政世”，分“有总统之世”和“无总统之世”两别。其核心是“大同”到“太平世”的第一阶段，废君主而立民主。“大同三世说”是一种革命性的思想，将儒家文献中的“大同”与西方近代政治学说中的“民主”和“议院”相连接，暗藏着历史演进和社会发展的思想，为维新变法运动提供了较为坚实的理论依据。

康有为、梁启超等还在广东聚集和组织了一批维新人才，创办学会，出版报刊，兴办新式学堂，推动广东和全国的维新变法运动向前发展。1898年1月，康有为召集旅京粤籍人士20余人在北京成立粤学会。广东省内成立有圣学会、公理学会、群学会、显学会、农学会、戒缠足会、戒鸦片烟会等。维新派在岭南创办《知新报》《岭学报》《岭海报》《广智报》等报刊，及时报道外国侵略者侵略情势、各地维新派的活动和全国推行新政的情况，对开通风气、制造舆论起了重要作用。其中影响最大的是1897年2月康有为胞弟康广仁、弟子徐勤在澳门创办的《知新报》，大力宣传救亡图存和维新变法，主张“变弊政、兴新法”，宣传废八股、改科举、兴学校、育人才、采西学、开民智，为维新变法制造舆论。1898年，维新派在广州成立时敏学堂，提倡读时务书和有用书。

维新派活动卓有成效，使广东在全国维新运动中独领风骚。梁启超后来称“新学之风既倡，民智渐开”，“先觉之士，慨世之徒，攘臂抗论，大声疾呼，所在多有，而湖南、广东两省，实可为改革之原动力焉”[①]。

1898年4月，康、梁在北京发起成立保国会。6月11日，光绪帝颁布《明定国是诏》，此后三个月发布上百道变法诏令，倡导学习西方，提倡科学文化，改革政治、教育制度，发展农业、工业、商业等主张。除了

① 梁启超：《戊戌政变记附：戊戌政变纪事本末》，载汤志钧、汤仁泽编《梁启超全集》第1集，中国人民大学出版社，2018，第614页。

康、梁，粤籍的京官、外官中不乏赞成变法的人员。户部左侍郎、总理各国事务衙门大臣张荫桓曾出使英、法、美、德等国，熟习欧美国情，见闻颇广，在变法前后，他常向光绪皇帝条陈西法新政，支持康有为联络京官，推动变法运动。变法期间，张荫桓受命管理京师矿务、铁路总局，政变后被革职流放新疆。粤籍湖南按察使黄遵宪协助巡抚陈宝箴推行新政，创办时务学堂、南学会、《湘学报》等事务。

由于变法触及顽固派利益，1898年9月21日，慈禧太后发动政变，囚禁光绪皇帝，康、梁逃亡日本，谭嗣同等六人（史称“戊戌六君子”）被杀。除京师大学堂（今北京大学）外，所有新政措施，全部被清廷废止，变法改革历经百日，最终失败，史称“百日维新”。尽管如此，“百日维新”仍然是一次具有爱国救亡意义的政治改良运动，是资产阶级变革社会制度的初步尝试，在一定程度上推动了清政府自上而下的政治变革，也是一次思想启蒙运动。

康、梁等人逃至海外，初衷不改。他们于1899年7月在加拿大成立“保皇会”，以保救光绪帝为宗旨，在全球各地成立分会，募捐筹款，积极准备勤王举义。1900年1月，清廷宣布端王载漪之子为大阿哥（皇储），准备废黜光绪皇帝，又悬赏银10万两捕杀康、梁。对此，康有为指示调整保皇会建制和机构，于香港、澳门另行设立总局，专事保皇勤王活动。他还移居新加坡，遥控并制定了一套两广起兵，以广西为发难之地的计划。6月，义和团在慈禧太后的允许下进京，清政府向八国宣战。保皇会趁国内政局变化，准备大举行动。8月，唐才常领导的汉口自立军起义失败。两广总督李鸿章照会英国在新加坡和香港的殖民当局，查办保皇会。9月，梁启超、容闳到香港，期望得到港督支持继续保皇活动，被拒。广东当局接连收到保皇会购买军械的密报，严加缉查，缴获这批枪械，保皇会部众解散。保皇会澳门总局也因组织散漫、财政匮乏，陷入窘境。不久，保皇会撤销澳门总局，筹划两年的勤王运动草草收场。

七、海疆危机进一步加深

随着一系列不平等条约的签订，资本主义列强加紧了侵略中国的步伐。中国不断丧失领土和主权，边疆全面告急。原属广东管辖的香港和澳门，被一步步蚕食，最终被英国和葡萄牙占领。法国也趁机强租广州湾。

中英《北京条约》规定将“九龙司地方一区”割让给英国，从此，九龙南半岛、界限街以南的10余公里领土，被英军占领。1898年6月，中英签订《展拓香港界址专条》，清政府又将九龙半岛及其附近水面、岛屿（不包括九龙城），包括界限街以北、深圳河以南地区，以及大鹏湾和深圳湾，大屿山在内大小200多个岛屿，总面积975.1平方千米的区域租与英国，租期99年。1899年1月，英方强行“接管”“新界”。3月，中英双方再订《新界北线定界备忘录》，将总面积975.1平方千米的土地纳入英国殖民统治范围①。

香港被英国殖民者统治期间，爱国的香港同胞不断与港英当局进行斗争。1884年中法战争期间，香港华商拒绝向法国船只出售煤炭、食品等补给物资，船坞工人拒绝修理法国船艇，搬运工人拒绝为法国搬运货物，发动罢工。港英当局出动警察镇压，工人奋起反抗。在各界同胞的支持下，港英当局被迫“还所罚钱，放所拘人，所毙华民恤二百元，听华民不装法货”②，香港工人的爱国斗争取得了胜利。

《马关条约》规定将台湾割让给日本，广东蕉岭爱国志士丘逢甲组织保台活动，失败后内渡回粤。他强忍悲愤，写下著名诗篇《春愁》：“春愁难遣强看山，往事惊心泪欲潸。四百万人同一哭，去年今日割台湾。”③

葡萄牙于明朝租得澳门后，陆续在澳门筑围墙，“由家私栏炮台向北转至水坑尾门，又转西北至大炮台，再往西北至三巴门，又转北沿白鸽巢至沙梨头门向西南至海边高楼”④，墙南为葡萄牙人集中居住的租地。1614年、1744年、1749年广东地方官员公布的管理澳门的条例中，规定葡萄牙人“不许出澳”，不得新建房屋等。两次鸦片战争后，葡萄牙人乘清朝国势日衰，逐渐越过界墙，经过多年蚕食，占领了南澳门半岛的全部及潭仔、过路环两岛。1887年，葡萄牙诱迫清廷在北京签订《中葡和好

① 姜秉正：《香港问题始末》，陕西人民出版社，1987，第164页。

② 张之洞：《英助法激起香港民愤致总署》《香港义民拒法拟事定后奖励致总署》，载赵德馨主编《张之洞全集》第4册，吴剑杰、周秀鸾等点校，武汉出版社，2008，第350页。

③ 丘逢甲：《春愁》，载《岭云海日楼诗钞》，上海古籍出版社，2009，第435页。

④ 民国《香山县志续编》第6卷，癸亥年（1923年）版。

通商条约》。条约规定，“俟两国派员妥为会订界址，再行特立专约。其未经定界以前，一切事宜，俱照现时情形勿动，彼此均不要有增减改变之事”[①]。依据条约，葡萄牙人取得了“永居管理”澳门的特权。关闸以南望厦村村民不甘葡人管治，坚持数十年抗交地租。直到1898年，葡人乘德、法等国强租中国胶州湾、广州湾等沿海港口之际，才迫使望厦村村民缴纳地租。

甲午战争中国战败，助长了法国侵略中国西南地区的野心。法国将魔爪指向了垂涎已久的广州湾。1898年4月，法军在海头（今湛江市霞山）登陆，向内地入侵，以武力胁迫清政府租借广州湾。遂溪人民奋起组织武装，保卫乡土，英勇抗击法侵略军，屡次挫败入侵之敌，坚持斗争1年多。1899年11月，法国强迫清政府签订《广州湾租界条约》。条约将跨遂溪、吴川两县的部分陆地和两县之间的港湾水域（即今湛江港）共2000多平方千米的区域划为法租界，法军可在广州湾内筑炮台、驻兵，并可修建赤坎至安铺的铁路等[②]。

第二节

近代民主革命策源地的形成

中日甲午战争爆发以后，中国半殖民地化进一步加深，民族危机空前，人民生活处于水深火热之中。为“挽狂澜于既倒，扶大厦之将倾”，以孙中山为首的革命党人走上历史舞台。革命党人在广东境内酝酿和传播民主革命思想，数次发动武装起义。广东省内的群众性爱国运动此起彼伏，民主革命形势不断高涨。广东成为名副其实的近代民主革命策源地。

① 王铁崖编《中外旧约章汇编》第1册，生活·读书·新知三联书店，1957，第522—523页。

② 王铁崖编《中外旧约章汇编》第1册，生活·读书·新知三联书店，1957，第929—930页。

一、革命派的早期活动及当局的自救

孙中山（1866—1925），广东香山（今中山）翠亨村人。幼名帝象，稍长名文，字德明，号日新，后改逸仙。1866年11月12日出生于农民家庭，少时在故乡读私塾。12岁随母赴檀香山投奔长兄孙眉，“始见轮舟之奇，沧海之阔”。孙中山先后就读于意奥兰尼学校和澳阿厚书院，开始接受西方新式教育。后辗转于香港和广州之间，先后入拔萃书屋、皇仁书院、博济医院、雅丽氏医院附设西医书院学习。读书期间，孙中山阅读了不少西方著述，初步接受民主、共和思想，与陈少白、尢列、杨鹤龄等抨击清朝的腐败黑暗，“所谈者莫不为革命之言论，所怀者莫不为革命之思想，所研究者莫不为革命之问题”，“四人相依甚密，非谈革命则无以为欢”[①]。因此，四人被时人称为“四大寇”。1892年，孙中山在西医书院毕业，先后在澳门、广州行医。1894年6月，他北上天津，上书直隶总督李鸿章，提出“人能尽其才，地能尽其利，物能尽其用，货能畅其流”，此四事为“富强之大经，治国之大本也”[②]。但李鸿章拒绝面见，孙中山此后立志投身推翻清王朝的革命。

1894年11月，孙中山联合华侨志士在檀香山正埠火奴鲁鲁卑涉银行经理何宽的寓所开会，建立中国第一个资产阶级革命团体“兴中会”。兴中会章程强调民族危机，“方今强邻环列，虎视鹰瞵，久垂涎于中华五金之富、物产之饶，蚕食鲸吞，已效尤于接踵；瓜分豆剖，实堪虑于目前”，疾呼“亟拯斯民于水火，切扶大厦之将倾”，号召国人“振兴中华，维持国体”，“申民志而扶国家”[③]。在会员入会誓词中，规定以“驱除鞑虏，恢复中国，创立合众政府”[④]为奋斗目标。

随着中日甲午战争的进展，国内形势岌岌可危。兴中会成立后，孙中

① 孙中山：《建国方略》，载黄彦主编《孙文全集》第1册，广东人民出版社，2021，第65页。

② 孙中山：《国家富强之大计：上清文华殿大学士李鸿章书》，载黄彦主编《孙文全集》第2册，广东人民出版社，2021，第248页。

③ 孙中山：《檀香山兴中会章程》，载黄彦主编《孙文全集》第5册，广东人民出版社，2021，第3页。

④ 孙中山：《檀香山兴中会誓词》，载黄彦主编《孙文全集》第5册，广东人民出版社，2021，第4页。

山赶到香港联络广东各地会党、绿林、防营和游勇，策划武装起义。1895年1月，孙中山在港筹建兴中会总部，并修订革命章程。在此之前，杨衢云、谢缵泰等人已经以“开通民智，改造中国”为宗旨，先行创立了辅仁文社，因旨趣相近，孙中山遂与杨衢云接洽，后者欣然同意，举全社并入兴中会。2月21日，兴中会总部成立，址设香港中环士丹顿路13号，并创刊《中国日报》为机关报，鼓吹革命思想。3月，孙中山于广州陆续设立秘密机构数十处，筹措经费，购运枪支弹药，并选定10月26日利用重阳节群众结队到省城祭祖扫墓的风俗，乘机运械聚合，举行起义。不意清政府得知消息，于26日派人搜捕起义者，孙中山的同村好友陆皓东等被捕杀，起义未举即告失败。这次起义是国人用革命的手段来实现民主共和理想的第一次尝试，孙中山后来称陆皓东为“中国有史以来为共和革命而牺牲者之第一人”。

1900年，当义和团运动在北方全面展开，八国联军武装侵华之时，孙中山率部分会员从日本返香港，部署武装起义。他决定由杨衢云、陈少白在香港办理饷械，史坚如在广州组织策应，郑士良等赴惠州三洲田山寨，联络惠、潮、嘉各属会党和绿林首领发动起义。署理两广总督的广东巡抚德寿闻悉惠州起义的讯息，即派兵前往镇压。考虑到消息走漏，惠州起义遂提前至10月6日发动。起义军先后攻占新安、惠州、归善、博罗、河源等地，转战半月，终因力量悬殊，弹药不继，归于失败。郑士良等退往香港，参与义举的日本志士山田良政遇难，是“外国义士为中国共和牺牲者之第一人也”。10月30日，史坚如在广州谋划轰炸德寿，未能成功，遭逮捕，于11月9日遇害，“是为共和殉难之第二健将也”。经过此次惠州之役，“中国人之心，已觉与前有别矣”，时人不再视革命党人为“乱臣贼子”，“则鲜闻一般之人恶声相加，而有识之士且多为吾人扼腕叹惜，其事之不成矣。前后相较，差若天渊。”国内情形为之一变，“有志之士多起救国之思，而革命风潮自此萌芽矣”[①]。

惠州起义失败后，兴中会香港本部杨衢云被清廷派出的凶手刺杀，兴中会骨干谢缵泰等欲再举反清。他与李纪堂、洪秀全族侄洪全福策划在

① 孙中山：《建国方略》，载黄彦主编《孙文全集》第1册，广东人民出版社，2021，第70—71页。

广州举义，建立“大明顺天国”，推举容闳为临时政府总统。经过筹备，他们拟于1903年1月28日除夕先在广州发难，东、北江的三合会众随后夹攻广州。洪全福任“大明顺天国”兴汉大将军，三合会首领梁慕光任总司令，李植生为总参谋，起义总机关设在香港，总指挥部和各分机关置于广州。但在起义即将爆发之际，香港总机关因人告密遭查封，广州各分机关也被当局破获，革命党人梁慕义、陈学灵等20多人被捕，洪全福闻悉后外逃南洋。东江起义军依期发难，为清军击败。北江起义军则闻讯解散。“大明顺天国”起义宣告失败。孙中山未与闻此事。但李纪堂曾告诉陈少白：“待夺得省城时，即迎孙中山返粤，一切宗旨与兴中会相同，可勿过虑。”

在革命党人酝酿发动革命斗争的同时，清政府为挽救统治危机，在1901—1911年这十年间，自上而下进行了新政变革。广东当局在政治、经济、军事、文教等方面都有所改革。政治方面，改革官制，裁撤粤海关监督，废置广东巡抚，成立咨议局等机构，推行地方自治。军事方面，编练新军，设立督练公所、巡防营，创办巡警教练所。经济方面，在广州先后设立广东保商总局、商务局、农工商局、劝业道，掌管全省农、工、商、交通、矿务、邮传等各项实业。文化教育方面，废科举、兴学校，成立两广学务处，各厅州县设劝学所，创办学堂管理员练习所，开办两广师范学堂，培养中小学教员。但由于政局动荡，督抚更换频繁，军事、司法等新政措施难以贯彻推行，成效甚微。

二、风起云涌的爱国运动

20世纪初叶，帝国主义列强加紧了对中国的侵略，矛头直指中国的铁路和矿产。而随着民族主义思潮的传播，爱国绅商纷纷掀起收回利权运动，如收回粤汉铁路权，即为重要一例。1903年9月，清廷设立商部。12月，商部奏定《铁路简明章程》，准许民间和地方拥有部分铁路的修筑权，规定民间可以修支路或干路。随后，收回铁路权利的运动在各地兴起。

早在1897年，粤、湘、鄂三省绅商即计划集资修粤汉铁路，未成。次年4月，清政府与美国合兴公司签订《粤汉铁路借款筑路合同》，约定借路款400万英镑，实收九五，年息五厘，由合兴公司包办粤汉铁路路工，三年内将全路筑成①。1900年7月，又签订《粤汉铁路借款续约》，粤汉路权遂为美国所攫取。三省绅商极为不满，强烈要求废除合同，收回路权。湖南绅商首先发动“废约自办”斗争，广东、湖北迅速响应。粤七十二行商及各大善堂商人等组织、领导收回路权的斗争，并通电外务部和商部。1905年7月，湖广总督张之洞奉旨督办粤汉铁路，明确支持三省自办。8月，中美双方签订《收回粤汉铁路美国合兴公司售让合同》，规定原合同作废，赎款675万美元由三省分摊，路权由三省铁路公司共有。收回粤汉路权斗争的胜利，激发了全国各地爱国人士的赎回利权运动。

与此同时，广东还发生了抵制美货运动，该运动亦被称为“反美华工禁约运动”。早在1894年，美国就胁迫清政府签订《限制来美华工保护寓美华人条约》，排斥和虐待华工。1904年，该约十年期满，旅美华侨十余万人联名上书清政府，要求废约。美国政府闻讯悍然拒绝，坚持续订新约，激起中国各界人士反对。运动发端于上海，广州也成为中心。广州抵制美货运动的领导人是广州总商会副会长郑观应。1905年7月，广州地区成立“拒约会”，后又改称“抵制条约不用美货公所”。商学各界等百余单位参与，海外侨胞也采取汇款、声援等各种斗争形式，积极配合国内反美爱国运动。8月下旬，在列强压力下，清政府加以镇压，阻止抵制美货运动继续发展。与此同时，美方为保住在华利益，只好放弃续约要求。10月以后，斗争逐渐平息②。

一波刚平，一波又起。1907年8月10日，日本商人西泽吉次（にしざわ きちじ）等擅自侵入我国东沙岛，破坏岛上原有建筑物，驱逐中国渔船，声称发现一无人岛。他们竟然在该岛上升起日本商旗，将该岛改名为“西泽岛”，雇用130多名工人上岛经营，妄图长期占领。1909年3月19日，两广总督张人骏照会日本领事赖川浅之进（よりかわ あさのしん），要求日商立即撤出该岛。日领事声称系日本人最先发现的“无主荒

① 《美国合兴公司夺取粤汉铁路建筑权》，载湖南省志编纂委员会编《湖南省志第一卷·湖南近百年大事记述（修订本）》，湖南人民出版社，1962，第157页。

② 参见广东省中山图书馆参考部：《1905年广东人民反美运动大事记》，《广东历史资料》1959年第2辑；黄贤强：《城市抗争与排外主义：广州的抵制运动》，载《1905年抵制美货运动：中国城市抗争的研究》第3章，高俊译，上海辞书出版社，2010。

岛”，拒绝撤出。3月31日，粤商自治会召开会议，商议争回东沙岛的办法。4月11日，广州绅商千人在广州府学宫集议，商讨争回东沙岛主权的对策。张人骏派洋务局道员魏瀚与赖川浅之进多次谈判，申明该岛绝非无人岛，而是中国广东省属的南海岛。赖川浅之进在事实面前不得不承认东沙岛为中国领土，但又要求赔偿西泽吉次投资本息。最后，双方于10月5日达成协议：日本承认东沙岛为中国广东省惠州府属地，中国以广东毫银十六万元购回日商在该岛的工程建设，日商赔偿毁坏该岛的民房、渔船等三万元。国人收回东沙岛的斗争取得胜利。

反对英国攫夺西江缉捕权运动是清末两广发生的另一爱国事件。其时，西江一带盗匪出没，外籍商船被劫掠之事偶有发生。1907年10月，英国以英籍商船被劫掠为由，将军舰驶入西江，肆意搜查华商，骚扰沿岸城镇。广州商界带头散发传单，发起集会，成立“粤商自治会”，并致电朝廷军机处、外务部，要求据理力争，驱逐英舰，维护缉捕主权。绅商各界召开特别大会，讨论整顿全省水陆缉捕事宜，并提出涉及兵制、巡警、团练等方面的具体措施。张人骏迫于压力，电奏清廷，请求“设法争拒，以维大局”[①]。经交涉，英舰被迫于1908年1月退出西江。持续两个多月的反对英国攫取西江缉捕权的斗争取得胜利。

此外，中日双方还因“二辰丸事件”产生冲突，进行一系列交涉，并引致国人的抗争。1908年2月5日，巡洋的广东水师官兵侦察到一起偷运军火案，即澳门华商广和店店主谭璧理等雇佣日本商船“二辰丸”号，将一批军火从日本私运至澳门，停泊于路环岛东大沙沥海面。广东水师派出“宝璧”兵轮管带吴敬荣、委员王仁棠带同“广亭”“安香”二巡轮驶往九洲洋海面附近巡逻，严阵以待。5日傍晚，他们截获走私船，派人上船查验，发现该船没有“中国军火护照”，于是依据海洋章程，将船货暂扣，并撤去船上所挂的日本国旗。2月14日，日本驻华公使林权助（はやし ごんすけ）向清廷外务部发出抗议照会，要求“速放该船，交还国

① 李默辑：《1907年两广人民反对英帝国主义攫夺西江缉捕权的斗争》，《广东历史资料》1959年第2期。

旗，严罚所有非法之官员，并陈谢此案办理不善之意，以儆效尤”[①]。清政府义正词严地加以回绝。

针对“二辰丸事件”，清政府主张交与公断。清廷外务部于1908年3月3日照会日本公使，拟请英国水师提督公断，遭拒。3月6日，清外务部照会日本公使，对“二辰丸”日本国旗被中国士兵扯下一事表示歉意，但主张将扣船撤旗分作两截办理[②]。日方不肯罢休。3月13日，林权助向中方提出五项要求：中国政府对撤换国旗一事应派兵舰升炮，以表歉忱；即时放回“二辰丸”，不得立有条件；扣留的军火由中国政府购买，货值21 400日元；中方自行处置对扣留“二辰丸”负有责任的官员；赔偿此案“所生”之损失[③]。两天后，清廷表示全部予以接受。3月19日，清军水师军舰在九洲洋释放了“二辰丸”，并鸣炮21响致歉。消息传出，举国哗然，绅民大愤，群情激昂，有人提出罢市，有人提出抵制日货。组织抵制日货运动的是广州的粤商自治会。3月18日，该自治会首领陈惠普等为“二辰丸”案举行数万人大会。两广及上海、香港、南洋群岛的华人华侨纷纷响应。5月8日，日本驻京代理公使阿部守太郎（あべ ももたろう）为广东排斥日货事再次向清廷外务部“抗议”，并索偿“二辰丸”案赔款21.8万元。6月6日，广东士绅代表至京呈递召开国会请愿书。10月2日，在民情愤激的情况下，日本驻穗领事照会两广总督，同意撤销“二辰丸”案的赔款要求。

上述爱国运动给帝国主义列强一定程度的打击，给封建统治者一定程度的警醒，促进了20世纪初期中国民族资本主义的进一步发展，推动了近代中国民族民主运动的高涨。

---

① 《日使林权助致外部辰丸被粤扣留奉令抗议希饬速放照会》，载王彦威、王亮辑编《清季外交史料》第7辑，李育民等点校整理，湖南师范大学出版社，2015，第3757—3758页。

② 《外部致张人骏辰丸案换旗与扣船分别办理电》，载王彦威、王亮辑编《清季外交史料》第7辑，李育民等点校整理，湖南师范大学出版社，2015，第3770页。

③ 《日使林权助致外部扣留辰丸提议赔偿损害请照允照会》，载王彦威、王亮辑编《清季外交史料》第7辑，李育民等点校整理，湖南师范大学出版社，2015，第3787—3788页。

三、民主革命运动的高涨

1905年8月20日，中国第一个资产阶级革命政党——中国同盟会，在日本东京举行成立大会，国内17个省份的留学生代表百余人出席。大会通过章程，选举孙中山为总理，提出“驱除鞑虏，恢复中华，创立民国，平均地权”十六字革命纲领。同盟会以《民报》为机关刊物。这标志着中国资产阶级民主革命进入新阶段。

“文字收功日，全球革命时。”从1905年到1907年，革命派与改良派在世界范围内展开了大论战。这是中国继戊戌变法之后的又一次思想解放运动。论战进行了三年，其规模之大、范围之广、争论之激烈、阵线之分明，都为中国近代史上所罕见。论战中心战场是日本，其次是南洋。此外，檀香山、旧金山、温哥华、上海、香港、广州等地的报刊也纷纷加入。论战的中心议题是要不要推翻清政府、要不要建立共和政权、要不要进行社会革命。论战以改良派的彻底失败告终。

省港地区的论战，革命派以《中国日报》《广东日报》《世界公益报》等为阵地，改良派以《商报》《岭海报》《国是报》为阵地，开展论辩。革命派主将有陈少白、黄世仲、郑贯公等人，后者代表为徐勤等。这次论战，广泛传播了同盟会的革命纲领，扩大了革命思想的影响，促进了广东地区革命形势的蓬勃发展。

在开展大论战的同时，革命党还利用会党和新军发动了前仆后继的武装反清起义。起义计有八次，其中六次在广东境内进行，分别为潮州黄冈起义、惠州七女湖起义、钦廉防城起义、钦廉上思起义、广州新军起义、黄花岗起义。

潮州黄冈起义是同盟会在华南发动的第一次武装起义。1907年正月，同盟会会员许雪秋准备趁农历新年发动潮州起义，后因饶平、揭阳、惠来等各军失去联络，致起义未举。5月22日，孙中山又派许雪秋、陈芸生、陈涌波等发动起义。义军一举占领黄冈城，缴获清军枪械，生擒都司隆启等，成立了军政府。潮州总兵黄金福带兵前往镇压，两军激战，革命党人被害200余人，余者流亡香港。

1907年初，孙中山派人到惠州发动起义。6月2日，邓子瑜集合少数三合会党在惠州七女湖截获清军防营枪械，击毙巡勇及水师哨弁多人。5

日，起义军进攻泰尾，清守兵溃逃，起义军连克杨村、三达、柏塘等地。归善、博罗、龙门各地会党纷起响应。清水师提督李准急调兵镇压。义军得不到声援，遂解散。

1907年4月，钦州三那墟民众反抗清政府苛征糖捐，发动起义，被清军击溃。之后，孙中山派黄兴、王和顺潜入钦州，联络会党、民团和抗捐群众，准备起义。9月2日，王和顺率领200多人在钦州王光山发动起义，以“中华国民军南军都督”名义，发表文告，宣传同盟会纲领，兼程袭取防城。清政府急调桂林、柳州等地驻军进行围堵，起义军坚持战斗，终因弹尽粮绝，于17日解散。

1908年3月，孙中山派黄兴组织旅越华侨中的同盟会会员200多人，成立“中华国民军南路军”，进军钦州，沿途群众纷纷加入。4月2日，起义军驻扎马笃山，发展到600多人，继续向上思地区进发。清政府调参将王有宏率数千官军，包围起义军。起义军转战四十余日，历大小数十仗，终因后援不继、弹药告罄而退回越南，以图再起。

1909年10月，同盟会南方支部在香港成立，以胡汉民为支部长，策划发动以新军为主力的广州起义，具体由同盟会会员、新军炮兵排排长倪映典负责。1910年2月9日，广州新军士兵与警察发生冲突，引发骚乱。12日，倪映典担心起义消息泄露，立即发动驻扎在燕塘的部分新军起义，击毙反对起义的炮营管带齐汝汉，分三路向广州城推进，与清军水师提督李准所部于东郊沙河墟、二望岗、横枝岗一带对峙。李准授意已加入同盟会的军官李景濂假意要与倪映典谈判，趁机杀害倪映典。两军激战多时，新军士兵遂向燕塘溃退，次日退守白云山、石牌、东圃一带。清军四出搜查，新军士兵被俘百余人。起义宣告失败，但这次起义表明，新军可以转化为革命的力量，从而增强了革命党人的信心。

为提振士气，1910年11月，孙中山与黄兴、赵声等革命党人在马来亚槟榔屿议定广州起义的计划，图谋再起。会后由黄、赵在香港组成统筹部，派人至巡防营和会党中活动，并向海外华侨募集经费。各地同盟会会员纷纷参加，选拔出800人组成“选锋”（敢死队），在广州设立秘密机关30余处，定于次年四五月间发动起义。1911年4月8日，同盟会会员温生才自行刺杀署理广州将军孚琦，致使清朝官员严加戒备。统筹部计划推迟起义，黄兴力主按期发动。4月27日，在多数选锋队员尚未集中的情况下，黄兴率敢死队130人进攻总督衙门、大南门、小北门、督练公所等处。终因寡不敌众，溃散逃亡。赵声、胡汉民率领200余名在港党人连夜赶赴广州，未及入城，即获悉起义失败，无功而返。起义失败后，起义者暴尸于咨议局门前。经同盟会会员潘达微联络广仁善堂收殓遗骸72具，葬于东郊红花岗，并由潘达微改地名为黄花岗，是为“黄花岗七十二烈士”，这次起义也因此被称为“黄花岗起义”。

“碧血横飞四塞惊，草木含情风云悲。”关于黄花岗起义的影响和意义，正如孙中山后来所说：“全国久蛰之人心，乃大兴奋，怨愤所积，如怒涛排壑，不可遏制，不半载而武昌之大革命以成，则斯役之价值，直可惊天地，泣鬼神，与武昌革命之役并寿。”[①]七十二烈士之一的林觉民，在起义前三天写下了千古绝唱《与妻书》：“吾至爱汝，即此爱汝一念，使吾勇于就死也。吾自遇汝以来，常愿天下有情人都成眷属；然遍地腥云，满街狼犬，称心快意，几家能彀？司马青衫，吾不能学太上之忘情也。”字字如血，如泣如诉，激励着一代又一代的中华儿女。

同盟会领导的多次武装起义尽管均以失败告终，但从根本上动摇了清王朝的统治，促进了广大人民的觉醒，为后来武昌起义的爆发做了准备。

尤其值得一提的是，孙中山早年在海外宣传革命主张时，唤醒和激发了海外华侨的民族意识和爱国热忱。广大华侨成为革命组织的发起者、革命舆论的鼓动者、革命经费的支撑者、武装斗争的参与者。孙中山曾由衷感慨：“华侨的思想开通较早，明白本党的主义在先，所以他们革命也是在先，每次起革命都是得海外同志的力量。”[②]“我海外同志，昔与文艰苦相共，或输财以充军实，或奋袂而杀国贼，其对革命之奋斗，历十余年如一日。故革命史上，无不有‘华侨’二字，以长留于国人之脑海。”[③]在与革命同志谈话时，孙中山曾敬称“华侨为革命之母”。

① 孙中山：《继承先烈遗志为国奋斗：邹鲁编〈黄花冈烈士事略〉序》，载黄彦主编《孙文全集》第4册，广东人民出版社，2021，第133页。

② 参见1923年10月15日孙中山在广州中国国民党恳亲大会演说，据《总理对恳亲大会训词》，广州《中国国民党周刊》第26期（1924年6月22日）。

③ 孙中山：《发扬革命爱国精神彻底实行革命：中国国民党澳洲美利滨分部党所落成并全澳及南太平洋群岛恳亲大会训词》，载黄彦主编《孙文全集》第4册，广东人民出版社，2021，第135页。

四、广东和平光复

1911年10月10日武昌起义后，国内各省纷纷响应，宣布脱离清政府。此时，广东的革命党人也急于行动，为此制定了四路发动、合攻广州的计划。他们把民军划分为四军：东江为第一军，由陈炯明、邓铿负责；北江为第二军，由徐维扬、何克夫指挥；西江为第三军，归苏慎初统率；韩江为第四军，由姚雨平、张醁村负责。

1911年10月下旬，广东各地民军陆续抵达广州乡郊，对广州形成包围之势。水师提督李准曾于8月13日在广州双门底被革命党人林冠慈等炸伤，犹如惊弓之鸟，遂派胞弟李次武带其亲笔信前往香港，同朱执信等人联系，洽谈反正事宜。10月底，胡汉民由新加坡返港，李准又通过同盟会会员谢良牧派代表谢义谦至香港与胡汉民、朱执信等进一步磋商反正条件和具体方案，得到“革命党不报私仇”和允其“以功赎罪”的承诺[①]。接着，李准便“集中舰队于省河，胁逼粤督张鸣岐反正。复约统制龙济光参加义军，龙从之”[②]。张鸣岐接受革命党人邓慕韩、潘达微的劝说，答应保境安民，不镇压革命。孙中山在海外亦致电张鸣岐，“请速率所部反正，免祸生灵”。清廷见张鸣岐已接近革命党人，即派满人凤山为广州将军，以资震慑。革命党人立即召开会议，商议对策，认为李准既早已输诚，张鸣岐亦倾向革命，倘若凤山得势，必将前功尽弃，因此必须炸毙凤山，以免后患。李应生挺身而出，与其弟李沛基于10月25日上午在广州南关仓前街炸毙凤山。此次暗杀给张鸣岐一定警醒，他一度表示愿意广东“和平独立”，但其后接到清兵进军武汉作战告捷的消息及清廷要其“维持地方”的电令，态度又开始动摇，“力斥独立之非”。

1911年10月29日，粤商自治会会长陈惠普等召集广州九大善行、七十二行商总商会各团体集议于爱育善堂，议决承认共和政府，并派人前往香港与革命党人接洽。张鸣岐深知大局难保，惶惶不可终日，忽闻谣传“京师失守”，又闻广东“四处响应起事”[③]，意识到“易帜”是大势所

① 胡汉民：《胡汉民自传》，《近代史资料》1981年第2期（总45号）。

② 《清将李准与辛亥广州光复》，载冯自由《革命逸史》第4集，中华书局，1981，第234页。

③ 大汉热心人辑：《广东独立记》，《近代史资料》1961年第1号。

趋，于是决定承认共和。11月8日，广东省咨议局副议长丘逢甲和江孔殷等在总商会集会，讨论立即宣布广东独立问题，各方代表200多人参加。会议决定宣布广东共和独立，推张鸣岐、龙济光为临时正、副都督，新军协统蒋尊簋为军事部长。当晚，张鸣岐又避而不就，携款潜逃。次日，李准宣布反正，下令"各炮台军舰一律升民国军旗，严兵以待"。广州士绅集合于咨议局，举胡汉民为都督。胡汉民、朱执信等连夜从香港赶回广州，稳定局势，广州实现和平光复。接着，广东各地相继光复。

广东军政府于1911年11月10日宣告成立，这是广东历史上第一个民主共和政权。军政府都督胡汉民，副都督陈炯明，总参议朱执信，军事部长（后均改为司长）蒋尊簋，财政部长李煜堂，民政部长陈景华（后黎国廉继任），司法部长王宠惠，外交部长伍廷芳，交通部长梁如浩，实业部长王宠佑，教育部长丘逢甲（后钟荣光继任），总顾问何启、韦玉，枢密处由朱执信、李文范、廖仲恺、黄世仲、陈少白等17人组成。革命党人大多留学海外，精力充沛，富有朝气。他们统一了地方行政建制，简化了地方行政机关，推行了系列革命措施，取得了一定成绩，体现了管理政府事务的能力。

政治方面，除上述各部（司）外，政府机构又增设一些厅、处、院、局，形成9司、2厅、2署、4处、1院和若干局的格局。2厅是指省警察厅和水上警察厅；2署是指广东护军使署和海南镇守使署；4处是指参谋处、总绥靖处（下设罗肇、广阳、南韶连、琼崖4个分处）、八旗生计筹划处、国税筹办处；1院是指核计院。另外，还有禁烟局、官钱局、测绘局等[①]。地方行政机构改革方面，废除直隶州及州厅建制，将全省分为6个道，即粤海道、岭南道、潮循道、高雷道、琼崖道和钦廉道。同时，组建临时省议会，颁行《临时省议会选举法》，规定凡年满21岁，有广东籍或国人在广东居住满5年以上，秉性良好，不担任军警公职者，都有选举和被选举权。议员通过比例选举制产生，总计120名。其中，同盟会代表20名，军团协会代表21名，华侨代表12名，师生代表9名，自治团代表1名，各地区代表57名。同时，议会规定女议员应占10名，"而议员有女子，乃为亚洲

① 周兴樑：《民初广东军政府建立的共和制度及其失败》，《近代史研究》1992年第6期；周兴樑：《论辛亥革命时期的广东军政府》，《历史研究》1993年第3期。

所创见”[1]。

司法方面，军政府设立广州高等裁判所（后改称广东高等审判厅），下属有市、县、区审判局，又设立有广东省高级检察厅，实行省、市（县）、区三级审判制度。同时进行司法改革，“划分司法权与行政的职权，通饬各县不得再兼民刑事诉讼事件”，实现两权分立，在执法过程中严禁刑讯逼供等。

经济方面，为解决财政危机，军政府委托省城筹饷局筹募公债500万元，在香港设立筹饷局，向港商借款40万元，接受海内外捐款，并发行纸币1200万元，令商会承用。此外，还提出《更换土地契约法案》和倡办实业，广东的民族工商业得到一定的发展。

军事方面，军政府着手整军肃纪，发布八条军令：“不听号令者斩”“反正之营勇军警，如有敢与守法之民团为难者斩”；“既经反正之营勇军警，如有敢向勒令缴械者斩”；“强买强卖者斩”；“各乡自卫之枪械，如经颁布军令后，仍有敢向勒令缴出者斩”；“保护外人生命财产者赏”；“恪守军令大功劳者赏”；“能维持社会安宁者赏”。[2]为解决入城后的麻烦制造者——各路民军，军政府将兰字营镇统陆兰清撤职，将该营分批解散；枪毙公然违抗命令的石锦泉，解散石字营；强力解散王和顺的惠军；其他各路民军也整编、遣散。

教育方面，钟荣光出任教育司司长后，重视改革旧式教育和发展新式教育，实行教育体制改革，借鉴西方的教育制度。钟荣光指出，“学风之活泼，吾取美国”，“学制之划一，吾终取法国”[3]。他注重发展师范教材和小学基础教育、改革教材和课程设置等。

民生方面，军政府成立之初，即发表布告，称“民国已成，与民更始，首涤羶俗，在复黄历、剪辫发”，“辫发非我国之礼，迄自今始，凡我邦人，宜一律剪发辫以芟夷国耻”[4]。民众纷纷响应，“无论老弱少

---

① 胡汉民：《胡汉民自传》，《近代史资料》1981年第2期（总45号）。

② 大汉热心人辑：《广东独立记》，《近代史资料》1961年第1号。

③ 钟荣光：《广东人之广东》，载张金超、余齐昭编《钟荣光集》上册，广东高等教育出版社，2019，第50页。

④ 黄增章、黄朴编：《广东辛亥革命文献资料选编》，载中国人民政治协商会议广东省委员会文史资料研究委员会编《广东文史资料第六十八辑·辛亥革命与广东》，广东人民出版社，1991，第155页。

壮之男子以及士农工商兵，罔不争先恐后，纷将天然锁链剪去”[①]。颁行《禁烟规则》和《禁烟章程》，设立禁烟局，严禁军政官员吸食，“如敢故违吸食，一经查出，无论官兵，即行枪毙不贷”。颁布严禁赌博令，称“庇赌收规及出财开赌者枪毙，因赌抗捕者，格杀勿论”[②]。此外，还要求改变旧称谓，废除跪拜礼，严禁娼妓、纳妾、蓄奴，劝禁缠足等。

后人有论赞曰：“在民国元二年间，全国都有一种最新气象，而广东则表现得更为显明。过去四十年，广东的政治，就是以这两年为最清明，最廉洁。”[③]尽管民初广东的政局较为混乱复杂，但革命党人多措并举，极力预防补救，基本上稳定了局势。

继广东和平光复后，1911年12月3日，南京光复，原驻守南京的清军张勋部退往徐州。清廷不甘失败，利用武昌前线停战间隙调兵遣将，命倪嗣冲、张勋部两万余人从颍州、徐州夹攻南京，妄图摧毁新生的革命政权。为捍卫革命果实，广东军政府以姚雨平和马锦春为正、副司令，曾参加1910年新军起义、1911年黄花岗起义的广东新军为基干[④]，吸收南洋华侨组成的华侨炸弹队等，编成两旅四团8000余人的广东北伐军（后改称广东讨虏军），北上支援。12月15日，广东北伐军在广州誓师，分三批挥戈北上，到达南京后编入柏文蔚第一军团，负责向徐州方向进攻。1912年1月25日至2月3日，广东北伐军在友军协同下先后于安徽固镇、宿州大败张勋，迫使张勋逃往济南，徐州和平光复[⑤]。

此次粤军北伐，肃清了当面之敌，保卫了中华民国临时政府首都的安全，同时瓦解了清军最后的攻势，粉碎了清廷维持帝制的幻想。如姚雨平所言，广东子弟八千，淮上收功，为民主共和取代专制独裁，作出了不

① 大汉热心人辑：《广东独立记》，《近代史资料》1961年第1号。

② 《烟官福薄》，《民生日报》1912年5月8日。转引自丁身尊：《广东民国史》上册，广东人民出版社，2004，第99页。

③ 黄尊生：《岭南民性与岭南文化》，民族文化出版社，1941，第71页。

④ 莫雄：《晚清广东新军》，载广东省人民政府参事室编《文史资料特辑：纪念伟大的革命先行者孙中山先生诞辰一百二十周年（1866—1986）》，广东省人民政府参事室，1986，第51页。

⑤ 广东讨虏军司令部：《广东讨虏军第一号战斗详报》，载黄彦、李伯新选编《孙中山藏档选编（辛亥革命前后）》，中华书局，1986，第97页

朽的贡献①。北伐军凯旋后，将60余名阵亡将士遗骸运抵南京，葬于风景秀丽的莫愁湖，建成“建国粤军阵亡将士墓”，孙中山为之题写“建国成仁”墓碑。

五、民国初年广东的反袁斗争

1913年3月20日，国民党代理理事长宋教仁在上海火车站被刺。孙中山抛弃对袁世凯的幻想，主张武力讨袁。袁世凯冒天下之大不韪，又于4月27日令国务总理赵秉钧接受苛刻条件，同五国银行团签订2500万英镑的“善后借款合同”。“宋案”的发生和善后大借款，引起社会各界的强烈不满。

1913年5月3日，广东各界召开大会，反对北京政府违法借款。孙中山计划在南方闽、赣、湘、鄂、粤五省同时起兵反袁。不意，袁世凯竟主动向革命党发动攻势。6月，他相继下令解除江西都督李烈钧、广东都督胡汉民、安徽都督柏文蔚的职务，并派兵步步紧逼，革命党人予以积极应对。6月21日，孙中山由沪到港澳，在军舰上与陈炯明密谋讨伐袁世凯，促其“四省独立，广东同时宣布”②。7月12日，李烈钧宣布江西独立，“二次革命”爆发。14日，江苏都督程德全通电讨袁。17日，安徽宣布独立。18日，陈炯明通电讨袁，并到省议会宣布。省议会发表讨袁檄文，历数袁氏罪状，表示要“同伸天讨，歼此元凶。巩民国于苞桑，扬共和于休烈”③。

事实上，宣布独立之后，陈炯明对广东局势已失控，部属官兵拒绝援赣。陈又电约云南都督蔡锷和驻广西梧州的龙济光一起行事，但均遭拒。龙甚至致电袁世凯，表示愿出兵平粤。7月26日，袁发布命令称：“陈炯明祸国祸乡，竟敢通电各省，措辞狂悖，罪不容诛。应即褫去广东都督职

① 朱浩怀编述：《姚雨平先生革命史》，广东文化事业公司，1948，第33页。

② 张醁村：《辛亥革命前后同盟会领导人物的政治分歧及其分裂》，载中国人民政治协商会议广东省委员会文史资料研究委员会编《广东辛亥革命史料》，广东人民出版社，1962，第365页。

③ 《广东省议会都督讨袁通电》，载朱宗震、杨光辉编《民初政争与二次革命（下）》，上海人民出版社，1983，第501页。

官，并撤销其陆军中将暨上将衔，着龙济光督饬各师、旅长派兵声讨，悬赏拿办。”[①]同日，又命龙济光为广东宣抚使。龙部由梧州进犯广州，30日，占领肇庆。陈炯明派部前往三水一带布防。此间，受袁收买的粤军将领大肆活动，广州形势急转直下。为挽救时局，革命党人作了多方努力，但败局已定。

1913年8月3日，袁世凯令龙济光任广东都督兼民政长并授上将衔。4日，陈炯明部第二师师长苏慎初倒戈，驻燕塘的陆军也叛变，陈炯明被迫离穗赴港。次日，独立旅旅长张我权赶走苏慎初，自任广东都督。乱局之下，一些革命党人先后出走。11日，龙济光部属进入省城，龙出任都督，成为袁世凯在广东的爪牙。至此，广东“二次革命”宣告失败。随后，龙下令缉拿革命党人，疯狂镇压反袁志士。

广东“二次革命”失败以后，孙中山并未气馁，一面派胡汉民、邓铿、许崇智等前往南洋筹款，一面派人赴国内发动讨袁护国斗争。1914年2月，孙中山派遣朱执信为中华革命军广东司令长官，李朗如为参谋长，在澳门设立机关。3月，朱执信派陆领等回南海县上淇乡召集农民和部分“绿林豪杰”举行起义。同时，运动龙济光的“济军”有关人士做内应。但因机密泄露，遭敌弹压。6月4日，朱执信在吴川、电白、信宜三县组织武装。龙济光派兵分路“围剿”，朱执信败走海外。

1914年7月，孙中山等在日本东京成立中华革命党，决心发动“三次革命”，委派何天炯主持中华革命党广东支部，改派邓铿为中华革命军广东司令长官。10月25日，中华革命党人发布告全国同胞书，号召国人打倒独夫民贼。是月，朱执信回到香港，与邓铿策划武装斗争。11月11日，朱执信在顺德县举义，率千余人进攻佛山。义军与敌军激战十余日，后退出佛山。16日，高州革命军攻占电白县城。同时，驻防广州观音山的炮兵准备响应，但事泄遭败。

1915年8月，杨度、孙毓筠等在北京发起组织筹安会，鼓吹袁氏称帝。9月1日，孙中山召集中华革命党骨干举行会议，反对复辟阴谋。10月10日，朱执信抵香港与邓铿会合。不久，朱再派陆领等发动南海、顺德、

① 汕尾市人物研究史料编纂委员会编《汕尾市人物研究史料：陈炯明与粤军研究史料》第1辑，1994，第65页。

三水、花县、清远等县和西江一带起义；派李海云发动高州、雷州和台山、新会、恩平、开平等地起义；派刘海兴发动阳春、阳江起义；派洪兆麟发动惠州、三多祝一带起义。

1915年12月，旨在反袁的护国战争率先在云南爆发。朱执信随即委派陆领为广、肇两府区司令，陆常、陆满等为副司令，邓子瑜为惠州潮梅区司令，李海云为高雷区司令，以分区召集“绿林豪杰”及农民在当地分别起义。翌年1月6日，朱执信率部在惠州淡水、白芒花等地起义，与陈炯明部属相配合，进攻惠州，占领平山。2月5日，朱执信率部在广州近郊石湖发动起义。3月7日，朱执信率人占据“永固”号客轮，袭击北军“肇和”舰。上述起义尽管均遭失败，但动摇了龙济光的反动统治。

在革命党人行动的同时，1916年1月，陈炯明在惠州成立粤军总司令部，以“广东都督兼讨逆共和军总司令”名义发布讨袁檄文。5月，广西都督陆荣廷联合唐继尧、岑春煊等滇、粤、黔、桂四省实力派，在肇庆成立军务院，推唐继尧为抚军长、岑春煊为副抚军长、梁启超等为抚军，发表宣言，拥黎元洪为总统，准备进军广州。在各方势力的逼迫下，7月6日，北京政府任命龙济光为督办两广矿务，移往琼崖，龙氏在广东的统治宣告结束。正所谓“龙在粤三年，无恶不作，粤人恶龙，甚于洪水猛兽，此人不去，粤无噍类”①。9月，朱庆澜接任广东省长。10月，陆荣廷率桂军入驻广州，桂系割据广东的时期到来。

六、孙中山首次在广东建立政权

1916年6月，袁世凯死后，把持北京政权的段祺瑞承继袁的衣钵。1917年6月，段与黎元洪发生“府院之争”，张勋趁机拥戴溥仪复辟帝制。7月12日，反对复辟的“讨逆军”开进北京，溥仪宣布退位，复辟丑剧开场即告破产。

孙中山目睹军阀政客纷争不已，反动势力日益猖獗，共和制度形同虚设，决定予以抵制。他于1917年7月3日邀请同乡、北京政府海军总长程璧光等人会商，决定通电全国，南下护法，讨伐叛逆。6日，孙中山率廖仲

① 《孙中山致黎总统请斥龙济光电》，上海《民国日报》1916年9月29日，第2版。

孙中山大元帅府纪念馆

该纪念馆坐落在广州的珠江南岸，毗邻海珠桥。1917年至1925年，孙中山三次在广东建立革命政权，其中两次在此开府办公，领导护法运动和国民革命运动，筹建黄埔军校，实现第一次国共合作。

· 孙中山大元帅府纪念馆供图

恺、朱执信等乘"海琛"号军舰由上海启程赴广州。17日，在黄埔欢迎会上，孙中山指出："中国共和垂六年，国民曾未有享过些须共和幸福，非共和之罪也；执共和国政之人，以假共和之面孔，行真专制之手段也。故今日变乱，非帝政与民政之争，非新旧潮流之争，非南北意见之争，实真共和与假共和之争。"[①]7月21日，程璧光和海军第一舰队司令林葆怿联名通电，宣布拥护《中华民国临时约法》，恢复被袁世凯解散的国会，并率第一舰队从上海开往广州加入护法阵营。至8月上旬，原国会议员约150人相继到达广州。广州成了护法运动的根据地。

8月19日，南下议员讨论召开国会问题。因不足法定人数，决定召开国会非常会议。9月1日，国会非常会议选举孙中山为中华民国军政府海陆军大元帅，唐继尧、陆荣廷为元帅。孙中山在就职答词中表示"任职以后，唯当竭股肱之力，攘除奸凶，恢复约法，以竟元年未尽之责，雪数岁无功之耻"[②]。10日，孙中山在就职布告中表示："文虽驽钝，犹当荷戈援，为士卒先，与天下共击破坏共和者。"[③]翌日，新政府主要人选公布，伍廷芳任外交总长，唐绍仪任财政总长，张开儒任陆军总长，程璧光任海军总长，孙洪伊任内政总长，胡汉民任交通总长，李烈钧任参谋总长，章太炎任大元帅府秘书长，林葆怿任海军总司令。护法军政府的成立，标志着南北对峙局面的形成。

除云南、广西、贵州、广东四省外，四川、湖南、湖北、河南、陕西、浙江等省皆有一些县响应护法。9月29日，北京政府代总统冯国璋斥责孙中山等"谋覆政府，紊乱国宪"，下令"一体严缉，拿交法庭，依法讯办"。10月3日，孙中山通令痛斥"段祺瑞实为首逆，倪嗣冲（皖系军伐）为叛军之魁"，"着各路司令一体进剿，有能擒斩以献者，本大元帅当视厥等差，予以厚赏"[④]。6日，护法军湖南总司令部成立，推程潜为

① 孙中山：《争回真共和以贯彻救国救民之宗旨：在广州黄埔欢迎会的演说》，载黄彦主编《孙文全集》第10册，广东人民出版社，2021，第319页。

② 孙中山：《中华军国海陆军大元帅受职词》，载黄彦主编《孙文全集》第4册，广东人民出版社，2021，第404页。

③ 孙中山：《中华民国海陆军大元帅布告》，载黄彦主编《孙文全集》第4册，广东人民出版社，2021，第405—406页。

④ 孙中山：《缉拿段祺瑞倪嗣冲等令》，载黄彦主编《孙文全集》第13册，广东人民出版社，2021，第250—251页。

总司令。是日，北洋军和湖南护法军在湘潭交战。11月初，湖南护法军、两广护法联军节节胜利，北洋军在湖南大溃败，段祺瑞被迫引咎辞职。孙中山制订军事计划，准备粤、桂、湘、滇、川、黔等军队同时出动，各路大军会师武汉，大举北伐。

然而，军政府内部并不团结。唐继尧、陆荣廷等对孙中山的护法大业并非诚心拥护，而是处处掣肘。军政府成立后，二人坚持不就职。陆视两广为势力范围，不满孙中山在广州的活动，曾令部下拘杀大元帅府卫队官兵数十人。孙中山只好命令海军炮轰桂系广东代理督军莫荣新的督军署。唐以“促进宪法之成立”为名，拟组织西南护法各省联合会，提出改组军政府。1918年1月15日，桂系联合滇系成立中华民国护法各省联合会，由岑春煊任议和总代表，与军政府分庭抗礼。对此，孙中山坚决反对。

1918年5月4日，孙中山愤而辞职，慨言：“顾吾国之大患，莫大于武人之争雄，南与北如一丘之貉。虽号称护法之省，亦莫肯俯首于法律及民意之下。”“内既不能谋各省之统一，外何以得友邦之承认？”[①]20日，桂系、滇系势力伙同政学系议员，操纵国会非常会议，通过《中华民国军政府组织大纲修正案》，决定改组军政府，改“大元帅制”为“七总裁合议制”，选举唐绍仪、唐继尧、陆荣廷、伍廷芳、孙中山、林葆怿、岑春煊为总裁。孙中山仅为七总裁之一，权力被架空，地位边缘化，军政府实权转由桂系把持。随后，孙中山避居上海，一面从事著述，一面继续策划革命。第一次护法运动宣告失败。

旅沪期间，孙中山撰成《孙文学说》《实业计划》和《民权初步》，三者分别被作者称为《心理建设》《物质建设》和《社会建设》。其后，孙中山将上述三书合集出版，取名《建国方略》。《建国方略》是孙中山政治思想和建设思想的集中体现，是孙中山绘制的振兴中华的一幅宏伟蓝图，对近代中国社会产生了积极而深远的影响，值得后人借鉴和思考。

① 孙中山：《为辞海陆军大元帅职致西南各省通电》，载黄彦主编《孙文全集》第4册，广东人民出版社，2021，第448页。

第三节

大革命时期革命形势的高涨

1921年7月，中国共产党的成立，是开天辟地的大事变，广东的党组织也正式建立并积极开展活动。在苏俄、共产国际和中国共产党的诚挚帮助下，孙中山决定改组国民党。1924年1月，国民党第一次全国代表大会在广州召开，标志着第一次国共合作的实现。自此，国内掀起了轰轰烈烈的大革命运动。

一、中国共产党广东党组织的创立

随着五四运动的深入，马克思主义在广东传播开来。杨匏安于1919年在《广东中华新报》上先后发表《马克思主义（一称科学的社会主义）》系列文章，系统介绍科学社会主义理论，杨匏安也因此被后人称为“华南地区系统传播马克思主义第一人”。在北京大学读书的粤籍学生谭平山、谭植棠以及陈公博等亲历五四运动的洗礼后返回广州，创办《广东群报》，大张旗鼓地宣传新思想、新学说、新文化，宣传科学和民主，反映社会现实，报道劳工运动，介绍世界新闻和苏俄消息等。《广东群报》的文章内容活泼，给人耳目一新之感，很受知识界、劳动界的欢迎。该报被誉为“中国南部文化运动的总枢纽，是绍介世界劳动消息的总机关，是广州资本制度下奋斗的一个孤独子，是广东十年来恶浊沉霾空气里面的一线曙光”[①]。此外，留日学生彭湃、李春涛等接触社会主义思想，回粤后发起成立社会主义研究社，创办刊物，对工农群众进行宣传。这些都为共产党组织在广东的建立奠定了基础。

这一时期，广东的工人阶级登上了历史舞台。自1920年冬至次年春，

① 《广告》，《新青年》第9卷第2号。

广州各行业工人先后成立30多个工会，举行8次罢工斗争。1920年5月1日，广州工人和学生数万人在东园广场举行国际劳动节纪念大会，7日举行国耻纪念日大会。全省其他地方也举行同样的纪念活动，工人和知识分子共同集会，发表演说，声讨军阀、卖国贼的罪行。上述活动促进了马克思主义与工人运动的结合。共产党组织在广东建立的时机业已成熟。

1920年8月，陈独秀等在上海建立中国第一个共产党早期组织，随后即函约谭平山等在广州响应。广州、佛山、肇庆、汕头、琼州等地均建立基层团组织，作为建党的基础。俄共（布）党员米诺尔（K. A. 斯托扬诺维奇，K. A. Стоянович）和别斯林（又称佩尔林或波林，Бесскин）是年10月在广州筹建了一个共产党组织，其成员9人中，有7人为无政府主义者。是年12月，陈独秀南下广州，为该组织起草纲领，写入"无产阶级专政"条文，遭反对，陈即与之分道扬镳。1921年3月，陈独秀联络谭平山、谭植棠、陈公博等成立了以马克思主义为指导的新的广东共产党组织，即广州共产党早期组织。陈独秀、谭平山历任书记，党员有陈公博、谭植棠、米诺尔、别斯林等9人。

1921年中共一大后，共产党组织在广东发展迅速。8月，参加中共一大的广东代表陈公博回穗，决定成立中共广东支部，谭平山为书记，陈公博负责组织，谭植棠负责宣传，随后大力发展党组织。1922年6月，广东的共产党员有32人，规模仅次于上海。1922年7月，中共二大召开前夕，根据中共中央局指示，中共广东区执行委员会成立，负责领导广东、广西、闽南等地的工作。区委书记为谭平山。

中共广东党组织利用《广东群报》开辟专栏宣传马克思主义，驳斥无政府主义者的谬论；创办《劳动与妇女》周刊，对广大劳动妇女进行宣传教育；组织马克思主义研究会，再加上由沪迁穗出版的《新青年》，广州成为宣传马克思主义的重要阵地。为培养基层工作的干部，广东党组织开办广东宣传员养成所、注音字母教导团和俄语学校，还积极开展工人运动，并注意在农民群众中进行宣传。

1921年8月，根据中共中央的指示，中国劳动组合书记部南方分部（后改为"广东分部"）在广州成立，负责领导广东的工人运动，谭平山任分部主任。广东党组织在广州珠江南岸创办机器工人夜校，派干部到广州、佛山等地活动，先后建立多个行业工会，组织多次行业工人罢工。

1922年1月，香港海员罢工成为中国工人运动第一次高潮的起点。是月，香港海员6000多人为反抗外国资本家的压迫，要求增加工资，在中华海员工业联合总会负责人林伟民、苏兆征的领导下举行罢工。3月初，香港全市10万余工人举行总同盟罢工，工人们陆续从香港返抵广州。3月4日，罢工工人途经九龙沙田村时，遭到英国军警开枪射击，酿成百人死伤的沙田惨案。在中国劳动组合书记部、广东当局以及各地工人的积极支援下，罢工斗争坚持了50多天，香港航运、市内交通和生产陷入瘫痪，迫使港英当局于3月8日接受罢工海员提出的恢复海员工会原状、增加工资、抚恤死难工人的要求，罢工取得胜利。

1922年5月1日至6日，第一次全国劳动大会在广州举行。与会代表来自全国110多个工会和工人团体，有共产党员、国民党员、无党派人士、无政府主义者等共173人，中共代表有李启汉、邓中夏、林伟民、苏兆征等备受拥戴的工人运动领导人。会议通过八小时工作制、罢工援助、全国总工会组织原则等十项决议，承认在全国总工会成立前，以中国劳动组合书记部为全国工人组织的总通讯机关，总部主任为邓中夏。邓中夏后来如是描述："根据这些决议案，实际上中国劳动组合书记部已有指挥全国职工运动之权。"[①]会议的召开，不但为中华全国总工会的成立奠定了思想基础和组织准备，也确立了中国共产党在工人运动中的领导地位，有力地促进了广东工人运动的蓬勃发展。

同时，党组织也注意开展农民工作。彭湃回到家乡海丰从事农民运动，撰写《海丰农民运动》一书，指出"县政治必须在农民起来才能澄清，广东的海丰已经有了证明"。青年学生运动也有了新的进展，1922年3月14日，广东社会主义青年团成立，谭平山任书记，团员400多人。5月5日至10日，中国社会主义青年团第一次全国代表大会在广州召开。出席大会的代表25人，代表15个地方团组织、5000多名团员，陈独秀在会上作了《马克思主义两大精神》的演讲。大会通过团的纲领，确定中国社会主义青年团是"中国青年无产阶级的组织，即为完全解放无产阶级而奋斗的组织，换句话说，就是要建设一切生产工具收归公有和禁止不劳而食的初期

① 邓中夏：《中国职工运动简史（1919—1926）》，载《邓中夏文集》，人民出版社，1983，第485页。

第一次全国劳动大会旧址

该旧址位于广州市海珠区滨江西路230号。1922年5月1日至6日，第一次全国劳动大会在广州召开，不但为中华全国总工会的成立奠定了思想基础和组织准备，也确立了中国共产党在工人运动中的领导地位。

共产主义社会”[①]。此次会议使得中国社会主义青年团实现了思想上、组织上的统一，成为纲领明确的、全国性的先进青年组织。

二、孙中山捍卫共和的持续斗争

早在1918年1月，孙中山就以广东省长朱庆澜划给的亲军20营为基础，组建了援闽粤军，由陈炯明任总司令，邓铿任参谋长。6月，援闽粤军经过半年左右的努力，攻占闽南二十六县，建立起以漳州为中心的闽南护法区。孙中山誉其“为吾党之主力”，指示该军在南北停战议和期间“勉力训练部伍，厚植基础，以为异日进取之需”。援闽粤军放手整军经武，军力急速扩充。

随着国内形势的迅速发展，1920年6月2日，孙中山召集唐绍仪、伍廷芳、李烈钧（代表唐继尧）等在上海寓所集议，讨论应对时局办法。次日四总裁联名发表宣言，宣布移设军政府，“自今以后，西南护法各省区、各军，仍属军政府之共同组织”，“其广州现在假托名义之机关，已自外于军政府，其一切命令、行动及与北方私行接洽并抵押借款，概属无效”[②]。

1920年8月，孙中山命令援闽粤军总司令陈炯明回师广东，意在先扫除桂系军阀在广东的统治，再图推翻北洋军阀统治，进而统一中国。10月29日，粤军进入广州，桂军残部退入广西，宣告桂系军阀在粤统治的结束。11月28日，孙中山自上海重返广州，次日举行第一次政务会议，建立政府机构，由孙中山兼任内政部长，唐绍仪、伍廷芳、唐继尧、陈炯明、汤廷光、徐谦分任财政、外交、交通、陆军、海军、司法部长。

但军政府起不到中央政府的作用。为领导全国革命，孙中山等人决定建立一个正式的政府，“以为对内对外之总机关”。1921年4月7日，国会非常会议参众两院联合会在广州举行，通过《中华民国政府组织法》，选举孙中山为非常大总统。5月5日，孙中山宣誓就职，宣告“誓竭志尽诚，以救民国，破除障碍，促进统一，巩固共和基础”，呼吁各友邦承认广州

① 《中国社会主义青年团纲领》，载中共中央党史研究室、中央档案馆编《中国共产党第二次全国代表大会档案文献选编》，中共党史出版社，2022，第82页。

② 孙中山：《与唐绍仪等联名发表移设军政府宣言》，载黄彦主编《孙文全集》第4册，广东人民出版社，2021，第448页。

政权为中华民国唯一政府。7日，各部总次长任命发布，伍廷芳任外交总长，陈炯明任内务总长兼陆军总长，唐绍仪任财政总长，汤廷光任海军总长，李烈钧任参谋总长，徐绍桢任总统府参军长，马君武任总统府秘书长。同时，任命陈炯明为广东省长兼粤军总司令，顾品珍为滇军总司令，卢焘为黔军总司令，赵恒惕为湘军总司令，分别掌管各省军务。

此后，孙中山即致电北洋政府，劝徐世昌退位。北洋军阀却准备向南方用兵，并怂恿桂系陆荣廷犯粤。6月27日，孙中山下令讨伐桂系。8月中旬，粤军占领南宁，攻克桂林，平定广西，陆荣廷逃出广西。

两广统一后，孙中山积极准备北伐。12月4日，孙中山一行抵达桂林，建立北伐大本营，并着手整顿军队、委任干部和筹划饷械。1922年2月3日，孙中山以大元帅名义颁发动员令，命令各军分路出师北伐。该时期，北京中央政权落入了直系军阀手中。孙中山试图利用有利时机，联系段祺瑞和张作霖，借助皖、奉的势力讨伐直系。但遗憾的是，孙中山的计划遭到了陈炯明的掣肘，留守广东的陈炯明对北伐命令阳奉阴违，并和湖南督军赵恒惕结成联盟，阻止北伐军借道湖南北进。3月21日，粤军第一师师长邓铿在广州被暗杀。26日，孙中山在桂林大本营召开紧急军事会议，决定先回师广东，在稳固后方后，再改道江西北伐。5月4日，孙中山下达《声讨徐世昌令》，宣称“出师宗旨，在树立真正之共和，扫除积年政治上之黑暗与罪恶，俾国家统一，民治发达”。孙中山赶赴韶关督师。但陈炯明拒绝接济军饷，并电辞本兼各职以表示反对北伐。孙中山准其辞去广东省省长兼粤军总司令及内务总长职务，专任陆军总长，委任伍廷芳为广东省省长。6月11日，孙中山返抵广州，敦促陈炯明参与北伐，却祸生肘腋。6月16日凌晨，陈炯明部下4000多人围攻总统府，炮轰孙中山住所粤秀楼。孙中山在警卫军队掩护下，脱险辗转登上“永丰”舰，驻节白鹅潭50多天，指挥部下与叛军对峙。但因北伐军回师讨陈失利，无奈之下，孙中山于8月9日乘外舰离穗赴沪。这表明，利用军阀反对军阀的传统策略是走不通的。

三、第一次国共合作实现与工农运动高涨

陈炯明部叛变，孙中山再次退居上海。此时的他深刻地认识到，革命

前进的道路上必须依靠新生的革命力量、找寻新的革命道路。于此之际，共产国际和中国共产党向他伸出了援助之手。

1920年秋，在陈独秀的建议下，共产国际代表魏金斯基（格里戈里·纳乌莫维奇·维经斯基，Григорий Наумович Войтинский）在上海会见孙中山，双方探讨了广州革命政府同苏俄共同斗争的问题。次年冬，李大钊把共产国际代表马林介绍给孙中山。马林提议建立一个革命政党、一支革命武装，国民党与共产党合作，孙中山表示赞同。

1922年6月15日，中共中央发表对时局的主张，称赞国民党的革命活动，同时指出其“往往有不一致的行动及对外有亲近一派帝国主义的倾向，对内两次与北洋军阀携手”，“这种动摇不定的政策，实有改变的必要”。[①]8月，中共中央召开杭州西湖会议，马林莅会指导。会议决定，中共党员可以以个人身份加入国民党。会后，李大钊赴上海拜会孙中山，陈述国共两党合作的诚意。不久，李大钊与陈独秀、蔡和森、张太雷等共产党员以个人身份加入国民党。9月，孙中山着手国民党改组工作，邀请陈独秀、李大钊等参与研究国民党改组计划。1923年元旦，中国国民党发表改进宣言。1月26日，《孙文越飞联合宣言》发表，越飞为苏俄特使，原名阿道夫·阿布拉莫维奇·越飞（Адольф Абрамович Иоффе），标志着国民党联俄政策的正式确立。有媒体报道：“越飞君此次在沪，曾与孙中山会谈数次，关于中俄关系各问题意见一致。”[②]

广东方面，在《孙文越飞联合宣言》发表之日，中央直辖桂军第一总司令沈鸿英在江防司令部以召开地方善后和卫戍会议为名，企图诱杀军政首脑胡汉民、邹鲁、魏邦平等人，史称“江防事变”。胡、邹脱险，魏被捕，胡汉民被迫辞去省长职务。孙中山闻讯，下令讨伐沈鸿英。为缓兵计，2月12日，沈电迎孙中山回粤主政，并退出广州。2月，孙中山重返广州。3月，孙中山建立陆海军大元帅大本营。4月，孙中山宣布撤销沈鸿英的桂军总司令职务，并命令杨希闵、刘震寰等部对进攻广州的沈鸿英部予以反击。19日，沈军沿粤汉线溃退，讨沈战役结束。

中国共产党经过革命斗争的实践，对革命问题的认识不断深化，明确

① 《中国共产党对于时局的主张》，载中共中央党史研究室，中央档案馆编《中国共产党第二次全国代表大会档案文献选编》，中共党史出版社，2022，第102页。

② 《孙中山与越飞氏之重要谈话》，上海《民国日报》1923年1月28日，第3张第10版。

中共三大会址纪念馆

1923年6月12日至20日，中国共产党第三次全国代表大会在广州东山恤孤院后街31号（现恤孤院路3号）召开。中共三大根据马克思列宁主义的策略原理和中国的实际情况，正式确定了国共合作统一战线方针，为国共合作的建立和大革命的到来，做了思想上、理论上和策略上的重要准备。

· 中国共产党第三次全国代表大会会址纪念馆供图

提出反对帝国主义、反对封建主义的革命任务。京汉铁路工人大罢工失败后，中国共产党更加明确地认识到，为了战胜强大的敌人，必须发动广大人民群众，争取一切可能的同盟者，才能取得革命的胜利。为适应革命形势的发展，1923年4月底，中共中央机关从上海迁驻广州春园24号办公，正如共产国际代表马林所说，“我们在广州有充分的行动自由，而且只能在这里公开举行党的代表大会和劳动大会”。6月12日至20日，中国共产党第三次全国代表大会在广州恤孤院后街31号（今恤孤院路3号）召开，陈独秀、李大钊、毛泽东、蔡和森、瞿秋白、陈潭秋、张太雷、谭平山、向警予、邓中夏、项英、张国焘等30多人出席，代表全国420名党员，共产国际代表马林参加了会议。会议中心议题是讨论和制定与国民党建立统一战线的问题。陈独秀代表第二届中央执行委员会向大会作了工作报告，毛泽东在会上发表了重要意见，强调农民问题的重要性，并受大会指派主持起草《农民问题决议案》。会议通过《关于国民运动及国民党问题的议决案》，正确估计了孙中山的革命立场和国民党进行改组的可能性，确定与国民党建立联合战线的方针，决定共产党员和社会主义青年团员以个人身份加入国民党，同时共产党保持政治、思想和组织上的独立性。大会对二大党章进行了若干修改，选举陈独秀、蔡和森、李大钊、谭平山、王荷波、毛泽东、朱少连、项英、罗章龙为中央执行委员会委员，邓培、张连光、徐梅坤、李汉俊、邓中夏为候补委员，组成新的中央执行委员会；由陈独秀、蔡和森、毛泽东、罗章龙、谭平山组成中央局，陈独秀为委员长，毛泽东为秘书，罗章龙为会计，负责中央日常工作。中共三大根据马克思列宁主义的策略原理和中国的实际情况，正式确定了国共合作统一战线方针，为国共合作的建立和大革命的到来，做了思想上、理论上和策略上的重要准备。会后，中国共产党人集中力量帮助国民党进行改组。而随着国共合作的实现，以广州为中心，全国革命力量汇聚起来，以推翻帝国主义在华势力和封建军阀为目标的革命运动，似滚滚洪流席卷中国大地。

该时期，孙中山加紧国民党的改组工作。1923年10月，孙中山邀请苏联代表鲍罗廷（原名米哈伊尔·马尔科维奇·格鲁森伯格，Михаи́л Ма́ркович Бороди́н）为国民党组织教练员。鲍到广州后，积极参加国民党改组。10月19日，孙中山委任廖仲恺、汪精卫、张继、戴季陶、李大钊5人为国民党改组委员。28日，中国国民党临时中央执行委员会成立，胡汉民、林森、廖仲恺、谭平山等9人为委员，汪精卫、李大钊等为候补执行委员，负责国民党全面改组筹备工作。

着手改组国民党之际，为解决财政危机，孙中山还致力向列强收回粤海关“关余”。所谓“关余”是指晚清以降中国每年的关税收入在尽先归还外债、赔款以及扣除海关经费外的余款。1920年，驻北京外交使团以护法政府分裂为借口，停拨“关余”给南方护法军政府。1923年11月23日，陆海军大元帅府外交部照会驻北京外交使团，要求将粤海关“关余”拨还，否则将强行提取，但遭拒。12月1日，孙中山命令外交部长伍朝枢向外交使团要求截留粤海关“关余”，否则即改广州为自由港。3日，外交使团回电，声言如敢径行收管，当以强硬手段对付，同时派军舰30余艘集结于广州外海以示恫吓。5日，孙中山令外交部复电加以驳斥，严正指出提取“关余”乃属中国内政，与列强无关。7日，孙中山与外报记者谈话，指出两广关税收入，本是两广人民之钱，当为两广所有，并表达收回“关余”的决心，“如不从命，则将另易税务司”[①]。16日，广州国民大会召开，与会人员高呼“打倒帝国主义”口号，并派代表到帅府请愿，孙中山予以接见。24日，中共广东区委领导广东工会联合会等70多个团体组成国民外交后援会，提出“力争关税自主权”的口号，号召群众抵制英货。及至1924年4月1日，在全国人民的声援下，驻北京外交使团被迫作出将粤海关“关余”拨付大元帅府的决定，但规定仅可充作疏浚西江之用。

1924年1月20日至30日，中国国民党第一次全国代表大会在国立广东高等师范学校礼堂举行。会议代表197人，出席开幕式的代表165人，其中共产党员代表23人。孙中山任大会主席。大会设立宣言、党务、宣传、章程4个审查委员会。23日，大会通过《中国国民党第一次全国代表大会宣言》，内文分“中国之现状”“国民党之主义”“国民党之政纲”三部分，确立了联俄、联共、扶助农工三大政策，并重新解释了三民主义[②]。28日，大会通过《中国国民党章程》，承认共产党员和社会主义青年团员以个人身份加入国民党。30日，改组后的国民党成立第一届中央执行委员

① 孙中山：《截留广州关税之决心：在广州与上海〈字林西报〉记者格林的谈话》，载黄彦主编《孙文全集》第12册，广东人民出版社，2021，第327页。

② 孙中山：《中国国民党第一次全国代表大会宣言》，载黄彦主编《孙文全集》第1册，广东人民出版社，2021，第221—228页。

会和中央监察委员会。25名中央执行委员会委员中，李大钊、谭平山、于树德3人为共产党员；17名候补委员中，沈定一、林伯渠、毛泽东等7人为共产党员。中国国民党第一次全国代表大会的召开，标志着第一次国共合作正式建立。之后，两党展开全面合作。

创办黄埔军校是国共合作的重要成果。黄埔军校创办后，孙中山担任军校总理，蒋介石任校长，廖仲恺任党代表。1924年5月，首期新生入学。6月16日，黄埔军校举行开学典礼，孙中山亲临会场并发表演说，指出创办军官学校“独一无二的希望，就是创造革命军，来挽救中国的危亡”①。周恩来、萧楚女、恽代英、聂荣臻、熊雄等共产党人先后到军校担任要职，大批进步青年报考黄埔军校。自1925年5月至1927年7月，黄埔军校共举办6期，招收学生两万多人，为中国革命培养了一批军事、政治人才。毛泽东曾高度评价黄埔军校，说共产党是从参加黄埔军校开始懂得军事的重要性，并称赞：“昔日黄埔，今日之抗大，是先后辉映，彼此竞美的。”

为培养更多的人才，国立广东大学与黄埔军校同时筹办。1924年2月4日，孙中山着令将国立广东高等师范学校、广东法科大学、广东农业专门学校合并为国立广东大学②，聘胡汉民、蒋梦麟、李大钊、胡适等35人为筹备员，设预科、文科、法科、理科、农科、工科等。11月11日，学校举行成立典礼，孙中山因忙于他事，未克出席，但亲题“博学、审问、慎思、明辨、笃行”③校训。1926年8月，为纪念孙中山的丰功伟绩，校名改为国立中山大学。

在国共合作期间，农民运动开始蓬勃发展。国民党中央执行委员会成立由共产党员林祖涵（林伯渠）任部长、彭湃任秘书的农民部，并创办农民运动讲习所。第一期农民运动讲习所于1924年7月3日开学。至1926年9月，农讲所共举办六届，先后由共产党员彭湃、罗绮园、阮啸仙、谭植棠、毛泽东担任主任（所长），陈延年、萧楚女、恽代英、周恩来、张秋人等任教员，课程有“海丰农民运动”“广东农民运动状况”“中国社会

① 孙中山：《开办军校的惟一希望是创造革命军：在黄埔陆军军官学校开学礼的演说》，载黄彦主编《孙文全集》第10册，广东人民出版社，2021，第716—717页。

② 孙中山：《命令》，《陆海军大元帅大本营公报》第四号。

③ 《国立广东大学成立典礼之第一日》，《广州民国日报》1924年11月13日，第6版。

黄埔军校旧址大门

1924年1月，孙中山在中国共产党和苏共的帮助下，于广州黄埔长洲岛创办了黄埔军校。1924年6月16日，黄埔陆军军官学校举行开学典礼，孙中山亲自兼任学校总理，蒋介石为校长，廖仲恺为党代表。黄埔军校是第一次国共合作的产物，是我国第一所培养革命军队干部的学校。

· 黄埔军校旧址纪念馆供图

各阶级的分析”“中国农民问题”等。农讲所共计培养近800名学员，后来都成为各地农民运动的骨干，代表性的学员有黄学增、韦拔群、谢铁民、钟竹筠、曹广化、孙选、高恬波、谭作舟、陆铁强、蔡协民、王平章等。

广东的农民运动由东江地区发展到西江地区。1925年5月1日，全省第一次农民代表大会在广州召开，出席代表117人，他们代表21个县农会组织的21万会员。会上成立了广东省农民协会，这是中共党史上第一个省级农民协会。此后，各地纷纷成立各级农民协会，组织农民自卫军，实行减租、禁烟、禁赌，废除苛捐杂税，惩办土豪劣绅。1926年5月1日，第二次省农民代表大会召开，其时农会会员已达62万多人，占全国农会会员总数的三分之二。广东成为大革命时期全国农民运动的中心。

同时，工人运动出现新高潮。国民党中央成立工人部，廖仲恺任部长，共产党员冯菊坡和刘尔崧、施卜等分任秘书和干事，积极推进工人运动。中共广州地委派大批干部开展工人运动。1924年5月1日，广州工人代表大会召开，成立广州工人代表大会执行委员会，刘尔崧当选为主席。随后，执委会积极开展活动，开办工人运动讲习所，建立武装工团军，发动工人举行罢工斗争。7月15日，广州沙面工人为反对租界当局颁布限制华人出入沙面自由的“新警律”，发动罢工，坚持32天，迫使租界当局取消“新警律”。10月1日，孙中山以大元帅名义颁布《工会条例》，共计21条，承认工人有组织工会、言论、出版、罢工的自由，这是中国历史上首部承认和保护工会权利的法规。

1925年5月1日，第二次全国劳动大会在广州召开，大会通过政治斗争、经济斗争和工农联合等30多个决议案，成立中华全国总工会，选举林伟民及刘少奇为正、副委员长。广东成为全国工人运动的中心。6月19日，为支援上海五卅运动，广州、香港工人举行了著名的省港大罢工。为加强领导，7月3日，中华全国总工会省港罢工委员会成立，苏兆征任委员长兼财政委员长、李启汉任总干事、邓中夏为党团书记，出版《工人之路特号》，并成立了2000余名工人组成的武装纠察队，邓发任队长。罢工坚持到1926年10月，长达16个月，是世界工运史上坚持时间最长的罢工，给港英当局以沉重打击，彰显了中国工人运动的威力，对如火如荼的国民革命运动予以有力支持。

第一次国共合作期间，广东的党组织也蓬勃发展，党员人数由1922

毛泽东同志主办农民运动讲习所旧址纪念馆

该纪念馆位于广州市中山四路42号，原为番禺学宫（孔庙），始建于明洪武三年（1370）。1926年5月至9月，毛泽东任所长的第六届农民运动讲习所在此举办。学员在此学习农民运动的理论和方法，接受严格的军事训练，参加革命斗争。学员毕业后奔赴全国各地，领导农民运动，为中国革命做出了重要的贡献。

· 毛泽东同志主办农民运动讲习所旧址纪念馆供图

年6月的32人、1923年的928人，发展至1927年2月的8000人、1927年4月的9027人。而此时，全国党员不足6万人。

四、国共两党为统一广东革命根据地的努力

随着革命形势的高涨，国共两党合力先后平定广东商团叛乱、杨刘叛乱，进行了两次东征及南征，统一了广东革命根据地。

1924年8月，广东商团为扩充实力，从英国南利洋行购买大批枪械运入广州，“步枪四千八百十杆，配子弹二百一十五万；驳壳手枪四千五百五十一杆，配子弹二百零六万；大小手枪六百六十杆，配子弹十六万四千二百”[①]。但枪械被大元帅府大本营扣留，广东商团总长陈廉伯遂煽动罢市。10月10日，商团军袭击参加纪念“双十节”游行的广州各界群众，当场打死打伤多人，酿成惨案。在共产党人和各界团体的支持下，孙中山决心平叛。15日，大本营警卫军及部分湘军、粤军会同黄埔学生军、工团军和农民自卫军，分路包围西关，经激战后，终于敉平了叛乱。

1924年11月，孙中山应冯玉祥之邀离粤赴京，据守惠、潮、梅的陈炯明趁机进攻广州。大元帅大本营以滇军和桂军为左路和中路，以黄埔军校教导团和粤军为右路组织东征联军，讨伐陈炯明部。黄埔军校教导团由校长蒋介石率领，政治部主任周恩来随军出征。1925年2月1日，东征军出发，迅速占领东莞、石龙、淡水、博罗、海丰、潮州、汕头、五华、兴宁和梅县。至3月底，东征军打垮陈炯明部主力3万余人，肃清了除惠州以外的粤东军阀势力。

正当东征军乘胜前进之时，孙中山于1925年3月12日在京病逝。驻扎在广州近郊的杨希闵滇军和刘震寰桂军，蠢蠢欲动，阴谋颠覆革命政府。6月上旬，两军占领火车站和省长公署、粤军总部、公安局等机关。东征军与陈军余部洪兆麟等达成协议，洪表示归顺。6月9日，东征军迅速回师，在中共广东地方组织发动铁路、邮政、航运、水电工人罢工支援下，

① 《大总统府军事处致陆军部外交部函》，《广州军政府扣留商团由国外运入军火交涉案》，中国第二历史档案馆档案，档案号：1003—105。

由东、北两路发起进攻，双方于瘦狗岭等地激战。至13日，滇、桂军2万余人全部缴械，杨、刘二人逃往香港。

平定杨刘叛乱后，国民党经与共产党多次商讨，开始改组大元帅府。1925年6月27日，国民政府通电全国宣布改组。7月1日，中华民国国民政府在广州成立，裁撤大元帅府，代之以委员制，选举汪精卫、胡汉民、廖仲恺等16人为委员，汪精卫、胡汉民、谭延闿、许崇智、林森5人为常务委员，汪精卫任主席。3日，广东省政府改组，许崇智任主席。4日，广州市政府成立，伍朝枢任市政委员会委员长。

广州国民政府宣布，它的职责是履行孙中山遗嘱，对外废除不平等条约，消灭帝国主义势力；对内开展国民革命运动，消灭军阀势力。为此，广州国民政府积极整顿内部，实现了军政、民政和财政的统一。与此同时，国民党内部开始分化，阵营日渐明朗。1925年8月20日上午，国民党左派领袖廖仲恺在国民党中央党部门口，被国民党右派派遣的刺客暗杀，终年48岁。廖仲恺遇害，引起了全国人民的震惊和哀悼。

1925年8月底，广州国民政府改组军队，将所有军队一律改称国民革命军，归国民政府军事委员会统领。当东征军回师之际，陈炯明部重新占领东江一带，并与盘踞南路、琼崖的邓本殷部沆瀣一气，企图进攻刚刚成立的新政权。广州国民政府于9月间作出二次东征和南征的决定。10月1日，第二次东征开始。东征军下辖3个纵队，蒋介石为总指挥，周恩来为总政治部主任兼第一军政治部主任、第一师党代表，何应钦、李济深、程潜分别任第一、二、三纵队队长。10月13日，东征军开始进攻惠州，守城之敌拼死抵抗。东征军官兵勇猛作战，于次日占领惠州城；于11月初完全收复东江地区，陈炯明部叛军至此被肃清。两次东征，促使中共广东区委书记陈延年和中共广东区委军委书记周恩来下决心建立一支自己的革命队伍。11月21日，国民革命军第4军12师34团成立，共产党员叶挺担任团长，这是由中国共产党直接掌握和领导的第一支正规革命武装。

南征进展也比较顺利。朱培德、李济深先后任总指挥，兵分四路会攻邓本殷。南征军相继占领阳江、高州、合浦、钦州、雷州，1926年1月中旬渡海作战，2月中旬彻底打垮邓本殷部，南征胜利结束。至此，广东全省实现了统一。

于此之际，国民党却主动挑起事端，不断打压共产党。1926年3月18

日，广州国民政府海军局代局长、共产党员李之龙接令派中山舰到黄埔听候派遣。当舰抵黄埔后，蒋介石却矢口否认有过调舰命令。20日，蒋在广州实行紧急戒严，逮捕李之龙，监视和软禁大批共产党人，解除省港罢工委员会的工人纠察队武装，包围苏联顾问的住宅，监视苏联顾问等。这一事件成为大革命时期国共关系的一个转折点。

中山舰事件以后，蒋介石为了打击共产党、篡夺国民党党权，继续制造摩擦。5月15日至22日，国民党在广州召开二届二中全会。会上，蒋介石与谭延闿等9人联名提出《整理党务案》，限制共产党员在国民党高级党部任执行委员的人数，不得超过各该党部全体执行委员的1/3；共产党员不能担任国民党中央各部部长；加入国民党的共产党员名单须全部交出等。中共中央采取了妥协的态度，使得《整理党务案》顺利通过。于是，担任国民党中央党部部长的共产党员全部辞职，蒋介石出任国民党中央组织部部长兼军人部长。

为把革命推向全国，广州国民政府决定出师北伐。1926年5月，国民革命军先遣队出兵湖南。6月，国民党中央执行委员会临时全体会议通过国民革命军出师北伐案。7月14日，《中国国民党出师宣言》发表，指出："中国人民一切困苦之总原因，在帝国主义者之侵略及其工具卖国军阀之暴虐。"强调北伐的目的和任务是"剿除卖国军阀之势力"，"建设人民的统一政府"①。9日，国民革命军在广州东较场誓师北伐。北伐军兵力共8个军近10万人，蒋介石任总司令、李济深任总参谋长、邓演达任总政治部主任，分3路进军。第1路由第4、7、8军组成，进攻湘、鄂，10月攻下武昌，击溃吴佩孚部主力，1927年初广州国民政府迁至武汉。第2、3、6军为第2路，自粤、湘攻赣，11月占南昌、九江，歼灭孙传芳部主力。第3路由第1军攻闽、浙，12月占领两省。1927年3月，北伐军进驻上海，同时占领南京；4月，南京国民政府成立。北伐战争中，共产党员发挥了中流砥柱的作用。叶挺独立团长驱直入，连战皆捷，屡建奇功。叶挺被誉为"北伐名将"，第4军赢得"铁军"称号。除叶挺外，共产党员李富春、朱克靖、廖乾吾、林伯渠分别担任第2、3、4、6军的党代表。参加

① 《中国国民党出师宣言》，载吴祺编述《本党重要政纲及宣言》，中央陆军军官学校政治训练处，1929，第189—190页。

北伐军的其他共产党员还有陈毅、陈赓、蒋先云、张际春、包惠僧、周士第、许继慎等。

第四节

土地革命时期的广东政局

大革命失败后，国民党政权加强了对广东的统治，但内部纷争加剧，政治局势错综复杂，陈济棠最终胜出，主政广东八年。在中国共产党的领导下，全省各地掀起反抗国民党统治的武装斗争。为了响应南昌起义和配合南昌起义军入粤作战，中共广东省委领导发动了广州起义，试图推翻国民党统治，建立工农苏维埃政权。随着南昌起义部队南下广东，共产党在东江、琼崖等地建立革命根据地，领导农民深入开展土地革命运动。其间，国民党政府试图通过镇压和清剿共产党来遏制革命发展的势头。这一时期的广东政局，呈现出农民运动高涨、政治斗争激烈的特点。

一、国民党政权在广东的统治

1926年12月广州国民政府迁都武汉后，粤、桂两地右派走向联合，李济深、古应芬、黄绍竑等逐步控制两大军政实权。1927年4月12日，蒋介石在上海发动四一二反革命政变，国共合作破裂，随后国民党对共产党及其支持者进行全面清洗。4月15日，广东国民党当局在广州发动反革命政变，出动大批军警，解除黄埔军校、罢工工人纠察队武装，包围、查封各类革命团体和组织，搜捕和屠杀共产党人与革命群众，同时在汕头、惠州制造惨案。据不完全统计，在广州被捕的共产党员和革命群众有2000多人，被秘密枪杀100多人。共产党人李启汉、刘尔崧、萧楚女、邓培、熊雄等英勇就义。中国共产党组织集中在广州近郊的农军3000多人进行了英勇抵抗，但因敌我力量悬殊，归于失败。

四一五反革命政变后，广东的局势发生巨大改变。1927年至1929年间，国民党各派系在广东地区进行了频繁的争夺和冲突。广州张黄事变[①]、两广战争[②]以及桂粤大战[③]等事件，都是这一时期国民党内部矛盾激化的体现。与此同时，国民党新军阀为了获取对广东的绝对控制权，在“清党”的同时，大力强化国民党在广东的统治秩序，重构国民党在广东的权力体系。为此，广东当局先后重建国民党广州政治分会和广东省政府委员会。1927年5月20日，南京中央政治会议正式向广东当局发出改建广州政治分会的指示，任命李济深、古应芬、黄绍竑、李宗仁等16人为广州政治分会委员。5月27日，广东当局通电宣布：广州政治分会的改组工作已经完成，并正式恢复行使职权。6月14日，南京中央政府再决定：扩大广州政治分会的管辖范围，广东、广西、福建和云南4省政务均属广州政治分会领导，四省军务也由广东军事当局指挥[④]。6月28日，南京中央政治会议任命李济深、古应芬、李文范等11人组成广东省政府委员会。

1927年7月，广东省政府宣布成立。省政府下设9厅1处，李济深担任主席，委员会包括李文范、古应芬、朱家骅、陈可钰、冯祝万等人。8月1日，南京政治会议正式委任李济深为广州政治分会主席。8月10日，蒋介石再任命李济深为国民革命军第八路军总指挥。至此，国民党在广东的新权力体系基本建立，李济深独揽了广东党、政、军大权，国民党新军阀取得对广东的统治地位。之后，国民党新军阀采取一系列措施巩固其在广东的政治地位。首先，清洗了政府内部的共产党员和左翼分子。其次，通过加强对军队的控制，确保李济深等人在军事上的权威。此外，加强了与外界的联系，尤其是与国际上反共势力的勾结。

---

① 1927年11月17日凌晨，张发奎、黄琪翔等人在广州发动政变，反对当时控制国民政府的新桂系，改组国民党广东省党部和广东省政府。事变未达到目的，却使得下野的蒋介石得以复出。

② 1928年1月，粤、桂军队在东江紫金东北地区发生战争，这场战争以桂系军队的胜利结束，进一步加剧了国民党各派系之间的矛盾和争夺。

③ 1929年，以李宗仁、白崇禧为首的桂军先后两次进攻广东，与陈济棠的粤军发生激战。第一次战斗发生在5月20—21日，桂军败退；第二次战斗发生在12月12—13日，张发奎与桂系联军败退。

④ 广东省档案馆编《广州起义前后的全国时局：粤海关情报记录译辑（1927.4—1928.4）》，广东省档案馆，1982，第22—38页。

二、南昌起义部队南下广东

针对国民党破坏国共合作发动四一二反革命政变的行径，1927年7月，中共中央政治局临时常委会制定了反抗国民党屠杀的方针，决定在南昌举行武装起义。1927年8月1日凌晨，由周恩来、贺龙、叶挺、朱德、刘伯承等人领导的起义部队共2万多人，在南昌举行武装起义。起义部队迅速控制了南昌城，击败了国民党的驻军，并成立了临时革命政府。南昌起义，打响了武装反抗国民党反动派的第一枪，揭开了中国共产党独立领导武装斗争和创建革命军队的序幕。

由于国民党中央政府的迅速反应和强大压力，起义部队无法长期坚守在南昌。面对国民党军的围追堵截，起义部队决定突围南下，希望在广东找到革命的新出路。1927年8月3日至6日，起义部队按原计划分批撤离南昌，准备回师广东，发展革命力量，占领出海口，争取国际援助，然后再行北伐。8月3日，中共中央下令“粤省委即刻以全力在东江接应”[①]起义军。8月22日，中共中央指示广东省委“东江须立即开始广大的暴动，发表政治的口号为叶、贺内应；发动西江、南路暴动牵制敌人”[②]。

1927年9月18日，起义部队进抵广东大埔县城。随后，中共前敌委员会作出分兵的决定。周恩来、贺龙、叶挺等率领主力部队直下潮汕，向彭湃领导的海陆丰革命根据地进军；朱德率领第11军25师和第9军一部留守大埔三河坝牵制敌人。20日，周恩来、贺龙等率主力向潮州、汕头进发。23日，主力抵达潮州后，与潮汕地方党组织在潮州、汕头、揭阳、澄海等地建立工农革命政权。不久，国民党钱大钧、黄绍竑、陈济棠等部进攻揭阳汾水、潮州、汕头等地，起义军与国民党军发生激战。在揭阳汾水，贺龙、叶挺率领起义军主力6000余人与陈济棠、薛岳等部1.5万人激战两昼夜，消灭敌军3000多人，但自身也伤亡2000余人，无力再战，遂向普宁方向撤退。9月30日，在黄绍竑部近万人围攻下，潮州、汕头失守，革命军被迫撤出潮汕，地方革命政权存在仅七天，民众称之为“潮汕七日红”。

① 《中共广东省委活动纪事（1927年8月—1934年8月）》，载中共广东省委党史研究室编《广东党史资料》第3辑，广东人民出版社，1984，第25页。

② 《中共广东省委活动纪事（1927年8月—1934年8月）》，载中共广东省委党史研究室编《广东党史资料》第3辑，广东人民出版社，1984，第26页。

10月3日，周恩来在普宁流沙教堂侧厅主持召开了“流沙会议”，从政治上和军事上总结了经验教训，并研究了部队撤退路线和行动计划。

与此同时，朱德率部3000多人据守三河坝，掩护主力部队南下。10月1日，朱德指挥起义军坚守阵地三天三夜，完成掩护主力部队的任务后，率部队于3日晚撤出三河坝，向饶平寻找先行南下的主力军。10月6日，从潮汕突围过来的部队带来主力部队在潮汕失败的消息，对部队士气打击很大。10月7日上午，朱德在饶平茂芝全德学校主持召开了团以上干部军事会议，即历史上著名的“茂芝军事会议”。会上，朱德强调，革命要经得起胜利的考验，也要经得起失败的考验，共产党员有责任把南昌起义的种子保存下来。会议确定了“穿山西进，直奔湘南”的战略决策。10月7日下午，朱德、陈毅等带领队伍离开茂芝，经柏松关进入福建省平和县，沿着粤闽赣边境，入赣县，奔湘南，经过“赣南三整”，湘南暴动，于1928年4月上了井冈山，与毛泽东率领的秋收起义部队胜利会师。

“当时烽炬传千里，从此风雷遍九陔。”南昌起义部队的南下过程不仅是一次军事行动，更是一次传播和扩散革命的过程。面对国民党军的强大压力和内外困难，起义军的斗争展现了极高的勇气和牺牲精神，为后续的革命斗争积累了宝贵的经验。起义部队的南下亦大大促进了中国共产党在南方的革命活动，为后续的红军长征途经广东和革命根据地的建立奠定了基础。

三、广东秋收起义

根据《中共中央关于湘鄂粤赣四省农民秋收暴动大纲》和中共中央八七会议精神，1927年8月开始，广东省委先后在东江、琼崖、北江等地掀起了武装起义的高潮——秋收起义，全力接应南昌起义军南下。至11月，广东共有30多个县（市）举行了武装起义，其中有16个县一度占领了县城，海丰、陆丰、大埔等县（市）和一批区、乡还建立了工农革命政权。

在东江地区，为了配合南昌起义军南下的战略部署，各县的武装起义得到广泛深入的开展。1927年8月中旬，中共广东特委负责人赖先声抵达汕头，随即成立了汕头市革命委员会，以领导潮汕地区的工农暴动。受到南昌起义军南下消息的鼓舞，东江地区的各县在起义军到达之前，纷纷发动武装斗争。8月31日，潮阳县和普宁县的农民军队成功占领了潮阳县城。紧接着在9月2日，普宁的农民军队又攻克了大坝区的区署和警署。9月3日凌晨，中共兴宁特别支部领导的农军，一举夺取兴宁县城。在海陆丰，经过1927年夏季第一次武装起义及之后数月的斗争实践，东江特委领导海陆丰举行第二次武装起义，以策应南昌起义军进入东江。9月7日，张善铭、黄雍等指挥海陆丰农民武装攻占陆丰县的大安，8日攻占陆丰县城，随后攻下了海丰的青坑、梅陇、公平和汕尾。9月17日，农军占领了海丰县城。海陆丰两县城收复后，分别成立了海丰县、陆丰县临时革命政府。9月下旬，国民党惠州驻军胡谦所部向海陆丰进攻，起义武装在东江特委率领下，按计划主动撤离海陆丰县城，转移到惠阳中洞（今惠东县属）、海丰朝面山、陆丰碣石溪等山区。与此同时，梅县、五华、澄海等县农军也相继举行了武装起义。

南昌起义军南下到达东江地区后，大埔、澄海、普宁、潮安、揭阳、惠来、饶平等县在共产党的领导下纷纷举行武装起义，积极配合和有力支援了南昌起义军。南昌起义军失利后，东江党组织全力以赴，组织群众协助起义军撤退和开展各项善后工作。周恩来、贺龙、叶挺、李立三、恽代英、刘伯承、聂荣臻、郭沫若和彭湃等起义军领导人从汕头、潮州、揭阳撤退到普宁县流沙镇后，在东江各地党组织的协助和护送下，分别取道陆丰、惠来撤往香港。朱德部离开大埔、饶平时，留下了数百支枪和李井泉等一批起义军干部。叶挺、刘伯承余部共1000多人则转往海陆丰[①]。

在琼崖地区，共产党领导下的琼山、文昌、万宁等地的讨逆革命军，多次袭击国民党军队和地主武装。8月下旬，文昌讨逆革命军和群众数百人"谋袭文昌县城，连陷新桥、大昌各市，劫掠民团枪支，声势颇大"[②]。9月上旬，中共琼崖特委为贯彻中共中央八七会议精神和中共广东省委指示精神，在乐会县第四区召开军事会议，部署全琼武装总暴动，会议决定：东路由杨善集（特委书记）、陈永芹、王文明指挥，进攻嘉积，然后向全琼扩展；西路由冯平指挥，以夺取儋县、临高、澄迈为主要

① 中共广东省委党史研究室：《中国共产党广东历史·第一卷：1921—1949》，中共党史出版社，2021，第208页。

② 《第四军击败谋袭文昌之共党》，《广州民国日报》1927年8月26日，第4版。

目标；各县同时举行暴动，并互相策应[①]。9月23日开始，中共琼崖特委先后在椰子寨、文昌、琼山、琼东、儋县、临高等县举行了武装暴动。

在北江、西江、中区和南路，也相继爆发了秋收起义。自1927年8月初至11月中旬，北江的花县农军在九湖乡、上古岭等多个地区连续抵抗民团和国民党军队的袭击，其间有数百名农军和超过1000名群众参与了暴动。而在西江的罗定县，一支由700多名农军组成的队伍于8月18日对横岗发动了攻击。10月下旬，郁南县的农军在庙门区域与一支由600多人组成的敌军和民团部队展开了10天的激战，随后他们转移到山区继续战斗。同时，广宁和高要两县的农军也分别对当地的反动武装据点发起了攻击。在中区，中共五邑地委领导下的恩平县农军于9月15日举行武装暴动。这支由1000多人组成的队伍首先攻占了圣堂警察所，然后分三路向恩平县城进发。然而，由于缺乏必要的攻坚武器以及配合不力，农军最终只成功占领了城外的警察局，未能攻克县城。在南路地区，遂溪县的农军在9月下旬与前来围攻的反动武装进行了激烈的对抗，随后他们转移到斜阳岛（现为广西北海市管辖）继续开展斗争。

四、广州起义

四一五反革命政变发生后，广东地区的共产党被迫转入地下。在中共广东区（省）委领导下，全省各地掀起了反抗国民党镇压的武装斗争。为了响应南昌起义和配合南昌起义军入粤作战，恢复革命势力在广东的影响力，中共中央和广东省委作出广州起义的决策，并着手为起义做各项准备工作，其中包括建立起义指挥部和各类专门委员会，负责起义的各个方面；组织力量，在广州及周边地区秘密动员工人、农民、学生和党员参与起义，并对参与者进行军事训练；通过各种渠道筹集武器弹药；通过地下报刊、传单等方式，传播革命思想，鼓舞士气，为起义营造舆论支持等。1927年9月29日，广东省委书记张太雷致函中共中央，“广州暴动的准备积极进行”[②]。1927年11月上旬，张太雷前往上海参加中共中央政治

① 琼崖武装斗争史办公室编《琼崖纵队史》，广东人民出版社，1986，第11—12页。

② 《张太雷自汕头来信》，载中共中央党史资料征集委员会、中共广东省委党史资料征集委员会、广东革命历史博物馆编《广州起义》，中共党史资料出版社，1988，第57页。

局扩大会议，会议决定“把广州暴动立刻造成一个全省暴动的局面，来完成并保障广州的胜利”[①]。11月17日，中共中央通过《广东工作计划决议案》，正式决定举行广州起义，要求广东省委发动农村和城市暴动，并“会合成总暴动，以取得广东全省政权”[②]。

1927年12月11日，在张太雷、叶挺、恽代英、叶剑英、杨殷、周文雍、聂荣臻、陈郁等领导下，广州起义正式爆发。起义军首先进攻国民党的警察局、军营、政府机关等关键目标，迅速控制广州的大部分重要地区。当日，广州苏维埃政府宣告成立并举行了第一次会议，中共中央临时政治局常委苏兆征被选举为主席。鉴于苏兆征尚未抵达广州，会议决定由张太雷暂时代理主席职务。同时，会议宣布废除国民党统治，“一切政权归工农兵代表会议（苏维埃）”[③]。会议还颁布革命纲领，实行一系列革命政策，包括“没收大资本家和地主的一切财产”，“苏维埃为帮助城市贫苦人民，决定消灭一切债务、禁止还偿，并取消贫苦人民的房租、捐款”；改善工人待遇，“在一切工厂、作坊中，实行八小时工作制”，“增加一切工人的工钱”，“用政府的经费维持失业工人的生活”等。[④]

国民党政府在起义发生后迅速行动，张发奎、陈公博、李福林等从各地调遣重兵对广州进行封锁和“围剿”。经过两日激战，由于外援不足、内部力量分散以及国民党军的强大反攻，起义军逐渐陷入被动。12日午后，张太雷偕国际代表乘车到前线指挥作战，途中遭遇敌人袭击，中弹牺牲，以29岁的年轻生命践行了“愿化作震碎旧世界惊雷”的人生誓言。13日，广州起义被国民党军队残酷镇压，大量起义军英勇牺牲。广州苏维埃政府不得不宣告解散，起义军撤离广州。起义主力部队在沙河会合后向花

① 《陆定一同志向共青团中央报告广州暴动的经过及广州共产青年团在暴动中的工作》，载中共中央党史资料征集委员会、中共广东省委党史资料征集委员会、广东革命历史博物馆编《广州起义》，中共党史资料出版社，1988，第184页。

② 中共中央委员会：《广东工作计划决议案》，载中共中央党史资料征集委员会、中共广东省委党史资料征集委员会、广东革命历史博物馆编《广州起义》，中共党史资料出版社，1988，第78页。

③ 《广州苏维埃政府告民众》，载广东革命历史博物馆编《广州起义资料》（上），人民出版社，1985，第111页。

④ 《广州苏维埃政府告民众》，载广东革命历史博物馆编《广州起义资料》（上），人民出版社，1985，第110—111页。

县转移。16日，武装部队在花县第一小学召开会议。会议决定，将现有部队会同花县农民武装约1400人整编为中国工农革命军第四师（简称“红四师”），并确定了行动方向：向北江发展会合朱德的南昌起义部队；或开往东江海陆丰地区与红二师及彭湃的农军会合。中共广东省委通过花县县委得知起义部队的近况后，根据敌强我弱的实际情况，指示起义部队暂往北江发展。但红四师未能接到广东省委的有关指示，三次派人北上韶关联络朱德的部队未果，于是决定转战东江海陆丰地区，与当地的红二师及彭湃的农军会合。1928年春节，红四师与南昌起义军余部红二师在海丰会师[①]。

广州起义是国共两党合作破裂后，中国共产党领导广东人民反对国民党反动派武装镇压，试图通过武装起义夺取政权的一次重要尝试。这场起义因敌我力量悬殊只持续了短短三天，但其间建立的广州苏维埃政府“对于中国现时革命的整个的发展，有非常之重大的意义”[②]。广州苏维埃政府是中国历史上第一个城市苏维埃政府，是中国共产党独立领导下的新型革命政权，“是中国无产阶级建立苏维埃政权之英勇的尝试”[③]。广州起义与时间稍早的南昌起义、秋收起义是一个前后相继的整体，并进行了新的实践与创造。它标志着中国共产党在极其困难的条件下，仍然坚持武装斗争和走群众路线的决心；展示了共产党与广大工农群众的紧密联合，为后来的农村革命战争和工农红军的建立奠定了基础；对中国共产党的发展、革命战略的调整以及后续革命活动的开展提供了宝贵的经验教训。

五、农村革命根据地的相继建立

大革命失败以后，中共广东党组织遭到严重破坏，党领导的各条战线全面陷入低谷。共产党员总数由1927年5月的57 967人，减少到1927年11

① 方志钦、蒋祖缘主编，朱新镛、徐松荣本册主编《广东通史》（现代上册），广东高等教育出版社，2014，第683页。

② 《广州暴动之意义与教训》，载广州革命历史博物馆编《广州起义资料》（上），广东人民出版社，1985，第220页。

③ 《共产国际关于广州暴动问题的决议案》，载中共中央党史资料征集委员会、中共广东省委党史资料征集委员会、广东革命历史博物馆编《广州起义》，中共党史资料出版社，1988，第328页。

月的17 650人[1]，半年之内减少了近70%。1928年1月，中共广东省委制定并通过了《党的组织问题决议案》，决定在东江、西江、北江、琼崖、南路等地区建立特委，领导各地的革命斗争。随后，在中共广东省委及各地特委的领导下，各级党组织积极恢复，党员力量得到一定程度的恢复与发展。至1928年8月，广东党员发展到64 229人[2]，其中农民占75%，说明党的主体力量和工作重心在一定程度上向农村转移。由于白色恐怖和党组织自身不健全等因素，南路、北江、琼崖等特委和香港区委机关因为叛徒告密而一度遭到严重破坏，至1929年4月，广东党员减少到1.3万人左右。此后两三年间，广东党员数量大约维持在1万人[3]。

广州起义的失败，进一步证明了照搬外国经验在城市举行暴动夺取政权的做法行不通。由此，党中央进行了一系列的战略调整，革命重心转向农村，依靠农民的力量进行革命。这一战略的转变，标志着中国革命的新阶段——农村包围城市、武装夺取政权的战略思想的初步形成。广东各地人民在中共广东省委领导下，将重心转移到农村，开始了新的革命斗争路线。全省各地共产党组织先后建立了东江、琼崖、粤北等革命根据地，以粤东的大南山、大北山（包括八乡山、九龙嶂、铜鼓嶂）、凤凰山，海南岛的母瑞山，粤北的油山等山区为中心，开展军事斗争，实行武装割据；根据地内实施土地改革，没收地主土地分配给无地或少地的农民，并组织发展农民武装，扩大红军力量。

东江地区是中国共产党领导人民最早开辟革命根据地、革命力量最活跃的地区之一。早在20世纪20年代初期，彭湃等共产党人就在东江地区开展农民运动和武装斗争。1927年底，彭湃等在海陆丰等地建立了第一个县级苏维埃政权。随后，五华、兴宁、龙川等地也相继建立了革命政权和武装力量。1928年夏，彭湃在海陆丰建立革命政权失败后，率领部分干部、农军到大南山建立革命根据地，恢复军事斗争。1928年，古大存等人在东

① 《广东全省党的组织统计》，载中央档案馆、广东省档案馆编《广东革命历史文件汇集　一九二八年（五）》（甲12），广东省供销学校印刷厂，1983，第109页。

② 李大林：《广东党组织的重建与发展》，载中共广东省委党史研究室编《广东党史资料》第27辑，广东人民出版社，1995，第47页。

③ 王奇生：《党员、党组织与乡村社会：广东的中共地下党（1927—1932年）》，《近代史研究》2002年第5期。

江北部山区开辟了以五（华）兴（宁）龙（川）为中心的革命根据地。至1930年，东江地区的各个根据地逐渐连成一片，形成了较为完整的根据地。党组织在根据地开展土地革命，保护农民的利益，全区约有50万贫苦农民分到了田地。同时，党组织还开展了经济建设与文化建设，并建立县、区、乡各级地方武装，有3万多人。东江革命根据地是土地革命时期中国共产党在广东创建的一个重要根据地，为中国共产党在南方的发展提供了重要的战略支点，为中央苏区的形成和发展提供了人员、物资和情报输送等重要的支持，并成为南方红军的重要战略基地。

1927年大革命失败后，中共琼崖（海南岛）特别委员会将琼山、文昌、定安、乐会（今属琼海）、万宁、陵水、澄迈等县农民武装共1000余人，组建为琼崖讨逆革命军。根据中共中央八七会议精神和中共广东省委指示，以杨善集为核心的中共琼崖特委领导讨逆革命军和农民在全琼各地举行武装起义。1927年9月23日，中共琼崖特委发动和领导了椰子寨战斗，揭开了海南人民武装总暴动的序幕。1927年12月中旬，琼崖第一个苏维埃政权——陵水县苏维埃政府成立。至1928年1月，以琼崖特委所在地乐会第四区至万宁六连岭为中心的琼崖东路根据地初步建立。与此同时，全琼各县区都不同程度地开展了土地革命，为琼崖根据地的巩固发展打下基础。1928年2月，琼崖特委决定将琼崖工农革命军改称琼崖工农红军，冯平任总司令，王文明任党代表，符节任政治部主任[①]。全军共有2000余人，下设东路、中路、西路总指挥部[②]。革命形势的发展引起国民党政府的恐慌，1928年3月，国民党军队对琼崖根据地发动了第一次“围剿”。5月9日，由于叛徒出卖，冯平受伤被捕，赴刑场时高喊“革命不怕死，怕死不革命”，英勇就义。由于缺乏经验、敌强我弱等原因，琼崖革命根据地的反“围剿”斗争遭到失败，特委书记王文明率红军余部转移到母瑞山地区坚持斗争。1929年8月，琼崖特委主要领导先后被捕遇害后，特委领导机关重建。1930年1月，冯白驹接任特委书记，全面领导琼崖革命斗争。1930年8月，琼崖工农红军独立师在母瑞山成立，兵力达1300多人。至1931年4月，全琼恢复和建立了澄迈、定安、琼东、乐会、万宁、陵水

① 琼崖武装斗争史办公室编《琼崖纵队史》，广东人民出版社，1986，第314页。

② 丁身尊：《广东民国史》（下册），广东人民出版社，2004，第690页。

等6个县苏维埃政府，琼山、文昌、临高建立了县苏维埃筹备委员会，建立区苏维埃政府34个、区苏维埃筹备委员会24个、乡苏维埃政府251个、乡苏维埃筹备委员会129个[①]。1931年底，红军独立师发展到2000多人，各县党组织领导下的地方武装达6000多人，少年先锋队（共青团领导下的青年半武装组织）近万人[②]。苏区范围扩大到11个县，人口达到100万以上，琼崖革命根据地进入全盛时期。

粤北地区山地丘陵众多，为游击战提供了天然优势。南雄的油山属于赣南中央革命根据地的一部分，是中央革命根据地的边缘。1928年1月16日，“中共广东北江特委在关于目前形势与党的任务给各县委的指示中明确指出：‘必须在北江号召群众爆发大规模的运动，深入土地革命，做成象海陆丰一样的割据局面。’”[③]。之后，农民运动在粤北地区迅速兴起。通过土地革命、建立农民协会、组织农民武装等措施，当地逐渐建立了较为稳定的革命力量。国民党政府多次组织大规模的“围剿”行动，试图消灭革命力量。粤北根据地的共产党员和红军通过灵活的游击战术，有效地避免了与敌人正面冲突，同时积极寻找战机，打击敌人，保护和扩大革命成果。这一时期，由毛泽东、朱德领导的红四军，彭德怀领导的红五军及邓小平、李明瑞、张云逸领导的红七军，曾多次转战粤北，有力推动了粤北地区的革命斗争。1934年10月25日至11月14日，中央红军长征主力部队先后经过粤北的南雄、仁化、乐昌、连县（今连州）、乳源梅花乡（今乐昌梅花镇），得到当地人民群众的大力支持。经过21天的征战，红军以较小的伤亡代价突破国民党设置的第二、三道封锁线，比较顺利地通过广东，向湖南方向挺进，为万里长征开拓了胜利的道路。

粤东北地区是中央苏区南线的重要区域，1930年被正式纳入中央苏区。1930年3月18日，以毛泽东为书记的红军前委发布《前委通告第三

① 《琼崖苏维埃政府给中华苏维埃筹备委员会信》，载中共广东省海南行政区委员会党史办公室、广东省海南行政区档案馆编《琼崖土地革命战争史料选编》（内部发行），1987，第417—419页。

② 《少年先锋队琼崖总队部的通知（第十三号）》，载中共广东省海南行政区委员会党史办公室、广东省海南行政区档案馆编《琼崖土地革命战争史料选编》（内部发行），1987，第506页。

③ 曾昭慈：《武装暴动夺取政权：南雄农民暴动的回忆》，载中共广东省委党史研究室编《广东党史资料》第19辑，广东人民出版社，1991，第91页。

号》，决定红四军实行战略展开，在赣南、东江、闽西部分县分路游击三个月，以扩大红色区域。其中东江游击区域包括粤东北部的五华、兴宁、丰顺、梅县、平远、蕉岭、大埔。至1930年6月，粤东北区域与闽西、赣南部分苏区连成一片，闽粤赣边区革命根据地初步形成。同年9月，中共中央六届三中全会通过决定，在此基础上设立中共苏区中央局和中央军事委员会。1931年1月15日，中共苏区中央局成立后，在《苏区中央局通告（第一号）》中，正式划定闽粤赣边区革命根据地的范围包括“闽西、广东东北、赣东南一部”。同年4月4日，《中共中央给闽粤赣特委的信》进一步确认“闽粤赣是整个中央苏区的一部分”①。

粤东北地区不仅为赣南、闽西中央苏区承担了信息传递、兵源输送、党政军干部调配以及物资运输等多重战略任务，还运送了大批紧缺物资，如食盐、药品等，确保了中央苏区的基本需求和战时供应。其间，粤东北革命老区——龙川县与其他粤北、闽西、赣南的人民群众组成“运盐敢死队”，以挑担方式为中央苏区运送食盐、布匹等物资，呈现出“十万挑夫上赣南”的动人景况。据统计，在土地革命时期，龙川贝岭几乎每天都有百十担食盐分四路从细坳、和平等处机智避开国民党当局关卡严查运往赣南，为中央苏区运送食盐达数千吨。而中央红色交通线（南方线）是土地革命时期毛泽东、周恩来等为解决党中央和中央苏区间联络问题，精心策划的从上海出发，途经香港、汕头、潮州、梅州大埔、闽西直达江西瑞金的秘密交通线，全程大约3000千米。该交通线1930年秋开辟，曾经是中央苏区与外界联络的唯一渠道，为传递党中央与中央苏区的机密文件、运送急需的物资和经费，以及掩护党中央由上海到中央苏区的重大迁移等作出了巨大贡献，被誉为“中华苏维埃血脉”。在护送党和红军领导人进入赣南、闽西中央苏区的过程中，作为中央红色交通线（南方线）的粤东北也发挥了关键作用。尤其是大埔县在土地革命时期属于“红白交界”地区，是中央红色交通线进入苏区“最后一百里”线上重要的交通中转区域。其间，当地党组织先后护送了刘少奇、周恩来、邓小平、叶剑英、刘伯承等党政军领导200多人，以及一大批电讯技术人员、文艺工作者经大埔安全

① 中共中央文献研究室编《周恩来年谱：1898—1949》（修订本），中央文献出版社，2020，第206页。

进入中央苏区。此外，粤东北地区还通过牵制和抗击大量国民党军南线兵力，有效减轻了中央苏区北线的压力，为中央苏区的安全稳定提供了重要保障，更在粉碎国民党军对中央苏区的“围剿”中发挥了不可或缺的作用[①]。

六、陈济棠的军事专政

20世纪30年代前后，国民党内部的矛盾进一步激化。1928年3月，蒋介石将李济深软禁在南京汤山后，举荐陈济棠掌管广东军权。1929年至1931年，在两次粤桂战争中，陈济棠打败桂系军阀，执掌广东大权，从而奠定其治粤的军事政治基础。陈济棠治粤时期（1929—1936年），主要通过扩充军队强化军事力量，大力整饬吏治加强政治控制，实施“三年施政计划”，改革税制、整顿金融，倡导“训育主义化”“教育职业化，学生劳动化”的教育等[②]，使广东政治相对稳定，经济、文化、教育建设取得一定的发展。

陈济棠的统治主要依赖于军事力量。他重视军队的建设和改革，通过整编和扩充部队，提高军队的战斗力和忠诚度。陈济棠不仅加强了省内的军事控制，还试图通过军事手段影响周边地区，以扩大其政治影响力，甚至不惜动用军队铲除异己与潜在威胁者。这种以军事力量为后盾的政治手段，在一定程度上确保了其政策的执行和政权的稳定，但同时也引发了政治紧张和社会不满。

与此同时，陈济棠整合地方政权，强化在粤统治，提升党内地位，构筑了较为集中的政治权力结构。他在政府内部安置自己的亲信和支持者，打击党内反对派和异己势力。同时，整顿地方行政机构，提高政府的工作效率和行政能力。1932年3月，陈济棠兼任广州绥靖主任后，加强对全省的军事统治，建立全省警务处，将全省划为五个绥靖区，实行保甲制，对

① 中共广东省委党史研究室：《中国共产党广东历史·第一卷：1921—1949》，中共党史出版社，2021，第247页。

② 《广东省三年施政计划提议书：二十一年九月廿七日在西南政务委员会提出并决议通过》，载广东省档案馆编《陈济棠研究史料》，广东省档案馆，1985，第137—141页。

共产党地下组织和人民革命斗争进行了严厉镇压[①]。

1931年2月，蒋介石扣押胡汉民，此举引发陈济棠等反蒋各派在广州另组国民政府，形成严重的宁粤对峙局面，双方一度剑拔弩张。在此期间，陈济棠联络其他军阀和派系，进行反蒋军事部署，甚至一度出兵占领湖南衡州。随着九一八事变的爆发，国内外形势发生了变化，宁粤双方均表示愿意停止军事行动，和平解决争端。最终，在广东新设中国国民党西南执行部、国民政府西南政务委员会等机构，继续维持广东的割据状态，直到两广事变[②]和平解决为止。

1934年，红军长征经过广东时，陈济棠接到蒋介石防堵红军的电令。基于自身战略利益的考虑，陈济棠采取了主动让路的策略性行动，并没有在红军的必经之路上设置重兵防守，没有直接攻击红军的主力，并开放了一条让红军西进的道路。这种策略既防止了红军进入广东，也避免了与红军发生大规模的冲突，保住了自己的地盘。

陈济棠的军事专政是中国国民党内部不同派别斗争和当时中国国内政治分裂及军阀割据的缩影，体现了当时中国各地方军阀势力在国民政府内部寻求自身地位和权力扩张的普遍现象。

第五节

日军侵粤与广东抗战

中国人民抗日战争以1931年九一八事变为起点，到1945年日本宣布无条件投降结束，经历了14年艰苦卓绝的奋战。中国人民抗日战争是中国人

① 广东省地方史志编纂委员会编《广东省志·政治纪要》，广东人民出版社，2001，第101页。

② 1936年的两广事变，又称“六一事变”，是广东实力派陈济棠和广西实力派李宗仁、白崇禧等为反对蒋介石吞并地方势力而发动的一次事变。面对蒋介石的军事压力和对广东内部的收买与分化，陈济棠最终以失败告终。

民反抗日本帝国主义侵略的正义战争，是世界反法西斯战争的重要组成部分，也是近代以来中国第一次完全胜利的民族解放战争。广东在中国人民抗日战争中发挥了特殊作用，具有重要地位。

一、抗日救亡运动掀起高潮

1931年9月18日，日本悍然发动九一八事变，迅速侵占东北全境。九一八事变成为中国人民抗日战争的起点，同时揭开了世界反法西斯战争的序幕。从九一八事变到1937年七七事变，是抗日战争的局部抗战阶段。面对东北、华北国土的沦丧和日本的侵略，广东人民的抗日救亡运动不断发展，构成中国局部抗战的重要组成部分。

由于以蒋介石为首的国民政府对日本侵略采取不抵抗政策，东北大片国土迅速沦入敌手。1932年1月28日，野心勃勃的日军进攻上海，制造了震惊中外的“一·二八”事变。广东东莞人蒋光鼐、广东罗定人蔡廷锴率驻守上海的国民革命军第十九路军奋勇抵抗，粉碎了日军四次总攻，迫使日军三易主将，数次增兵，死伤逾万，遭到九一八事变以来最沉重的打击。然而，在日军优势兵力的进攻下，十九路军腹背受敌，孤立无援，被迫退守太仓、嘉定一线。在面对日军第二次总攻时，十九路军60余名战士，用火油淋湿全身，背负重型炸弹，猛扑日军阵地，为歼灭日军献出了宝贵生命。十九路军源出粤军，大部分将士原籍两广，因此当消息传至广东时，广东各界大力支持，粤空军即刻动员飞沪支援十九路军抗战[1]。海外爱国华侨慷慨捐资，筹建“十九路军淞沪抗日阵亡将士坟场”，安葬殉国烈士遗骨。

广东人民誓以热血抗日，保家卫国。16岁的广东少年余渭泉决意投笔从戎，在家书中写道：“自蒙抚育，感恩何似，儿因愤三省沦亡承德失守，凡具有热血青年，莫不发指，儿有观及此，乃与同学董悦康黄炙兵二

① 《如火如荼之各方援助第十九路军通电：各方纷纷电请中央援助十九路军，慰勉该军将士努力抗日贯彻始终》《空军将领准备出发援沪》，《广州民国日报》1931年1月31日，第2张第1版。

人纵身投军效力，共诛倭奴而后已。”[①]1935年的“一二·九”运动，将广东的抗日救亡运动推向高潮。1935年12月9日，北平爱国学生举行了声势浩大的示威游行，反对日本帝国主义侵略和国民政府对华北五省“自治”的妥协让步。以国立中山大学为代表的广州学生积极响应，先后组织四次游行示威活动。然而，学生的爱国运动却遭到国民党当局严厉镇压，被打伤的学生达数十人，酿成“荔枝湾惨案”。

九一八事变后，中日民族矛盾上升为中国社会的主要矛盾。中国共产党率先高举武装抗日旗帜，发表一系列重要抗日宣言和决议，领导各界开展抗日救亡运动。中共广东各级党组织相继恢复和建立，各地共产党员的活动日益活跃。中国青年同盟、突进社等在广州成立。各地区基层党组织陆续恢复，北方局与广东建立起组织关系。1936年，中共南方临时工作委员会（简称“南临委”）成立，标志着中断两年的广东党组织的领导机关重新建立，华南各地党组织的活动开始恢复[②]。在南临委领导下，广州市委、西江工作委员会、香港工作委员会、香港海员工作委员会、大埔临时工作委员会、韩江工作委员会、琼崖特委等各地党的组织陆续建立或恢复，开展形式多样的抗日救亡运动。

1937年7月7日，日本侵略者炮轰宛平县城，向北平郊区卢沟桥进攻，发动了举世震惊的卢沟桥事变（又称“七七事变”），中国由此进入全民族抗战阶段，开辟了世界反法西斯的东方主战场。许多广东籍抗日英雄奋勇杀敌，如在八一三淞沪会战中，蕉岭人谢晋元率部防守上海北火车站，坚守阵地达两月之久。后为掩护大军撤退，他带领“八百壮士”死守上海城区最后一块阵地——四行仓库，其间击退日军多次进攻，予以日军重大杀伤，深深地鼓舞了中国人民的抗战士气。在中国共产党的积极倡导下，国共两党抗日民族统一战线正式形成。广东军政当局表明坚决抗日的态度，国共两党共同发动和组织人民群众开展抗日救亡运动，广州成为重要的抗日救亡运动中心。

当七七事变的消息传到广东，各地民众纷纷行动、同赴艰危。1937年

① 广州工人运动史研究委员会、广州工人运动学会编《广州工人百年图录》，中国工人出版社，2009，第100页。

② 中共广东省委党史研究室：《中国共产党广东历史·第一卷：1921—1949》，中共党史出版社，2021，第317—318页。

7月17日，广东各界联合召开广东民众御侮救亡大会。25日，中共广东党组织发动广州各界群众约15万人参加御侮救亡示威大游行，这是七七事变后广东规模最大的一次抗日救亡游行活动。国难当头，青年学生们挥洒热血，走在爱国运动的前头。12月9日，2000多名学生和社会各界青年在国立中山大学附中礼堂召开“一二·九”运动两周年纪念大会，成立广州学生抗敌联合会，并在会后举行游行示威。1938年1月1日，在中共南方工委的领导和推动下，以共产党员和进步青年为骨干组成的广东青年抗日先锋队成立，统一领导广州地区各界青年的抗日救亡运动，成为与中华民族解放先锋队、青年救国会并列的全国著名抗日团体。1938年8月，广东全省开展纪念“八一三”事变一周年的抗日救亡献金运动，呼吁民众“有钱出钱、有力出力”“保卫广东，保卫武汉”“国共合作，团结抗日”，短短七日“便突破了一百五十万元的献额”①。

七七事变后，广东各界的抗日救亡团体如雨后春笋般涌现。除广东青年抗日先锋队外，广东青年群众文化研究社、广州学生抗敌救亡会、救亡呼声社、广东文化界救亡协会、抗敌教育实践社等团体纷纷成立或正式开展工作，大大促进了广大人民群众的觉醒，对动员群众积极投入抗日斗争具有重大意义②。港澳同胞、海外华侨华人痛桑梓之沦丧、哀同胞之惨苦，迅速聚集到抗日救亡旗帜下，从道义、经济、人力上支援家乡和祖国，开展各种形式的抗日救国活动，为广东抗战作出了巨大贡献。海外华侨通过银行寄汇或侨批，将大批募款、个人捐款寄回祖国，支援抗日前线。1937年11月26日，一封寄自泰国华侨吴友欣的信中写道：“已悉唐中捐税繁多，事刻因国难时期在所难免。儿居暹中每月亦捐纳10元，以为救国之款，凡属国人不问大小有月薪者概须捐纳也。”③新加坡成立了以陈嘉庚为主席的南洋华侨筹赈祖国难民总会，它的分支机构遍及东南亚各国。一封封战时侨批、烽火家书，无不展现了海外侨胞共赴国难的爱国壮

① 云广英：《武装民众的政治工作（1938年9月1日）》，载中央档案馆、广东省档案馆编《广东革命历史文件汇集（中共南委广东省委文件1937—1939）》，广东省供销学校印刷厂，1987，第256页。据载，最终全省总献金突破200万元，其中广州160余万元。

② 方志钦、蒋祖缘主编，沙东迅、郑应洽本册主编《广东通史》（现代下册），广东高等教育出版社，2014，第98页。

③ 陈孝彻：《侨批是爱国主义的见证物》，载潮汕历史文化研究中心编《侨批文化》第5期，2005，第41页。

举。据统计，华侨为抗战捐款累计逾13亿元（法币，下同），侨汇达95亿元以上，购买救国公债等11亿元以上，总计占抗战期间中国军费很大的比例[①]。

尤其值得一提的是黄昌贤。1938年，黄昌贤在美国攻读博士学位时，就首次成功培育出无籽西瓜，轰动美国和欧洲生物学界。1940年，岭南大学函请黄昌贤回国工作，美国著名的贝·汤姆生物研究所（Boyce Thompson Institute for Plant Research）以优厚待遇挽留他留所工作。该所植物激素专家齐摩门（P. W. Zimmerman）博士对他说："日本正在入侵中国，现在中国成了地狱，你不要回去了。"然而黄昌贤回答："我是中国人，即使是地狱也要回去！我的事业在中国。"[②]1940年8月，他毅然从美国回到母校岭南大学任教，为我国果树和园艺事业作出重要贡献。

二、日军进犯广东

广东北有连绵山脉，南接广阔海域，扼南北、海陆两大重要通道，战略地位非同一般。抗战全面爆发后，广东又成为我国获取海外抗战物资最重要的通道。为切断中国的外援线路，夺取中国革命重要策源地，并建立起南进基地，七七事变后日本大举入侵广东。

1937年8月31日，日本侵略军7架（一说6架）飞机首次空袭广州。从此次空袭至1938年10月21日广州沦陷，日机对广州的轰炸持续14个月之久。据不完全统计，至1938年年底，日机共投弹2730枚，炸死1453人，炸伤2851人，毁坏房屋2004间，被炸地点300个以上[③]，给广州人民造成了巨大的生命、财产损失。在全面轰炸的同时，日军还不断骚扰和封锁广东沿海重要岛屿，企图从海上攻占广东。1937年8月，日军占领中山荷包岛。9月，占领东沙岛。9月14日，日本海军向虎门要塞发动进攻，被虎门

① 中共中央党史和文献研究院：《中国共产党的一百年：新民主主义革命时期》，中共党史出版社，2022，第185页。

② 中国科学技术协会编《中国科学技术专家传略·农学编·园艺卷1》，中国科学技术出版社，1995，第198—199页。

③ 《广东抗日战争志》编纂委员会编《广东抗日战争志》，广东人民出版社，2023，第117页。

炮台守军击退。12月，日军占领台山上川岛，短暂占领中山三灶岛。1938年3月，日军再次攻占三灶岛，并在岛上修筑机场，甚至向岛上派出400余人的“农业移民”，企图长久占领。6月，日军进犯被称为“闽粤咽喉、潮汕屏障”的汕头南澳岛，以达成封锁广东沿海的战略意图。双方交战多次，南澳一度陷于敌手。7月中旬，潮汕防军和抗日民众自卫团组成的义勇军收复南澳，开广东抗战时期收复失地之先例。虽然在日军的节节封锁和围攻下南澳最终失陷，但是南澳保卫战沉重打击了日军气焰，“昭示广东精神的确是名副其实，它证明广东民众的确是不可欺辱”，“在抗战史中占着很光荣的一页”。[①]

全面抗战爆发后，大批抗战物资源源不断地经香港、广州，利用广九、粤汉铁路运送至内地，华南成为中国输入海外援助物资的最重要通道。据统计，经广州进入中国内陆地区的补给物资约占全国海外援华物资总量的80%[②]。为策应武汉作战，截断中国内地经香港、澳门的进出口通道，日本于1938年9月7日下达攻占广州作战令，策划从大亚湾登陆，进而占领广州。9月24日，日军从海上对大亚湾以东红海湾、以西大鹏湾及香港以南以西的万山群岛、珠江口外伶仃洋等地进行侦察。10月初，日军第21集团军所属各部在澎湖马公集结。9日，日本海军第五舰队护送船队秘密向大亚湾进发，12日凌晨分三路直插大亚湾。由于蒋介石对日本行动的错误判断以及余汉谋主政下的广东当局疏于防范，除在福田、增城县的正果以及县城等地略作抵抗外，多地一触即溃。15日，日军攻占惠阳，16日占领博罗，20日占领增城，21日攻陷广州，至29日，珠江三角洲重要地方均告沦陷。日军占领广州，并迅速在广州外围和珠江三角洲地区展开扫荡，切断了通往中国内陆重要的物资通道。

为巩固对广州地区的占领，日军加紧扶植伪政权。1940年3月30日，以汪精卫为首的南京伪国民政府成立。5月10日，伪广东省政府随即成立，首任主席陈公博，代主席陈耀祖。广州以及后来沦陷的汕头、31个沦陷县均建立伪政权，受控于日本侵略者。日伪政权配合日军对抗日根据地和游击区进行“扫荡”和“清乡”，在沦陷区推行保甲制和奴化教育等，

① 《嘉勉收复南澳的军民》，《中山日报》（广州）1938年8月8日，第1张第1版。

② 日本防卫厅防卫研究所：《中国事变陆军作战史》第2卷第2分册，田琪之译，宋绍柏校，中华书局，1980，第1页。

搜刮钱财，压迫人民，摧残实业，肆意对广东人民进行残暴统治。

面对日军的铁蹄肆虐，广东军民在废墟与焦土中保存实力、奋力抵抗。1938年10月18日，中共广东省委决定将省委机关迁往曲江（1943年曲江县改设韶关市），成立中共西南特别委员会、东江特别委员会、东南特别委员会。八路军驻广州办事处亦随后迁往韶关。1939年2月，国民党将广东省政府正式迁往韶关。韶关成为广东临时省会，成为全省政治、经济、文教的中心，也成为全面抗战相持和反攻阶段广东阻击和反击日军侵略的主要基地①。

日本侵占广州后，切断了途经香港、广州的重要补给线。为进一步切断越南、缅甸通道以阻隔国际物资援华，掠夺岛上丰富的资源，建立南进战略基地，日本决定攻占海南岛。1939年2月10日，日军趁夜发动袭击，在澄迈湾东北角开始登陆，2月13日晚横越琼州海峡，14日晨到达海南岛南端三亚港，后很快占领全岛。

汕头是华南地区仅次于广州的重要港口。1939年6月，日军谋划攻占汕头和潮州，控制潮汕地区的出海口，一来企图封锁我国由此进口运向韶关一带的大量抗战物资；二则是想断绝该地区的华侨向内地汇送大量赠款，阻止华侨从海外运回大量物资支援抗战②。21日，汕头沦陷。27日，日军占领潮州，29日占领澄海。至此，广东沿海重要岛屿大多陷入日军之手。控制广东沿海岛屿后，日军企图进一步封锁北部陆上要塞，直插广东战时省会韶关。

1939年11月，日军决定大规模入侵粤北。在发动桂南会战的同时，日军为打通从广州北上的粤汉铁路南段，发动了翁（源）英（德）作战（又称第一次粤北会战），企图攻占省会韶关。中日双方在花县、清远、英德、从化、增城、翁源等县境内展开激战。当时日军在桂南遭到第四战区等部队的反击，陷于被动，乃从翁源、英德撤兵增援桂南。中国军队抓住时机全线反攻。至1940年1月16日，日军全部退回广州及其外围地区，第一次粤北会战结束。1940年5月13日，不甘失败的日军卷土重来，再次大举向粤北进犯。敌我双方反复争夺花县、从化、良口等地，阵地几次易

① 《广东抗日战争志》编纂委员会编《广东抗日战争志》，广东人民出版社，2023，第6页。

② 王辅：《日军侵华战争（1931—1945）》第2册，辽宁人民出版社，2015，第1119页。

手。在守军的顽强抵抗以及游击队的牵制下，日军不得不全线后撤，中国军队取得了第二次粤北会战的胜利。两次粤北会战成功地稳定了粤北防线，阻止了日军打通粤汉铁路线的企图，在较长一段时间内解除了湘桂战区的后顾之忧，基本形成了中国军队和日本在广东南北对峙的局面，极大地鼓舞了广东与全国人民的抗战士气。

1943年底，中国战区开始制订反攻作战计划。但在筹划反攻的过程中，1944年10月，日军发动豫湘桂战役，国民党军队连遭败绩，广东形势急转直下。1945年1月，为打通粤汉铁路交通线，加强对华南地区的控制，日军集中数万兵力夹击粤北偷袭韶关，发动第三次粤北会战。韶关等地沦陷，省政府转迁龙川，日军占领韶关以及粤东、粤西沿海的大部分地区，广东面临全面沦陷的危机。

三、华南敌后抗日战场的开辟

与国民党军队正面战场的节节溃败相反，中国共产党领导的广东敌后战场进入局部反攻阶段，加强了军事力量建设、动员了各阶层投身抗战救国、巩固并扩大了敌后抗日根据地，有效牵制了日本侵略军在广东的扩张，在抗战中发挥了中流砥柱的作用。

全面抗战开始后，在中共中央的领导下，中共南方工作委员会和广东省委先后成立，以张文彬为书记，领导广东人民开展抗日救亡运动。中共华南抗日武装斗争的发展经历了一个从打国民党旗号、重视与国民党的统战合作到独立自主的过程[①]。日军入侵华南后，中共中央要求广东党组织广泛组织抗日武装，建立抗日根据地，开展游击战争。广东省委根据指示快速建立和扩大各种形式的抗日武装，在惠阳、宝安、东莞、顺德、中山、增城、琼崖等地开展敌后游击战争，在艰苦磨炼中发展壮大了抗日武装[②]。

在东江地区（主要包括东莞、惠阳、宝安、增城、博罗等县），1938年12月，曾生领导的惠（阳）宝（安）人民抗日游击总队成立，1939年1

① 左双文：《改革开放以来的华南抗战史研究》，《广东党史与文献研究》2023年第5期。

② 左双文：《中共在华南沦陷区的抗日斗争》，《日本侵华南京大屠杀研究》2021年第2期。

月，王作尧领导的东（莞）宝（安）惠（阳）边人民抗日游击大队成立。为更好地壮大武装力量，根据上级党组织的指示和要求，1939年4月，王作尧接受国民党广东当局番号，改编为第四战区游击纵队指挥所第四挺进纵队第二大队；5月，曾生领导的部队改编为第四战区游击纵队指挥所第三游击挺进纵队新编大队。两个部队皆由中国共产党实际领导。1940年春，广东抗日统一战线破裂。6月，广东省委在韶关召开会议，由从延安回来的张文彬传达中央对广东工作的指示。会议确定广东党组织的工作重点应放在敌后和前线，开展独立自主的游击战争，建立敌后抗日根据地。

广东省委开始独立自主发展武装，把重心转向战区和敌后，引领东江、琼崖和珠江三角洲抗日游击队深入开展敌后游击战并创建抗日根据地。1940年9月，惠宝人民抗日游击总队和东宝惠边人民抗日游击大队合编为广东人民抗日游击队，开辟了以东莞大岭山和宝安阳台山为中心的抗日根据地，开始了独立自主开展敌后抗日游击战的新阶段。1942年春，中共南方工作委员会决定，成立以尹林平为书记的广东军政委员会及广东人民抗日游击总队，并将部队统一调整为1个主力大队和东莞、惠阳、宝安、港九4个地方大队。1943年12月2日，广东人民抗日游击总队改编为广东人民抗日游击队东江纵队，曾生任司令员、尹林平任政治委员，辖7个大队。抗日战争期间，东江地区的抗日民主根据地面积发展到6万平方千米，人口达450万以上，先后建立起东宝行政督导处、路东行政委员会、惠东行政督导处、博罗县民主政府、北江东岸抗日委员会、海丰县民主政府等六个县级政权。

1938年广州沦陷后，在珠江三角洲（主要包括南海、番禺、顺德、中山等县）先后成立顺德抗日游击队、中山抗日游击中队（后扩编为大队）和广州市区抗日游击第二支队，开展抗日游击战。事实证明，抗日游击战在“南海、顺德、三水这些河川纵横的地区里也是可以存在和发展的，这一信心的建立在广东是有非常重要意义的”[①]。1940年6月，为加强对珠江三角洲抗日武装斗争的领导，广东省委成立南（海）番（禺）顺（德）中心县委，罗范群任书记，谢立全、谢斌任中心县委委员。1942年春，在中

① 《张文彬关于广东工作报告》，载中央档案馆、广东省档案馆编《广东革命历史文件汇集（中共南委广东省委文件1940）》，广东省供销学校印刷厂，1987，第84页。

东江纵队纪念馆

该纪念馆坐落在广东省惠州市博罗县罗浮山。东江纵队是抗日战争时期中国共产党在广东省东江地区领导创建的一支抗日游击队，是开辟华南敌后战场和坚持华南抗战的人民抗日游击队主力部队之一。

山县创建五桂山抗日游击根据地。1943年2月，成立南番中顺游击区指挥部，统一领导珠江三角洲的抗日武装。1944年，开辟以新会为中心的抗日游击区。1945年1月15日，广东人民抗日游击队珠江纵队在中山五桂山区正式成立，开辟了珠江三角洲抗日根据地。

在琼崖地区，长期在海南岛坚持孤岛斗争的琼崖红军，经过同国民党琼崖当局谈判，1938年12月5日改编为广东省第十四统率区民众抗日自卫团独立队，政治上、组织上保持独立自主。独立队由冯白驹任队长，得到迅速发展。侵琼日军登陆后，独立队迅速出击，赢得了潭口阻击战胜利，打响了党领导琼崖抗战的第一枪。1939年3月，中共琼崖特委将独立队扩编为独立纵队，冯白驹任司令员兼政治委员，在琼山、澄迈、文昌、临高、儋县、昌江、感恩等地区开展游击战争，开辟了琼崖抗日根据地。到抗战胜利前夕，琼崖独立纵队已发展成7700多人、5个支队的大队伍。在中共中央的领导下，海南人民发扬“红色娘子军”“山不藏人人藏人”的革命精神，创造了琼崖武装斗争“二十三年红旗不倒”的光辉历史。

至抗战胜利时，广东党组织先后创建了广东人民抗日游击队东江纵队、广东省琼崖抗日游击队独立纵队、广东人民抗日游击队珠江纵队、广东人民抗日解放军、南路人民抗日解放军、广东人民抗日游击队韩江（梅埔）纵队等抗日游击队，中共中央统称其为华南抗日纵队。他们建立起的大小兼具、牢固可靠的抗日根据地，统称为华南抗日根据地。1944年7月，中共中央军委在关于华南根据地工作给曾生、冯白驹等的指示中评价道：“你们全体指战员在华南沦陷区组织和发展了敌后抗战的人民军队和民主政权，至今已成为广东人民解放的旗帜，使我党在华南政治影响和作用日益提高，并成为敌后三大战场之一。”[①]朱德称“伟大的中国人民军队——八路军、新四军、华南抗日纵队，和敌人进行了空前英勇的、残酷的、可歌可泣的胜利战争，成为中国抗战的中流砥柱”[②]。中共领导建立的星罗棋布、大小不一的抗日根据地和抗日民主政权，是华南抗战的后方

① 《中共中央军委关于华南根据地工作给曾生、冯白驹等的指示》，载中央档案馆编《中共中央文件选集：一九四三——一九四四》第14册，中共中央党校出版社，1992，第279页。

② 朱德：《论解放区战场》，载中共中央党史研究室、中央档案馆编《中国共产党第七次全国代表大会档案文献选编（二）》，中共党史出版社，2022，第384页。

可靠基地和重要保障，是红色沃土中的精神引领，如燎原之星火、黎明之号角，为抗日战争的胜利作出了重要贡献。如位于西江中游以南的都杨镇（今云浮云安区）是西江地区恢复党组织和活动较早的地区之一，在抗战爆发后积极开展抗日御侮救亡活动，建立起粤中、西江、三罗地区党组织的秘密指挥机关、活动基地和联络中心，成为云浮地区最为坚固的抗日根据地和抗战堡垒之一。

广东党组织领导的抗日部队在狭小的空间和日、伪、顽军三方的夹缝之中，被分割包围，又远离八路军、新四军主力的直接支援，仍顽强坚持敌后游击战，取得一次次作战的胜利。1941年6月，取得了东莞百花洞战斗胜利，共毙伤日军50多人，击毙日军大队长长濑。事后，日军哀叹“这是进军华南以来最丢脸的一仗”[①]。10月，获顺德“西海大捷”，是广东敌后抗战中以少胜多的经典战役。1943年11月至12月初，成功粉碎日、伪军在大岭山的“万人扫荡”，自此大岭山抗日根据地均无敌踪。1944年春及7月，在中山五桂山根据地以少胜多连续粉碎日、伪军“十路围攻”和“四路围攻”，开展了一次次重要的敌后武装斗争。据不完全统计，到抗战结束时，广东人民抗日游击队共发展至2.8万余人，在东江、海南岛、珠三角、粤中、南路和潮汕等地建立了抗日根据地和游击区，面积达9.7万平方千米，人口达到1000余万。抗战时期，华南抗日游击队对日、伪作战3000多次，总计歼敌2万余名，有效牵制了日本侵略者的兵力[②]。

除武装斗争外，广东党组织及其领导的华南抗日游击队利用紧邻香港的有利条件，通过周密部署，开展了华南抗战史上重要的救援活动——文化名人大营救（又称“香港秘密大营救”），成功地解救了大批爱国民主人士和文化名人。抗日战争的全面爆发和国民党顽固派发动的第二次反共高潮，导致大批文化精英和爱国民主人士撤至香港，继续开展抗日文化宣传。1941年12月，日军占领香港，搜捕抗日人士，限令文化人士到日军处报到。中共中央、南方局和周恩来要求八路军驻香港办事处及东江抗日游击队领导人“想尽一切办法，不怕牺牲，把困留在香港的许多著名民主

① 曾生：《曾生回忆录》，解放军出版社，1992，第194页。

② 刘田夫：《东江纵队在抗日战争中的地位和作用》，载《论东江纵队》编辑组编《论东江纵队》，广东人民出版社，1990，第12页；中共广东省委党史研究室：《中国共产党广东历史·第一卷：1921—1949》，中共党史出版社，2021，第480页。

人士和文化人士营救出去，转移到安全地带”[①]。由于广九和粤汉铁路南端已被日军控制，只能先通过水路向大后方转移。广东抗日游击队将他们大部分分批秘密转送到港九游击队交通站，继而前往惠东宝抗日根据地，再经惠州、老隆转往韶关，最后前往桂林、重庆等地。一部分人经九龙乘船前往广东沿海地区，或经澳门转到大后方，还有一部分人则由香港乘船直达广州后再转入国统区。这次营救活动历时半年多，行程2万余里，遍及十几个省市，营救出何香凝、柳亚子、茅盾、邹韬奋、胡绳、夏衍等文化界人士、爱国民主人士以及爱国抗日的国民党官员和其他方面人士800多人，无一人落入敌手。广东党组织和东江抗日游击队胜利完成了中共中央交付的重大任务。邹韬奋脱险后激动地说：“我们这支文化游击队，是在东江人民抗日游击队的卫护下，由香港转移阵地回来的，没有人民的枪杆子，就没有人民的笔杆子。”[②]茅盾称赞这次营救为“抗战以来（简直可说是有史以来）最伟大的‘抢救’工作”[③]。夏衍也称：“大营救表明了党中央、南方局对知识分子的关怀……这是真正的肝胆相照，生死与共。”[④]此次大营救是中国革命史和抗日战争史上的奇迹，保护了中华民族的一批精英，有力促进了抗日民族统一战线和人民民主统一战线的巩固与发展，为祖国的解放事业和社会主义建设事业增添了重要力量。

营救爱国民主人士的同时，中共领导的港九大队也积极营救在香港被俘盟国友人以及普通侨民，史称“国际大营救”。1941年12月太平洋战争爆发后，中共立即派遣游击队开辟港九游击区。1942年2月，港九大队在新界西贡黄毛应村正式成立。自香港沦陷至1942年2月，共有10 947名盟军官兵成为战俘，包括5072名英国人、1689名加拿大人、3829名印度人和357名其他国籍人士。东江纵队及港九大队遵照中央指示，立足中国和太平洋两大战场连接点，与英方合作实施国际大营救。据不完全统计，港九大队共直接营救盟国人士89人，包括香港大学教授赖廉士（Lindsay Ride）、港英警官谭臣（W. P. Thompson）、英军军官祁德尊

① 连贯：《回忆八路军驻香港办事处》，载南方局党史资料编辑小组编《南方局党史资料·党的建设》，重庆出版社，1990，第309页。

② 曾生：《曾生回忆录》，解放军出版社，1992，第225页。

③ 茅盾：《脱险杂记》，中国社会科学出版社，1980，第196页。

④ 黄秋耘、夏衍、廖沫沙等：《秘密大营救》，解放军出版社，1986，夏衍题词“代序”。

（John Clague）以及战时从事志愿工作的波利屈斯特（Gwen Priestwood）夫人，等等。除开展直接营救外，港九大队还积极协助英军。赖廉士向东江纵队表示："如果没有你们的帮助，我们是不会做出什么工作来的。"他告诉英国军方，游击队"从不求回报，也不接受任何超出服务费用的报酬"①。广东人民抗日游击队东江纵队及其领导的港九大队在香港实施的国际大营救，是中共国际统一战线的光辉典范，为世界反法西斯战争作出了重要贡献。

作为著名侨乡，广东在抵抗日本侵略过程中得到了海外华侨和港澳同胞的大力支持。他们抵制日货，积极筹款，慷慨解囊；他们四处奔走，宣传抗日，不断掀起舆论高潮。旅美侨领司徒美堂在纽约发起成立纽约华侨抗日筹饷总局，领导美洲华侨支援抗战；泰国侨商翘楚蚁光炎不顾个人安危号召侨民抵制日货、坚决抗日，为筹集抗战物资四处奔走，领导泰国侨胞捐款总计超过600万元法币，带头认购救国公债，为抗战筹措大量外汇资金，最终不幸被敌人杀害；"万金油大王"胡文虎积极倡导"以天下之财，供天下之用"，在广东捐资行善，热心抗战，备受国人尊重和政府器重。据载，1939年春，海外华侨华人通过宋庆龄转交，一次性便向曾生部队捐款20万元港币②。1940年以前，东江纵队的许多物资如被服、鞋、药品等，主要来源于华侨和港澳同胞的捐献。港澳同胞和华侨华人不仅在物质、精神上心系桑梓，支援家乡，而且有不少人不畏艰险毅然回乡参加抗日工作。广东每一支抗日游击队里都有海外华侨或港澳同胞的身影。1939年1月，在中共的推动和支持下，以南洋惠侨救乡会为代表的惠属华侨爱国团体成立东江华侨回乡服务团（简称"东团"），在东江流域广泛开展救国救乡活动，吸引了国内外爱国青年踊跃加入。东团团员奔走城乡之间，救济同胞，宣传抗日，一年内就编印散发各种宣传品和慰劳信2800余份，演出抗战话剧150多场③。东团团员还驰骋敌后险境，建立群众救亡

① 孙杨：《抗战时期中共国际统一战线在香港的实践》，《历史研究》2024年第2期；曾生：《东江纵队配合盟军反法西斯战斗的历程》，载中共广东省委党史研究室编《广东党史资料》第7辑，广东人民出版社，1986，第14页。

② 曾生：《曾生回忆录》，解放军出版社，1992，第133页。

③ 《忠诚为国服务的一年：东江华侨回乡服务团一年来的工作报告》，载中共东莞县委党史研究小组办公室、中共东莞县委党史资料征集小组办公室编《东莞烽火（第8册）：抗战中的华侨及港澳同胞专辑》，1986，第185—199页。

团体，组建民众抗日武装，培训领导骨干，助力东江地区抗日游击战争的开展。由海外华侨和港澳同胞组织的回乡服务团为广东抗日战争贡献了重要力量，这也是广东抗战的重要特点之一。

四、迎接抗战胜利

1945年春季，日本在太平洋战争中遭受盟军连续打击，在中国战场也陷入无力自拔的状态。4月，日本大本营下达大陆令，减少华南兵力，将兵力集中在华东、华北。5月下旬，日军决定从广西、湖南、江西以及除广州、香港外的华南地区撤退，并将七个师团调往华东和华北[①]。中国军队开始局部反攻，收复大片国土。8月9日，毛泽东发表《对日寇的最后一战》声明，号召全国一切抗日力量举行全国规模的反攻，夺取抗战最后的胜利。8月15日，日本天皇裕仁以广播形式发布《终战诏书》，宣布无条件投降，中国军民由抗战进入接受日、伪投降阶段。朱德随即向侵华日军最高指挥官冈村宁次（おかむら やすじ）发出指令："你应下令你所指挥下的一切部队，停止一切军事行动，听候中国解放区八路军、新四军及华南抗日纵队的命令，向我方投降。""在广东的日军，应由你指定在广州的代表至华南抗日纵队东莞地区，接受曾生将军的命令。"[②]8月17日，日本驻粤总领事馆下旗。9月2日，日本在东京湾的美国军舰"密苏里"号上签署投降书。9月3日成为中国人民抗日战争胜利纪念日。

在美国的支持下，蒋介石剥夺了中国共产党领导的抗日武装正式接受日、伪投降的权利，受降主要由国民党政府主持。9月7日，国民党第二方面军新一军进入广州，正式接防。9月16日上午10时，广州地区侵粤日军签字投降仪式在中山纪念堂举行，张发奎接受侵粤日军第二十三军司令官田中久一（たなか ひさかず）签署的投降书。28日上午9时，国民党第七战区司令部派中将徐景唐在汕头指挥所礼堂主持受降礼，田中久一代表富田直亮（とみた なおすけ）少将签署投降书。广东共受降侵粤日军13.7万

① 马振犊等编著：《日本侵华图志（第11卷）：侵占华南地区（1938—1945）》，山东画报出版社，2015，第4页。

② 朱德：《命令冈村宁次投降》，载《朱德选集》，人民出版社，1983，第185页。

余人，伪军6.2万余人，收缴日军大小武器约17万件，并有飞机和舰艇[①]。

日本帝国主义对中国的侵略，是人类文明史上的浩劫，犯下了空前严重、灭绝人性的罪行。日军对广东各地实施了大规模、大范围、长时间的轰炸，给广东造成了大量的人口伤亡和巨大的经济损失。据统计，抗战期间广东全省因受飞机侵袭伤亡的人数合计为24 753人，其中死亡14 587人，受伤10 166人[②]。日军还残暴虐杀无辜百姓，制造大量惨案，犯下滔天罪行，如海丰"九条龙"事件、三灶岛惨案、惠州惨案、东莞道滘惨案、揭阳惨案、台山三社惨案，等等。以"波"字8604部队（对外又称"华南防疫给水部"）为主体的侵粤日军细菌战部队不仅在广东进行罪恶的细菌战实验，甚至用中国人进行活体实验。日军放纵士兵烧杀淫掠，强奸虐杀妇女，强征"慰安妇"，致使无数女性深受其害。为构筑军事设施、修建入侵道路、补充兵力、运送抢掠物资等，日军还在广东强征劳工，所到之处强行"拉夫"是普遍现象。据1946年8月国民政府行政院赔偿调查委员会向行政院报送军民人力及公司财产损失总数，广东人员伤亡总数估计为422 725人，其中重伤48 037人，轻伤110 921人，死亡263 767人[③]。由于战时特殊环境，未报或无从报者不在少数，且统计没有包括中国共产党领导的根据地和游击区，数据并不全面和完整，实际人数远超上述统计。日军还破坏、摧毁、强占大批省营民营工矿企业，发行军用票等债券掠夺沦陷区财富，损毁工农渔商业，给广东经济发展造成巨大损失。同时，炸毁学校、破坏教育、抢夺文化资源，大力推行奴化教育，使广东教育受到重创。

中国人民经过14年不屈不挠的浴血奋战，打败了穷凶极恶的日本帝国主义侵略者，取得了抗日战争的伟大胜利。中国人民抗日战争是近代以来中国人民反抗外敌入侵持续时间最长、规模最大、牺牲最多的民族解放斗争，是中华民族由深重危机走向伟大复兴的历史转折点。在空前的民族危

① 方志钦、蒋祖缘主编，沙东迅、郑应洽本册主编《广东通史》（现代下册），广东高等教育出版社，2014，第727页。

② 广东省委党史研究室编《广东省抗日战争时期人口伤亡和财产损失》，中共党史出版社，2018，第13页。

③ 中共党史研究室第一研究部、中国第二历史档案馆编《国民政府档案中有关抗日战争时期人口伤亡和财产损失资料选编》（一），中共党史出版社，2014，第380页。

机面前，抗日民族统一战线建立，全国人民同仇敌忾、共御外侮，为国家生存、民族复兴、人类正义而战。作为重要国际物资补给通道和祖国的南大门，广东各地在全面抗战爆发后相继沦陷，形势严峻。然而广东人民不惧强敌，不畏磨难，以满腔之热血、钢铁之身躯奋战杀敌，守卫国土，捍卫和平。七七事变后，广东军民打死打伤及俘虏日、伪军近5万人（不含战后投降的13.7万余人），抗击和牵制日、伪军10万以上兵力[①]。国民党军队在广东正面战场的作战，中国共产党领导的敌后抗战，都是中国抗战的重要组成部分。广东抗战在中国抗战史以及整个中国近现代史上皆为重要篇章。

第六节

国民党在广东统治的终结

抗日战争胜利后，国民党在广东重建政权，力图恢复战后的经济和社会秩序。为反对国民党当局的腐败和独裁统治，广东人民纷纷开展争取民主、自由和平等权利的斗争。1946年6月，国民党发动全面内战。在共产党的领导下，通过武装斗争和土地革命，广东成功推翻了国民党的统治，建立了人民政权。1949年11月，广东省人民政府正式成立，开启了广东历史的新篇章。

一、国民党政权在广东重构

经过多年战乱，原本较为富庶的广东已面目全非，城乡残破，百业萧条，民生凋敝。据国民政府行政院善后救济总署广东分署的统计，从1945

① 方志钦、蒋祖缘主编，沙东迅、郑应洽本册主编《广东通史》（现代下册），广东高等教育出版社，2014，第735页。

年10月分署成立至1946年7月底，仅广州市接受救济的饥民便达457万多人。广州、惠阳、博罗、曲江、肇庆等地设立的暂宿处、教养所等收容机构，先后收容难民141 335人[①]。

抗战胜利后，国民党政权在广东进行了全面的重建，以加强统治。一是重组粤军总司令部、第四战区司令部等军事机构，重新编组广东军队，建立国民政府军事委员会委员长广州行营，隶属中央军事委员会，张发奎被任命为行营主任。二是重建行政机构，包括恢复省政府机关、广州市政府机关及县（市）各级行政机构等[②]，罗卓英为广东省政府主席，组织第十届广东省政府。三是重建司法机构，包括各级地方法院等。四是重建各级教育机构，包括大学、中学、小学等。五是重建公路、铁路、航空等交通机构。

与此同时，国民党统治集团为了维护其统治，实行所谓“政治革新”，召开所谓“国民大会”，制定所谓“宪法”，修改选举法，以“民意”为依据，以“民主”为号召，在各省设立参议会。省参议会的主要职权是选举省政府主席、省政府委员、省政府监察委员等官员，监督省政府工作，反映民众意见等。为了紧跟国民党最高当局的部署，以罗卓英为首的广东省政府，在发布恢复各级行政机构的同时，也发布命令要求各县市尽快选举和产生各级民意机构。至1946年9月，除个别县因为纷争未了、暂缓成立外，绝大多数县均成立了参议会。1946年3月和10月，省参议会在广州开过两次会议，并设立了财政、司法、教育、农业等专门委员会，开展调查研究和议政工作。此外，为了加强对军队和地方的控制，1945年9月，国民党中央党部在重庆召开全国党务会议，通过《关于调整省党部组织机构及干部配备办法的决定》，决定对全国各级党组织进行一次全面调整，即重新调整组织机构和人员配备等；确定国民党各省党部对省政府的施政方针负有指导、监督和保证的责任。就此，国民党广东省党部进行了重组，党部执行委员会由14人组成，余俊贤为主任委员，曾三省为书记长。省党部下设总务、组织、宣传3科，另设文化、民运、妇女等5个委员会。

① 参见行政院善后救济总署广东分署编《善后救济总署广东分署九个月来工作概况（1945年10月至1946年7月）》，第1—2页，广东省立中山图书馆地方文献部藏。

② 刘国华：《论抗战胜利后广东政府机关行政复员》，《汕头大学学报（人文社会科学版）》2019年第2期。

二、南海诸岛的收复

抗日战争结束之初，国民党依照《开罗宣言》《波茨坦公告》，开始积极策划收回东沙、南沙及西沙群岛，南海诸岛暂由光复后的台湾省行政长官公署管辖。台湾省气象局于1945年12月8日派员自高雄乘“成田”号机帆船巡视西沙，先后登上东岛（即林康岛）、林岛（即多树岛）等处，并于事后写出巡视报告。1946年7月，国民政府行政院根据台湾省行政长官公署的报告，为了尽快完成全面接收，决定将南海诸岛改为划归广东省管辖[①]。1946年9月，国民政府行政院电令内政、国防两部，协助广东省政府接收西沙和南沙群岛。其后经国民政府外交部、内政部、国防部及海军总司令部商定，由国防部组织舰队，协助广东省政府接收东沙、西沙、中沙、团沙各群岛，并由海军派兵驻守南海诸岛[②]。至1946年12月，南海诸岛的收复工作顺利完成，并重申中国对南海诸岛及其附近海域的主权。1947年4月，国民政府组织了一支专业考察队赴西沙群岛进行科学考察，这是继1928年对西沙群岛进行实地考察后的第二次科学考察。这次考察队中，国立中山大学团队扮演了至关重要的角色，该团队由地理系的王光玮教授领衔，其余成员包括农学院的陆发熹、生物学系的张宏达和李国藩，参与人数占到整个专家团队的1/3。1947年12月1日，国民政府内政部重新审定东沙、西沙、中沙、南沙四群岛及其所属各岛屿沙滩名称，正式公布中外，使南海地名更趋规范化和权威化。

三、中国共产党领导下的人民民主斗争

抗战结束后不久，国民党当局就调集重兵到广东，妄图一举消灭广东的共产党组织和华南抗日游击纵队。广东区党委坚决执行党中央的方针，于1945年9月16日作出坚持长期斗争的工作部署。同时，区党委决定实行分散领导，将全省分为11个区，分散进行军事活动，中心区仍在东江南部

① 苏晓东：《抗战胜利后中国收复南海诸岛的背景和过程》，《中国军事科学》2016年第6期。

② 陈谦平：《抗战胜利后国民政府收复南海诸岛主权述论》，《近代史研究》2017年第2期。

地区，并在各地设立党的特派员，坚持斗争。1946年6月，根据国共双方达成的协议，东江纵队北撤山东解放区。为了领导广东党组织坚持长期的革命斗争，党中央决定原拟北撤的尹林平留下，继续领导广东工作。根据东江纵队北撤后的形势，广东区党委遵照中共中央关于迅速开展广州、香港城市工作的指示，决定广东党组织的领导机关分设秘密的和半公开的两套机构。成立半公开机构中共港粤工作委员会（简称“中共港粤工委”，后称“香港工委”），领导香港、广东地区公开的文化、宣传、统战、华侨等工作，由尹林平兼任书记；原有的广东区党委负责秘密工作，仍由尹林平任书记。全面内战爆发后，为了加强对华南地区党组织的领导，中共中央派方方于1946年7月到香港，负责华南地区党组织的工作。由于广东区党委认真执行中共中央的方针，领导各地党组织和人民武装坚持自卫斗争，适时转变斗争方式，在国民党军队发动大规模军事进攻的情况下，仍然保存了力量，为后来武装斗争的恢复、发展打下了坚实的基础。至1948年底，据不完全统计，中共党员发展到1万多人，先后成立了闽粤赣边、粤赣湘边、粤桂南、滇桂黔边等区党委、工委和一个粤中分委，并建立19个地委和4个地工委、50多个县委和30多个县工委等党的组织领导机构①。

1946年6月，国民党撕毁停战令和政治协商会议的决议，发动全面内战。1946年12月，广东党组织根据中共中央给南方各省工作的指示，作出恢复广东武装斗争的决定，并提出“实行小搞，准备大搞，从无到有，从小到大，稳步前进”的战略方针②，令相关部队首先在边境山地及重要交通线上活动，然后逐步向平原开展。据此，东江、琼崖、粤中、南路、西江、粤北、珠江等地人民武装，战略转移到山区开展游击战争；平原地区，则在群众掩护下进行分散而有组织的斗争。人民武装在解放战争中迅速发展壮大，并向邻省挺进。至1947年底，广东各地人民武装已从恢复武装斗争前的1900多人发展到2万余人。1948年底，粤赣湘、闽粤赣、粤中等边区建立主力部队4.6万人，游击区和根据地由山区扩展到平原。

① 《香港分局关于两年来组织工作总结》，载广东省档案馆编《广东党组织重要文件选编》（下），2011，第1239—1240页。

② 方方：《广东情况介绍》，载中共广东省委党史研究室、广东省档案馆编《方方文集》，广东人民出版社，1990，第343页。

广东各地农村游击战争的急剧发展，推动了广州等城市的学生爱国运动不断高涨。广州学生首先掀起了“反内战、反饥饿”的运动。1946年1月30日，为声援昆明“一二·一”学生运动，反对内战与争取民主和平，以国立中山大学为主的广州各校学生联合举行示威大游行。这次游行示威成为解放战争时期华南国统区民主运动的第一声春雷，随后学生运动在广东多地爆发。在学生运动的影响下，全省各行业工人也掀起群众性的反饥饿求生存斗争。1947年1月开始，广州相继爆发工人罢工运动。爱国学生运动与工人运动，成为反对国民党独裁统治和内战政策的第二条战线。

1946年6月解放战争爆发后，国民党当局在国统区大肆抓壮丁，加紧对民众进行“三征”——征兵、征粮、征税。1947年春，惠阳县坪山等地三百余农民群众，首先高举反“三征”大旗，破仓分粮。接着，东莞、博罗、增城、南雄、始兴、英德、新丰、龙门、佛冈、和平、连平、南海、番禺、中山、台山、开平、恩平、钦县、廉江、化州等二十多个县的农村掀起了声势浩大、此起彼伏的反“三征”斗争。各地的反抗风暴，得到了游击队、武工队、抗征队的有力护卫。特别是1948年各地人民武装取得反“清剿”的胜利，为广大农村根据地开展群众斗争提供了有利条件。

广州、香港是各民主党派和著名民主人士较为集中之地。抗战胜利后，他们曾对国民党蒋介石寄予期望。但是蒋介石罔顾民意，悍然发动内战、实行独裁和种种倒行逆施之举，使他们越来越清醒地认识到国民党的反动面目。

为了更有力地领导粤港澳地区的爱国民主斗争，1947年1月16日中共中央作出《关于调整蒋管区党组织的指示》，拟成立香港分局，“管南方、南洋公开与秘密工作，分局下分为香港工委、南方区党委、琼崖区党委、城市工委四个平行组织”[①]。同年5月，中共中央香港分局正式建立。在中共中央香港分局的推动下，粤港澳地区的爱国民主人士组成了反蒋爱国统一战线，积极开展反内战、反独裁、反迫害，保障民权，实现民主团结的斗争，取得显著效果。1948年4月30日，中共中央发表《纪念“五一”节口号》，提出彻底推翻国民党反动政权，建立一个真正的民主

① 高宏的：《关于中共中央香港分局（华南分局）的若干问题》，载中共广东省委党史研究室编《广东党史资料》第19辑，广东人民出版社，1991，第263页。

联合政府。5月1日，毛泽东密电在香港的李济深、沈钧儒，“拟订民主联合政府的施政纲领，业已成为必要，时机亦已成熟。国内广大民主人士也已有了此种要求，想二兄必有同感。但欲实现这一步骤，必须先邀集各民主党派、各人民团体的代表开一个会议”[①]。5月5日，在香港的各民主党派和民主人士联合发表《响应中共“五一”口号致中共毛泽东电》，指出：“当此解放军所至，浆食集于道途；国土重光，大计亟宜早定。乃读贵党五一劳动节口号……适合人民时势之要求，尤符同人等之本旨，曷胜钦企，除通电国内外各界暨海外同胞共同策进完成大业外，特此奉达，即希赐教。”[②]

为推动新政协会议的顺利召开，中共中央香港分局做了大量的具体组织工作，包括召开新政治协商会议的时间、地点、召集人、代表名额、人民代表会议何时召集及如何召集等事项，广泛征求各民主党派、人民团体代表和社会贤达的意见等。同时周密部署、精心组织护送民主人士北上。护送工作由中共中央城工部（后改为统战部）领导，由周恩来亲自部署。香港分局具体组织护送工作，上海局、东北局和华东局密切配合。由于香港受到国民党特务和港英密探的严密监视，加上从香港到东北解放区中间隔着大片国民党统治区，所以护送任务十分艰巨，但香港分局想方设法，克服了重重困难。1948年8月至1949年9月，香港分局分20余批运送350多名民主人士，加上党内干部共1000多人安全到达东北和华北解放区[③]，为新政协会议的召开奠定了坚实的基础。

四、国民党统治的终结

国民党统治集团为了使广东成为其内战的基地，于1947年9月任命宋子文为华南（广州）行辕主任兼广东省军管区司令。宋子文到广州后，对人民武装疯狂“清剿”，并以出卖华南资源换取美国的军事与经济援助。

① 毛泽东：《致李济深、沈钧儒》，载《毛泽东书信选集》，人民出版社，1983，第301页。

② 中央档案馆编《中共中央文件选集：1948》第17册，中共中央党校出版社，1992，第274页。

③ 中共广东省委党史研究室：《中国共产党广东历史·第一卷：1921—1949》，中共党史出版社，2021，第546—547页。

对此，以方方为首的中共中央香港分局根据中共中央指示和广东的具体情况，提出“普遍发展，大胆进攻”的方针，广泛发展农村游击战争，消灭地方反动武装；普遍发展与建立地方主力，建立边区游击根据地，广泛发动农村的群众斗争。在中共中央香港分局的领导下，各地区机动灵活地打击敌人。

宋子文经过半年的“清剿”，除了占领粤北始兴、南雄几个老根据地外，其他地区均以失败告终。至1948年夏，宋子文“分区扫荡，重点进攻”[①]的第一期“清剿”彻底失败。随后，宋子文于1948年7月发动了以“肃清平原，围困山地”[②]为中心的第二期“清剿”。中共中央香港分局指示各地坚持“到处发展，相机进攻，以粉碎宋子文重点进攻；坚持平原游击战，以掩护山地边区建立根据地”[③]的方针。同年10月，中共中央香港分局公布《华南人民武装当前行动纲领》，提出集中力量打击与人民和人民军队为敌的反动头子、地方恶霸、首要特务，并消灭其武装组织，联合与中立不反对我们现行政策的地主、富农及一切可能联合与中立的社会力量。到1948年底，根据地和游击区由山地向平原发展，逐渐迫近敌人统治中心地带，宋子文的第二期“清剿”宣告破产。

辽沈、淮海、平津三大战役后，国民党的主要军事力量基本上被摧毁，国民党政府各机构从1949年2月起陆续南迁广州，妄图以广东为据点，在华南地区做最后的抵抗。1949年4月23日，南京解放。

人民解放战争处于全国胜利的前夜，为了更好地指挥部署解放广东事宜，1949年4月，中共中央决定在原中共中央香港分局的基础上成立华南分局。6月12日，华南分局致电中共中央，报告闽粤赣边和粤赣湘边两地区的胜利战绩，为解放大军南下建立了很好的基础。6月24日，毛泽东以中央军委名义，将华南分局的《战绩报告》作为急电亲自批转给各野战军首长，以励士气，并亲自拟稿复电：“庆祝你们的伟大胜利。”7月21

① 何焕昌：《解放战争时期建立发展起来的粤赣湘边纵队》，载中共广东省委党史研究室编《广东党史资料》第21辑，广东人民出版社，1993，第209页。

② 彭新云编著《解放战争广东敌后游击战纪实》，中国人民解放军出版社，2011，第115页。

③ 何焕昌：《解放战争时期建立发展起来的粤赣湘边纵队》，载中共广东省委党史研究室编《广东党史资料》第21辑，广东人民出版社，1993，第209页。

日，毛泽东对解放广东作出部署：同意分两路入粤的计划，从东江和北江两路攻广州，但需与华南分局会合，商定整个部署并配备干部①。次日，周恩来宣布新的中共中央华南分局人选，任命叶剑英为第一书记，张云逸为第二书记，方方为第三书记。同年8月下旬，叶剑英率领南下解放军到达江西，9月7日，在赣州主持解放华南作战会议。会议决定，由陈赓统一指挥参加广东战役的第4兵团、第15兵团和两广纵队，以及进军广东的具体步骤，布置各地配合作战和战前工作任务②。

在赣州会议期间，叶剑英主持召开了三次华南分局扩大会议，组建新的华南分局。23日至24日，叶剑英主持召开高级干部会议并在会上作报告，明确指出"我们的任务是解放华南，首先是解放广东"③，阐述解放华南的任务、城市管理、加强领导、团结会师等问题。他要求做好城市的接管工作，"如何接收城市和管理城市，就是城市政策的基本内容。我们到广东后，要做好城市工作"。"在'接'的工作中，我们创造了一个办法，叫作'军管制'。这个制度，在我们还缺乏全部管理城市经验的时候，有一个优点，即是可以利用军管时期的特点，来制定与颁布各种临时性的、实验性的法令，'行之有效者，将来以法令手续肯定之；行之不便需修改或者废弃者，可以军管会命令改变或者取消之；行之取得经验而需改进者，或即以军管会命令加以补充，或留待将来在法令上改进之'"④，"接为了管，接服从管……接和管应该尽可能统一起来，接的人就是管的人"⑤。同时，叶剑英还强调，在接收工作中，要"系统接管，完整接管"；必须"人材、物质、文件、档案同样重视"，"对被接管单位的旧有人员，要负责安置，不得弃置不问"，"凡接管的一切物

① 中共中央文献研究室编《毛泽东年谱：1893—1949》（下卷），中央文献出版社，2013，第600页。

② 广东省地方史志编纂委员会编《广东省志·军事志》，广东人民出版社，1999，第538—539页。

③ 《叶剑英在赣州会议上的讲话》，载中共广东省委党史研究室编《广东党史资料》第9辑，广东人民出版社，1987，第1页。

④ 《叶剑英在赣州会议上的讲话》，载中共广东省委党史研究室编《广东党史资料》第9辑，广东人民出版社，1987，第9页。

⑤ 《叶剑英在赣州会议上的讲话》，载中共广东省委党史研究室编《广东党史资料》第9辑，广东人民出版社，1987，第11页。

资，接管人员有保管责任，无擅自动用权力”，避免“先注意物资，把图表丧失”①，以安定秩序，团结人民，迅速恢复和发展生产。

1949年9月28日，叶剑英与陈赓签发《广州外围作战命令》②，决定以第4兵团的第13、第14、第15军3个军12万人组成右路军，以第15兵团的第43、第44军共8万人组成左路军，以两广纵队、粤赣湘边纵队、粤中纵队2万人组成南路军，迅速南下，协同广东人民武装进攻广州，完成解放全广东的任务。

1949年10月2日，广东战役打响。经过10多天的激战，人民解放军势如破竹，逼近广州。12日，国民党代总统李宗仁宣布国民政府由广州迁往重庆。与此同时，国民党当局见败局已定，竟然密谋对广州进行大破坏，妄图在撤离之前将粮食和重要资源、资金、原材料悉数带走，对那些无法及时带走或难以转移的全部予以炸毁。广州的重要市政设施，如海珠桥、电力厂和自来水厂等，都被列入破坏清单之中。面对国民党这种丧心病狂的破坏行动，广州的工人群众表现出了极大的愤慨和抗争。他们深知，保护工厂关乎国家的利益，也与自身利益息息相关，只有工厂得到妥善保护，解放后才能迅速恢复生产，工人们才能重新回到工作岗位上。因此，在共产党的领导下，广州的工人群众继承和发扬大革命时期的光荣革命传统，展开了一场轰轰烈烈的护城护厂斗争。14日，海珠桥被国民党当局炸毁后，抢修队无所畏惧，迅速前往现场修复断裂的水管。由于电力厂和水厂的工人们英勇斗争，广州市区在解放前后依然灯火通明，民众用水无忧。14日晚，中国人民解放军第15兵团第43军先锋部队第128师第382团，率先进入广州市区，迅速占领了国民政府总统府、广州绥靖公署、广东省政府及广州市警察局等重要机关。与此同时，国民党第50军第107师、联勤税警团残余势力逾千人，携带大量汽油及军需物资，企图借由广三铁路逃离，被第382团果断拦截，经两小时激战，国民党残部被全歼，另有数艘载满国民党军的大小船只被击沉。人民解放军第44军的先遣部队第132师第396团，亦从东郊方向挺进，成功进入广州市区。担任国民党广州市

① 《叶剑英在赣州会议上的讲话》，载中共广东省委党史研究室编《广东党史资料》第9辑，广东人民出版社，1987，第11页。

② 罗茂繁、高宏的：《解放广东诸战役综述》，载中共广东省委党史研究室编《广东党史资料》第17辑，广东人民出版社，1990，第6页。

保安警察独立大队大队长的中共地下党员程长清，成功策动广州市警察局2000余名保警人员起义，广州城内其他13个警察分局与自卫队在地下党的号召下也纷纷起义。此外，国民党联勤总部第三补给区监护第二营营长亦率部起义。就此，华南地区最大城市——广州于10月14日宣告解放。12月，广东全省大陆地区全部解放。

1950年1月2日，中共中央华南分局发出《关于支援海南岛作战决定》，指出“各级党政机关必须以全力支援并迅速筹集大量船只、船工、经费、器材和进行各种应有的充分准备，才能取得胜利的保证”[①]。1950年3月起，在琼崖纵队和广东人民密切配合下，中国人民解放军分批横渡琼州海峡，打响解放海南岛战役。5月1日，海南岛全岛解放。12月5日，万山群岛全部解放。1952年10月20日，中国人民解放军收复粤东海面上的南澎岛。至此，广东省除东沙、南沙诸岛外全境获得解放[②]。

① 高宏的、罗茂繁：《解放广东诸战役大事记》，载中共广东省委党史研究室编《广东党史资料》第17辑，广东人民出版社，1990，第38页。

② 目前，东沙群岛在行政区划上归属于广东汕尾市，但由中国台湾地区实际控制管辖。南沙群岛距离我国大陆较远，因此是维护我国海洋权益最复杂的地区。由于我国海军起步较晚，多个南海岛礁被越南、菲律宾、马来西亚等国非法侵占。随着我国海防力量的突飞猛进，现已成功收复40多个岛礁。

第二章 卷入资本主义世界体系的近代广东经济

进入近代，广东由偏居边陲而至政治经济的核心区域之一。伴随着中国被强行纳入资本主义世界体系，以江南为代表的中国传统经济核心区，在传统因素与现代因素相互交织下，经济发展面临前所未有的复杂局面，从而陷入黄宗智所说的“内卷化”[①]之中。然而对于广东而言，一方面，近代“民主革命策源地”地位的形成，凸显了广东在全国政治上的重要性；另一方面，自大航海时代以来，以珠江三角洲为代表的广东以积极的姿态融入全球化的浪潮，海洋经济的重要性日益凸显，开发进程加速，逐渐成为中国经济最发达的区域之一，为当代广东经济领头羊以及“湾区”地位奠定了基础。

---

① “内卷化”理论是黄宗智用来描述明清及近代中国（华北与江南）小农经济处于“边际报酬递减”的状态，是一种“没有发展的增长”（参见黄宗智：《华北的小农经济与社会变迁》，中华书局，1985；黄宗智：《长江三角洲的小农家庭与乡村发展》，中华书局，1992），引起中西学界巨大的争论并持续至今，其中最具代表性的是彭慕兰（Kenneth Pomeranz）等“加州学派”所提出的“大分流”理论。不过加州学派激烈反对的是明清时期的中国（尤其是江南地区）存在黄氏描述的小农经济“内卷化”现象，而对于近代中国的“内卷化”，加州学派并无异议。

第一节

农村经济与农业改良的努力

近代广东的农业农村经济面临着自然灾害频发、列强入侵、政局不稳等一系列不利因素的影响。20世纪30年代，在世界经济危机影响下，农业危机相继而起，造成了农村普遍衰落，引起知识分子乃至政府的关切，也引发了一系列政府与专业技术人员主导、参与下的农业改良与乡村建设运动。

一、20世纪30年代前的广东农村经济

近代广东农产品的商品化程度不断提高，农村市场与国内外贸易的联系持续加强。在这一过程中，农村经济作物的种植面积显著扩大，特别是蚕丝、花生、烟草、茶叶、糖蔗等经济作物的产量和出口量大幅增长。如表4-2-1所示，1871—1927年广州农副产品的出口流转呈现出明显的增长趋势，其中花生的增长最为显著，从几可忽略的年均111担增加至1 861 860担，蚕丝和烟叶则显示出较为稳定的增长，米谷的贸易量前期增长较为平稳，民国后则呈现下降的趋势，茶叶则在1890年后呈断崖式下跌。这些交易数量显示出广东农业经济的商品化趋势，以及其与国内外市场的联系日益紧密。

表4-2-1　广州口岸主要农产品1871—1927年各期年均流转数量（单位：担）

时间	米谷	小麦	蚕丝	茶叶	花生	棉花	烟叶
1871—1880	968 681	195 225	19 274	106 057	111	18 020	39 760
1881—1890	2 126 634	256 156	19 561	105 909	6 184	9 086	35 705
1891—1900	2 501 761	234 496	28 796	19 749	402 405	11 978	35 324

续表

时间	米谷	小麦	蚕丝	茶叶	花生	棉花	烟叶
1901—1910	2 588 261	94 230	39 174	22 826	868 377	16 478	57 839
1911—1920	1 361 325	14 159	40 124	31 207	1 343 076	14 230	92 186
1921—1927	668 355	7 065	50 143	42 739	1 861 860	18 064	105 648

资料来源：据章有义编《中国近代农业史资料》第2辑，三联书店，1957年，第237—240页诸表格整理而成。

广东农业生产具有专业化和区域化特征。珠江三角洲地区自明代就形成了富有岭南特色又紧跟市场变化的基塘农业模式：池塘以淡水养殖为基础，基面的作物种植则根据市场的需求而转换，从明代至民国时期，依次形成了果基鱼塘、桑基鱼塘、蔗基鱼塘三种不同类型[①]。这种模式不仅提高了土地利用率，也促进了农业生产的多样化和经济效益的提升。此外，广东的花生种植面积在1921年达到8659 119亩，占全国栽培面积的42.62%，居全国第一位[②]，显示了农业生产的专业化趋势，其成效从表4-2-1广州口岸的花生贸易数量可见一斑。

农村手工业的商品生产也随着经济作物的扩种而得到发展。缫丝、丝织、制糖、制茶、榨油等手工业在经济作物集中产区兴旺发展，形成了乡村工业区。这些工业区不仅为当地农民提供了就业机会，也促进了农产品的加工和增值。

农村商品经济的发展，农村市场与国内外市场联系的增强，使得农民与市场的联系日益紧密，农民的生产和生活也越来越依赖于市场，农村劳动力商品化是一个突出表现。1926年俄国学者佛林（M. Volin）和约克（E. Yolk）在广东农村调查时发现，100%被调查家庭需要以不同的形式出卖自己的劳动力，但同时绝大多数被调查家庭在农忙时需要雇佣其他劳动力，劳动报酬的形式主要为货币[③]。同时期的阳江县，每到六月和十月的农忙时节，农村劳动力即数百成群地聚集在一个固定场所等候雇工，虽

① 吴建新：《明清民国顺德的基塘农业与经济转型》，《古今农业》2011年第1期。

② 章有义编《中国近代农业史资料》第2辑，生活·读书·新知三联书店，1957，第206页。

③ 章有义编《中国近代农业史资料》第2辑，生活·读书·新知三联书店，1957，第261页。

仅工作一两个月，但因工作繁重，工价亦较贵[①]。

二、农业危机与农村衰落的出现

广东农村经济的发展并非一帆风顺。外资、军阀、官僚、地主和商人的多重剥削，以及小生产方式的限制，都对农村商品经济的发展构成了阻碍。尤其是在20世纪二三十年代，世界经济危机和国内市场的不稳定，使得广东农村经济的发展面临更多的挑战。

鸦片战争以后，被强行纳入资本主义世界体系的晚清中国，通过洋务运动、戊戌变法、清末新政等系列被动应对措施，跌跌撞撞地开启了中国的近代化进程。与此同时，乡村社会也发生了全面而深刻的变化，传统城乡一体发展的基本模式被打破，城乡之间的"背离化"趋势日趋严重，成为近代中国农村与农业危机的根本原因[②]。

具体而言，近代广东的农村与农业危机是一系列复杂因素相互作用的结果。第一，自然灾害的频繁发生对农业生产造成了巨大破坏。珠江三角洲、韩江三角洲内水网密布，水灾异常频繁。据统计，民国38年间，珠江三角洲受灾年份达32年，韩江三角洲受灾亦有22年之多[③]。1856、1864、1877、1908、1915、1924、1947年等7个年份的严重水灾，影响遍及广东[④]，不仅导致大量人口受灾、财产损失、人员伤亡，还直接导致了农业生产的中断和饥荒的发生。第二，军阀统治下的战争和财政需求，最终转嫁到了农民头上。军阀通过加重田赋、税收和各种摊派，使得农民负担加重，生活更加艰难，对农村经济造成极大破坏。晚清广东田赋征收存在明

① 章有义编《中国近代农业史资料》第2辑，生活·读书·新知三联书店，1957，第261页。

② 王先明：《试论城乡背离化进程中的乡村危机：关于20世纪30年代中国乡村危机问题的辨析》，《近代史研究》2013年第3期。

③ 左晓丽：《历史时期（公元383年—1949年）广东水旱灾害研究》，硕士学位论文，华南农业大学人文与法学学院，2005，第46—48页。

④ 左晓丽：《历史时期（公元383年—1949年）广东水旱灾害研究》，硕士学位论文，华南农业大学人文与法学学院，2005，第50—52页。

显的按需设项征款、因事立名加赋[①]。民国时期，田赋划归地方，在实际征收过程中，田赋正税归省财政，田赋附加税归县财政。尽管财政部对于田赋附加税总额有限定，但在地方税源极其有限的情况下，各县不断突破财政部规定的标准[②]，实际上作为地方财政收入的厘金被划归国家税并定期裁撤，使得广东有超过1000万元的厘金收入缺口[③]，加征摊派的现象不仅未消失，反而愈演愈烈。第三，封建剥削的加剧和土地集中问题导致农民大量丧失土地，进一步加剧了农民的贫困化，限制了农业生产的发展潜力。广东全省佃农（含半佃农）的比例达70%左右，有些地区甚至所有农户均为佃户[④]。在实业部中央农业实验所的调查中，1931—1934年广东39个县平均自耕农比例不到20%[⑤]。第四，全面抗战期间，日军的侵略对广东农业生产造成了巨大的破坏。据1947年的统计，全省因战争而荒废的耕地多达600万亩，损失的耕牛达15万头[⑥]，加上林业、渔业方面受到的破坏，损失更是无法估算[⑦]。

由于农业生产的衰退和生活条件的恶化，许多农民被迫离开家园，前往城市或海外谋生。据1933年的调查，全省有3.4%的农户全家离村迁徙，10.5%的农户有青年男女离家离村[⑧]。这种人口流动不仅削弱了农业生产力，也对社会结构和稳定造成了影响。农业的全面危机表现为产量下降、销量锐减、手工业和副业的崩溃，以及农村资金的流失和金融困顿。1931—1934年，广东主要农作物的收获成数普遍下降，较十成年份有超过

① 刘增合：《“因事立名”与“就需设项”：晚清广东的田赋征课》，《社会科学研究》2019年第1期。

② 柯伟明：《民国时期财政分权体制下田赋归属的变动》，《近代史研究》2021年第3期。

③ 江苏省中华民国工商税收史编写组、中国第二历史档案馆编《中华民国工商税收史料选编》第3辑上册，南京大学出版社，1996，第1669—1670页。

④ 刘大钧：《我国佃农经济概况》，上海太平洋书店，1929，第2—8页。

⑤ 实业部中央农业实验所农业经济科编《民国二十三年农情报告汇编》，实业部中央农业实验所，1934，第62页。

⑥ 广东省委党史研究室编《广东省抗日战争时期人口伤亡和财产损失》，中共党史出版社，2018，第39页。

⑦ 参见《广东抗日战争志》编纂委员会编《广东抗日战争志》，广东人民出版社，2023，第148—149页。

⑧ 实业部中央农业实验所编《农情报告》，第4卷第7期（1936年7月），第173页。

30%的减少[①]。农产品出口减少，价格下降，而工业品价格上涨，导致农村资金外溢，农民贫困加剧。

三、政府主导下的农业改良运动

为了应对这场农村、农业危机，在政府主导下，广东进行了一场遍及水稻、甘蔗、桑蚕等重要农作物的农业改良运动，取得一定成效。在陈济棠的“三年施政计划”中，乡村经济建设与城市经济建设地位同等重要，“就整理农村经济说，拟于第一年内在广州附近各县择地，协助农民，设立各种模范合作社；第二年内在南路各县择地，协助农民设立各种模范合作社；第三年内，在北江及东江各县择地，协助农民设立各种模范合作社。同时在这三年内，积极筹办成立农民银行，并广设分行，发展其业务，总期在农民经济，得资活动，以利农业”[②]。1934年9月，《救济广东农村计划》出台，提出十项计划，进一步对广东农业经济和农村建设进行全面规划，因地制宜，将全省划分为蔗糖、蚕丝、烟叶、茶叶、米粮、热带林业等生产经营区，“以合理化农业经营方法，领导人民推广当地最适宜生产之农产物，一方面救济地方经济，一方面增加农村之生产力”，资金预算达500万元[③]。

增加农业产量的核心在于试点与改良。对于粮食作物，“拟于第一年内在中山、三水、南海、番禺、东莞等肥沃县份选择适当地点，设立改良稻种蕃殖区，积极蕃殖改良稻种”[④]。对于果树与畜禽，“在廉州附近择适当地点设优良果树种苗蕃殖场，以增加果品生产；在中区择适当地点，设优良猪种及优良鸡种繁殖场，以增加肉类和蛋类的生产”[⑤]。同时亦注

① 实业部中央农业实验所农业经济科编《民国二十三年农情报告汇编》，第31—36页。
② 广东省档案馆编《陈济棠研究史料（1928—1936）》，广东省档案馆，1985，第166页。
③ 广东省档案馆编《陈济棠研究史料（1928—1936）》，广东省档案馆，1985，第302—311页。
④ 广东省档案馆编《陈济棠研究史料（1928—1936）》，广东省档案馆，1985，第165页。
⑤ 广东省档案馆编《陈济棠研究史料（1928—1936）》，广东省档案馆，1985，第165页。

重生产工具的改良与农业推广人才的培养。

广东的水稻改良情况经历了从初步试验到系统育种，再到良种推广的过程。自1909年广东农事试验场成立后，水稻改良成为其主要目标之一。通过搜集和试验农家品种，农事试验场在1910年已经具备了近代育种事业的基本要素。1914—1920年，该场搜集了89个农家水稻品种，其中部分品种的平均亩产量达到了450斤以上①。1924年广东大学的成立，特别是丁颖等稻作学家的加入，为广东稻作研究注入了新活力。1927—1933年，中山大学农科建立了五个稻作试验场，几乎覆盖了广东所有主要稻区，为其成为华南地区稻作研究重镇奠定了基础②。岭南农科大学成立后设有禾田科，亦以水稻的选种育种为主要工作，对本地及外地传入的十余种水稻品种进行研究③。截至1936年，已育得十七种水稻品种，其中可以推广的早晚造优良稻种计有五六种之多④。抗战期间，尽管受到战事的影响，但广东的水稻育种和推广工作并未中断。1939年成立的广东省稻作改进所，与中山大学农学院紧密合作，以赠种、换种、贷种等多种灵活模式对多个优良品种进行推广，取得良好的效果，仅1940—1941年间便推广了124 044亩良种，增产稻谷94 019担⑤。

甘蔗改良是“广东复兴蔗糖业三年计划”三大措施之一，旨在提升本土糖业竞争力和自给能力⑥。面对洋糖倾销和土糖业衰落的双重压力，广东农业界积极探索甘蔗改良的途径，引进了多种粗径种甘蔗，如木蔗、金山蔗等。在20世纪30年代初期，随着糖业复兴运动的推进，又大量引进了适应性强、产量高、含糖量高的爪哇系列品种⑦。爪哇品种甘蔗平均亩产量达120担，较之广东本省蔗种产量高出60%，每百担蔗含糖量亦高出

① 《广东农林试验场第五次报告书·民国三年至九年作物类报告》，1921，第88页。

② 吴建新：《民国广东的农业与环境》，中国农业出版社，2011，第142—144页。

③ 陈安仁：《岭南大学年鉴》，广州中西印务，1925，第65页。

④ 曾繁烨：《岭南大学农科史考察（1908—1952年）》，硕士学位论文，广西民族大学，2015年，第42—43页。

⑤ 吴恒舜：《广东稻作改进事业近况》，《广东农业通讯》1942年第3卷第1—2期合刊。

⑥ 三大措施分别为“制炼之改进”“大规模蕃殖优良蔗种”“购买原料蔗及规定贷款植蔗办法”（冯锐：《广东复兴蔗糖业三年计划实施情形》，《现代生产杂志》1935年第1卷第8期）。

⑦ 吴建新：《民国广东的农业与环境》，中国农业出版社，2011，第164—171页。

40%。时任广东建设厅农林局局长的冯锐在赴菲律宾考察时即注意对爪哇优良蔗种的搜集，回国后聘请曾在菲律宾大学蔗糖部工作的金格教授主持广东甘蔗品种改良繁殖试验工作，筛选出适宜广东气候的七八种爪哇品种，亩产量可达100担以上①。这些品种的引进，配合市头、顺德、东莞、揭阳等新式糖厂的建设，极大地推动了甘蔗栽培业的发展。据调查及当时学者的估计，当时全省甘蔗的种植面积当在200万亩左右，珠江三角洲的番禺、南海、顺德三县的甘蔗种植面积即超过100万亩②。改良的成效较为明显，降低了制糖成本，如种植本地蔗种，产砂糖一担所需成本约为12元，改种改良品种，成本尚不及9元，成本降低25%以上③，明显增加了农民的收入。

珠江三角洲向为广东蚕丝业中心。进入近代，传统蚕丝业面临与传统蔗糖业类似的困境，蚕丝改良运动亦是在面对国际市场竞争力下降和国内市场困境的背景下展开的。核心目标是通过技术改良、品种优化和生产方式的转变，提升广东蚕丝业的整体竞争力和生产效率。优良蚕种的选育为蚕丝改良的关键，传统蚕种的培育由专门的制种家完成，制种方法并无科学方法检定，只能凭借制种家的技术检验，小心谨慎地完成，大体上能够维持蚕种的固有性质。在蚕丝业每况愈下的情况下，为保证不至于亏本，制种家只能通过以劣种来制种的方式降低成本，造成蚕种日渐退化④。1923年，省政府与岭南大学合作建设广东全省改良蚕丝局，由岭南大学蚕桑科主任主持工作，1930年改名广东建设厅蚕丝改良局，1933年成

① 冯锐：《广东复兴蔗糖业三年计划实施情形》，《现代生产杂志》1935年第1卷第8期。

② 邓兆槐：《广东甘蔗糖业改良刍议》，《农声》1938年第218—219期合刊。原文："据调查所知，粤境蔗田，仅番禺一县已达九十余万亩，东莞、河源、惠阳、揭阳、潮汕等约五十余万亩，徐闻、海康、遂溪等三县有十二余万亩，博罗、清远、花县、合浦、钦县等约有六万亩，海南岛约八万余亩，乳源、曲江、廉江、澄海、兴宁、罗定诸县，约二十余万亩，此外合顺德、南海一带，其总面积虽无精确之统计，然为数当不下千余万亩……"最后一句"千余万亩"，"千"当为"十"之误。

③ 邓兆槐：《广东甘蔗糖业改良刍议》，《农声》1938年第218—219期合刊。

④ 谭自昌编述《广东蚕丝业核心：顺德蚕农经济及组织概况》，载《广东蚕丝复兴运动专刊》，广东建设厅蚕丝改良局，1933，"概况"第27页。

为独立机构，致力于广东蚕丝业复兴运动[1]。在此期间，岭南大学、中山大学、仲恺农工学校均培育出优良蚕种。其中由岭南大学培育出的碧交种，在顺德推广期间，因茧形大、丝层厚、丝质优良，且收成能比土种多三分之一，颇受蚕农欢迎，后经不断改良，成为能够适应本地全年气候的品种[2]，显著提高了蚕农的生产效率和生丝质量。此外，改良运动还鼓励蚕农在桑园间作杂粮和转换基面作物，以增加收入和增强抵御市场风险的能力。

不难看出，在此次农业改良运动中，政府通过提供资金支持、技术指导和制度建设，较为有效地推动了水稻、甘蔗与蚕丝业的改良。

第二节

工商业的近代转型

广东的商业向来为人称道，是传统时期中国商业化程度最高的区域之一，近代以来，商业的发展伴随着一系列港口城市的兴起而有新的面貌。缫丝业、制糖业与水泥业是广东颇具特色的近代工业部门。缫丝业开启了近代中国民族资本主义的先河，占据了近代广东经济的半壁江山，具有浓厚的外向型海洋经济特征，也正因为这个原因，经济危机爆发后成为受影响最明显的行业，并从此一蹶不振。制糖业与水泥业则是广东在应对经济危机、实行统制经济后，发展较为成功的两个产业，一定程度上弥补了缫丝业衰落后留下的经济真空，成为支持20世纪30年代广东经济保持发展的重要产业。

① 叶深编述：《广东建设厅蚕丝改良局历年办理概况》，载《广东蚕丝复兴运动专刊》，1933，“概况”第1页；吴建新：《民国广东的农业与环境》，中国农业出版社，2011，第183—185页。

② 《顺德改良丝业近况》，《广州民国日报》1933年11月25日，第4版；吴建新：《民国广东的农业与环境》，中国农业出版社，2011，第187—188页。

一、近代广东工商业形势演变

从洋务运动的“自强”“求富”到清末新政的“振兴实业”，以及甲午战争后，资本主义列强对中国工商业领域的资本输出成为侵略新手段，在这些内外因素的影响下，广东的工商业有了一定程度的发展。到1912年，广东共有工厂2426家，其中1904—1912年兴办的即有830家，主要集中于纺织、食品加工、化工等行业①，区域上主要集中于广州、佛山、汕头等城市。特别是缫丝业，成为近代中国民族资本主导下最早进行近代化转型的行业。1872年，陈启沅在南海县简村创办广东第一家民族资本近代工厂——继昌隆缫丝厂②。此后缫丝业发展迅速，1883年南海、顺德两县即有近代缫丝厂20家，丝车约4800部；1894年已有丝厂75家，丝车26 356部；至1913年，广东全省有缫丝厂162家，丝车6.5万部，并逐渐向蒸汽动力过渡③。以近代缫丝业为代表的民族工业的迅速发展，推动了这一时期广东尤其是珠江三角洲经济的繁荣。

五口通商之后，广州的对外贸易地位虽然受到上海的挑战，但仍然保持着商业活力与商业中心城市的地位。1909年，广州城区商铺数量达到了27 524家④。同时，传统工商业重镇佛山亦保持发展的势头，潮州、汕头、江门、三水、广州湾（今湛江）、北海、海口等港口与城市也开始兴起。

民国时期，尽管地处近代中国民主革命策源地之核心区域，政局不稳，社会动荡，广东的工业建设仍取得新的进展，缫丝工业、橡胶制造业和机器纺织业等新兴工业部门迅速发展。1929年资本主义世界经济危机爆发前，由于国内外对生丝需求的增加，以及前文所述的蚕丝改良运动、缫

① 农商部总务厅统计科编纂《中华民国元年第一次农商统计表》上卷，中华书局，1914，第1页、第4—23页。

② 关于继昌隆缫丝厂的创办时间，一般认为是1872年，但有学者认为1872年为筹办时间，投产时间为1874年（陈德华：《继昌隆缫丝厂值得探讨的几个问题》，《苏州大学学报（哲学社会科学版）》2000年第1期），亦有研究认为早在1866年前后即已建厂（刘皓冰：《继昌隆缫丝厂建厂时间考》，《文教资料》2021年第18期）。

③ 徐新吾主编《中国近代缫丝工业史》，科学出版社，2018，第Ⅶ页、第86—87页。

④ 广东咨议局编《广东咨议局编查录》（1910），下卷，政治丛述之部，第103—104页，藏广东省立中山图书馆。

丝厂普遍向蒸汽动力转型等因素，缫丝工业仍是广东工业的重要支柱。1926年全省有缫丝厂202家，75%的工厂集中于顺德县，丝车95 215部，厂丝年产量可达50 000担，近90%用于出口[①]。此外，其他新兴工业亦不在少数，为广东的经济带来了活力。

这一时期，广东的商业亦呈持续发展的态势，尤其是随着百货商业这一新式商业的兴起，广州、佛山、汕头等城市在传统商业街区的基础上逐渐形成了新式商业街区，城市建成区的面积也随之扩大，成为这一时期城市发展的新方向。对外贸易受政局的影响，表现得动荡起伏，广州口岸的对外贸易额在1919—1923年间尚处于上升态势，1924—1927年则处于总体下降、各年起伏不定的不稳定状态[②]。

1929年经济危机爆发，席卷全球。处于与世界市场对接前沿的广东，支柱产业缫丝业受到致命影响，一落千丈。为应对这场危机，南京国民政府采取了包括统制经济在内的一系列措施。此时的广东在建设新广东的“三年施政计划”下，以政府为主导的省营工业建设取得了较大成就。1934年，广州、汕头、顺德、南海、中山、新会、东莞、惠阳、三水、台山等地有雇佣30人以上、采用机械动力的新式工厂1966家，资本额1900余万元，工人近60 000人，工业总产值达1.33亿元[③]。1933—1936年，共新建、扩建省营工业14家，总投资额5000万元[④]。其中尤以制糖业和水泥业最为突出，新建的6大糖厂日榨甘蔗可达6000吨[⑤]；位于广州的西村士敏土厂是广东最具规模的现代化工厂，日产水泥400多吨[⑥]。

与此同时，政府亦制定了若干扶植商业的政策，规划建设广州的中心

---

① 徐新吾主编《中国近代缫丝工业史》，科学出版社，2018，第169页。

② 张富强、乐正等译编《广州现代化历程：粤海关十年报告》，广州出版社，1993，第239—240页。

③ 刘大钧：《中国工业调查报告》（下册），军事委员会资源委员会参考资料第二十号，1937年，第325—328、335、338—339、343、345、347—348、350—351、355、359—361页。

④ 肖自力：《陈济棠》，广东人民出版社，2002，第334页。

⑤ 冼子恩：《办糖厂经过及其真相》，载中国人民政治协商会议广东省广州市委员会文史资料研究委员会编《广州文史资料》第37辑，广东人民出版社，1987，第48页。

⑥ 卢征良、柯伟明：《20世纪30年代广东省营企业统制经营问题研究：以广东士敏土厂为中心》，《民国档案》2017年第1期。

商业区，发起以展出广东国货商品为主的“广州市展会”。这些政策使得这一时期广东的商业相对繁荣，其中广州尤为突出。广州商业中心的地位更加明显，商业门类增多，经营更趋专业化，1930年城区店铺达到35 926间，1934年有小商贩10万人以上[①]。在对外贸易上，1929—1931年政局相对稳定，广东进出口贸易平稳发展，1932—1935年受资本主义世界经济危机的影响，进出口萎靡不振，1936年开始有所恢复。

除广东本地的工商企业外，粤商的足迹亦遍布世界各地，创办了许多著名工商企业，如民国初期，粤商马应彪、郭乐兄弟、蔡昌兄弟、刘锡基与李敏周在香港、上海、广州创办的先施、永安、大新、新新四家百货公司，号称“中国四大百货公司”，开启了中国百货业的现代化；粤商简照南兄弟在香港（后总部迁往上海）创办的南洋兄弟烟草公司，是中国近代民族烟草业的翘楚；粤商张弼士在山东烟台创办的张裕酿酒公司，拉开了中国葡萄酒工业化的序幕，等等。

二、世界市场影响下的缫丝业

丝绸为中国传统的海外贸易大宗商品，广东为仅次于江南的第二大蚕丝产区。鸦片战争后，中国扩大了生丝的出口，然而土丝并不能满足欧洲（主要为法国）工业化后近代织绸业对生丝原料质量稳定、统一的要求，这一市场需求也成为中国近代缫丝工业出现与兴起的重要因素。19世纪80年代后，美国丝织工业崛起，至20世纪初逐渐取代法国成为世界丝织业中心[②]，美国市场对于生丝品质的要求更高，促使中国缫丝工业技术实现更进一步的改进，亦成为后续影响中国生丝出口的重要因素。

19世纪60年代，由于太平天国运动对江南的影响，江南生丝产量锐减，欧美消费者转而大量采购广东生丝。1861—1872年，广东生丝出口量增长近5倍，从而带动广东蚕丝业快速发展。为改变生丝品质为欧美消费

① 丘传英编著《广州近代经济史》，广东人民出版社，1998，第303页。

② 20世纪初以来，美国生丝消费量占世界消费量的半壁江山，日丝与华丝则是美国市场最重要的生丝产品，其中以日丝为主，常年比重在50%以上，且呈现持续增长态势，华丝则常年在20%上下波动（参见徐新吾主编《中国近代缫丝工业史》，科学出版社，2018，“附录十一”“附录十三”，第484、488—489页）。

者诟病的现状，珠江三角洲的南海、顺德等县纷纷建立近代缫丝厂，进行机器缫丝。厂丝亦逐渐取代土丝成为主要出口产品，1894年输往国外的生丝中，厂丝已占89.39%[①]。此时的蒸汽缫丝厂基本仿照陈启沅的继昌隆缫丝厂，将传统手摇机改为法国式足踏机器，虽尚未使用蒸汽动力，仅仅是将水煮沸用于冲茧而已，但所缫蚕丝的品质已有较大提升，较之“法国所产无多逊”[②]。

20世纪初，广东缫丝业迎来了快速发展的黄金时期，丝厂数量及生产能力均位列全国第一，而且在技术和管理上也取得了一定的进步。丝厂开始采用蒸汽动力和后来的电力，提高了生产效率和丝质。第一次世界大战结束后，美国市场需求旺盛，适逢广东全省改良蚕丝局研制出“钢夹式复缫丝”方法[③]，使得粤丝品质获得较大提升，出口量大增，绉绸（Canton Crepe）一度流行于美国市场，并持续至1922年[④]。1923年受东京大地震的影响，世界丝价波动剧烈。1924—1926年广东政局不稳，技术没有改进，粤丝品质未得到进一步提升，口碑下降及美国市场需求回落，使得广东丝市较为萎靡[⑤]。

1929年经济危机爆发后，以美国为主的国际市场需求锐减，生丝价格断崖式下跌[⑥]。雪上加霜的是，华丝最大的竞争对手日本为应对这一状况，放弃金本位制，实行货币贬值以刺激出口，进行商品倾销，在国际市场上对华丝掀起价格战。而中国所实行的是银本位制，无法采取与之相抗

① 徐新吾主编《中国近代缫丝工业史》，科学出版社，2018，第67、80、82—83、86页。

② 彭泽益：《中国近代手工业史资料》第2卷，生活·读书·新知三联书店，1957，第44页；陈德华：《继昌隆缫丝厂值得探讨的几个问题》，《苏州大学学报（哲学社会科学版）》2000年第1期。

③ 胡继雄：《拟设立伟大丝业银行以救济广东丝业意见书》，《国货运动专刊》，1931年，“特载”第3页。

④ 徐新吾主编《中国近代缫丝工业史》，科学出版社，2018，第169、172页。

⑤ 徐新吾主编《中国近代缫丝工业史》，科学出版社，2018，第172页。

⑥ 粤丝最主要的美国市场，生丝价格自1923年起即处于下跌状态，经济危机爆发后价格更是断崖式下跌，1930年的价格仅相当于1923年的34%、1928年的56%，至1934年又较1930年跌去一半，而后方才缓慢回升（参见钱承绪：《中国蚕丝问题之总检讨（上）》，《经济研究》1940年第1卷第9期）。

措施，尤其是1934年美国实行白银政策后，只能任由银汇上涨[①]。在这种情况下，华丝更加无法与日丝竞争。而日本则企图凭借质量、成本优势及日本政府的补贴彻底击垮华丝，以达到对国际市场的完全垄断[②]。广东缫丝业面临严峻的挑战。

大萧条期间，中国生丝出口量大幅萎缩。1929年华丝出口量达到顶峰的97 047公担，此后连年下降，1932年出口40 367公担，1934年仅有31 888公担；粤丝出口量亦在1929年达到顶峰，为32 325公担，1932年降至14 432公担，降幅均超过50%。丝厂亦由1926年最多的202家减少至1934年的37家。大萧条之后，广东缫丝业并未迅速恢复，反而进入了漫长的衰落期。1933年与1934两年，粤丝出口较1932年略有回升，之后至1938年10月广州沦陷前，粤丝年出口量仅仅维持在10 000公担左右，1946年全省仅有丝厂13家[③]。

可以说，经济危机使得外向型的广东缫丝工业全面走向衰落，而抗战的爆发更使得广东缫丝工业几近崩溃，战后亦未能有所起色。

三、政府主导下的制糖业与水泥业

清末民初，广东制糖业为传统手工业，以家庭小作坊为主，生产效率低下，主要集中在珠江三角洲地区，尤其是顺德、南海等地，以生产红糖为主。20世纪30年代，广东糖业面临着严峻挑战。一方面，国际市场上洋糖以低廉的价格在广东进行倾销，对本地糖业构成了巨大压力；另一方面，广东糖业自身的生产技术和效率无法与国际先进水平竞争，导致产品质量和产量无法满足市场需求。

为应对洋糖的倾销，广东实行糖业统制政策，包括减少洋糖进口、提高关税壁垒、实行糖业专营等措施，以保护和促进本地糖业的发展。在这一政策的支持下，广东在1934年至1936年间，建立起新造、市头、顺德、

① 卓遵宏、姜良芹、刘文宾、刘慧宇编《南京国民政府十年经济建设》，南京大学出版社，2015，第116、393—394页。

② 朱美予编著《世界蚕丝业概况》，商务印书馆，1934，第126、129页。

③ 徐新吾主编《中国近代缫丝工业史》，科学出版社，2018，“附录六”“附录十二”“附录二十五”，第474、486—487、546—551页。

东莞、惠阳、揭阳六大省营糖厂，采用先进的机器设备，提高了生产效率和产品质量，推动了甘蔗栽培技术的进步和机器制糖加工业的迅速发展。

现代化糖厂的建立，不仅提高了广东糖业的生产能力，也带来了显著的经济效益。市头糖厂在1934年12月建成投产，日榨蔗能力达到1000吨，到1936年扩建后，日榨蔗能力提升至2750吨[①]。1935年，广东省营糖厂的总生产能力为日榨甘蔗7000吨，且糖厂的副产品酒精生产也为糖业带来了额外的收益。市头糖厂和惠阳糖厂附设的酒精厂，日产96度酒精5000升[②]。

随着全面抗战的爆发，广东糖业面临新的挑战。顺德糖厂在抗战期间几易其手，从最初被日本人接收经营，到伪建设厅管理，再到1941年由汉奸季辅群和李荫南合办，改为顺德制糖厂裕农公司，属日伪旗下经营。抗战胜利后，顺德糖厂被省政府接收，拨归省营广东实业公司管理，成为广东省恢复较快、保存完好的糖厂之一。

广东水泥业的起步可以追溯到清末。1909年正式投产的广东河南士敏土厂标志着广东水泥业的开端，但由于管理不善和设备落后，发展缓慢。20世纪30年代，广东水泥业迎来了重要的发展机遇。1932年，广州西村士敏土厂建成投产，引入了先进的湿法生产技术，大幅提升了水泥的产量和质量，使得广东水泥业进入了一个新的发展阶段。1933年河南士敏土厂并入西村厂后，广东水泥的市场竞争力得到了显著提升，在一定程度上抵制了外国水泥的倾销。1938年日军侵占广州，士敏土厂遭到严重破坏，生产几近停滞，战后虽有所恢复，但直至解放前都未能完全恢复到战前的水平。

资本主义世界经济危机使得外国水泥的进口减少，为刚刚成立的广州西村士敏土厂的发展提供了机会。不过更为重要的是，广东省政府通过限制或禁止外国及外省水泥在广东市场销售，实行了一系列的保护措施，如提高进口水泥的关税、对本地产水泥给予税收优惠、设立公仓制度、限制水泥走私、规定政府工程必须使用广东士敏土厂的水泥等，这些措施有效地保护了广东本地水泥企业，减轻了外来的竞争压力。当然，这也为政府

① 李向锋：《统制与市场：论粤机糖营销模式（1934.12—1936.9）》，《古今农业》2016年第2期。

② 李向锋：《统制与市场：论粤机糖营销模式（1934.12—1936.9）》，《古今农业》2016年第2期。

提供了一定的财政收入。

1932年至1936年间，广东省水泥进口量呈现显著下降趋势，从1932年的2 651 906担降至1936年的171 042担[①]。其中尽管经济危机有一定的影响，但更直接的因素是统制经济政策对外国水泥进口的限制。与此同时，广东士敏土厂的水泥产量得到了显著提升，1936年的年生产能力达到了1 350 000桶，为1924年的7倍[②]，这一增长速度远超同时期全国平均水平。统制经济政策下，广东水泥市场形成了垄断局面，广东士敏土厂的水泥售价远高于上海地区的平均水平，从而可以获得较高的利润。

必须指出的是，广东统制经济政策的地方保护主义色彩浓厚，在抑制外国水泥进口、保护广东本地水泥业的同时，对国内其他品牌水泥产品也形成了限制。

第三节

新式交通与信息传递事业

汽车、火车、轮船、飞机等新式交通工具是近代化的重要体现。在此基础上的交通运输业在改变人的出行方式、方便人们生活的同时，对于经济的发展也具有基础性作用，商品流通、信息传递均有赖于此。近代广东的交通运输业与邮政事业都有了相当程度的发展。

一、新式交通运输业

公路交通方面，广东省公路建设始于1886年张之洞主持建造广州市天

① 卢征良、柯伟明：《20世纪30年代广东省营企业统制经营问题研究：以广东士敏土厂为中心》，《民国档案》2017年第1期。

② 卢征良、柯伟明：《20世纪30年代广东省营企业统制经营问题研究：以广东士敏土厂为中心》，《民国档案》2017年第1期。

字码头120丈沙土马路。民国初期，广东的公路建设主要基于军事考量，由军政府军路处主持。至1916年，军路处下设有广惠、高雷、肇罗、潮梅、南韶连、钦廉、琼崖7个军路总办，县设军路局，由县长主持具体事务。1920年后，军路统一改称公路，机构名称亦作相应调整。1925年，公路处改属建设厅，在建设厅统一规划下，全省公路建设获得较快增长[①]。全省公路分为省道、县道、乡道三个级别，1931年初建成公路里程已超过7000千米[②]，此后在"三年施政计划"下，1937年底已建成通车公路里程达14480.7千米[③]。除南澳县外，全省各县均已通公路，构建起四通八达的公路交通网络，公路里程与密度皆居全国首位。

轮船航运方面，《南京条约》签订后，资本主义列强的商船涌入广东，基本垄断了广东沿海航运与内河航运。在外国航运业的刺激下，粤轮错位发展，专注于内河及近海的小轮航运，成功开辟了多条通往南洋的航线。1911年，广东从事内河航运的轮船达310艘，占全国总数的1/3，居全国第二。

辛亥革命之后，随着中华民国的建立以及第一次世界大战的爆发，各列强从广东地区撤回了部分舰船。这一举措无意中为广东地区民营航运业的繁荣发展提供了有利条件。1912年，广东地区注册的民用船只数量和吨位分别实现了154%和78.3%的显著增长，在这一年，广东的民用船只数量占到了全国总数的65%。1911年广东地区500吨级以上的民用船只仅有4艘，然而到了1921年，这一数字增加到了9艘。同时，100吨级至500吨级的民用船只数量也从民国初年的9艘增至40多艘。到了1921年，广东地区注册的民营轮运公司或行号数量已经达到了580多家，这一数字是1911年的2.5倍。其中，拥有300吨级至500吨级船只的企业数量从3家增加到了14家；而拥有500吨级以上船只的企业数量则从2家增加到了11家。在民国初期，广东民营轮运业开辟了11条以上的内河航线，以及7条以上的沿海航线，并将短途航运业务拓展为长途航运，全省的轮运网络基本构建完成，以"粤航""四邑""粤海"等为代表的一批规模较大的轮船公司也相继

① 广东省地方史志编纂委员会编《广东省志·公路交通志》，广东人民出版社，1996，第38页。

② 广东建设厅编制《广东全省公路概况表》，1931年。

③ 广东省公路处编印《广东全省公路里程表》，1937年。

成立[1]。

20世纪20年代中后期，为应对外国航运势力的竞争打击，广东航商开始调整方向，大力发展汽轮拖驳业与内河木帆船运输业。1935年以后，广东航商建立航业公会，组建联合公司，凝聚集体力量与外轮竞争。1937年，广东内河航业联合办事处成立，14条航线实现了联合经营[2]。广东航商还与公路、铁路运输公司合作，开展水陆联运。

抗日战争初期，由于全国外贸重心的南移，广东外贸业务包括进出口的民用、军用物资大量增加，带动了货运的增长，广东航运业获得了短时期的恢复和发展。但随着日军的侵入，省内主要通航路线被切断，许多航运公司为规避经营风险，改为个体经营，规模大大缩小。

铁路运输方面，甲午战争之后，广东开始投资建设铁路。为了争夺中国铁路建设的权利，中国商人和海外华侨积极参与了争取铁路建设权的运动，并投资建设了多条铁路线路。在广东，华人独立建设了潮州至汕头的潮汕铁路和台山至新会的新宁铁路，同时还有政府与商人合作投资的广韶铁路。此外，还建成了中英合资的广九铁路、连接南北的粤汉铁路广韶段，以及其支线广三铁路。这些铁路的相继建成和通车，显著增强了广东与香港、内地的联系，扩展了贸易的范围，增加了商品的流通量，并加速了商品的流通速度，为区域经济的增长和商业活动的扩展打下了坚实的基础。

1938年广州沦陷后，粤汉铁路管理局由广州迁往湖南衡阳，运营范围被迫限制在韶关以北的区域。1944年衡阳沦陷后，粤汉铁路管理局一度迁往韶关坪石，后迁至湖南汝城。广九铁路在日军大举侵粤前便遭到集中轰炸，日军占领广州后，广九铁路粤段被用作连接日军军用仓库的交通线路，1943年日军试图通过这条线路构建所谓的“大陆交通线”。新宁铁路与潮汕铁路均在日军入侵前夕被下令拆毁。

在国统区，粤汉铁路广韶段发挥了在战时的战略价值，为维持后方的稳定和支援前线的战斗作出了重要贡献。广州、武汉相继沦陷后，中国方面依然牢牢掌握着从株洲到韶关的大约456千米的铁路线，这段铁路成为连接粤北和湖南省的关键通道，为大量人员和物资的转运提供了便利。在

① 交通部铁道部交通史编纂委员会编《交通史航政编》第1册，民智书局，1931，第132—137页。

② 龚学遂：《中国战时交通史》，商务印书馆，1947，第207页。

韶关，省政府及所属各机关分驻市内及近郊，为此粤汉铁路在市区和郊区间开行列车，方便机关职员通勤往来①。

民用航空事业方面，1929年，国民政府交通部组建中国航空公司并正式开通上海至汉口的航线。当时，广东人民对于举办民用航空事业也甚为期盼，呼声强烈。在国民革命军第八路总指挥部航空处的主持下，1930年12月正式开通了广州至梧州的航线，业务量可观，开启了广东的民用航空事业。可惜开通未及一年，即于1931年4月因政局动荡而停航②。1933年，广东地方政府参与组建的西南航空公司正式成立，成为继中国航空公司、欧亚航空公司之后中国第三家航空公司，并于1934年5月正式开通广龙线（广州—梧州—南宁—龙州，全程643千米）③。至此，广东拥有三条以广州为起讫点的航线，另两条航线分别为中国航空公司1933年10月开通的沪粤线（上海—温州—福州—厦门—汕头—广州，全程1697千米）④，欧亚航空公司1934年3月开通的平粤线（北平—太原—洛阳—汉口—长沙—广州，全程2200千米）⑤。这些航线的开辟，极大地促进了广东与国内其他地区的经济和文化交流。

二、新式信息传递

新式邮政业务始于1896年大清邮政官局的设立，采用资本主义的经营方式和管理体制，开展多种业务。文报局（即旧时官邮，专呈公文及文件）、民信局（旧式邮政）、驿站逐步淘汰。广东邮政创办于1897年，初附设海关，后逐步分离。广东划分广州、北海、汕头、琼州4个邮界，在各界区构成了比较完整的邮路网络。广东邮路最初主要依赖轮船、民船，后扩展到铁路、汽车、民航。1932年，全省邮路里程达32 729千米，1933

① 广东省地方史志编纂委员会编《广东省志·铁路志》，广东人民出版社，1996，第275—277页。

② 交通部年鉴编辑委员会编《交通年鉴》，国立中央图书馆印刷所，1935，第6—7页。

③ 交通部年鉴编辑委员会编《交通年鉴》，国立中央图书馆印刷所，1935，第127页。

④ 交通部年鉴编辑委员会编《交通年鉴》，国立中央图书馆印刷所，1935，第19页。

⑤ 交通部年鉴编辑委员会编《交通年鉴》，国立中央图书馆印刷所，1935，第75页。

年增加到33 090千米，1947年达4万余千米，居全国第2位[①]。

广东邮路又分内地和沿海线。内地线主要有粤汉铁路广韶线、广三线、广九铁路线、西江航路线。沿海线主要有广东至上海线、汕头至香港线、江门至雷州线、雷州至琼州（海口）线。还有香港至广州、江门线，连接西江各地，将内地线与沿海线贯通。邮路还从各大都市、口岸深入到县城及乡镇。

广东邮局分三等，全省共设5处一等局，即广州、佛山、汕头、北海、琼州（海口），一般通商口岸和大城镇设二等局，县城设三等局，乡镇设支局和代办所。随着清末新政的推行，新式邮局大量开设。1902年，全省共设邮政局、所88处，1908年增加至216处。1923年，主要邮政局、所达1178处，次要邮政局、所达2215处。乡镇邮站始创于1917年，此后进入大发展时期。据1947年底调查，全省共有邮政局、所4423处，数目居全国之首。

邮政除了承办一般信物邮寄以及挂号业务外，逐步开办了特种业务，如保险信函、邮政汇兑与储蓄、邮传电报、航空邮件和快件等。1948年3月2日，邮政总局局长霍锡祥到广州视察时，称赞广东邮政成绩优良，为全国之冠。

近代广东的电报、电话等电信事业起步较早。19世纪六七十年代，广州、汕头便开通了与北部中国及南洋、欧美的海底有线电报通信。80年代，广东自办海底电线“徐闻—海口”线。同时期，陆路有线电报通信开通，先后开设“天津—上海—福州—广州”线、闽粤线、穗港线、广九线、“广州—龙州—雷州—海口—廉州—钦州—北海”线、沪粤线、赣粤线。清末，在以广州、香港为中心的有线电报网络形成的基础上，广东陆路电报线逐步扩展到全省各地，电信事业有了初步发展。

随着电信技术的进步，无线电报开始出现。广东是我国最早创办无线电报的地区。1905年3月，广东在督署内及马口、前山、威远各要塞，以及各江防舰艇上设置无线电机。次年，广州正式设立无线电报局，为电报民用之始。与此同时，广东无线电台也开始设立。1914年，广州安装了第

① 国民政府主计处统计局编《中华民国统计提要》之1932年、1933年，中国南京第二历史博物馆藏，第993、995页；杨家骆主编《大陆“沦陷”前之中华民国（三）》，台湾鼎文书局，1973，第1002—1003页。

一座无线电台，但只供政府用于传递信息，不向社会公众开放。后无线电台增加到两处，一在海岸局，一在陆地局。20世纪20年代，广东的重要城镇各建有1座电台，初归军事机关使用，后向社会公众开放。

20世纪初，广东开通了有线电话。1903年，广州设立电话局，先供官署使用，后推广到民间。1911年，广州电话局改设电话总局及西局、南局3个电话局，电话机达2700部。民国初年，广东逐步开通长途电话。首先开通的是广州至韶关的电话线路，再由韶关开通到江西、湖南、广西。随后，沿广九铁路开通了广州到石龙、增城、东莞、太平、新安的电话线路，广州至香港及佛山、三水的长途电话也相继开通，形成了以广州为中心的长途电话网络。1948年，广州至澳门长话开通①。1949年，海南至台湾长话开通。到1949年，广东共有长途电话电路52路，通达省内65个市、县。20世纪20年代以后，电信交通逐步扩展到中小城镇及部分乡村②。

第四节

近代广州的现代化都市建设

随着广东沿海一系列港口城市的兴起以及西学东渐的影响，具有现代规划色彩的市政建设成为近代广东城市发展的新特色。作为千年商都，省会广州是中国第一个具有行政区划意义的城市，具有规划色彩的现代市政建设虽较上海与北京晚，但亦颇有建树。

一、千年商都的近代转型

1912—1937年，广州城市的发展过程是一个近代化转型的过程，也

① 中国第二历史档案馆编《中华民国史档案资料汇编（第5辑第3编）财政经济（七）》，江苏古籍出版社，2000，第816—818页。

② 梁荣主编《论广东150年》，广东人民出版社，1990，第313页。

是一个城市空间扩展的过程，涉及经济、社会、文化、交通和城市规划等多个方面的全面转型。在这一过程中，城市规划、华侨资本等起到了关键作用。

值得一提的是，广州市政当局的城市规划思路颇具“田园城市”思想。1921年2月，广东省政府通过孙科起草的《广州市暂行条例》并正式成立广州市政厅，孙科为首任市长，标志着近代中国第一个具有行政区划意义的市的出现。广州也由此开始了大规模的城市改良运动。以孙科为首的市政当局受“田园城市”思想的启发，试图通过城市规划和建设，创造出一个既具有现代化设施又保留自然风光的城市环境。他们在建设中强调城市与自然的结合，倡导在城市中建设公园和绿地，以及在郊区发展模范住宅区①。广州的城市规划兼顾了交通先行与坚持内联外通的策略，通过发展立体交通网络，提升城市的内部联系，也加强了与周边乡村和其他城市的连接，促进了区域经济的整体发展②。

1931—1935年，广州的警界范围内市区水陆面积从28 277.6亩增至35 758.9亩③。在这一城市空间扩展的过程中，土地产权问题是不可忽视的一环。清末官府在进行建设活动时尽量避免触及产权问题，但随着城市的扩张，广州市政当局不得不开始面对并处理土地产权问题，通过承认双重产权，扩大了建设马路的区域，并通过土地登记将私有产权纳入系统管理④。

华侨在广州城市近代化过程中发挥了举足轻重的作用。华侨在广州的投资包括工业、金融、商业等领域，改变了传统城市产业结构，推动了近代城市经济的发展。工业方面，华侨在广州开设橡胶、火柴、纺织针织等新式工厂，成为广州城市经济生活中的重要组成部分；商业方面，华侨投资的百货公司，如先施公司和大新公司，采用新的经营模式，如明码标

① 彭长歆、蔡凌：《广州近代“田园城市”思想源流》，《城市发展研究》2008年第1期。

② 周兴樑：《广州近代社会经济变迁与城市文化特征：基于对上世纪二三十年代广州发展时空的考察》，《中国名城》2016年第3期。

③《警界范围内本市面积统计》，《广州民国日报》1931年3月5日第1版；广州市政府编印：《广州市概览》，1935，第3页。

④ 参见黄素娟：《从省城到城市：近代广州土地产权与城市空间变迁》，社会科学文献出版社，2018。

价、分柜售货等，吸引了大量消费者，推动了广州商业的发展；城市建设和房地产方面，侨资的大量涌入推动了广州城市区域的拓展和建筑风格的变革。华侨投资房地产，引入了西方建筑元素，如东山洋楼住宅区和骑楼街，不仅改变了广州的城市面貌，也影响了城市的功能布局。

随着城市化进程的持续推进和城市工商业的发展，广州对于周边地区人口的吸引力不断增强。1918—1937年，广州城市人口从70余万增加至121万多，20年间人口增长50余万，平均每年增加人口超2万。

二、现代化都市的市政建设

近代广东各地城镇、口岸加大了市政建设的步伐，其首要工作是路政改造。1912年，广州开始拆除正东门，修筑了第一条市区马路——永汉路（今北京路）。1918年，城内修筑的马路已有大德路、大南路、文明路、一德路、泰康路、德宣路（今东风中路）、万福路、太平路、丰宁路、长庚路（太平路、丰宁路、长庚路即今人民南路、人民中路、人民北路），以及越秀路，西关、东山、河南也开始筑路，市区马路长达4万多米。1918年10月后，市政厅为修筑马路、街道，兴办公用事业，大规模拆除城墙，先后拆除15座城门，仅留下两道北门及少量城墙，同时拆除5000多所房屋。1918年以前，城区道路全是砂石路和泥路，路面最宽为15.52米。此后，开始修筑混凝土路和沥青路，主要街道路面也加宽到30米。1930年，市政厅开始对内街进行全面整理拓宽，规定街道宽度最窄的2.2米，最宽的11米；到1932年，共拓宽街道658条；到1936年，再整理拓宽街道1350条，其中宽11米的街道已有24条，长36千米[①]。

随着马路的扩充，市区公共交通运输也有较大发展。到1934年，广州除开辟长途汽车线路15条外，设立长途汽车公司15家，成立市内公共汽车公司14家，开辟公共交通线路14条，里程达124千米，有营运客车532辆，

① 广州市地方志编纂委员会编纂《广州市志·卷三：城建卷》，广州出版社，1995，第6—7页；广州地方志编纂委员会办公室等编译《近代广州口岸经济社会概况》，暨南大学出版社，1996，第1039—1040页。

货车169辆，另有汽单车、人力货车、脚踏车，共计9380辆[①]。到1936年，广州公共汽车公司发展到19家，营运线路扩充到19条，里程为134千米，机动客货车已达2000多辆。自海珠桥建成后，河北、河南相通，公共汽车线路不断延长[②]。

广州自清末民初一直进行着内港建设，1930年后又制定建设内港的规划，清理珠江水道，修筑了贯通珠江南北的大堤。长堤既是护江大堤，又是北岸通行的大马路，东起川龙口，西到西濠口，全长约110米。在内港新建成码头、仓库数十座，自内港堤岸起，至海珠桥止。另清除炸毁了体积达82 286立方米的海珠礁石，再耗资75万元修筑新堤1150米，填筑了大片河滩地以修造广场、马路、街道，还将大沙头整理填平，开辟成商业区，建设大型娱乐场。

与此同时，广州投入和完成了一批大型的重点公共工程建设，如中山图书馆、中山纪念堂、广州市政府合署工程、海珠桥等。广州还加快了教育、文化、医疗设施建设，市博物馆、中山大学石牌新校区、广东国民大学、广州大学等陆续兴建。中小学增加投资，新建扩建学校。1934年市立小学达97所，1085个班。1933年市立中学已达10所，89个班。各种民办、公办的初、中等教育及民众教育发展较快，1933年发展至347所。执信、仲元等纪念性中学先后开办。孤儿教育院和盲人学校也陆续开办。

广州还大力扩充供水系统。广州自来水供水系统始建于清末，西村水厂为第一家，后逐步扩充，并于20世纪20年代在东山建成新厂。1929年初，西村水厂收归市政府管理，并设立自来水管委会，扩大供水系统。同时，建设新水厂，1931年完工，1932年4月正式供水（日供水2000万加仑），加上西村、东山两厂，日供水能力达到3200万加仑。1934年10月，全市自来水用户增加到42 849户。

广州的排水系统在原有基础上加以整治，继续疏浚市内明渠暗沟。市政府到1932年共整疏13.5千米排水系统，较好地解决了市内排水问题。市政府又将大批阴沟改为混凝土水管，铺设了一批新的下水道，使之成为排泄污水、雨水的两用排水道。1931年公共工程局污水处理处成立以后，兴

① 《广州市政府新署落成纪念专刊》，载钟卓安：《陈济棠》，广东省地图出版社、暨南大学出版社，1999，第186页。

② 丘传英编著《广州近代经济史》，广东人民出版社，1998，第309页。

建了更多的排水工程，完善了排水系统。

此外，广州的电力工业诞生。广东自1888年开始使用电力，主要用于电灯照明，当时的电力企业也多为发电容量有限的电灯公司。到1900年，广州外城已有约60%的街道装有电灯。20世纪初，广东电力工业有较大发展，广州的粤垣电灯公司、永恒电灯股份公司，汕头的华昌电灯厂、开明电灯公司，潮州的昌明电灯公司，顺德的光华电灯股份公司，南海的普光电灯公司，佛山的光华电灯厂，江门的新光电气股份公司，香山的迪光电灯公司，新会的普兴电灯有限公司，高要的占明电力厂，台山的永明发电厂、白沙电灯公司、斗山电灯公司、狄海电灯公司、海晏电灯公司、都斛电灯公司，梅州的梅县光耀电灯厂等，先后成立。1934年广州西村电厂建成，供电量达5.4万千瓦时①。

随着经济、社会的发展，广州的园林绿化也受到重视。广州最早的公园出现在沙面租界，那里的前堤花园与英租界的皇后花园，后合称为“沙面公园”，是为广州公园之始。随后，黄埔公园、惠爱路的第一公园、东较场旧址的第二公园和海珠的第三公园，以及中央公园（今人民公园）、黄花岗公园、粤秀公园（今越秀公园）等纷纷建成开放。

① 广州市新电力厂筹备委员会编《新电力厂筹备经过》，广州市政府，1934，第16、21—22页。

第三章 社会生活的变迁

在政治、经济变革的猛烈冲击下，近代广东出现了新的社会阶层和新的城乡权力格局。向海外大规模流动的广东人，一方面奠定了当代海外华侨华人分布的基本地理格局，另一方面也给国内社会和海外侨居地社会的政治、经济和文化带来了重要影响。面临时代转型的机遇和挑战，广东较快地接受西方文明，推动了社会生活的变革与进步，城乡居民的消费观念与行为、文化生活、风俗习惯等进一步呈现中西融合的特色。

第一节

人群与社会阶层的变化

晚清民国时期，中国进入半殖民地半封建社会，破产的农业人群和工人群体深受压迫，他们是革命性最强的无产阶级。民族资产阶级和知识分子阶层也应运而生，促使广东成为当时中国近代化领先一步的地区。

一、无产阶级的诞生

近代以后，广东大部分人口仍然居住在农村地区。由于近代中国农村土地所有制较之前没有变化，大部分土地仍为占人口比例较小的地主所有。20世纪20年代，“在广东一千万亩的土地，即全耕地的四分之一强，握于地主之手，而且乡村的统治阶级还支配有占全耕地百分之三十至四十的血族的土地”，广东全省佃农在农户中占比约七成[①]。有些地方土地集中于地主、豪绅手中的情况更严重。民国后期，中山、新会、东莞、南海、番禺、顺德六县，“经过登记的沙田有六十万亩，仅属于二十九家大地主，这些大地主所有的实则不止此数”[②]。多数农业人群只拥有少量土地，甚至没有土地，不得不以高额地租向地主租种土地，每年向地主缴纳百分之五十到六十，甚至百分之七十到九十的地租。除去地租剥削外，近代广东农业人口承受的高利贷剥削也十分深重，“一般要付百分之五十到

① 章有义编《中国近代农业史资料》（第二辑），《中国近代经济史参考资料丛刊》（第三种），科学出版社，2016，第61—62页、第66页。

② 方方：《在广东省第一届各界人民代表会议上关于广东土地改革问题的报告》，载中共广东省委党史研究室、广东省档案馆编《方方文集》，广东人民出版社，1990，第384页。

百分之二百的利率”[1]。有些一无所有的农民成为雇农，有些则被迫流入城市，成为靠出卖劳动力为生的工人，有些甚至沦为流民、盗匪。

19世纪40年代中叶至50年代初，西方资本主义经济势力开始涌入中国。为适应其商品输出的需要，他们首先发展航运，在广州黄埔、香港、汕头等口岸修建了一批船坞公司、船厂和船舶修造厂，约有中国工人2000名，这是广东地区，也是全国的第一代产业工人。随后，码头、仓库等航运附属机构陆续成立。广东各地很多破产农民跑到香港、广州寻找工作，不少被招雇上船做工，成为中国第一代海员工人。1920年，香港海员便有数万人之众[2]。中国早期的产业工人还包括租界与洋行的中国店员与雇工。据统计，广州沙面租界的中国雇工有2000余人，广州城内及一些口岸的外国教堂、医院、学校的雇工有1000余人[3]。

19世纪70年代以后，不少工人被官营的军工、造币、交运等企业雇佣，或者在商办的机器缫丝、船舶修造、内河航运、碾米榨油、食品加工、造纸、机器等新式企业工作，他们也是广东早期产业工人的组成部分。清末民初，珠江三角洲一度是全国产业工人最多的地区之一。仅广东数以百计的机器缫丝厂就有数万女工，这是我国最早、最集中的一支庞大的近代产业女工队伍。广州、佛山等大中城镇还有大量的丝织、织布、鞋袜、食品、建材、火柴、文具、印刷等行业的手工工场工人，以及百货公司、酒楼茶室、旅店等行业的店员，他们的经济、社会地位与产业工人相近。据估算，1919年前后广东工人已达80万人[4]。

在近代中国半殖民地半封建社会里，没有生产资料的农业群体和工人群体都属于无产阶级，他们深受帝国主义、本国封建势力和资产阶级的三重压迫，革命性最为坚决和彻底。为改善自身的经济待遇和反对各种迫害，他们敢于斗争，为旧民主主义革命和新民主主义革命作出了巨大贡献。

---

① 方方：《在广东省第一届各界人民代表会议上关于广东土地改革问题的报告》，载中共广东省委党史研究室、广东省档案馆编《方方文集》，广东人民出版社，1990，第384—385页。珠三角大沙田区由于层层批租，地租往往会远高出一般情况。

② 卢权、禤倩红编撰《广东早期工人运动历史资料选编》，广东人民出版社，2015，第1页。

③ 何锦洲：《广东工人阶级诞生之研究》，《广东工运史研究》1989年创刊号。

④ 广东工人运动史研究委员会编著《广东工人运动史》（第一卷），广东人民出版社，1997，第24—30页。

二、民族资产阶级的发展

广东自古以来商业发达，在近代也是中国资本主义工商业最发达的省份之一。不少广东商人成为早期的民族资产阶级，他们有些投资近代工商企业，如陈启沅创办继昌隆缫丝厂；有些投资新式商业，如粤籍侨商马应彪、郭乐兄弟、蔡昌兄弟等，在香港、上海、广州创办先施、永安、大新等百货公司。广东本土部分商人由于商业活动的范围扩大及经营方式的变化，成为新式商业资产阶级。清末民初顺德等县的丝业商人可作为广东早期民族资产阶级的典型。生产出口蚕丝的机器缫丝厂都由商人投资，而丝厂所需的流动资金主要向银号借贷，银号的主要业务就是向近代企业提供流动资金，因而银号商人也扮演了近代广东金融资产阶级的角色。丝庄商人则经营机制蚕丝出口业务，将广东蚕丝出售到欧美。丝厂、银号、丝庄老板大多是顺德人，有些银号老板就是丝厂老板。丝业商人因地制宜，根据国际市场的需要，引进外国先进的机器，并充分发挥广东的优势，使丝业在19世纪70年代以后的五六十年里，成为带动广东经济发展的“龙头产业”[①]。

在投资铁路和新式交通运输方面，广东商人也显示出自己的经济实力。20世纪初，广东先后成立潮汕铁路公司、新宁铁路公司、广东全省粤汉铁路总公司。前两家公司主要由广东籍侨商投资，第三家铁路公司由广州商务总会、广州七十二行、九善堂创办。1907年底，在抵抗英国抢夺西江缉捕权斗争中，广州七十二行商人和梧州七十二行商人联合招股创设了两广邮船会社有限公司。在清末，广东是国人拥有小轮船最多的省份，珠江三角洲各城镇之间的内河航运，基本上由广东的“轮渡行”商人经营。

随着中国逐步卷入世界资本主义市场，很多广东商人把生意做到省外、国外。《广东七十二行商报》的发刊词自豪地宣称：“各行省无不有粤商行店，五大洲无不有粤人足迹，其民轻巧活泼，好冒险习劳，最合营业之性质，由是观之，我粤省于历史、地理、物产、民俗上均占商界优

① 李本立：《顺德蚕丝业的历史概况》，载中国人民政治协商会议广东省委员会文史资料研究委员会编《广东文史资料》第15辑，1964，第113页；汪敬虞：《关于继昌隆丝厂的若干史料及值得研究的几个问题》，《学术研究》1962年第6期。

胜之点，似非他省所及，谓为天然商国，谁曰不宜？”[1]在晚清至民国初年，广东资产阶级积极参与地方政治，甚至对民主革命进程产生了影响，还对近代文化教育、社会救济等方面有较大贡献。

近代广东商人的活动，不仅改变了广东，也在一定程度上改变了自己。较之其他地方，广东工商业者有更多机会了解世界，进而采用从外地以至外国学来的经营方式。同时，广东又是领中国风气之先的地区，欧风美雨首先从广东吹入中华大地。维新、革命两派都把广东作为活动的中心地区，所以广东尤其珠江三角洲的商人，较之国内大多数地区的商人，有更多机会获得新知。广东商人本身的经济地位，再加上上面提到的各种因素，使广东商人成为当时中国商界中较有知识的部分。

广东资产阶级对中国早期近代化作出的贡献，体现了岭南文化开放包容、敢为人先、灵活务实、重商重利、奋进创新等特色。而近代广东商人后来未能与江浙商界并驾齐驱，他们自身的不足一定程度上也体现了当时岭南文化的某些局限。中国民族资本主义畸形发展的一个特点是，商业和金融业资本大大超过工业资本，广东可以说是典型。民国成立以后十余年，省会广州乃至近代工商业最发达的珠江三角洲地区，尚未形成一个真正的工业资产阶级，更没有多少在全国具有较大影响的工业企业家。广东的商业、金融业资本家构成了广东资产阶级的主体，经营工厂的资本家也以“商”的身份参加商会等团体，但他们在其中所起的作用并不重要。直到1949年，广东资产阶级的这种结构都没有根本变化。

三、新式知识分子阶层的兴起

新式知识分子主要指接受过新式教育、具有新知的知识分子群体。在近代，广东也是新式知识分子群体出现较早的省份。他们或者曾出国、到港澳或内地的新式学校接受教育，如容闳、詹天佑、黄宽、孙中山、陈少白等人，或者是接受过西学的士大夫，如郑观应、康有为、梁启超以及万木草堂弟子等。

① 《广东七十二行商报》（1907年8月4日），转引自蒋建国《报界旧闻：旧广州的报纸与新闻》，南方日报出版社，2007，第137页。

19世纪晚期，广东新式知识分子的人数还很少，到20世纪科举制度废除以及官府、民间大举设立新式学校后，新式知识分子的队伍才迅速扩大。1928年，广东省小学共有8251所，学生53.71万人；1930年，全省小学共计1.8万所，学生103.29万人；1940年，全省小学生增长至139.35万人；到1949年，全省小学增长到2.8万所，在校小学生159万人[①]。1936年7月前，广东全省有中学254所，学生6.2万多人；职业学校27所，学生4300多人；师范学校48所，学生约6000人；大专学校14所，学生6200多人。抗日战争结束后，至1949年广东已有中学516所，学生13.7万多人；职业学校56所，学生约5000人；师范学校46所，学生1.5万人；大专院校25所（本科15所、专科10所），学生1.5万人[②]。

第一次国共合作时期，国民政府还派遣了一批留学生前往美国、英国、日本、苏联，仅1925年底派往莫斯科中山大学留学的学生就有71人。首批赴苏联留学生大多选自广州。

近代广东的新式知识分子在戊戌变法、辛亥革命中扮演了极为重要的角色。孙中山革命事业的开端、发展、壮大，同新式知识分子紧密相关。兴中会主要骨干陈少白、陆皓东、郑士良、杨衢云等人，都是广东的新式知识分子。目前已知的同盟会早期会员960人中，广东籍的170人绝大部分是新式知识分子，包括同盟会骨干人物朱执信、胡汉民、廖仲恺等[③]。孙中山对新式知识分子在辛亥革命中的作用给予了高度评价，“逊清末造，其能力肩革命之任，为其主动而卒建今日民国者，亦端赖海外学生数十人，内地学生数百人而已”[④]。民国初年的南京临时政府和广州军政府，其领导成员主要是留学生或新式学校学生出身的革命党人，其中粤籍者不少。

广东知识分子为广东解放和新中国成立亦作出了巨大贡献。大革命时

① 广东省地方史志编纂委员会编《广东省志·教育志》，广东人民出版社，1995，第91—92页。

② 广东省地方史志编纂委员会编《广东省志·教育志》，广东人民出版社，1995，第3—5页。

③ 《中国同盟会成立初期（乙巳、丙午）之会员名册》，载罗家伦主编《革命文献》第2辑，正中书局，1958，第55页。

④ 孙中山：《致北京大学学生勉为国事努力勿懈函》，载黄彦主编《孙文全集》第8册，广东人民出版社，2021，第460页。

期，各学校学生配合省港罢工活动，也开始罢课，并加入游行示威队伍。抗战时期，不少广东知识分子奔赴延安。广东全省公立、私立高中以上学校学生组织军训团队（隶属省国民军事委员会），训练掌握各项战时工作。解放前夕，中山大学等院校先后举行了争民主、反美军暴行、反内战三次示威游行。

第二节

城乡居民的物质和文化生活

近代广东居民在日常生活的衣着饮食、居住建筑、出行交通、医疗卫生、体育、语言等方面，不断受到港澳与外国影响，构成了当时的地方特色。

一、衣食住行

广东开风气之先，衣食日用大量来自外国及国内其他省份。在西方生活方式的影响下，广东居民服饰发生了很大变化。在晚清，珠三角的衣料很多已采用洋布、洋纱及土洋布（洋纱、土纱合织）。民国初年，西装进入富裕人家，中山装也开始被官员、知识分子接纳。中山装是孙中山自创的一种中西合璧服式，由于其样式庄重简约，流行至今。针织的内衣、袜子在晚清传入广东，皮鞋、胶鞋在当时已有不少人穿着。胶鞋由于十分适合华南气候，在近代广东更为流行，因此还带动了橡胶进口和加工行业。一些以往只有达官贵人才有的新器物，也逐渐普及。例如，清朝前中期，只有官员、富绅才拥有钟表，但晚清以后，钟表进入了广东城镇的寻常百姓家。

与民生息息相关的米粮，近代广东大量依靠国外进口。清中叶以后，广东已是缺粮省份。晚清广东特别是广州地区，由于人口密集以及珠江三角洲大量农田改种经济作物，粮食短缺的问题更加突出。不仅在城镇，甚至在很多乡村，居民都要籴米而食。因此，广东每年都需从外地输入大量米粮。据海关统计，在19世纪与20世纪之交，从广州、北海、汕头、九龙、拱北5个海关进口的洋米，多数年份都在1000万担以上[①]。

晚清以来，广东一直是全国物价最高的省份之一，时人说："柴米油盐酱醋茶、牛羊鸡鹅猪鱼鸭及市中食用，如粤东无一物不贵者，省中更甚，天下所无也。"[②]因此，一般劳苦大众生活都非常艰难。在广州、汕头、佛山等大中城市，多数劳动者一般每日只吃两餐饭，佐以"咸鱼青菜"。即使有早餐，也非常简单。在鱼米之乡的珠三角地区，多数农民难得一饱。遇到水旱灾情，粮价、食品价格暴涨，便会出现严重社会问题。在日本侵占广东大片地区的1943年，侨汇断绝，加上大旱，广东各地米价飞涨，珠三角与五邑侨乡都出现了饥民卖儿鬻女的情况，甚至有不少人饿死。

近代广东饮食也受外国影响。晚清以来广州的酒楼茶室，一些菜式采用了外国的食材和烹饪方法，"喝早茶"时有西式面包、点心，广州的广式月饼、鸡仔饼，佛山的盲公饼等地方特色点心采用了西点的烘烤技术和炉具。大中城市的富裕人家开始吃西餐，一些著名酒楼为吸引官商富绅纷纷调整经营方式，改为中西餐结合或专营西餐，西餐成为一种消费时尚。近代广州著名的西餐店有南关太平馆，初创于1860年，是广州第一家西餐店。太平馆经营的传统名牌西菜，如红烧乳鸽、德国咸猪手等招牌菜，至今在广州仍有一定影响。会芳园酒楼、岭南酒楼也是经营西餐较出名的酒楼。此外，香港、澳门一些经营西餐的酒楼也将目标瞄准广州市场，经常在广州的报纸上刊登广告。

晚清至民国的广东民居，中西合璧风格显著。19世纪中期以后，广东不少城市和乡镇均有由华侨、富商或军政要员斥资兴建的各式楼房。这类楼房多为二三层，或西洋古典式，或中西合璧，式样各异。其中较具规模和特色的，包括今广州市越秀区一带的花园洋房，澄海隆都前美乡的中西结合大型宅院，泰国华侨郑智勇在潮州凤塘盖建的淇园新村，印度尼西

① 广州市地方志编纂委员会办公室、广州海关志编纂委员会编译《近代广州口岸经济社会概况：粤海关报告集》，暨南大学出版社，1995，第418—419页。

② 邱捷点注《杜凤治日记》第10册，广东人民出版社，2021，第5060页。

亚坤甸华侨林毓瑞在揭阳盖建的兰香大厦等。近代广东还出现了新式建筑——骑楼。近代广州、佛山、汕头等大中城镇均有骑楼街道，某些小镇也有大片骑楼建筑。此外，五邑侨乡和珠三角还结合中西建筑特色，修建了很多兼具居住、防卫功能的碉楼。开平等地今日还留存了大批堪称建筑瑰宝的大型碉楼。

交通工具方面，晚清民国时期广东先后开始有洋式马车、人力黄包车、脚踏三轮车和自行车，之后广州、汕头、江门、海口、佛山等城市陆续出现公共汽车，广州还出现了出租小汽车。马来亚华侨集资兴办的“计程汽车”，是广州最早的出租汽车。民国中后期，城镇之间也有定期的载客汽车。在清代前中期，往返珠江沿岸城镇已有定时定点的“渡船”，晚清以后，这些“渡船”很多已是小轮船。民国时期，珠江河道还出现了由小轮船拖带的大体积客船“花尾渡”。晚清以后，广州往来港澳以及上海、天津等地已有定期客货轮船通航。广东前往欧美、南洋，通常要经香港、澳门转船。清末广东已有几条铁路，1936年粤汉铁路全线通车，广东人北上各地更加便利。

二、医疗卫生

晚清至民国时期广东的西医院发展速度很快。西医院最早由外国教会、传教士开设。基督教会在广州开设的博济医院，是我国创办历史最悠久、影响最大的西医院，鸦片战争前原为眼科医局，由美国传教士伯驾（Peter Parker）开设，1859年改为博济医院[①]。此外，基督教会在广东开设的医院还有广州夏葛妇孺医院、广州柔济医院、汕头福音医院、汕头盖世医院、佛山循道西医院、北海医院、佛山小乐园医院、韶州河西医院、东莞医院等。天主教会开设的医院则有广州韬美医院、广州惠爱医院等。其中，惠爱医院是我国最早的精神病医院。

国人自设西医院始于咸丰、同治年间。香山人黄宽是我国第一位医学硕士，也是最早在本土开办西医院的中国人。他在英国获得学位回国后，在广州、香港从医，先后任广州惠爱医院、博济医院医生，并在博济医院

① 广州市宗教志编纂委员会编《广州宗教志》，广东人民出版社，1996，第287—288页。

教授中国学生，后在西关开设西医诊所。此后，光华医院、红十字医院、广济医院、广仁医院、爱育医院、赞育医院、图强医院、广福医院、镜湖医院等西医院，都由国人开设。清末民初，广州的善堂都会赠医施药，后来也包括西医西药。其中九大善堂之一的方便医院，最初只有中医中药，1926年后设立西医科，后来演变为广州著名的西医医院（今广州市第一人民医院）。另外，地方军警也设有广东陆军军医学堂、广东巡警总局留医院及军医留医院等公立西医院。

西医院发展的同时，也促进了西医教育的发展。广东的西医培养，最初由外国教会开办西医院的医生使用传统的“以师带徒”的方式进行。1866年，博济医院附设南华医学堂，成为一所比较正规的西医专科学校，1886年至1887年，孙中山曾在此学医。1904年，南华医学堂扩充为医学院，成为华南培养西医规模较大的高等医科大学。1914年医学院开设护士学校，1917年该院由广州医博会接管，成为独立的医学院校。与此同时，也有独立开办的西医学校，以1899年开办的广东女医学堂为代表。该校1907年由美国女医生夏葛（本名玛丽·汉娜·富尔顿，Mary Hannah Fulton）捐资扩建，改名夏葛女医学堂，1912年再改称私立夏葛医学校，后又开设护士学校，附设柔济女医院。国人开办的西医学校，则有光华医学堂和广东公医学堂，是为中山大学医学院的前身，另有在广州成立的医药专科学校等。

清末以前，广东没有正规的中医院，多为小型中医诊所。1910年，外国教会、本地中医师及地方官府开始设立中医院。当时教会开设的中医院为广州公医院，设有长堤、东门两所分院。此外，一些城镇成立了中医公会或分会，一些城镇开设的私立医院多采用中西医结合的方式。中西医结合的医药堂、店、所也分布于全省城镇，一个县少则数十家，多则上百家。

清末，在教育改革和西医学校开办的影响下，中医学界认识到，中医教育必须从“以师带徒”的传统方式向学校教育过渡，以提高中医的社会地位与西医竞争，于是开始成立中医药组织，创办中医学校。广州医学求益社（又名广东医学求益社），是清末广东成立的最大中医药组织，1906年由南海中医师罗熙如、黎棣初等11人发起，1908年正式成立。求益社总社设于广州，另在粤港澳设有30多个代理处，负责联络中医药同行，集会商议中医药业及中医教育的大事，1912年改名“广州医学卫生社”，下设中医教员养成所、广州医学实习馆。20世纪20年代，在广州医学卫生社的基础上，广州光汉中医专科学校正式成立[①]。

中医药学校省港筹办处，是民国初年省港中医药业同行成立的另一机构。当时省港中药业已形成规模。面对西医西药的闯入，中医中药面临危机。于是，省港中医药业同行于1917年正式成立了中医药学校省港筹办处，于20世纪20年代建立了广东中医药专科学校[②]。

当时广东还涌现了一批医术精湛、深受病人信赖的名中医。例如，被列为广东近代四大名医之一的著名伤寒科医学专家陈伯坛、被保举入京做清宫太医的刘敬时、著名骨科医生蔡忠，以及擅长以中西医结合专治哮喘的唐拾义等。

公共卫生方面，清末中外医生在广东城镇推广种痘免疫法，效果良好，天花病例逐年减少。1913年，广州突遭霍乱袭击，但外侨居住区由于多年推行防疫措施，只发生3个病例，自此防疫措施向广州城区推广，使霍乱病例逐年减少。为加强治疗，此时还出现了专门的传染病院和麻风病院。1914年鼠疫蔓延，不少人被送进刚成立的中国慈善防疫医院而获救。同时，广东官方医院、卫生局所、慈善机构进一步加强对城市公共卫生、食品和饮用水卫生的管理。

三、武术与体育

晚清至民初，广州、佛山、南海是南派武术的中心，名播天下，积厚流光，除了享有盛誉的蔡李佛拳、咏春拳、洪拳等南派拳术外，还引进了太极、鹰爪、少林、螳螂等北派拳术，创造发展了伏虎拳、双形拳、铁线拳、八卦拳等。其他拳术如白眉拳、龙形拳、木兰拳也相继传入，发展很快。为了促进广东武术的多元发展，全国第二家精武会在佛山成立，从上海精武会聘请拳师任教，研究交流拳术，使北派武术在广东流传，南北武术熔于一炉。

① 刘小斌、郑洪编《岭南医学史》（中），广东科技出版社，2012，第560—573页。

② 邓铁涛主编《中医近代史》，广东高等教育出版社，1999，第210—212页。

广东城乡习武之风盛行，武馆林立，较著名的有鸿胜武馆、咏春拳馆、叶问拳馆、赞生堂馆、群义馆、众义馆等。其中，鸿胜武馆在佛山、广州、四邑、香港都设有分馆，随着海外华侨华人的迁移，武术也被传播到南洋、北美、欧洲、澳大利亚等地。

在广东浓郁的习武氛围下，普通百姓也加入习武行列。仅佛山一地，民国初年就有2万多人习武，武术名家辈出，先后涌现梁赞、陈华顺、梁璧、叶问、陈盛、张炎、雷灿、黄飞鸿、梁宽、林世荣等大家，威风凛凛，光耀万丈。他们留下了大量的拳谱、书刊、图片、遗址、遗物。广东习武之风盛行的现象也反映在影视作品中，近现代以武术拳师为主角演绎广东武术的电影、戏剧、武林小说层出不穷，如演绎黄飞鸿的电影达110多部，被列入吉尼斯世界纪录。

广东武术、武馆同时还有着反侵略、反压迫的光荣革命传统。鸦片战争期间，在反侵略号召下，广东群众练武进入高潮。三元里抗英斗争中，广州几十间武馆配合三元里农民给予英军沉重打击，领导者中较有名的拳师有韦绍光、颜浩长、周春等。而组织群众参加抗英的乡约式社学和乡约式书院，编练义勇团练，让农民利用农闲时间训练武艺。太平天国与洪兵起义当中，也有不少武林中人参加，如冯云山是蔡李佛拳弟子，陈亨做过石达开幕客，张炎、龙子才参加过太平军并成为将领，李文茂领导了洪兵起义。清末，鸿胜武馆骨干李苏、钱维方、梁桂华、陈雄志等参加同盟会，在1911年末辛亥革命高潮中，曾率领民军进驻佛山、广州。

近代体育事业最早在广东兴起。中国最早的室内游泳池1887年出现在广州沙面。近代中国最早的足球比赛，是1897年在香港举办的“特别银牌足球赛”。中国近代最早的足球组织，是1908年在香港成立的“南华足球会”。中国著名足球运动员李惠堂（原籍梅州五华县），有“亚洲球王”的美誉[①]。中国排球运动，自1905年始在广州、香港的学校中最先出现。网球运动也是1885年前后在包括广州、香港在内的大城市的外国传教士和商人中出现，1906年广州的岭南学堂等教会学校率先举行了校际网球赛[②]。

广东近代开办的军事学堂，推动了广东近代体育事业的发展。诸如

① 莫凯敏：《近代广东足球文化发展历史研究》，东北大学出版社，2021，第141—143页。

② 初束编著《中国体育简史》，海南出版社，1997，第75—77页。

广东陆师学堂、广东水师学堂，以及后来开设的武备、讲武、将弁等学堂，体育教学多仿效德式、日式的徒手体操、单杠、双杠、木马、爬梯、浪桥、哑铃、跳高、跳远、爬山、竞走、足球、棒球等。水师学堂增设游泳、爬桅等项目。学堂结业学生中，部分被派到学校担任体操教习。由于他们受过严格的训练，掌握了各项体育知识和技能，对广州各级学校开展体育活动起到一定的推动作用。

近代广东公私学堂，都特别重视体育教学和开展体育活动。岭南大学、中山大学、培正中学、培英中学、南武中学、省立女子师范学校、真光女子中学、培道女子中学等学校，培养出大批优秀运动员。

清末成立的广州基督教青年会和民国时期广东各地成立的社会体育团体，如广东精武体育会、梅县强民体育会、台山县台城仁社体育会、开平县启新体育会、文昌县钟声体育会等，在培养体育骨干、提高竞技体育水平、推动群众体育等方面起了积极作用。

近代广东，运动员在历届远东运动会和新中国成立前的全运会上，屡创佳绩。广东籍足球运动员丘纪祥、许民辉、唐福祥、李惠堂、陈光耀、叶北华等，先后入选中国足球队，多次参加远东运动会，成绩卓著。主要由粤港运动员组成的中国游泳队，荣获第二届远东运动会团体冠军。以广东运动员为主力的中国男子排球队，曾获第二、三、五、八、九届远东运动会冠军。在新中国成立前历届全运会比赛中，广东田径队曾获团体总分第一名1次，单项第一名15个，有19人4队29次破15项全国纪录、1人1次创1项全国纪录。广东网球队获第四届全运会男子团体冠军，获第七届全运会男、女子单打和女子双打冠军。以真光女中为主力的广东女子垒球队，曾获第五、七届全运会冠军。以岭南大学为主力的广东男子棒球队，曾获第五届全运会冠军、第七届全运会亚军。广东女子篮球队曾获第五、六届全运会亚军。广东男子排球队获第三、四、七届全运会冠军，广东女子排球队分别获第四、五、六届全运会第一、三、二名。六次全运会，广东游泳队男子组蝉联团体总分第一，女子组先后获团体总分第二和第一[①]。

① 广东省地方史志编纂委员会编《广东省志·体育志》，广东人民出版社，2001，第4页。

第三节

风俗变化

在近代外来文化以及国内政治、经济、思想变化等多种因素影响下，广东的民俗、婚俗、丧葬发生了相应变化，体现了时代特色和地域特色。

一、因市政变化出现的新风俗

近代广东市民生活的新风俗迅速形成，最具代表性的是广州出现了迎春花市。粤人买花卖花历史悠久，常年花市早已有之，迎春花市则是20世纪20年代才基本定型的。迎春花市与春节节庆活动相结合，成为广州年俗活动的组成部分，故又叫“除夕花市”或“年宵花市”。花市摆卖时间一般是农历十二月廿四至除夕中夜，摆卖桃花、吊钟、秋菊、月季、金桔等年宵用花为主，后来摆卖的物品又陆续出现字画、古玩、陶瓷、酸枝、纸花、盆景、金鱼等。广州人除夕“行花街”，祈求来年行好运。

1919年，广州双门底拱北楼拆除后筑永汉路，开阔的空间为迎春花市定型提供了条件。永汉路迎春花市形成的同时，西关也形成了迎春花市。民国时期，西关还属于城外郊区，但由于十三行、沙面一带洋行汇聚，城西又近珠江，有濠河可通，且城外不受城门开关时间限制，加之粤汉路、广九路先后通车，沪穗线招商局轮船通航，使得此地出现了很多业务范围涉及全省乃至国内外的大商号。因此这里的迎春花市很快就盖过了永汉路花市，规模更大，人气更旺，俨然广州的“中心花市”。民国时的广州除夕，城里人去西关花市者更多，甚至距离永汉路不远的四牌楼（今解放中路）居民也去西关“睇花市”。迎春花市成为近代广州最重要的风俗之一，延续至今[1]。

① 广州市档案局、广州市国家档案馆、广州市工商行政管理局、广州市花市办公室编《春来南国花如绣：广州迎春花市》，广州出版社，2010，第100—111页。

二、与粤人出外洋有关的风俗

近代侨乡的华人华侨在频繁的往来国内外的过程中，形成了一些特有的风俗习惯，其中尤其值得注意的是“送顺风”与“落马”。

初出国者或华侨重返侨居地，习惯在动身前摆顺风酒。来贺的亲友邻居向出国者赠送红包（俗称“顺风包”）或糖果、饼食、肉蛋之类的礼品，俗称“送顺风”，即祝离家者一路平安，顺风得利之意。在华侨较多的乡里，旧社会每年农历八月，就由侨户凑钱请潮剧或外江大戏酬神，小规模的则演潮州纸影戏，目的是祈求旅外亲人平安，俗称演“顺风戏”或演“番客戏”。

逢有“番客”回乡，亲戚朋友会送来猪肉、鸡蛋等礼品，表示接风洗尘，俗称“落马”。而海外回乡的人，会将糖果、面巾、驱风油或其他东西分送邻里亲朋。潮汕富裕华侨回乡，或雇请戏班演出，或请亲朋看电影表示酬谢。为感谢海外乡亲关心与支持家乡建设和公益事业，乡政团体也多有摆酒和放映电影招待乡亲的风俗。

三、婚丧习俗的新变化

广东侨乡众多。新中国成立前外出的华侨，家中有父母需人照顾，家业需人看管，可由父母做主在家娶媳妇，俗称“看家婆”或“屯家婆”。而该华侨或因在外已另有所娶，或因其他原因不能回来，行婚礼时便以一只簪花戴红的公鸡，代替新郎拜堂，俗称“生鸡拜堂”。看家婆虽未与丈夫见面同房，但其地位是得到乡规民俗承认的。如丈夫久不回来，无儿无女，看家婆可收养一个养子以便传宗接代，继承遗产。有些看家婆盼了一辈子也无法与丈夫见面。这种婚俗是当时侨乡特定历史环境下的产物[①]。

广东部分地区的一种婚俗是白天举行婚礼，而这一婚俗形成于抗日战争时期。1938年日军入侵南粤，广东过半地区成为沦陷区或半沦陷区，日军、伪军到处横行骚扰，且盗贼如毛，地方不靖。人民的生命财产和家庭

① 广东省地方史志编纂委员会编《广东省志·风俗志》，广东人民出版社，2002，第81页。

生活缺乏安全保障，民间婚礼由在晚间改为白天举行，婚礼过程由3天缩短为1天，礼仪内容大大从简，无形中促成婚俗的改革。影响及于战后，许多地区的婚礼也因适应形势摆脱封建礼教的桎梏，趋向简化[①]。

在西方新式丧礼的影响下，广东殡葬仪式也出现了新现象：社会上出现了提供新式殡葬服务的公司。1919年，旅美华侨吴文波发起组织广州粤光制殓股份有限公司，经营棺木、寿衣、坟墓、生花、代理仪仗、出殡、礼车等业务，后设立乐天殡仪馆。此后，丧礼可在殡仪馆举办，丧葬仪式也大大简化。1943年，国民政府考试院召集礼制讨论会，后编印《北泉议礼录》，根据规定殓礼停尸不得超过3天，其他程序也有所简化，后因战争影响，丧家缩短停尸、停柩时间甚至改为即日出殡。另外，广东出现了专门的丧葬用地。广东地方政府早期并无规划丧葬用地，皆由民众自行择地安葬，后逐渐于城市外围自然形成坟墓集中区域。较为著名的有广州府城外大北门外、小北门外、东门外、东郊区庄、淘金、沙河墟一带。近代外国人来华死亡后，如选择葬在中国，则安葬于广州东郊三望岗开辟的纲纪慎教会公墓与海珠岛南石头等地坟场[②]。民国时期，在政府与民间的推动下，广州建立了一些大型坟场，包括黄花岗七十二烈士墓园、十九路军淞沪抗日阵亡将士陵园、新一军公墓、粤军第一师阵亡将士墓园等。其中较具代表性的是黄花岗七十二烈士墓园，自1912年起多次获得翻修。1918年起，又由著名建筑师杨锡宗规划设计，开辟中枢墓道及建设大牌坊等，更适合于大型集体祭祀活动。

① 广东省地方史志编纂委员会编《广东省志·风俗志》，广东人民出版社，2002，第96页。

② 卢洁峰：《从黄花岗到红花岗：广州先烈路钩沉》，暨南大学出版社，2022，第59页。

第四节

华侨与侨乡

近代中国移民至海外的人口超千万，其中广东移民占70%以上。亚洲是广东华侨最主要的聚集地，此外美洲、大洋洲和非洲，广东华侨也人数众多。近代广东华侨分布广阔，奠定了当代海外华侨华人分布的基本地理格局。他们推动了侨居地的经济建设，促进了跨越大洋商业网络的形成，也对侨乡的政治、经济、文化发展产生了重大影响。

一、近代广东华工华侨出洋情况

近代广东，部分破产农民和小手工业者迫于生计出洋谋生，“一溪目汁一船人，一条浴布去过番”。东南亚国家和地区是广东华工华侨出洋的主要目的地，尤其沿海航行可直达的越南、柬埔寨、暹罗、缅甸、新加坡、马来亚、印度尼西亚、菲律宾等地。东北亚的日本和朝鲜，在19世纪中叶门户开放后，广东买办商人和从事进出口贸易的商人，连同他们的家人、雇员、用人等，成为早期日韩华侨的主要群体。

在“淘金热”的吸引下，珠三角尤其四邑人，漂洋过海到美洲与大洋洲淘金，“火船驶过七洲洋，回头不见我家乡。是好是劫全凭命，未知何日回寒窑。”在“淘金热”进入尾声后，他们又相继转向从事其他行业。19世纪后期，夏威夷的首府檀香山也是广东移民的重要目的地。夏威夷本为独立王国，1898年后归属美国，大批广东人从香山等县前往檀香山从事种植、畜牧、伐木等事业，为檀香山开发作出巨大贡献。孙中山的长兄孙眉就是檀香山侨商的杰出代表。孙中山早年也曾到檀香山接受新式教育。檀香山华侨对近代民主革命作出很大贡献。兴中会在檀香山建立，孙中山早期的革命同志很多是檀香山的粤籍华侨。

19世纪末，在中欧直航航线开通的影响下，欧洲远洋公司的华人海员中有不少人随远洋货轮行驶至欧洲各口岸便上岸定居，也成了近代早期的旅欧华侨。除去出洋谋生的破产农民和小手工业者，留学生也是欧洲近代华人移民的重要群体。19世纪70年代至20世纪初，参加留法勤工俭学的部分广东青年知识分子前往欧陆。1923年，孙中山改组国民党，提出“联俄、联共、扶助农工”三大政策，实行国共合作，其间部分有志青年前往苏联留学，其中粤籍学生人数众多，不少留学生定居欧洲。

相比之下，近代广东前往非洲的人数较少。19世纪中期，部分东南亚的广东华工二次移民到非洲，此后直到日本占领广东之前，广东华工华侨极少移民非洲。但日本占领广东之后，一大批侨属因躲避战事到非洲投亲靠友，才掀起了广东移民非洲的小高潮。

由于自愿移民无法满足近代西方资本主义国家对于劳动力的需求，故与此同时，大量广东劳工被拐骗或掳掠贩运至古巴、圭亚那、秘鲁、巴拿马、墨西哥、波利尼西亚、巴布亚新几内亚、萨摩亚、斐济、瑙鲁等欧洲殖民地，从事甘蔗种植与运河、铁路等大型工程的建设，“断柴米，等饿死，无奈何，卖咕哩”[①]。应当注意的是，在自愿出洋务工的人群当中，那些因付不起出洋船资，需要从中间人或船务公司赊单或签订契约者，往往会沦为被贩卖的劳工。

二、华工华侨对侨居地的贡献

近代广东华侨，出国前绝大多数处于社会底层，文化水平不高，更不具备外语能力，且大多数缺乏创业资本，因此基本上都以出卖劳动力作为海外谋生的起点，推动侨居地的农业发展和基础建设。他们在东南亚、拉丁美洲以及澳大利亚，培植基础农作物和经济作物，饲养家禽和水产；在北美、南美、澳大利亚、东亚、非洲和南太平洋岛国，从事金矿、银矿、锡矿、铜矿、磷酸盐矿（鸟粪石）等矿产的开发；在巴拿马铁路、巴拿马运河、墨西哥铁路、秘鲁铁路等建筑工地上，他们胼手胝足，挥洒汗水。

部分积累了一定财富的华侨华人，开始自主创业。少数积累丰厚的华侨华人，在居住地投资实业。来自香山的澳大利亚华侨蔡氏兄弟、郭乐

① “卖咕哩”意为“卖身为苦力”。

兄弟，在当地投资“永安”果栏，马应彪创办“永生”果栏[①]。来自大埔的南洋华侨张振勋，自19世纪60年代开始，先后在荷属葛罗巴埠、苏门答腊、荷属怡里、爪哇、英属槟榔屿创办裕和、亚齐、福兴、笠旺、万裕兴垦殖公司；1878年在苏门答腊日里创办日里银行；1886年在槟榔屿创办万裕兴轮船公司，后在巴城创设裕昌远洋航运公司，在亚齐创设广福远洋轮船公司[②]。跨越大洋的商业网络的形成，也与华侨关系密不可分。近代广东华侨促进了东亚经济贸易圈的形成和发展，东亚地区已大体形成由华商主导的、从日本海到赤道的经贸圈，范围包括日本、朝鲜、中国东部沿海和东南亚地区。这一商圈与印度人和阿拉伯人主导的印度洋经贸圈、欧洲人主导的大西洋和地中海经贸区鼎立，共同组成世界的主要贸易体系。

三、华侨华人对广东地区的影响

在民族主义激励下，海外华侨华人积极投资广东的经济建设，参与政治社会生活，为广东的发展作出了重要贡献。

侨资促进了广东地区民族资本主义的发展。前文提及的继昌隆机器缫丝厂的创办人陈启沅为南洋华侨，这座缫丝厂也被视为华侨投资机器工业的先声[③]。粤汉铁路赎回路权活动，便是由张振勋带头出资认购股份完成的。前文提到的潮汕铁路和新宁铁路，投资修建者也是广东华侨。1904年，侨商张煜南、张鸿南投资的潮汕铁路建设开始动工，开创了华侨投资现代交通运输业之先河，该项目是清末华侨回国兴办实业耗资最大的项目，带动了潮汕外向型经济进一步发展。1906—1920年，美国华侨陈宜禧投资兴建的新宁铁路完成三期建设全线通车，将台山、开平、新会、江门连为一体，四地形成了铁路、公路、水运综合交通格局。新宁铁路沿线兴起了一批商埠，仅台山一县商埠就超过百座，四邑近代城乡商业网络

① 李承基：《生安泰联营称霸香蕉市场》，载李承基《四大公司》，《中山文史》第59辑，政协广东省中山市委员会中山文史编辑部，2006，第48页。

② 苏勇主编《中国管理通鉴·人物卷》，浙江人民出版社，1996，第387页。

③ 黄逸峰：《陈启沅家族和刘鸿生资本集团》，载中国人民政治协商会议全国委员会文史资料研究委员会编《工商史料》，文史资料出版社，1980，第55页。

形成[①]。从1905年起，张振勋在广东大规模投资，先后创办了广州振益公司（制造砖瓦）、广州亚通机织厂、广东开建金矿公司、惠州福惠玻璃公司、惠州实业公司、广州湾普生农牧公司、雷州机械火犁垦牧公司、平海福裕盐田公司、佛山裕益砂砖公司等企业，投资总额近千万元。

华侨还积极参与文化、医疗、公益事业。清末民国时期，广东侨乡发展教育事业经费短绌，华侨积极伸出援手，承担了教育经费的主要部分。在华侨的大力支持下，广东侨乡初步形成了涵盖小学、中学、中专、师范及大学以及幼儿教育与职业学校的多层次教育体系。在强调基础教育的同时，广东华侨还重视女子教育，侨乡女子教育走在全国前列。由于广东华侨对侨乡教育的广泛参与和深度影响，侨乡教育具有侨办教育的特色，顺利实现了传统教育到近代教育的转变，形成近现代侨乡社会变迁的重要组成部分。在海外华侨的助力下，广东侨乡的慈善公益与体育事业也得到发展，医疗救助、赈灾等多方面水平大幅提升。

海外华侨华人积极支持中国革命。孙中山领导的反帝反封建历次斗争，都得到了海外华侨华人的大力支援。1895年广州起义和1900年惠州三洲田起义，有檀香山华侨邓荫南、宋居仁等多人参加。1907年潮州黄冈起义和惠州七女湖起义，由新加坡华侨许雪秋、邓子瑜等组织发动。1908年钦州马笃山起义，以越南华侨青年200多人组成的短枪队为主力军。后来，这支华侨武装又参加了河口起义。1911年黄花岗起义的800名选锋（敢死队员）中，华侨占500名。起义前夕，在街头炸死广州将军孚琦的是梅县华侨青年温生才。华侨烈士以自己的鲜血和生命，谱写出革命的壮歌[②]。

据不完全统计，在孙中山领导的十次武装起义中，华侨和港澳同胞捐款60余万银元。仅黄花岗起义，海外华侨便捐助了187 686银元。仅1911年一年间，南洋华侨捐助了五六百万银元。从广东光复至次年5月底的半年间，华侨捐助和借款给广东都督府作经费达1 758 699银元。孙中山的哥哥孙眉、香港巨商李纪堂、檀香山华侨邓荫南、马来亚华侨谭德栋等，都为革命倾尽家产。孙眉先后捐助革命经费数十万银元。李纪堂“生平所捐

① 广东省地方史志编纂委员会编《广东省志・铁路志》，广东人民出版社，1996，第345—352页。

② 蒋祖缘、方志钦主编《简明广东史》，广东人民出版社，1987，第558—559页。

革命经费在一百万左右”，是捐款最多的华侨。美洲华侨领袖司徒美堂向致公堂提议将多伦多、温哥华和维多利亚三地4所致公堂大楼典押出去，帮助国内同盟会人筹集革命经费。中华民国临时政府成立后，他向华侨筹集200万银元支援新政府。越南堤岸卖豆芽为生的华侨小贩黄景南，“倾其一生之蓄积数千元，尽献之军用”。越南华侨关景以帮人挑水为生，每担工钱仅一分，为革命倾尽积蓄8000银元。

全面抗战爆发后，居住在世界各地的粤籍华侨，对日本野蛮侵略祖国的行径无比气愤。他们通过各形式、各渠道，多方面支持祖国抗战。司徒美堂参与组织“纽约华侨抗日救国筹饷总会”，与宋庆龄的“保卫中国大同盟”保持密切联系，以财力、物力支援八路军和新四军①。泰国著名侨商蚁光炎，号召泰国华侨商贩抵制日货，推销抗日救国公债，为抗战筹措大量外汇资金，并号召侨商在国内兴办实业，为抗战物资供给提供有力保障②。潮籍旅泰青年侨领苏君谦等，捐资国币200元支援延安抗日军政大学③。接到捐款后，周恩来、叶剑英等联名给苏君谦等人写了“回批”，对他们的爱国热忱“殊堪钦敬”，盼望他们在泰国“鼓励彼方青年前来学习抗日知识”。1938年，马来亚华侨彭士馨率南洋华侨司机回国服务团，为延安带去了两辆救护车和一批药品④。1941年，华侨连同其他爱国人士通过工合国际委员会为陕甘宁边区捐款约890万法币⑤。部分归侨青年，还加入了洛川八路军随营学校⑥。也有不少华侨加入中国共产党领导的华南抗日纵队或其他抗日部队，直接上阵杀敌。

① 广东省地方史志编纂委员会编《广东省志·华侨志》，广东人民出版社，1996，第353页。

② 广东省地方史志编纂委员会编《广东省志·华侨志》，广东人民出版社，1996，第362页。

③ 黄挺：《潮商文化》，华文出版社，2008，第490页。

④ 张明胜等编《革命圣地：延安革命纪念地》，中国大百科全书出版社，1998，第73页。

⑤ 张文琳：《国际友人与中国革命编年史略（1919.5.4—1949.10.1）》，中国文史出版社，2016，第268页。

⑥ 许力以主编《沙洪纪念文集》，中国和平出版社，2005，第91页。

第五节

社会乱象与社会治理

近代广东，多数时间战事不断、局势动荡、民生艰困，因而社会也动乱不安。时人认为，赌、盗、会、斗成为广东的四大顽疾。治理广东的各个政权，都设法整顿、建立自己的统治秩序；各个时期，士绅、商人等阶层也力图掌控城乡基层社会。但是，他们都没有取得成功。

一、近代广东的社会乱象

鸦片战争在广东爆发，战后鸦片进一步泛滥。1844年，鸦片走私进口共计40 000箱，约值20 000 000银元，次年走私进口的鸦片不少于38 000箱，共值23 000 000银元[①]，实际输入的数量远超鸦片战争前。晚清广东有一首竹枝词说："烟浓白淡说茶香，多少痴迷欲断肠。更有伤心二烟馆，拾人余唾当琼浆。"[②]反映了富裕阶层到贫苦阶层都有更多人受到鸦片毒害。民国以后，广东虽不再从外国输入大宗鸦片，但西南出产的鸦片则以广东为重要销场。广东的军阀、豪绅、奸商、盗匪等从鸦片销售中获取巨大利益，政府的禁烟法令如同具文。直到1949年，鸦片仍是扰害广东的重大问题。

近代广东也是全国赌博最盛的地方，有"粤东赌博之风甲于天下"之说[③]。晚清广东赌博时开时禁，开禁时征收"赌饷"，年收入达白银200多万两，最多时达白银300万两以上。晚清经官府允许的赌博称正赌，

① 姚贤镐编《中国近代对外贸易史资料》（第1册），中华书局，1962，第638、649页。

② 孙忠铨、潘超、钟山编《广东竹枝词》，广东高等教育出版社，2010，第46页。"二烟馆"主要以鸦片烟灰供吸食，顾客多为贫穷的人。

③ 《粤督禁赌》，《申报》1875年7月12日，第2页。

限于闱姓[①]与番摊[②]，未经允许的称私赌，如花会、白鸽票之类，名目繁多。“广东赌害甚烈，胥一省之人，无贫无富，无老无少，群陷溺于赌博之中。”[③]民国以后，政府仍经常利用赌博“合法化”来筹集军政费用，官吏、衙役、军警、地方恶势力往往庇赌、包赌，致使赌博一直流毒全省。

在近代，广东的盗匪问题也很猖獗。珠三角、粤西、粤东都有大量盗匪，晚清有人甚至说：“地球各国，盗贼之多，以中国为最；中国盗贼之多，以广东为最。”[④]类似言论常见于各种文献，反映了社会各界对广东盗匪问题的焦虑。近代广东遍布数百人的盗匪中小团伙，装备精良，往往结合成帮会，形成地方权势，除了打家劫舍、绑票勒索以外，有时还实行小范围的地方割据，如同官府征税一样通过地保等基层组织勒收“行水”（保护费）。辛亥革命时期，革命党人发动的起义往往有会党、盗匪参加，民国后有些头目还成为官员。广东先后出过李耀汉、翟汪、张锦芳等三个“绿林省长”，清末广东著名盗匪头目李福林成为国民政府的军政高官。乡村地区，盗匪转而成为民团首领、乡镇掌权者的情况更多，他们行事仍保留盗匪本色，民间往往称这类人物为“大天二”[⑤]。

近代广东民间拥有大量武器，包括各种新式旧式枪炮。1924年一项估计称：“中国枪械以广东为最多，合商团、乡团各种自卫枪械与现役军队并土匪等军，共有四百万（支）。”[⑥]清代以来，广东已是械斗特别多的省份之一，民国以后更严重。宗族之间、乡村之间常因风水、水利等问题械斗，有些械斗规模达数千人，互斗数月甚至数年不止，有时还雇请盗匪参加，官府、军警无法制止，械斗中甚至使用机关枪、军用大炮等精利武

① 旧时称科举考试场所为“闱”，“闱姓”即以猜科举考试中榜者姓名多寡为赢输的一种赌博活动。

② “番摊”即庄家抓一些豆子之类的小东西，用碗、杯随机盖上，参与者竞猜该堆用四除后余数为多少的竞猜赌博。

③ 《宣统政纪》卷三十三，收入《清实录》第60册，中华书局，1987，第583页。

④ 《纪粤盗愤言》，载《知新报》第106册，上海社会科学出版社、澳门基金会，1996，第1544页。

⑤ 参见何文平：《变动中的地方权势：清末民初广东的盗匪问题与社会秩序》，广西师范大学出版社，2011。

⑥ 《自杀底孙文》，《香港华字日报》1924年10月24日，第2页。

器，造成大量死伤[①]。

这些社会乱象，在1949年广东解放后被迅速消除。

二、乡村社会的管治

按清朝的制度设计，知县被称为“亲民之官”，直接管治全县，县衙是最基层的政权。但县级政府的资源和人力配置使其很难实现对乡村基层社会的有效管治。到了晚清，广东一个县的人口往往有几十万，南海、番禺、顺德、东莞人数甚至达到过百万的规模，且面临激烈的社会变动，政府对乡村基层社会的管治也随之有不少变化。

清朝的保甲制度延续到民国，但保甲制度中的保长和甲长，社会地位和威望不高，保甲也缺乏财政、资源的保障来维持日常运作，县一级政权很难仅仅依靠保甲直接管治基层社会。有学者注意到，在晚清的广东，几乎所有县域都被佐杂（典史、县丞、州同、巡检等）分割，县一级政权很大程度通过佐杂管理保甲，从而管治乡村基层社会[②]。然而，广东的佐杂官员虽在全国最多，但平均下来每县也只有几个，仍不足以直接治理全县各乡各镇。前文提到，清朝中叶以后顺德等县出现了士绅掌控的乡村基层权力机构——公约、公局。到了晚清，这类机构逐步在广东普遍设立。

两次鸦片战争和洪兵起义等地方战事，使得州县官直接管治乡村基层社会越发困难，重整地方秩序需要依靠士绅领导的乡约（或街约）、公局（又称公约、公所）。道光年间，广东很多社学和书院成为地方士绅兴办团练平定社会动乱的重要场所，有学者称之为“乡约式社学”和“乡约式书院”[③]。士绅兴办团练的权力组织，也多设在这些建筑里。例如，东莞防御公局（或称东莞公约）设于县城外西北隅社学内[④]，南海县的同人局

① 方方：《广东情况介绍：在赣州高干会上的报告》，载中共广东省委党史研究室、广东省档案馆编《方方文集》，广东人民出版社，1990，第340页。

② 胡恒：《皇权不下县？清代县辖政区与基层社会的治理》，北京师范大学出版社，2015，第120—135页。

③ 杨念群：《论十九世纪岭南乡约的军事化：中英冲突的一个区域性结果》，《清史研究》1993年第3期。

④ 宣统《东莞县志》卷三五，《前事》，载广东省地方史志办公室辑《广东历代方志集成》，岭南美术出版社，2007，第382—383页。

设立于同人社学[1]，番禺县的沙茭团练总局设在贲南书院[2]。

广东士绅领导的团练在协助清朝镇压洪兵起义时起了重要作用。事后，在恢复清朝统治秩序等方面，这些士绅组织仍发挥了作用。同治、光绪年间，广东的督抚一再谕令在各州县、乡镇设立公约、公局这类组织。1886年，在粤督张之洞主持下，规定广东各地"在县城设公局一所，市、镇、大乡设分局一所，遴选公正绅士，经理局事"[3]。曾在广东任州县官的徐赓陛的做法是"于通村适中之地设公局一所，即遴选其族内诚实士绅十余名为局首"[4]。至此，公约、公局这类士绅掌管的乡村基层权力机构已遍及全省。

广东公约、公局的局绅多为乡村地区的中下层士绅，为首者往往有科举功名。局绅由当地士绅推举，然后由州县官任命。公约、公局以社学、庙宇为办事地点，以各种办法征收局费维持日常运作，拥有局丁、团练等武装力量，配备各种冷热兵器，甚至拥有洋枪。州县官、佐杂往往要求局绅协助征粮、缉捕、查案，公约、公局也有调解、处置乡村民间纠纷的权力。有时公局甚至在州县官默许之下处置民、刑案件甚至命盗重案。

番禺县大沙湾镇的仁让公局，是晚清广东士绅掌控的基层权力组织的典型。仁让公局依靠沙湾的宗族势力，有充裕的费用，辖有勇丁308名，武器有土枪、洋枪240支。仁让公局执行番禺知县、沙湾巡检的各种谕令，对沙湾镇及附近的乡村实施管治，并有惩罚、拘押乡民的权力[5]。

公约、公局的存在，使晚清广东州县政权得以更好地征收赋税和维持乡村地区的秩序。但很多局绅也趁机武断乡曲、欺压乡民、谋取私利，从

① 康有为：《康南海自订年谱》，载《近代中国史料丛刊》第2辑，文海出版社，1998，第26页。

② 同治《番禺县志》卷十六《建置略三》，载广东省地方史志办公室辑《广东历代方志集成》，岭南美术出版社，2007，第183页。

③ 张之洞：《札东臬司饬东莞等七属遵办清厘匪乡》，载赵德馨主编《张之洞全集》第5册，吴剑杰、周秀鸾等点校，武汉出版社，2008，第118页。

④ 徐赓陛：《禀办匪乡事宜》，载冯尔康主编《清代宗族史料选辑》（上），天津古籍出版社，2014，第517页。

⑤ 刘志伟、陈春声：《清末民初广东乡村一瞥："辛亥壬子年经理乡族文件草部"介绍》，载柏桦主编《庆祝王钟翰先生八十五暨韦庆远先生七十华诞纪念论文合集》，黄山书社，1999，第433—438页。

而也使阶级矛盾、社会矛盾更加尖锐。晚清新政时期，在城乡举办自治，广东很多乡镇也设立了议事会、董事会等机构，但如果这些机构的主导人物不是由局绅兼任或被局绅认可，其权力与实际影响就很有限。

辛亥革命时期，革命党人在广东乡村地区发动过多次起义，但主要依靠会党、绿林等边缘群体。革命党人曾考虑过设立新的基层社会组织，并制定实施办法。孙中山1906年主持制定的《中国同盟会革命方略》关于革命时期的地方政权，规定每县设立一个"安民局"，有局长1人、局员10人、顾问员10人，"局员择用营中人或地方绅士，顾问员皆以地方绅士充之，均听命于局长"[①]。但这种设计未免脱离实际。民国初年革命党人掌权的广东军政府，各县也并没有普遍建立"安民局"。广东光复前后，很多公局受到民军和民众的冲击，乡村秩序更加混乱。军政府即使对县一级管控能发挥一定作用，但无法控制县以下的广大乡村地区，于是不得不允许原来的局绅继续管治乡村基层社会，然而多数局绅并不合作。而且，随着清政府被推翻和科举制被废除，有科举功名的局绅不再具有权威，广东军政府无法有效管治乡村社会。

龙济光主政广东期间颁布了《广东筹办保甲团练暂行章程》，把公局与保甲制度相结合。但龙济光要全力防范革命党，不可能为章程的实行提供多少军事或财政支持。这个章程的颁布，无疑有助于更多旧基层权力组织的恢复，但这些组织的恢复或重建，不会完全遵循龙济光的章程，更未必是省、县政府所能控制的。

1921年8月，广东实行县自治，各地选举县长、县议会。在这个过程中，县以下地区的权力组织有所建立或健全。到了1926年，国民党政府都只控制广东部分地区，而在所控制的地区中，各军队擅自委任县长，征收捐税，省对县无法有效行使权力，县以下地区混乱不堪。尤其民国以后社会动乱频发，从中央到地方都由实际掌握武力的人物主导，有枪才有发言权。旧式士绅要继续掌权，需要直接掌握武力，否则只能让位于那些有军事经验的回乡军官、绿林与土豪，这些人通常也像清代那样被称作"绅"。广东各地县以下的基层权力组织实际上是警署或区乡办事所或团

① 孙中山：《中国同盟会革命方略》，黄彦主编《孙文全集》第5册，广东人民出版社，2021，第31页。

局，从组织架构和办事方式来看，仍是清末公局的延续[1]。国民政府成立后，广东乡村社会的权力格局变化不大。

1937年全面抗战爆发后，广东省政府为获得更多的人力、物力资源，颁布《广东省编办保甲章程》，规定中乡村“户长”的充任者多为家长、族长、祠堂值理[2]，这就意味着政府依然要依靠乡村精英来治理乡村社会。但双方存在许多摩擦。国民党广东当局不久就对保甲制度进行了改进，选派经过培训或有经验的优秀青年办理保甲。不过局面并没有改善，1940年国民党依托保甲的征兵活动中，便遇到了来自广东乡村精英的巨大阻力[3]。无法在广东乡村建立社会基础，是民国政权无法稳定的重要原因之一。

三、城市社会的治理

在近代广东城市权力格局中，广东商人团体非常重要。近代广东商人，包括工业、商业、金融业、服务业、传媒业的经营者，既有大商人，也有中小商人。近代广东商人团体，包括按照清政府和民国政府法规建立的地域性商人组织，比如行会（后演化为行业公会）、行会联合体（例如七十二行）、商会、商业研究会、商业促进会、国货维持会等；还包括带有政治性质的商人团体，比如粤商自治会、粤商维持公安会、广州商团等。

商人团体经常参与救灾、赈济、维护治安等活动。民国广东多数社会救济团体都由商人出资与掌控。1871年，广州商人钟觐平、买办陈次壬等，联合商界同仁创办了广州第一间近代民间善堂——爱育善堂；1896年，银号商人陈惠甫、华侨商人陈启沅创办了崇正善堂；19世纪末，七十二行商先后捐资创设广仁善堂、广济医院、方便医院；1921年，买办陈廉伯创办了志德婴院；等等。在“兴办一切善举”宗旨下，善堂的职能包括赠医施药、施粥派衣、施棺代葬、留医接生，以及设义学、施教化，

① 邱捷：《民国初年广东乡村的基层权力机构》，《史学月刊》2003年第5期。

② 《广东省编办保甲章程》，《广东省政府公报》1937年6月第370期。

③ 《广东抗日战争志》编纂委员会编《广东抗日战争志》，广东人民出版社，2023，第515—516页。

淳化民风以减少地方矛盾冲突、稳定社会秩序，等等[①]。

商人团体成为重要的社会力量，势力扩大到各种公共事务，迅速地在政治舞台崭露头角。由于他们掌握武力，且有强大的经济实力，所以在参与社会活动、地方政治时往往敢于坚持自己的主张，甚至与政府抗争。20世纪初，粤商参与、倡议、领导了一系列爱国运动。前文提及的维护西江缉捕权、“二辰丸事件”和澳门划界问题，以及日本侵占中国东沙岛事件中，粤商自治会都积极发动、组织维护中国海权的活动。

能否取得商人团体的支持与合作，一定程度上成为近代官员甚至政权能否顺利实施统治的关键。在1911年11月广东和平光复过程中，不同于其他省份的独立由咨议局发挥主要作用的情况，广东主要由商人团体策动脱离清朝。革命党人在广东建立革命政权后财政极其困难，广东商界马上组织海内外捐款、借款，维持了革命政府最初的军费、政费，并接受了革命党人政府发行的新纸币，解决了新政权成立初期的财政困难。因此，革命党人对广东商人及商人团体都予以优待。

① 邓雨生：《全粤社会实录初编》，载广东省立中山图书馆、中山大学图书馆编《清代稿钞本》第50册，广东人民出版社，2013，第229—243页。

第四章 思想文化的异质性繁兴

近代中国的思想文化在中西文明的交流碰撞中前进。广东面向南中国海，自古以来便是中外文明交流汇聚之地，近代以后更是得西洋风气之先，思想文化长期引领着全国的发展潮流。总的来看，近代广东的思想文化呈现出多元混杂的面相，维新思想、三民主义、无政府主义、马克思主义等纷纷在南粤大地率先传播，西方的艺术和教育等也最早在广东落地。然而，无论近代广东的思想文化领域如何“百花齐放”，救亡图存的主题和经世务实、开放包容的特点始终贯穿其间。

第一节

晚清的社会思潮与思想主张

鸦片战争后，面对来势汹汹的“西潮”[①]，一批广东的知识分子基于各自处境，做出了回应。甲午战败使救亡图存面临着新的路向选择，康有为、梁启超、黄遵宪、孙中山等粤籍人士纷纷提出自己的救国主张。

一、广东时贤对“西潮”的回应

林则徐（1785—1850），字元抚，福建侯官人，1839年春至1841年春以钦差大臣的身份在广东办理禁烟，是近代中国“睁眼看世界的第一人”。使粤期间，为了完成禁烟使命，更好地了解“夷情”，他创立并发行了《澳门新闻纸》，组建翻译团队翻译出版了《四洲志》《各国律例》《华事夷言》。《四洲志》的原书名为《世界地理大全》，作者是英人慕瑞（Hugh Murray）。《四洲志》摘译该书，内容包括了英、法、美、俄等三十多个国家的地理、历史、政治、军事等，是林则徐用来处理外交事务的参考书，后来成为魏源《海国图志》的主要参考资料，对洋务运动和日本的明治维新影响巨大。林则徐开学习西方的先河，使广东成为全国了解西方、观察世界的窗口。曾任台湾兵备道的姚莹，高度认可林则徐在广东翻译西书、吸取西方知识的行为，并意图追随。他曾在给林则徐的信中说：“数十年来所未了然者，复因魏默深之书，得闻粤中尊译欧罗巴人《四洲志》，知其大概，惜未见原书，未审有刊本可得否？莹亦有英夷图书数种，苦无翻译之人，徒藏笥中而已，安得善译者一考校之耶。”[②]

① 所谓“西潮”是指西方思想文化对中国社会的冲击。

② 姚莹：《侯林制军书》，《东溟文后集》卷八，载《续修四库全书》第1512册，上海古籍出版社，2002，第559—560页。

梁廷枏（1796—1861），字章冉，号藤花亭主人，顺德人。他曾协助林则徐禁烟，平生勤于著述，有《广东海防汇览》《粤海关志》等书传世。其《海国四说》作于1844年，1846年刊印。该书详细介绍了亚洲、非洲、欧洲、南北美洲的情况，尤其对英美两国的介绍最具特色，资料亦颇可靠，为当时人们认识世界、了解欧美提供了较准确的引导。

洪仁玕（1822—1864），字益谦，花县人。1859年洪仁玕从香港来到天京，总理太平天国朝政。他打算在太平天国内发展资本主义，遂向洪秀全条陈《资政新编》。《资政新编》全文共约10 000字，其核心是向西方学习，实行具有资本主义性质的政治、经济和社会文化等方面的改革。政治上，建立一个中央集权、高效、廉洁和稳定的政府。经济上，发展资本主义的交通、金融、采矿和机器制造业。社会上，移风易俗，除旧布新，建设一个新气象的国家。外交上，实行平等和开放的外交政策。法律上，树立“设法、用人”的法制观念。《资政新编》是中国近代历史上第一个比较系统地发展资本主义的方案，无论是对世界的认识，还是向西方学习的主张，它都代表了19世纪60年代以前中国的最高水平[①]。

何启（1859—1914）、胡礼垣（1847—1916）是中国早期的维新思想家，他们合著的《新政真诠》是晚清一部重要的改良著作，何启、胡礼垣长期生活在香港等地，受过系统的西式教育，比起生活在内地的同时代知识分子，他们受西方思想影响更深。《新政真诠》是写于不同时期的9篇文章的汇编，由“初编：曾论书后”“二编：新政论议”“三编：新政始基”“四编：康说书后和新政安行”“五编：劝说篇书后”“六编：新政变通”以及“前总序”“后总序”组成。书中介绍了“公平”思想、社会契约思想、民权思想等，在晚清维新思潮中占有重要位置，对后世产生过一定影响。

郑观应（1842—1921），字正翔，香山（今中山）人，近代中国著名的维新思想家。他学通古今，洞察世情，曾任职于多家大型洋务企业，站在了时代的最前沿。《盛世危言》是郑观应撰写的一部较早思考近代中国从传统向现代转变、系统学习借鉴西方社会制度的著作，是郑观应维新思

① 郑大华：《中国近代思想通史：1840—1949 · 第一卷：1840—1915上》，岳麓书社、人民出版社，2023，第102—105页。

想的集大成之作，标志着其维新思想走向成熟。

《盛世危言》初版5卷，正文57篇，附录30篇，1894年刊行，次年增补43篇再版，1900年重新增删编排后再版。该书发行10万余册，风行海内外，一时洛阳纸贵，成为当时版本最多、流行最广、影响深远的名著之一。全书以“富国强民”为宗旨，从多个方面提出改造社会的方案。

政治方面，《盛世危言》提出建立议会式的立宪政体：“永保升平之局，其必自设立议院始矣！”经济方面，书中提出著名的“商战”论，认为必须以商立国、富国、强国，寓兵于商，才能内安天下、外拒豪强；强调“兵战”为“有形之战”，只能“治其标”，“商战”为“无形之战”，才能“固其本”。教育方面，该书认为学校是“造就人才之地，治天下之大本也”，主张普及中小学教育、男女同等受教育，重视自然科学和社会教育等。法治方面，该书痛批专制社会的酷刑，揭露清朝司法的腐败，强调立宪的重要性，“变法而不立宪，如树之无根”。国防方面，书中分析了日益严重的边疆危机，并提出应对之策，认为边防比海防更为紧要。

《盛世危言》问世后，即引起朝野震动，“求索者络绎不绝”。同乡的有志青年孙中山，早年和郑观应来往密切。孙中山撰写的《农功》被收进《盛世危言》中。1894年，孙中山的宏论《上李鸿章书》引用了郑观应“人能尽其能，地能尽其利，物能尽其用，货能畅其流”的观点。青年时代的毛泽东，也受过《盛世危言》的影响。1936年，毛泽东在延安与美国记者埃德加·斯诺谈话时，多次提到《盛世危言》对他的影响：“我十三岁时，终于离开了小学（指辍学），开始整天在地里进行长时的劳动，给雇工们当助手，白天做一个整劳力的活，晚上替父亲记账。尽管这样，我还是能够继续读书，贪婪地阅读我能够找到的除了经书之外的一切书籍……我经常在深夜把我的房间的窗户遮起，好让父亲看不见灯光。就这样我读了一本叫作《盛世危言》的书，我当时非常喜欢这本书，作者（郑观应）是老的改良主义学者，认为中国之所以弱，在于缺乏西洋的装备——铁路、电话、电报、轮船，所以想把这些东西引进中国。”[①]在

① 吴黎平整理《毛泽东一九三六年同斯诺的谈话：关于自己的革命经历和红军长征问题》，人民出版社，1979，第9页。

《盛世危言》的刺激下，17岁的毛泽东不顾家人反对，考入湘乡县立东山高等小学堂，这成为他人生的一个转折点。此后，毛泽东不断求索，最终走上了救国救民的革命之路，成为一代伟人[①]。

此外，南海人吴趼人被誉为晚清四大谴责小说家之一。他创作了《二十年目睹之怪现状》等三十多部小说，多为暴露社会黑暗现象，抒发爱国情怀之作。胡适曾评价说："故鄙意以为吾国第一流小说……今人惟李伯元、吴趼人两家。"

二、康有为的维新思想与经学观点

康有为，早年拜大儒朱次琦为师，深受其"经世致用"思想的影响。1879年底，康有为游历香港，看到了诸多资本主义的新事物，见识到西方文明的先进性，思想产生了极大变化。1882年，他借进京赶考之机经停上海，从江南制造总局处购买了大批西书和报刊，回乡后认真研读。这些西学知识打开了康有为的视野和胸襟，改变了他的世界观和政治观。

1888年，康有为首次上书光绪帝，提出"变成法""通下情""慎左右"等建议。上书虽未到达光绪帝手中，却使他名噪京师。政治上的挫折使康有为深感启迪民智的重要性。1890年，他移居广州，开办了长兴学社——万木草堂。该学堂中西课程并举，强调将读书同救亡与变革联系起来，从形式到内容全面创新。康有为开堂讲学，前后八年，吸引并培养了一大批维新志士，梁启超便是其中最优秀的一位。康有为在此著书立说，建构他的变法维新理论。戊戌变法失败后，他逃往海外，极力鼓吹保皇立宪，思想上渐趋保守[②]。

康有为一生著述颇丰，主要有《新学伪经考》《孔子改制考》等。《新学伪经考》成书于1891年，该书通过考证的方法，指称东汉以来的古文经系西汉末年刘歆伪造的。事实上，康有为是借着批判古文经学的"述而不作"，对"泥古不化"的守旧思想展开抨击，在政治上打击"恪守祖训"、不愿变法的封建顽固派，为变法维新制造理论依据。因此《新

① 郑观应著，张金超整理导读《盛世危言：导读本》，广东人民出版社，2024，第1—11页。

② 康有为：《康南海自编年谱》，中华书局，2012。

学伪经考》的主要价值不在学术而在政治，以及在它对当时社会的巨大影响上。梁启超在《清代学术概论》中说《新学伪经考》的社会影响有二："清学正统派之立脚点，根本动摇。第二，一切古书，皆须从新检查估价。此实思想界之一大飓风也。"[1]康有为的某些论断虽然与历史事实不尽相符，但挑战并动摇了古文经学的统治地位，因此该书一经出版就风行思想界。同时，该书也遭到了顽固派的抵制，清政府曾多次下令毁版。

《孔子改制考》成书于1898年变法前夕。如果说《新学伪经考》的作用在破，那《孔子改制考》的作用则在立。与前者相比，后者的政治色彩与社会影响更大。梁启超将《新学伪经考》比作"大飓风也"，把《孔子改制考》则比作"火山大喷火也"和"大地震也"。《孔子改制考》的内容主要有几点：

第一，推翻孔子"述而不作"的传统观点，认为"六经"皆为托古改制而作，孔子是主张革新的素王，是托古改制的大师。康有为一再强调，孔子为了改革当时的社会，托言古人而作"六经"，尧舜等人是否真有其人不得而知。这样一来，传统士大夫一直深信不疑的从尧舜到周孔的"道统"就被打破了，"崇古"的历史退化论也站不住脚了，这无疑有助于人们从儒家思想中解放出来。康有为将孔子打扮成托古改制的教主，目的是打着孔子的旗号推行变法。这就使反对变法的顽固派失去了理论依据。

第二，反对"贱近贵古"的守旧思想，主张变革。康有为用刚学来的西方"历史进化论"思想附会今文经学的"三统""三世"说。《春秋公羊传》有所谓"通三统""张三世"。"通三统"是指每个朝代都有一个受制于天的"统"，共有"黑统""白统"和"赤统"三个"统"，朝代更迭就是这三个"统"依次更替循环。新朝取代旧朝，必须因时制宜地更改制度和政策。"张三世"是一个发展过程。孔子删订《春秋》时将鲁国历史划分为"所传闻世""所闻世""所见世"。后来何休撰《春秋公羊解诂》，对此引申，以"所传闻世"为"衰乱世"，"所闻世"为"升平世"，"所见世"为"太平世"。从衰乱到升平，从升平到太平，社会从低级向高级发展，各项制度也因时而变，不能墨守成规。

① 梁启超：《清代学术概论》，载汤志钧、汤仁泽编《梁启超全集》第10集，中国人民大学出版社，2018，第272页。

而在康有为这里，“衰乱世”是君主专制时代，“升平世”是君主立宪时代，“太平世”是民主共和时代。人类社会就是沿着“衰乱、升平、太平”的轨迹不断向前发展，越来越进步，越来越文明。他同时强调，当时的中国正从“衰乱世”进入“升平世”，这是历史发展的潮流，任何人都不可阻挡。梁启超对此有过评论，他说：“有为所谓改制者，则一种政治革命、社会改造的意味也。故喜言‘通三统’，‘三统’者，谓夏、商、周三代不同，当随时因革也。喜言‘张三世’，‘三世’者，谓据乱世、升平世、太平世，愈改而愈进也。有为政治上‘变法维新’之主张，实本于此。”[①]

第三，批判专制制度，宣传西方人权思想。康有为认为人民应该有“自主自立”之权，能“群天下人”的人便是“君”，否则不过“匹夫”而已；对于那些暴君“民贼”，“人人得而诛之”[②]。

三、梁启超的启蒙思想与学术革新

梁启超因与康有为共同发起“公车上书”而声名鹊起，师徒以“康梁”并称于世。1895年，梁启超参与主编了北京的《万国公报》（后改名《中外纪闻》）和上海的《时务报》，宣扬社会政治变革等议题。梁氏所写文章平易畅达，笔锋常带情感，句法参差多变，“纵笔所至略不检束”，在知识界引起广泛关注，影响了一代文风。

1897年，梁启超接受湖南巡抚陈宝箴的邀请，赴长沙时务学堂担任中文总教习。他将民权思想和维新变法的思想注入课堂教学中，使热血青年们的思想发生了剧烈变化，有力地推动了湖南的变革思潮与实践[③]。戊戌变法期间，梁启超的思想主张在世界主义和国家主义之间徘徊[④]。戊戌

① 梁启超：《清代学术概论》，载汤志钧、汤仁泽编《梁启超全集》第10集，中国人民大学出版社，2018，第273页。

② 郑大华：《中国近代思想通史：1840—1949·第一卷：1840—1915上》，岳麓书社、人民出版社，2023，第254—258页。

③ 梁启超：《三十自述》，载汤志钧、汤仁泽编《梁启超全集》第4集，中国人民大学出版社，2018，第107—112页。

④ 耿云志主编，郑匡民：《中国近代思想通史》第三卷，社会科学文献出版社，2022，269页。

帝法后，他逃亡日本，眼界大开，深刻认识到要改变中国落后的局面，输入新思想是关键。于是，他认定办报刊进行宣传工作是最紧要的事情。从1898年到1911年，梁启超在日本先后办过《清议报》《新民丛报》《新小说报》等报刊。总的来看，梁启超的启蒙宣传工作，主要包括四个方面：批判专制统治，剖析中国的国民性，传播西方近代思想文化，倡导学术革新①。梁启超在日本深入接触西方的民权思想，认识到专制制度是造成中国落后的根源，因而将批判的锋芒对准了专制制度及其意识形态。1901年的《中国积弱溯源论》、1902年的《保教非所以尊孔论》，是他批评专制、兴民权思想的集中体现。

梁启超认为，国民性中的劣根性是中国积贫积弱的原因之一。对此，他写了《论中国国民之品格》一文，通过对比归纳出国民性的四个弱点："爱国心薄弱、独立性柔脆、公共心缺乏、自治力欠阙。"剖析国民性，目的是改造它。梁启超指出了一条通往"伟大国民"的路径，即"培养公德，磨砺政才，剪劣下之根性，涵远大之思想，自克自修，以蕲合于人格"。

1902年2月，梁启超开始撰写著名的《新民说》，共二十节，合约十二万字，全面探讨了国民性改造问题，目的是要"鼓民力""开民智""新民德"，以塑造新国民②。梁启超认为，"新民"的品格，应具有自由、合群、权利、进取、生利、尚武等思想观念。《新民说》不仅是20世纪初梁启超最重要的代表作，也是这一时期中国启蒙思想最重要的代表作。

梁启超在日本期间广泛涉猎日译西方社会学说著作。他相信这些理论可以救中国，因此不遗余力地撰文推介，先后写过《卢梭学案》《论学术之势力左右世界》《天演学初祖达尔文之学说及其传略》《法理学大家孟德斯鸠之学说》，等等。他用深入浅出、巨细兼顾、富有感染力的文字介绍西方民权学说、进化论、法制理论等，并用这些理论分析中国的历史与现实，对当时的中国发挥了巨大的启蒙作用。

梁启超倡导学术革新，其中以"史学革命"影响最为深远。1901年，

① 陈其泰：《梁启超评传》，华夏出版社，2008，第32页。

② 该书收于汤志钧、汤仁泽编《梁启超全集》第2集，中国人民大学出版社，2018，第525—679页。

他发表《中国史叙论》，1902年又发表《新史学》。其新史学的理论概括来说，就是以国民意识以及进化论为指导，改造以帝王将相为中心的旧史，创造出符合“提倡民族主义，使我四万万同胞强立于此优胜劣败之世界”这一时代需要的新史学[①]。梁启超还提出“小说界革命”，认为小说是改造国民性、改良社会风俗、推动政治变革的工具。因此，他倡导撰写“政治小说”，希望民众可以在潜移默化中被感染，从而实现他的政治改革主张。

四、黄遵宪与“诗界革命”

首先提出“诗界革命”口号的是梁启超，但很早就表现出变革诗歌趋向并在创作上成功实践，进而成为“诗界革命”旗帜的却是黄遵宪。

黄遵宪（1848—1905），字公度，别号人境庐主人，嘉应（今梅州）人，1876年中举，翌年出任驻外官员[②]。从1882年春至1894年底，黄遵宪辗转出使美、欧、亚，先后任驻美国旧金山总领事、驻英使馆二等参赞以及驻新加坡总领事。1885年秋至1891年间，他曾一度乞假回乡，潜心著述《日本国志》。这一时期，黄遵宪为维护华侨权益作出了巨大的努力，同时还完成了史学巨著——《日本国志》。1889年，在驻英使馆岁月里，黄遵宪的事务较清简，闲暇无事，颇有无聊之感，只得将郁郁孤怀寄托于诗，并开始编辑《人境庐诗草》。1891年，黄遵宪为新加坡总领事，兼辖槟榔屿麻六甲及附近各岛。1894年底，湖广总督张之洞移署两江，以“筹防需人”为由奏调黄遵宪返国，于是黄遵宪开始了在江宁（今南京）的幕僚生活。在此期间，他与汪康年创办《时务报》，大力宣传西方资产阶级维新变法的理论，在全国产生了很大的影响。1897年，黄遵宪被派任湖南长宝盐法道，兼署理湖南按察使，协助湖南巡抚陈宝箴展开了一场有声有色的改革运动——湖南新政。他负责设立了时务学堂以培养维新人才；与其他维新志士一起创立了南学会以开绅智、合大群；督办了《湘报》以宣

① 梁启超：《新史学》，载汤志钧、汤仁泽编《梁启超全集》第2集，中国人民大学出版社，2018，第501页。

② 黄遵庚、黄干甫：《黄遵宪生平事迹》，载陈铮编《黄遵宪全集》下册，中华书局，2005，第1585页。

传维新思想，还创办了保卫局、迁善所、课吏堂等以保障新政得以推行。戊戌政变后，黄遵宪遭清廷革职，放归故里嘉应州。回到家乡的黄遵宪在努力维护家乡治安与经济稳定的同时，还邀集地方人士召开会议，共同筹划推动嘉应州的教育事业。在他的主持下，嘉应州的办学风气大盛，新办学校如雨后春笋般涌现，出现了前所未有的喜人景象。

黄遵宪是晚清诗坛的重要人物，居“近世诗界三杰”之冠①。他思维敏捷，诗风奔放，格调高迈，“能熔铸新思想入旧风格”。其对诗歌改革的理论主要集中在《人境庐诗草自序》《与朗山论诗》《与梁启超书》《与日本友人笔谈遗稿》等论著中。现存的黄遵宪诗歌有1000多首，其中《人境庐诗草》641首、《日本杂事诗》200首、《人境庐集外诗辑》200多首。

黄遵宪在诗歌领域的贡献主要有几点：一是要求诗歌因时而变，要“合为时”“合为事”而作；二是诗要表达作者的真情实感，要关注“时事”；三是要突破格律诗的束缚，形成自由的新诗体；四是创作不受人为的限制，强调“我手写我口，古岂能拘牵”。他打破了古诗的传统，推陈出新，自成一家。反帝爱国、变法图强，是他诗歌的两大主题。他的诗歌主张，与其维新变法的改良主义政治观相一致。

由于身处“三千年未有之大变局”时代，长期从事外交工作的黄遵宪较早地关注到海外世界和新生事物，开拓了他诗歌创作的题材和领域。他还写过反映民情、民俗的乡间杂谣体民歌，演唱起来情真意切。黄遵宪的作品言前人“未有之物，未辟之境”，在中国近代文学史上意义深远。

五、孙中山的三民主义

孙中山的反清革命思想萌发于1894年至1895年间，但在20世纪之前，革命思想的影响远远无法与改良思想相提并论。1900年，唐才常领导的自立军起义失败，一部分爱国青年认识到改良道路在中国行不通，于是开始接受孙中山的革命思想。革命思想压倒改良思想成为历史发展的主流是在1903年，这一年以拒俄运动和《苏报》案为转折，革命思想的影响迅速扩大。

① 被称为“近世诗界三杰”是分别是黄遵宪、夏曾佑、蒋智由。

自1904年后，国内出现了一些资产阶级的革命小团体。1905年8月，孙中山有感于革命小团体太过分散，不能适应革命需要，遂于日本东京组建统一的革命政党——中国同盟会，以领导全国革命。是年10月，孙中山在同盟会机关报《民报》发刊词中，正式提出“民族、民权、民生”的三民主义。他指出，“今者中国以千年专制之毒而不解，异种残之，外邦逼之，民族主义、民权主义殆不可以须臾缓。而民生主义，欧美所虑积重难返者，中国独受病未深，而去之易”[①]。三民主义是孙中山爱国救国思想的最集中体现。

民族主义是三民主义的政治前提，是近代中国帝国主义与中华民族的矛盾、清朝贵族与汉族和其他民族的矛盾的反映，它包括“反满”和“独立”两个方面。所谓“反满”，是推翻以满洲贵族为首的清政府，矛头对准的是腐败的清廷当局，但并不针对广大普通的满族人。孙中山在民族问题上反对种族主义，主张“五族共和”，各民族间平等共处。所谓“独立”，是避免中国被列强瓜分，实现中华民族的独立。由于没有看清帝国主义殖民掠夺的本性，只是单纯地将民族危机归结到自身，民族主义有一定的局限性[②]。

民权主义是三民主义的核心，是近代中国封建主义与人民大众矛盾的反映，体现了广大人民群众要求摆脱专制统治和争取自由民主的强烈愿望。它包括批判专制制度和通过革命建立资产阶级民主共和国两部分。批判专制制度就是要推翻帝制，在中华大地上彻底消灭君主制。孙中山针对以梁启超为代表的资产阶级立宪派所宣扬的国家必须通过君主立宪才能进入民主共和的主张进行了批判。他认为当日的中国完全可以逾越落后的君主立宪制度而直接采用更进步的民主共和制度。孙中山的民权主义来自西方，但有自己新的创见和探索。他在继承资产阶级三权分立学说的同时，看到了它的缺点，进而提出“五权分立”思想，也就是行政、立法、司法、考试、监察五权各自独立，互相监督。然而，和民族主义一样，民权主义也存在着弱点，一是没有认识到消灭封建主义不仅要推翻封建王朝，更重

① 孙中山：《民族民权民生三大主义——东京〈民报〉发刊词》，载黄彦主编《孙文全集》第3册，广东人民出版社，2021，第41页。

② 广东省地方史志编纂委员会编《广东省志·社会科学志》，广东人民出版社，2004，第102页。

广州中山纪念堂

该纪念堂由中国建筑师吕彦直设计，1928年动工，1931年落成。其坐落在越秀山南麓，总占地6.1万平方米，主体建筑占地1.2万平方米，堂高48.63米，南北纵深72.65米，是目前全球最大的孙中山纪念堂。

· 广州中山纪念堂管理处供图

要的是消灭它的社会基础——地主阶级；二是对人民群众的作用认识不足。

民生主义是三民主义中最具思想特色的部分、它主要针对的是土地问题。土地的分配不均很容易导致“社会革命”，为了避免伴随发展资本主义而来的“祸患”，孙中山提出“平均地权”的方案。所谓“平均地权”，首先要核定天下地价，其现有的地价归原地主所有，而革命后社会进步所带来的增价则归国家，由全民共享。孙中山对自己“平均地权”的主张评价甚高，认为至少有三点意义：第一，平均地权后，仅地租一项，中国就会成为国库充裕的富强国家；第二，平均地权后，少数人把持垄断财富的弊端自当永绝；第三，平均地权后，不会产生贫富悬殊问题，社会革命也就“成七八分了”。当然，民生主义也有它的局限性，平均地权不能满足农民对土地的要求，无法调动起他们参加革命的积极性，这也是辛亥革命失败的原因之一[①]。

诚如毛泽东后来所言：“像很多站在正面指导时代潮流的伟大历史人物大都有他们的缺点一样，孙先生也有他的缺点方面。这是要从历史条件加以说明，使人理解，不可以苛求于前人的。”[②]孙中山1905年对三民主义的阐释，标志着旧三民主义体系的形成，虽然并不彻底，有着时代和阶级的局限性，但这一革命纲领，在促进辛亥革命的爆发和部分胜利上，无疑起到了巨大的鼓舞与指导作用。

第二节

民国时期的思想与学术

民国建立后，广东知识界新与旧、中与西的思想碰撞激荡，呈现出开

① 郑大华：《中国近代思想通史（1840—1949）·第一卷（1840—1915）下》，岳麓书院、人民出版社，2023，597页。

② 中共中央文献研究室编《毛泽东年谱（1849—1976）》，中央文献出版社，2013，第30页。

放包容、多元融合、思想活跃的特点。然而无论是何种思想或学术主张，均是救亡图存时代背景下的产物。

一、孔教会：康有为与陈焕章

孔教会是民国初年由康有为、陈焕章等人以树立孔子的教主地位而创立的宗教性团体。早在戊戌变法之前，康有为就有心建立孔教会。流亡海外期间，他在多地发起孔教运动。民国建立后，在其授意下，陈焕章于1912年的孔子诞日（即10月7日）在上海成立了孔教会。

陈焕章（1881—1933），字建仁，高要人。1894年，陈焕章进入万木草堂与梁启超等人共同受教于康有为，1904年考中进士，1907年考入哥伦比亚大学经济系。受康有为影响，陈焕章的博士论文与孔教有关。他用现代经济学理论解读儒学，凭借《孔门理财学》于1911年获得哥伦比亚大学博士学位，成为第一个以进士资格获得西方博士学位的中国人[①]。

孔教会的发展主要经历两个阶段。一是康有为时期，从孔教会成立到张勋复辟失败后，康有为辞去孔教会会长。这一时期的孔教会，出版了《孔教会杂志》，召开了全国孔教大会，发起定孔教为国教的活动。二是陈焕章时期，在北洋政府的支持下，孔教会继续发展，出版《经世报》、筹建孔教总会堂、开办孔教大学等。康有为的孔教思想融合了西方自由、平等、博爱的观念，主要包括人道主义、平等的政治原则、重塑民族精神三方面内容。在康有为、陈焕章看来，通过革命建立的民国存在着“信仰危机”。他们希望通过孔教运动来启迪民智、凝聚人心进而“救济社会”[②]。但随着大革命的风起云涌，孔教会的衰败已不可避免。

二、刘师复与无政府主义

刘师复（1884—1915），又名刘思复，香山（今中山）人。他是革命派中的激进分子，1911年隐居杭州西湖白云庵，其间接受了无政府主

① 参见陈应宾、苏英荃等：《端州首名博士陈焕章》，载政协高要市委员会编《高要文史精编》下篇，2007，第546页。

② 周军：《陈焕章与保皇会》，《广东社会科学》2012年第4期。

义。1912年5月，他与亲友在广州成立晦鸣学舍，开展无政府主义实验。同年7月，又与好友郑彼岸等人成立心社。刘师复团体在成员间实行共产主义，大家共同操持家务，过着“不食肉、不饮酒、不吸烟、不乘轿和人力车、不婚姻、不称族姓、不作官吏、不作议员、不入政党、不作海陆军人、不奉宗教”的苦行僧式生活。同时，刘师复还发起了研究世界语的运动，并任广州世界语学会会长。1913年8月，晦鸣学舍创办机关刊物《晦鸣录》，大量翻印巴黎出版的无政府主义小册子，但仅出两期便被查禁，后改在澳门出版，易名为《民声》，1914年初迁往上海。在刘师复的影响下，广州、上海、南京等地出现了一些无政府主义社团。1915年，刘师复病逝于上海。

刘师复是中国无政府主义的代表性人物，其基本思想主张包括三点：一是“废除政府”，“实行无政府共产主义”；二是反对宗教迷信，废除婚姻家庭；三是以“传播”“感化”和工团主义为手段实现无政府共产主义[①]。刘师复的无政府主义，是辛亥革命失败后先进的中国人在向西方寻找新的救国方案时产生的，有一定的启迪作用。然而，它是一种空想的、非科学的社会主义，结局注定是失败的。

三、梁启超晚年的学术研究及传人

1917年之后，梁启超离开政坛，专心从事学术研究和教学工作。1925年，他担任清华国学研究院导师，1929年初因医疗事故病逝于北京协和医院。在人生最后的十几年里，梁启超完成了大量具有重要学术价值的著述，在学术史、史学理论、文化史、文献学、方志学、佛学等领域贡献巨大。

1920年的《清代学术概论》[②]和1924年的《中国近三百年学术史》[③]，是梁启超论清代学术史的名著。前者总结性地概述了清代学术的

① 李稚甫：《1921年以前广东无政府主义者的活动》，《理论与实践》1958年第3期。

② 汤志钧、汤仁泽编《梁启超全集》第10集，中国人民大学出版社，2018，第211—296页。

③ 汤志钧、汤仁泽编《梁启超全集》第12集，中国人民大学出版社，2018，第311—622页。

演变过程以及各个阶段的发展趋势和特点，评价了清代主要学者的地位、贡献和局限，提要钩玄，脉络清晰；后者则是对前者的补充、发挥，更侧重于历史的考察。

撰于1924年的《中国历史研究法》[①]和撰于1926年的《中国历史研究法补编》[②]，是梁启超在史学理论方面的代表作。两书所反映的梁氏史学理论体系，主要包括五个方面：关于史学研究的目的、范围和旧史的改造；历史的因果和动力；史料的搜集和鉴别；史家的修养；专史的做法。

在先秦史方面，梁启超的作品有《先秦学术年表》《先秦政治思想史》等；在文化史方面，作品有《地理与文明之关系》《中国文化史》等；在文献学方面，作品有《要籍解题及其读法》《古书真伪及其年代》等。梁启超的学术作品，引风气之先者不胜枚举。

梁启超在清华执教期间，有一名学生叫张荫麟，号素痴，东莞人。他敏锐的历史感和丰赡的文辞，以及对中外各种思想资源的信手拈来，无不折射出梁启超的影子，是梁启超在学脉上的传人，被吴宓称为“第二梁任公”。《中国史纲》是张荫麟的代表作，在自序中，张荫麟提出判别史事重要程度的五个标准：“新异性的标准”，“实效的标准”，“文化价值的标准”，“训诲功用的标准”，“现状渊源的标准”。选择出重要史实后，他又提出可以用四个范畴将“动的历史的繁杂”统贯成有秩序的通史，即因果、定向、演化、矛盾。这四个范畴各有适用的范围，“是应当兼用无遗的”[③]。

四、“国宝”陈垣的学术成就

陈垣（1880—1971），字援庵，新会人。他家境富裕，接受过良好的旧学教育，1906年开始学习西医。在从医的同时，陈垣受孙中山革命思

① 汤志钧、汤仁泽编《梁启超全集》第11集，中国人民大学出版社，2018，第253—364页。

② 汤志钧、汤仁泽编《梁启超全集》第14集，中国人民大学出版社，2018，第61—198页。

③ 李埏：《张荫麟先生传略》，载《不自小斋文存》，云南人民出版社，2001，第649—675页。

想的影响，创办《时事画报》《震旦日报》等报刊开展反帝反清的宣传活动，民国建立后，他以革命报人的身份当选国民政府众议院议员。陈垣1913年定居北京，后因政局混乱，专心于治学从教，1926年至1952年任辅仁大学校长，1952年至1971年任北京师范大学校长。

陈垣在史学领域成就非凡，治学涵盖宗教史、文献学、史源学、校勘学、中西交通史、元史、民族关系史等。他的治学特点可以用“竭泽而渔”来概括，即在做专题研究时要尽量全面地占有材料，在此基础上认真考辨材料，以得出明白准确的历史事实[①]。他以“经世致用”为宗旨，往往能以史为鉴，吸取历史的经验来分析现实。他的经典著述很多，有《元也里可温教考》《明季滇黔佛教考》《二十史朔闰表》《史讳举例》《元典章校补释例》《元西域人华化考》《通鉴胡注表微》等。1951年11月，陈垣在怀仁堂参加国宴，毛泽东向别人介绍说：“这是陈垣先生，读书很多，是我们国家的国宝。”

五、马克思主义在广东的传播

广东是近代中国开风气之先的地区，在马克思主义的引入和传播方面发挥了重要作用。早在1902年，梁启超就在《新民丛报》上介绍过马克思的生平，称马克思为“社会主义之泰斗也”，这是中国人在自己的著述中最早介绍马克思的记录。此后，他又在著述中多次谈到马克思及其观点，还在文章中预言：“社会主义必将磅礴于二十世纪。”孙中山创立民生主义，也吸收过马克思主义的养分。1903年，他在给朋友的信中说：“所询社会主义，乃弟所极思不能须臾忘者。”1905年，孙中山在比利时访问社会党国际执行局时，自称是“中国社会主义者”。在孙中山的影响下，一些政治上亲近孙中山的粤籍革命党人亦对马克思的社会主义产生兴趣。

1906年，朱执信有两篇文章介绍过马克思和《共产党宣言》，一篇为《民报》第2号、第3号上的《德意志社会革命家小传》；一篇为《民报》第5号上的《论社会革命当与政治革命并行》。毛泽东称朱执信是“马克

① 张荣芳：《陈垣与陈乐素父子的学术传承：读陈垣致陈乐素书信》，《学术研究》2005年第2期。

思主义在中国传播的拓荒者”，对他介绍马克思主义的贡献评价颇高：“朱执信是国民党员。这样看来，讲马克思主义倒还是国民党在先。不过以前在中国并没有人真正知道马克思主义的共产主义。”[①]廖仲恺在《民报》第7号、第9号上先后发表《社会主义史大纲》《无政府主义与社会主义》两篇文章，其中对马克思及其学说有所介绍。胡汉民在《民报》第12号上发表《告非难民生主义者》，提到了马克思的《资本论》。

1912年，广州的《民生日报》分七次连载了署名为陈振飞的译论《绅士与平民阶级之争斗》[②]。这篇译论是《共产党宣言》第一部分“资产者和无产者”的译本，是中国本土最早的《共产党宣言》选译本，陈振飞则是第一位真实可考的把《共产党宣言》翻译成中文的中国人。在《民生日报》连载《共产党宣言》译文的同时，孙中山在上海有过一次演讲，称“厥后有德国麦克司（马克思）者出，苦心孤诣，研究资本问题，垂三十年之久，著为《资本论》一书，发阐真理不遗余力，而无条理之学说，遂成为有统系之学理。研究社会主义者咸知所本”[③]。

无论是梁启超、孙中山还是朱执信、陈振飞，彼时对马克思主义学说的理解都未能深入，只是将其作为从外国寻来的思想资源之一种而已。从世界范围看，清末民初是民族解放运动、民主革命运动开始兴起的时期，也是以马克思主义为主导的社会主义运动不断发展的时期。而此时的广东不仅是民主革命的策源地，还是马克思主义学说在华早期传播的重要地区之一[④]。

五四运动爆发后，广东形成了一股宣传马克思主义的热潮。杨匏安深受鼓舞，于1919年11月11日在《广东中华新报》上发表了《马克斯主义》一文。杨匏安结合当时国内斗争需要，以通俗浅显的文字，介绍和宣传了马克思主义的三大组成部分：唯物史观、剩余价值学说、阶级斗争学说。这是华南地区最早系统地介绍马克思主义三个组成部分的文章，为人们解

① 中央档案馆编《中共中央文件选集》第15册，中共中央党校出版社，1991，第95页。

② 陈振飞译《绅士与平民阶级之争斗》，《民生日报》1912年9月20日第3页、1912年9月21日第3页、1912年9月23日第3页、1912年10月10日第3页、1912年10月17日第3页、1912年10月19日第3页、1912年10月24日第3页连载。

③ 孙中山：《论社会主义：在上海中国社会党党员大会的演说》，载黄彦主编《孙文全集》第3册，广东人民出版社，2021，第187页。

④ 邱捷：《1912年广州〈共产党宣言〉选译本研究》，《党史与文献研究》2017年第11、12期。

放思想、扩大视野，接受马克思主义作出了积极贡献。该文与李大钊的《我的马克思主义观》几乎同时问世，可以说是姊妹篇。1931年杨匏安被捕，在狱中写下《示狱友》："慷慨登车去，相期一节全。残生无可恋，大敌正当前。知止穷张俭，迟行笑褚渊。从兹分手别，对视莫潸然。"

无政府主义思潮及其社团在五四时期也有发展，因某些主张与马克思主义相似，两方面的人还出现过短暂合作。1920年，无政府主义者、广州人袁振英，曾在上海参加共产主义小组的活动，还参与编辑过《新青年》杂志。然而，无政府主义与马克思主义终究是两种根本不同的思想体系，产生分歧、争论，进而分道扬镳是必然的。1921年，身处广州的陈独秀与无政府主义者区声白围绕国家政权问题、自由问题、阶级斗争问题、生产和分配问题展开论战。在与无政府主义者的论争过程中，马克思主义者让思想界认清了两者之间的区别，促进了马克思主义的进一步传播。

六、孙中山对三民主义的新阐释

孙中山在经历多次革命挫败后，接受了共产国际和中国共产党的建议，改组国民党。1924年1月，国民党的一大宣言对三民主义作出了新阐释。国民党一大后，孙中山在广州发表了一系列关于三民主义的演讲，这些演讲后来汇集成《三民主义》一书。他在这些演讲中系统地阐述了他的"新"三民主义[①]。

新三民主义的民族主义有两层含义：一是对外明确提出了反对帝国主义，一是对内主张中国境内各民族一律平等。这时的孙中山已经认识到，帝国主义是中华民族前途命运的主要敌人。他还提出联合世界上的弱小民族，"共同用公理去打破强权"等口号[②]，赋予了民族主义以明确的反帝内容。旧三民主义的民权主义抽象空洞，新三民主义的民权主义则提出了民权为一般平民所共有，即实行普遍平等的民权。孙中山强调要"用我们的民权主义，把中国改造成一个'全民政治'的民国，要驾乎欧美之

① 耿云志主编，邹小站等：《中国近代思想通史》第六卷，社会科学文献出版社，2022，第53—56页。

② 孙中山：《三民主义》，载黄彦主编《孙文全集》第2册，广东人民出版社，2021，第38页。

上”[1]。旧三民主义的民生主义内容是“平均地权”，新三民主义在此基础上又提出了“耕者有其田”。孙中山就说“要‘耕者有其田’，那才算是我们对于农民问题的最终结果”[2]。

总之，新三民主义是孙中山思想的一次飞跃，它抛弃了旧三民主义中的妥协性，在民主革命的主张上，同中共二大通过的最低纲领基本一致，这也就使国共第一次合作成为可能[3]。

七、鲁迅在广州的八个月

鲁迅（1881—1936），原名周树人，字豫才，浙江绍兴人。1927年，鲁迅曾在广州工作、生活了八个多月。这段时间是其一生思想转变的重要节点。1927年1月18日，在中共广东区委陈延年等人的举荐下，鲁迅从厦门大学来到中山大学任教，任文学系主任兼教务主任。在中山大学工作期间，他7次主持召开教务会议，给学生讲授《文艺论》《中国小说史》《中国文学史》等课程。同时，鲁迅参加各类社会活动，鼓励青年从事文学创作，有力地推动了广东左翼文学的繁荣。

四一二反革命政变后，广州随即爆发四一五反革命政变，中山大学教职员工40多人被捕。鲁迅坚决站在共产党与革命学生一边。在当天下午主持并召开的各科系主任紧急会议上，鲁迅极力呼吁学校营救被捕学生，但在中大校务副委员长朱家骅的反对下未能如愿。4月21日，鲁迅提出辞职。离开中山大学后，他专心投入到文学创作中，经常通宵达旦地伏案工作，“看看绿叶，编编旧稿”。其间，他写下了《而已集》《三闲集》《集外集拾遗补编》等名篇，同时编就《野草》《朝花夕拾》《唐宋传奇集》和《小约翰》等著译。9月27日，鲁迅与许广平乘船离开广州，前往上海。鲁迅在广州的八个多月，让他认清了国民党反动派的真面目，坚定

① 孙中山：《三民主义》，载黄彦主编《孙文全集》第2册，广东人民出版社，2021，第116页。

② 孙中山：《三民主义》，载黄彦主编《孙文全集》第2册，广东人民出版社，2021，第184页。

③ 郑大华：《中国近代思想通史（1840—1949）·第二卷（1915—1931）下》，岳麓书社、人民出版社，2023，第532—535页。

了革命的决心与信心[①]。

八、朱谦之与南方文化运动

朱谦之（1899—1972），字情牵，福州人，早年肄业于北京大学哲学系。1927年，朱谦之到广州黄埔军校任政治教官，从事工农革命运动。1932年，他受聘中山大学，历任历史系主任、文学院院长等职。1952年，全国高等院校院系调整，朱谦之回到北京大学工作。

朱谦之执掌中大文科二十年，被誉为中山大学人文精神的奠基者。1932年8月28日，刚刚入职中大不久的朱谦之便发表了《南方文化运动》一文，宣扬文化救国。朱谦之认为，“中华民族复兴的唯一希望，据我观察，只有南方，只在南方，即珠江流域”。在他看来，只有南方文化表现出“反抗强权”的特质。朱谦之宣称：“南方文化虽未成熟，然实为未来中国兴亡存续之一大关键。”“我愿贡献一生来从事南方文化之建设运动！”[②]

为了践行南方文化运动，朱谦之倡导发起了现代史学运动。1933年1月，他创办了《现代史学》期刊，提倡建设“将现在同过去同未来联成一条生命”的史学，强调史学的社会致用功能，指出“现代史学不应只是考古，更应该注重‘考今’”。在1934年5月发表的《中国史学之阶段的发展》一文，阐明了现代史学的方法，即综合了“考证考古派”的历史科学方法和“历史哲学派”的文化史方法[③]。

九、陈序经与十教授的论争

陈序经（1903—1967），字怀民，文昌人，出身于华侨家庭，复旦大学社会学系毕业，留美博士，曾在岭南大学、中山大学、暨南大学等多所高校任职。1925年左右，陈序经就曾在岭南大学作过全盘西化的演讲。进

① 岳实益：《鲁迅在广州事略》，《广东师院学报（社会科学版）》1976年第4期。
② 朱谦之：《南方文化运动》，载朱谦之著，黄夏年主编《朱谦之文集》第6卷，福建教育出版社，2002，第392页。
③ 赵庆云：《略论朱谦之的史学理论建构》，《史学史研究》2023年第1期。

入30年代，国民党当局倡导思想文化的复旧主义，引发了以陈序经为代表的知识界部分人士的反感。1931年，陈序经发表《东西文化观》，运用人类学、社会学等西方理论方法，系统地分析比较了中西两种文明的异同与优劣，批判了文化复古派和折衷派，明确提出了全盘接受西方文化的主张①。

1933年末，面对广东当局实行祀孔读经等复古活动，陈序经在中山大学作了全盘西化的演讲。1934年1月，陈序经将讲稿登载于《广州民国日报》“现代青年”版上，引发了广州文化界的讨论②。1935年1月，王新命、何炳松、陶希圣等十位教授在《文化建设》第1卷第4期上联名发表《中国本位的文化建设宣言》及《我们的总答复》，强调要加强“中国本位的文化建设”，鲜明地反对“全盘西化”论。是年5月20日，陈序经发表了《读十教授〈我们的总答复〉》，进行回击，由此引发了一场全国范围内的中西文化大论战。

陈序经当然明白“全盘西化”有所偏颇，难以实行，但仍然高举这一旗帜，为的是不给复古守旧派留下可资利用的空间③。

十、饶宗颐与“潮学”研究

饶宗颐（1917—2018），字选堂，号固庵，1917年生于潮安。饶家是潮汕地区的首富，饶宗颐的父亲饶锷是一位执着于学术的儒商。饶家还有粤东地区最大的藏书楼“天啸楼”，藏书达十万卷之多。饶宗颐自幼在父亲身边接受朴学、目录学、诗词书画等传统学问的熏陶，夯实了国学基础。

饶锷曾致力于编纂乡邦文献《潮州艺文志》，可惜天不假年，书稿未竟便溘然长逝。为了赓续父志，16岁的饶宗颐拾遗钩沉，续编完就。不久，饶宗颐又在《禹贡》第2卷第5号（1934年）发表《广东潮州旧志考》一文，这是他公开发表的第一篇学术论文。1935年，因在潮汕地方史上的成绩，饶宗颐受聘为中山大学广东通志馆专任纂修。在馆工作期间（1935—1937年），饶宗颐加入禹贡学会，相继发表了《恶溪考》《潮州

① 陈序经：《东西文化观》，《社会学刊》1931年第2卷第3期。
② 赵立彬：《陈序经与1934年广州文化论战》，《广东社会科学》2000年第5期。
③ 乔治忠：《略论社会文化思潮和历史思潮》，《史学理论研究》2023年第2期。

韩文公祠沿革考》《韩山名称辨异》《海阳山辨》《古海阳考》等多篇“潮学”研究论文。1939年，饶宗颐被聘为中山大学研究员，但正值抗战，因病滞留香港，未能赴任。1946年，广东第五区行政专员郑绍玄倡修《潮州志》，成立潮州修志委员会，聘饶宗颐为副主任兼总纂。自该年至1949年，饶宗颐的“潮学”研究日益精深。值得一提的是，1949年付梓的《潮州志》，其具体组织领导和总纂工作几乎是由饶宗颐独力承担。《潮州志》初拟30门，50分册，400多万字，其规模远超清代四部《潮州府志》总和。饶宗颐在该志中增加了新志目、新条目和新内容，使此次修志成为潮州地方志史上规模空前的盛举。限于经费短缺，1949年版《潮州志》仅刊行20分册①。可以说，在1949年之前，饶宗颐的“潮学”研究基本围绕方志的编纂进行，但内容又不限于方志之学。

1949年之后，饶宗颐移居香港，在甲骨学、敦煌学、考古学、简帛学、楚辞学、书画等领域均取得令人瞩目的成就，终成一代国学大师。而早年的“潮学”研究则为饶宗颐的学术大成奠定了坚实基础。

第三节

近代文化、艺术与教育

晚清民国时期，伴随着中国政治经济大变革的发生，广东的新闻出版、音乐、戏剧、电影、话剧、美术、摄影、教育等文化各领域，都呈现出新的景象，现代社会科学和自然科学体系也开始建立。

一、新闻报刊

鸦片战争前，外国传教士、商人、政客等已经在粤创办了《东西洋考

① 陈民镇：《饶宗颐先生与地域文化研究》，《地域文化研究》2018年第1期。

每月统记传》《广州纪录报》《中国丛报》等一批中英文报刊。西方资产阶级的新闻观念、办报模式以及宣传方法，使我国有识之士认识到报刊的重要性，并产生了自主办报的强烈愿望。

1872年，广州出现了一份国人自办的报刊《羊城采新实录》，但该报详情已不可考。真正称得上国人在广东创办的第一份报纸是1884年4月28日在广州出版的《述报》，该报存在仅一年，但它是我国最早的石印日报，也是我国最早以新闻图像进行宣传的报纸之一。该报还特别重视译载中外报刊文稿，并在台湾设立办事处、聘请通讯员，在我国报界当属首创。1886年，广州出版了国人主办的第二份日报《广报》。该报是广东第一份单页式中文报纸，后改名《中西日报》，与《岭南日报》并称戊戌变法前广州报坛“双璧”，1900年又改名《越峤纪闻》①。这一时期广东其他地方出版报刊很少，只有1889年创刊于汕头的《潮惠会报》，它是用潮汕方言出版的基督教月刊，是潮汕地区最早的报刊，也是我国最早的用方言撰稿的报刊②。

中日甲午战争后，维新派在全国推动和主持创办了50多种报纸，广东就有10种以上。1896年，康广仁、何廷光在澳门筹办《知新报》，钟荣光在广州创办《博闻报》。《知新报》与上海《时务报》、日本的《清议报》遥相呼应，是当时维新派在国内的主要舆论机关，对联络海内外的维新人士发挥了重要作用③。《岭学报》和《岭海报》影响也较大。值得注意的是，1898年2月《岭海报》与《香港通报》合并发行，合称《省港通报》，是省港两地报纸合作出版之始，这一特点是内地各报所未有的。此外还有英商办的中文日报《纪南报》，广东最早的白话报刊《广东白话报》，《博闻报》附印的宣传维新思想的刊物《广智报》，以嬉笑怒骂的文笔和粤讴、单词等形式评论时事、讥讽人物的《嘻笑报》，等等。

1900年1月兴中会在香港创办机关报《中国日报》后，打破了资产阶级改良派独霸海内外华文报坛的局面，广东的新闻事业亦呈现出蓬勃发展、异彩纷呈的景象。新型的报刊，如白话报、小说报、妇女报纷纷出

① 莫仲予：《广东创办日报之始：〈广报〉之始末》，载莫仲予著，陈永正整理《莫仲予集》，广东人民出版社，2021，第162—163页。

② 曾旭波：《汕头埠老报馆》，暨南大学出版社，2016，第6—7页。

③ 黄瑚：《中国新闻事业发展史》，复旦大学出版社，2022，第107页。

现，办报地区不限于广州，汕头、潮州、梅县、香山、番禺、佛山、顺德、大埔、台山、海丰等地都出现了国人自办的报刊。专门的通讯社开始成立，1904年广州成立了国内最早的通讯社——中兴通讯社①。据不完全统计，辛亥革命以后广东各地相继出版的报刊有140多家，比此前28年广东中文报刊的总数增加了十倍以上。

1920年，国民革命运动的蓬勃高涨，也推动了广东大批革命报刊的面世。第一次国内革命战争时期，诞生了中共广东党组织机关报《广东群报》，它也是中国共产党创立时期出现的第一张大型地方党报。《广东群报》是“专为宣传新文化的机关”，主要目的“就是主张改造社会”，并“认定新文化运动是今日改造社会一种很重大很切要的事情”。国共合作时期，广东出现了一批由共产党人主持，以国民党机关报刊名义出版的统一战线性质的报刊，代表刊物有《政治周报》《中国农民》《农民运动》《犁头》等。《政治周报》由毛泽东筹办并担任第一任主编，其目的是要“打破北方及长江的反革命宣传”，在抨击和揭露以戴季陶为首的国民党右派的斗争中起了积极的作用。《犁头》被誉为广东“全省农民喉舌”。黄埔军校出版的系列报刊，也颇具规模和影响，据统计从1925年初至1927年，黄埔军校和各军政治部出版的报刊有30余种②。其他主要的报纸包括具有较强时事报道和政治评论功能的《广州民国日报》，专注于商业行情和行业动态的《七十二行商报》，注重文娱的《时事画报》，以社会和民生内容为主的《人权报》③。

全面抗战时期，广东的抗战报刊极一时之盛，数量难以统计。按主办方背景区分，有国民党创办的报刊、中共创办的报刊，还有商办的报刊、其他团体和个人主办的报刊。按出版地区分，有的在国统区，有的在中共领导的游击区、根据地。各方力量以极大的精力投入到抗战报刊的创办及领导中，努力以舆论引导人民，占领抗战舆论宣传的主阵地。《华商报》1941年由进步人士在香港创办，得到中国共产党支持，主要面向海外侨胞宣传抗日，抗战胜利后，成为中共在香港重要的宣传阵地。

① 刘笑盈：《中外新闻传播史》，中国传媒大学出版社，2022，第114页。

② 方志钦、蒋祖缘主编，沙东迅、郑应洽本册主编《广东通史》（现代下册），广东高等教育出版社，2014，第621页。

③ 谭卓垣：《广州定期刊物的调查（1827—1934）》，《岭南学报》1935年第3期。

二、新型出版业形成

鸦片战争后，广东新型出版业逐步取代传统刻书。戊戌时期，广州开设了一批新型出版机构，以新式书局最多。书局出版报刊、印行图书，集书局、报刊、学堂三位一体。各种印务公司、学社、学会、学堂、研究所也印行图书。许多报馆也通常把编辑、出版、印刷、发行结合在一起，设有印刷所、发行所。清政府新成立的学部，于1906年设立编译图书局，专事编辑教科书。1907年后，清廷及各省设立官报局，出版官报，民国后成为政府的印刷机构。

不同时期的出版物，内容各有侧重。戊戌时期出版的书刊，大多宣传西方的新学新政和维新变法理论。戊戌变法后出版的书刊，除大量宣传西方的社会、政治学说外，还开展思想文化启蒙，主要是出版新式学堂的教科书、讲义、乡土教材，以及公众需要的启蒙通俗读物。此外，还有介绍近代西方科学知识的科普书籍，以及暴露社会黑暗、鼓吹维新改革和民主革命的文艺作品。其中，白话文小说和具有地方特色的歌谣、戏曲占了很大比重。

民国初期，广东出版业有新的发展，仅广州城里就有书局102家，从1912年至1919年，出版书籍399种①。上海的大型出版机构商务印书馆、中华书局、世界书局等相继在广州、汕头、潮州、梅县设立分支机构，发行沪版图书。此外，各学校、团体也纷纷出版刊物。大革命时期，广东出版业走向繁荣，仅广州就有出版机构115家，出版图书582种②。广州的不少政府机关和团体，为配合当时的革命形势，纷纷设立非正式出版机构，出版发行了大量的政策性图书和社科类学术著作，形成当时出版业的一大特色。国民党中央工人部、农民部、妇女部，国民革命军总政治部、黄埔军校、中共广东区委宣传部、农民运动讲习所、省港罢工委员会等部门，都各自设立出版机构，出版发行一系列图书。佛山、韶关、潮州、汕头、东莞、新会、雷州等地出版业也有一定发展。

全面抗战时期，在抗日救亡热潮影响下，广东出版业比较繁荣。当时广州是广东出版业的中心，有71家出版机构，其中包括国民党省党部中

① 金炳亮：《广东出版史概况》，《广东史志》1997年第2期。

② 广东省地方史志编纂委员会编《广东省志·出版志》，广东人民出版社，1997，第96页。

山日报社、共产党的统一出版社，以及国民党、共产党、第三党等合办的现代出版社，等等。受时局影响，广东还出现了一批以“战时”命名的出版机构，如战时读物编译社、战时儿童教育社、战时青年社、战时出版社等，出版物题材也多围绕抗日救亡、时事政治、战时经济等内容。这一时期，广州之外的广东其他各地的出版机构则主要是书局和书店①。解放战争时期广东的出版业受到战争和社会动荡的冲击，出版社环境较为艰难，但仍为后续的发展奠定了基础。

三、音乐、曲艺与戏剧

近代广东的音乐，包括传统与创新相结合的广东音乐，以及从外国引进的西洋音乐。广东音乐在地域上可细分为广府音乐、潮州音乐、客家音乐和海南音乐，其中以广府音乐为主体。近代广东乐曲不断完善丰富，融入木鱼、南音、龙舟、粤讴等众多曲调，又大量吸收“外江戏”曲调及部分西洋乐曲，形成独特的广东乐曲。五四运动前后，广东音乐的演奏形式趋于完善，出现了《旱天雷》《倒垂帘》《连环扣》《雨打芭蕉》《饿马摇铃》《赛龙夺锦》等一大批传世名曲。在传教士、音乐人、留学生等影响下，西方乐曲、乐谱与西洋乐器逐渐传入近代广东。外国制作出版的音乐唱片也开始在广东出现。香港、广州、上海开设了唱片公司、制片厂。1895年电影发明后，欧美制作的影片开始进入港澳及广东内地放演，成为西乐传播的另一种重要手段。近代西方音乐的传入，推动了广东音乐的革新与发展，以及西乐、粤乐的交流、传播，使广东音乐呈现繁荣之景象。回顾近代以来的广东音乐史，先后涌现了音乐大师何柳堂、粤乐宗师吕文成、汉乐大师罗九香、粤乐大师刘天一等一批名家，而其中最耀眼瞩目的当数人民音乐家冼星海。

冼星海出身于广州的一个渔民家庭，父亲早逝，幼年便随母去南洋谋生。1919年，冼母带着14岁的冼星海回到广州，在岭南大学做佣工，这使得冼星海有机会进入岭南大学基督教青年会所办的义学读书。其间，他参

① 《广东抗日战争志》编纂委员会编《广东抗日战争志》，广东人民出版社，2023，第551—553页。

加了岭南大学基督教青年会的各类音乐活动。1924年中学毕业后，冼星海被岭南大学聘为乐队指挥，经常在开学、毕业等各种典礼上担任指挥。为了在音乐上有更深的造诣，冼星海辗转北京、上海两地求学，并于1929年赴法。在巴黎期间，冼星海克服了生活上的困苦，努力学习先进的音乐创作理念与技术。1935年回国后，他积极投身于抗日救亡音乐的创作中，却遭遇了一系列的冷遇与挫折。1938年10月，冼星海来到延安鲁迅艺术学院任教。延安是革命的圣地，冼星海在此完成了《民族交响乐》《军民大合唱》《黄河大合唱》《生产大合唱》等多部大型音乐作品，也逐步从一名爱国主义者成长为一名共产主义者。此外，萧友梅和马思聪也在音乐领域贡献卓著。香山人萧友梅创办了中国首所专业音乐学院——上海国立音乐专科学校（今上海音乐学院），培养了大批音乐人才。海丰人马思聪，是中央音乐学院首任院长，其创作的小提琴音乐享誉国际。

广东曲艺早期流行于民间，清末民初有新的发展。其种类主要有木鱼、龙舟歌、南音、粤讴、粤曲、采茶歌、方言歌、八音班等。木鱼，初为清唱，敲击硬质木头以为节奏，后加上乐器伴奏，木鱼作品称“木鱼书”。龙舟歌，由木鱼歌改创而来，敲击小锣小鼓，伴随龙舟曲演唱。粤曲是流传最广、影响最大的曲艺品种，源于粤剧声腔，其发展与粤剧同步，民国后进入全盛时期。粤曲极具大众化优势，流传甚广，且具兼容性，上述木鱼、南音、龙舟歌、粤讴等众多曲调，之后都转化成了粤曲曲牌。此外，十番乐、歌谣剧、白榄、咸水歌、坐堂歌、叹情歌，以及游艺舞蹈（包括狮舞、麒麟舞、春牛舞、龙灯舞、纱龙舞、火龙舞、醉龙舞、纸马舞、布马舞、火狗舞、鳌鱼舞），还有佛山秋色、沙湾飘色、市桥水色等，都带有曲艺性质。

近代广东的戏剧包括地方戏曲和话剧。广东戏曲源远流长，且种类繁多，有被称为“广东四大剧种”的粤剧、潮剧、琼剧、广东汉剧，还有地方小剧种。粤剧，又称“广东大戏”“广府大戏”，源自南戏，起于佛山，流传于粤桂港澳及海外操粤语的华侨华人聚居区。明清时期，因受官府和“外江班”排挤，“本地班”转于红船谋生，谓之“红船戏班”，后逐渐壮大，形成粤剧的本地独特风格。近代曾产生“万能老倌”薛觉先的“薛腔”、名丑马师曾的“马腔”、“小生王”白驹荣的“白腔”、丑生廖侠怀的“廖腔”及“金牌小武”桂名扬的“桂腔”五大流派和上海妹、谭兰卿、谭玉兰、卫少芳四大名旦。当代又涌现出红线女等粤剧名家。潮剧又名“潮州戏”“沏音戏”“溯调”等，是中国十大剧种之一，被誉为“南国奇葩”。广东汉剧，旧称“外江戏”“兴梅汉戏”，唱腔质朴淳厚、悠扬典雅，保留了许多古腔古调。原唱“中州韵、湖广音”，后与本地客家语言杂陈，也有渐趋普通话的倾向；音乐融合了民间音乐、庙堂音乐以及中军班音乐等，被誉为“南国牡丹”。地方小剧种则有雷剧、陆丰皮影戏、湛江傩舞、徐闻屯兵舞、白字戏、正字戏等。

辛亥革命时期，在民主革命思潮的影响下，不少爱国志士和戏曲工作者利用戏曲作为宣传革命的工具，内容以反映现实生活题材为主，大量吸收民间养料与各种新的艺术表现手法，丰富了广东地方戏曲的表现力。特别是唱腔语言的变革，对广东地方戏曲本身的发展演变产生了前所未有的影响。抗战期间，广州沦陷后，关德兴、马师曾、红线女等艺人纷纷转移到国统区，以“粤剧应该上火线”的信念继续演出。关德兴于1939年在香港成立粤剧救亡服务团，前往各地进行慰问演出和义演[①]。红线女跟随马师曾领衔的太平剧团、抗战剧团在广东、广西等地上演抗战剧目[②]。

话剧，又称文明戏或白话戏，20世纪初传入广东。1902年，革命党人陈少白组织成立了广东第一个话剧社“振南天”，此后广东的话剧活动逐步发展[③]。五四时期，青年学生利用话剧这一艺术形式，直接向观众宣传革命思想，抨击反动政府。1919年10月10日，为庆祝双十节、抵制日货，广东省学生联合会组织培英中学的学生在广州东园演出揭露日本侵华罪行的话剧《痛定思痛》，激发了全场观众的爱国热情。抗战全面爆发后，广州成立锋社、蓝白、艺协三大话剧社，各大中学校也纷纷成立剧团，演出抗战剧目。尤其引人注目的是，在中共广东戏剧支部大力支持下，1937年广州成立了儿童剧团，演员全部是10岁左右的小学生。儿童剧团走上街头，演出各种抗日剧目，他们表现出的爱国热情，深深打动了观众。

① 陈泽泓：《广府文化》，广东人民出版社，2007，第241页。

② 红线女：《红线女自传》，晓园出版社，1990，第40—56页。

③ 黄德深：《广东话剧从辛亥革命至解放前的发展历程》，载中国人民政治协商会议广东省委员会文史资料研究委员会编《广东文史资料》第34辑，广东人民出版社，1982，第190—191页。

四、摄影与电影

因法国人于勒·埃及尔（Jules Itier）1844年到广州、香港、澳门等地拍摄照片，广东成为西方摄影最早的传入地之一[①]。此后，广东人在粤港先后开设了“缤纶”“宜昌”等照相馆、摄影社。20世纪20年代，广东的摄影艺术已有较高水平，并出现了以刊登摄影为主的《真相画报》《时事画报》等画报。广东大部分县市已有自己的照相馆，从业人员逐渐增多，其中有不少人赴北京、上海等地开店。当时北京的照相馆中，广东籍摄影师最多，最著名的两家照相馆是广东人温章文开设的“太芳”和谭景堂开设的“同生”。上海照相业“四大天王”之一的宝记照相馆，也是广东人欧阳石芝父子创办的。1919年，广州照相业的从业人员已近百人，建立了广东照相行业第一个同业工会——广州摄影公会（后改名广州摄影工会）。该工会成立后，广东各县和港澳地区的照相从业者纷纷加入。1922年5月15日，广州摄影工会创办了我国第一个传播摄影技术刊物——《摄影杂志》。这一时期，在广东诸多的照相馆中，以广州“艳芳”最为有名。

国民革命时期，广东摄影迅速走在全国前列。由于党的重视与关怀，党在广东主办或参与主办的各种报刊都出现了图文并茂的形式，利用新闻照片宣传革命。革命队伍中的摄影爱好者也纷纷拿起相机，拍摄工农兵斗争情况的照片，宣传党的主张。如时任两广区党委委员的阮啸仙，亲自拍摄了许多反映工农运动的珍贵镜头。抗战爆发后，任晋察冀军区新闻摄影科科长的开平人沙飞，提出“摄影武器论”，以“人在底片在”的精神保护了其拍摄的大量珍贵影像资料[②]。广东照相业的许多进步从业人员，在轰轰烈烈的大革命鼓舞下，拍摄了许多反映人民群众活动的照片。1926年，广州摄影工会经过彻底改组，成为真正的工人阶级团体，参加了中共领导的广州工人代表会。该工会还创办了摄影学校，培养了一批摄影工作者，记录下不少当时广东革命活动的情况。

电影在19世纪末开始传入中国，但直到1913年中国才有了自己的电

① 陈申等编《中国摄影史（1840—1937）》，摄影家出版社，1990，第47页。
② 陈天白：《美术与抗战》，江苏人民出版社，2023，第60页。

影。从这年起，一批极富艺术才华的广东进步艺人开始涉足影坛，为中国早期电影事业发展作出贡献。潮阳人郑正秋，1913年开始投身电影事业，为亚细亚影戏公司编写剧目《难夫难妻》。该剧是中国电影史上第一部反封建影片。郑正秋成为中国电影第一代导演。1922年3月，他与张石川等人斥资合组明星影片公司，到抗日战争前，该公司一直是中国电影界有名的大公司之一。新会人黎民伟，1913年在香港组织人我镜剧社和华美影片公司，拍摄短片古装舞台剧《庄子试妻》。黎民伟担任编剧、导演兼反串庄子之妻，首创中国电影史上一身三任的纪录。他的妻子严姗姗，在剧中饰演丫鬟，是中国电影史上第一次出现女演员的形象。1923年后，黎民伟在香港、广州筹建了自己的电影制片公司[①]。另外，黎民伟早年参加同盟会，与孙中山要好。在孙中山的革命活动中，他拍摄了大量珍贵纪录片，如《孙中山就任大总统》《孙中山先生北上》等，孙中山对黎民伟的贡献给予高度评价，亲笔题词“天下为公”。

五、西洋美术与抗战画作

广东作为近代最早对外开放的地区，也是最早接受外来绘画形式的地区之一。从19世纪末20世纪初开始，一批批广东青年赴海外学习西方美术，归国后带回了西方美术的样式和技法。例如，鹤山人李铁夫，曾赴英国、美国、加拿大等国学画，回国后活跃于香港、广州画坛，多次举办个人画展。新中国成立后，曾任中南美术专科学校油画教授。冯钢百，新会人，先后在墨西哥、美国的美术学院学习，回国后在广州从事创作及教学，培养了一批西洋画家。陈抱一，新会人，两次赴日本学习西洋画，回国后在上海创办抱一绘画研究所，并在上海多所美术学校教授西洋画，后与陈望道等人创办中华艺术大学，成为当时西洋画运动中非常活跃的人物。

高剑父、高奇峰兄弟，番禺人，分别赴日本学画，回国后与陈树人一起，融中西绘画艺术于一体，一洗国画陈旧画目，创造了独具一格的岭南

① 李少白、邢祖文、陆弘石、李晋生：《中国电影艺术史：1896—1923》，文化艺术出版社，2017，第65—69页。

画派。岭南画派主张“折衷中西，融汇古今”，着力创作反映时代精神、雅俗共赏的“新国画”，令国人耳目为之一新。在20世纪的中国画坛上，岭南画派与京津派、海派三足鼎立，广州也成为二三十年代与上海、北京并肩的画坛三大重心之一。

全面抗战初期，抗战题材的画作在广东兴起，以艺术的形式散播抗战的种子。丰子恺耳闻日军对广州的轰炸，开始创作漫画控诉日军暴行。赖少其创作了大量抗日救亡版画；廖冰兄被誉为“民族斗争的武士”。1937年9月18日，广东举办“抗敌漫画展览会”，之后分赴省内多县巡展。上海、南京沦陷后，不少漫画家南迁广州，联合粤港本土漫画家举行画展，并深入到民众、农村中去创作。1938年3月，广州军训处创办《动员画报》，“动员一切力量，唤起民众，组织民众”。此外，广东出版的《抗敌画刊》、黄苗子主编的《全国漫画杰作选集》、郭沫若等主编的《救亡日报》、巴金主编的《烽火》等报刊，也刊登了许多抗日漫画。1938年，部分广州漫画家成立华南漫画救亡协会，先后编辑出版《漫画战线》《广州漫画》《救亡画刊》《漫画阵地》《自卫画刊》《民众漫画》等刊物[①]。广东漫画界还邀请海外反法西斯漫画家来粤举办漫画展。广东漫画界加入广东文化界救亡协会，一起开展抗日救亡宣传活动，掀起了广东抗战文化运动的新高潮。

梅县人林风眠，是中国现代美术的先驱。他融合中西绘画技法，开创了“风眠体”，还担任过国立杭州艺术专科学校（今中国美术学院）校长，其调合中西的理念，深刻影响了吴冠中、赵无极等画家。

六、社会科学与自然科学

近代广东，现代社会科学研究刚刚起步，并相对集中于中山大学、岭南大学、广东国民大学等几所高等院校中。20世纪20年代，一批国内外专家的加盟，使中山大学成为当时广东社会科学研究的中心。就现代社会科学的突出成绩而言，杨匏安填补了当时我国对西方美学史研究的空白。甲骨文、金文研究领域，1923年商承祚的《殷墟文字类编》和1925年容庚

① 陈天白：《美术与抗战》，江苏人民出版社，2023，第554页。

的《金文编》刊行问世。性学领域，张竞生出版《性史》，引发巨大社会争议。

现代自然科学研究逐步兴起。1908年10月，广东创建全省农事试验场（后改名广东全省农林试验场），1914年以后试验场的农林牧试验规模、种类日益扩大，而且科学研究不断向纵深发展，先后刊行了20种通俗刊物，为各种农业问题的研究、改良提供了科学依据和支撑。同时，广东公立农业专门学校、岭南农科大学等高等院校的创立，进一步充实了农业科学研究队伍。

广东是我国近代航空事业的重要发源地。1911年，我国第一个飞行家和飞机制造家冯如（恩平人），从美国回到广州，筹设广东飞行器公司，从事飞机制造[①]。辛亥革命后，在孙中山倡导和海外华侨大力支援下，广东航空业发展迅速，航空骨干队伍齐备，培养飞行员之多、技术质量之优、飞机装备之新，居全国首位。1918年初，广州军政府首次成立航空处，后改组为航空局。航空局成立后，着手兴办中国自己的飞机修理厂、飞机制造厂。1923年7月，该厂制成了广东第一架双翼飞机——“乐士文1号”，并试飞成功[②]。此后，该厂又自行研制、生产出性能更好的“羊城”号教练机、驱逐机和轰炸机60余架[③]。1924年冬，为培养优秀航空人才，孙中山亲自指定在大沙头建立广东航空学校。该校组织机构、设备、教材教育、训练、计划、制度等均参照苏联模式，对发展我国的航空事业建树颇多。

铁路工程技术方面，不少粤籍专家作出了卓越贡献，其中最著名的当推詹天佑、凌鸿勋。詹天佑，南海人，于1905—1909年间以总工程师身份主持了我国自建的第一条铁路——京张铁路的修建工作，并培养了我国第一批铁路工程师。1912年，中华工程师会（后更名为中华工程师学会）成立，他被推为会长。1914年任汉粤川铁路督办，1918年9月主持建成汉

① 黄汉纲：《冯如研究》，广东省中山图书馆、恩平县政协文史资料研究委员会，1991，第112—114页。

② 广东省地方史志编纂委员会编《广东省志·民航志》，广东人民出版社，2004，第74—75页。

③ 广州市地方志编纂委员会编《广州市志·卷十三：军事卷》，广州出版社，1995，第360页。

粤川铁路中的武（昌）长（沙）段。凌鸿勋，广州人，1915年赴美进修，1918年回国后先后任交通部路政司考工科副科长、京汉铁路工程师等职，1924年被任命为上海交通大学校长。20世纪30年代，他因主持粤汉铁路株（洲）韶（关）段而声名鹊起。为此，中国工程师学会授予他金质奖章。胡适称颂他为“詹先生的铁路事业的继承人”。

此外，陈焕镛的植物分类学研究与黄际遇的数学研究，也取得了一定成就。中山大学动物系、植物系共同组织的南方生物调查会，在动植物标本的采集方面取得不小进展。中山大学算学天文系此时也开始了天文学的教学与研究，在国内高等院校中处于领先地位。

七、近代教育

洋务运动兴起后，洋务派根据现实需要在一定程度上接受了西方的教育思想，开始在广东推行新式教育。1864年，广州同文馆设立。该馆旨在培养翻译人员，以英文教学为主，还聘请了外籍教师。学员多招收八旗子弟，但因翻译官没有好的前途，广州同文馆的办学效果并不理想，弊病不少。刘坤一担任两广总督时，主张设立西学馆，即除了学习外国语言文字外，还要学习西方科技。1880年，两广总督张树声正式设立西学馆。1884年，张之洞接任两广总督，将西学馆改为博学馆，三年后又改为水陆师学堂。该学堂“首重水师兵轮，次则陆军火器”。1889年，张之洞又在该学堂增设矿学、化学、电学、植物学、国际法五门专业，并分别聘请外籍教习各1人。以张之洞为代表的洋务派，打破旧式以科举为导向的教育体制，实行新式分科教育，推动了近代广东教育的转型。伴随着清末新政的开展，新学制在全国范围内推广，广东也不例外。在新式教育思想的指导下，仿效西方的新式学堂普遍建立。民国以后，新式教育的扩展更是势不可挡。

在容闳的推动下，清政府派遣留学生出洋留学，开启了中国人主动走出去学习西方的序幕。容闳，字达萌，广东香山人，被誉为“中国近代留学生之父”。他于1835年就读于澳门，1847年留学美国，1850年考入耶鲁大学，1854年毕业，立下“以西方之学术，灌输于中国，使中国日趋于文明富强之境”的宏愿。1868年，他上书《条陈四则》，力主改革时政。

他把派遣留学生看作“改革和复兴中国的最切实可行的办法”，是他“最大的事业”；1870年赴美国，任中国留学生事务所副监督；1872年起，主持选派幼童赴美留学，任留美学生副监督、驻美副公使，推动中国近代留学潮。

与容闳一起管理留美幼童的陈兰彬，字荔秋，广东吴川人，是首任留美学生的监督。在留美幼童的筹备阶段，陈兰彬态度积极，与容闳配合默契，共同制定出管理留美学生的规章制度。在幼童赴美的前三年，即1872年至1875年，陈兰彬在监督职位上虽尽职尽责，但与容闳的分歧已愈发明显。容闳想将留学生培养成如自己一般的西式人才，但陈兰彬的留学思想则是希望学生们只学习西方的“器物”以维护清朝统治。1875年，清廷任命陈兰彬为驻美国、日斯巴尼亚（西班牙）和秘鲁第一任公使，容闳为副使。随着幼童年纪的增长，他们逐渐西化，如何培养学生的矛盾最终在驻美官员内爆发。1881年，在陈兰彬的建议下，清廷下令召回所有留学生，停止派遣幼童赴美。与同时代的人相比，陈兰彬主张学习西方，算是进步人物，不能苛责。另外，他在担任驻外使节时，积极捍卫海外华工的利益，为同胞振臂高呼，也值得肯定。值得注意的是，这些归国的留美幼童，后来多在各自领域成为中国的栋梁，他们当中的广东人包括：“中国铁路之父”，主持修建中国第一条自主设计的铁路——京张铁路的工程师，广州人詹天佑；民国首任总理，推动南北议和与西藏主权谈判的政治家，珠海人唐绍仪；参与创办中国第一所现代大学北洋大学堂（今天津大学）的教育家，珠海人蔡绍基；清末任外务部尚书，推动废除美国排华法案的外交家，佛山人梁敦彦；清华学堂首任校长、奠定留美预备教育基础的教育家，珠海人唐国安；主持沪宁铁路建设，曾任驻菲律宾总领事的铁路管理者，香山人钟文耀；保护海外华人权益，历任旧金山与爪哇领事的外交官，新会人欧阳庚；甲午海战突围将领，首译《唐诗三百首》为英文的海军将领，香山人蔡廷干；1904年圣路易斯世博会中国馆副监督，推动近代通讯发展的汕头人黄开甲；主持京汉铁路建设，参与外蒙古谈判的外交官，珠海人梁如浩等。

张之洞督粤期间除了博采西学、开办新式教育外，也十分重视传统文化事业的发展，贡献最大者莫过于创办广雅书院和广雅书局。

1888年，张之洞基于为国家储桢干之才的目的，建成广雅书院，并为其拟定了各项规章制度。书院名为“广雅”，取“广者大也，雅者正也”的意思。广雅书院的课程分为经学、史学、理学、经济四门，“经学以能通大义为主，不取琐屑。史学以贯通古今为主，不取空论。性理之学以践履笃实为主，不取矫伪。经济之学以知今切用为主，不取泛滥”[①]。要求学生随性自选，以期成为专门之才。广雅书院的图书馆“冠冕楼”，壮丽雄伟，内藏经史子集图书三万余册，为广东书院之首。经过严格的考试和张之洞的亲自考查，广雅书院聚集了当时两广地区最优秀的学子，成为继学海堂之后广东最有影响力的教育机构。

为了“考鉴古今，裨益经济，维持人心风俗”，张之洞在开办广雅书院的同时，还创办了广雅书局，大量刊刻文史书籍。广雅书局的经费充足，常年经费将近二万两白银。在校勘业务上，设有总校、分校、采访数人。每书校勘必经初校、复校、再校后才刊刻。所刻书籍中，以史部为主，其中多有珍贵罕见的原稿本、传抄本、海内孤本等。清末至民初，坊间出现多种石印巾箱本《史学丛书》，均是广雅书局原刻的盗版，可见广雅刻本的影响力[②]。

广雅书局自1887年3月初创，到1904年停办，历时近20年，出版图书362种。与当时全国各省官书局相比，广雅书局虽然创办较晚，但后来居上，刻书无论质量还是数量都位居全国首位。多年后，胡适在北京大学演讲时仍称赞“学海堂之《经解》，广雅书局之《史学丛书》，为广东两大不朽名著，是时均得流布，居然洛阳纸贵矣”[③]。广雅书局自停办后，广雅书版屡遭损坏。1920年，广州学者徐信符整理广雅板片编印了《广雅书局丛书》，从此“广雅丛书”之名流传于世。徐氏此举保存了广雅刻本之精华，是对广雅书局刻书事业的一次大总结[④]。

鸦片战争后，大批西方传教士来到广东传教。为了提升传教效果，传教士们积极兴办学校，客观上传播了西方近代教育思想、科技知识及启蒙

① 张之洞：《创建广雅书院折》，载赵德馨主编《张之洞全集》第1册，吴剑杰、周秀鸾等点校，武汉出版社，2008，第557页。

② 李绪柏：《广雅书局与〈史学丛书〉》，《广州大典研究》2018年第2辑。

③ 谢国祯：《明清笔记谈丛》，中华书局，1962，第228页。

④ 廖粤，罗志欢：《广雅书局刻书编年》，载陈建华主编《张之洞与广雅书院（局）暨中国近代文化教育转型研讨会论文集》，国家图书馆出版社，2020，第241—259页。

思想[1]。岭南大学是在这一背景下颇值得瞩目的学校。岭南大学前身是格致书院，由美国长老会于1888年创办，1912年更名为岭南学校，1914年升格为岭南文理科大学，1916年再次扩充，定名为岭南大学。岭南大学分设文、理、农、医四科，学生中华侨子弟较多，校内先后设置过各种学生团体。1927年，在钟荣光等人的努力下，岭南大学被收回自办，更名为私立岭南大学[2]。

抗战的爆发使广东的文化教育事业遭到严重摧残。初期，广东各地遭到日机大规模轰炸，许多学校被炸毁，其中最严重的是省会广州。1938年10月，珠三角及东江地区迅速沦陷，一批大中学校从广州等地迁往国统区坚持办学，形成一股学校内迁潮。大学方面，中山大学初迁至广东罗定，1939年2月又迁至云南澄江，1940年8月辗转迁移到粤北坪石。1944年冬，因日军进犯粤北，中山大学分两路紧急转移，一路向东辗转迁至梅县，后以梅县作为校本部所在地；另一路向西迁至连县三江镇，在此成立分教处。在历年多次的辗转迁徙中，中山大学师生风餐露宿，历经坎坷，颇有损失。但师生们深埋离乡背井之愁，怀抱国破家亡之痛，在极其艰苦的环境下仍然坚持开展学术研究，在农学、地质学、民族学和文史哲领域取得了可喜的成绩[3]。

日军占领广州等地后，为了消弭沦陷区民众的抵抗意志，大力推行奴化教育，将奴化意识渗透到教育的各个领域。在沦陷区的中小学，师生都受到日本占领者的严格挑选、训练和控制。日、伪鼓吹“大东亚共荣”，通过华南文化协会和教员联合会训练和控制中小学教师，对挑选的中小学教师进行奴化训练，然后派往中小学任教。在教学内容方面，日、伪规定以“和平反共建国”为教育方针，并在初中以上强制实行日语教学。广东沦陷区的大学只有伪广东大学等几所，日、伪在这些大学开设与日本相关的必修课。在民众教育方面，日、伪开办民众教育馆和民众学校进行日常

① 方志钦、蒋祖缘主编，方志钦、廖伟章本册主编《广东通史》（近代上册），广东高等教育出版社，2010，第558—562页。

② 方志钦、蒋祖缘主编，徐松荣本册主编《广东通史》（近代下册），广东高等教育出版社，2010，第1192—1194页。

③《广东抗日战争志》编纂委员会编《广东抗日战争志》，广东人民出版社，2023，第567—576页。

教育宣传，并派出巡回工作队对民众强行洗脑，以达到其奴化教育的目的[①]。

战后国民党广东当局推行全面“复兴”计划，文教事业得到了一定程度的恢复和发展。但国民党推行独裁统治，对进步力量实施高压政策，文教等领域被严格管制。战后，汪伪政权所办的学校或被接收或被停办，战时迁往内地的公私学校相继迁回原地，中山大学和岭南大学亦于1945年秋迁回广州复课。

① 《广东抗日战争志》编纂委员会编《广东抗日战争志》，广东人民出版社，2023，第597—600页。

第五编

新中国成立至中国特色社会主义新时代

第一章 党的领导与党的建设制度优势

中华人民共和国成立后，在中共中央的领导下，广东顺利完成“三大改造”，确立了社会主义制度，同时结合省情进行了社会主义建设的艰辛探索。1978年12月，中共十一届三中全会开启了中国改革开放和社会主义现代化建设新时期。广东先行先试，成为改革开放的排头兵、先行地和实验区。2012年11月，中共十八大召开，中国特色社会主义进入新时代。2024年7月，中共二十届三中全会强调：党的领导是进一步全面深化改革、推进中国式现代化的根本保证。广东自觉以“走在前列”总目标统领改革发展全局，展现新气象、干出新作为。

“坚持党的领导”是百年来中国共产党领导中国人民进行伟大奋斗的首要历史经验。中国共产党的领导是中国特色社会主义最本质的特征，是中国特色社会主义制度的最大优势。通过全面从严治党，加强党的建设，保证全党服从中央，维护党中央权威和坚持集中统一领导。广东各级党组织坚持以党的自我革命引领社会革命的高度自觉，确保党始终成为中国特色社会主义事业的坚强领导核心，努力把制度优势转化为推进中国式现代化建设的强大力量。

第一节

社会主义革命和建设时期

1949年10月1日，中华人民共和国在北京宣告成立。当时面临的主要任务是：领导全国人民实现从新民主主义到社会主义的转变，进行社会主义革命，推进社会主义建设，为实现中华民族伟大复兴奠定根本政治前提和制度基础。无论是社会主义革命的完成，还是社会主义建设的艰难探索，都是在中国共产党的统一领导下进行的，广东人民群众在省委、省政府的带领下，完成了各个时期的历史任务，为社会主义建设在广东的实践积累了丰富的物质基础和精神财富。

一、党中央的领导和地方党组织的建立与发展

1949年10月1日，中共中央华南分局（简称“华南分局”）[①]在江西赣州发布《吁请广东同胞紧急动员》的告广东人民书。10月14日，中国人民解放军进入广州市区，广州宣告解放。11月11日，广州市举行中国人民解放军入城式和广州解放大游行。12月19日，湛江市解放。至此，广东大陆全部解放。

1949年10月19日，中央人民政府任命叶剑英为广东省人民政府主席兼广州市人民政府市长。10月21日，叶剑英、方方率领华南分局机关进驻广州。同日，中国人民解放军广州市军事管制委员会正式成立，对广东省、广州市党政军各部门实行全面领导。11月1日，广东省人民政府宣告成立。11月17日，广东军区在广州成立，叶剑英任司令员兼政治委员。军事

① 中共中央华南分局是代表中共中央领导华南地区工作的机关，原成立于1949年4月。1949年9月，新的华南分局成立，隶属于华中局，领导广东、广西和港澳地区党组织，机关驻广州。叶剑英任第一书记。

管制至1953年8月结束。

1950年1月12日至21日，华南分局召开首届广东各地党代表会议，确定当年广东的四大工作任务。中共中央于1950年5月1日发出在全党全军开展整风运动的指示。[①]6月6日，华南分局在广东各级领导机关开展整风整干运动，为期4个月。1951年初以后，华南分局在全省各级党组织开展整党建党工作，全省党员受到深刻的思想教育，党的自身建设得到明显加强，经受住了执政初期带来的全新考验。1953年10月3日至24日，中共华南第一次代表会议在广州召开，讨论党在过渡时期的总路线和总任务，确定华南党组织在第一个五年计划时期的任务。[②]引人注目的是，1954年11月3日，毛泽东、刘少奇、周恩来等中央领导到广州召开中共中央工作会议，讨论和修订发展国民经济的第一个五年计划。

1955年7月1日，华南分局撤销，中共广东省委成立，陶铸任省委书记。9月5日至14日，中共广东省第二次代表会议在广州举行，会议通过广东省发展国民经济第一个五年计划草案。

党中央关心广东工作和广东工农业生产建设。在事关社会主义革命进程的“三大改造”关键时期，1955年12月27日，毛泽东来到广州主持编写《中国农村的社会主义高潮》一书，并为该书写序言和按语。其中，广东地区有9篇文章被选入该书，6篇文章被加了按语。在序言中，毛泽东对全国半社会主义的农业合作化的进度之快表示赞赏，并由此提出加快手工业和资本主义工商业的社会主义改造：“这件事告诉我们，只需要一九五六年一个年头，就可以基本上完成农业方面的半社会主义的合作化。再有三年到四年，即到一九五九年，或者一九六〇年，就可以基本上完成合作社由半社会主义到全社会主义的转变。这件事告诉我们，中国的手工业和资本主义工商业的社会主义改造，也应当争取提早一些时候去完成，才能适应农业发展的需要。这件事告诉我们，中国的工业化的规模和速度，科学、文化、教育、卫生等项事业的发展的规模和速度，已经不能完全按照

① 《中共中央关于在全党全军开展整风运动的指示》，载中共中央文献研究室编《建国以来重要文献选编》（第一册），中央文献出版社，2011，第187—188页。

② 中共广东省委党史研究室编《中共广东历史百年大事记》（下卷），广东人民出版社，2021，第25页。

原来所想的那个样子去做了，这些都应当适当地扩大和加快。”[①]1956年5月3日至30日，毛泽东在广州视察。他关心广东工农业生产建设，先后视察了广东省农业展览会水产展览馆和广州通用机器厂、广州造纸厂[②]。5月28日，毛泽东在听取广东省委有关争取港澳华侨投资的汇报时，明确表示：“要有更积极的政策。港澳华侨拿外汇来拿外汇走，这是合理的，这对我们并无所损。”“要针对港澳华侨的顾虑，想办法争取利用这一大笔外汇。”[③]这是毛泽东在新中国成立后较早提出的利用外资的思想。

1956年7月10日至23日，中共广东省第一次代表大会在广州召开，陶铸作《一定要把广东建设好》的工作报告。会议认为，省委成立一年以来，贯彻执行了中央的各项指示，在社会主义改造的各个方面，取得决定性的胜利，在工业、农业生产建设事业上也取得了很大的成绩。会议讨论并通过《广东省七年农业建设规划》和《广东省七年工业建设规划（草案）》，选举了出席中国共产党第八次全国代表大会的代表。

在党中央的领导下，广东建立了各级人民政权，完成了三大社会主义改造和土地制度改革，国民经济得到全面恢复和初步发展，党的建设得到进一步的加强和完善。广东各级党组织贯彻中共中央的指示，开展整党建党，整顿并充实了党员队伍、壮大了党的力量，同时开展党内思想教育，建立党内纪律约束制度，增强了党的战斗力，使党的各级组织初步经受住了胜利和执政的考验。

二、社会主义建设的探索和曲折发展

鉴于国家对农业、手工业和资本主义工商业三大社会主义改造任务的完成，实现了生产资料公有制和按劳分配，1956年9月，中共八大指出，社会主义制度在我国已经基本上建立起来。大会宣布，国内的主要矛盾已

① 毛泽东：《〈中国农村的社会主义高潮〉序言》，载中共中央文献研究室编《建国以来毛泽东文稿》第五册，中央文献出版社，1991，第485页。

② 广州造纸厂扩建工程于1957年1月9日完成，每年可生产新闻纸6万多吨，成为当时中国最大的新闻纸造纸厂。

③ 中共中央文献研究室编《毛泽东年谱：1949—1976》第4卷，中央文献出版社，2013，第580—581页。

经不再是无产阶级同资产阶级之间的矛盾，而是人民对于经济文化迅速发展的需要同当前经济文化不能满足人民需要的状况之间的矛盾。大会宣布全党要集中精力发展生产，以满足人民物质文化生活的需要。中共八大提出的一系列正确的建设社会主义的方针，鼓舞了广东全省干部和群众艰苦创业的斗志。

1957年4月27日，中共中央发出指示，决定在全党重新进行一次普遍的、深入的反官僚主义、反宗派主义、反主观主义的整风运动。5月15日，广东省委决定在全省分期分批进行整风运动。随着整风运动的迅猛展开，各方面人士对党的工作所提出的批评意见越来越激烈，情况愈来愈复杂。整风运动的主题也由原来的党内整风转向为反击右派的进攻。根据中央的指示，广东省委迅速对反击右派斗争进行部署。这场斗争首先在省直机关和广州市拉开帷幕，接着在高等院校、新闻界、文艺界、科技界、工商界以及民主人士聚集的部门和单位进行，其后又扩展到各级党政机关和中、小学校。

在此期间，广东还开展了反"地方主义"的斗争，且与反右派斗争相结合并交错进行。1957年9月13日，广东省委召开第74次常委会议，决定把反右派斗争和"对广东历史问题的大辩论"结合起来，将全省反右派斗争的矛头指向了有所谓"地方主义错误"的干部。这场斗争将党内对一些历史问题的不同认识和工作上的意见分歧，错误地认为是地方干部搞"地方主义"的罪证，并上纲上线，加以批判，不仅使大批地方干部蒙冤受屈，造成了严重的后果，而且在港澳同胞和海外侨胞中也造成了不良影响。

1958年5月，中共八大二次会议通过"鼓足干劲，力争上游，多快好省地建设社会主义"的总路线。随后，"大跃进"和人民公社化运动在全国范围内迅速掀起高潮。总路线、"大跃进"、人民公社化运动在1960年5月以后也被称为"三面红旗"。

"大跃进"从农业开始，农业生产指标要求逐渐偏离实际。以大炼钢铁为中心的工业"大跃进"也同时大张旗鼓地展开。省、市、县党委均成立由第一书记挂帅的钢铁领导机构，层层负责，督促指导生产。在大炼钢铁的同时，全省还掀起大办工业的热潮，主要集中在煤炭、电力、机械、轻化、石油等行业。由于采取了开展运动的方式和军事斗争手段，违背了发展规律，因此没能使工业的落后状况发生根本改变。

在“大跃进”的同时，农村还开展了声势浩大的人民公社化运动。人民公社主要由农业生产合作社联合而成。1958年4月15日，毛泽东在广州写下《介绍一个合作社》一文；4月30日，他到广州棠下视察农业生产合作社，向社员干部了解生产状况，鼓励农业生产。[①]此后，广东在农业战线上出现劳动大协作和并社、联社运动。8月，广东农业社由4.6万个合并为2.3万个。9月以后，广东开始在农村建立人民公社，全省农村不久便实现了人民公社化，共建立803个人民公社。随后，人民公社的规模多次进行调整，至1960年11月底，全省已合并组织成772个人民公社。

人民公社建立初期的鲜明特征，包括政社合一、一切生产资料归公社所有、实行高度统一集中的经营管理制度、在分配上实行工资制与供给制相结合的制度以及取消社员家庭自营经济等。[②]然而，这些特征脱离了当时的社会生产力发展水平的实际，也挫伤了农民的生产积极性。1960年2月25日，广东省委作出《关于当前人民公社工作中几个问题的指示》，提出值得全党重视的五个问题，包括刮“共产风”的错误要坚决堵死，要讲究经济效果等。3月5日，毛泽东对此作出重要批示，要求高度重视人民公社工作中存在的问题。1960年11月，中共中央发出《关于农村人民公社当前政策问题的紧急指示信》（简称“十二条”），开始纠正农村工作中“左”倾的错误。1961年1月底，中共中央正式决定对国民经济实行“调整、巩固、充实、提高”的八字方针。1961年1月下旬，毛泽东组织和领导3个调查组到广东、浙江、湖南农村进行调查。2月下旬，各调查组会集广州，毛泽东亲自主持起草《农村人民公社工作条例》。3月10日至13日，毛泽东在广州主持召开由中共中央华东局、中南局、西南局及所属各省、市、区党委负责人参加的工作会议（简称“三南会议”），主要讨论人民公社体制和工作条例问题。[③]在此期间，毛泽东要求将他于1930年5

① 1958年4月27日至29日，毛泽东在广州主持中共中央政治局扩大会议，研究全国工业建设问题。参见中共广东省委党史研究室编《中共广东历史百年大事记》（下卷），广东人民出版社，2021，第49页。

② 黄勋拔主编《当代广东简史》，当代中国出版社，2005，第120—129页。

③ 中共中央党史和文献研究院编《毛泽东年谱》第七卷，中央文献出版社，2023，第552—556页。

月所写的《调查工作》[①]一文印发给参加三南会议的同志，并亲自加了按语。3月15日至23日，中共中央在广州召开工作会议。会议主要围绕人民公社体制、公共食堂、供给制等问题进行讨论。会议通过的《农村人民公社工作条例（草案）》（简称“农业六十条”），在仍保持人民公社总体框架的前提下，纠正了公社化以来一直突出存在的若干错误，解决了当时群众意见最大、最紧迫的一些问题，从而在调动农民积极性，恢复和发展农业生产，以及遏制“共产风”再起方面，发挥了重要作用。[②]会议还集中讨论了毛泽东关于做好调查研究的指示等问题。

根据中央指示，广东省委一面竭力安排好人民生活，一面坚决纠正“共产风”。从1960年10月底开始，全省农村分三批开展以纠正“共产风”、贯彻以“十二条”为中心内容的整风整社运动。同时，广东也采取了一系列政策和措施对国民经济进行调整。1960年9月至1963年9月三年间，全省国民经济经过初步调整和全面调整，很大程度扭转了“大跃进”和人民公社化运动所造成的工农业生产中的混乱局面。1961年12月，中共广东省第二次代表大会在广州举行，会议确定了1962年全省大办粮食、大办油料、大办畜牧业、争取农业大丰收的首要任务。到1963年9月，广东的国民经济逐步恢复，形势明显好转，工农业总产值开始回升，农民生活也得到较大改善，各行各业呈现一派生机。在此期间，党的建设工作得到加强。全省各级党委大批吸收工人阶级和劳动人民中的优秀分子入党，一大批优秀干部被充实到各级领导岗位，同时抽调一部分干部下基层，加强了工农业战线。此外，根据中央部署，广东省委还开展了城乡社会主义教育运动。

1966年5月，中共中央政治局召开扩大会议，通过“五一六通知”。6月7日，《南方日报》发表文章，点燃了广东“文化大革命”的第一把火。8月，中共八届十一中全会后，广东的“红卫兵”组织迅速在全省成

① 该文于1961年初重新发现，后来题目改为《反对本本主义》，1964年收入人民出版社出版的《毛泽东著作选读》甲种本，参见毛泽东《毛泽东选集》第一卷，人民出版社，1991，第109—118页。文章开头就提出的一个重要命题“没有调查，没有发言权”，后来成为全党全国人民耳熟能详的至理名言。

② 中共中央党史和文献研究院：《中国共产党的一百年：社会主义革命和建设时期》，中共党史出版社，2022，第506页。

立，并和北方南下的“红卫兵”一起，开展所谓破“四旧”和揪斗“牛鬼蛇神”的活动。12月，全省大、中、小城市开展了所谓对“资产阶级反动路线”的“总攻击”。1967年初，全省各级党组织和政府机关、企业、事业单位的领导干部，不少被扣上“走资派”“三反分子”“修正主义分子”“特务”“叛徒”和“反革命分子”等莫须有罪名。广东各地形成了各式各样的“群众组织”，组成跨行业的、对立的“红旗派”和“东风派”。两派都标榜自己是“革命派”，互相指责，并出现武斗现象。

1967年3月15日，广东省军事管制委员会成立，实行军事管制。1968年2月21日，广东省革命委员会成立（简称“省革委会”），取代原省委、省政府，行使党、政、军、财、文等一切权力。3月22日至29日，省革委会首次整党建党工作会议在广州召开。至1968年底，全省4.1万多个基层支部，已有90%以上开展整党建党工作。1968年7月，省革委会贯彻中央指示，开展“清理阶级队伍”运动。10月，省革委会贯彻干部下放劳动“五七”指示。随后，全省共建“五七”干校313所，下放干部16.46万人。1969年5月9日至21日，全省四级（省、地、县、公社）革命委员会党员代表大会在广州召开，这是省革委会成立以来规模最大的一次会议。1970年，中共广东省第三次代表大会在广州召开。随后，因1967年1月被造反派“夺权”后一直停止活动的中共广东地方组织领导机构正式恢复，并重新开始行使职权。1971年8月17日，广东省委发出通知，经中共中央办公厅同意，自9月1日起，暂启用原“中国共产党广东省委员会”印章。1972年8月20日，广东省委决定恢复全省各级人民法院机构。同年12月，广东省委决定恢复成立省委组织部、宣传部，成立广东省政法委员会。1973年2月，广东省委决定恢复成立省委统战部、省文化局。1975年7月1日，广东省委决定撤销省革委会办事组，恢复成立省委办公厅和省革委会办公厅，一套机构，两块牌子。

1973年8月至1977年夏，广东把农村开展的政治运动同农业学大寨运动结合起来，称为“党的基本路线教育运动”。在“左”的路线指导下，关于农村的党的基本路线教育运动严重地挫伤了干部、群众的积极性，严重影响了农业的发展。在林彪反革命集团覆灭之后，全国于1974年1月18日开展了“批林批孔”浪潮。1976年4月，广东省根据中央的指示，掀起“批邓、反击右倾翻案风”浪潮。同年9月9日，毛泽东逝世。9月18

日，广州在越秀山体育场中心会场和农讲所旧址等分会场举行隆重的追悼大会。10月6日，中共中央政治局执行党和人民的意志，一举粉碎“四人帮”。1977年8月，中共十一大召开，宣告“文化大革命”结束，重申在20世纪内把中国建设成为社会主义现代化强国。

总体而言，1956年社会主义改造基本完成以后的十年中，广东虽然在1958年至1960年间犯了急躁冒进的“左”倾错误，造成严重经济困难，但随后由于广东人民在党中央提出的“调整、巩固、充实、提高”八字方针的指导下，用了五年时间持续进行调整，使全省国民经济得以较快地恢复和发展，社会主义建设仍然取得了较大的成就。如以发展轻工业为主的工业建设取得了明显成效，农业生产力有了显著提高，科学技术取得了较突出的成果，为后来的社会主义建设奠定了重要的基础。其后爆发的“文化大革命”，是在探索社会主义道路过程中的错误实践，给党和全国各族人民带来了严重的灾难。正是因为这段沉痛的教训，广东人民逐渐觉醒，积极参加对极左错误的抵制和斗争。

1977年2月7日，《人民日报》、《红旗》杂志和《解放军报》联合发表社论，同时提出“凡是毛主席作出的决策，我们都坚决维护；凡是毛主席的指示，我们都始终不渝地遵循”，即“两个凡是”方针。1978年5月11日，《光明日报》发表《实践是检验真理的唯一标准》一文，指出“实践不仅是检验真理的标准，而且是唯一的标准”，从理论上否定了“两个凡是”方针，引发一场全国范围的关于真理标准问题的大讨论。

时任省委第二书记习仲勋是全国最早表态支持真理标准问题讨论的省级领导之一。1978年6月30日，他在广东省委常委扩大会议总结讲话中强调，理论要与实践结合起来，理论要指导实践，实践反过来又丰富这个理论，离开实践，理论一文不值。8月下旬，广州市各单位陆续开展关于真理标准问题的学习讨论，树立“实践第一”的观点，拨乱反正，解放思想。其后，广东省委对真理标准问题大讨论作出进一步部署，要求各地联系实际，广泛开展学习和讨论，大讨论逐步扩展到地、市、县各级。在省委领导下，全省各地把真理标准问题的大讨论同肃清林彪、“四人帮”极左路线的流毒及总结经验教训结合起来，取得了很好的效果。

1978年11月10日至12月15日，中共中央召开工作会议，习仲勋在中南组分组会议上发言：“实践是检验真理的唯一标准，这是个思想路线问题，对实际工作关系很大。”[①]在闭幕会上，邓小平作了重要讲话，指出“关于真理标准问题的争论，的确是个思想路线问题，是个政治问题，是个关系到党和国家的前途和命运的问题”[②]，这为随后召开的中共十一届三中全会奠定了思想基础。

第二节

改革开放和社会主义现代化建设新时期

1978年12月18日至22日，划时代的中共十一届三中全会胜利召开，开启了改革开放和社会主义现代化建设新时期。中共广东省委以人民利益为重，准确把握时代发展的脉搏，从广东的实际出发，积极争取中央的政策支持，创办经济特区。此后，广东在历届省委的坚强领导下，紧紧把握改革与开放的大方向，用好、用足、用活“特殊政策和灵活措施”，接力推进，不断深化，使广东在改革开放中始终保持“先走一步”。

20世纪90年代以后，作为改革开放的先行地，广东不断解放思想，奋力探索改革开放的路径。1992年，邓小平南方谈话不仅解开了姓“社”姓“资”的思想束缚，同时也肯定了广东坚持改革开放的成绩，并要求广东20年赶上亚洲“四小龙”。1998年，中共中央总书记江泽民指示广东要“增创新优势，更上一层楼”。2003年春，中共中央总书记胡锦涛在广东考察时提出了科学发展的要求。广东不断加快改革步伐，突破传统发展理念的藩篱，全面落实科学发展观，在全面建设小康社会、加快率先基本实现现代化进程中更好地发挥了排头兵作用，推动了全省新一轮的发展。

① 参见《中央工作会议简报》（中南组）〔23〕，1978年11月27日。

② 邓小平：《解放思想，实事求是，团结一致向前看》，载《邓小平文选》第二卷，人民出版社，1994，第143页。

一、解放思想，落实干部政策，平反冤假错案

1979年1月8日至25日，中共广东省委召开四届二次常委扩大会议，贯彻中央工作会议和中共十一届三中全会精神，强调要继续开展关于真理标准问题的讨论。1979年底，广东省五届人大二次会议提出，必须在全省范围内把这场讨论继续深入开展下去。1980年6月，省委第一书记习仲勋在广东省工业交通系统增产节约增收节支工作会议上明确指出，“解放思想必须和深入实践统一起来”[①]。在省委、省政府的坚强领导下，广东成为全国最早响应真理标准问题讨论的省份之一，也是讨论时间最长、程度最深的省份之一。全省范围内广泛深入开展真理标准问题讨论，为广东拨乱反正、实现工作重心转移，进而率先探索、推进改革开放奠定了思想基础。

改革开放前，广东受历次政治运动冲击，积累了许多冤假错案。1978年4月，习仲勋在中共广东省第四次代表大会上明确提出：“必须坚决落实党的干部政策、知识分子政策、统一战线政策、侨务政策、民族政策、对敌斗争政策以及经济建设中的各项政策。”[②]8月15日，省委举行全省落实干部政策会议，这是省委推动全省平反冤假错案、落实干部政策和其他各项政策的一个重大步骤。1979年1月25日，在省委四届二次常委扩大会议的总结讲话中，习仲勋逐一阐明了广东11个重大历史遗留问题，提出解决这些问题的指导思想。会后，全省各级党政机关切实加强落实政策的力量，大大加快了平反冤假错案的步伐，先后为“文化大革命”期间被迫害致死的林锵云、朱光、周小舟、邓文钊、冯燊、饶彰风等人平反昭雪，给予公正评价。

1979年2月，广东省委决定严肃处理反彭湃烈士事件，为广东“地下党”平反。同时，省委还召开“李一哲”案平反大会。反彭湃烈士事件是“文化大革命”时期的重大冤案，“农民运动大王”彭湃被扣上地主阶级孝子贤孙、“左”倾机会主义分子等罪名，其亲属及大批海丰群众遭到迫

① 习仲勋：《继续解放思想，进一步把经济搞活》，载《习仲勋文选》编委会编《习仲勋文选》，中央文献出版社，1995，第356—360页。

② 习仲勋：《在中国共产党广东省第四次代表大会上的讲话》，载中共中央党史研究室编《习仲勋文集》，中共党史出版社，2013，第383页。

害乃至血腥屠杀。1978年7—8月，习仲勋在考察汕头地区[①]期间，便提出要彻底解决反彭湃烈士事件的问题。省委、省革委会同广州军区党委派出联合工作组，协助汕头地委彻底清查海丰反彭湃烈士事件。在持续半年的调查中，联合工作组掌握了大量第一手材料，并以此为线索开展彻底调查，揭露事件真相，最终为受牵连迫害者平反昭雪。

“李一哲”案起因于1974年11月10日出现在广州市北京路题为《关于社会主义的民主与法制》的大字报，由李正天、陈一阳、王希哲、郭鸿志等人以“李一哲”共同署名。该大字报抨击当时不完善的民主与法制，不仅在广州引起轰动，也波及国内其他地区及国外。在当时复杂的形势下，中共广东省委认为该大字报属于“反动大字报”。1975年1月，省内许多机关、学校、工厂开展批判这张大字报活动。“文化大革命”结束后，“李一哲”等人的问题，不仅没有得到解决，反而升级了。1977年12月，“李一哲”等人被打成“反革命集团”，一批干部和青年也受到牵连。从1978年8月开始，习仲勋多次主持广东省委会议，研究“李一哲”案，并多次向党中央报告。[②]1979年1月26日，中共中央批复广东省委的请示，同意为“李一哲”案平反。这一案件影响巨大，其平反具有重要的解放思想、拨乱反正的示范意义。

1979年5月至10月，广东省委从省、地、县机关抽调2400多名干部组成联合验收工作组，分赴各地，共抽查审阅了2.5万多宗案件，召开347次各种座谈会，接待和处理大批群众来访来信，进一步推动落实干部政策工作。“文化大革命”中广东被迫“两退一插”（退职退休、插队落户）、遣送回乡的干部29 238人，经复查后恢复工作28 245人。[③]

与此同时，广东省委根据中央关于实事求是解决历史遗留问题的精神复查“反地方主义”案件。截至1980年底，一大批受到牵连处分的地方干部先后恢复名誉，重新出来工作。此外，广东省委还领导复查和妥善处理其他历史遗留问题，包括复查改正错划右派案件，复查反右倾等政治运

① 当时汕头地区管辖范围为今天汕头、潮州、揭阳、汕尾等地级市。

② 中共中央党史和文献研究院、中共陕西省委员会编《习仲勋年谱：1913—2002》第3卷，中央文献出版社，2024，第27页。

③ 《习仲勋主政广东》编委会编《习仲勋主政广东》，中共党史出版社，2007，第197页。

动中受到牵连的干部案件，落实对原工商业者的区别政策，落实国民党起义、投诚人员的政策，全面贯彻落实知识分子、党外人士和宗教政策，落实农村基层干部政策，为100多万地主富农家庭出身的人及其子女重新划定成分，等等。

据统计，经过各条战线拨乱反正、平反冤假错案、落实干部政策，广东共有20多万人得到平反昭雪，各方面的积极性得以调动，阻碍前行的思想桎梏、精神枷锁得以打开，为广东改革开放先行一步，实现工作重点转移奠定了思想基础、社会基础、干部基础、群众基础。

值得注意的是，广东作为侨务大省，在改革开放前的历次运动中，大批有“海外关系”的人受到打击和迫害。1979年3月底，广东召开全省侨务工作会议和第二次归侨代表大会，全面落实各项侨务政策，充分调动华侨、港澳同胞和归侨、侨眷建设家乡的积极性。随后，全省集中力量平反侨务领域的冤假错案，全面解决“侨改户”问题，重点处理侨房问题，连续出台专门针对清退侨房的专项文件，在海内外产生了良好影响。“‘海外关系’是个好东西”的共识，开始在全省形成。

二、从创办经济特区到成为综合改革试验区

1979年，全国人均工农业总产值为636元，而广东才523元，比全国低17.8%。市场上，物资紧张，凭票供应，老百姓购物的票证多达46种，被人笑称“广东人一身都是症（证）”。广州交通不便，住宿条件差，港商来广州参加交易会时说广州是“进不来，住不下，出不去”。电话不灵，市面流传“广东有一怪，骑自行车比打电话快”之说。

1979年1月23日，广东省委决定将宝安县改为深圳市、珠海县改为珠海市。2月，国务院批复支持广东的请示，要求把宝安县、珠海县建设成具有相当水平的工农业结合的出口商品生产基地、吸引港澳游客的游览区和新型的边境城市。3月5日，国务院批复同意宝安县改为深圳市、珠海县改为珠海市，为日后在深圳、珠海设立经济特区打下了基础。

1979年4月8日，习仲勋在中央工作会议中南组讨论时发言指出：“广东邻近港澳，华侨众多，应充分利用这个有利条件，积极开展对外经济技

术交流。这方面，希望中央给点权，让广东先走一步，放手干。”[①]4月17日，中共中央政治局召开中央工作会议各组召集人会议，广东再次提出“放权”的请求。当听说广东提出建设“贸易合作区”的名称还定不下来时，邓小平说：“还是叫特区好，陕甘宁开始就叫特区嘛！”当谈到配套资金时，邓小平讲：“中央没有钱，可以给些政策，你们自己去搞，杀出一条血路来。”[②]

1979年6月6日，中共广东省委正式向中共中央、国务院上报《关于发挥广东优势条件，扩大对外贸易，加快经济发展的报告》。7月15日，中共中央、国务院批转了广东省委、福建省委《关于对外经济活动实行特殊政策和灵活措施的两个报告》，此即改革开放史上具有里程碑意义的中发〔1979〕50号文件。中央确定“对两省经济活动实行特殊政策和灵活措施，给地方以更多的主动权”，批准在深圳、珠海、汕头、厦门各划出一定区域，试办出口特区，“关于出口特区，可先在深圳、珠海试办，待取得经验后，再考虑在汕头、厦门设置的问题”。[③]

为贯彻落实好中发〔1979〕50号文件，1979年9月21日，习仲勋在全省地委书记会议上作总结发言时指出：“广东要从全国的大局出发，把这件事搞好。现在不是搞不搞的问题，也不是小搞、中搞，而是要大搞、快搞，不能小脚女人走路。”“我们要全力以赴，一定要在如何把对外经济活动搞活和办好特区等方面闯出一条路子来，作为全国的参考。”“我们各级领导干部，拼老命也要把广东这个体制改革的试点搞好。”他还强调，对待改革开放问题要有“三要”和“三不要”：第一，要有决心有信心，不要打退堂鼓；第二，要有胆识，勇挑重担，不要怕犯错误，怕担风险；第三，要有务实精神，谦虚谨慎，不要冒失，不要出风头，不要怕否定自己。[④] 1980年3月24日至30日，中共中央在广州召开广东、福建两省

① 《中共广东省委四届三次常委扩大会议文件选录》，载广东省档案馆编《改革开放三十年重要档案文献·广东卷》，中国档案出版社，2008，第10页。

② 冷溶、汪作玲主编《邓小平年谱：1975—1997》，中央文献出版社，2004，第510页。

③ 《中共中央、国务院批转广东省委、福建省委关于对外经济活动实行特殊政策和灵活措施的两个报告》，载中共中央文献研究室编《改革开放三十年重要文献选编》，中央文献出版社，2008，第53—54页。

④ 《习仲勋同志在地委书记会议上的总结发言》，载中共中央党史研究室编《习仲勋文集》，中共党史出版社，2013，第556页。

会议，检查总结两省实行“特殊政策和灵活措施”的情况，进一步明确了试办特区的具体政策，形成《广东、福建两省会议纪要》。5月16日，中共中央、国务院批转《广东、福建两省会议纪要》（中发〔1980〕41号文件），“出口特区”正式定名为“经济特区”。

1980年9月24日，广东省委领导向中央书记处汇报了广东特别是深圳、珠海特区的工作，同时向中央提出给予广东更多的自主权，允许广东参照外国一些国家和亚洲“四小龙”的成功经验大办经济特区。9月28日，中共中央印发《中央书记处会议纪要》〔第50号〕，明确指出广东、福建两省实行特殊政策和灵活措施，其内涵一方面是增大地方权力，另一方面是使广东、福建两省对外更加开放，其目的是要充分发挥广东、福建两省的优势，使广东、福建先行一步富裕起来，成为全国“四化”建设的排头兵，为全国社会主义经济建设和体制改革探索道路、积累经验、培养干部。可以说，兴办经济特区是党和国家为推进改革开放和社会主义现代化建设的创举。

1980年11月，任仲夷接任广东省委第一书记，继续推进改革开放探索。1981年，广东、福建两省实行“特殊政策和灵活措施”已近两年，取得了显著的成绩，也积累了一些经验，但仍有许多管理工作和具体措施跟不上。1981年10月，广东全省三级干部会议强调，广东必须坚持“三个更加”（即“对外更加开放”“对内更加放宽”“对下更加放权”），推进改革开放及特区建设。1984年，广东省委要求各地用足用活中央给予的“特殊政策和灵活措施”，并明确提出“三条方针”：一是政策规定有许多条，为了办成于国于民都有利的事情，要积极找出对办事有利的政策根据，去扶持，去帮助，而不应找根据去卡；二是政策规定本身允许灵活的，则应从有利于生产和搞活经济的方面理解，灵活执行，而不是相反；三是对于国于民确实有利的事，如果从现有文件找不到根据，可以试点，在试点中允许突破现有规定，并及时总结经验。这是广东坚持实事求是、一切从实际出发的思想路线，以发展生产力为标准，创造性运用中央赋予的“特殊政策和灵活措施”的具体体现。

1984年1月24日至26日，邓小平首次视察深圳，并为深圳特区郑重题词：“深圳的发展和经验证明，我们建立经济特区的政策是正确的。”这是他看到深圳发展的成绩后对经济特区工作的肯定。

1984年10月，中共十二届三中全会通过了《中共中央关于经济体制改革的决定》。[1]由此，经济体制改革在国内全面展开，改革的重点开始从农村转向城市，对外开放格局进一步拓宽。广东由于先行探索，在城市经济体制改革和对外开放上都走在了全国的前列。1985年3月，随着国务院决定广东、福建两省在今后5年内继续实行“特殊政策和灵活措施”，广东进入充分利用“特殊政策和灵活措施”全面展开经济体制改革的阶段。1985年7月，林若接任广东省委书记，广东一方面推动乡镇企业发展，放宽政策；另一方面推进城市经济体制改革，在全国率先放开物价，发挥价格的市场调节作用，大力推行国有企业改革，给企业放权让利。

1987年11月，国务院正式决定把广东作为综合改革试验区，要求广东在改革、开放和经济发展方面继续先行一步。随后，广东省委在1987年12月召开的五届七次全会上提出了广东到20世纪末的经济发展战略构想。1988年1月，广东省政府向国务院提出了关于金融、外经贸、人事、劳动等10项改革内容和政策措施，以及广东走向2000年社会经济发展的基本战略构想，得到国务院的批准。1988年5月，广东省第六次党代会确定了主要工作：一是把振兴科技和教育事业放在实施经济发展战略的首位；二是尽快建立外向型经济体系；三是强化农业这个国民经济的基础；四是超前发展能源、交通、通信等基础设施，积极而有选择地发展原材料工业。

随着改革开放的深入，以及由通货膨胀等经济问题所带来的严峻挑战，价格改革的必要性日益凸显。1988年8月，中共中央政治局第十次全体会议讨论并原则通过《关于价格、工资改革的初步方案》，但由于“价格闯关”时机尚未成熟，因此国民经济长期积累的一系列深层次矛盾开始集中暴露并趋于尖锐。1988年9月，中共十三届三中全会决定实施“治理经济环境、整顿经济秩序、全面深化改革”方针，广东省委根据实际情况提出“压基建、调结构、保生产、抓改革、求效益、上水平”十八字方针。至1991年，广东初步完成治理整顿和深化改革的任务，为下一阶段的改革开放创造了必要条件。

① 中共中央文献研究室编《改革开放三十年重要文献选编》，中央文献出版社，2008，第344—361页。

深圳特區報

Shenzhen Special Zone Daily

1992年 3月 26 星期四

邹家华副总理表示

国务院和有关部门将助粤赶超亚洲发达国家和地区

东方风来满眼春

——邓小平同志在深圳纪实

本报记者 陈锡添

邓小平同志在深圳 (1992年1月) 本报记者 江式高 摄

全国农村出口产品在深展销

海关总署署长戴杰称

延长口岸开放时间海关将予支持

为农村工业化开新路

中国乡镇企业委员会在深宣告成立

香港"亚姐"爱心献鹏城

昨到罗湖慰问孤寡老人并为我市捐款10万港元

"中海直"为民航争得首枚国际金牌

国际直升机协会昨在美举行颁奖典礼

东方风来满眼春

深圳证券市场行情

深圳宝安汇都汽车酒店招工启事

春天的故事

1992年3月26日，《深圳特区报》发表了《东方风来满眼春——邓小平同志在深圳纪实》的长篇通讯。

三、南方谈话与建立社会主义市场经济体制目标的确立

20世纪80年代末到90年代初，东欧剧变、苏联解体，世界社会主义运动陷入低潮，我国外部环境发生重大变化。国内出现了改革开放是姓“社”还是姓“资”的争论。1990年，国内媒体陆续有关于改革开放姓“社”还是姓“资”问题的文章发表，在社会上掀起一股谈论社会主义的浪潮。这场争论的出发点是改革开放姓“社”还是姓“资”、改革是“市场取向”还是“计划取向”，这些指向的是中国改革走哪条路、改革走向何方的重大路线选择问题。

1990年12月24日，邓小平在中共十三届七中全会召开前夕指出：“我们必须从理论上搞懂，资本主义和社会主义的区分不在于是计划还是市场这样的问题。”[①]1991年2月至4月，邓小平视察上海。其后《解放日报》发表了署名为“皇甫平”的系列文章，转述并阐释了邓小平的讲话精神，指出凡事问姓“社”姓“资”的争论造成了新的思想僵滞，号召人们进一步解放思想。这些文章在思想理论界引起极大反响，支持者认为必须立足解放思想的基点，破除思想僵滞，继续深入改革；持批判意见者则认为改革开放姓“社”姓“资”是一个重要的是非问题。至此，姓“社”姓“资”之争进入了高潮。

作为改革开放先行地，广东因这场争论承受了巨大压力，遭遇了一些外商撤资和私营经济企业数量直线下降等困难。在此情况下，广东省委保持清醒的认识，坚持改革开放态度不动摇，面对非议和阻力不退缩，始终以经济建设为中心，推进各项事业的发展。

1992年春天，邓小平先后到武昌、深圳、珠海、上海等地视察，发表了著名的南方谈话，提出判断改革开放是非得失的“三个有利于”标准：即是否有利于发展社会主义社会的生产力；是否有利于增强社会主义国家的综合国力；是否有利于提高人民的生活水平。邓小平还从根本上回答了改革开放姓“资”还是姓“社”的问题，即“计划多一点还是市场多一点，不是社会主义与资本主义的本质区别。计划经济不等于社会主义，资

① 邓小平：《善于利用时机解决发展问题》，载《邓小平文选》第3卷，人民出版社，1993，第364页。

本主义也有计划；市场经济不等于资本主义，社会主义也有市场。计划和市场都是经济手段”①。

邓小平南方谈话对广东提出了全新的要求，即力争用20年的时间赶上亚洲“四小龙”，不仅经济要上去，社会秩序、社会风气也要搞好，两个文明建设都要超过他们，这才是有中国特色的社会主义。1992年3月26日，《深圳特区报》头版头条刊登了《东方风来满眼春——邓小平同志在深圳纪实》一文，对学习、宣传邓小平南方谈话作用巨大。南方谈话极大地鼓舞了广东改革开放的热情，掀起了新一轮的思想解放，为广东下一阶段改革发展指明了新方向。

1992年10月，中共十四大明确提出，我国经济体制改革的目标是建立社会主义市场经济体制，并要求“经过二十年的努力，使广东及其他有条件的地方成为我国基本实现现代化的地区”。由此，广东进入了为基本实现现代化而奋斗的新发展阶段。

1993年5月，时任广东省委书记谢非在中共广东省第七次代表大会作报告，大会正式确定把20年赶上亚洲“四小龙”、基本实现社会主义现代化作为广东各级党组织的奋斗目标。此后，广东省委结合省情，创造性地贯彻执行邓小平南方谈话精神，在全省实施“三个三”工程，即建立社会主义市场经济、民主法治和廉政监督三个机制，强化农业、交通能源通信和教育科技三个基础，实现产业结构、生态环境和人口素质三个优化。该工程的重中之重是构建市场经济体制，改革的重点在深化企业改革、扩大对外开放、转变政府职能、建立社会保障制度、加快经济立法等10个方面。“八五”“九五”期间，广东各项改革取得突破性进展。其中，顺德产权制度改革成为全国性集体企业产权改革先行一步的“探路者”，深圳初步建立起社会主义市场经济新体制的八大体系等，为全国经济体制转型、社会主义市场经济体制建设提供了广东经验。

① 邓小平：《在武昌、深圳、珠海、上海等地的谈话要点》，载中共中央文献研究室编《改革开放三十年重要文献选编》，中央文献出版社，2008，第635页。

“时间就是金钱，效率就是生命”

深圳蛇口时间广场上矗立着“时间就是金钱，效率就是生命”标语牌。

四、增创发展新优势，践行“三个代表”重要思想

1994年6月19日至21日，江泽民考察广州、深圳、珠海等地并听取汇报。他充分肯定了经济特区的巨大成就和历史性贡献，强调了“三个不变”，即中央对发展经济特区的决心不变，中央对经济特区的基本政策不变，经济特区在全国改革开放和现代化建设中的历史地位和作用不变。他同时指出，经济特区要“增创新优势，更上一层楼，通过增创和发挥经济特区的新优势来发展经济特区的新特色”[①]。

为“增创新优势”，深圳于1995年4月至5月间提出“第二次创业”的口号，力争建成高新技术产业基地和区域性金融中心、信息中心、商贸中心、运输中心及旅游胜地，成为社会主义现代化的国际性城市。1996年，全国经济特区工作会议明确要求特区进行“第二次创业”，工作重点真正从依靠优惠政策，转移到依靠两个根本性转变[②]上来，以“第二次创业”的精神，“增创新优势，更上一层楼”。深圳为此展开了一系列行动：调整产业结构；加强企业管理；按照集团化、规模化、集约化的要求组建大型企业集团；深化宏观管理体制改革；扩大开放，吸引外资，逐步对外资实行国民待遇；继续加大固定资产投资力度；建设社会主义现代文明，实施“科教兴市”战略；等等。

1998年3月底，广东省委书记李长春带领广东省委、省政府领导班子在全省开展了以“增创广东发展新优势”为主题的调研活动。这次调研活动历时4个月，为广东深化改革、加快发展提供了很有参考价值的思路和对策。

1999年3月7日，第九届全国人民代表大会第二次会议召开期间，江泽民对广东再次提出“要率先基本实现现代化，为全国提供更多有益经验”的要求。8月，广东省委、省政府召开经济特区和珠江三角洲地区改革开放工作座谈会，要求经济特区和珠江三角洲地区先行一步。此后，广东先后出台了一系列文件，贯彻落实“增创新优势，更上一层楼”“率先基本

① 江泽民：《经济特区要增创新优势，更上一层楼》，载《江泽民文选》第一卷，人民出版社，2006，第375页。

② 1995年中共十四届五中全会提出两个根本性转变，一是经济体制从传统的计划经济体制向社会主义市场经济体制转变，二是经济增长方式从粗放型向集约型转变。

实现社会主义现代化”的重要指示。

2000年2月25日，江泽民在广州听取了广东省委的工作汇报后发表重要讲话，向全党郑重提出“三个代表”重要思想。他指出：“我们党所以赢得人民的拥护，是因为我们党在革命、建设、改革的各个历史时期，总是代表着中国先进生产力的发展要求，代表着中国先进文化的前进方向，代表着中国最广大人民的根本利益，并通过制定正确的路线方针政策，为实现国家和人民的根本利益而不懈奋斗。”[①]2001年，《广东省国民经济和社会发展第十个五年计划纲要》提出：“十五”期间，广东以“增创新优势，率先基本实现社会主义现代化”为总目标、总任务统揽全局，继续实施外向带动、科教兴粤、可持续发展三大战略，增创体制、开放、产业、科技四大优势，正确处理改革、发展与稳定的关系，为率先基本实现社会主义现代化打下更坚实的基础。2002年5月20日，广东省第九次党代会明确提出，广东要高举邓小平理论伟大旗帜，认真实践“三个代表”重要思想，加快率先基本实现社会主义现代化。[②]

五、落实科学发展观，协调区域发展，建设和谐广东

2002年11月，中国共产党第十六次全国代表大会提出了“全面建设小康社会”的奋斗目标。2002年12月23日至24日，中共广东省委九届二次全会在广州召开，省委书记张德江代表省委常委会作重要讲话。全会审议通过《中共广东省委关于认真学习贯彻党的十六大精神的决定》。2003年4月10日至15日，胡锦涛先后考察湛江、深圳、东莞、广州，充分肯定广东改革开放和三个文明建设取得的成就，提出“要坚持全面的发展观”。[③]2004年12月21日至22日，胡锦涛在广东考察时指出，广东在国家发展大局中具有举足轻重的地位，要努力在全面建设小康社会、加快推进

① 江泽民：《在新的历史条件下 更好地做到“三个代表”》，载《江泽民文选》第三卷，人民出版社，2006，第2页。

② 《以“三个代表”重要思想为指导加快率先基本实现社会主义现代化——在中国共产党广东省第九次代表大会上的报告》，载广东省档案馆编《改革开放三十年重要档案文献·广东卷》，中国档案出版社，2008，第1285页。

③ 胡锦涛：《增创新优势，开拓新局面，实现新发展》，载《胡锦涛文选》第二卷，人民出版社，2016，第43页。

社会主义现代化进程中更好地发挥排头兵作用，落实科学发展观。

为深入贯彻落实科学发展观，广东以城乡、区域、产业、经济与社会协调发展作为重点，进行全面的部署，出台了关于推进山区发展、中心镇发展、城镇化发展、县域经济发展、统筹城乡发展、农村“三化”建设、社会主义新农村建设、专业镇发展、粤东地区发展等政策措施。

2007年12月25日，广东省委书记汪洋在中共广东省委十届二次全会上指出了全省在深入贯彻落实科学发展观中的问题和不足，强调广东应该成为实践科学发展观的排头兵，努力在实践科学发展观上闯出一条新路。2008年6月，中共广东省委十届三次全会审议通过了《中共广东省委、广东省人民政府关于争当实践科学发展观排头兵的决定》，提出全面落实科学发展观，要做到“八个必须”“八个解放出来”，即必须全面准确理解科学发展观的内涵，从片面追求总量和速度的观念中解放出来；必须全面把握现代化的综合价值取向，从单一的经济价值取向中解放出来；必须坚持以人为本，从“重物轻人”的观念中解放出来；必须创新发展模式，从粗放型的发展路径中解放出来；必须发扬积极进取精神，从“小富即安”的思想中解放出来；必须树立世界眼光和战略思维，从过分依赖地缘优势及习惯于在本行政区域配置资源的思维定势中解放出来；必须增强实现共同富裕的政治责任感，从先富帮后富责任意识不强的被动状态中解放出来；必须认清民主法制是落实科学发展观最根本的保障，从不重视人民群众主体作用的意识中解放出来。[①]2010年，广东省委十届八次全会将“加快转型升级，建设幸福广东”作为全省“十二五”期间发展的核心任务。

总之，中共十六大之后，广东省对贯彻落实科学发展观的认识和实践不断深化，并取得以下诸多成效：切实转变增长方式，产业结构调整优化有新提高；大力发展民营经济，内外源型经济协调发展有新改善；发展壮大县域经济，城乡区域协调发展有新突破；全面实施“绿色广东”战略，生态环境建设取得新成效；组织实施“十项民心工程”，和谐广东建设有新进展；扎实推进执政能力建设和先进性建设，党的建设呈现新局面。[②]

① 广东省档案馆编《改革开放三十年重要档案文献·广东卷》，中国档案出版社，2008，第1963—1965页。

② 《中共广东省委领导班子贯彻落实科学发展观情况的分析检查报告》，《南方日报》2009年1月9日，第A2版。

六、从全面恢复党建到“新的伟大工程”

中共十一届三中全会后，党的建设全面恢复。中共中央1979年3月提交讨论、1980年2月正式通过的《关于党内政治生活的若干准则》，总结、吸取了历史上的经验教训，把民主集中制的原则具体化，对于维护党的集中统一、反对个人崇拜和独断专行具有十分重要的意义。1982年9月，中共十二大召开，提出“把党建设成为领导社会主义现代化事业的坚强核心”这一党的自身建设新主题，着力增强党的战斗力和凝聚力，解决全国范围内普遍存在着的党的基层组织和党员思想与改革开放新形势不相适应的问题。从1983年10月至1987年5月，全党分期、分批对党的作风和党的组织进行了全面整顿。广东各级党组织抓住增强党性、提高党员思想政治素质的中心环节，统一思想，对照检查，边整边改，纯洁组织。同时，严打经济犯罪、反腐败斗争、健全党建工作制也是该阶段广东党建工作的重要内容。广东认真贯彻邓小平提出的坚持“两手抓，两手都要硬”的方针，“一手抓改革开放，一手抓惩治腐败”，创造了良好的经济和政治环境。1989年11月，中共广东省委六届三次全会审议并通过了《中共广东省委关于加强党的建设的决定》，开展合格共产党员教育，对党员重新登记。加强党风和廉政建设，加强党同人民群众联系等党建工作持续深入开展。值得一提的是，由于经济特区在经济上要特别灵活，政治上要特别严格，开展特色党建，保障特区建设果实成为这一时期广东党建的重要内容。

1994年9月，中共十四届四中全会通过了《中共中央关于加强党的建设几个重大问题的决定》，指出新时期党的建设成为一项“新的伟大工程”，提出把党建设成为用建设有中国特色社会主义理论武装起来、全心全意为人民服务、思想上政治上组织上完全巩固、能够经受住各种风险、始终走在时代前列的马克思主义政党。中共十五大进一步提出，必须从思想上、组织上、作风上全面推进党的建设，形成与中国特色社会主义伟大事业相互联系、相互促进的全新局面。2000年1月14日，江泽民提出“提高领导水平和执政水平、提高拒腐防变和抵御风险的能力”这一党建两大历史性课题。为贯彻落实党中央的决定，广东省委以学习掌握建设有中国特色社会主义理论为重点，认真抓党员教育和干部培训工作，抓领导班子建设，加强和改进党的基层组织建设，加强党风和廉政建设等，逐步形成了总体部署、重点突破、全面推进党的建设的新格局。

世纪之交，中共中央对县（处）级以上干部开展了以“讲学习、讲政治、讲正气”为主要内容的党性党风教育活动。广东省委精心安排，认真检查和解决领导班子、领导干部在党性党风和工作中存在的突出问题。随着“三个代表”重要思想的提出，省委召开八届五次全会认真学习，深入分析广东改革开放、现代化建设和党建工作面临的新形势，审议通过了深入学习“三个代表”重要思想的相关决议。中共十六大提出“加强党的执政能力建设”命题，作出开展保持共产党员先进性教育活动的决定。中共十六届四中全会通过《中共中央关于加强党的执政能力建设的决定》，对开展先进性教育活动进一步提出具体要求。2005年1月，胡锦涛提出“党的先进性建设”命题，全党开展了为期一年半的以学习实践“三个代表”重要思想为主要内容的保持共产党员先进性教育活动，切实围绕“加强党的执政能力建设和先进性建设”这条主线，以改革创新精神狠抓基层党组织建设和党内民主建设，扎实推进了党的建设新的伟大工程。此外，广东国有企业不懈探索实现现代企业制度与国企党建的有机统一，如通过改革企业领导体制、开展“四好”班子创建、创新党组织参与重大问题的决策机制等方式，加强国有企业党组织建设，完善企业领导机制，充分发挥企业党组织的政治核心作用，创造出了丰富多彩的党建管理模式。

第三节

中国特色社会主义新时代

中共十八大以来，习近平总书记先后6次考察广东、2次参加全国人大会议广东代表团审议，在关键时刻的重要节点为广东定向导航，指引广东在新时代伟大征程中经风雨、化危机，应变局、开新局。

中共十八大之后，习近平总书记先后对广东作出“三个定位、两个率先”和“四个坚持、三个支撑、两个走在前列”的重要指示批示。中共十九大之后，习近平总书记对广东提出“四个走在全国前列”的新要求，赋予广东“在全面建设社会主义现代化国家新征程中走在全国前列、创造新的辉煌”的使命任务。在全面贯彻党的二十大精神的开局之年，习近平总书记赋予广东“在推进中国式现代化建设中走在前列”的使命任务，赋予粤港澳大湾区“一点两地”的全新定位。2024年，习近平总书记第六次亲临广东视察，考察横琴粤澳深度合作区，为新时代“一国两制”实践，为横琴合作区、粤港澳大湾区和广东发展进一步指明前进方向。

广东全面贯彻落实中共二十大和二十届二中、三中全会精神，把高质量发展作为现代化建设的首要任务和总抓手，牢牢把握以习近平同志为核心的党中央赋予广东的使命任务，以满足人民日益增长的美好生活需要为根本目的，全面深化改革开放，用科技改造现有生产力、催生新质生产力，扎实推进中国式现代化的广东实践，努力在高质量发展上走在前列、当好示范。

一、把握“三个定位、两个率先”

2012年，中共十八大在确定全面建成小康社会的同时，明确提出了全面深化改革的战略部署。同年12月7日至11日，习近平总书记考察广东，先后到深圳、珠海、佛山、广州等地。习近平总书记强调，30多年来，党中央始终要求广东在改革开放中发挥窗口作用、试验作用、排头兵作用，广东不负中央重托，敢为天下先，经济社会发展取得举世瞩目的成就，综合实力实现历史性跨越，创造了举世瞩目的“广东奇迹”。他指出，现在中国改革已经进入攻坚期和深水区，我们必须以更大的政治勇气和智慧，不失时机深化重要领域改革。要坚持改革开放正确方向，敢于啃硬骨头，敢于涉险滩，既勇于冲破思想观念的障碍，又勇于突破利益固化的藩篱，做到改革不停顿，开放不止步。[①]

习近平总书记对广东提出“三个定位、两个率先”的殷切期望，要求

① 《习近平在广东考察时强调增强改革的系统性整体性协同性 做到改革不停顿开放不止步》，《人民日报》2012年12月12日，第1版。

广东努力成为发展中国特色社会主义的排头兵、深化改革开放的先行地、探索科学发展的实验区，为率先全面建成小康社会、率先基本实现社会主义现代化而奋斗。[①]广东省委把“三个定位、两个率先”作为今后工作的前进方向、行动指南和总目标，提出以“五个突破”（即突破思想观念的束缚、发展升级的瓶颈、对外开放的局限、社会转型的难题、利益固化的藩篱）来实现“两个率先”。

2013年1月，中共广东省委十一届二次全会提出从四个方面[②]来进一步统一思想、凝聚共识，用六个“狠抓”六个“不”[③]进行战略部署。

2014年1月，中共广东省委十一届三次全会提出，以“八个着力”[④]切实提高经济社会发展的质量和效益，在实现“三个定位、两个率先”总目标的征程中迈出更加扎实的步伐。同时，全会审议通过了《中共广东省委贯彻落实〈中共中央关于全面深化改革若干重大问题的决定〉的意见》，确立了广东全面深化改革的指导思想、总体目标和基本要求，提出了10个方面、52项主要改革任务。从2013年至2016年间，广东省委、省政府陆续出台一系列重要决定、实施办法和规划文件，激发起广东新一轮改革开放活力。2016年5月，《广东省国民经济和社会发展第十三个五年规划纲要》公布，确定“十三五”期间广东地区生产总值年均增长目标为7%，略高于全国经济增长目标，确保提前实现翻番，为结构调整留出空间。这是广东主动适应经济发展新常态、把握稳增长和调结构平衡点的适当选择。

二、力争做到“四个坚持、三个支撑、两个走在前列”

2017年4月4日，习近平总书记对广东工作作出重要批示，希望广东坚

① 《把“三个定位、两个率先”总目标落到实处——论认真贯彻落实省委十一届二次全会精神》，《南方日报》2013年1月21日，第A1版。

② 四个方面指的是一要坚定不移走中国特色社会主义道路；二要坚定不移推进改革开放；三要坚定不移推动科学发展；四要动员全省人民为实现“两个率先”而奋斗。

③ 狠抓发展第一要务不动摇、狠抓经济结构战略性调整不松懈、狠抓区域协调发展不延误、狠抓改革开放不停滞、狠抓保障和改善民生不马虎、狠抓党建工作不松劲。

④ “八个着力”指的是着力激发市场活力、着力推动产业转型升级、着力促进城乡区域协调发展、着力提高对外开放水平、着力保障和改善民生、着力维护社会稳定、着力保护好生态环境、着力加强党的建设。

持党的领导、坚持中国特色社会主义、坚持新发展理念、坚持改革开放，为全国推进供给侧结构性改革、实施创新驱动发展战略、构建开放型经济新体制提供支撑，努力在全面建成小康社会、加快建设社会主义现代化新征程上走在前列。[①]习近平总书记的重要批示为广东发展注入了强大的思想动力，成为统揽广东工作全局的总纲。“四个坚持”是广东改革发展的旗帜、方向与原则，“三个支撑”是党中央赋予广东新时期的使命担当和发展路径，“两个走在前列”是党中央对广东发展寄予厚望，也是广东未来发展的总目标。

2017年5月22日，省委书记胡春华在广东省第十二次党代会上提出，要以习近平系列重要讲话精神、治国理政新理念新思想新战略、对广东工作重要批示精神为统领，做好广东工作，并表明其后五年全省工作的主要目标是：经济综合实力迈上新台阶，全省地区生产总值年均增长7%，居民收入增长与经济增长同步，向更高收入阶段迈进。会议提出八大任务：一是深化供给侧结构性改革，推动经济转型升级；二是深入实施创新驱动发展战略，加快形成以创新为主要引领和支撑的经济体系和发展模式；三是加快构建开放型经济新体制，提升国际竞争力；四是统筹推进区域城乡协调发展，构建全省一体化发展新格局；五是大力推动绿色发展，实现美丽与发展共赢；六是高质量全面建成小康社会，共建共享美好生活；七是扎实推进全面依法治省，建设法治社会；八是坚决维护以习近平同志为核心的党中央权威，推动全面从严治党向纵深发展。[②]

三、努力实现“四个走在全国前列”、当好“两个重要窗口”

2017年10月18日至24日，中共十九大在北京召开。大会把中共十八大以来党的理论创新成果明确概括为习近平新时代中国特色社会主义思想，并确立为党的指导思想。大会描绘了决胜全面建成小康社会、全面建设社会主义现代化国家的宏伟蓝图，通过新的党章修正案，选举产生了新一届

① 《牢记习总书记嘱托 新起点上再创新局》，《南方日报》2017年4月13日，第F2版。
② 《省第十二次党代会报告全文发布》，《南方日报》2017年5月31日，第A1版。

中共中央委员会和中共中央纪律检查委员会。10月25日，中共十九届一中全会选举产生了以习近平同志为核心的新一届中央领导集体。

2017年11月27日，中共广东省委十二届二次全会召开。省委书记李希就深入学习宣传贯彻党的十九大精神作专题讲话。全会审议通过了《中共广东省委关于持续深入学习宣传贯彻党的十九大精神推动习近平新时代中国特色社会主义思想在南粤大地落地生根结出丰硕成果的决定》。会后，广东省委围绕贯彻落实党的十九大精神，提出八大重点任务，即着力解决省内发展不平衡不充分问题、推进全面深化改革、提高科技创新能力及建设科技创新强省、构建开放型经济新体制、推动粤港澳大湾区建设、建设法治广东和平安广东、建设生态文明、抓实抓好基层党组织建设。

其中，尤其引人注目的是推动粤港澳大湾区建设。建设粤港澳大湾区是习近平总书记亲自谋划、亲自部署、亲自推动的重大国家战略。它不仅是香港、澳门和珠三角城市融合发展的升级版，而且是共建"一带一路"的重要支撑，更是区域协调发展战略的新核心。建设粤港澳大湾区，是构建开放型经济新体制，以"互联互通"的理念建立合作机制，以"通"为基准点和定盘器，推动粤港澳合作走向深化，实现区域内"人流、物流、资金流、信息流"四要素的自由流动。其目标是成为国际一流湾区和世界城市群，即不仅仅是成长为世界经济增长的重要引擎，还包括成长为国际科技产业创新中心、世界著名优质生活圈，以及全球最具活力经济区之一。粤港澳大湾区战略发展规划后，粤港澳三地政府加强沟通，在政策规划上重点支持。广东在基本完成粤港、粤澳合作框架协议中期目标的同时，大力开展粤港澳大湾区的硬件、软件建设。2017年，广东完成编制粤港澳大湾区城市群发展规划任务，积极从国家战略和自身实践中寻找机遇，加快推进粤港澳大湾区的建设。

2018年3月7日，习近平总书记参加十三届全国人大一次会议广东代表团审议，要求广东进一步解放思想、改革创新，真抓实干、奋发进取，以新的更大作为开创广东工作新局面，在构建推动经济高质量发展体制机制、建设现代化经济体系、形成全面开放新格局、营造共建共治共享社会治理格局上走在全国前列，强调"广东既是向世界展示我国改革开放成就的重要窗口，也是国际社会观察我国改革开放的重要窗口"。他明确指出：发展是第一要务，人才是第一资源，创新是第一动力。[①]

2018年6月8日至9日，中共广东省委第十二届四次全会在广州召开。这是在广东深入学习贯彻习近平新时代中国特色社会主义思想和党的十九大精神，在新的历史起点上改革开放再出发、奋力开创广东工作新局面的关键时刻召开的一次重要会议。会议的主要任务是，坚持以习近平总书记重要讲话精神统揽广东工作全局，总结运用“大学习、深调研、真落实”工作成果，深入分析全省面临的新方位、新形势、新任务，研究部署当前和今后一个时期广东重点工作，以新担当、新作为开创广东工作新局面。此次会议确定了“1+1+9”工作部署。其中，第一个“1”是指坚定不移加强党的领导和党的建设；第二个“1”是指以新担当、新作为不断把改革开放推向深入。“9”是指扎实推进9个方面重点工作，一是举全省之力推进粤港澳大湾区建设；二是加快建设科技创新强省；三是扎实推进高质量发展；四是加快建设现代化经济体系；五是坚决打好三大攻坚战；六是实施乡村振兴战略；七是构建“一核一带一区”协调发展新格局；八是加快文化强省建设；九是营造共建共治共享社会治理格局。

习近平总书记高度重视广东的发展，认为“站在改革开放40年的重要节点看，广东这40年非常了不起，创造了许多全国第一”[②]。他对广东提出的“四个走在全国前列”目标要求以及“两个重要窗口”的战略定位，是习近平新时代中国特色社会主义思想的重要组成部分，也是习近平新时代中国特色社会主义思想在广东的展开和具体化，体现了以习近平同志为核心的党中央对广东发展的系统思考、深刻洞察和殷殷嘱托，明晰了广东发展在国家大局中的重要定位，为广东在新时代进一步深化改革、扩大开放、加快发展指明了方向，明确了路径。

① 《习近平李克强栗战书汪洋王沪宁赵乐际韩正分别参加全国人大会议一些代表团审议》，《人民日报》2018年3月8日，第1版。

② 《广东经济改革领跑全国创造众多“第一”》，广东省人民政府侨务办公室网站，2018年12月21日。

四、推进“在全面建设社会主义现代化国家新征程中走在全国前列、创造新的辉煌”

2020年10月12日至13日，习近平总书记先后来到广东潮州、汕头等地，深入文物保护单位、历史文化街区、企业等，就统筹推进常态化疫情防控和经济社会发展工作、深化改革开放、谋划“十四五”时期经济社会发展等进行调研。14日，习近平总书记出席深圳经济特区建立40周年庆祝大会并发表重要讲话。会后，习近平总书记参观了“从先行先试到先行示范——庆祝深圳经济特区建立40周年展览”，详细了解深圳40年来日新月异的发展历程。此次广东之行，习近平总书记赋予广东新的使命任务。他强调，广东要坚决贯彻党中央战略部署，坚持新发展理念，坚持高质量发展，进一步解放思想、大胆创新、真抓实干、奋发进取，以更大魄力、在更高起点上推进改革开放，在推进粤港澳大湾区建设、推动更高水平对外开放、推动形成现代化经济体系、加强精神文明建设、抓好生态文明建设、保障和改善民生等方面展现新的更大作为，努力在全面建设社会主义现代化国家新征程中走在全国前列、创造新的辉煌。①

2022年5月22日至25日，中共广东省第十三次代表大会在广州召开。大会的主题是，高举中国特色社会主义伟大旗帜，坚持以习近平新时代中国特色社会主义思想为指导，深入学习贯彻习近平总书记对广东系列重要讲话和重要指示精神，忠诚拥护“两个确立”、坚决做到“两个维护”，奋力在全面建设社会主义现代化国家新征程中走在全国前列、创造新的辉煌。

大会指出，为了“在全面建设社会主义现代化国家新征程中走在全国前列、创造新的辉煌”，广东要以更大魄力、在更高起点上推进改革开放，首先要与时俱进全面深化改革，充分激发新的发展活力；其次要锐意开拓全面扩大开放，着力塑造开放型经济新优势；最后要积极抢占改革开放制高点，在服务大局中展现广东担当。与此同时，广东须深化落实9项重点工作任务：纵深推进“双区”和两个合作区建设，持续释放战略叠加

---

① 《习近平在广东考察时强调以更大魄力在更高起点上推进改革开放 在全面建设社会主义现代化国家新征程中走在全国前列创造新的辉煌》，《人民日报》2020年10月16日，第1版。

效应和强大驱动效应；做实做强新发展格局战略支点，坚定不移推进高质量发展；聚力推进高水平科技自立自强，打造具有全球影响力的科技和产业创新高地；全面推进乡村振兴，加快农业农村现代化；推动“一核一带一区”区域发展格局积厚成势，实现更高水平更高质量的区域协调发展；深入推进文化强省建设，不断凝聚奋进新征程的强大精神力量；持续强化生态文明建设，着力打造美丽中国的广东样板；着力保障和改善民生，扎实推进共同富裕；深入推进平安广东法治广东建设，持续打造全国最安全稳定、最公平公正、法治环境最好的地区之一。

五、奋力“在推进中国式现代化建设中走在前列”

2023年是全面贯彻党的二十大精神的开局之年。习近平总书记将这一年的首次地方考察选在了广东。4月10日至13日，习近平总书记在考察湛江、茂名、广州过程中，深入企业、港口、农村等，同工人、农民、企业家、科技人员等亲切交流，为广东“在推进中国式现代化建设中走在前列”指明方向。

这次考察，习近平总书记明确要求广东要锚定强国建设、民族复兴目标，围绕高质量发展这个首要任务和构建新发展格局这个战略任务，在全面深化改革、扩大高水平对外开放、提升科技自立自强能力、建设现代化产业体系、促进城乡区域协调发展等方面继续走在全国前列，在推进中国式现代化建设中走在前列，强调要使粤港澳大湾区成为新发展格局的战略支点、高质量发展的示范地、中国式现代化的引领地，赋予广东、粤港澳大湾区新的使命任务，为奋进新征程、推进广东现代化建设指明了前进方向，提供了根本遵循。①

习近平总书记要求把粤港澳大湾区建设作为广东深化改革开放的大机遇、大文章抓紧做实，摆在重中之重，以珠三角为主阵地，举全省之力办好这件大事。这是广东发展历程中具有里程碑意义的大事、喜事。

2023年6月20日，中共广东省委十三届三次全会在广州召开。全会听

① 《坚定不移全面深化改革扩大高水平对外开放 在推进中国式现代化建设中走在前列》，《南方日报》2023年4月14日，第A1版。

取了省委书记黄坤明代表省委常委会所作的报告，审议通过了《中共广东省委关于深入学习贯彻习近平总书记重要讲话重要指示精神奋力在推进中国式现代化建设中走在前列的决定》，提出“锚定一个目标，激活三大动力，奋力实现十大新突破”的“1310”具体部署。其内涵为锚定“走在前列”的总目标，激活改革、开放、创新“三大动力”，奋力实现“十大新突破”。具体内容为：一、纵深推进新阶段粤港澳大湾区建设，在牵引全面深化改革开放上取得新突破；二、始终坚持实体经济为本、制造业当家，在建设更具国际竞争力的现代化产业体系上取得新突破；三、一体推进教育强省、科技创新强省、人才强省建设，在实现高水平科技自立自强上取得新突破；四、深入实施“百县千镇万村高质量发展工程”，在城乡区域协调发展上取得新突破；五、全面推进海洋强省建设，在打造海上新广东上取得新突破；六、深入推进绿美广东生态建设，在打造人与自然和谐共生的现代化广东样板上取得新突破；七、扎实推进文化强省建设，在努力交出物质文明和精神文明两份好的答卷上取得新突破；八、用心用情抓好民生社会事业，在推动共同富裕上取得新突破；九、扎实推进法治广东平安广东建设，在构建新安全格局上取得新突破；十、坚定不移加强党的全面领导和党的建设，在营造良好政治生态上取得新突破。“1310”具体部署的提出，为全省上下坚持以高质量发展为牵引、奋力在推进中国式现代化建设中走在前列提供了行动方略。

宏图绘就，正当扬帆破浪；任重道远，更需策马扬鞭。广东省委、省政府围绕高质量发展的首要任务，按照“1310”具体部署，纵深推进粤港澳大湾区建设，实施“百县千镇万村高质量发展工程”，建设现代化产业体系，推进教育强省、科技创新强省、人才强省建设，增强畅通国内大循环和联通国内国际双循环的动能，实施“五外联动”推进高水平对外开放，推进“两重”建设和“两新”工作，推进绿美广东生态建设，繁荣发展文化事业和文化产业，加快民生领域补短板提质效，防范化解重大风险、统筹发展和安全。广东以走在前列之姿，奋力推动中国式现代化的广东实践迈出新的坚实步伐。

六、全面推进党的建设新的伟大工程

中共十八大以来，以习近平同志为核心的党中央，以坚定决心、顽强意志、空前力度推进全面从严治党。2017年10月，习近平总书记在中共十九大报告中强调，实现伟大梦想，必须进行伟大斗争，必须建设伟大工程，必须推进伟大事业。伟大斗争，伟大工程，伟大事业，伟大梦想，紧密联系、相互贯通、相互作用，其中起决定性作用的是党的建设新的伟大工程。中共二十大对“坚定不移全面从严治党，深入推进新时代党的建设新的伟大工程”作出重要部署，强调要坚持和加强党中央集中统一领导、坚持不懈用习近平新时代中国特色社会主义思想凝心铸魂、完善党的自我革命制度规范体系、建设堪当民族复兴重任的高素质干部队伍、增强党组织政治功能和组织功能、坚持以严的基调强化正风肃纪、坚决打赢反腐败斗争攻坚战持久战。广东贯彻落实新时代党的建设总要求，坚持和加强党的全面领导，扎实推进党的建设新的伟大工程，深入推进反腐败斗争，不断提高党的建设质量，努力把全省各级党组织锻造得更加坚强有力。

进入中国特色社会主义新时代以来，广东持续抓党性教育和党风建设。根据中央部署，广东先后开展党的群众路线教育实践活动、“三严三实”专题教育、“两学一做”学习教育、“不忘初心、牢记使命”主题教育、党史学习教育、学习贯彻习近平新时代中国特色社会主义思想主题教育、党纪学习教育等。与此同时，广东坚持以“零容忍”态度反贪惩腐，强化党建制度支撑，注重推进各领域的党建工作，增强党组织的政治功能和组织功能。在基层方面，广东注重加强新经济组织和新社会组织党建工作，充分发挥“两新”党组织密切联系群众的优良传统和作风，注重基层组织建设与基层治理的有机结合。中共十九大以来，广东省委强调要把基层党组织建设作为重中之重，切实提升组织力，不断夯实党的执政基础。2021年以后，广东实施新一轮基层党建三年行动计划，持续强化组织体系建设，推动党的全面领导落实到基层，一体推进各层级各领域党组织建设，坚持党建引领重大工作任务落地落实。2024年7月25日，广东召开全省基层党建工作会议，研究推进实施基层党建强基工程行动计划。同时，广东巩固深化党的学习教育成果，推动纪律教育。

总而言之，新时代以来，广东一以贯之全面推进党的建设，坚持制度治党、依规治党，扎实推进全面从严治党工作，着力解决影响党的创造力、凝聚力、战斗力的问题，为新时代广东改革发展提供了坚强政治保证和组织保证，为实现“走在全国前列”打牢了政治基础。

第二章 经济腾飞与生态文明建设

新中国成立后，广东经济经历了波澜壮阔的发展历程，写就了闳中肆外、回山倒海的壮丽史诗。1949年至1978年，广东经济逐步从战后废墟中恢复并迈向了初步工业化的阶段。新中国成立初期，广东经济以农业为主体，工业基础极其薄弱。随着国家推进优先发展重工业的战略，工业化进程开始加速，1956年完成农业、手工业和资本主义工商业的社会主义改造，确立了社会主义基本经济制度。社会主义建设时期，伴随着“大跃进”、人民公社化、“文化大革命”等一系列运动的开展，广东经济呈现出曲折中发展的特征。1978年至2012年，广东改革开放先走一步，成功实现经济起飞，经济总量自1989年以来一直蝉联全国第一。随着社会主义市场经济体制的初步确立，广东发展增创新优势，经济实现跨越式发展，科技创新显著提升，开放型经济新体制逐步形成。广东贯彻落实科学发展观，加强生态环境保护，促进可持续发展。2012年至2024年，改革开放进入新时代，广东经济发展再上新台阶。在创新驱动发展战略的引领下，广东着力发展高端制造业、现代服务业、绿色经济和数字经济，产业结构不断优化。同时，广东全面深化改革开放，持续优化营商环境，构建全方位开放新格局，加快构建“一核一带一区”区域发展格局，区域协调取得新进展，粤港澳大湾区建设加速推进，海洋经济发展、生态文明建设取得新成效。广东经济高质量发展，展现了强大的韧性和活力，为全国经济发展贡献了重要力量。

第一节

社会主义经济建设的初步探索

新中国成立初期，广东经济基础十分薄弱，百废待兴，百业待举。在党的领导下，广东人民迅速医治战争创伤、恢复生产秩序、稳定物价、统一财政经济管理、建立国营经济，国民经济得到全面恢复和发展。同时，针对当时广东农村的实际情况，广东采取有力措施打击地主、富农和贪官污吏，解决土地问题，把广大农民真正解放出来，使农村经济得到极大的改善和发展。至1956年，广东基本完成社会主义改造，实现了生产资料公有制和按劳分配，确立了社会主义基本经济制度。社会主义建设时期，“大跃进”、人民公社化、“文化大革命”运动接连开展，干扰了经济建设，计划经济体制弊端日益显现。

一、社会主义改造和经济制度的建立

农村土地制度的改革

广东各级人民政权成立后，面临的一个重要任务就是在农村开展土地改革运动，以巩固人民政权。1950年10月，中共中央华南分局和广东省人民政府根据中共中央的部署，结合广东公尝田[①]、华侨与工商业者兼地主比较普遍的特殊省情，提出广东的土地改革“必须审慎周密，全力以赴”，采取“比较稳健的做法”，[②]总的处理原则应以“废除封建土地制度，解除对农民的封建剥削，解放农村生产力，实现土地改革”为基本目的，同时“必须注意团结全体人民，组织雄厚的广泛的农村统一战线，

① 公尝田，指宗族或祖先遗留下归该宗族或家族的土地，由族人耕种，实际上大部分土地为宗族或家族的地主所占有。

② 黄慰慈主编《叶剑英在广东》，中央文献出版社，1996，第256页。

给予需要照顾者以必要的照顾，稳定各阶层人民的情绪，以便有利地推进全省和全国的建设工作”“必须适合于生产的发展”。[①]叶剑英在领导制定广东土地改革中的华侨政策时，主张对90%以上的贫苦归侨、侨眷，应给予合理照顾。对一般的华侨地主，他认为其在“农村中所有的土地和房屋，大多数是靠本人辛勤所得汇回国内购置而来，与一般封建地主剥削阶级有所区别……应予适当照顾”“对华侨兼地主、工商业兼地主要具体情况具体分析，不能搞一刀切，要注意保护华侨、民族工商业者的利益”。[②]1950年10月至1953年4月，广东出台实施了一系列具体而有针对性的方针政策，如《广东省土地改革实施办法》《广东省土地改革中华侨土地处理办法》《华南分局关于华侨土地问题的初步意见》《华南分局关于处理城镇中封建财产的意见》《广东省土委会对华侨政策问题的补充规定》等。这些方针政策的内容主要涵盖三个方面：一是关于对华侨的土地政策。保护华侨的少量出租土地，每人平均不超过当地平均一倍者保留，超过者酌情处理。区分出国前后地主身份，前者按地主处理，后者仅没收土地，保留其他财产及侨汇。二是关于对工商业者兼地主的土改政策。对工商业者兼地主或地主兼工商业者，只割掉其封建尾巴，即没收其在农村的土地。“对市镇上的小商小贩不能划为资本家，对又种田又做工或做小买卖的，如织布的、卖锅的等不能划为地主，他们的土地不能没收，要保护手工业和小商贩”[③]。在土改区，则“尤应注意保护墟镇的工商业”“一定要保护市镇的正常营业和繁荣”。[④]三是对于公尝田，在统一征收分配的同时规定，如其属轮耕者，依轮耕范围，先分配给无地少地农民。这些方针政策的实施，既满足了贫雇农对土地的需求，又贯彻了党的统一战线政策，适当保护和照顾了华侨、民主爱国人士、民族工商业者的利益。1953年4月18日，广东省人民政府宣告全省农村土地改革运动胜利完成。[⑤]至此，全省除了连山、乳源、连南等几个少数民族县区暂不进行

① 方方：《关于广东土地改革问题的报告》，《广东省人民政府公报》1950年第1卷第6期。

② 叶飞：《叶剑英同志永远活在侨胞的心中》，《人民日报》1986年11月2日，第4版。

③ 李坚真：《李坚真回忆录》，中共党史出版社，1991，第208页。

④ 叶剑英：《在广东省第一届各界人民代表会议上的总结报告》，《广东省人民政府公报》1950年第1卷第6期。

⑤ 《历史性的伟大胜利 祝广东土地改革顺利完成》，《南方日报》1953年4月23日社论。

土地改革外，都顺利完成了土地改革，打破了地主阶级对土地的垄断，建立了以集体所有制为主体的土地制度，农民获得了对土地的自主经营权，激发了他们的生产积极性，解放了农村生产力，为广东农业的发展创造了有利条件。

国民经济的恢复与工业化的起步

新中国成立后，根据《中国人民政治协商会议共同纲领》确定恢复时期的经济由“国营经济、合作社经济、农民和手工业者的个体经济、私人资本主义经济和国家资本主义经济等五种经济成分所构成”，各种社会经济成分在国营经济领导下，分工合作，以促进整个社会经济的发展。中共中央华南分局和广东省人民政府在贯彻实施这一基本经济政策时，针对当时交通被破坏，工商业萧条，农业衰落，物价上涨，市场混乱，财政困难，人民生活贫困，失业工人增多，农村灾情和春荒严重等情况，提出了“巩固城市、依靠农村、面向海洋”①的工作方针，对国民经济的恢复与发展作了整体部署，为全省的工业化起步奠定了基础。通过大力扶持国营企业和集体企业，鼓励私人企业发展工业生产，全省逐渐形成了以轻纺工业、重化工业和机械制造业为主的工业结构；通过实行农村土地改革和农业合作化等政策，开展减租退租运动，发动群众战胜灾荒，加强水利设施建设和农业科技的推广，提高了农产品的产量和质量；通过调整工商业、恢复与发展各种商业渠道、组织城乡物资交流、发展国营商业和合作社商业，掌握物资，打击投机，大大活跃了城乡经济；通过整治海关、有步骤地禁止外币流通、整顿金融秩序，平稳物价，社会经济秩序得到初步稳定。至1952年底，广东省的国民经济，除个别地区和少数行业外，已达到新中国成立前的最高水平。1952年，广东工农业总产值38.03亿元，比1949年增长52.4%，为全省工业化建设奠定了坚实基础。

农业、手工业和资本主义工商业的社会主义改造

在国民经济恢复的基础上，1953年党中央提出“从新民主主义向社会主义过渡”的总路线。过渡时期的总路线和总任务，是要在一个相当长

① 《各界代表发言》，《广东省人民政府公报》1950年第1卷第6期。

的时期内，逐步实现国家的社会主义工业化，并逐步实现国家对农业、手工业和资本主义工商业的社会主义改造。过渡时期总路线的提出，是我国社会主义革命全面展开的一个重要标志。与此同时，从1953年起国家开始实施第一个五年计划，掀起了工业化建设的高潮。1953年10月，中共中央华南分局根据中央精神，主持制定了广东省第一个五年计划，提出要加紧进行对农业、手工业和资本主义工商业的社会主义改造，为全国工业化服务，并为广东进行大规模的工业建设创造条件。在“一五”计划实施期间，全省人民在党的领导下，掀起了“三大改造”的热潮。

一是农业的社会主义改造。1953年4月，广东宣布全省农村的土地制度改革基本结束后，遵照党中央指示，积极将全省农民引导到农业生产合作化上。从1953年冬开始，中共中央华南分局按照中央部署试办初级农业生产合作社，全省各地纷纷行动。试办的初级社规模不大，采取农民私有基础上部分合作社占有的制度，大田生产由社统一经营，山林、经济作物和副业未入社，仍由社员自行经营，对此农民尚能接受。至1956年1月，广东基本实现了初级农业生产合作化。1955年冬，广东农村开始试办高级农业生产合作社，至1956年11月底，全省建立的高级社有34 870个，入社农户达6 679 749户，占总农户数的88.8%，基本实现了农业社高级化。[①]这标志着广东基本上完成了对个体农业的社会主义改造。

二是手工业的社会主义改造。“一五”计划期间，广东通过建立手工业生产合作社、手工业供销合作社和手工业技术培训中心等机构，使全省的手工业开始逐渐从个体生产向集体生产转变。1953年底，全省绝大部分市、县成立了手工业管理机构。1954年8月，广东开始对全省个体手工业进行改造，经过3个月的快速推进，成效显著。从1956年2月开始，全省推动手工业合作组织向高级化过渡。至1956年底，全省已建有手工业合作组织9090个（生产合作社6316个），社（组）员37.2万人，[②]基本实现了全省手工业生产资料私有制的社会主义改造。

三是资本主义工商业的社会主义改造。广东遵照国家对资本主义工商业的方针政策，主要采取了公私合营等一系列措施对资本主义工商业进行

① 黄勋拔主编《当代广东简史》，当代中国出版社，2005，第64页。

② 中共广东省委党史研究室：《中国共产党广东历史·第2卷：1949—1978》，中共党史出版社，2014，第237页。

社会主义改造。政府通过赎买、征用等方式将私人资本转化为国家资本，同时保留了一些资本主义成分，以促进经济的发展。1954年，广东各地开始对资本主义工商业进行改造，实行全行业公私合营。同年，中共中央华南分局成立了资本主义工商业改造领导小组。1955年底，中共广东省委发出《关于加速资本主义工商业改造，加强领导，迎接运动全面高潮的紧急指示》，全省的私营工商业改造工作全面铺开。到1956年1月底，全省大、中、小市镇全部完成全行业公私合营。

二、社会主义经济建设的曲折探索与成就

“大跃进”与人民公社化运动

1958—1960年，全国在经济建设中开展了“大跃进”运动。1958年，根据中央精神广东提出“生产指标翻番”的口号，开展“全民大办”，建设“钢铁广东”等，全省掀起农业“大跃进”、全民炼钢和“大购大销”运动的高潮。在这场运动中，以高指标、瞎指挥、“浮夸风”和“共产风”为主要标志的“左”倾错误严重泛滥，片面追求高速度增长，盲目冒进，全省的工业总产值、农业总产值、社会商品零售总额等都出现了虚报浮夸“放卫星”的现象。一是农业生产指标被大幅度提高，各地先后出现竞放高产“卫星”的现象，但农田水利建设仍然取得一定的成效。著名的新丰江水库、鹤地水库、雷州青年运河以及东江—深圳供水工程（简称“东深供水工程”），就是这一时期或稍晚阶段为应对严重旱灾而筹建的。其中，兴建于1958年的新丰江水库是一座集灌溉、发电、防洪、养殖等多种功能于一体的大型水利工程；鹤地水库，地跨两省区（广东、广西）三市（湛江、玉林、茂名）四县（陆川、博白、化州、廉江），1959年8月建设完成，总库容量11.44亿立方米，是一座集生活工业供水、农业水利灌溉、防洪防涝减灾、生态环境保护等于一体的国家大型水利枢纽工程；雷州青年运河属于鹤地水库的配套工程，总长271千米，1960年建成，因开凿者以青年为主而得名；东深供水工程作为一项具有深远影响的跨流域调水工程，是为应对香港用水困难而兴建的。1963年1月，香港遭遇百年不遇的严重干旱，全港市民陷入严重的缺水困境。1963年底，周恩来总理亲自批示，中央财政拨款3800万元建设东深供水工程，引东江之水

缓解香港用水困难。1965年3月，东深供水工程正式向香港供水，有效缓解了香港的用水危机。二是以“大炼钢铁”为中心的工业生产出现了盲目追求高速度的情况，导致产品质量下降，人力、物质资源等浪费严重。不过在此期间，全省勘察发现了不少铁矿、煤矿和其他矿藏资源，建立了一批化纤、化肥、塑料、机电等企业，成为日后广东经济建设的骨干企业，为“二五”时期广东工业的发展打下了一定的基础。三是商业部门也掀起了“大购大销”运动，收购了大批质劣价高的商品，有些是根本没有使用价值的废品。这场运动造成了国民经济各部门之间、积累和消费之间比例严重失调，不但没有实现高指标，反而浪费了大量的人力、物力资源，给国民经济造成极大损失。

广东的人民公社化运动，始于1958年9月。据统计，当年全省119个县、市，共建立人民公社803个，入社农户790多万户，占农村总户数的98.8%。之后，公社规模进行了多次调整，至1959年3月人民公社调整为886个，平均每社9000户，下辖20 810个生产大队，平均每个大队415户；设有139 990个生产队，平均每个生产队59户。[①]这场运动由于忽视了农民的意愿和利益，严重挫伤了农民的生产积极性，造成农村资源浪费和破坏严重，农业发展停滞不前。

值得注意的是，这一时期广东的社队企业在中央“人民公社必须大办工业”的号召下取得较大的发展。全省在原有工副业小组的基础上，通过拓宽农村工业发展思路，兴办了一批工业企业。这些企业主要包括小农机厂、小冶炼厂、小水电站、小化肥厂、小石灰厂等。截至1958年，全省共有5万多个小型工业企业，从业人员50多万人，总产值5.94亿元，约占到全省工业总产值的7%。[②]这些社队企业为改革开放后农村工业化尤其是珠三角地区的工业化打下了一定的基础。

“文化大革命”时期的生产建设

“文化大革命”期间，广东的经济严重受挫，但在十分艰难的情况下，仍有一些重要的生产建设项目取得了一定发展成效。

① 黄勋拔主编《当代广东简史》，当代中国出版社，2005，第121页。

② 葛玲：《集体化时期广东省农村工业的起步（1952—1984）》，《当代中国史研究》2011年第1期。

一是农田基本建设。在农业学大寨期间，全省整治了不少田间排灌系统，改造低产田，改善了生产条件，提高了粮食产量和防洪抗旱能力。据统计，“文化大革命”期间全省有山坑田800余万亩，其中低产田500余万亩，已整治面积为438万亩。[①]农田基本建设取得一定成绩的同时，也搞了不少无效劳动和经济效益低下的工程，有的破坏了原来的农业生态环境，严重影响集体收入和分配，致使社员生活困难。与此同时，片面强调以粮为纲，限制经济作物和多种经营的发展，也导致广东的土特产品和经济作物生产受到严重破坏。“文化大革命”前，广东水产品产量、海洋捕捞、淡水养鱼、塘鱼亩产在全国名列前茅，“文化大革命”期间盲目围海造田，严重影响海水养殖业的发展，其他经济作物包括甘蔗、蚕茧等多种经营也遭到极大破坏。

二是工业大会战。为了贯彻中央“备战、备荒、为人民”的战略方针，1969年底广东省委、省政府提出了加速工业发展的“工业学大庆”“工业大会战”运动。全省组织了包括煤、钢、铁、电、铜、铅、碱、人造纤维的“八大工业”项目的大会战，促使全省煤炭、钢铁、电力、机械等工业有了较大发展。但是盲目追求高指标、高速度，忽视经济效益，导致产业结构严重失衡，企业亏损严重。“一五”计划期间，广东的重工业投资只占25.6%，而1966年至1975年，却达到61.64%。1976年广东工业企业亏损面占四分之一以上，亏损额比1966年增长近30倍，1977年仅小氮肥厂就亏损9800万元。[②]

三是“小三线”建设。广东省委、省政府结合全国“三线”建设的指导思想，提出建立以“五小”工业（即小化肥、小农药、小水泥、小农机、小水电）为主的支农体系和“小三线”军事工业体系。广东先后在韶关、梅县、肇庆和海南等山区腹地，新建和迁建一批“小三线”项目。由于“小三线”建设普遍存在缺乏科学计划、盲目布点、管理不到位的问题，有的项目因片面强调 “山（靠山）、散（分散）、洞（进洞）”或因选址不当缺水、少电、交通不畅，创办的“小三线”企业能正常投产经营的不多，但从战备的角度，广东“小三线”建设在当时的特定环境下是

① 中共广东省委党史研究室：《中国共产党广东历史·第2卷：1949—1978》，中共党史出版社，2014，第610页。

② 黄勋拔主编《当代广东简史》，当代中国出版社，2005，第192页。

有必要的，其也在一定程度上改变了沿海与山区不合理的工业布局，推动了山区工业的快速发展。

四是实行高度集中的经济管理体制。由于片面强调计划管理，排斥市场，商品经济被认为是产生资本主义的温床，广东的传统服务业质量严重下降，对外贸易等第三产业严重萎缩。新中国成立初期，我国受到西方国家的封锁，缺乏外汇，毛泽东、周恩来等党和国家领导人创造性地提出在香港、澳门实行“长期打算，充分利用”的方针，将毗邻港澳的广东作为重点发展对外贸易的地区。1951年3月，由华南区财委会和广州对外贸易管理局牵头，在广州组织了第一届华南出口商品展览会。1952—1956年，在广州市文化公园举办华南物资交流会。1956年，中央决定在广州举办中国出口商品展览会，即后来的“广交会”。1957年4月25日，第一届中国出口商品交易会在广州中苏友好大厦举行。此后，“广交会”成为这一个时期内中国对外贸易的唯一窗口，在获取外汇资源、确保物资供给以及支持国家工业化发展进程中起到重要作用，为新中国搭建了一座与世界沟通的桥梁。“文化大革命”期间，“广交会”不断遭到干扰与破坏，但未曾中断。1968年，广东省对外贸易局被撤销，小额边境贸易因受到批判而停滞，大部分出口商品生产基地和专业厂（社）被迫转产，以经济手段组织出口货源的做法被取消，仅靠统购、派购和调拨的行政手段去组织货源，而收购价格又多年不变，严重挫伤了生产者的积极性。特别是广东大宗出口的农副土特产品的生产，被当作“资本主义尾巴”割掉，造成各种出口商品货源严重短缺，鲜活商品出口配额大量落空。同时，不准公社、大队、生产队经商，不准工厂自销产品，一度将供销社并入国营商业。“文化大革命”期间，全省物资匮乏，农副产品奇缺，市场供应紧张。

中国进出口商品交易会展馆（广交会展馆）

广交会历经改革创新发展，经受各种严峻考验从未中断，加强了中国与世界的贸易往来，展示了中国形象和发展成就，是中国企业开拓国际市场的优质平台，已成为中国外贸的晴雨表和风向标，是中国对外开放的窗口、缩影和标志。

第二节

改革开放引领经济腾飞与环境和谐共生

20世纪70年代末，随着中国与西方国家外交关系的建立与改善、发达国家转移劳动密集型产业的升级需求、日本和亚洲“四小龙”等新兴工业化国家的兴起，我国顺应世界潮流，将对外开放确立为基本国策。广东充分发挥毗邻港澳、华侨大省等对外开放优势，积极争取并用足用活中央给予的特殊政策，开启了改革开放的先行探索。当改革开放的春风拂过南粤大地，广东经济如雨后春笋般迅猛发展，展现出前所未有的活力与潜力，创造了持续腾飞的奇迹。与此同时，广东面临的环境问题的压力也日益增大，在科学发展观的指引下，全省开始更加注重环境保护与经济增长和谐共生的可持续发展。改革开放是当代中国大踏步赶上时代的重要法宝，是决定当代中国命运的关键一招，也是当代广东发展最显著的特征、最壮丽的气象。实践无可辩驳地证明——中国要前进，广东要领先，就必须改革开放。

一、改革开放的先行探索

经济特区的创建

中共十一届三中全会开启了中国改革开放的伟大征程，具有独特地缘人缘优势和开放传统的广东，主动请缨担当起“先走一步”的历史重任。1979年4月，中共中央在北京召开工作会议。习仲勋提出，希望中央下放若干权力，让广东在对外经济活动中拥有必要的自主权；允许在毗邻港澳的深圳、珠海和侨乡汕头市举办出口加工区。[①]在中央同意给予“特殊政策和灵活措施”后，广东率先尝试对外开放，兴办深圳、珠海、汕头三个

① 《中国共产党简史》编写组编著《中国共产党简史》，人民出版社、中共党史出版社，2021，第237页。

出口特区。1980年5月，中共中央和国务院正式决定将深圳、珠海、汕头和厦门四个出口特区定名为经济特区；同年8月，五届全国人大常委会第十五次会议批准通过。经济特区内实行特殊的经济政策、灵活的经济措施和特殊的经济管理体制，以减免关税等优惠措施为手段，通过创造良好的投资环境，鼓励外商投资，引进先进技术和科学管理方法，以外向型经济为发展目标。经济特区的创立，标志着中国对外开放迈出了重要步伐。

家庭联产承包责任制在农村逐步推行

广东是农业生产责任制改革的先行省份之一。从1977年开始，广东湛江地区海康（今雷州市）、海南行政区文昌、惠阳地区紫金等县的部分公社陆续出现后来被称为“包干到户”“包产到户”以及“分田单干”的现象。但1978年通过的《中共中央关于加快农业发展若干问题的决定（草案）》《农村人民公社工作条例（试行草案）》以及1979年通过的《关于农村工作问题座谈会纪要》规定不允许“包产到户”与“分田单干”。1980年5月，中共广东省委召开农村工作会议，对“包产到户”展开热烈讨论。1980年5月12日，广东省委印发《关于当前农村工作几个问题的讨论纪要》，强调推广“五定一奖”（定劳力、定地段、定产量、定成本、定工分、超产奖励）联产到组责任制，“三靠（生产靠贷款，吃粮靠返销、生活靠救济）队”可以允许“包产到户”，但仍反对“分田单干”。1980年5月31日，邓小平在一次谈话中肯定了“包产到户”，随后中发〔1980〕75号文件[①]明确对“包产到户”“包干到户”等多种形式的生产责任制予以肯定，广东的局面随之逐渐打开。

1981年5月29日《人民日报》刊载文章，报道广东肇庆高要县沙浦公社养鱼专业户陈志雄雇用工人承包鱼塘，引起全国关于雇工问题的激烈争论。广东省相关领导干部态度明确，指出如果被雇者与雇主自愿互利，只要利益分配得好，应允许雇工存在。1982年1月1日，中共中央批转《全国农村工作会议纪要》，指出农村实行的各种责任制，包括小段包工定额计酬，专业承包联产计酬，联产到劳，包产到户、到组，包干到户、到

---

① 指中共中央办公厅1980年9月颁布的75号文件：《中共中央关于印发进一步加强和完善农业生产责任制的几个问题的通知》。

组等，都是社会主义集体经济的生产责任制。至此，“包产到户”从性质上得以正名，家庭联产承包责任制以中央文件形式确定下来，成为农村经济体制改革的第一步。至1983年，广东农村基本普及了家庭联产承包责任制。1984年1月1日，中共中央发出《关于1984年农村工作的通知》，对农民承包土地的承包期限由原来的3至5年延长到15年以上，山权、林权规定为二三十年至四五十年以上，大大促进了农民对土地的集约经营。同年9月，中共广东省委批转省委农村工作部《关于延长土地承包期，完善联产承包责任制的意见》，规定土地承包期一般延长到15年以上，允许社员协商转包责任田，对土地追加投资实行补偿制度。随着家庭联产承包责任制的推行，广大农民拥有了生产、经营、管理以及分配等各方面的自主权，成为独立的生产者和自由劳动力，个人付出与收入挂钩，农民生产的积极性大增，极大解放了农村生产力。

大力发展乡镇企业

20世纪80年代，公社、大队、生产队所办企业统称为乡镇企业，是农业生产的重要支柱，是广大农民群众走向共同富裕的重要途径。1984年7月，广东省委、省政府召开全省乡镇企业工作会议，贯彻执行中共中央〔1984〕4号文[①]的若干规定，要求各地发展乡镇企业，建立合理的农村产业结构，加快农业现代化步伐，并就乡镇企业的结构、布局、供销、管理、利用外资、扶助山区、技术进步、税收等问题出台了12项规定。其中允许农民六大产业（农业、工业、商业、建筑、运输、服务）一起上，实行农、工、商综合经营和以市场需求为导向的产供销相结合，积极调整产品结构，大力发展以原有社队企业为基础的乡镇企业，使之成为社会主义市场经济的开路先锋。8月1日，广东省农村集体企业管理局改称广东省乡镇企业管理局。至1984年底，全省乡镇企业总收入首次突破百亿元大关，达到121.3亿元；企业户数从1978年的8.09万个，猛增至1984年的47.62万个。[②]

① 中共中央〔1984〕4号文全称为《中共中央、国务院转发农牧渔业部〈关于开创社队企业新局面的报告〉的通知》。该文件明确提出将“社队企业”正式更名为“乡镇企业”，并制定了促进其发展的若干政策，标志着乡镇企业进入规范化、快速化发展阶段。

② 广东省地方史志编纂委员会编《广东省志·乡镇企业志》，广东人民出版社，2006，第27页。

企业体制改革

随着改革开放的推进，广东率先开展了一系列城市经济体制改革，企业体制改革是其中的一个重要组成部分。改革的目标是通过引入市场机制提高企业的自主性和竞争力，由此打破计划经济的束缚，释放市场活力。企业体制改革的关键是扩大企业的自主权，广东通过取消一些计划和指导，使企业可以更加自主地决定生产经营计划、产品价格和用工等方面的事务。1978年底，清远县在氮肥厂等国营企业中试行超计划利润提成奖的工业管理体制改革，即以完成企业计划利润为起点，从超计划利润中提取一定的比例奖励员工。这一举措，大大提升了企业和职工的积极性，企业经营管理水平得到了显著改善，被誉为“清远经验”，引起广泛关注。1979年8月，广东省委、省革委会在广州召开全省工业交通增产节约工作会议，围绕“清远经验”展开热烈讨论。习仲勋充分肯定了“清远经验”，认为清远的试点改革对国家、集体、个人都有利，国家始终占大头，值得推广，强调要解放思想，搞活企业必须扩大企业自主权。随后，“清远经验”得到大力推广；全省100家工业企业引入盈亏包干、利润留成、以税代利、自负盈亏等经济责任制，提高了企业经营积极性。企业体制改革推动了企业向市场导向和竞争机制的转变，逐步摆脱了原有的计划经济模式，经济效益取得了显著的提升，为广东的工业化和现代化奠定了基础。

价格体制改革

推进企业体制改革的同时，广东逐步实施价格领域的改革。计划经济靠行政力量配置资源，市场经济则靠市场调节，市场力量的主要工具是价格。价格改革旨在通过市场机制调节价格，激发资源配置的效率和市场竞争的活力。广东先后采取了一系列措施，包括逐步放开价格管制、建立市场调节机制以及鼓励价格形成的自主性等。价格改革初期仍以计划价格为主，其他价格形式为辅。这一改革过程以农副产品价格改革最为典型，广东成为全国率先放开农产品价格的试验区。1978年，广州开始试点放开部分蔬菜价格，随后恢复国营河鲜货栈，并引进议价交易。1979年，广东改革海洋捕捞水产品收购制度，逐步减少收购比例。同年，广州市委顶住压力，将塘鱼从全派购改为半开放，并逐步放开价格。塘鱼价格放开之初，市场波动较大，半年后，塘鱼生产逐步上升，鱼价稳中回落。“全国18个大中城市，广州市民吃的鱼最多、鱼价最便宜，而且南鱼北运！塘鱼价格放开，初战告捷，使我们广东改革开放的信心大增。”[①]之后，肉、禽、蛋、菜等商品价格也逐步放开，而粮、油等主要农产品实行合同订购与市场收购双轨制。

1982年6月，广东省政府发布《广东省物价管理暂行条例》，明确物价管理以计划经济为主、市场调节为辅的原则，采取国家定价为主，辅以浮动价、议价、集市贸易价等多种价格形式进行管理。随着改革的深入，广东率先推行了价格自主调整的政策，逐步取消了价格双轨制——计划价格和市场价格并存的体制，放开了一些商品和服务的价格管制，使得市场力量在价格形成中发挥了更为重要的作用，激发了企业的生产积极性和竞争力。1984年10月，深圳特区放开粮食经营，率先取消粮油统购统销，全面实行议购议销，农副食品全部敞开供应，取消一切票证和国家对粮、油、布等商品的补贴。广州市也全面放开蔬菜经营，上市蔬菜全部不包购、不限价，产销见面，议价成交。

在生产资料领域，广东亦逐步引入了市场机制，通过市场供求关系来决定商品和服务的价格，允许生产经营主体根据市场需求和生产成本灵活调整产品价格，使企业可以获得更多的自主权。由此，生产资料市场也获得了复苏与发展。个体私营企业在初期便依赖于市场来获取所需的机器和原材料，并通过市场销售自己的产品。通过一系列市场化的改革措施，在商品市场中，工业品和生产资料的比重持续稳定上升，进一步促进了生产资料市场的快速崛起和发展。这也为广东的经济转型提供了重要支持，促进了商品和服务的优化配置。

对外经贸“先行一步”

广东是新中国对外贸易的“南风窗”。改革开放以前，广东与全国其他地方一样，对外贸易由中央统一经营，12家省直属专业外贸公司都是国家外贸总公司的分支派出机构，只能按照国家规定经营业务。这不仅极大

① 杨媛、李宜航：《受命南下广东如何杀出血路》，新华网，2004年8月17日。

束缚了广东的对外贸易，而且经常造成外贸政策性亏损。[①]1979年6月，广东省委向中共中央、国务院上报《关于发挥广东优越条件，扩大对外贸易，加快经济发展的报告》（简称《报告》），建议在中央统一领导下，广东实现“大包干”，即外贸和外汇以1978年实绩为基数，财政和基建投资以1979年实绩为基数，从1980年开始，一定5年，除外贸出口的外汇增加部分上缴中央三成以外，财政和其他各项外汇收入的增加部分，全部留给广东，由省内综合平衡、包干安排。7月15日，《报告》正式得到中共中央、国务院批准，确定了广东“外贸大包干”政策。与此同时，广东率先下放企业利用外资审批权。企业利用外资审批权的下放，极大地激发了外贸企业的积极性和活力，使得企业能够根据市场需求灵活调整经营策略，加快产品的出口步伐。同时，广东的“三来一补”[②]企业、“三资”企业[③]等可获得急需的资金和政策支持。至1983年，全省“三来一补”企业从业人员达33万人。东莞、南海、中山三县和广州、深圳、佛山三市，签订“三来一补”企业的合同金额均超过1亿美元。[④]加工贸易的蓬勃发展，也为广东带来了大量的外汇收入，进一步推动了广东经济的增长。

二、市场体系建设与经济起飞

改革开放以来，中共中央、国务院颁布了一系列鼓励发展非公有制经济的政策，广东的所有制结构也随之发生了重大变化，由单一的公有制逐步转变为多种所有制成分共同竞争、相互促进和补充的多元化格局。随着宏观经济体制改革与要素市场的初步建立、外向型经济和梯度对外开放格局的形成，改革开放“先行一步”的广东实现了整体实力的崛起和经济起飞。1989年，广东经济总量占全国比重达8.1%，实现了历史性的跨越。

① 王涛、谢涛：《徐德志畅谈广东“外贸大包干”》，《红广角》2013年第3期。
② “三来一补”是“来料加工”“来件装配”“来样加工”和“补偿贸易”的简称，是改革开放初期尝试性创立的一种企业贸易形式。由外商提供设备（包括由外商投资建厂房）、原材料、来样，并负责全部产品的外销，由中国企业提供土地、厂房、劳力。
③ “三资”企业是指中外合资、中外合作或外商独资企业。
④ 香港《中国经济特区年鉴》编辑部编《中国经济特区年鉴创刊号1983》，香港《中国经济特区年鉴》出版社，1984，第449页。

大胆引进外资和先进技术、设备

在改革开放的起步阶段，发展“三来一补”项目是广东利用外资的一种常见而有效的方式，发展最快，普及面也最广。1979—1988年，广东的“三来一补”贸易占全国份额最大，是带动广东劳动密集型加工业兴起的突破口。

鼓励发展非公有制经济

1984年中共十二届三中全会通过的《中共中央关于经济体制改革的决定》、1987年中共十三大报告和宪法修正案，为我国私营企业发展提供了较大的政策空间。1984年10月4日，国务院批转国家计委《关于改进计划体制的若干暂行规定》，强调要根据“大的方面管住管好、小的方面放开放活”的精神，适当缩小指令性计划管理的范围，对关系国计民生的重要经济活动实行指令性计划，对大量一般经济活动实行指导性计划，对饮食业、服务业等实行市场调节。广东紧抓“简政放权”这一中心，给各级政府和部门下放经济管理权力。通过缩小指令性计划管理范围，扩大指导性计划和市场调节范围，扩大地方大部分商品的定价权和管理权，放松对微观经济的严格控制，扩大生产经营者的自主权。在此期间，广东省对个体经济和私营经济实施分类指导，引导其向生产型、外向型发展。其中，在沿海地区推广“三来一补”企业的经验，在山区推广利用山区资源发展农副产品加工业的经验。

在一系列改革政策的强劲推动下，广东经济焕发出勃勃生机。广州更是见证了私有制经济的蓬勃兴起，其中，广州首家私营企业——昌兴服装店、广东第一代个体户容志仁创办的容光饮食店、高第街工业品市场、广州西湖灯光夜市、广州友谊商店和“珠水粤粮”、广东电器，共同绘制出一幅繁荣的画卷。昌兴服装店作为广州首家私营企业，其成功不仅展示了个人创业的勇气和智慧，更是私有制经济在广东的生动缩影。与昌兴服装店同样耀眼的，还有个体户容志仁，他以一毛钱的“学生餐”闻名于市，其创办的容光饮食店深受群众喜爱，成为个体户勤劳致富的典范。在高第街，小商品批发市场的繁荣景象更是让人目不暇接，这里汇聚了各种各样的商品，吸引了无数商家和市民前来采购。同样热闹的还有诞生于1984年5月的广州西湖路的工业品灯光夜市，五光十色的灯光映衬着琳琅满目的商品，构成了广州夜晚的一道亮丽风景线。广州友谊商店则是另一个展现广东繁荣的窗口，其主要面向港澳同胞、海外侨胞和外国人等特定人群，但它所代表的是广东与世界的紧密联系，以及人们对于高品质生活的追求。除了这些繁华的市场和商店，“珠江水”和“广东粮”也在改革开放中发挥着不可替代的作用。改革开放后，广东食品工业不断发展，一度成为全国最大的食品生产基地，产值和销售额居全国第一。三水健力宝、开平嘉士利夹心饼干、深圳喜之郎布丁、珠海华丰方便面、珠江啤酒……这些家喻户晓的品牌，构成了“珠江水”“广东粮”的辉煌。此外，广东的家电产业也在这一时期崭露头角，凭借着先进的技术和敏锐的市场洞察力，以万宝电冰箱、粤海电器、半球电饭锅为代表的广东家电迅速占领市场，成为当时家庭生活的必备品。

至1988年底，全省个体工商户达到99.27多万户。1989—1991年，广东全省注册登记的私营企业分别达到16 226户、21 736户和25 763户。[①]1980—1990年，广东非公有制经济发展远快于国有经济和集体经济，工业总产值年均增长18.50%，其中国有经济年均增长12.89%，集体经济年均增长19.26%，而非公有制经济年均增长52.76%。从构成比例来看，公有制经济由1980年的97.93%下降到1990年的73.73%，非公有制工业经济比重则由2.07%上升到26.27%。[②]从社会商品零售总额增长速度及比重变化看，1980—1990年，国有经济消费品零售总额年均增长约17%，集体经济消费品零售总额年均增长约11%，而非公有制经济消费品零售总额年均增长高达46%，远超国有经济与集体经济。[③]

宏观经济体制改革

改革和完善财政体制机制。改革开放初期，根据中发〔1979〕50号文件，广东财政试行“大包干”办法。1981年，广东对地、市、县实行“划分收支、分级包干”即“分灶吃饭”的财政体制，财政收支包干比例按定额补贴数，一定五年不变，但广州、深圳、珠海、海南不列入。1985年起，广东全面实行“划分税种，核定收支，分级包干，一定五年”的新财政管理体制。通过财政包干，下放地方以自筹资金、贷款和利用外资等多渠道基建投资和技术改造的审批权，地方经济活力得到极大释放。

基础设施投资和建设的市场化改革。改革开放以后，广东在基础设施建设中实行了“放权让利”、多渠道集资的方法。例如，发行交通、通

① 王业兴：《广东非公有制经济发展的历史变迁及其影响》，《华南理工大学学报（社会科学版）》2009年第5期。

② 广东省统计局编《广东统计年鉴·1991》，中国统计出版社，1991。

③ 广东省统计局编《广东统计年鉴·1991》，中国统计出版社，1991。

信建设债券，推动重大基础设施项目建设等。随着改革开放的深入，广东在基础设施建设投融资方面实行进一步的市场化改革，主要包括以下几个方面。一是开放公路、桥梁、铁路、电力等基础设施投资市场。广东允许私人企业和外资企业参与基础设施项目的投资和建设，打破了国有企业的垄断地位，促进了市场的竞争和活力。自1980年起，广东实施了“以路养路、以桥养桥”的政策，鼓励多渠道、多层次、多形式的资金筹集。通过收取过路费、过桥费来归还投资基础设施的资金本息，成为广东一大创举。特别是中国港澳和华侨资金的参与，使广东的基础设施建设发生了显著变化，为吸引投资创造了优越的环境。1984年1月1日，全国第一座实行“以桥养桥，收费还贷”政策的桥梁——东莞中堂大桥开始征费。1988年8月28日，在爱国港澳人士何贤、霍英东等人的积极捐款筹资下，广州番禺一座具有划时代意义的大桥——洛溪大桥飞架南北。“洛溪大桥”模式随后风靡广东乃至全国，广东由此进入路桥建设全面发展的时期。二是推行项目融资。广东利用项目融资的方式筹集资金，如发行债券、股票等，吸引社会资本参与基础设施建设。三是推进基础设施建设的专业化、市场化。广东将基础设施项目的建设和运营分开，引入专业的项目管理公司或运营商。四是完善法律法规。广东先后制定和完善了一批相关的法律法规，规范市场主体的行为、保护投资者的权益、促进市场的健康发展。这些改革措施为广东基础设施投资市场注入了新的活力，推动了基础设施建设的快速发展。

推进金融体制改革。1984年，广东启动了银行体系的改革。1984年1月1日设立的中国人民银行广东省分行开始专门行使中央银行职能，原中国人民银行广东省分行逐步转变为独立的中国工商银行广东省分行。与此同时，中国农业银行广东省分行、中国银行广东省分行、中国建设银行广东省分行也先后成立，逐渐形成了一个多元化的银行体系。1986年11月，中国人民银行同意广东全省作为金融体制改革的试点省。其间，广东引入了多家股份制银行和外资银行，如招商银行、中信实业银行、南洋商业银行等。1985年11月9日，深圳市政府颁布《深圳经济特区外汇调剂暂行办法》，宣布深圳外汇调剂中心成立，改变了我国外汇全部由中央统一调配和使用的管理体制，使得地方也具有了调配使用外汇的权力。1990年12月，深圳证券交易所成立，标志着广东资本市场正式起步。随后，深圳证券交易所相继推出了股票、债券等资本市场工具，为企业提供了融资平台。1991年10月31日，中国南方玻璃股份有限公司与深圳市物业发展（集团）股份有限公司首次公开发行外币股票，即B股。1992年以后，境外上市外资股也逐渐兴起，包括H股（在香港交易所上市）和N股（在纽约证券交易所上市）。这一改革不仅为企业提供了新的融资渠道，也为投资者提供了更多的投资选择。1992年2月后，国家经济体制改革委员会联合有关部委，制定了13项股份制试点配套法规。此后，各地的股份制公司改造试点工作步伐加快，社会上兴起了投资热潮。由于财富效应和可交易股票的供不应求，人们对新股发行热情高涨。

培育和发展市场体系。资金、技术、人才是经济发展最重要的生产要素。改革开放以来，广东除商品市场外，资金、技术、劳动力与人才等要素市场有了初步发展，为经济与市场体系发展带来新的元素。一是资金市场初步形成。资金市场是办理货币借贷、各种票据和有价证券买卖的场所，1986年全省各金融机构陆续开展了资金调剂和拆借业务。二是技术市场逐步建立。1984年12月，广东省技术交易会在广州举办；1986年2月，国内第一个常年营业的技术集市——广东省经济技术贸易市场在广州开业；同年4月，中国首次举办的以出口技术为主的大型交易会——中国深圳技术交易会在深圳举行。三是劳动力与人才市场方兴未艾。农村经济体制改革使大量的农村富余劳动力涌入广东，“打工仔”“外来妹”成为劳动力市场的主力。1988年，广东率先开展流动人员人事档案挂靠业务，解决科技人员业余兼职问题。1989年3月，“广东省国际国内人才智力市场”在广州挂牌。1990年以后，中国南方人才市场、深圳人才大市场、珠海常设型人才市场等相继设立。这些人才市场的设立，不仅为广大求职者提供了更多的就业机会，也为各类企业提供了充足的人才资源，推动广东经济的快速增长。这一发展趋势彰显了广东正以其强大的人才吸引力，更好地融入全球人才流动的大潮中。

外向型经济和梯度对外开放格局的奠定

外向型经济快速发展。为了更好地管理和使用外汇资源，广东实施了外汇留成制度，允许企业通过完成出口任务获得一定比例的外汇留成，用于企业自身的外汇支出，这极大地激发了企业出口创汇的积极性。与此同时，随着对外开放的不断深化，广东采取了多种贸易方式并存的策略，除了传统的一般贸易方式，还允许加工贸易、转口贸易等方式的存在，积极开展对外经济技术合作，引进国外先进技术和管理经验。在广东的深圳、珠海、汕头经济特区，特殊的政策和优惠条件吸引了大量外资企业入驻，成为广东外贸发展的重要引擎。据统计，1981—1991年，外贸出口总额、进口总额、实际利用外资占比分别年均增长19.3%、33.2%和25.4%。1990年，广东外贸出口总值达105.6亿美元，比1985年增长2.6倍，外贸出口已成为全省国民经济的重要支柱。“七五”时期（1986—1990年）广东实际利用外资累计达95.07亿美元，为“六五”时期（1981—1985年）25.4亿美元的约3.74倍；①同时引进了大量先进技术设备，对提高广东工业产品竞争力起到了重要作用。

梯度对外开放格局基本形成。1984年，中央决定进一步开放大连、天津、青岛、上海、广州等14个沿海城市，广州、湛江被纳入其中，进一步促进了广东与海外的经济交流和合作。为了进一步扩大对外开放，1985年中央决定在珠江三角洲地区建立沿海经济开放区。这一举措使得广东形成了从经济特区到沿海开放城市再到沿海经济开放区的多层次对外开放格局，为广东引进外资、先进技术和设备提供了更为有利的条件。至1992年，广东全省3个经济特区、2个沿海开放城市、4个经济技术开发区、6个高新技术区、26个经济开发试验区、21个地级以上市全部实行沿海开放区政策，基本形成多层次、多形式、多功能、全方位对外开放的格局。

广东经济的崛起与腾飞

凭借改革开放在全国先行一步的比较优势，“六五”时期（1981—1985年）广东经济开始起步，地区生产总值年均增长12.2%，其中1985年增长率高达18%，经济总量跃居全国第四位。“七五”时期（1986—1990年），地区生产总值年均增长12.5%，1987年创下年增长19.6%的新高。1978—1991年，广东省地区生产总值由185.85亿元增加到1893.3亿元，年均增长12.6%，高于全国同期水平4个百分点；人均地区生产总值从1978年的370元，略低于同期全国平均水平11元，增加到1991年的2941元，增长

① 根据相关年份《广东统计年鉴》核算所得。

了6.95倍，远高于同期全国平均水平的4.97倍。[①]1989年，广东省地区生产总值达1381.39亿元，首次成为全国第一经济大省，实现了经济腾飞。

1991年，广东财政收支规模第一次跃居全国第一，地方财政一般预算收入达到177.35亿元，占全国比重8%，比1978年提高了3.6个百分点。[②]广东对中央的财政贡献由1979年的8.2亿元增加到1990年的62.5亿元，预算内累计财政上缴245.3亿元，年均递增18.4%。[③]减除中央对广东的专项补助后，平均每年净上缴22亿多元。

1978—1991年，广东三次产业产值（按当年价格计算）比重由1978年的29.8∶46.6∶23.6优化为1991年的22∶41.3∶36.7[④]，第二、三产业产值占比达78%；从业人员由1978年的73.7∶13.8∶12.6调整为1991年的50.5∶28.6∶20.9[⑤]，基本上完成了初级工业化任务。

三、从跨越式发展到增创新优势和科学发展

1992年邓小平鼓励广东20年内赶超亚洲“四小龙”，率先实现现代化。同年10月，中共十四大召开，进一步明确广东争取20年内基本实现现代化的奋斗目标。[⑥]广东抓住这一契机，制定了赶超亚洲“四小龙”的奋斗目标和计划。就此，广东改革开放和经济建设进入一个快速发展时期。2001年，我国正式加入世界贸易组织（WTO），广东的开放发展迈向新纪元，开启新篇章。其间，广东实施外向带动、科教兴粤、可持续发展和区域协调发展四大战略，增创“入世”及产业、科技、体制、环境五大新优

① 根据相关年份《广东统计年鉴》核算所得。

② 广东省统计局、国家统计局广东调查总队编《数说广东改革开放三十年》，中国统计出版社，2008，第300页。

③ 王珺：《以市场取向进行经济体制创新》，载王利文、李金亮《先行一步的探索：广东经济学者关于改革开放的思考》，广东人民出版社，2008，第102页。

④ 广东省统计局、国家统计局广东调查总队编《数说广东改革开放三十年》，中国统计出版社，2008，第237页。

⑤ 广东省统计局、国家统计局广东调查总队编《数说广东改革开放三十年》，中国统计出版社，2008，第247页。

⑥ 中共中央文献研究室编《改革开放三十年重要文献选编》，中央文献出版社，2008，第662页。

势，实现了广东经济发展的战略性转变。

初步建立社会主义市场经济体制

1993年，中共十四届三中全会作出《中共中央关于建立社会主义市场经济体制若干问题的决定》（简称《决定》），确立了社会主义市场经济体制的基本框架及社会主义市场经济体制改革的各项任务。围绕《决定》，1994年广东省八届人大二次会议提出，力争用5年时间把全省社会主义市场经济体制的基本框架建立起来的目标设定，按照“整体推进，重点突破”工作部署，着重加快建立现代企业制度、国企改革、培育大企业集团等方面的改革，形成可复制、可推广的“顺德模式”“深圳模式”。2003年，中共广东省委九届四次全会审议通过《中共广东省委关于贯彻〈中共中央关于完善社会主义市场经济体制若干问题的决定〉的意见》，全省力争到2010年率先建成比较完善的社会主义市场经济体制。

这一时期，广东在巩固和发展公有制经济的同时，也制定并实施了一系列促进非公有制经济发展的政策措施，初步建立了社会主义市场经济体制。第一，积极推进国有企业改革。1994年5月25日，广东下发《关于加快建立现代企业制度的意见》，以建立现代企业制度为目标，对国有企业进行了股份制改造和资产重组。此后，广东涌现出了一批具有较强竞争力和影响力的大型企业集团。1997年底，中共中央确定用三年时间实现国有企业改革与脱困的目标。广东结合本省实际情况，进一步推进国有企业的改革，加快企业转换经营机制。经过三年的努力，至2000年，广东国有企业改革与脱困目标得以全面实现，国有及国有控股工业企业资产负债率从1997年的64.95%下降到56.22%，净资产利润率从7.29%上升至9.44%。[1]同时，大力发展非公有制经济，积极鼓励和支持个体、私营、外资等经济成分的发展，进一步释放了市场活力。第二，在财政、税收、金融等方面进行了大刀阔斧的改革。逐步实行了分税制财政体制，规范了税收征管制度，推动了金融市场的快速发展。特别是金融方面，积极引进和培育各类金融机构，建立了多家证券公司和期货交易所，为企业融资和资本运作提供了更加广阔的平台。第三，进行大规模的产业结构调整。传统的农业和

① 杨建：《广东国有企业三年改革与脱困目标的实现》，《广东党史》2003年第2期。

重工业向轻工业和高科技产业的转变成为发展的新方向，特别是珠江三角洲地区，以其独特的地理位置和市场优势，成为中国最具活力的经济区域之一。第四，加强市场体系建设。建立健全了商品市场、劳动力市场、技术市场等各类市场体系，促进了商品和生产要素的自由流动。此外，在农村地区积极推进农村集体产权制度改革，对乡镇企业进行分类改革。至1997年底，全省七成以上镇村集体企业完成了转制，其中转为股份制和股份合作制企业的有5万多家，促进了农村经济的发展和农民收入的提高。

大力发展开放型经济，增创广东区位新优势

进入20世纪90年代，尤其是邓小平南方谈话发表后，改革开放政策在全国逐步铺开。与此同时，广东在20世纪80年代享有“先行先试”政策的优势逐步减弱，加上20世纪90年代中期以后国内市场由卖方市场转变为买方市场，市场竞争日趋激烈。为了“增创新优势，更上一层楼，率先基本实现现代化”，广东加大了对外开放力度，通过吸引外资、加强外贸合作、完善基础设施和推动产业升级等多措并举，成功构建了开放型经济新体系，进一步优化了区位优势，为广东的经济发展注入了新的活力。一是继续发挥毗邻港澳的地缘优势，提高广东经济特区的整体素质。在加快参与国际经济合作与国际接轨等方面进行了大胆探索，发挥建立经济特区的新优势，使广东经济在全国范围内保持较高的增长速度。二是积极实施“引进来”和“走出去”的外向带动战略，加强参与全球经贸合作，加速形成市场国际化多元化格局。1992年3月，广东省委、省政府下发《关于进一步扩大对外开放若干问题的决定》，指明在20世纪90年代扩大开放要实现的总目标是“在我省建立具有较强国际竞争能力、高效、开放的国民经济体系和良好的外向型经济运行机制”。在这一总目标下，广东一方面对不同开放层次的区域经济发展战略进行统筹安排；另一方面对外向型经济的核心区扩大外贸出口、利用外资提出指导意见。[①]由此，广东加快建立并逐步完善外向型经济体系，充分利用国内外两个市场、两种资源，提高企业和商品在国内外市场上的竞争力。据统计，1992—2002年广东实际利用外资总额超过500亿美元，成为全国利用外资最多的省份之一；

① 赵健主编《广东改革开放纪实》，广东经济出版社，2009，第101—103页。

外贸进出口总额从1992年的不足200亿美元，增长到2002年的近1000亿美元，[①]十年增长了数倍，成为中国最大的出口省份之一。三是在交通基础设施建设上取得了巨大突破。1992—2002年，广东实际使用外资中的相当一部分被用于交通基础设施建设。全省先后投资兴建了多条高速公路、铁路、航运和航空项目，极大地提高了内外部的交通便捷性。1994年，深圳湾大桥正式通车，成为连接广东与香港的重要交通枢纽，极大地促进了两地的经济合作。广州白云国际机场的扩建与搬迁，虽最终未引入外资，但外资对新机场的管理与服务水平的提升有着积极的影响。四是引进高科技产业和发展新兴产业，不断推动产业结构升级和科技创新。尤其是珠江三角洲地区，积极参与世界各地的经贸合作和技术交流，引进和培育了一大批高新技术企业，推动了产业结构的转型升级。广东省在科技研发上的投入也逐年增加，取得了一系列创新成果。1992—2002年，高新技术产业值年均增长近20%，以深圳、广州为代表的高新技术产业集群迅速崛起，成为全国重要的科技创新中心。

推进区域经济一体化发展

粤港澳经济一体化。为了进一步推进港澳与内地经贸合作，2003年6月29日和10月17日，内地和香港、澳门分别签署了《关于建立更紧密经贸关系的安排》（CEPA）。CEPA的签署是中央政府在“一国两制”原则下，在世界贸易组织框架内所作出的特殊安排。一直以来，港澳都是广东对外开放联系最为紧密的区域之一，CEPA的签订对于加快粤港澳经济一体化，提升“大珠三角”的国际竞争力，有着非常深远的意义。自CEPA签署后，政府通过降低贸易壁垒，加强金融、科技创新等领域的深度合作，推进了粤港澳经济一体化进程。同时，CEPA为粤港澳大湾区的人才流动提供了更为便利的条件。CEPA鼓励在双方设立的合资企业中雇佣本地员工，有助于优化粤港澳地区的人才资源配置。2012年，粤港进出口总值2277.9亿美元，同比增长17.8%；粤澳进出口总值18.8亿美元，同比增长6.0%。广东实际吸收香港投资147.85亿美元，实际吸收澳门投资2.58亿美元，占全省实际吸收外资总量的62.4%。广东经核准在香港设立企业602

① 广东省统计局编《广东统计年鉴·2003》，中国统计出版社，2003。

家，增资项目90个，新增中方协议投资额26.36亿美元，在澳门设立企业9家，增资项目1个，新增中方协议投资额2589万美元。①

推进珠江三角洲区域经济一体化。为推动珠江三角洲城市群一体化发展、整合各城市的优势资源，实现优势互补，2002年广东省委、省政府与建设部共同组织编制了《珠江三角洲城镇群协调发展规划（2004—2020）》，为这一时期珠江三角洲经济一体化提供了战略指导。2008年12月，国家发展和改革委员会牵头制定了《珠江三角洲地区改革发展规划纲要（2008—2020年）》，赋予珠江三角洲地区更大的自主权。珠江三角洲区域一体化发展作为一项国家战略，成为广东省特别是珠江三角洲九市政府工作的重点任务。其间，珠江三角洲地区主要通过产业协同发展推动产业升级，加强基础设施建设推动区域内的互联互通，加大区域市场整合促进商品、资本、技术等生产要素的自由流动，取得了显著的经济一体化成果。数据显示，至2012年，占全国总人口4.20%的珠江三角洲城市群，地区生产总值达到40 000亿元，人均地区生产总值达到80 000元（约合11 500美元），城镇化水平达到81.0%。②

开展泛珠三角区域合作。为了进一步加强与周边地区的经济合作与交流，2003年，广东积极倡导泛珠三角区域合作（即“9+2”），得到福建、江西、湖南、广西、海南、四川、贵州、云南等8个省（区）政府以及香港、澳门两个特别行政区政府的热烈响应和大力支持。在中央的指导及国家有关部门的支持下，泛珠三角区域合作的两大平台——泛珠三角区域合作与发展论坛、泛珠三角区域经贸合作洽谈会（简称“泛珠大会”），由9省（区）和香港、澳门特别行政区政府共同主办。2004年6月，首届泛珠大会召开，共同签署了《泛珠三角区域合作框架协议》。根据该协议，泛珠三角区域合作重点在基础设施、产业与投资、商务与贸易、旅游、农业、劳务、科教文化、信息化建设、环境保护、卫生防疫等10个领域推进。此后，广东与各兄弟省份在多个领域展开了广泛的合作，取得了初步成效。据不完全统计，“九五”以来，广东与8省（区）之间签订的经济技术合作协议金额累计超过6000亿元，合作项目超过1万个，

① 广东年鉴编纂委员会编《广东年鉴·2013》，广东年鉴社，2013，第226页。

② 广东省统计局、国家统计局广东调查总队编《广东统计年鉴·2013》，中国统计出版社，2013。

合作领域涉及经贸、交通、能源、旅游、农业、劳务等。

区域产业转移与经济协调发展

随着广东整体经济的快速发展，全省不同区域之间经济发展失衡问题日益凸显，即珠江三角洲经济区与粤东西北地区之间的差距不断增大[①]。占全省土地面积比重约30%的珠江三角洲地区，经济总量占到全省的75%以上，而且这一比重呈逐年上升态势；而粤东西北地区占全省土地面积的比重达70%，但所创造的经济总量占全省的比重低于25%。从20世纪90年代后期起，珠江三角洲地区产业和人口高度集聚所引致的拥挤成本开始显现，在市场力量的作用下，一些劳动密集型、低附加值产业为了降低成本纷纷向粤东西北地区转移。与此同时，广东省政府也将推进产业从珠江三角洲地区向粤东西北地区扩散作为解决区域发展失衡、促进区域经济协调发展的重要手段。自2005年起，广东省开始引导经济发达的珠江三角洲地区的各市与欠发达的粤东西北地区的各市进行对口合作。2005年3月，省政府首先出台了《关于我省山区及东西两翼与珠江三角洲联手推进产业转移的意见（试行）》（粤府〔2005〕22号，简称“22号文”）。此后，又相继出台了《广东省产业转移工业园认定办法》《关于支持产业转移工业园用地若干意见（试行）》《广东省产业转移工业园外部基础设施建设省财政补助资金使用管理办法》《关于加强我省山区及东西两翼与珠江三角洲联手推进产业转移中环境保护工作的若干意见（试行）》等一系列与22号文相配套的政策文件，在全省范围内大力推进产业转移园建设。在市场和政府两种力量的作用下，全省产业转移步伐加快，并呈现出集群化、园区化、规模化的特征。截至2011年底，全省共建立了35个产业转移工业园，有力促进了粤东西北地区的经济发展。至2012年，虽然粤东西北地区与珠江三角洲区域的经济发展水平差距仍未明显缩小，但其经济发展均上了一个台阶，较2005年均有1倍以上的增长。园区经济的持续快速发展，一方面拉动了欠发达地区的经济发展，另一方面也促进了珠江三角洲地区产业的转型升级。至2011年5月底，珠江三角洲核心区六个城市共转出企

---

① 广东理论界和政府部门将全省划分为四个经济区域，即经济发达的珠江三角洲经济区，以及经济发展相对落后的北部山区经济区和东西两翼经济区，即粤东西北地区。

业4260家、关停企业30 811家、淘汰落后产能企业41 390家。与此同时，珠江三角洲地区积极鼓励先进制造业、高新技术制造业和现代服务业发展，产业结构升级加快。据统计，2008—2011年，珠江三角洲核心区六市引进世界500强企业43家，投资额达302.64亿元。[①]

制造业大省与产业转型升级

制造业是实体经济的主体，是我国国民经济的主导产业之一。邓小平南方谈话之后，广东进一步加强了“三来一补”企业的支持力度，成功吸引了众多国际知名大企业前来投资合作。随着投资环境的改善和吸引外资优惠政策的陆续出台，港资、台资和外资加速进入广东，“三资”企业得到迅猛发展，逐渐超过“三来一补”企业，占外贸出口的比重超过50%。同时，广东积极建设各类出口生产基地，并按照国际标准组织生产，努力开拓多元化的国际市场，逐步构建形成较为完善的外向型经济体系，成功崛起为中国的制造业第一大省，乃至全球知名的制造业生产基地。根据第二次全国经济普查的数据，至2008年，广东的工业企业单位数占全国的比例达到了10.2%，其工业总产值占全国的12.7%。尤其是广东的港澳台资本占比达到全国的37.58%、外商资本占到全国的16.17%，令人瞩目。其中，规模以上制造业企业的表现突出，企业单位数占全国的比例高达12.93%，工业总产值占全国13.63%，港澳台资本占比37.54%，外商资本占比15.89%。在多个行业中，广东都展现出了强大的竞争力。在通信设备、计算机及其他电子设备、电气机械及器材、金属制品业、塑料制品业等行业，广东的产能和规模在全国都处于领先地位。珠江东岸地区更是被誉为“电子信息产业走廊”，其中东莞因聚集了大量的台资企业被誉为“世界工厂”，影响力大到有“东莞塞车，全球缺货”的说法。在珠江西岸地区，形成了以白色家电等电器机械制造为主体的产业集群。到2012年，广东的出口额已经达到了5741.4亿美元，占全国出口总额的28%，充分展现出作为全球制造业生产基地的强大实力和地位。

与此同时，广东以加入世贸组织为契机，以提高国际竞争力为核心，

① 王珺、赵祥主编《先行者的探索：广东改革开放40年》，广东经济出版社，2018，第192页。

以大力发展高新技术产业、先进制造业和现代服务业为重点，努力优化产业结构，建设经济强省。至2011年，广东高新技术产品产值约占工业总产值的30%，先进制造业增加值占制造业增加值的53.4%；现代服务业增加值占服务业增加值比重达56.3%，旅游总收入占全国1/5强；发明专利授权量、有效发明专利拥有量、获中国专利奖金奖数和驰名商标数均居全国第一（不含港澳台），《专利合作条约》（PCT）国际专利申请受理量占全国的50%以上。同时，广东加快培育发展节能环保、新一代信息技术、生物技术、高端装备制造等战略性新兴产业和新型业态，新兴产业呈现技术提升、规模扩大、集聚发展的良好态势，形成新型显示、软件、新材料和新一代通信等4个年产值超千亿元的新兴产业集群。另外，广东三次产业结构不断优化，经济结构日趋合理，服务业占地区生产总值的比重平稳上升。至2011年，广东三次产业比重调整为5.0∶49.7∶45.3，第二、三产业占比分别高出全国平均水平3.1和1.9个百分点。

城市化建设与海洋经济开发

随着经济高速发展，全省城乡之间的差距日益扩大，推进城乡协调发展逐渐成为广东经济建设中不容忽视的问题。同时，在探索城市化发展过程中，一方面对特大城市、大城市的发展从限制改为鼓励、支持；另一方面对中小城镇的发展则进一步加大扶持力度，实施“中心镇”战略，将城市化建设作为城乡协调发展的重要举措，形成特大城市—大城市—中等城市—小城市（中心镇）—卫星城镇（其他城镇）协调发展的城镇体系。至2012年，广东省农村居民人均纯收入已超过10 000元，较改革开放初期的1978年增长10余倍，人均消费性支出近7500元，较1978年增长7.5倍。①尽管如此，全省的城乡差距还是相当明显，至2012年，城市居民人均收入与人均消费性支出均是农村居民的近3倍。②

广东海域面积广阔，海岸线绵长，拥有全国最长的海岸线以及分布在海域上的上千个岛屿，具有发展海洋经济的天然优势。广东着力将海洋

① 广东省统计局、国家统计局广东调查总队编《广东统计年鉴·2016》，中国统计出版社，2016。

② 广东省统计局、国家统计局广东调查总队编《广东统计年鉴·2016》，中国统计出版社，2016。

经济打造成为珠江三角洲、粤东、粤西经济发展的新增长极，省“十五”计划提出了建设海洋经济强省的目标。之后，广东海洋经济稳步发展，总量领先全国，海洋基础设施优势明显。2005年，广东海洋经济总量达4288.4亿元，较2000年增长了近4倍，占全国海洋经济总量的25.2%，占全省地区生产总值的比重达19%。[①]2010年4月，国务院将广东等三省确定为全国海洋综合开发试验区。2011年3月，广东发布《广东省科技兴海规划（2010—2015年）》；8月，国务院批复《广东海洋经济综合试验区发展规划》，这是继《珠江三角洲地区改革发展规划纲要（2008—2020年）》之后，广东又一个上升到国家层面的区域性规划。至2012年，广东省海洋经济总量达到10 506.6亿元，较2005年又翻了一番，占全国海洋经济总量的21%，占全省地区生产总值的比重达18.4%。[②]

植树造林与环境保护

随着经济的高速发展，广东面临的环境压力不断增大，经济发展面临的资源和环境约束日益严峻，严重影响发展的可持续性。至1985年，广东全省森林面积仅有463.73万公顷，森林覆盖率27.7%，而荒山荒坡有387万公顷，水土流失面积达1.2万平方千米，占全省土地面积的7%。1985年11月19日，广东省委、省政府作出《关于加快造林步伐，尽快绿化全省的决定》，向全省发出“五年消灭荒山，十年绿化广东”的号召，启动“十年绿化广东”工程。之后，全省掀起全党全民大办林业、大搞绿化的热潮。1993年，广东提前两年实现了“十年绿化广东”的宏伟目标。至1994年，全省森林覆盖率从1985年的27.7%上升到53.6%，森林资源年生长量从1064万立方米增加到1640万立方米，实现了生长量大于消耗量的良性循环。此外，水土流失较严重的4207平方千米土地得到较好的治理。[③]全省生态环境得到了质的提升。

① 国家海洋局：《2005年中国海洋经济统计公报》，中华人民共和国自然资源部网站，2007年3月20日。

② 数据来源见国家海洋局：2005—2012年《中国海洋经济统计公报》，中华人民共和国自然资源部网站。

③ 梁桂全、周薇、蔡龙主编《林若生态建设思想研究——基于“十年绿化广东”决策与实践的历史考察》，羊城晚报出版社，2013，第6页、第133—134页。

2004年12月，广东进一步提出建设“绿色广东”，随后省“十一五”规划提出“实施绿色广东战略”。2005年2月和2006年4月，广东分别颁布施行《珠江三角洲环境保护规划纲要（2004—2020年）》《广东省环境保护规划纲要（2006—2020年）》，正式迈出建设“绿色广东”的步伐。“十一五”期间，广东污染物排放量总体上呈现下降的趋势，工业废水排放达标率由2005年的83.9%提高到2010年的93.1%，2010年的二氧化硫排放总量较2005年的129.4万吨减少近23.9%。在能源消费方面，结构不断优化。“十一五”期间，广东一次能源消费结构中，非化石能源占一次能源消费总量的约14%，比2005年提高1.7个百分点，比全国平均量的比重高出3.7个百分点。能源利用效率得到较大提高，“十一五”期间，广东单位GDP能耗率累计下降16.4%。[①]

第三节

新时代经济高质量发展与生态文明建设

中共十八大以后，广东作为全国改革开放的前沿阵地，始终保持充沛的发展活力与创新能力。这一时期，广东深入贯彻落实国家一系列重大决策部署，紧紧围绕高质量发展的要求全面深化改革，加快了新旧动能转换，逐步实现从量的扩张向质的提升转变；坚持实体经济为本、制造业当家，一大批创新型企业和高新技术产业迅速崛起，为经济持续发展提供了强有力的支撑；加快构建“一核一带一区”区域发展格局，深入实施粤东西北地区振兴发展战略。同时，广东坚持扩大开放，深化与香港、澳门的合作，纵深推进粤港澳大湾区建设，有力牵引全省改革开放的全面深化；高标准建设自由贸易试验区，加强与“一带一路”沿线国家和地区的经贸

① 广东省统计局：《“十一五”广东能源开发利用走上新台阶》，广东统计信息网，2011年8月24日。

合作，将广东打造成高水平对外开放窗口。在生态文明建设、乡村振兴、城乡融合、海洋经济发展等方面，广东同样取得了积极进展。

一、全面深化改革

2012年以来，世界经济处于危机后的深度调整期，中国经济发展步入新常态，处于经济增速换挡期、结构调整阵痛期、前期刺激政策消化期等“三期叠加”[①]的特殊时期。在复杂多变的国际环境与艰巨繁重的改革发展任务面前，中共十八大对全面建成小康社会、全面深化改革开放进行了全面部署。2012年12月7日至12日，习近平总书记考察广东时，赋予广东新的使命任务。[②]2014年1月11日，广东省委十一届三次全会通过《中共广东省委贯彻落实〈中共中央关于全面深化改革若干重大问题的决定〉的意见》，为广东全面深化改革绘出一幅“施工宏图”。此后，广东先后部署实施了一系列包括深化重点经济领域的体制改革、推进供给侧结构性改革、推行生态文明建设体制改革等全方位的深化改革。其间，供给侧结构性改革、商事制度改革、行政审批制度改革、企业投资体制改革、国企国资改革、农村综合改革等重点领域和关键环节均取得突破性进展；企业投资负面清单管理、省属企业负责人薪酬制度改革等创新做法走在全国前列，广东自贸试验区改革创新经验在全国推广。[③]

二、以创新驱动引领高质量发展

以科技创新引领高质量发展

改革开放以来，广东经济总量从1989年至今连续36年稳居全国第一。但广东经济发展质量“大而不强”问题突出，面临经济增速换挡、产业结构调整、增长动能转换的压力和挑战，需要从要素驱动、资本驱动转换为

① 2013年，习近平总书记在中央经济工作会议上首次提出中国经济正处在“三期叠加”的判断，并在2014年第二季度中共中央政治局经济形势分析会上对“三期叠加”进行了全面系统分析。

② 《习近平总书记考察广东一年来》，中国共产党新闻网，2013年12月4日。

③ 《广东省第十二次党代会报告》，《南方日报》2017年5月31日，第2—3版。

创新驱动，实现可持续、高质量发展。为此，“十二五”以来，广东以深入实施创新驱动发展战略为重点，把创新作为引领发展的第一动力，奋力建设全面创新改革试验省和科技创新强省。2012年，广东制定《广东省改善创新环境五年行动计划》，希望经过5年努力，基本形成有利于自主创新的体制机制和文化氛围，主要创新指数居国内领先地位。之后，广东推出一系列的政策措施，包括《关于全面深化科技体制改革加快创新驱动发展的决定》《整合优化科技计划（专项、基金）实施方案》《关于运用知识产权促进产业转型升级的意见》《广东省系统推进全面创新改革试验方案》《关于加快建设创新驱动发展先行省的意见》《关于加快科技创新的若干政策意见》《广深科技创新走廊规划》《加快推进创新驱动发展重点工作方案（2015—2017年）》等。在创新驱动发展战略指引下，广东创新驱动发展取得突破性进展，成功申建国家自主创新示范区，区域创新能力居国内前列，产业自主创新能力和国际竞争力不断提高。截至2022年，全省研究与试验发展（R&D）经费支出约占地区生产总值的3.42%，比2012年提高了1.31个百分点；全省R&D经费投入约4412亿元，比2012年增长了3.6倍；截至2022年底，全省发明专利有效量达53.92万件，比2012年增长了约7倍，连续13年保持全国首位；全省累计PCT国际专利申请量25.76万件，居全国首位，是2012年的近28倍；高新技术企业数量达到6.9万家，是2012年的10.4倍；[①]粤港澳大湾区国际科技创新中心和综合性国家科学中心加快建设，鹏城实验室[②]、广州实验室[③]挂牌运作，区域创新能力连续7年居全国第一。

以创新驱动引领产业转型升级

中共十八大以来，广东深入贯彻实施以创新驱动引领产业高质量发展，产业转型升级步伐加快，产业结构不断优化，为实现全省经济高质量

① 广东省统计局、国家统计局广东调查总队：《2022年广东省国民经济和社会发展统计公报》，广东统计信息网，2023年3月31日。

② 鹏城实验室，成立于2018年3月，总部位于深圳市，是中央批准成立的突破型、引领型、平台型一体化的网络通信领域新型科研机构，是国家战略科技力量的重要组成部分。

③ 广州实验室，成立于2021年5月，是呼吸系统疾病及其防控领域的新型科研机构，是国家战略科技力量的重要组成部分。

发展目标奠定坚实基础。一方面，广东积极推动传统产业转型升级，通过技术创新、品牌建设和市场拓展等手段，提升传统产业的竞争力和可持续发展能力；另一方面，大力发展高新技术产业、绿色经济和现代服务业，培育新的增长点。截至2022年末，全省高新区、经开区、省产业园、综合保税区等省级以上工业园区共161个，规模以上工业产值超6万亿元；已建成100多个不同特色的规模产业集群，形成8个超万亿元级的产业集群；7个先进制造业集群入选国家先进制造业集群名单，数量居全国前列；95个省产业园区实现工业投资1972亿元、规模以上工业增加值3321亿元，分别同比增长24%、7.7%。[①]其中，羊城创意产业园作为国家音乐创意产业基地和国家文化产业示范基地，2022年其产值超过300亿元，累计培育9家上市公司。2014年至2021年间，该园区每年诞生一家上市公司，成为实至名归的上市公司"孵化器"。数据显示，全省高新技术产业增加值占规模以上工业增加值的比重逐年上升，截至2023年，全省高新技术产业增加值占规模以上工业增加值的比重达到30%；现代服务业增加值占服务业比重达65%，金融业增加值突破1.2万亿元；三次产业比重调整为4.1∶40.1∶55.8。[②]

与此同时，依托强大的制造业基础和科技创新实力，广东在互联网应用、电子商务、云计算、大数据等领域取得了显著成绩。以华为、腾讯、网易公司[③]为代表的互联网产业持续快速发展，规模不断扩大，增速稳居全国前列。同时，随着互联网技术的日新月异，互联网产业不断催生新业态、新模式，成为推动新型经济发展的重要力量。2023年中国互联网发展指数综合排名中，广东位列全国第一。

① 倪江崴、李成青、谢洁华、肖师宁：《广东工业园区发展及金融支持研究》，中国金融新闻网，2024年5月20日。

② 数据来源见《2024年广东省政府工作报告》。

③ 华为技术有限公司，成立于1987年，是全球领先的信息与通信技术（ICT）解决方案供应商；深圳市腾讯计算机系统有限公司，成立于1998年，旗下有微信、QQ等知名社交平台，以及一系列知名游戏和互联网金融产品；网易公司，成立于1997年，是中国主要门户网站，主要业务涵盖在线游戏、电子邮箱、在线教育、电子商务、在线音乐等多个领域。

三、“制造业当家”筑牢经济“压舱石”

进入新时代，以习近平同志为核心的党中央高度重视实体经济特别是制造业的发展，从实现“两个一百年”奋斗目标的战略高度明确了制造业的战略地位，提出“加快建设制造强国”的重要要求。习近平总书记在广东考察时强调，广东要始终坚持以制造业立省，更加重视发展实体经济。[①]2022年12月，广东省委十三届二次全会提出要“制造业当家”，高水平谋划推进现代化产业体系建设，把制造业这份厚实家当做优做强，在新的高度挺起广东现代化建设的产业“脊梁”。2023年6月，广东省委十三届三次全会明确要求要始终坚持实体经济为本、“制造业当家”，努力在建设更具国际竞争力的现代化产业体系上取得新突破。

广东坚持实体经济为本、制造业当家的战略取得了显著成效。2023年，广东省地区生产总值突破13万亿元，其中制造业增加值占地区生产总值比重达32.7%。全省工业投资连续36个月保持两位数增长，2023年创出18年来最快增速。[②]技术改革投资持续保持12个月两位数增长，2023年创出6年来最快增速。2023年，全省工业投资同比增长22.2%，为2006年以来最快增速；20个战略性产业集群增加值占地区生产总值比重达40%，[③]形成新一代电子信息、绿色石化、智能家电、先进材料、现代轻工纺织、软件与信息服务、现代农业与食品、汽车等8个万亿元级产业集群。其中，新一代电子信息产业集群是全球重要、全国最大的产业生产制造基地；汽车产业集群营业收入居全国第一，工业增加值增速显著高于全国平均水平。

四、推进乡村振兴战略与城乡融合发展

中共十九大以来，中央明确提出实施乡村振兴战略。广东坚持实施农业农村优先发展，全面推进乡村振兴战略。一是加大对乡村各类帮扶资

① 《在广东考察，总书记进一步阐释中国式现代化》，新华网，2023年4月14日。

② 数据来源见《2024年广东省政府工作报告》。

③ 《2023年全省工业和信息化发展情况及2024年主要工作计划》，广东省工业和信息化厅网，2024年1月24日。

金的投入，实现全省农村全面脱贫。“十三五”以来，政府投入各类帮扶资金1600多亿元，推动省内161.5万相对贫困人口全部脱贫、2277个相对贫困村全部出列。二是统筹整合涉农资金1249亿元，大力发展富民兴村产业，加快构建现代农业产业体系。大力发展预制菜、农业微生物产业，深入推进“12221”农产品市场体系建设①、为农产品出村入城搭建有效平台，菠萝、荔枝、水产、畜禽等优质农产品产销两旺。被授予“国家地理标志保护产品”的徐闻菠萝年产量约占全国总产量的三分之一，年产值从2018年的9.8亿元上升至2023年超25亿元，②连续5年实现丰产丰收，不仅让“天下三分菠萝果，一分甜蜜是徐闻”的美誉不胫而走，而且令网友将这里戏称为“菠萝的海”。拥有2000多年栽培历史的茂名荔枝，是全球最大的连片荔枝生产基地，产量约占全国的四分之一，2023年茂名荔枝全产业链实现产值超120亿元。③全省农民收入增速连续10年快于城镇居民，城乡居民人均可支配收入比缩小至2.36∶1。三是完成“三区三线”④划定工作，明确永久基本农田控制线、生态保护红线、城镇开发边界。新建成高标准农田169.8万亩，复耕复种撂荒耕地72.7万亩。四是推行“粤强种芯”工程⑤建设，大力发展现代农业产业园。“粤强种芯”工程以种源保护、品种鉴评和培育为核心，通过推进生物育种产业化应用，确保国家粮食安全并支持农业现代化。截至2022年，广东粮食产量、面积、单产⑥增

① “12221”农产品市场体系建设：在广东建立“1”个农产品的大数据，以大数据指导生产引领销售，组建销区采购商和培养产区经纪人“2”支队伍，拓展销区和产区“2”大市场，策划采购商走进产区和农产品走进大市场“2”场活动，实现品牌打造、销量提升、市场引导、品种改良、农民致富等“1”揽子目标。

② 王磊：《湛江徐闻县：打出花样“世界菠”》，中国食品安全网，2023年11月7日。

③ 胡健、贺林平：《广东茂名加快发展荔枝特色产业和特色文化旅游》，《人民日报》2024年4月29日，第1、6版。

④ “三区”是指生态空间、农业空间、城镇空间，“三线”是指永久基本农田控制线、生态保护红线、城镇开发边界，“三区三线”是调整经济结构、规划产业发展、推进城镇化不可逾越的红线。

⑤ “粤强种芯”工程是广东深入实施种业振兴行动的一部分，旨在提升广东在水稻、生猪育种以及水产种苗等农业“芯片”生产的全国领先地位。

⑥ 2022年，广东粮食产量为1291.5万吨，比上年增加11.7万吨，增长约0.9%；粮食播种面积3345.5万亩，比上年增加25.9万亩，增长约0.8%；粮食作物单产386.1公斤/亩，比上年增加0.5公斤，增长约0.1%。

幅均高于全国平均水平，其中粮食产量实现“四连增”，创历史新高。与此同时，广东积极推进现代农业产业园建设，加快农业现代化。截至2023年初，广东累计创建18个国家级、288个省级现代农业产业园。

城乡融合发展是中国式现代化的必然要求。以新型城镇化和乡村全面振兴战略双轮驱动推进城乡融合发展，有助于实现城乡间要素流动方式、产业分工体系、空间规划布局和公共资源配置的全方位转变，形成工农互惠、城乡一体的新型工农城乡关系。为了加快城乡融合发展，广东深入实施“百县千镇万村”高质量发展工程，制定实施“1+N+X”政策体系，选取22个县（市、区）、110个镇、1062个村（社区）作为首批典型，以更好统筹县的优势、镇的特点、村的资源。一是全面增强县域经济综合实力，引导各县依托资源禀赋和产业基础，走好特色化、差异化发展之路，大力发展食品加工、文化旅游等强县富民产业，推进33个县域商业示范县建设，新增全国休闲农业重点县2个，县域特色优势产业发展亮点纷呈。二是推进以县城为重要载体的新型城镇化建设，建强中心镇、专业镇、特色镇。截至2023年，广东共有112个镇入选全国千强镇。三是深化国家级宅基地制度改革试点，推进农村集体经营性建设用地入市试点，全省基本消除年收入10万元以下的集体经济薄弱村。

五、推动粤东西北地区振兴发展

粤东西北地区的发展一直是广东的短板。中共十八大以来，广东强化顶层设计，优化生产力布局，深入实施粤东西北地区振兴发展战略，狠抓交通基础设施建设、产业园区扩能增效、中心城区扩容提质和全面对口帮扶，推动粤东西北工业化发展。2013年，广东出台了《关于进一步促进粤东西北地区振兴发展的决定》，提出“一个目标、三个抓手、两条底线”的总体目标任务，其中包括加快粤东西北地区高速公路、铁路等交通基础设施建设，推动粤东西北地区地级市中心城区扩容提质，推动“双转移”创新提质和产业园区扩能增效等。截至2016年底，广东实现县县通高速，其中新增里程2624千米大部分位于粤东西北地区，交通条件发生根本性改变，使得沿线地方社会经济发展搭上珠三角的发展快车。“十二五”时期，省产业转移园区规模以上工业增加值年均增长26%。同时，建立了珠三角六市对口帮扶粤东西北十二市长效机制，以此为平台推动产业共建，一大批高端先进项目向粤东西北集结，如深圳比亚迪将首个跨座式单轨产业项目落户汕头，佛山与云浮共建的氢能产业园实现氢能商业化等。“十二五”期间，珠三角六市累计投入财政帮扶资金189亿元，实施产业帮扶项目2062个，总投资4204亿元，粤东西北地区呈现出加速发展态势。珠三角、东翼、西翼和山区四大经济区域经济总量结构从2010年的79.6∶6.6∶7.4∶6.4调整为2016年的79.3∶6.9∶7.6∶6.2，全省区域发展差异系数由0.721缩小为0.632。[①]截至2023年，粤东和粤西地区产业支撑能力不断提升，实现地区生产总值达到8391亿元和9363亿元，同比分别增长5.0%、3.4%。粤北地区生态屏障功能持续增强，生态产业体系加快构建，至2023年，地区生产总值达7705亿元，同比增长4.6%。[②]

六、构建“一核一带一区”区域发展格局

区域发展不平衡一直是广东发展的最大软肋，也是广东率先实现社会主义现代化、全面建成小康社会需要解决的重中之重。习近平总书记考察广东时指出，城乡区域发展不平衡是广东高质量发展的最大短板；要坚持辩证思维，转变观念，努力把短板变成“潜力板”，充分发挥粤东西北地区生态优势，不断拓展发展空间、增强发展后劲。[③]2019年8月，广东出台《关于构建“一核一带一区”区域发展新格局促进全省区域协调发展的意见》。构建由珠三角核心区、沿海经济带、北部生态发展区构成的“一核一带一区”区域发展新格局，旨在通过优化区域发展布局，促进资源要素的合理配置和高效利用，推动形成优势互补、高质量发展的区域经济布局。根据不同功能区的发展定位，广东省委、省政府坚持分类施策和精准施策，先后补充出台了《关于加大有效投资力度加快构建“一核一带一区”区域发展格局的意见》以及支持珠海、汕头、湛江、佛山、东莞、老

① 广东省统计局、国家统计局广东调查总队编《广东统计年鉴·2017》，中国统计出版社，2017年。

② 广东省统计局、国家统计局广东调查总队编《广东统计年鉴·2024》，中国统计出版社，2024，第59—61页。

③ 《习近平在广东考察》，中华人民共和国中央人民政府门户网站，2018年10月25日。

区苏区发展等系列政策文件；规划建设五大都市圈和一批重大区域发展平台，形成了一系列行动方案和一大批重点建设项目。

在一系列措施的有力推动下，“一核一带一区”区域建设取得明显成效，广东区域发展平衡性、协调性进一步提升。一是珠三角核心区优质资源、高端产业进一步集聚，新动能、新优势加快培育，对全省的辐射带动作用日益增强，有力支撑广东省区域创新综合能力连续5年稳居全国首位。二是沿海经济带陆海统筹、港产联动态势明显，拥有广州、深圳、珠海、东莞、湛江、江门等6个亿吨大港，创造了占全省八成的经济总量，产生了占全省九成的进出口总额，沿海经济带作为全省发展主战场地位日益凸显。三是北部生态发展区生态优先、绿色发展态势日益显现。北部生态环境持续保持全省最优，空气质量优良天数比例平均为96.4%，地表水水质优良断面比例达97.1%，各集中式饮用水源水质达标率为100%。在强化各区域主体功能的同时，广东注重“核”“带”“区”协同联动发展，全省区域发展平衡性、协调性进一步提升。“十三五”以来，沿海经济带东翼、沿海经济带西翼、北部生态发展区人均地区生产总值年均增速分别高于珠三角核心区2.1%、1.2%和1.5%。沿海经济带东、西两翼和北部生态发展区居民人均可支配收入从16 844元增加到27 191元，增长了61%，区域发展差距有效缩小。[①]

七、构建全方位对外开放新格局

中共十八大以来，党和国家作出了一系列关于新一轮对外开放的决策部署，特别是把自由贸易试验区（简称“自贸区”）和共建“一带一路”提高到前所未有的高度，推动我国的改革开放事业迈向新的征程。广东牢牢把握机遇，积极主动参与共建“一带一路”，高标准建设自由贸易试验区，加快横琴、前海、南沙、河套深港科技创新合作区（简称“河套合作区”）四大平台建设，探索深入推进粤港澳大湾区高水平协调发展，着力推动新一轮的对外开放，构建宽领域、多层次、高水平的全方位对外开放

① 数据来源见《广东区域发展平衡性协调性进一步提升 “一核一带一区”建设成效明显 沿海经济带东西两翼、北部生态发展区人均GDP增速超珠三角》，广东省人民政府门户网站，2022年6月14日。

新格局。

主动参与共建“一带一路”

广东自古以来就是海上丝绸之路的重要港口。在“一带一路”倡议中，广东被赋予“一带一路”重要枢纽、经贸合作中心和重要引擎的定位。2015年6月，广东出台《广东省参与建设“一带一路”的实施方案》，提出充分发挥广东的区位、地缘、亲缘和人文优势，以南亚4国、东盟10国以及南太平洋岛国为重点，积极参与共建“一带一路”，强化与共建国家的经济联系与全方位合作。2018年6月8日，中共广东省委十二届四次全会强调，广东要深度参与共建“一带一路”，积极推动与“一带一路”沿线国家和地区开展基础设施、产业、人文、旅游等领域务实合作，提升与欧美发达国家经贸合作水平，把合作领域向科技教育领域延伸拓展。2022年，广东全省与“一带一路”沿线国家和地区进出口总额达22 519.7亿元，同比增长10.3%，[①]成为中国与“一带一路”沿线国家和地区贸易量最大、双向投资最多的省份。

高标准建设自由贸易试验区

2014年12月，中央决定继上海自由贸易试验区之后，在广东、天津、福建特定区域新设三个自由贸易园区，以上海自由贸易试验区试点内容为主体，结合地方特点，作为我国对外开放的重要窗口和试验区，承载推动高水平开放、构建高标准经贸规则体系的重要使命。2015年4月，国务院正式批准《中国（广东）自由贸易区总体方案》，广东自贸区被赋予特殊定位：依托港澳、服务内地、面向世界，将自贸区建设成为粤港澳深度合作示范区、21世纪海上丝绸之路重要枢纽和全国新一轮改革开放先行地。这是中央在新时代新形势下全面深化改革、扩大开放和促进内地与港澳深度合作的重大举措。

广东自贸区涵盖了广州南沙新区片区60平方千米，深圳前海蛇口片区28.2平方千米，珠海横琴新区片区28平方千米，实施范围达到了116.2平

① 广东省统计局、国家统计局广东调查总队：《2022年广东省国民经济和社会发展统计公报》，广东统计信息网，2023年3月31日。

方千米。每个片区都有独特的功能定位和发展重点：广州南沙新区片区重点面向世界先进发达国家，发展航运物流、特色金融、国际商贸、高端制造等产业，建设以生产性服务业为主导的现代产业新高地和具有世界先进水平的综合服务枢纽；深圳前海蛇口片区重点推动粤港深度合作，发展金融、现代物流、信息服务、科技服务等战略性新兴服务业，打造我国金融业对外开放试验示范窗口、世界服务贸易重要基地和国际性枢纽港；珠海横琴新区片区重点推动粤澳深度合作，发展旅游休闲健康、商务金融服务、文化科教和高新技术等产业，建设文化教育开放先导区和国际商务服务休闲旅游基地，以及促进澳门经济适度多元发展的新载体。2015年4月21日，中国（广东）自由贸易试验区在广州南沙区举行挂牌仪式，标志着广东自贸区正式启动建设。

2015年7月，广东省人民政府印发《中国（广东）自由贸易试验区建设实施方案》，将自贸区作为高水平对外开放门户枢纽全力打造，在对接国际高标准经贸投资规则体系方面加大探索力度。2018年5月，国务院印发《进一步深化中国（广东）自由贸易试验区改革开放方案》。之后，广东自贸区建设进入新的发展阶段。2018年10月，习近平总书记在广东考察时强调："要在更高水平上扩大开放，高标准建设广东自由贸易试验区，打造高水平对外开放门户枢纽。"[①]广东牢记习近平总书记的嘱托，以"大胆试、大胆闯、自主改"的精神，不断探索，精心绘制"高水平对外开放门户枢纽"的新图景。

经过持续高标准建设、高质量发展，广东自贸区从"蕉林绿野"变成"高楼林立"，从"人烟稀少"发展为"投资热土"，在科技创新、投资创业、高质量发展等方面取得了显著成果，各项经济指标位于全国自贸区发展的前列，并逐步形成了多项可复制、可推广的制度创新经验，初步建成全国改革创新"试验田"、对外开放"新高地"。2024年7月，中山大学自贸区综合研究院发布"2023—2024年度中国自由贸易试验区制度创新指数"，前海、南沙、横琴三片区综合排名全部进入全国前十。其中，前海位列全国第一，南沙位列全国第三，横琴位列全国第九。据统计，2015—2023年间，广东自贸区累计形成制度创新成果696项，在全

① 《这五年，自贸试验区创新更亮眼》，《人民日报》2020年11月8日，第1版。

中国（广东）自由贸易试验区广州南沙新区片区

中国（广东）自由贸易试验区
深圳前海蛇口片区

中国（广东）自由贸易试验区
珠海横琴新区片区

中国（广东）自由贸易试验区依托港澳、服务内地、面向世界，是改革创新“试验田”、高水平开放门户枢纽和粤港澳大湾区的重大平台。

国复制推广43项，占全国创新成果总量约四分之一，在全省复制推广216项，发布制度创新案例301个，8个成为全国最佳实践案例。[①]九年来，广东自贸区内累计新设企业超过26万家，累计实际利用外资539亿美元。其中，91家世界500强企业在广东自贸区投资了465个项目，设立了272家总部企业。[②]外贸进出口总额由2015年的1047.1亿元增长到2023年的5799.5亿元，年均增速达23.9%；税收收入由2015年的574亿元增加到2023年的1094亿元；固定资产投资累计超过1.2万亿元，年均超过1300亿元；带动前海、南沙、横琴三大平台地区生产总值由2015年的2244亿元增长到2023年的5260亿元。2023年，广东自贸区新设外资投资企业2217家，实际利用外资41.9亿美元，以全省万分之六的土地面积吸引了全省五分之一的外资总额。[③]

2023年6月，国务院印发《关于在有条件的自由贸易试验区和自由贸易港试点对接国际高标准推进制度型开放的若干措施》。广东坚持以开放促改革、以创新促发展，加速推进自贸区制度型开放，成效显著。其中，在货物贸易便利方面，累计办理便利化货物进口620亿元，惠及企业超过3050家；在跨境资金流通方面，为企业和个人办理贸易投资资金跨境结算业务突破2557亿元；在境外人士执业便利上，超过100项境外执业资格获得认可，港澳工程建设、涉税、文化旅游等领域专业人士经备案即可在区内执业；在人员流动便利上，签发M字（贸易）、F字（访问）签证达4070人次。

为深入贯彻习近平总书记关于自由贸易试验区建设的重要指示精神，全面提升广东自贸区改革、开放、创新发展水平，推动粤港澳大湾区成为新发展格局战略支点、高质量发展示范地、中国式现代化引领地，2024年1月19日广东省政府正式印发《中国（广东）自由贸易试验区提升战略行动方案》，提出6个方面20项具体措施，主要包括对标国际高标准规则、强化航运贸易枢纽功能、促进投资贸易便利化、聚焦制造业当家、深化粤

① 《广东NO.1丨前海位居全国第一！广东自贸试验区制度型开放加速推进》，南方网，2024年7月19日。

② 《广东自贸试验区固定资产投资累计突破1万亿元》，新华网，2023年6月8日。

③ 《广东NO.1丨前海位居全国第一！广东自贸试验区制度型开放加速推进》，南方网，2024年7月19日。

港澳地区全面合作、加强区域协同发展等内容，为国家扩大高水平对外开放试点探路。目前，广东自贸区正朝着锐意扩大改革开放、努力建设成为我国高水平对外开放的门户枢纽和推进高水平制度型开放重要平台的目标奋进。

加快横琴、前海、南沙、河套深港科技创新合作区四大平台建设

为了进一步深化改革开放，促进粤港澳地区经济一体化进程，广东加速推进横琴、前海、南沙、河套深港科技创新合作区四大平台的建设。四大平台立足各自使命，在制度衔接、产业协同、民生家园建设等方面大胆先行先试，引领带动粤港澳地区全面融合发展，促进广东区域经济整体协调发展，提升广东在国内乃至国际上的竞争力。

横琴，作为“特区中的特区，尖兵中的尖兵”，使命光荣。横琴粤澳深度合作区主要立足于服务澳门、推动琴澳一体化发展，重点发展金融服务、医疗健康、文化教育和旅游业，致力于成为粤港澳大湾区的重要增长极。2020年10月14日，习近平总书记强调要“加快横琴粤澳深度合作区建设”。[①]2021年9月，中共中央、国务院正式印发《横琴粤澳深度合作区建设总体方案》，明确赋予横琴粤澳深度合作区“促进澳门经济适度多元发展的新平台、便利澳门居民生活就业的新空间、丰富‘一国两制’实践的新示范、推动粤港澳大湾区建设的新高地”四大核心战略定位。目前，横琴正朝着“共建便利澳门居民生活就业新家园、建设琴澳智慧低碳共生新城市、构建与澳门一体化高水平开放新体系、打造国际一流的营商环境新高地、完善粤澳共商共建共管共享新体制”的目标奋进。2023年，横琴粤澳深度合作区实现地区生产总值472.53亿元，同比增长2.3%；澳资企业达5952家，同比增长11.8%。

前海，作为“尖兵中的尖兵，一线中的一线，枢纽中的枢纽，棋眼中的棋眼”。前海深港现代服务业合作区侧重与香港合作发展金融、现代物流、信息服务等现代服务业，携手打造全面深化改革创新试验平台、高水平对外开放门户枢纽、深港深度融合发展引领区与现代服务业高质量发展

① 习近平：《在深圳经济特区建立40周年庆祝大会上的讲话》，新华网，2020年10月14日。

高地。2023年12月，国家发展和改革委员会正式发布《前海深港现代服务业合作区总体发展规划》，着力推动前海在粤港澳大湾区建设中更好发挥示范引领作用、进一步拓展香港发展空间，开启前海深港现代服务业合作区开发开放新篇章。2023年，前海深港现代服务业合作区实现地区生产总值2464.1亿元，同比增长15%；进出口额达4940亿元，同比增长6.7%；前海联合交易中心累计成交额达1158亿元，成为深圳首家千亿级大宗商品交易平台。

南沙，作为“前沿中的前沿，一线中的一线”，责任重大。南沙新区主要依托国家新区、中国（广东）自由贸易试验区、粤港澳全面合作示范区以及广州城市副中心的“三区一中心”发展定位，聚焦“国际航运中心、国际新型贸易中心、国际创新金融中心、国际化科技产业创新中心”，重点发展国际贸易、智能制造、生物科技等产业，力图打造成为立足湾区、协同港澳、面向世界的重大战略性平台及区域综合交通枢纽和信息枢纽。截至2023年底，南沙港区开通了156条国际班轮航线，南沙港区集装箱吞吐量达1937万标箱，同比增长5.4%。2023年，南沙新区引进世界500强企业投资项目29个，引入中国金融四十人论坛、大湾区财富论坛等。

河套深港科技创新合作区是继横琴、前海、南沙之后，中央在粤港澳大湾区部署建设的第四个重大合作平台。这是全面深化改革扩大开放，推进新阶段粤港澳大湾区建设的重大战略举措；丰富“一国两制”实践内涵，支持香港融入国家发展大局的重大战略举措；增强深圳核心引擎功能，加快建设中国特色社会主义先行示范区的重大战略举措；实现高水平自立自强，打造世界级创新平台和增长极的重大战略举措。河套合作区地处香港特别行政区北部和深圳市中南部跨境接壤地带，是香港北部都会区与广深港科技创新走廊的天然交汇点。2023年8月，国务院印发《河套深港科技创新合作区深圳园区发展规划》，明确把河套合作区定位为深港科技创新开放合作先导区、国际先进科技创新规则试验区和粤港澳大湾区中试转化集聚区。河套合作区作为粤港合作的新平台，专注于科技创新和高端制造业，旨在促进广东与香港的深入融合；协同香港推动国际科技创新，建设具有国际竞争力的产业中试转化基地；构建国际化的科技创新体制机制，打造汇聚全球智慧的科技合作平台。截至2023年，河套合作区引进了中国一汽大湾区研究院、香港应用科技研究院等30家高端科研机构，建设河套港澳青年创新创业谷等创新孵化载体，聚集了447家科技企业，包括一批世界500强研发中心和“独角兽”企业。香港大学等5所国际知名高校在河套合作区设立了10个创新研发平台。

深入推进粤港澳大湾区高水平协同发展

推进粤港澳大湾区建设，是以习近平同志为核心的党中央作出的重大决策。该规划基于改革开放40多年来珠三角地区经济社会全面发展的实践成果以及粤港澳三地合作所取得的显著成效，借鉴国际先进的湾区经济理念和经验，旨在进一步推动广东的全面深化改革，促进粤港澳三地的深度融合，共同打造具有国际影响力的湾区经济体。2019年2月18日，中共中央、国务院正式公开发布《粤港澳大湾区发展规划纲要》。2022年，中共二十大报告进一步提出，深入推进粤港澳大湾区建设。2023年4月，习近平总书记在广东考察时明确指出：“使粤港澳大湾区成为新发展格局的战略支点、高质量发展的示范地、中国式现代化的引领地。”[①]由此，新时代推进粤港澳大湾区建设，不仅是广东全面深化改革开放的重要方向，也是粤港澳大湾区走向国际舞台、实现更高水平对外开放的关键举措。2024年12月，习近平总书记在视察广东、澳门重要讲话重要指示中，对粤港澳大湾区提出新的要求：“要积极主动参与粤港澳大湾区建设，整合优质资源，深化协同发展”。[②]这为新时代深入推进粤港澳大湾区建设提供了重要指引。

湾区潮涌，奋楫扬帆。粤港澳三地金融融合发展逐步推进，人民币成为粤港澳跨境收支第一大结算货币。截至2023年底，跨境理财通试点投资者数量同比增长49.5%，累计资金汇划128.1亿元；境外人员开立账户515.6万户，交易额超过200亿元；自由贸易账户达1.29万户，资金业务折合人民币3.36万亿元。跨国公司本外币跨境资金管理试点成功，优质企业贸易便利化试点扩容，截至2023年底，全省累计办理试点业务超1800亿美元。

① 中央区域协调发展领导小组办公室、国家发展改革委：《推动粤港澳大湾区高质量发展》，《人民日报》2024年3月22日，第8版。

② 《大机遇大文章！一图速览2024粤港澳大湾区新气象》，中央人民政府驻香港特别行政区联络办公室网站，2025年1月10日。

粤港澳大湾区的企业实现“一地注册，多地营业”。

科技创新协作不断提升。广东率先支持港澳机构申报省级科技计划，批准科研经费累计超过3.7亿元。“深圳—香港—广州创新集群”在全球创新指数排名近年来稳居第二。广州超算中心等重要科技基础设施实现科技资源共享。深港“联合政策包”提供28项具体措施，确保科技创新项目和人才在深港两地同步受惠。

规则机制“软联通”及基础设施“硬联通”全面加强。至2022年，“湾区通”工程扎实推进，港珠澳大桥、广深港高铁建成通车，大湾区“半小时交通圈”加快推进。港珠澳大桥车流量创历史新高，湾区还开通了旅游试运营，经港珠澳大桥口岸进出口货物收发地实现内地31个省（区、市）全覆盖。2023年4月，粤港澳三方首次共同发布110项“湾区标准”。11月，粤港双方签署108项高频政务服务事项，实现粤港跨境通办。同时，“港车北上”、“澳车北上”、“经珠港飞”、人才签注、利率“互换通”等政策落地实施，三地居民在大湾区工作生活更加便利。

八、打造海洋经济发展新高地

新时代以来，作为中国的经济大省和海洋大省，广东一直积极实施陆海统筹战略，加快海洋经济发展步伐。2023年，习近平总书记考察广东时强调，要加强陆海统筹、山海互济，强化港产城整体布局，加强海洋生态保护，全面建设海洋强省。①面对新时代海洋强国建设的新要求，广东充分发挥自身区位优势和海洋资源优势，坚持科学开发，不仅优化海洋开发空间布局，而且推进与海洋功能区划、土地利用总体规划相衔接，逐步实现海岸带、近海海域和深海海域的合理利用，全力打造海洋经济发展新高地。数据显示，广东海洋经济总量已连续29年居全国首位。2023年，全省海洋生产总值达到1.88万亿元，占地区生产总值14%，占全国海洋生产总值19%，②为再造一个新广东注入强劲的“蓝色动力”。

① 《“在推进中国式现代化建设中走在前列”：习近平总书记考察广东纪实》，求是网，2023年4月15日。

② 《广东海洋经济总量连续29年居全国首位，打造“海上新广东”还需这样发力》，广州市规划和自然资源局网站，2024年9月26日。

一桥连三地，天堑变通途

港珠澳大桥全长约55千米，东起香港口岸人工岛，向西横跨南海伶仃洋水域接珠海和澳门人工岛，止于珠海洪湾立交。桥面为双向六车道高速公路，设计速度100千米/时。

深中通道，创新造就超级工程

深圳至中山跨江通道是继港珠澳大桥后粤港澳大湾区建成的又一超大型交通工程。这一世界级跨海集群工程集桥、岛、隧、水下互通于一体，路线全长约24千米，起自深圳机场互通立交，向西跨越珠江口，在中山市马鞍岛登陆，通过连接线实现在深圳、中山及广州南沙登陆。

海洋产业发展方面，广东注重传统优势产业的优化提升，同时积极培育壮大新兴产业。海洋渔业、海洋交通运输、海洋船舶等传统产业持续稳定发展，海洋生物医药、海洋工程装备制造、海水综合利用等新兴产业则展现出强劲的增长势头。截至2023年，广东新增现代化海洋牧场项目40个、总投资超120亿元，全国最大的水体自然交换型养殖工船“九洲一号”开工建设，全国首个风渔融合智能化养殖平台——阳江“明渔一号”、全国首台自升式桁架类网箱正式投产。同时，广东加快海上风电建设和海工装备集聚发展。例如，阳江国际风电城初具规模，加快建设汕头国际风电创新港、汕尾海工基地、揭阳运维基地，风电整机制造年产能约1000台（套），海上风电装机规模总量突破1000万千瓦。全球首艘具有自主航行功能和远程遥控功能的智能型海洋科考船“珠海云”号交付使用，LNG（液化天然气）单一燃料动力船舶运力规模居全国第一。2023年，全省海洋制造业增加值为4675.1亿元，在海洋经济发展中的贡献作用持续增强；海洋工程装备制造、海洋药物和生物制品、海洋电力、海水淡化等海洋新兴产业增加值为257.7亿元，同比名义增长22.2%。[①]

九、谱写生态文明建设新篇章

全面推进绿色低碳发展，建设绿美广东生态新格局

中共十八大以来，以习近平同志为核心的党中央坚持贯彻新发展理念，坚持走绿色低碳发展道路，明确将生态文明建设纳入中国特色社会主义“五位一体”总体布局和“四个全面”战略布局，并首次把“美丽中国”作为生态文明建设的宏伟目标。为此，2017年11月广东省委十二届二次全会提出，必须深入研究生态文明建设问题，推进绿色发展，打好污染防治攻坚战，为广东发展和人民幸福提供优良生态环境。广东先后出台

① 《2023年广东省海洋生产总值1.88万亿元 连续29年位居全国首位》，新华网，2024年6月7日。

了一系列政策措施[①]，内容主要涵盖：强化流域统筹、城乡统筹、陆海统筹，推动江河治理向支流河涌延伸、黑臭水体治理向县域拓展、污水处理基础设施向区域城乡均衡覆盖、海域综合治理向陆海统筹攻坚迈进，建设美丽河湖、美丽海湾；强化多污染物协同控制，深化工业、移动源污染和大气面源污染治理，推动空气质量继续走在前列；推进农业农村污染治理长治长效，加快“无废城市”建设落实落地，科学做好受污染土地安全利用，推动土壤污染风险得到有效管控；深入推进生态系统保护修复，不断提升生态系统质量，建立健全生态保护监管体系，防范化解生态环境风险，牢牢守住生态环境安全底线等。

经过多项措施齐头并进的密集治理，广东初步构建了较为完善的生态文明制度体系，生态环境质量实现了显著提升，绿色发展已成为广东发展的鲜明特色和重要支撑。截至2023年，广东全省$PM_{2.5}$年平均浓度已经显著下降到21微克/米^3，空气质量优良天数比率达94.8%；地级及以上城市建成区的黑臭水体基本得到消除，国家地表水考核断面水质优良率达91.9%、劣V类国考断面全面消除；各地级以上市在用集中式饮用水水源水质达标率为100%，县级行政单位及经济技术开发区所在城镇在用集中式饮用水水源水质达标率为100%；[②]土壤环境风险得到了有效控制和管理，珠三角国家森林城市群建设已基本完成，全省森林覆盖率稳步提升至53.03%，[③]展现出绿色发展的强大生机与活力。

深入推进经济绿色化转型，构建生态文明产业体系

在新时代背景下，广东先后出台了《广东省主体功能区产业发展指导目录（2014年）》《广东省“十二五”后半期节能行动计划》《加快推进广东省工业绿色发展战略实施方案》等一系列政策措施，推进经济的绿色化转型，积极培育资源节约与环境友好型的新兴绿色产业，努力构建生态

① 出台的政策措施主要有：《关于加快推进我省生态文明建设的实施意见》《广东省主体功能区规划》《广东省环境保护条例》《广东省生态保护补偿机制考核办法》《南粤水更清行动计划》《广东省珠三角清洁空气行动计划》《广东省碳排放管理试行办法》《广东省排污许可证管理办法》《广东省排污权有偿使用和交易试点管理办法》《广东省水权交易管理试行办法》以及大气、水、土壤污染防治行动计划实施方案等。

② 广东年鉴编纂委员会编《广东年鉴·2024》，广东年鉴社，2024，第401页。

③ 广东年鉴编纂委员会编《广东年鉴·2024》，广东年鉴社，2024，第412页。

文明产业体系，以实现经济高质量发展和生态环境保护的双重目标。

一是推进传统产业的绿色改造。通过改进工艺、提高能效、促进废物的回收利用等绿色技术的广泛应用，减少工业生产中的资源和能源消耗，推动传统制造业向绿色、低碳方向发展。在绿色转型政策措施的推动下，广东节能减排工作取得了显著成效，单位GDP能耗持续下降。据统计，2023年广东单位GDP总能耗是全国平均水平的67%[①]。

二是大力发展新能源和新材料产业。随着绿色技术创新成果不断涌现，广东在新能源汽车、节能环保装备等领域取得了一系列重大突破，培育并发展了绿色动力环保集团、阳光电源、明阳智能、广东光华科技、纳诺乐超材料、比亚迪等绿色科技龙头企业。这些企业通过技术创新和市场推广，为广东的绿色产业发展提供了强有力的支撑。据统计，截至2023年，广东的绿色产业增加值占广东总GDP的比重已经超过15%；可再生能源占比逐年上升，其中风电、太阳能等清洁能源装机容量增长迅速，至2023年底，全省可再生能源装机容量达6500万千瓦，占省内总装机容量的33.9%，比2020年提高10.6个百分点。[②]

三是积极推广生态农业和绿色食品产业。在广东多个农业产区，农民积极采用生态农业技术，如有机肥料替代化学肥料、生物防治替代化学农药等，生态农业、绿色食品产业发展迅猛。据统计，全省已有超过500家农产品生产企业获得绿色食品认证，涵盖大米、蔬菜、水果、茶叶等多个品类。

四是推动绿色服务业的发展。广东利用丰富的自然和文化资源，大力发展生态旅游、绿色酒店与绿色会展等绿色服务业，同时积极推动绿色建筑、绿色交通等生态文明理念的实施。目前，广东已建成多个绿色生态文明示范区，绿色建筑数量逐年增加，绿色出行方式逐渐成为人们生活的一部分。

① 广东年鉴编纂委员会编《广东年鉴·2024》，广东年鉴社，2024，第422页。
② 广东年鉴编纂委员会编《广东年鉴·2024》，广东年鉴社，2024，第421页。

第三章 社会建设创新与政府职能转变

社会建设和社会发展，是一个系统工程，归结起来，主要有两个方面：保障和改善民生水平，加强社会服务和社会治理。为此，需要进行行政机构改革，转变政府职能，推行法治，提高政府治理体系和治理能力现代化水平。

新中国成立后，广东展开民主与法制建设的探索，各项社会事业得到初步发展。改革开放以来，广东在行政机构改革和政府职能转变方面率先起步，创造了不少广东经验，民生不断改善，社会保障水平不断提高。中共十八大以来，广东在建设法治广东方面继续走在全国前列，一个富裕、健康、平安、充满活力的广东社会逐渐形成。

第一节

民主法制与社会事业

新中国成立初期，伴随着政权建设、民主改革与法制建设，社会事业得到初步发展。社会主义建设阶段，经历反右派斗争和“文化大革命”，民主法制受到挫折，社会事业曲折发展。

一、政权建设、民主改革与社会事业的初步发展

1949年11月6日，广东省人民政府宣告成立。无数南粤儿女振臂欢呼：新的中国，新的广东！广东社会随着新政权的建立掀开了历史新的一页，约2782.72万广东人民迎来了新的生活。

政权建设

在中共中央华南分局和广东省人民政府的领导下，广东各地各级人民政权迅速建立，统称“县（市）、区、乡人民政府”。1950年3月，全省行政区划分为2个省辖市，即汕头、湛江；9个专区（计98县），有潮汕（8县）、兴梅（7县）、东江（11县）、西江（10县）、北江（16县）[①]、珠江（8县）、粤中（9县）、南路（13县）、琼崖（16县）。[②]为加强对各地区的领导，广东省人民政府设立专员公署作为其派出机构。至1950年8月，全省先后设立潮汕、东江、北江、西江、兴梅、珠江、粤中、钦廉、高雷等9个专员公署，并设立海南军政委员会（后改为“海南

① 北江专区被误统计为小计18个县，导致总计有100个县。

② 《广东省行政区划统计表》（1950年3月），见广东省人民政府网站>政务公开>省政府公报>1950年>第1期。

行政区公署”）。[1]

广东省首届各界人民代表会议，作为人民参政议政的初期形式和地方人民代表大会的过渡形式，于1950年10月5日至16日在广州召开。会议决定设立省各界人民代表会议协商委员会，选举产生广东省第一届各界人民代表会议协商委员会，推举叶剑英为主席。1951年9月3日至15日，广东省第二届各界人民代表会议在广州召开，会议通过关于完成全省土地改革的决定。

根据中央指示，广东自1953年起在全省范围内采用普遍、直接选举的办法，选举乡、镇人民代表，并在此基础上，用间接选举的办法产生县、市、省各级人民代表。1954年5月中旬至7月10日，全省9个省辖市、9个市辖市、98个县先后召开首届人民代表大会第一次会议。

1954年8月1日至14日，广东省第一届人民代表大会第一次会议在广州举行。大会讨论了如何在全省贯彻国家在过渡时期的总任务，开展以互助合作为中心的农业生产运动和对手工业、资本主义工商业逐步进行社会主义改造。广东省第一届人民代表大会的胜利召开，意味着中国社会主义最基本的政治制度在广东已经确立，是广东省民主政治制度建设的一个里程碑。

广东省人民政府建立后，致力于巩固政权和安定全省城乡社会秩序，行动和措施包括追歼残敌，解放沿海岛屿；进剿股匪，肃清匪患；打击特务；镇压一切反革命活动（至1953年秋结束）；禁烟（毒）禁赌，关闭妓院，净化社会风气，清除旧社会遗毒；收容安置游民、乞丐和娼妓，遣送国民党散兵游勇；查封地下钱庄，打击金融投机；调整工商业，组织城乡物资交流，稳定物价；扩大社会就业，改善人民生活等。

民主改革与法制建设

社会环境的逐步好转和安定，为全面开展农村土地改革和城市民主改革创造了有利条件。1950年10月至1953年4月，广东依据《中华人民共和国土地改革法》完成了土地改革，使“耕者有其田”，农民在政治、经济

① 广东省地方史志编纂委员会编《广东省志·政治纪要》，广东人民出版社，2001，第139页。

上成为农村的主人，社会关系和社会风俗焕然一新。这是一场有史以来最深刻的农村社会变革。

1951年5月至1953年11月，广东通过开展包括社会改造在内的城市民主改革，废除封建把头制、搜身制等旧制度，全省在城镇工矿企业中建立工人阶级领导权和新型民主社会关系。企业通过民主选举，建立和健全职工代表会议、工厂管理委员会、治安委员会，实行民主管理。广东还开展了有沿海特色的盐区和渔区民主改革。

以法制建设为核心的社会管理和社会事业稳步开展。从1952年9月到1953年3月，全省通过改革司法工作作风，使人民法院、人民检察院等司法机构得到充实和健全，审判、检察、司法行政等各项工作依法开展。

1953年，全省大规模宣传、贯彻《中华人民共和国婚姻法》（1950），这是一次婚姻制度的民主改革，也是移风易俗的过程。广东人民通过婚姻自由、男女平等，组成家庭，建立起新的社会生活。①

1954年9月20日，第一届全国人民代表大会通过《中华人民共和国宪法》（简称《宪法》），标志着人民代表大会制度这个根本政治制度的建立。《宪法》规定，中华人民共和国的一切权力属于人民，人民行使国家权力的机关是全国人民代表大会和地方各级人民代表大会。国家行政机关、监察机关、审判机关、检察机关都由人民代表大会产生，对它负责，受它监督。人民代表大会制度是新中国成立以来人民民主建设的重大发展，是中国政治生活进一步民主化的标志。《宪法》颁布后，广东各界认真组织学习宣传，接受了一次基本国情和民主法制教育，明确了公民的基本权利与义务，逐步增强了社会主人翁意识，为广东社会主义革命和建设创造了良好的群众基础和社会环境。

在国民经济“一五”计划（1953—1957）时期，截至1956年，广东随着农业、个体手工业和资本主义工商业完成社会主义改造，以公有制为主体的社会主义经济制度初步建立起来。社会主义政治制度、文化制度得到改善和加强。社会主义基本制度在广东的建立，为当代广东社会一切发展进步奠定了政治前提和制度基础。

① 新中国成立后，在传统社会中发挥极大影响力的宗族势力瓦解，宗法关系和宗法观念逐渐淡薄，男女平等、人人平等的家庭成为新社会的基本细胞。

社会事业的初步发展

通过三年经济恢复（1949—1952年）和“一五”计划的实施，广东城乡人民生活水平逐步提高。1957年，全省国有和城镇集体单位职工254万人，人均工资528元，比1952年增长30%左右，比1949年提高了64%。广东建立了城镇职工劳动保险制度，享受劳保人数达40.5万人。1952—1957年，广东建立疗养院42所，为职工建造住宅共计56万平方米，安排城镇21万失业人员就业，还拨出1400万元救济有特殊困难的人。1952年，广东农民人均收入85.32元，1957年达164元。1954年，湛江遭遇百年一遇的第5413号台风。风灾发生后，中共中央华南分局、广东省人民政府、解放军驻湛部队等联合组成生产救灾总团，给灾区带去救灾款、水利投资款和大批药品等，帮助灾区人民渡过了难关。

医疗卫生事业有了初步发展。广东为贯彻中央“面向工农兵、预防为主、团结中西医、卫生工作与群众运动相结合”的卫生工作方针，以整建医院、培养医务人员为重点，全省建立起各级基层卫生组织。至1953年止共新建与扩建的人民医院、县卫生院、区卫生所、妇幼保健院、保健所和其他卫生防疫机构等共704个。增设了病床7400张。全省大力开展爱国卫生运动，治理城市环境，消灭了一些传染病的流行，人民健康得到改善。尤其值得一提的是，1953年广东全省控制了鼠疫的发生，1955年全省消灭天花，比1980年第33届世界卫生大会宣布世界各国根除天花提前了25年。据调查，1949年广东全省人均期望寿命只有31岁，至1957年提高到57岁。

二、民主法制遭受的挫折与社会事业的曲折发展

民主法制遭受的挫折

社会主义制度确立后，1956年9月召开的中共八大开始探索适合中国国情的社会主义建设道路，明确提出国内主要矛盾已经不再是无产阶级和资产阶级的矛盾，而是人民对于经济文化迅速发展的需要同当前经济文化不能满足人民需要的状况之间的矛盾，为此，必须集中力量解决这个矛盾，发展社会生产力，实行大规模的经济建设，把我国尽快地从落后的农业国变为先进的工业国。

1957年2月27日，毛泽东作了题为《如何处理人民内部的矛盾》的内部讲话，提出社会主义社会的基本矛盾是生产力和生产关系、经济基础和上层建筑的矛盾，要区分社会主义社会敌我之间和人民内部两类不同性质矛盾，提出了正确处理人民内部矛盾的方针和方法。这是对马克思主义思想的重大发展。

然而，在1957年4月27日开始的党内整风运动过程中，6月转向反右派斗争并严重扩大化，干扰了中共八大关于社会主义社会主要矛盾的论断，也明显混淆了两类矛盾。大搞阶级斗争，把人民内部矛盾演变为敌我矛盾，破坏了社会主义民主与法制建设，严重损害了中国共产党同知识分子和民主党派的关系。许多被划分为“右派分子”的是来自民主党派、工商联、高等院校和省直机关的知识分子，其中不少人属于错划，他们本是社会主义建设中极其宝贵的人才。广东在1957年6月反右派斗争开始后，组织开展了广东历史问题大辩论，辩论内容包括广东土改、反地方主义等15个问题，不少人被划分为“地方主义分子”“右派分子”。[①]至1958年9月，全省“右派分子”共36 808人，占参加整风运动总人数的5.5%。其中，民主党派1623人，占当时全省民主党派成员总数的20%，占全省“右派分子”总数的4.45%。他们被开除党籍、团籍，降职降薪，甚至开除公职、劳动教养、遣散回原籍改造等，其亲属和子女在升学、参军、入党、入团、招工、提干时也受到影响。

1963年，广东农村进行了以“四清”（即清工分、清账目、清财物、清仓库）为内容的社会主义教育运动，同时打击封建迷信、买卖婚姻等活动。广东城乡的“四清”运动到“文化大革命”初期才结束，在“左”的思想指导下，“四清”运动错误地把许多党内和社会上存在的不同性质的矛盾都看作阶级斗争或阶级斗争的直接反映。

1966年5月，广东“文化大革命”开始。学生停课闹革命，在打着破“四旧”（即旧思想、旧文化、旧风俗、旧习惯）的旗号下，从学校冲向社会，揪斗“走资派”“牛鬼蛇神”，砸烂“封、资、修”。正常的社会秩序、工作秩序被冲击和打乱，甚至出现无政府状态。各级领导干部普遍受到“造反派”的批斗，党组织和政府机构一度瘫痪或半瘫痪。1968年2

① 当代广东研究会编《岭南纪事》，广东人民出版社，2004，第136页。

月21日，原省委、省政府权力被新成立的广东省革命委员会取代。

“文化大革命”期间，民主法制被严重破坏，生产和生活秩序被打乱，物资匮乏，商品奇缺，农副产品长期供应紧张，群众生活困难且十分不便，城镇待业人员增多。据有关部门统计，从1967年至1978年间，广东全省共动员了89.35万名城镇知识青年上山下乡（其中1967年至1972年为34.97万人；1973年至1978年为54.38万人）。广州市先后有29.3万名知识青年上山下乡，奔赴分布于全省的202个国营农、林、茶场，以及到农村插队落户。这是一场在“左”的思想指导下政治运动引发的人口大迁徙，在广东社会发展史上是罕见的。①

“公、检、法”受到冲击，广大干部群众的人身权利和民主权利得不到法律保障。公安机关、检察机关一度处于瘫痪或半瘫痪状态，许多工作为“造反派”或“纠察队”所取代。大批检察干部被扣上“走资派”“特务”“叛徒”“反革命”等罪名。审判工作混乱，不少地方以“群众专政”手段处理重大案件，不按法律程序办事，制造了大批冤、假、错案。

全省各级群众组织也遭到不同程度破坏。直到1973年，广东先后召开了工会、妇女、共青团代表大会，选举产生了省一级领导机构，局面才有所改变。

社会事业的曲折发展

1958年，“大跃进”运动掀起高潮，高指标、瞎指挥、“浮夸风”和“共产风”等“左”倾错误日渐泛滥。农业亩产竞放“卫星”，全省约动员了50%的劳动力投入炼铁炼钢，劳动管理军事化、生活集体化。社会大建“共产主义新村”，大办公共食堂，吃“大锅饭”，实行伙食供给制。举办幼儿园、托儿所、敬老院，扩建医院，集体福利事业有一定发展。“大跃进”运动还从经济领域扩大至其他行业，形成全社会的建设高潮。“大跃进”运动催生的人民公社化运动，过急地改变生产关系，将农村集体所有制过渡至全民所有制，生产资料实行单一的公社所有制，分配上出现平均主义，超越了社员的思想觉悟和农村生产力发展水平，加上特大自

① 中共广东省委党史研究室：《中国共产党广东历史·第二卷：1949—1978》，中共党史出版社，2014，第568页。

然灾害，广东在1959年至1961年遭遇了三年严重经济困难。粮食减产，很多人吃不饱；市场商品供应急剧下降，生活必需品极其紧缺，物价大幅上涨，人民生活水平下降。1961年1月起，全省对经济和社会关系持续五年进行调整，经济逐步好转，人民生活得到改善。同时，严格控制城镇人口的增长，充实农业劳动力，1961年全省共压缩城镇人口60万人，返回农村的约49万人，精简职工43.7万人。1962年，全省共压缩城镇人口48万人，精简职工约40万人。[①]

深圳是粤港联结和往来的通道。由于粤港两地居民收入长期存在差距，自20世纪50年代后期起至70年代末，大量广东省和其他省居民经由宝安县越境逃往香港，史称“大逃港”。据统计，1957—1964年2月，宝安县外流偷渡人口共5.5万多人，占全县总人口的23.1%。[②]特别是1959—1961年三年困难时期，外流香港人数急剧增加。1962年6月1日，因听信粤港边境将从6月1日至3日开关放行的谣言，广州火车站（又称“东站”）聚集了上万人要求购票赴港，酿成“东站事件”。1977年夏，广东发生新一轮偷渡外流，自1978年起愈演愈烈。据统计，1954—1978年，全省共发生偷渡外逃56.5万多人，逃出14.68万人。1978年7月上旬，刚到广东工作不久的习仲勋赴宝安县考察，耳闻目睹了内地和香港的差距，认识到处理偷渡外逃问题必须采取标本兼治的积极态度，把经济搞上去。[③]在习仲勋反复阐述和引导下，很多领导干部在思想上实现了“偷渡问题不是敌我矛盾而是人民内部矛盾”这一观念的转变，在处理该问题上开始审慎。与此同时，习仲勋带领省委班子争取中央支持，实行改革开放政策，在深圳设立经济特区，积极发展经济，改善人民生活。随着两地收入差距不断缩小，逃港现象逐渐减少乃至消失。

卫生事业取得了一定成绩。在医疗体制上，广东城镇实行公费医疗与

① 据广东省第一次人口普查结果，至1954年5月底，广东省人口总数为3277万人。据广东省第二次人口普查结果，1964年6月30日，广东省人口总数为4280.1万人（含钦州地区）。

② 中共广东省委组织部、广东省人民政府地方志办公室编《广东资政志鉴》，广东人民出版社，2015，第108—109页。

③ 据报道，1978年，广东省农民人均年收入仅77.4元人民币，而一河之隔的香港农民人均年收入却有1.3万元港币。为了“吃上饱饭”，当年就有7000多人冒险越过边境，从宝安县偷渡到香港。其中，仅宝安县就有300多名干部出逃。

劳保医疗制度。20世纪50年代中期，在农村合作化运动中，广东农村建立了合作医疗制度，从集体公益金中提取一部分作为医疗基金，农民只需要缴纳少量费用即可获得诊疗。60年代，半农半医的农民医生（又称“赤脚医生”，指接受过医学速成培训进入农村保健站工作的村卫生员）和农村保健站成为农村一道风景线。[①]合作医疗、农村保健站和“赤脚医生”成为广东农村地区医疗卫生服务的三大支柱，受到国际社会的广泛赞誉。[②]县、公社和生产大队都建立了医疗卫生机构，形成了三级预防保健网，以低廉的花费普及了基本医疗，降低了传染病率，减少了婴儿和孕产妇的死亡率。中国农村的这一卫生革命基本上实现了“小病不出村、大病不出乡”的目标，被世界卫生组织和世界银行誉为“以最少投入获得了最大健康收益”的“中国模式”。[③]1965年，“六·二六”指示发出后，省委要求全省卫生工作面向农村，分批组织农村巡回医疗队、医务人员下乡。人民健康状况有较大改善，消除了霍乱等流行性疾病。据《南方日报》1974年6月21日报道，全省基本消灭了流行100多年的血吸虫病。当时，来参加广交会的日本人、美国人都不相信。广东省领导说：“不相信，你们可以来看。广交会年年开，你们年年来。”经过几年观察，他们最终确认广东的确消灭了血吸虫病。不过，“文化大革命”期间，许多医学专家教授和医疗卫生人员被下放到农村基层劳动，严重影响了医疗事业的正常开展，导致了看病难、住院难、手术难及缺医少药的现象。

“文化大革命”开始之前，体育事业取得较大的发展。1956年，广州二沙岛建立起全国第一个体育训练基地。在火红的20世纪50年代，陈镜开、戚烈云、容国团为广东体育书写了三座丰碑。东莞籍举重运动员陈镜开从1956年为中国首破体育运动世界纪录，到1964年，一共9次打破两个级别挺举世界纪录，是当时打破世界纪录次数最多的运动员。1987年

① 据《南方网》资料，至1973年6月底，全省有1.5万个大队办起合作医疗，培养5万名“赤脚医生”；有10万多名不脱产卫生员，在农村基层工作的医务人员占全省医务人员的70%。

② 据《国史网》2018年5月25日姚力的文章，1978年，合作医疗和“赤脚医生”的经验被写进《阿拉木图宣言》，世界卫生组织把它们作为解决初级卫生保健问题的成功范例在发展中国家推广。

③ 王绍光：《中国公共卫生的危机与转机》，载清华大学公共管理学院编《国情报告［第六卷2003年（下）］》，社会科学文献出版社，2010。

5月11日，国际奥委会授予陈镜开奥林匹克银质勋章，这是中国运动员第一次获此殊荣。1957年，台山籍游泳运动员戚烈云以1分11秒6的成绩创造了男子100米蛙泳的世界纪录，这是中国游泳运动员创造的第一项世界纪录，也是继陈镜开之后第二位打破世界纪录的中国运动员。当时戚烈云独创的“高航式”游泳技术，使国内游泳水平与国际接轨。退役后他又长期担任国家游泳队教练，被称为“中国游泳运动的奠基人”。1959年4月，广东籍运动员容国团在德国多特蒙德举行的第25届世界乒乓球锦标赛上夺得男子单打冠军，成为新中国体育史上第一个世界冠军获得者。这一时期群众性体育运动得到有组织、有计划的开展。1957年，广东省第一届工人体育运动大会在广州举行。在1959年举办的第一届全国运动会上，广东体育代表团共获得31金、26银、25铜，取得了总分全国第四的成绩，广东跳水队成为“梦之队”，获得男、女团体冠军，梁伯熙、黎振德包揽男子跳台和跳板冠、亚军，梁秀英领衔的广东女队包揽跳台前三名以及跳板亚军和季军。在1965年第二届全国运动会上，举重运动员叶浩波3次打破世界纪录。“文化大革命”期间，省体育领导机构陷于瘫痪，优秀运动员队伍被砍掉约70%，广州体育学校停办，不少体育场地设施荒废或被破坏。然而，群众性体育活动成为亮点，东莞有“游泳之乡”之称、梅县有“足球之乡”之称、台山有“排球之乡”之称。

1969年至1975年，社会秩序有所好转，生产得以缓慢恢复与回升。在1975年召开的四届全国人大一次会议上，周恩来在政府工作报告中重申了1965年三届全国人大一次会议提出的要在20世纪内分两步实现国家“四个现代化”（指工业现代化、农业现代化、国防现代化和科学技术现代化）的宏伟目标。自1976年10月“文化大革命”结束至1978年12月中共十一届三中全会召开的转折时期，一些领域的拨乱反正已经开始，经济明显复苏，社会秩序开始走上正常轨道。特别是平反冤假错案、逐步落实干部政策的措施，有效地调整了社会关系，调动了社会各阶层人员积极性，为后来的改革开放和社会主义现代化建设奠定了必要的社会基础和群众基础。

社会主义革命和建设时期，广东经济社会发展水平总体不够理想。至1978年底，全省行政区划含7个地区（汕头、惠阳、佛山、韶关、肇庆、湛江、梅县），8个省辖市（广州、汕头、湛江、海口、韶关、佛山、江门、茂名），1个行政区（海南），1个自治州（海南黎族苗族自治州），

94个县（其中含3个民族自治县），3个县级市，6个市辖区。[①]1952年至1978年，全省总人口由3163万增长至5593万；年末社会劳动者（即劳动力）由1370万（其中全民和城镇集体所有制单位职工56万）增加至2498万（其中全民和城镇集体所有制单位职工596万）；农业总产值占工农业总产值比重由63.9%降至29.1%；全民所有制单位职工年平均工资由395元增加至629元；人均国民收入由80元增加至296元（按当年价格计算）；医院病床数由1.36万张增加至10.27万张；专业卫生技术人员数由4.58万人增加至14.63万人。[②]

第二节

小康生活、小康社会与政府职能转变

在改革开放和社会主义现代化建设新时期，中国共产党人创造性地将中国古代社会的小康理想转变为小康生活和小康社会的建设目标，广东敢为人先，勇立潮头，创造了与经济奇迹相媲美的深刻社会巨变，民生得到极大改善，人民过上了小康生活，并在全面建设小康社会的历史进程中不断改革社会保障制度和医疗卫生制度，构建和谐广东、幸福广东。与此相适应，广东坚持发展社会主义民主政治，政府机构和行政体制改革不断深入，依据小政府、大社会的改革路径，转变政府职能，完善社会管理，依法治省，加强社会自治、社会共治和社会服务，建设法治广东。

① 1953年7月1日全国第一次人口普查，全省总人口约3277万人，其中汉族3233.9万人，各少数民族43万人。1964年7月1日全国第二次人口普查，广东有46个少数民族，人口总数557 138，其中过千的少数民族7个：黎族437 886人，瑶族49 479人，壮族34 506人，苗族20 988人，回族7397人，满族3766人，畲族1915人。

② 广东省统计局编《广东省统计年鉴·1984》，香港经济导报社，1984。

一、社会建设与法治政府建设目标的提出和部署

中共十一届三中全会作出将党和国家的工作重心转移到社会主义现代化建设上来的重大决策。1981年6月，中共十一届六中全会通过《关于建国以来党的若干历史问题的决议》，明确新时期我国社会主要矛盾是人民日益增长的物质文化需要同落后的社会生产之间的矛盾。提高人民生活水平是社会主义建设的根本出发点，也是社会主义的本质要求。1982年召开的中共十二大第一次提出，到2000年人民的物质文化生活达到小康水平。1987年召开的中共十三大系统阐述了社会主义初级阶段理论，目标是实现工业化和生产的商品化、社会化、现代化，正式提出“三步走”发展战略，即由解决人民的温饱问题，到2000年人民生活达到小康水平，到21世纪中叶人民生活比较富裕，基本实现现代化。为解决城乡差别、社会保障和医疗卫生等社会事业发展相对滞后的问题，在2000年召开的中共十五届五中全会上，全面建设小康社会的任务首次被提出，小康不再是小康生活的单向经济标准，也包括社会建设和社会发展。[①]2002年召开的中共十六大明确奋斗目标，要在21世纪头20年全面建设惠及十几亿人口的更高水平的小康社会，使经济更加发展、民主更加健全、科技更加进步、文化更加繁荣、社会更加和谐、人民生活更加殷实。2006年，中共十六届六中全会作出《中共中央关于构建社会主义和谐社会若干重大问题的决定》。2007年，中共十七大部署“加快推进以改善民生为重点的社会建设”，提出“学有所教、劳有所得、病有所医、老有所养、住有所居”的奋斗目标。

广东紧跟中央部署，加快全面建设小康社会，努力推动广东人民的生活从“温饱型”向“小康型”转变。2003年启动“十项民心工程”。2004年印发《扩大与促进就业民心工程实施方案》。2005年提出“和谐广东”

① 1982年12月，五届全国人大五次会议决定，把实施了5个五年的《国民经济五年计划》改名为《国民经济和社会发展五年计划》，增加了“社会发展”内容，从“六五”计划到“十二五”规划，中国社会发展的内容逐步充实，人口、就业、社会保障、收入分配、卫生健康、科技教育、生态环境、民主法治、社会治理、精神文明，都成了相对于“经济建设”的社会发展内容。参见李培林主编《中国社会巨变和治理》，中国社会科学出版社，2014，第2页。

社会建设之后，开始狠抓基本公共服务①。2009年，广东省人民政府率先在全国出台《广东省基本公共服务均等化规划纲要（2009—2020年）》，提出城乡、区域和不同社会群体间基本公共服务制度统一、标准一致和水平均衡。2011年1月召开的中共广东省委十届八次全会，提出把“幸福广东”作为社会建设目标，并编制“幸福广东”指标体系，把民生工程建设放在更加突出的位置。2011年7月，广东出台《中共广东省委、广东省人民政府关于加强社会建设的决定》及一系列配套文件，明确社会建设指导思想是以保障和改善民生为重点、以促进社会公平正义为导向、以完善社会服务为基础、以社会管理及其创新为特色、以体制机制改革为动力、以社会规范特别是法制建设为保障。同年8月2日，广东还设立社会工作委员会，广东社会建设工作迈出坚实步伐。

与社会建设和发展相适应，法制建设和政府机构改革稳步推进。中共十一届三中全会提出，为了保障人民民主，必须加强社会主义法制，使民主制度化、法律化。1982年，五届全国人大五次会议通过新修改的《中华人民共和国宪法》（即“八二宪法”），标志着我国社会主义民主政治建设进入一个新的阶段。1993年，广东省第七次党代会提出“依法治省”，随后在深圳市试点。1996年8月22日，广东省委发出《关于进一步加强依法治省工作的决定》，在全国率先启动依法治省工作。1997年召开的中共十五大确立依法治国基本方略。1999年3月通过的宪法修正案明确规定，“中华人民共和国实行依法治国，建设社会主义法治国家”。1999年8月，全省依法治省工作电视电话会议提出，加快实现广东政治生活、经济生活、社会生活法治化，率先建立文明法治环境；同年11月8日，《国务院关于全面推进依法行政的决定》出台。2000年7月，全省依法治省工作经验交流会议全面部署率先建立文明法治环境的八项工作任务。2002年5月，省第九次党代会提出广东要率先建立文明法治环境，增创新优势。2002年11月，中共十六大将发展社会主义民主政治、建设社会主义政治文明，作为全面建设小康社会的重要目标之一，明确提出加强对执法活动的

① 基本公共服务指建立在一定社会共识基础上，由政府主导提供，与经济社会发展水平和阶段相适应，旨在保障全体公民生存和发展基本需求的公共服务。国家基本公共服务体系“十二五”规划中明确指出：“享有基本公共服务属于公民的权利，提供基本公共服务是政府的职责。”

监督，推进依法行政，建设法治政府。2004年8月8日，广东提出全面推进依法行政的总目标，即率先建设以依法行政为核心的文明法治环境，率先建立法治政府。2007年，中共十七大提出全面落实依法治国基本方略、加快建设社会主义法治国家，作出加快行政管理体制改革、建设服务型政府的战略决策，并将“把提高效率同促进社会公平结合起来”“把促进改革发展同保持社会稳定结合起来”作为改革开放的宝贵经验，对“坚定不移发展社会主义民主政治”作出部署。2008年6月，中共广东省委十届三次全会提出全面推进依法治省、加快法治广东建设的目标任务。2011年，广东发布《法治广东建设五年规划（2011—2015年）》。

二、区域人口、劳动就业与人口结构变迁

改革开放和社会主义现代化建设新时期，广东行政区划为适应经济发展要求进行了调整，劳动就业制度的率先改革促进了人口流动，进而带来城乡结构和就业结构的变化。

1988年，海南行政区从广东分出，单独设省，今日广东的辖境范围自此形成。目前，省辖21个地级以上市的行政区划，其历史沿袭和调整，有区域经济发展战略和政府治理的现实考量。1979年3月，原属惠阳地区的宝安县改设深圳市，原属佛山地区的珠海县改设珠海市，由省直辖。1983年7月，撤销韶关、佛山、汕头、湛江4个地区，在广州、深圳、珠海、韶关、佛山、江门、汕头、湛江、茂名等市实行市管县体制。1988年，广东全面实行市管县体制，撤销肇庆地区、惠阳地区，将肇庆市、惠州市升格为地级市；撤销梅县地区和梅县市，设立梅州地级市；新设立河源、汕尾、清远、阳江4个地级市；同时，东莞、中山2个县级市升格为地级市。1991年12月，潮州市升格为地级市；同时，撤销揭阳县，设置揭阳市（地级）。1994年4月，云浮市（县级）升格为地级市。20世纪90年代，一批县改设县级市。2000年以后，城市扩容增质，设立一批县级市和县改设市辖区。

人是社会主体，家庭是社会细胞。人口是促进与制约社会经济发展的关键因素，人口数量和人口素质问题伴随着社会经济发展的全过程。根据《广东省第六次全国人口普查主要数据公报》，截至2010年11月1日，

全省常住人口为10 430万人，比1978年增加了4837万人。广东人口组成的一大特色是历史上长期存在水上流动居民。新中国成立初期，广东人口2782.72万人，该数据未统计那些水上流动居民——疍民，专家认为他们是古越族后裔或广东原住民。1953年广东省民委编写的《广东疍民社会调查资料》显示，疍民人口总数估计有90万人，主要分布于广东（包括海南岛）沿海一带、珠江三角洲沙田区和内河各支流。[①]1949年，广州为疍民专设了一个管理区——珠江区。1954年6月，周恩来总理视察广州，指示要做好疍民上岸定居的工作。据统计，从1956年至1966年，广州有4万多疍民上岸定居，占当时经调查得出的疍民总数的七成左右。改革开放后，政府加大工作力度，截至1987年，广州疍民全部上岸定居。

劳动、就业是民生之本。“文化大革命”后，大批城镇青年待业成为严重的社会问题，1979年全省城镇登记失业率高达7%左右。广东积极探索劳动制度和用工制度改革，深圳经济特区率先试行劳动合同制。1983年，广东省内企业新招工人普遍推行劳动合同制，率先打破“铁饭碗”。截至1986年底，全省已有合同制工人52万人。广东还大力发展劳动服务公司，在全国率先开办劳动力市场，用市场调节劳动力资源。1988年出台的《广东省劳务市场管理规定》是全国首个省级规范劳动力市场的规章。1995年，《广东省劳动合同管理规定》要求各类企业彻底打破干部、固定工、合同工、临时工的身份界限，全部改为劳动合同制职工，实行全员劳动合同制。2012年底，全省各类企业劳动合同签订率达90.25%。

广东通过发展多种经济形式去解决就业问题。1980年，广东新增就业人数17万。1982年末，广东城镇失业率由1979年的7.37%下降至1.7%，基本解决了历年积累的城镇待业人员就业问题，比国家要求的1985年提前了三年完成。[②]随着企业改革的深入，为解决企业的富余和失业职工问题，1996年广东实施再就业工程，多渠道、多形式安置下岗失业人员和新成长劳动力，有效控制了失业率。与此同时，广东人口就业结构开始发生变化，非公有制经济成为就业主渠道，第二、三产业的就业人口比重大大增加；建立健全省、市、县（区）、街道（乡镇）、社区（村）公共就业

① 李宜航、陈晓董主编《疍民水乡手记》，羊城晚报出版社，2017，第19页。

② 《广东省志》编纂委员会编《广东省志（1979—2000）劳动·社会保障卷、人事卷》，方志出版社，2014，第2页。

服务体系，初步建成覆盖城乡的劳动力市场信息网络，互联互通、信息共享。2007年，《中华人民共和国劳动合同法》和《中华人民共和国就业促进法》颁布，广东相应出台一系列配套措施。截至2012年末，广东常住人口10 594万人，从业人员5966万人，城镇登记失业人员39.6万人。城镇新增就业人数居全国首位，登记失业率为全国各省区市最低，全省技能人才总量、技工院校招生数、在校生数等，均居全国首位。

广东经济的活跃和劳动就业制度的改革，带来了人口的大流动，相对静止的乡土社会进入大迁徙时代，人口迁移成为常态。“东西南北中，发财到广东。”除了高端人才“孔雀东南飞”，大量外省民工也涌入珠江三角洲地区。1989年2月26日，《羊城晚报》以“盲目的洪流”为题报道了20世纪80年代始于广东的“民工潮”。1989年3月6日，《羊城晚报》对百万外来务工人员下广东进行了深层次思考，肯定他们为广东的经济建设作出了贡献，疾呼：善待外来务工人员。而外来务工人员蜂拥南下的春运，也使广州火车站一再牵动全社会“神经”。1994年，从年初六开始，日下车旅客突破10万人，至初十，连续三日下车旅客逾20万人之众。1998年春运期间，湖南雪灾导致30万人滞留广州火车站，引起举国关注。这已不仅是交通运输瓶颈问题，更是社会管理痛点。2000年6月，《羊城晚报》连续报道广州火车站周边三元里出租屋管理乱象，引起强烈社会反响，推动对广州火车站开始大整治。2008年春运期间，广东遭遇80年一遇的持续大范围低温、雨雪和冰冻极端天气，交通受阻、人员被困、电力基础设施受损，京珠高速公路韶关北段滞留车辆和旅客最多时达1.15万辆、3.5万人，广州火车站、白云机场滞留旅客最多时分别达27万多人、3万人。经过一个多月艰苦奋战，抗灾取得决定性胜利，当年超过1300万名外来务工人员留粤过春节。

广东率先加强流动人口[①]服务管理。全国第四次人口普查结果表明，1990年7月1日，广东省流动人口达331.46万人，占全省常住人口的5.28%。2000年11月1日全国第五次人口普查（简称“五普”）结果表明，流动人口总量剧增至2530.43万，占全省常住人口的29.67%。[②]其中，

① 流动人口指户口登记地在其他县（市、区）且离开户口登记地半年以上的人口。
② 王宁等：《社会巨变：广东社会发展30年》，广东人民出版社，2008，第41页。

2000年，广东（省外）流入人口1506.48万，占全国省际迁移流动人口的35.5%。[1]2004年，《广东省城镇化发展纲要》提出进一步加强流动人口管理，建立流动人口综合数据库。2005年，广东提出构建和谐广东，强调维护外来务工人员合法权益，促进所有劳动者待遇平等，形成“同享成果、共建家园”的和谐氛围。1998年12月31日召开的省九届人大常委会七次会议通过《广东省流动人员管理条例》，2003年7月25日省十届人大常委会五次会议修正，2009年7月30日省十一届人大常委会十二次会议修订，并改称《广东省流动人口服务管理条例》，2010年1月1日起实施。广东通过及时立法不断地适应社会发展需要，将流动人口服务管理纳入社会服务管理体系之内，体现了“先行一步”人口大省的社会担当。

广东探索居住证制度和户籍改革，促进人口合理流动和社会融合发展。1985年，深圳出台《深圳经济特区暂住人员户口管理暂行规定》，在内地率先实行暂住证制度，后逐步扩散至全国。2008年，深圳又正式推行居住证制度，大幅提升流动人口公共权益。此后，全省实施以居住证制度为核心内容的“一证通”制度，持证人员可以在广东享受职业培训、就业、社保、计划生育、入户、子女教育、申领机动车驾驶证等方面的权益和基本公共服务。广东还在全国率先开展户籍制度改革。2009年，中山市推行流动人员积分入户制度，凡是符合一定条件的外来务工人员，经过相关部门的认证和鉴定之后，通过计算积分方式，均有资格获得中山市户口。2010年6月起，广东开始全面推广实施农民工积分入户政策，这一政策影响了全国。随着广东流动人口服务管理工作不断改进，广东省外来流动人口也不断增加。2010年，全省流动人口为3128.2万人，占常住人口的30%，其中属于省外人口2149.9万人；同2000年的五普相比，增加1022.8万人，增长48.58%，其中属于省外人口增加643.4万人，增长42.71%。

人口的城乡结构和就业结构变化巨大。随着经济高速增长，特别是乡镇企业的发展和工业化的推进，广东城镇化水平提高，农村人口向城市集中的趋势明显。1978年，广东按非农人口计算的城镇化率只有16.3%，1990年达到23.7%，2000年突破50%，达到55%。2010年普查登记常住人口中，居住在城镇的人口为6902.8万人，占66.2%。2012年年末，广东常

① 王宁等：《社会巨变：广东社会发展30年》，广东人民出版社，2008，第6页。

住人口10 594万人，占全国7.8%，是全国唯一一个人口超亿的大省。其中，城乡结构（常住人口）比为67.4：32.6，城镇人口比重高出全国平均水平14.8个百分点，[①]仅次于上海、北京、天津三个直辖市。从就业结构上看，广东从业人员三次产业占比为23.8：42.1：34.2，按登记注册类型分组，前四类占比为：集体单位28.7，私营企业19.6，个体经济18，港澳台投资单位11.8，[②]表明其社会现代化和市场化程度较高。

三、经济发展、收入分配改革与城乡民生改善

改革开放促进了广东经济的腾飞和跨越式发展。1978年，广东省地区生产总值仅185.85亿元。自1989年开始，广东省地区生产总值超越江苏成为全国第一经济大省，并于1998年超越新加坡，于2003年赶超中国香港，于2007年赶超中国台湾，2011年跨上5万亿元的新台阶。2012年，广东省地区生产总值达57 068万亿元，占全国11%；人均地区生产总值比全国高出15 536元，[③]达54 095元（折合8570美元），突破8500美元大关，按照世界银行标准，广东已迈进中等偏上收入国家或地区的门槛。

通过分配制度改革，劳动者收入水平不断提高。广东率先进行同企业经济效益挂钩的工资、奖金分配制度改革，使职工的腰包逐渐鼓起来，实实在在享受到改革开放的成果。1986年，广东城镇居民人均可支配收入首次超过1000元；2001年突破10 000元大关；2012年达30 227元，突破3万元大关，比1978年增长72.3倍，比全国多5662元，仅次于上海、浙江。1990年，广东农村居民人均纯收入超过1000元；2012年达到10 543元，首次突破万元大关，比1978年增长53.6倍，比全国多2626元。城乡收入比缩小至2.87：1。相比1978年，2012年全省城镇单位从业人员年平均工资由615元增加至50 278元。

分配、收入和消费三者关系密切。分配是对于劳动者劳动所得的制度安排，收入是民生之源，消费是劳动者对于收入的使用。伴随着居民收入的增长，广东居民消费显著增加，生活不断改善。1989年，广东实

① 国家统计局编《中国统计摘要2016》，中国统计出版社，2016，第19—20页。

② 广东年鉴编纂委员会编《广东年鉴·2014》，广东年鉴社，2014，第441页。

③ 广东年鉴编纂委员会编《广东年鉴·2014》，广东年鉴社，2014，第443页。

施“菜篮子工程”，居民农副食品更加丰富，物价相对稳定。消费结构发生变化，进入家庭的耐用消费品日益增多，居住条件改善，人民对旅游、娱乐等精神生活的要求日益提高。2012年，广东社会消费品零售总额22 677.1亿元，居全国第一，占全国比重高达10.8%。[①]广东城镇和农村居民人均消费性支出分别为22 396.4元、7458.6元。恩格尔系数（消费结构中食品类占比）分别为36.9%、49.1%，分别比1978年下降29.7和12.6个百分点。居民住房条件明显改善，广东城镇居民人均住宅建筑面积34.4平方米，农村居民人均生活住房面积31.7平方米，分别比1978年增加27.3平方米和22.9平方米。彩电、电话等耐用消费品逐步普及，广东城镇居民家庭平均每百户彩电拥有量于1995年突破100台，2012年达到141台；平均每百户移动电话拥有量于2002年和2006年分别突破100部和200部，2012年达到242.7部。汽车、电脑等耐用消费品拥有量大幅增长，截至2001年末，广东私人汽车拥有量突破100万辆。截至2012年末，广东城镇居民家庭平均每百户家用汽车和计算机拥有量分别达36.63辆和113.89台。[②]

四、改革社会保障制度，构建和谐广东、幸福广东

社会保障通常被称为“社会的安全网”，社会保障水平是生活质量提高的重要象征。传统的社会保障特征是“广覆盖、低水平”，辅以社会救助、社会优抚安置，改革开放以后，社会保障制度逐渐由“国家—单位保障”发展为“国家—社会保障”，这是现代社会转型的基础性制度安排。通过不断扩面、提质增效，广东基本建立起一个以社会保险、住房保障、社会救助、扶贫开发和慈善事业为主要内容，多渠道筹集保障资金的社会保障体系，社会保障水平不断提高。

国家通过立法强制实行社会保险制度。劳动者、企业（雇主）或社区以及国家共同筹资，建立保险基金，对劳动者因年老、工伤、疾病、生育残疾、失业、死亡等原因丧失劳动能力或暂时失去工作时，给予劳动者本人或供养直系亲属物质帮助。1983年，广东率先在劳动合同制职工中试

① 广东年鉴编纂委员会编《广东年鉴·2014》，广东年鉴社，2014，第443页。

② 广东年鉴编纂委员会编《广东年鉴·2014》，广东年鉴社，2014，第436—437页。

行社会保险，拉开中国社会保障改革的序幕；1984年，试行全民所有制和集体所有制企业职工退休费用社会统筹；1985年，组建省、市、县三级社会劳动保险公司；1986年，建立国营企业职工待业保险制度；1987年，全民所有制单位退休基金实现了全省以市、县为核算单位的统筹；1990年，实行固定职工个人缴纳养老保险费制度等。至此，社会保险逐渐占据广东社会保障中的核心地位。1992年，国务院批准广东作为建立统一的社会保险制度试点省。广东率先成立社会保险事业管理局，大胆改革社会保险管理体制，社会保险制度日益完善。在保险范围上，从国有企业和事业单位职工逐步扩大到城镇所有劳动者；在保险基金上，由企业（单位）负担逐步转向国家、企业（单位）和个人共同负担；在保险模式上，由企业（单位）包揽逐步转向社会统筹和个人账户相结合；在管理体制上，由分散管理逐步转向集中统一管理。1993年《广东省职工社会养老保险暂行规定》、1998年《广东省社会养老保险条例》确立了社会统筹与个人账户相结合的养老保险模式，实行个人缴纳养老保险费制度。1996年起，失业保险的出台和完善，扩大了社会保险覆盖范围。1999年底，全省建立城镇职工基本医疗保险制度。2001年9月，广东提高社会保险区域统筹层次，即市级统筹、省级调剂。2006年，省政府提出要充分发挥保险的经济“助推器”和社会“稳定器”作用，推动保险业参与平安广东建设。2010年10月28日，《中华人民共和国社会保险法》颁布，2011年7月1日正式实施。截至2012年底，全省城镇职工基本养老保险（含离退休）参保人数3988万人，城乡居民社会养老保险参保人数2460万人。全省8421万人参加城乡（镇、街道）基本医疗保险，参加工伤保险2963万人，参加生育保险2485万人，参加失业保险2009万人。①

住房保障取得实质性进展。长期以来，国家实行与计划经济相适应的低租金和分配住房制度。1984年起，广东开始住宅商品化改革，并逐步推进住房制度改革。1986年，为解决部分城镇居民家庭的住房困难问题，广州开始推进“解困房”建设，成为全国最早实施经济适用住房（以中低收入家庭住房困难户为供应对象）的城市之一。1988年9月，《广东省城镇住房制度改革意见》出台。1995年6月，《广东省贯彻国务院关于深化城

① 广东年鉴编纂委员会编《广东年鉴·2013》，广东年鉴社，2013，第399—400页。

镇住房制度改革的决定实施意见》提出：全面实行住房公积金制度，稳步出售公有住房，积极推进租金改革，加快经济适用房的开发建设。1997年以后，广东延续了几十年的实物性、福利性分房体制结束。从1998年下半年起，全省各党政机关、事业单位逐步实行住房货币分配，推进住房商品化，促进房地产业和相关产业的发展。以住宅为主的房地产市场在提升居民居住水平的同时，也成为拉动经济增长和社会发展的重要力量。城镇住房成为一种商品和投资品，房地产信贷和住房金融发展较快。在推进住房商品化的同时，为应对房价上涨过快和“买房贵”等问题，1998年至2002年，广东初步建成以经济适用住房、廉租住房①为特点的城镇住房保障体系。为解决住房特困户困难，2003年8月，省委、省政府首次提出在全省实施“十项民心工程”，第一项就是“全民安居”。2008年至2012年，开工建设保障性住房66.3万套、基本建成30.8万套。②

社会救助从以短期救济为主走向规范。计划经济时期，绝大部分城镇人口被组织到全民所有制和集体所有制单位中就业，生老病死都依靠政府和单位。改革开放以来，广东重点救济特困人群，关注和解决山区和老根据地、少数民族地区、边远地区、贫穷地区的实际困难。在全国率先实行最低工资保障制度，不断调高最低工资标准。1999年7月和1999年12月，广东在全国率先颁布《广东省城乡居民最低生活保障制度实施办法》和《广东省社会救济条例》，低保工作逐步走上规范化、法制化轨道。2011年1月1日，《广东省法律援助经济困难标准规定》施行，占全省总人口20%的低收入群体被纳入法律援助对象。

大力开展扶贫开发工作，促进区域协调发展和共同富裕。1994年，广东省扶贫基金会成立，旨在帮助山区和贫困地区人民早日脱贫。1998年1月13日，广东省政府宣布：1997年广东省基本解决绝对贫困人口温饱的目标已经实现，提前三年完成国家“八七”扶贫攻坚计划。③同年12月，广东出台《关于加大扶贫开发力度，加快贫困县脱贫奔康步伐的意见》，掀

① 廉租住房指政府和单位在住房领域实施社会保障职能，向具有城镇常住居民户口的最低收入家庭提供的租金相对低廉的普通住房，其保障范围后扩大至低收入住房困难家庭。

② 参见《2012年广东省政府工作报告》。

③ 中共广东省委党史研究室编《中共广东历史百年大事记》（下卷），广东人民出版社，2021，第218页。

起扶贫开发热潮。2000年6月，全省组织开展两大会战，即村级“四通”（通机动车、通电话、通邮、通电）大会战，贫困户“四个一”大会战（解决特困群众子女入学、住房、医疗和法律援助等“四难”问题）。政府连续召开全省山区工作会议，研究山区和贫困地区发展经济、脱贫致富的问题。2002年5月，省第九次党代会提出区域协调发展战略，加大财政转移支付力度。2006年出台《关于加快社会主义新农村建设的决定》，提出解决“三农”最迫切的实际问题，让改革发展的成果惠及广大农民，实现全体人民的富裕安康。2011年，广东将“加大扶贫开发力度”列为“民生工程”十大实事之一。

遵照中央要求，广东全面推动援藏（1994年）援疆（1998年）和对口帮扶广西（1997年）等工作，为东西部共同发展、共同富裕作出贡献。1994年7月，第三次全国对口支援西藏工作会议召开，广东开始对口支援西藏林芝。据媒体报道，1995年5月，广东第一批援藏干部正式进藏，截至2005年5月，十年里，广东每年都是全国各省市区援藏资金的冠军，总援助金额9.47亿元。截至2012年底，广东先后派出六批共274名援藏干部，六批援藏工作队累计投入资金29.12亿元，援建项目844个，涵盖特色产业、科教文卫、基层政权建设等方面。援助跨越天山南北，1998年广东正式启动对口援助新疆哈密，截至2010年，共派出5批共202名干部，主攻产业援疆、落实民生项目。从2010年起，中央决定以灾区重建模式扶持新疆，广东省和深圳市对口支援喀什地区三县一市和兵团第三师，2011—2015年，5年内安排资金共96亿元。1997年7月1日，国家发改委发布了东西部扶贫协作总体方案，明确由广东帮扶广西壮族自治区。1997年至2010年，广东和广西在资金、技术、信息、设备、人才培训、产品开发、产业转移、市场开发和营销等多方面开展密切合作，共签订合作项目并实施的有1.1万多项，广东实际到位的项目资金达2571.7亿元。[①]此外，广东省、广州市和深圳市还共同帮扶贵州省毕节市和黔南布依族苗族自治州，广州市和深圳市还分别帮扶四川省甘孜藏族自治州和阿坝藏族羌族自治州。截至2010年，广东支援整个三峡库区和接收安置三峡外迁移民投入资金累计58.3

① 《真情帮扶，兄弟情深——广东广西扶贫协作综述》，广西县域经济网，2013年8月17日。

亿元，在广东安置库区移民9000多人，为库区培训各类人才7100人次。[1]

慈善事业走在全国前列。1983年，广州市残疾人福利基金会成立，1988年深圳市青少年发展基金会成立；1989年全国第一个义工组织深圳市义工联合会成立；1990年广东省教育基金会、广州市见义勇为基金会等相继成立。1987年7月起，广东试点发行社会福利奖券，从1991年起，其销售量和筹集福利资金总额连续居全国第一位。1997年6月，广东省慈善总会注册登记，并于2004年7月正式运行。2004年，中共十六届四中全会决议提出健全社会保障体系，“慈善事业”被明确写进中国共产党重要文献。2005年，“支持慈善事业发展”第一次被写入国务院政府工作报告。此后，广东陆续出台和完善相关法律法规，建立激励机制，并将相关责任落实到单位，为慈善事业的发展保驾护航。2008年5月12日，四川汶川县发生里氏8.0级特大地震，造成69 227人遇难，17 923人失踪，受灾群众达4625万多人，直接经济损失达8451亿多元。[2]截至2008年底，广东全省民政系统共接收社会各界捐赠资金42亿元，接收捐赠物资折款5.3亿元，向地震灾区划拨资金9.36亿元，运送捐赠物资37批。[3]中央下达广东省对口支援四川省汶川县、甘肃省受灾严重地区重建任务。2009年，广东省援建四川省汶川县十大民生工程共333项交付使用。截至2010年3月，广东援建资金累计到位61.95亿元。2011年，全国各省捐赠款物合计494.9亿元，其中广东51.2亿元，位居全国第二。

广东加大民生财政支出，助推经济社会和谐发展。1978年，广东地方公共财政预算支出28.7亿元，1999年首超1000亿元，2010年至2012年间逐年突破5000亿元、6000亿元和7000亿元大关，2012年达7387.9亿元，[4]高居全国首位。2012年，全省各级财政用于保障和改善民生的支出达4781.2亿元，占支出总额比重提高到65.8%，其中用于广东省十件民生实事资金1424.4亿元。[5]

① 《三峡库区移民在粤安置近万人》，新浪网，2011年9月29日。

② 中国历史研究院主编《（新编）中国通史纲要》下，中国社会科学出版社，2024，第913页。

③ 广东年鉴编纂委员会编《广东年鉴·2009》，广东年鉴社，2009，第446页。

④ 国家统计局编《中国统计摘要2016》，中国统计出版社，2016，第75页。

⑤ 广东省发展和改革委员会编《广东省国民经济和社会发展报告（2013）》，广东人民出版社，2013，第9页、第26页。

五、推进医疗卫生制度改革，开展全民健康运动

改革开放之初，广东从“下放权力、合理提价和多方筹资”入手，开启医疗改革的初步探索。加大县级医疗卫生单位基建投资，购置先进设备，从外地引进人才，促进了医院业务技术的发展提高；运用市场化手段，鼓励多形式、多渠道筹集社会资金，用于卫生事业的建设和发展；推进个体行医合法化，全省个体开业门诊工作的卫生技术人员从1980年的299人急速攀升至1985年的9604人，[①]填补了农村地区由于合作医疗制度解体带来的服务空白。20世纪90年代初期，广东开始区域卫生规划，实现医疗机构的“减员增效”。1991年至2000年，广东投入66.91亿元加强农村卫生基础设施建设，共建设业务用房604.10万平方米，装备设备8万多台（件），培训卫生技术人员10.47万人次。1998年调查资料显示，广东全省几乎所有乡镇都设有卫生院，92.5%的村设有医疗卫生点。广东居民到最近医疗点的距离，城市2公里内的达到94.7%，农村2公里内的达到84.6%，两者均高于全国平均水平。2000年，广东居民平均预期寿命为74.52岁（1990年为70.30岁），高于全国平均预期寿命（71.40岁）。[②]

2000年，广东明确提出全面推进城镇职工医疗保险制度、医疗卫生体制和药品流通体制的“三项改革”。截至2002年底，全省完成11 643个医疗机构的分类核定工作，建立并逐步完善以非营利性医疗机构占主体和主要地位、营利性医疗机构为补充的新的医疗服务体系；实行医药分开核算，分别管理，努力从制度上解决“以药养医”带来的问题；深化药品集中招标制度改革，让群众得到真正的实惠。全省有800多个社区卫生服务中心（站）运行，较好地为群众提供了集预防、医疗、保健、康复、健康教育和计划生育技术服务等于一体的综合性社区卫生服务。

2003年1月21日至22日，广东在中山市召开现场会，研讨局部地区相继发生的不明原因肺炎，省卫生厅于23日发文首次提出此次肺炎属“非典型肺炎”（简称“非典”）。全省各级卫生部门及时采取措施做好病人救

① 广东省地方史志编纂委员会编《广东省志·卫生志》，广东人民出版社，2003，第50页。

② 《广东省志》编纂委员会编《广东省志（1979—2000）·23·卫生·医药卷》，方志出版社，2014，第3页。

治和防疫工作，率先总结出一整套成功的防治措施，迅速、有效地控制了疫情。6月13日，世界卫生组织将广东省从“近期本地有SARS感染的地区”名单上除名。[①]广州医科大学附属第一医院国家呼吸系统疾病临床医学研究中心主任、中国工程院院士钟南山，在疫情发生后不顾个人安危，奔赴疫区指导医疗救治工作，主持制定我国“非典”急性传染病诊治指南，为抗击“非典”疫情作出了重要贡献。2009年，钟南山被评为“100位新中国成立以来感动中国人物”。

2006年，广东开始新一轮医疗改革。2009年，《关于深化医药卫生体制改革的意见》明确了把基本医疗卫生制度作为公共产品向全民提供的基本理念，切实解决人民群众“看病难、看病贵”问题。“基本医疗”概念最早由世界银行提出，指广泛覆盖、全民可负担、成本低、效果好，考虑国家和个人的经济承受能力，与基本药物制度和基本卫生技术相适应的医疗服务。[②]同年，《广东省基本公共服务均等化规划纲要（2009—2020年）》明确界定“公共卫生”以及“医疗保障”为基本公共服务均等化的基础服务类和基本保障类。2011年，广东基层医卫机构被列为“公益一类事业单位”。同年，省政府提出的十件民生实事中，包括了“完善城乡基层医疗卫生服务体系”。

随着改革的深入，广东更加关注人民群众的生命健康状况，医疗服务水平逐步提高，卫生服务网络不断延伸。相比1978年，截至2012年末，医院、卫生院由1968个增加至2437个；医院、卫生院床位数由8.41万张增加至32.47万张；执业（助理）医师由4.79万人增加至19.21万人。[③]居民健康指标接近中等发达国家水平。

通过开展全民健康运动和举办体育盛事，全省竞技体育综合实力不断提升。1979年起，广东开始举办一年一度的“省港杯”足球赛[④]，这是新中国历史上由中央政府批准举办的第一个地方（广东省）与境外（香港）联办的体育竞赛，由霍英东创办、邓小平亲自批准，是改革开放的产物。

---

① 广东年鉴编纂委员会编《广东年鉴·2004》，广东年鉴社，2004，第107页。

② World Bank, *World development report*, *Investing in health* (New York: Oxford University Press, 1993).

③ 广东年鉴编纂委员会编《广东年鉴·2014》，广东年鉴社，2014，第436—437页。

④ 截至2024年，“省港杯”足球赛已经举办了42届，2020—2023年因新冠疫情一度中断。

1981年1月1日，《羊城晚报》和《新体育》杂志发起联合举办“五羊杯”中国象棋赛，每年一届，是国内水平最高、影响最大、坚持时间最长的象棋比赛，1984年起由霍英东和霍英东基金会赞助。在1983年第五届全国运动会上，广东历史性地夺得36枚金牌，跃居全国首位。1984年10月27日，广东省体育奖励基金会成立，开中国建立体育基金的先河，后于1989年正式启用“广东省体育基金会”名称，动员社会各界支持发展体育事业。1987年8月31日，广州天河体育中心正式落成，总占地面积58万平方米，是中国改革开放后建成的第一个大型综合体育设施。1987年11月20日至12月5日，广东省承办第六届全国运动会，这是首次由一个省来承办的全国运动会，其比赛项目之多、规模之大，创历届之最。广东队不负众望，获得破纪录、总分、金牌、奖牌、精神文明五个第一。2001年11月11日至25日，第九届全国运动会在广东奥林匹克体育中心举行，是21世纪我国举办的第一个规模盛大的全国综合性体育盛会，广东队继续居金牌、奖牌和总分榜首位。2010年11月12日至27日，第16届亚洲运动会在广州举行，广州是继北京之后中国第二个取得亚运会主办权的城市。在开放的海心沙广场，亚运会开幕式着重展示岭南地域文化特色，闭幕式文艺表演则凸显亚洲元素，歌颂了亚洲各国和地区运动员的交流和友谊，展示了亚洲多元文化的魅力与融合。1993年东莞宏远集团注册了全国第一个职业篮球俱乐部——广东宏远篮球俱乐部，广东宏远队获得2012—2013年度中国男子篮球职业联赛（简称“CBA联赛”）常规赛冠军。

六、健全社会自治体系，维护社会安全稳定

社会建设水平的高低，既取决于政府对社会的管理服务能力，也取决于公民的自我管理和自治水平。加强以农村村民委员会、城市居民委员会和企业职工代表大会为主要内容的基层民主自治体系建设，是改革开放以来广东社会建设的新探索。

基层民主建设稳步推进。1982年，《中华人民共和国宪法》确立了村民自治原则和城市居民委员会制度。1987年，《中华人民共和国村民委员会组织法（试行）》规定，村民委员会是基层群众性自治组织。1998年8月21日至22日，全省农村基层组织建设工作会议决定：理顺农村基层管

广东实力树立亚运丰碑

第16届亚洲运动会开闭幕式在广州海心沙举行。以珠江为舞台，以城市为背景，被珠水包围的海心沙岛变身为一艘璀璨夺目的“亚运之舟”，开创了大型国际赛事在城市开放空间举行开闭幕式的先河。

理体制，撤销农村管理区办事处，全部改设村民委员会，村委会属下自然村设立村民小组，实行村民自治。1998年11月，九届全国人大常委会五次会议通过的《中华人民共和国村民委员会组织法》正式公布（2010年10月28日通过修正案），规定村民委员会是村民自我管理、自我教育、自我服务的基层群众性自治组织，实行民主选举、民主决策、民主管理、民主监督。随即广东出台《广东省村民委员会选举办法》，自1999年1月1日起施行。2001年6月16日，《广东省村务公开条例》发布。

改革开放前，我国对社会主要实行单位制单一化管理模式。改革开放后，权力下放，城乡社区取代了传统的单位制和人民公社组织形式，单位人逐渐转变成社会人、社区人。1987年，广东试点把政府管理社会工作的主要职能下放到街区，在街道居委会普遍建立起老年人服务、残疾人服务、青少年教育服务、便民服务等社区性服务系列。2002年，城市基层管理体制改革启动，全省城市居民委员会改为城市社区居委会。社区治理基本方法是“政府依法行政，社区依法自治”。

佛山南海在全国率先探索“村民变股民”“村民变居民”的基层治理方式变革。1992年下半年起，由于大量农村劳动力涌向第二、三产业，为适应农村产业结构的调整变化，南海将农民的土地承包权变为股权，从实物形态转变为价值形态，探索出一条以土地所有权、承包权、使用权“三权分离”为突破口的股份合作制改革之路，被称为“南海模式”。该项改革于1995年基本完成，1996—2004年继续完善提升，2004年2月13日《南方日报》以《手拿“土地股”，喜做城里人》为题作了报道。农村社会结构出现了有史以来第一次根本转型，农民谋生手段从依靠土地、农业过渡到第二、三产业，农村社会事务的管理也从行政领导制过渡到股东（代表）大会制。2004年，佛山实行户籍制度改革，率先取消农业户口与非农业户口的性质区分，统一登记为居民户口，这可以视为农村股份合作制推行的必然结果。2009年，佛山南海区被确定为广东农村社区建设“全覆盖”试点单位。

发挥群团和社会组织的积极作用，探索健全社会自治体系。传统群团和社会组织主要有工、青、妇、科协和工商联等，是基层民主建设的重要力量。从2004年起，深圳开始社会组织登记管理体制改革，取消业务主管部门，由民政部门直接登记，降低社会组织准入门槛，简化社会组织登记的程序和手续。2008年，工商经济、社会福利、公益慈善三类社会组织可以直接到民政部门登记。2011年，广东出台《关于加强社会建设的决定》，提出全面下放社会建设权力，要求能下放的一律下放。社会组织逐渐承接政府职能、提供有偿社会服务。2012年，广东省在民政部门登记注册的社会组织35 324个，其中社会团体15 853个、民办非企业单位19 135个、基金会336个，每万人拥有社会组织数量3.35个，全省社会组织从业人员达48.96万人。

在维护社会安全稳定方面，广东省公安系统锐意改革创新。改革开放之初，广东面临港澳黑社会恶势力渗透，走私猖狂，嫖娼、赌博、贩毒以及经济类犯罪案件高发，社会治安环境复杂。从1983年8月开始，全省部署为期三年的严厉打击刑事犯罪活动。1986年1月10日，广州市公安局在全国首创110报警电话服务，公安部发文在全国推广广州经验。1992年，各级公安机关结合广东治安实际，开展“严打”斗争，先后在全省范围内开展了反盗窃、挖团伙、破大案、追逃犯、打车匪、打击持枪等专项行动。1997年5月15日，广州市公安局宣布，破获一宗新中国成立以来最大跨国制冰毒案，缴获冰毒522.4千克。1998年1月25日，广东警方抓获香港黑社会头目张子强。他是绑架过香港富豪、勒索了巨额赎金的“世纪大盗”。1998年10月20日，广州市中级人民法院依法组成合议庭，公开审理此案。12月5日，经广东省高级人民法院终审，以非法买卖、运输爆炸物等数罪并罚，判决张子强死刑。1999年12月22日，汕尾市中级人民法院对新中国成立以来最大的跨境海上抢劫杀人案进行公开宣判，翁泗亮等38名海盗因1998年11月将“长胜”号货轮上的23名船员杀害，并因抢劫、窝赃、非法持有枪支、非法持有毒品等罪，其中13人被判死刑。[①]2004年，鉴于全国刑事案件数量创下1981年以来的最高水平，达到471.8万起，公安部在全国范围内组织开展了侦破命案专项行动。2005年7月1日起，广东针对广州火车站刑事案件高发、犯罪活动猖獗、治安秩序长期混乱的顽症，对其开展大规模治安整治行动，相继破获了“4·12”特大诈骗、“7·22”特大制贩假火车票等案件，还对长期以来困扰站区治安秩序、

① 《汕尾中院对国际海盗案作出一审判决：翁泗亮等13人被判极刑》，《羊城晚报》1999年12月22日，第A1—A2版。

旅客群众反映强烈的“摩托仔”“背包党”“黄牛党”等违法犯罪活动重兵围剿，铁腕整治。经过四个多月的艰苦奋战，广州火车站治安整治行动共抓获各类违法犯罪分子1645人，打掉犯罪团伙35个，破获各类刑事案件1395起，有效遏制住了广州火车站案件高发势头。[①]曾被公安部悬赏20万元通缉的A级通缉犯、制造冰毒12.36吨的全球头号大毒枭刘招华，2006年6月26日在广州一审被判处死刑，后于2009年9月15日被依法执行死刑。《羊城晚报》2006年7月3日以《七剑镇流花，刑案降一半》为题，报道了流花车站地区治安状况出现历史性转变。

积极探索社会治安综合治理，健全公共安全体系，努力增强人民群众的安全感。1987年，全省基本建立城乡结合、多层次、多渠道的群防群治网络。1991年，广东把综合治理的任务、目标分解到基层单位和治安责任人。对“黄、赌、毒”等“七害”活动、走私贩私活动情况严重的地方和单位给予一票否决。全省加强流动人口管理，2003年7月《广东省收容遣送管理规定》废止，《广东省流动人员管理条例》中涉及收容遣送的条文也同时被修改。截至2004年，广东省以110报警电话为龙头、以巡警为骨干、以群防群治组织为基础的社会治安防控网络已具规模。2006年6月29日至30日，全省社会治安综合治理工作会议召开，部署全面推进“平安广东”建设，在全省范围内开展“平安市县”“平安街镇”“平安社区”“平安单位”“平安校园”“平安村”创建活动。2009年起，广东在1600多个镇街建立综治信访维稳中心，集化解矛盾、维护稳定、管理社区、服务民众四大功能于一体，在社会治安综合治理中发挥了巨大作用，被誉为“社会管理创新的广东模式”。

七、加强民主法制建设，推进依法治省

1979年12月17日至26日，广东省五届人大二次会议召开，决定设立广东省人民代表大会常务委员会；撤销广东省革命委员会，恢复为广东省人民政府。社会主义法制建设逐步恢复。1981年5月，省政府办公厅设立法

---

① 《广东：由乱到治的变迁——广州火车站大规模治安整治行动纪实》，新浪网，2005年12月23日。

制处，1988年4月升格为法制局，2000年升格为法制办公室。

地方立法富有成效，内容涵盖了人大自身立法，市场经济立法，教育、科学、文化、医疗、服务行业立法，环境资源保护立法，规范政府权力立法，社会保障领域立法等。其中，《广东省经济特区条例》（1980年）为我国首部有关经济特区的立法；《广东省土地管理实施办法》（1986年颁行，1991年修订）系国内首部实施《中华人民共和国土地管理法》的地方性法规；《广东省公司条例》（1993年）开了我国建立现代企业制度的先河；《广东省自主创新条例》（2011年）是我国首次在立法层面明确自主创新的概念和提出覆盖自主创新全过程的法规制度。

人民代表大会制度是保证人民当家作主的根本政治制度。广东得改革开放风气之先，地方人大及人大代表积极发挥对政府部门工作的监督作用，依法行使询问权和质询权，逐渐形成媒体所乐道的“广东人大现象”。1994年7月6日，省人大常委会通过了《广东省城镇房地产权登记条例》，条例将于同年9月1日生效。但省国土厅在8月先后两次向下级部门发出传真电报和紧急通知，致使上述条例未能如期实施。21名省人大代表为此联名对省国土厅提出质询案，质询结束后，省国土厅立即下发了《关于撤销我厅两份电报的通知》。2000年1月，广东省九届人大三次会议期间，佛山团25名代表就四会市在北江边建电镀城事件向广东省环保局发起质询。经大会批准，1月25日该质询案在广东大厦国际会议厅公开举行，其火爆尖锐的辩论轰动全国。同年9月，《人民代表报》刊出题为《人大工作中的“广东现象”》的报道。媒体热捧的“广东人大现象”背后大多关乎民生，是广东经济高速发展的同时，社会民生问题日益受到关注在政治层面的集中反映。

改革开放以来，政府机构改革、转变政府职能的基本思路是建设“小政府大社会”。1983年，经裁并，广东省直党政机关机构减为56个，比原有87个精简31个。[①]1986年，广东撤区建乡（镇），实行乡（镇）管村的行政体制，江门和清远为省机构改革试点市、县。1987年8月27日，全省县、乡两级人民代表大会完成换届选举，共撤销176个区公所，新建乡、

① 中共广东省委党史研究室编《中共广东历史百年大事记》（下卷），广东人民出版社，2021，第139页。

镇1748个，并陆续建立村（居）民委员会。1987年，中共十三大提出改革政府工作机构和建立国家公务员制度的任务。1992年，中共十四大后对行政体制和党政机构进行了大刀阔斧的改革，并于1993年10月1日开始施行《国家公务员暂行条例》。公务员制度的确立，是我国人事制度改革和发展的里程碑。1992年9月17日，广东确定顺德市为包括机构改革在内的综合改革试点城市，顺德市以政府职能转变为核心，对行政机构进行较大规模的撤并，被外界称为“大部制改革”的萌芽。2000年2月17日，根据新的机构改革方案，省政府工作部门共设41个，较原来精简12个；政府机关行政编制精简49.4%；厅级领导职数精简15%，处级领导职数精简25%。2003年、2008年又进行了两轮机构改革，采取一系列深化行政改革的措施，转变政府职能，服务型政府建设迈出步伐。2009年，省委、省政府同意顺德深化行政管理体制改革，先行先试，实行大部门体制，将原来的41个党政机构统一整合为16个大部门，精简幅度近三分之二。自2010年始，广东推进新一轮“简政放权”体制改革，扩大县镇级政府行政管理职权，全省范围的富县强镇事权改革全方位展开。

广东在转变政府职能中注意运用先进技术手段，聚焦政务服务的信息化和网络化开展工作。从1995年开始，佛山南海西樵区持续推进政务管理信息化取得良好成效。全省各地学习推广南海电子政务网络建设经验，加强面向基层和群众的“窗口”机构的建设和管理，大力推行电子政务、网上问政、网上行政，推行“一站式服务”和“一个窗口对外”，实现政务服务向规范有序、公开透明、便民高效转变。深圳、顺德[①]等地大力整合行政资源，推进公共服务“系统集成”，成立行政服务中心、社区服务中心，集中办公，从多头服务、多个窗口转向集中服务和一站式服务；“行政服务在线”、政务服务平台将众多部门审批事项的流程纳入网上并联审批系统；利用现代网络科技实现了预约服务、网上预审、网上年检、网上申报和审批代码证等服务，节约行政成本和企业、群众的办事成本，大大提高了办事效率。广东还较早利用信息技术建立应急处理快速反应机制，减少突发公共安全事件。2009年，广东省公安厅建立“平安南粤网”，并

① 顺德推行“两横两纵”改革，“两横”指内部整合和部门并联，“两纵”指简政放权和分级管理。

在全国率先建立公安派出所网上警务室。

积极推进依法行政和执法公开。1997年，深圳率先开展行政审批制度改革，截至1998年8月，审批与核准事项砍去近43%，其中审批事项减幅达57.8%。1999—2006年，广东按照“简政放权”的总体思路，完成了四轮行政审批制度改革。自2001年起，广东规范行政审批流程，以财政预算信息公开为重点，稳步推进政务公开，公众对行政权力进行全过程的监督，机关的办事透明度和效率明显提高。2002年11月6日《广州市政府信息公开规定》公布，开创了地方政府向“阳光政府”转变的制度化、法治化进程。2005年，《广东省政务公开条例》正式实施。2010年，省政府又大幅度修订《广东省人民政府工作规则》，逐步建立起政府领导集体决策制度、政府法律顾问制度、专家咨询论证制度、听证制度等。截至2010年，全省建立各级政府门户网站与政府新闻发言人制度。同时，全省认真开展执法检查，监督和保障法律法规的正确实施。2012年10月31日，国务院同意广东省“十二五”时期深化行政审批制度改革先行先试，率先建成全国“行政审批项目最少、行政效率最高、行政成本最低、行政过程最透明”的先行区。

司法改革动真碰硬。改革开放之初，司法腐败现象不时见诸报端，民间有“吃完原告吃被告”之讥。广东司法机关和检察机关通过建设“阳光司法”“阳光检务”，让公平正义更加可触可感。广东律师协会团体会员（律师事务所）和个人会员（律师）均居全国前列，成为名副其实的律师大省。广东率先在全国建立公职律师制度，并于1995年10月在全国首创由政府设立的广州市法律援助中心。最高人民法院1999年10月发布的《人民法院五年改革纲要》，提出以加强审判工作为中心，改革法院内设机构，建立科学的案件审理流程管理制度，跟踪立案、送达、开庭、结案全过程，保证案件审理工作的公正、高效。这被称为“大立案”改革，影响重大。[①]曾经“门难进、案难立”变成“有案必立、有诉必理”。而建立审判长和独任审判员的审查、考核、选任制度，审判长和独任审判员依审判职责签发裁判文书的改革，同样意义深远。[②]2003年3月1日，《法制日

① 《“大立案”踢开审判“暗箱”》，《羊城晚报》2000年10月25日，第A1版。

② 《打“快官司”不用苦苦等判》，《羊城晚报》2000年10月18日，第A1版。

报》报道全国首宗非银行金融机构——广东国际信托投资公司（简称“广东国投”）破产案终结破产程序。1999年1月，广东国投及其3个全资子公司进入破产程序时，共有494家境内外债权人申报债权总金额高达人民币467亿元，其中境外债权占80%以上。该案件审理历时4年，引起全球关注。破产债权清偿率分别为12.52%、28%、11.5%和19.48%，均超过国内破产债权清偿率8%的平均纪录，成为经典案例。检察院作为国家法律的监督者，是国家和社会公共利益的代表者。2006年7月26日通过的《深圳经济特区建设项目环境保护条例》，在全国首次明确规定检察机关可以作为公益诉讼的主体。2012年1月6日据媒体报道，深圳市宝安区人民检察院诉深燃石油气有限公司环境污染责任纠纷一案，经法院庭前调解达成调解协议，被告方深燃石油气有限公司承认其石岩供应站的设立对公共环境存在污染隐患，承诺将按照原告检察院起诉状的要求，停止石岩供应站燃气销售业务并将该供应站搬离水源保护区。

为保证公民知法守法，在加强立法、执法和司法的同时，广东还积极开展普法教育。自1985年起开始“一五”普法，每五年一周期，极大地提高了全社会的法律意识和现代法治素养。

第三节

统筹推进社会建设与政府治理

中共十八大以来，中国特色社会主义进入新时代，广东进一步加快社会建设与政府治理的双转型之路，在建设中国式现代化新征程中展现现代文明新形态。社会建设以保障和改善民生、促进社会公平正义两个方面为重点，围绕“基本民生”“底线民生”“热点民生”持续增进民生福祉，逐步缩小地区差距、城乡差距、收入差距；打赢脱贫攻坚战，补齐民生短板，群众急难愁盼的就业、教育、社保、医疗、住房、养老等问题明显改善，顺利完成2020年“全面建成小康社会”目标任务。中共十九大报告提出“幼有所育、学有所教、劳有所得、病有所医、老有所养、住有所居、弱有所扶”的美好生活已在广东基本实现，政治建设和政府治理方面，做到坚持党的领导、人民当家作主、依法治省有机统一。

一、人口、就业与社会民生发展

广东是全国人口大省和劳动大省。根据2020年11月1日《广东省第七次全国人口普查公报》，全省常住人口为12 601.25万人，比2010年增加了2170.94万人（如图5–3–1），人口总量和增加量均居全国首位，占全国人口比重从7.79%提高到8.93%。全省共有家庭户42 469万户，人口11 167.2万人；平均每个家庭户的人口为2.63人，比2010年减少0.57人，家庭规模继续下降。人口年龄构成上，16～59岁劳动年龄人口占全省常住人口的67.86%（高出全国平均水平5.59个百分点），与2010年相比，比重下降4.59个百分点，但仍保持“两头小、中间大”的良好特征。全省人口受教育程度大幅提高，与2010年相比，每10万人中拥有大学文化程度的人数由8214人上升为15 699人；文盲率由1.96%下降为1.45%。居住在城镇的人口为9343.6万人，占74.15%，与2010年相比，增加2440.8万人，城镇人口比重提高7.97个百分点（如图5–3–2）。全省流动人口为5206.6万人，总量居全国第一，与2010年相比，增加1774.7万人，增长51.71%，其中省内流动人口为2244.4万人，外省流入广东即广东外来人口总规模为2962.2万人，占总人口的23.5%，位居全国之首。这些数据表明广东城镇化水平继续提高，人口与社会流动性也继续处于高位，居住、就业自主性进一步增强。自2014年开始，广东统一城乡户口登记制度，加快建立与之相适应的教育、卫生计生、就业、社会保障、住房、民政、土地及人口统计规划等社会服务制度。

广东人口高质量发展，但老龄化率在升高。2023年末，广东常住人口12 706万人，连续17年居全国第一位，占全国人口总量的9.01%；人口城镇化水平继续稳定增长，城镇化率全国省域最高。城镇常住人口9583万人，占常住人口比重（常住人口城镇化率）75.42%，与同期全国平均水平相比高出9.26个百分点，继续位居上海、北京、天津3个直辖市后全国人口城镇化率的省域之首。劳动力资源充裕，人口规模及其结构具有

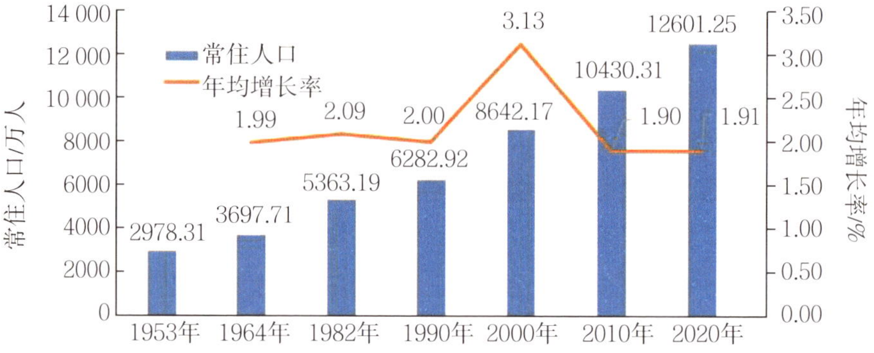

图5-3-1 历次人口普查常住人口及年均增长率

资料来源：《广东省第七次全国人口普查公报》（第一号）。

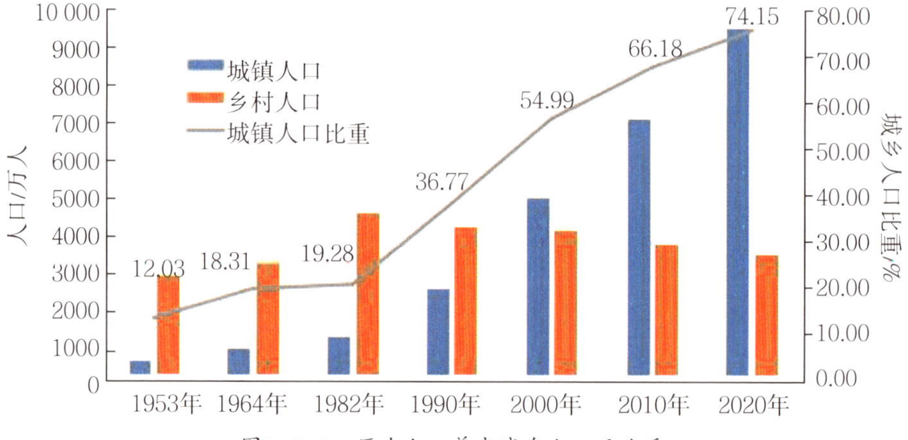

图5-3-2 历次人口普查城乡人口及比重

资料来源：《广东省第七次全国人口普查公报》（第六号）。

优势。广东15—64岁劳动年龄人口96 407万人，占全省总人口的72.06%，占全国劳动年龄人口比重达到9.53%，劳动年龄人口规模位居全国第一。2023年，广东65岁及以上人口1333万，老龄人口越来越庞大。[①]广州践行以“小切口”托举“大民生”，自2016年起全面推进长者饭堂建设，截至2024年，建成长者饭堂3652个[②]，实现镇（街）、村（居）全覆盖，在构建具有鲜明中国特色的以居家养老为基础、社区为依托、机构为补充、医

① 国家统计局编《中国统计年鉴2024年》，中国统计出版社，2024。

② 数据来源见《2025年广东省政府工作报告》。

养相结合的养老服务体系上作出了有益探索。

中共十八大以来，广东大力实施就业优先战略，促进劳动者充分就业、多渠道灵活就业和自主创业，就业局势保持稳定，质量不断改善，结构不断优化。“十二五”期间，广东出台了经济拉动就业、政策扶持就业、服务促进就业、技能培训提升就业、创业带动就业的一整套高规格促进就业政策体系，扩大就业，促进失业再就业，保持全省就业人数的稳步增加，有效缓解就业压力。2018年以来，广东实施“粤菜师傅”“广东技工”“南粤家政”三项工程，以技能提升带动就业创业，为稳住就业基本盘发挥了重要作用，成为广东民生品牌；开展一系列诸如就业驿站、“妈妈岗”、夜市招聘等富有创意的公共就业服务政策实践。随着以网约配送员、网约车驾驶员、互联网营销师、带货主播等为代表的新就业形态劳动者数量快速增长，2022年，广东印发《关于维护新就业形态劳动者劳动保障权益的实施意见》。2023年，广东出台“稳就业16条”和就业领域民生十大工程五年行动计划等，促进高校毕业生、异地务工人员等重点群体就业。在广东就业的农民工新增117万人、总数达4365万人，城镇新增就业人员139.3万人，超额完成国家下达的110万人任务。2012年以来，广东城镇新增就业人数占全国城镇新增就业人数的比重均达到10%以上。2023年底，广东就业人员总数7057万人，占全国9.53%。[①]2024年，“提升就业服务能力和强化产业技能人才支撑”被列入广东“十件民生实事”。[②]

居民收入稳步提高。2023年，广东地区生产总值达13.57万亿元，占全国10.76%，是全国首个突破13万亿元的省份，总量连续35年居全国首位；人均地区生产总值达10.7万元，连续2年超10万元，达到1.5万美元，按照世界银行标准是高收入地区水平；居民人均可支配收入49 327元，接近5万元大关，高出全国平均水平10 109元。分城乡看，城镇居民人均可支配收入59 307元，高出全国平均水平7486元；农村居民人均可支配收入25 142元，高出全国平均水平3451元。城乡居民收入比为2.36∶1。社会消费品零售总额达4.7万亿元，全省居民人均消费支出34 331元，恩格尔系数

① 国家统计局编《中国统计年鉴2024年》，中国统计出版社，2024。

② 参见《2024年广东省政府工作报告》。

为32.4%。人民生活已达到富裕水平，接近“非常富裕”水平[①]。

二、城乡社会保障体系日益健全，共同富裕扎实推进

中共十八大以来，广东社会保障制度改革继续深化，社会保险统筹层次和待遇水平稳步提高，社会保障安全网织得更密、扎得更牢。

社会统筹和个人账户相结合的基本养老保险制度逐步完善。2013年9月16日，《广东省城乡居民社会养老保险实施办法》印发，明确将新型农村社会养老保险和城镇居民社会养老保险合并实施。2018年12月29日，第十三届全国人大常委会第七次会议通过对《中华人民共和国社会保险法》的修正。2020年1月1日起，《广东省城乡居民基本养老保险实施办法》正式实施，在全省建立统一的城乡居民基本养老保险制度。2023年末，广东全省参加城乡基本养老保险8128.9万人，参加城乡基本医疗保险11 040.89万人，基本实现全民参保；参加失业保险人数由2012年的2009.12万人增加到2023年的3794.76万人；参加工伤保险人数由2012年的2962.77万人增加到2023年的4270.29万人；参加生育保险人数由2012年的2484.93万人增加到2023年的3902.78万人[②]。截至2023年末，全省社会保险基金年末累计结余1.75万亿元，全省基本医疗保险年末累计结余5583.7亿元。[③]

持续推进住房保障。2013年1月29日，《广东省城镇住房保障办法》出台。这是全国首个关于住房保障的地方性规章，提出了以政府主导、社会参与、以需定建、适度保障，以及公开、公平、公正的原则。同年，健全住房保障体系成为广东“十件民生实事”的内容之一。2016年，广东“十三五”规划提出改善居民住房条件，构建以政府为主提供基本保障、以市场为主满足各层次需求的住房供应体系。为此，全省加快保障性安居工程建设，加大住房保障资金投入，加快推进棚户区改造，增加公共租赁住房等保障性住房建设和供给，努力扩大住房保障覆盖面。广东还大力推动旧厂房、旧村庄及旧城镇的“三旧”改造，加快城市更新步伐。

---

① 联合国粮农组织提出的标准是：恩格尔系数大于59%为绝对贫困，50%～59%为勉强度日，40%～50%为小康水平，30%～40%为富裕水平，30%以下为非常富裕水平。

② 《2023年广东省国民经济和社会发展统计公报》，广东统计信息网，2024年3月29日。

③ 国家统计局编《中国统计年鉴2024年》，中国统计出版社，2024。

2021年，省政府成立省城镇居住社区人居环境品质提升工作领导小组，统筹推进城镇老旧小区改造及居住社区建设补短板、绿色社区创建、城市体检、城中村改造、社区体育公园建设、历史建筑及历史文化保护与活化利用等城市更新行动。2021年，《深圳经济特区城市更新条例》正式施行，这是全国首部城市更新地方立法。2024年，广州推动出台《广州市城中村改造条例》，这是全国首个专门针对城中村改造的地方性法规条例。截至2023年6月底，全省累计投入“三旧”改造资金2.52万亿元，实施“三旧”改造面积110.57万亩，累计节约土地28.53万亩，节地率达35.78%。截至2023年12月底，广东累计筹建各类保障性住房和棚改安置住房202.8万套（间），其中仅保障性租赁住房一项就可惠及群众约200万人。“扎实推进城镇保障性安居工程建设”被列入2024年“十件民生实事”。[①]

完善社会救助机制，加强对困难、弱势群体的扶助救助和公共法律服务。2013年11月14日，广东省政府出台《关于提高我省底线民生保障水平的实施方案》，逐年提升城市低保、农村五保、医疗救助、基础养老金等保障水平，让全省底线民生保障水平走在全国前列；建立以公共财政投入为主、慈善捐助和社会帮扶为补充的底线民生保障多元化供给机制。《广东省社会救助条例（草案）》2017年7月27日通过，自2017年9月1日起施行，2020年修订，对最低生活保障、特困人员供养、自然灾害救助、医疗救助、教育救助、住房救助、就业救助、临时救助、生活无着落的流浪乞讨及走失人员救助的标准及救助方式作出了规定。2021年1月，广东印发《关于实施“广东兜底民生服务社会工作双百工程”的通知》，在全国率先提出“用两年时间实现乡镇（街道）社会工作服务站100%覆盖、困难群众和特殊群体社会工作服务100%覆盖”的目标，这是具有广东特色的兜底民生服务创新探索。

从扶贫开发到精准扶贫再到脱贫攻坚，广东一直在奋力探索。中共十八大以来，广东健全完善扶贫工作机制，狠抓领导责任制，各级党委和政府签订脱贫攻坚责任书，作为考核党政领导的重要指标。根据贫困人口情况制定不同的脱贫方案，采取产业扶持、技能培训、转移就业、生态补偿、易地搬迁、低保兜底等“造血式”帮扶路子，精准扶贫，增强贫困地

① 参见《2024年广东省政府工作报告》。

区发展内生动力。2016年，广东省出台《关于新时期精准扶贫精准脱贫三年攻坚的实施意见》，提出健全“五级书记”抓扶贫工作机制和省市县三级联动协调机制，推动形成党委统一领导、政府主导、各方联动的大扶贫格局；坚持专项扶贫、行业扶贫、社会扶贫“三位一体”。2017年，广东公布《关于2277个省定贫困村创建社会主义新农村示范村的实施方案》。“十三五”期间，广东为高质量打好打赢脱贫攻坚战，派出6.5万名驻村干部，投入1600亿元，实施产业扶贫项目6.3万个。2020年，广东省贫困群众“两不愁三保障”（不愁吃、不愁穿，义务教育有保障、基本医疗有保障、住房安全有保障）全面实现，全省4000元标准下161.5万建档立卡相对贫困人口、2277个相对贫困村全部达到脱贫出列标准，决胜全面建成小康社会取得决定性成就，历史性地解决了绝对贫困问题。

“一场战役、两个战场”，东西部扶贫协作持续走在全国前列。2016年至2021年，广东累计援助扶贫协作地区各类资金671亿元，派出党政干部480人、专业技术人才9597人，引导13 710家企业到协作地区投资兴业，共建产业园147个，吸纳中西部地区贫困劳动力在粤务工387万人。据统计，广东帮助桂川黔滇4省区93个贫困县摘帽、500多万贫困人口脱贫，东西部协作连续5年获国家考核“好”的等次，[①]为全国全面高质量打赢脱贫攻坚战作出了广东贡献。援藏援疆工作卓有成效。相“芝”无远近，万里尚为邻。1994—2024年，广东省累计派出十批近千名援藏干部人才，投入资金逾134亿元，实施900多个项目，在特色产业发展、保障和改善民生、基础设施建设、人才技术提升、交往交流交融等各个领域下足功夫，助力林芝地区生产总值由1995年的2.9亿元，增长到2023年的235.66亿元；人均地区生产总值由1995年的1828元增加到2023年的98 651元，创下历史新高。[②]广东省委、省政府聚焦民生援疆、产业援疆、智力援疆、文化润疆、民族“三交”（指民族之间的交往、交流以及交融）等重点精准发力，将80%以上的资金和项目安排给受援地基层和民生领域。

成功打赢脱贫攻坚战后，广东聚焦镇村高质量发展，建立完善驻镇帮镇扶村制度体系，从镇级层面统筹镇村产业发展、基础设施、公共服务

① 数据来源见《2023年广东省政府工作报告》。

② 《万里尚为邻——广东省对口支援西藏林芝30周年》，西藏林芝网，2024年6月12日。

脱贫攻坚战

广东清远市英德连樟村，这个昔日深藏穷乡僻壤里的贫困村如今已经蜕变成社会主义新农村的样板。

建设，一体推进镇村融合发展，开启了广东历史上规模最大的一次帮扶行动。按照“党+政+企+社”构建驻镇帮镇扶村工作队，实施组团式帮扶。2021—2024年，省直、中直驻粤单位和各市县7000多个帮扶单位、1190个工作队、8000多名干部和9000多名“三支一扶”人员、大学生志愿者、金融助理全身心投入帮扶工作，扎根基层，埋头苦干，千方百计引入资金、项目，全力帮助镇村发展。[①]

慈善事业日益规范，并高质量发展。据广东省民政厅统计，截至2023年7月底，广东有慈善组织1951家（具有公开募捐资格的212家），慈善财产总规模超过350亿元，志愿者2200多万人，在各类社区综合服务设施中建设志愿服务站点2.8万多个。2023年，广东福利彩票销售量216.69亿元，筹集福彩公益金63.15亿元，连续16年位居全国第一。

中共十八大以来，广东坚持财力向民生倾斜、向基层倾斜，持续将财政支出的七成用于民生保障，每年办好十件民生实事，兜实兜牢基层“三保”底线。2012—2023年，累计民生支出超10万亿元，民生支出占一般公共预算支出的比重从2012年的66%提高到2023年的70.3%；不断提高最低工资标准，有效缩小广东省城乡间、区域间的发展差距，以及各社会阶层间和社会群体间的实际收入差距；织密扎牢民生保障网，加快基本公共服务均等化和社会保障城乡一体化步伐，推动全社会共同富裕。2023年12月，《广东省“民生十大工程”五年行动计划（2023—2027年）》印发实施。在这张南粤美好生活蓝图上，可持续、全生命周期的公共服务体系清晰可见，均衡性、可及性成为显著标识：健全普惠性托幼服务制度，实现“幼有善育”；完善优质均衡基础教育体系，实现“学有优教”；深化收入分配制度改革，实现“劳有厚得”；加快建设创新医疗服务体系，实现“病有良医”；优化养老保障体系，实现“老有颐养”；织密社会保障网络，实现“弱有众扶”；完善住房保障体系建设，实现“住有宜居”。[②]

以头号工程力度扎实推进“百千万工程”（即“百县千镇万村高质量发展工程”）的深入实施。2022年12月8日，中共广东省委十三届二次全会上启动“百千万工程”，并于2023年2月公布实施该工程、促进城乡区

① 《广东总结部署驻镇帮镇扶村工作》，人民网，2024年10月30日。

② 李宜航：《在高质量发展中不断实现人民对美好生活的向往》，《羊城晚报》2024年5月10日，第A6版。

域协调发展的决定。2023年8月，广东启动实施百校联百县助力“百千万工程”，省内百家高校院所等109个涉农县（市、区）结队共建，建立紧密的合作关系，推动双向奔赴、合作共赢。2024年5月9日，广东省委召开农村工作会议，决定以县镇村高质量发展支撑全省全域高质量发展。2024年5月10日，广东省“百县千镇万村高质量发展工程”指挥部印发2024年工作要点，从产业发展、人居环境建设、公共服务和社会治理、体制机制改革、社会力量参与、强化乡镇城带村的节点功能等六大方面提出41项具体要求。

三、深化医药卫生体制改革，建设卫生强省和健康广东

中共十八大以来，广东坚持公共医疗卫生的公益性质，优质高效的医疗卫生服务体系逐步构建，覆盖城乡居民的基本医疗卫生制度基本建立。2013年出台《广东省县级公立医院综合改革试点实施方案》，规范药品物资采购行为、医疗服务行为、诊疗收费行为。2015年，《关于建设卫生强省的决定》提出至2025年全面建成卫生强省。2016年，《广东省深化医药卫生体制改革工作要点》提出了11类43项医改工作任务，包括深化公立医院改革、推进分级诊疗制度建设、健全全民医保体系等方面。2017年《广东省推进医疗联合体建设和发展实施方案》提出搭建医联体相关制度框架，建设紧密型县域医共体（指由不同层级医疗卫生机构之间的纵向整合组建而成的联合体），增强广东县域医疗服务能力。2019年，广东全省70个县（市、区）共建设104个紧密型县域医共体，医共体内实行“六统一”管理，即统一人员管理、财务管理、物资调配、医疗业务质量管理、健康服务管理、资源信息互通互享，推动形成基层首诊、双向转诊、急慢分治、上下联动的分级诊疗模式。全省自2016年起全面开展分级诊疗，县域就诊率从2017年的80.2%提升至2021年的86.9%，基本实现“大病不出县”。

强化医疗协作。2021年3月16日，广东出台《进一步推动高水平医院建设发展实施方案》。截至2021年，广东三甲医院实现地市全覆盖，引导技术和人才下沉；2022年，由73家三甲公立医院紧密帮扶113家县级公立医院，全面提升县级医院综合能力；建设5家省级区域医疗中心，组建74

个城市医疗集团、428个专科联盟、121个远程医疗协作网；深化医保支付方式改革，实现基本医保门诊特定病种省内跨市异地认定和住院支付方式改革；全省三甲医院实现100%开设互联网医院。2017年12月19日，广东省基层医疗卫生机构管理信息系统全面上线，实现医疗数据的互联互通，卫生健康信息化发展指数全国领先。2023年，针对患者重复检查的就医痛点，广东打破各级医疗机构的信息壁垒，逐步实现医联体内、同级医疗机构之间结果互认。据国家卫生健康委2023年11月7日发布的消息，广东在全国率先实现了首批114个医学检查检验结果互认项目，实现445家医疗机构检查检验结果跨机构共享调阅、269家医疗机构检查检验结果跨机构互认。

构建强大的公共卫生体系。广东在全国率先以省域为单位实施适龄女生HPV疫苗免费接种项目；深化爱国卫生运动，保障公共卫生安全，全力守护人民群众生命安全和身体健康；截至2012年，食品安全“一网四平台”基本建成，2013年实现21个地级以上市74个县（区）122个监测点全覆盖；2012年，为提升卫生应急和疾病防控能力，广东省建立了国家第一批突发急性传染病防控类国家卫生应急队，并建立全国首家省级应急医院——广东省应急医院；深化与香港、澳门特别行政区卫生部门的交流与合作，加强联防联控，共同应对区域内出现的传染病和突发公共卫生事件。2020年9月8日，全国抗击新冠肺炎疫情表彰大会在北京举行，广东省45名先进个人、15个先进集体获表彰，钟南山获“共和国勋章”。

实施健康中国15个专项行动和健康广东18项专项行动，公共健康政策目标从病有所医的初级卫生保健走向全民健康的治理。广东通过实施“全方位干预健康影响因素”计划，高质量建设健康促进与教育体系，实现从“治已病”到“治未病”转变。居民健康素养水平从2013年的6.48%提高到2021年的27.29%，超过全国平均水平。2012—2021年，广东人均预期寿命由77.1岁提高到79.31岁，已达发达国家水平。2022年末，全省有各类医疗卫生机构5.95万个（含村卫生室），其中医院1812个，卫生院1169个，社区卫生服务机构2729个，妇幼保健机构132个，专科疾病防治机构124个，疾病预防控制中心141个，卫生监督机构147个，村卫生室2.5万个。全省卫生技术人员91.8万人，其中执业（助理）医师33.5万人，注册护士42.1万人；拥有医疗床位60.8万张，其中医院49.7万张。全省1169家卫生院拥有卫生技术人员8.8万人，床位6.7万张；141家疾病预防控制中心拥有卫生技术人员0.8万人；147家卫生监督机构拥有卫生技术人员0.3万人。

广东努力构建更高水平全民健身公共服务体系，推动体育公园建设管理和开放利用，促进户外运动设施建设和服务提升。在2019—2021年度健康中国行动考核中，广东省连续3年获评优秀。2020年8月19日，省政府印发《广东省体育强省建设实施纲要》，改扩建一批体育公园，广泛开展全民健身活动，推动群众体育、竞技体育、体育产业协调发展。自2019年7月1日《广东省全民健身条例》实施以来，截至2024年5月，全省建成各类体育场地约34.08万个，人均体育场地面积2.80平方米；建成健身步道超2.68万千米，建有社区体育公园3000余个；构建15分钟健身圈，形成省、市、县、镇、村五级公共体育场地设施网络。2023年，广东举办群众性体育赛事活动4500多项，超15万场，中山沙溪队、东莞大朗队分别获得2023年全国和美乡村篮球大赛（村BA）总决赛冠、亚军。男子短跑运动员苏炳添，2012年在伦敦奥运会男子100米比赛中，表现优异，成为首位晋级奥运会男子百米半决赛的中国运动员；2021年8月1日，在东京奥运会男子100米半决赛中又以9.83秒刷新亚洲纪录，成为首位晋级奥运会男子百米决赛的中国运动员，获颁“感动中国2021年度人物”。在第19届亚运会上，广东健儿勇夺30枚金牌，打破1项世界纪录、3项亚洲纪录。2024年，在第33届夏季奥运会上，广东健儿顽强拼搏，奋勇争先，共获得8金4银4铜，创造参加历届奥运会的最佳战绩，金牌数、奖牌总数均居全国各省区市第一位，向全世界展现了当代广东青年奋发向上的时代风采和精神风貌，为国家和人民赢得了荣誉。

四、创新社会治理，建设平安广东

中共十九大报告提出加强社区治理体系建设。2018年3月7日，习近平总书记参加十三届全国人大一次会议广东代表团审议时，要求广东在营造共建共治共享社会治理格局上走在全国前列。2018年6月召开的中共广东省委十二届四次全会将“营造共建共治共享社会治理格局”作为“1+1+9”工作部署之一。2023年3月，中共中央、国务院印发《党和国家机构改革方案》，组建中央社会工作部。2024年1月，广东省委社会工作部成立，同时划入“两新”（指非公有制经济组织和社会组织）工作委员会职责，充分吸收整体性治理理念，重塑社会治理格局。

社会组织管理制度改革，自2013年起上升为国家重大发展战略。截至2023年底，广东社会组织总量7.14万个，全国数量第一，其中社会团体3.27万个、民办非企业单位3.72万个、基金会1451个。[①]社会组织承担越来越多的公益性、服务性、社会性的基本公共服务，在地方社会治理中的作用越来越明显。

社会治安综合治理水平不断提升。2012年，广东出台《创建平安广东行动计划（2012—2022年）》，启动创建平安广东“十大工程”[②]53个项目建设，构建立体化、网络化社会治安防控体系；开展“在本行政区域内按法治框架解决基层矛盾”试点；加强和创新基层社会治理，坚持和发展新时代“枫桥经验”，从源头上预防和减少社会矛盾；完善省、市、县三级社会稳定风险评估机制，将预防和化解社会矛盾的关口前移；扎实推进“平安细胞工程”建设，构建平安社区、平安市场等，积“小安”为“大安”，促进基层平安、社会和谐稳定。

基层民主和城乡社区治理有序开展，健全党组织领导的自治、法治、德治相结合的乡村治理体系。截至2023年底，广东省有村（居）委会26 616个，其中村民委员会19 436个，居民委员会7180个。以党建为引领、城乡社区为载体、社区社会组织为纽带、社区工作者和社会工作人才为骨干、基本民生保障和基本社会服务为主要内容，广东城乡社区治理工作机制逐渐形成。广州创建1.8万个“最小应急处置单元”，实现第一时间处置、第一时间管控、第一时间服务。东莞、江门、汕尾等10市2020年入选全国首批市域社会治理现代化试点城市。全省建成镇街综治中心1609个，配备专兼职网格员19.6万名，实现网格化服务管理全覆盖，把乡镇（街道）作为“一站式”矛盾纠纷调处主战场，以综治中心为枢纽、以综合网格为单元、以“粤平安”社会治理云平台为支撑，整合法院、检察

① 广东年鉴编纂委员会编《广东年鉴·2024》，广东年鉴社，2024，第409页。

② “十大工程”指法治建设工程、民生保障工程、群众权益保障工程、社会矛盾化解工程、公共安全防控工程、人口服务管理工程、“两新”组织建设工程、信息网络服务保障工程、基层基础建设工程、平安文化建设工程。

院、公安、司法行政等基层力量，不断夯实平安建设根基。[①]

排查整治社会治安重点地区和突出问题，深化重点行业领域安全整治，深入开展严打整治专项行动。2015年11月，由公安部等23个部门组织开展打击治理电信网络新型违法犯罪专项行动。茂名市电白区因假冒熟人电信诈骗活动猖獗，被作为第一批重点整治地区挂牌。经过两年多的整治，国务院通报给其摘牌。自2022年12月1日正式实施《反电信网络诈骗法》以来，广东持续开展专项治理，2023年全省法院审结涉电诈及关联犯罪案件7497件，追赃挽损1.2亿元。在2018—2020年三年全国扫黑除恶专项斗争中，全省共打掉涉黑组织279个、恶势力犯罪集团1126个，审结涉黑涉恶案件4167件、判处犯罪分子17 191人，立案查处涉黑涉恶腐败和“保护伞”人员9069人，各项指标名列全国前茅。自2021年起，广东常态化开展扫黑除恶专项斗争。自2013年7月起，广东警方开展“雷霆扫毒”专项行动，摧毁以陆丰籍大毒枭为首的18个特大制贩毒犯罪团伙。2015年，广东省打掉制贩毒团伙2037个。2023年，全省法院审结毒品犯罪案件2212件，毒品犯罪案件总数和大宗、源头性毒品犯罪案件数连续8年“双降”。[②]

五、提高政府治理能力，建设法治广东

深化“放管服”（简政放权、放管结合、优化服务）改革，实现审批流程全过程优化、事前事中事后全链条监管、企业发展全周期服务，努力建设市场化、法治化、国际化营商环境。广东在全国率先开展商事登记制度改革，2015年《广东省商事登记条例》出台。2015年，广东提前全国一个多月全面实施“三证合一、一照一码”登记制度改革。“三证合一”指将企业依次申请的工商营业执照、组织机构代码证和税务登记证三证合为一证，提高市场准入效率；“一照一码”指通过一口受理、并联审批、信息共享、结果互认，将由三个部门（工商、质检、税务）分别核发不同

① 《广东构建“大安全”格局护航高质量发展 为平安建设铺好法治之轨畅通法治之道》，广东政法网，2023年9月25日。

② 吴笋林：《广东高院：去年全省法院结案282.4万件，结案量全国居首》，《南方都市报》2024年1月24日。

证照，改为由工商一个部门直接核发加载法人和其他组织统一社会信用代码的营业执照。2016年，江门率先在全国实施“九证合一”。2020年7月1日，广东出台“证照分离”改革全覆盖试点实施方案。2023年，广东连续4年获评全国营商环境最佳口碑省份。[①]

率先在全国部署“数字政府”改革建设。2018年，全国首个集成民生服务微信小程序“粤省事”及同名公众号正式上线。2023年，广东推动出台全国首部政务服务数字化条例，数据资源“一网共享”、政府运行“一网协同”能力有效提升，省级政府一体化政务服务能力连续5年居全国首位。[②]

政府机构改革进一步优化。2018年10月，广东贯彻实施《中共中央关于深化党和国家机构改革的决定》和《深化党和国家机构改革方案》，共设置省级党政机构59个，其中，省委机构17个，省政府机构42个。2023年2月，中共二十届二中全会审议通过了《党和国家机构改革方案》。2024年1月，《广东省机构改革方案》获得中央批复。该方案一是优化调整科技管理、社会工作、政务服务和数据管理等重点领域机构设置和职能配置，二是深化乡镇（街道）统一指挥协调工作平台建设，三是完善了基层综合执法体制机制，四是优化议事协调机构。

法治政府、法治广东建设不断推进。2013年，广东省政府先后颁布实施《广东省法治政府建设指标体系（试行）》和《广东省依法行政考评办法》，法治政府建设步入精细化时代。2015年12月，广东省依法治省工作领导小组更名为中共广东省委全面依法治省工作领导小组。2016年，《广东省法治政府建设实施纲要（2016—2020年）》下发，实施法治建设“一把手”工程，对21个地级以上市年度法治建设工作进行考评。2018年6月召开的中共广东省委十二届四次全会提出“1+1+9”工作部署，“以把广东建设成为全国最安全稳定、最公平公正、法治环境最好的地区之一为重点，加快营造共建共治共享的社会治理格局”是9项重点项目之一。2021年5月25日，中央全面依法治国委员会印发《关于支持深圳建设中国特色社会主义法治先行示范城市的意见》，提出深圳要率先基本建成法治城

① 参见《2024年广东省政府工作报告》。

② 参见《2024年广东省政府工作报告》。

市、法治政府、法治社会。

在立法方面，健全地方立法，加强重点领域、新兴领域、区域协同立法，注重开展“小切口”立法，把社会生活各方面纳入法治化轨道。广东推动出台《广东省知识产权保护条例》和全国首部版权条例、首部地理标志保护地方性法规，助力加快建设知识产权保护体系。截至2023年10月，广州在立法领域大胆探索，共制定、修订、修正、废止地方性法规431余件次，现行有效地方性法规共92件，以立法推动补齐民生短板。深圳制定出台了《深圳经济特区人工智能产业促进条例》等一批具有全国首创性和引领性的新兴领域法。珠海出台了《澳门特别行政区医疗人员在横琴粤澳深度合作区执业管理规定》《澳门特别行政区药学技术人员在横琴粤澳深度合作区药品零售单位执业备案管理规定》两部法规。省高级人民法院、省人民检察院、省公安厅相继出台优化营商环境、依法服务保障民营经济健康发展的意见，护航广东高质量发展。

在执法方面，依法全面履行政府职能，不断规范行政执法行为，使行政执法既有力度又有温度。2012年，广东试点行政执法体制改革。2016年起中国（广东）自贸试验区三个片区率先全面推行综合行政执法体制改革，“九龙治水”变“握指成拳”。2019年，广东全面推行行政执法公示、全过程记录、重大执法决定法制审核制度，提升依法行政水平。随着计算机技术和互联网的发展，围绕省域治理“一网统管”创新事中事后监督，广东率先建成全国统一行政执法信息平台和行政执法监督网络平台，推动行政执法更透明；开展网络问政，建立网上公共法律服务大厅；深化网络社会综合治理，构建网络安全保障体系，建设清朗网络空间。

在司法方面，司法体制改革试点工作于2014年3月启动。广东实行人员分类管理，推行法官检察官员额制，从原来的法官、检察官中遴选产生员额法官、员额检察官。截至2017年底，全省共有7258名法官、5715名检察官进入员额。全省司法责任制改革全面推开，以审判为中心，推进审判流程再造，加快审判进程，实现“让审理者裁判、由裁判者负责”，更好地保证司法公正。2018年，广东在全国率先实现全省三级法院刑事案件律师辩护全覆盖，这是推进以审判为中心的刑事诉讼制度改革的重要举措，也是加强人权司法保障的一大进步，对于充分发挥律师在刑事案件中的辩护职能作用、促进司法公正、彰显社会主义法治文明进步具有重大意义。

深圳打造国际法律服务高地，不断创新涉外涉港澳台商事案件审判机制，建设粤港澳大湾区国际仲裁中心，推动建立共商、共建、共享的多元化跨境纠纷解决机制。深圳前海合作区人民法院率先制定《域外法查明办法（试行）》等多项规范制度，搭建“法院依法自主查明+香港地区陪审员和外籍、港澳地区调解员参与查明+社会化专业力量协助查明”的立体化查明模式，确保域外法律“认得全”“查得明”“用得准”。截至2023年3月，前海法院适用域外法审理案件167件，其中适用香港法审理118件，居全国基层法院第一。深圳国际仲裁院曾在短短13天内以“调解+仲裁”的方式圆满办结了中国迄今最大的仲裁案件，该案件涉及跨国投资130多亿元，中美两国当事人都满意。深圳中级人民法院为答好“公正与效率”的时代问卷，自主研发首个司法审判垂直领域大模型人工智能辅助审判系统上线运行。深圳两级法院连续三年收立案体量超70万件，全员长期满负荷运转。解决人案矛盾，提高群众司法获得感，必须向科技要效率。AI辅助系统集纳立案智审、智能阅卷、智能庭审、智能文书生成4个模块，做到全流程AI赋能，自动分类整理、校准涉案数据，辅助法官对35项立案标准逐一核查。AI辅助系统上线36个工作日，智能辅助阅卷57 052件，辅助庭审23 701次，辅助生成裁判文书52 554份。仅2024年7月，全市法院民商事案件结案3.7万件，同比上升73.9%，平均结案时间缩短38.54天，存案下降29.3%。[1]AI辅助系统的运用，标志着审判管理迈向智能化、精准化。沉睡的数据“活”了，数字治理之路宽了。

不断深入开展普法工作。2020年5月28日通过的《中华人民共和国民法典》，是我国第一部以法典命名的法律，于2021年1月1日起施行，在法律体系中居于基础性地位，也是市场经济的基本法。每年5月的“民法典宣传月”，广东各地紧密结合“八五”普法开展民法典主题普法活动，让民法典走到群众身边、走进群众心里，教育引导干部群众办事依法、遇事找法、解决问题用法、化解矛盾靠法，努力使尊法、学法、守法、用法在全社会蔚然成风。

① 何奎：《在深圳，智赋未来》，《人民法院报》2024年8月29日，第1版。

第四章

科教兴粤与文化强省建设

教育、科技、人才是全面建设社会主义现代化国家的基础性、战略性支撑。新中国成立后，广东的科教和文化事业在徘徊中曲折前进。改革开放以来，广东勇于开拓创新，走出了具有广东特色的科教文化发展道路。新时代，广东的科技自主创新能力不断提升，成为引领中国创新驱动发展的排头兵。教育现代化进程稳步推进，实现了从“有学上”到“上好学”的显著转变，以教育现代化走在前列支撑广东在推进中国式现代化建设走在前列。文化建设上率先探索文化体制改革，文化产业和文化事业繁荣发展，岭南优秀传统文化焕发新机，物质文明、政治文明、精神文明、社会文明、生态文明协调发展。

第一节

科教和文化事业在探索中曲折发展

自新中国成立至改革开放前，广东的科教和文化事业在探索中曲折发展，其发展轨迹和全国其他省份大体一致，但也呈现出一定的广东特色，为改革开放之后的科教振兴、文化繁荣和精神文明进步奠定了基础。

一、知识分子思想改造与社会主义教科文事业的建立

新中国成立后，对旧知识分子的思想改造和培育社会主义新人是同时交互进行的。1956年4月，毛泽东在中共中央政治局扩大会议上正式提出在科学文化工作中实行“百花齐放、百家争鸣”的方针，即艺术问题上“百花齐放”，学术问题上“百家争鸣”。这一时期，社会主义文化建设坚持民族的、科学的、大众的方向，强调科学、教育和文化事业为政治服务和为人民大众服务。在反右派斗争和“文化大革命”中，由于出现强调政治立场和阶级属性的“左”倾错误，重视专业技术和科学性往往被称为走“白专道路”，在教育上强调要为工农服务，培养又红又专的无产阶级革命接班人。

1950年1月，广东省文教厅成立，主管全省的文化教育工作，接管和接办各级各类学校，并开始有步骤地进行改造工作。根据中共中央华南分局和广东省委贯彻落实党中央对知识分子“团结、教育与改造”的方针，以及1951年9月29日周恩来总理《关于知识分子的改造问题》的报告，在全省展开了如火如荼的学习教育活动。广东高校的知识分子是重要的改造群体，之后从高校逐渐扩展到文艺界、科学界、工商界及其他人民团体。改造的内容主要是组织学习马列主义基础知识、党的方针政策以及中国共产党的历史和理论。

基础教育方面，贯彻教育为社会主义革命和建设服务的方针，广东省对旧教育的培养目标、教学内容和方法进行改革，废除国民党政府推行的训育制度和旧的规章制度，让学校“向工农开门”；建立思想政治工作制度，组织学生参加政治运动和社会活动；建立人民助学金制度，彻底改变了旧社会贫苦人民教育受限的状况。

高等教育方面，广东省人民政府接办了全省公、私立大学19所。1950年，广州成立南方大学。这是新中国成立后中国共产党在华南创办的第一所新型大学，由毛泽东题写校名，叶剑英任校长。1950年5月，海南岛解放后，中共中央华南分局接管原海南大学，改为“南方大学海南分校”。1952年，全面进行院系调整，把全省普通高校调整为5所，即中山大学、华南工学院、华南农学院、华南医学院和华南师范学院。历史学家陈寅恪，文字学家容庚、商承祚此时均任教于中山大学。陈寅恪“心无桎梏，身无藩篱”，失明后仍不惮辛苦，钩稽沉隐，写成《柳如是别传》，其坚毅精神令学界钦敬。

1952年，广东各级各类学校在校学生达到365.1万人。其中，高等学校学生1万人，中等专业学校学生3.3万人，普通中学学生22.4万人，小学生338.4万人。由于人民政府贯彻了“教育为国家建设服务，学校向工农开门”的方针，扩大吸收工农子弟入学，同时也由于工农群众的生活水平逐步提高，学生中工农子弟的比重大大增加，全省参加学习的工农子弟达140多万人。[①]至1953年底统计，全省中学生中工农子弟占70.2%，小学生中工农子弟更是达到86%。

社会教育方面，中共中央华南分局和省人民政府极为重视提高工农大众文化水平和生产技能，兴办各种学校与培训班，让旧社会读不起书的广大劳动人民有接受教育的机会。当时，人民群众文盲率较高，广东全省农村有3030万人，文盲半文盲约占75%。各级政府结合实际，在工厂、农村、部队、街道开展了轰轰烈烈的扫盲运动。1952年，广东全省开始实验“速成识字法”，由于岭南地区方言众多，广东组织语言学专家座谈，研究用国音字母来拼广州话，帮助群众识字。群众积极性很高，不少地方涌

① 叶剑英：《广东省人民政府十个月来的工作报告》，广东省人民政府公报1951年9月30日。

现出“亲教亲，邻教邻，儿女教双亲”的盛况。通过多年努力，全省扫盲工作取得了显著成效。

科技方面，广东在新中国成立初期的主要任务是落实党对知识分子“团结、教育与改造”方针，组织科技队伍，接收与改建科研机构，妥善安置科技人员。1951年9月，广东省人民政府在政务院指导下决定在华南地区三年内种植橡胶400万亩。[①]此间，橡胶科研工作从无到有、由浅到深、从简单到复杂、从空白到辉煌，步步向前，为华南橡胶基地的创建提供了有力的技术保障。

新闻出版事业方面，广东是新中国较早建立无线电广播的省份之一。全省注重加强对舆论及出版业的管理，大力支持新闻事业和出版事业的发展，充分利用如广播电台、歌剧、舞蹈、电影等现代宣传工具，不断扩大覆盖面，到1956年底，全省共建广播站132个，充分保障了宣传思想战线工作的顺利展开。

文化事业发展方面。1949年10月，中共中央华南分局召开华南地区文艺座谈会。1950年3月，华南人民文学艺术学院成立。同年9月25日，华南文化工作者第一届代表会议召开。在此前后，广东相继成立音乐、戏剧、美术等许多艺术团体，艺术家纷纷到斗争第一线体验生活。1954年，岭南画派代表人物黎雄才奔赴抗洪防汛前沿武汉，创作了32米的长卷《武汉防汛图卷》，被美术评论界誉为“抗洪史诗”。

广东还积极开展人民群众喜闻乐见的文化活动，全省掀起社会主义文化建设高潮。从1950年起，各市、县陆续建立以辅导群众开展文化活动为任务的文化馆，由农民组成的业余剧团、文艺组、读报组、通讯组、创作组、幻灯组等开始在农村出现；大部分市、县原有的图书馆、博物馆恢复活动，新建一批新华书店，不断建立电影放映队和电影发行放映管理机构。这一时期的文化活动，紧密配合了当时的民主改革运动和抗美援朝战争，向全省人民进行反封建和爱国主义教育。1956年，全省农村电影队已发展至280个，农村俱乐部15 700个，农村业余剧团800多个。各市都兴建了一批文化设施，如文化馆、电影院、图书馆等，文化娱乐活动日渐活跃，逐步改变了旧社会文化艺术同劳动人民分离的状况。

---

① 参见《华南橡胶垦殖计划（草案）》，1951年11月10日。

在思想道德建设方面，广东一方面通过学校教育，逐步树立起爱祖国、爱人民、爱劳动、爱科学、爱护公共财物等思想观念；另一方面通过积极宣传抗美援朝中黄继光、邱少云等战士的英雄事迹，激发群众的爱国热情和社会责任感，在全社会形成了高度的爱国主义精神和民族自豪感。对投入国家建设、踊跃参与捐款捐物、报名支持前线，广东人民表现出了极大的热情。据统计，从1950年12月至1951年8月，仅广州市就有2.2万多人报考军事干校，被批准录取3271人，分送到各兵种；全省共有57万名青年志愿者报名参加各种军事干部学校，有6500多人志愿赴朝。1965年8月6日凌晨发生的东山岛“八六”海战中，广东饶平籍海军611号护卫艇轮机兵麦贤得头部中弹失去知觉，苏醒后因失血过多眼睛不能视物，仍坚持作战，直到国民党海军舰艇被击沉。麦贤得被国防部授予“战斗英雄”称号，成为备受尊崇的“钢铁战士”。

二、科教和文化事业的曲折发展

“文化大革命”期间，成千上万的知识青年上山下乡，接受贫下中农再教育。学校停课，整个广东只准办10所大学，并且要搬离城市，到农村或山区去办。从1966年至1970年夏，全省所有高等院校招生工作被停止。工宣队、军宣队、农宣队进驻学校及文化单位等维持秩序。1968年秋，全省又实行社办高中，小学附设初中班的办学体制，直至“文化大革命”结束后才被废除。

1977年，经国务院批准，全国恢复高考统一招生制度。广东省成立了高等学校招生委员会，设立办事机构，开始部署全省高等学校的招生工作。1978年6月24日至7月8日，全省教育工作会议在广州召开。这次会议主要是为了消除“文化大革命”给高等教育事业带来的严重负面影响，使教育工作回到正确道路上来。省委第二书记习仲勋在会上发言指出，“要恢复和建立各种必要的和行之有效的规章制度，建立正常的教育秩序”“要提高广大教师的社会地位和政治地位，要建立革命的尊师爱生关系”[1]。1978年10月16日，被迫停办8年之久的暨南大学举行复办后首届开

① 中共中央党史和文献研究院、中共陕西省委员会编《习仲勋年谱（第三卷）》，中央文献出版社，2024，第12页。

学典礼。

科技方面，广东克服重重困难，培养了一批科技人才。随着国家科学规划委员会和国家技术委员会在1958年合并成立国家科学技术委员会，广东省科学工作委员会（不久即改名为“广东省科学技术委员会”）也宣布成立。其后，广东各地区（市）、县科委陆续成立。1958年，广东建立了中国科学院广州哲学社会科学研究所（1980年更名为“广东省社会科学院”），著名哲学家杜国庠任所长。同年，建立了广东科学馆，并筹建中国科学院广州分院和地理、昆虫、土壤等10多个研究所。广东的科技人员在全省土壤普查鉴定、人工杂交育种、生物防治研究（如赤眼蜂生物学基础研究）、半导体器件、化纤等多方面的研究与应用上都取得了显著成就，一些新兴科学技术的研究也开始起步。其中，农业科学家丁颖对稻种起源、演变、分类、稻作区域划分、杂交育种等进行了系统研究，发表论文140余篇，主持选育出水稻优良品种60余个；林孔湘教授经多年研究，于1958年成功培育出世界上第一批无病毒的柑橘苗木；邵耀坚教授发明拖拉机叶轮，开了我国拖拉机水田作业的先河；赵善欢教授创立昆虫毒理研究室，建立了我国第一个杀虫植物标本园。在20世纪60年代中期，广东还是同位素和核辐射科研工作的先进省份之一。在利用甘蔗渣制造粘胶纤维，纺织纯普纤布、粘棉布的研究方面，广东也获得了成功。

尽管这一阶段的社会科学研究工作带有过度强调集体主义与协作、意识形态色彩过于浓厚等时代烙印，但是在一些问题上，广东的学者们还是敢于坚持真理，在研究中不乏真知灼见。著名经济学家卓炯在1961年公开撰写论文《论社会主义商品经济》，提出我国的社会主义经济是“有计划的商品经济”的观点，主张国家应该重视发展商品经济，重视价值规律的作用。

1965年，广东的独立科研机构发展至136个，干部员工近5万人，其中从事科研工作的有1.3万多人。1966年，广东贯彻执行“五七”指示，相继办起各种形式的“五七”干校，一批批干部和知识分子被迫离开机关、城镇，被下放到“五七”干校从事艰苦的体力劳动。尽管如此，科研工作仍在稳步发展。截至1977年，广东拥有全民所有制单位自然科学技术人员约18万人，约为1949年的36倍。1977年，广东省委和广州市委在广州联合召开向科学技术进军动员大会，要求把全省的科技工作尽快搞上去。科学技术工作重新得到应有重视，各地、市、县一些科研机构陆续恢复。

1978年3月18日至31日，全国科学大会在北京召开。这是我国在“文化大革命”结束之后召开的一次科学盛会。广东省华南工学院无线电工程系、广东化工学院合成氨还原催化剂科研组、中山医学院肿瘤研究所等333个先进集体，电子学家冯秉铨、昆虫学家蒲蛰龙等29位先进科技工作者受到大会表彰。在这次全国科学大会上，广东高等学校有82项科研成果获奖。同年5月，《实践是检验真理的唯一标准》一文发表。广东哲学社会科学界积极参加了这场具有重大历史意义的大讨论，对广东哲学社会科学研究冲破“两个凡是”的禁区、打破精神枷锁、推动思想解放有极大意义。

新闻报刊在动员群众、组织集体力量上具有关键作用。坚持在报纸上开展批评与自我批评、加强地方新闻报道，是这个时期广东报纸的特点。创立于1949年的中共中央华南分局机关报《南方日报》，与1957年创刊的中华人民共和国成立后第一张大型综合性晚报《羊城晚报》分别开设“南海潮汐”“五层楼下”小栏目，刊登群众来信，对不文明、不道德、不卫生等社会不良现象进行说理批评，同时发表一些表扬好人好事的稿件，在社会上产生了很大反响。

1956年5月2日，党中央“百花齐放、百家争鸣”方针正式提出，这一方针符合社会主义发展的客观规律，为文化事业的发展提供了根本保证，促进了文学艺术创作的繁荣。1956年5月，马师曾、红线女领衔的广东粤剧团，带《搜书院》等剧目上京汇报演出，备受瞩目，为粤剧赢得“南国红豆”的美誉。1957年，全国开展反右派斗争，文学、美术、音乐、戏剧等方面的许多创作者和作品受到了批判，极大挫伤了创作者的积极性，创作与演出均受到严重影响。1958年，正式投产后的珠江电影制片厂摄制了《渔岛之子》《南海潮》《七十二家房客》《大浪淘沙》《跟踪追击》等不少受群众欢迎的影片。广东电视事业起始于1959年，是继北京、上海实验性电视台后建成的全国第三家电视台，正式开播的当晚就播放了反映“二七”京汉铁路工人大罢工斗争史实的彩色故事片《风暴》，受到群众喜爱。1959年5月，岭南画派代表人物关山月与著名画家傅抱石在人民大会堂合作创作国画《江山如此多娇》，由毛泽东手书“江山如此多娇”于画作左上。女作家草明创作了《原动力》《火车头》《乘风破浪》等工业题材小说，被称为“20世纪50年代中国人的工业想象最重要的提供者和创

“南国红豆”

粤剧是岭南文化瑰宝。1956年5月，马师曾、红线女领衔的广东粤剧团上京汇报演出，备受瞩目，为粤剧赢得“南国红豆”的美誉。图为红线女1957年在粤剧《昭君出塞》中王昭君的造型照。

· 红线女艺术中心供图

造者”[①]。1962年，广东举办了第一届羊城音乐花会，舞蹈《草笠舞》在芬兰举行的世界青年联欢节舞蹈比赛中获金质奖章。截至1965年，全省已有群众艺术馆2家，公共图书馆27所，博物馆29家，文化馆101家，文化站13个，农村俱乐部141个。

文学艺术创作出现了新中国成立以来的第一个高峰期。潘鹤创作的雕塑作品《艰苦岁月》于20世纪50年代收编入全国小学课本。梁信的电影剧本《红色娘子军》（1960），杜埃的杂文集《乡情曲》（1961）和欧阳山的长篇小说《三家巷》（1959）、《苦斗》（1962），陈残云的长篇小说《香飘四季》（1963），吴有恒的长篇小说《山乡风云录》（1962），金敬迈的长篇纪实小说《欧阳海之歌》（1965）在全国产生了热烈反响。在中国散文界有“南秦北杨”之称的秦牧，创作的《土地》《天坛》《菱角的喜剧》等多篇文章入选中小学教科书，散文集《花城》（1961）和杂文评论集《艺海拾贝》（1962）深受读者喜爱。1965年，红线女主演的《山乡风云》成为粤剧现代戏的“里程碑”，享有“北看《红灯记》，南看《山乡风云》”的盛誉，为粤剧后来成为世界级非物质文化遗产作出了突出贡献。

“文化大革命”结束后，广东文化战线进入恢复时期。广东文艺界认真清理“四人帮”流毒，为思想解放提供了土壤，文艺创作焕发出新的生机和活力。经广东省委批准，恢复广东粤剧、潮剧、琼剧、汉剧四大剧院，恢复广州美术学院、广州音乐专科学校及广东舞蹈学校，使各类文化艺术人才有了成长和施展才华的空间。恢复在“文化大革命”中受到无理批判的文学、电影、戏剧、歌舞等文艺作品的出版、放映和演出活动，恢复了一批过去受“四人帮”压制的作家、艺术家、演员的名誉，使其重新走上工作岗位。《大浪淘沙》《羊城暗哨》等一批曾被打入“冷宫”的影片、文艺节目，重新和观众见面。此时，一方面，以萧殷为代表的文艺理论家为推动广东文学创作、培养青年作家竭尽心力，增强了广东人民对本土文化的认同感和归属感；另一方面，文艺界笔耕砚田，创作开始活跃。陈国凯创作的短篇小说《我应该怎么办？》成为“伤痕文学”的发轫之

① 彭圣钦、周晓虹：《现代性的再启与“工业中国”的想象：以20世纪50年代草明的工业小说为例》，载胡洁、周晓虹主编《集体记忆与多维叙事：比较视野下的社会科学研究》，商务印书馆，2023，第400页。

作，获1979年全国优秀短篇小说奖，陈金章、杨之光、梁世雄、林墉等画家，在美术教育与交流、融合绘画技法等方面，为中国画的教学、创作作出了积极探索，促进了文化的多元发展。

这一阶段，由于受到一些特殊因素的干扰，广东乃至全国的思想道德建设工作都受到一定程度的影响，但在艰难环境中，全省整体上依然保持着对良好思想道德风尚的追求与坚守。人们以集体的发展和建设为重要责任，积极投身于社会主义建设的各行各业。1959年，广州何济公制药厂的年轻女工向秀丽，为保护公共财产英勇救火而牺牲；1963年，广州军区战士欧阳海因舍身救列车而牺牲。这些先进典型和模范的选树、弘扬，为后来改革开放后的精神文明建设打下了基础。

第二节

科教和文化事业的春天与全面振兴

改革开放初期，广东围绕党的工作重心转移和经济社会发展，紧紧把握世界潮流与发展趋势，闯出一条富有地方特色的科技创新、教育腾飞、文化发展之路，成为全国精神文明建设的标杆。1992年至2012年，广东科技、教育和文化领域均取得重要成就。科技领域，以创新为导向，以发展高新技术产业、改造传统产业、建立与经济社会相协调的科技体系为重要目标，不断推进科技体制改革并取得重要进展；教育方面，先后提出“教育强省”“科教兴粤”战略；文化方面，提出从文化大省向文化强省跨越的重大战略，为提升广东文化软实力，以及经济社会持续健康发展提供了强大的精神动力、智力支持和思想保证。

一、科学技术是第一生产力

“文化大革命”结束后，我国迎来“科学的春天”。广东按照“科学技术工作必须面向经济建设，经济建设必须依靠科学技术”的发展方针，紧抓科技体制改革，强调科技与经济的结合、技术的引进与自主研究并举，依靠科技进步推动经济发展，为广东科技发展与经济起飞奠定了重要的基础。20世纪90年代以来，广东进一步引导科技与市场相结合，提出“科教兴粤”战略，增创科技新优势。进入21世纪，广东以建立科技强省和“创新型广东”为目标，争当科学发展观的排头兵，推动科技大步向前发展。

迎接“科学的春天”

“文化大革命”结束后，科技战线拨乱反正。1978年3月，全国科学大会明确了科学技术服务于现代化建设的思想。10月，中共中央正式转发《1978—1985年全国科学技术发展规划纲要》，明确提出“科学技术是第一生产力”“四个现代化的关键在于科学技术现代化”，确立“全面安排，突出重点”的科技发展方针。中共十一届三中全会进一步强调科学教育在国家建设中的重要性。此后，广东开始开展科技领域的整顿工作，推动经济与科技的结合，走出有广东特色的科技发展道路。

改革开放初期，广东快速提高科技水平的模式主要是依靠引进先进技术和设备。1978年8月，东莞县二轻局与香港信孚手袋制品公司签下了东莞第一宗来料加工企业合作合同，诞生了中国第一家“三来一补”企业——太平手袋厂。对外经济合作的“三来一补”模式催生出了广东独特的科技发展方式——“引进、消化、吸收”直至“集成创新”。[①]随着外贸经济开始大规模涌入珠江三角洲地区，广东比其他省份和地区更早接触世界先进的工艺、设备、技术和管理理念，也率先理解和接受科技与生产力、经济、市场的相互关系理论。“近水楼台先得月”，这对改革开放初期以及后来的广东发展极为重要。

1982年，国务院正式批准大亚湾核电站建设。这是我国首座利用境外技术和资金建设的核电站，是广东利用外资和技术推动科技发展的重要尝试。1983年底，广东制定引进先进技术的总体规划，提出到20世纪90年代初，一些重点行业、重点地区，如广州、佛山、深圳、珠海等城市的生产

① 周永章等：《创新之路：广东科技发展30年》，广东人民出版社，2008，第5页。

技术水平，大体上要达到20世纪80年代初期的国际水平。到20世纪80年代末，广东投入100多亿美元，引进约130万台（套）技术设备，并对引进的设备进行消化、吸收和创新研究，取得了显著的成果，大大提高了广东的技术水平，促进了一大批新兴产业的崛起。[①]

然而，单纯的技术和设备的引进不能从根本上解决广东的发展问题，科技与经济的结合仍面临巨大障碍。在计划经济体制下，国家对科研单位的管理方式存在着很大的弊端，经济、社会与科技发展相互脱节，严重影响了科研单位和科研人员的积极性，阻碍了科技进入经济主战场的进程。在经济体制改革全面推进的背景下，进行科技体制改革，促进科技与经济的结合，是这一阶段全国推动科技工作的重点。1982年9月，中共十二大明确强调了科学技术对促进经济发展的巨大作用，第一次把科学技术列为国家经济发展的战略重点。1985年，《关于科学技术体制改革的决定》正式提出“经济建设必须依靠科学技术，科学技术工作必须面向经济建设”的战略方针，全面拉开了中国科技体制改革的序幕。

广东积极落实中央战略部署。1983年，广东根据国家科委科研院所改革试点工作座谈会精神，开始整顿科研院所工作秩序，尝试将经济管理的方法和手段引入科研机构和高校，鼓励科研人员发挥自主能动性。广东以6个省属科研单位和12个广州市属科研单位为改革试点，探索科研单位逐步企业化、社会化路径，实行科技责任制、所长负责制等，有效激发了科研人员和科研机构的积极性。随着改革开放的深入，珠江三角洲地区兴起了一大批集体企业和民营企业，它们迫切需要人才与科技的支持。“星期六工程师”（亦有称“星期日工程师”）应运而生，并在全国引起热烈讨论。“星期六工程师”是指国有企业、高等院校或科研院所的工程师利用星期六、日去“炒更”[②]，为其他企业提供设计、技术咨询等服务。广东敢为人先，明确表态支持科技人员在不损害集体利益的前提下从事业余兼职活动，科技人员走向市场，成为后来“产、学、研合作”的雏形。“星期六工程师”这种灵活的人才引进方式，造就了珠江三角洲地区无数乡镇企业的发展奇迹，广东因此成为我国人才市场机制发育最早的地区之

① 中华人民共和国科学技术部编《中国科技发展60年》，科学出版社，2009，第889页。
② 粤语方言，指利用业余时间赚外快。

一。[1]1986年，广东通过《广东省技术市场管理规定》，这是全国第一部关于技术市场管理的地方性法规，标志着广东技术市场开始走上有序发展的轨道。[2]

当很多地方还在讨论劳动力是不是商品的时候，广东已率先成立了人才交流中心，出台了对科技人员的重奖政策。1986年2月4日，深圳出台我国第一部鼓励科研人员兴办民间科技企业的地方性规定，吸引了全国各地许多优秀人才。1992年，珠海重奖科技人才之举更是开全国之先河，对当时科技奖励体制是有力的突破。3月9日，珠海三位获得特等奖的科技人员从珠海市市长手中接过小轿车钥匙、住宅产权证书和丰厚奖金。消息传出，在全国范围内引起震动，推动了在全社会范围内形成“尊重知识，尊重人才”的良好风气，掀起了重科技、重人才的大潮。全国各地科技人才和务工人员“孔雀东南飞”涌入广东，为广东发展贡献力量。

1986年，党中央、国务院批准中国依靠科学技术促进农村经济发展的计划，即“星火计划”，主要任务是依靠科技振兴农村经济，把先进适用的科技成果向农村推广，引导乡镇企业健康发展。[3]同年，广东顺德北滘镇成为国家科委批准确认的第一批“星火技术密集区”之一，率先实施“星火计划”。该镇以“生产—加工—销售—服务”一条龙模式，建立超千万元产值的镇办企业近30家、超亿元产值的7家，到20世纪90年代初步实现了农村工业化。1992年，北滘镇成为全国首个国家级星火科技产业示范镇。其后，国家科委批准在该镇建立国内第一个国家级星火科技城，为全国“星火计划”的深入实施树立新的样板。[4]

1988年8月，国家科委正式组织实施以发展高新技术产业为目标的“火炬计划”。广东坚持外向带动战略，以市场为导向、企业为主体、科技为依托、经济效益为目标，在“火炬计划”的实施中走在全国前列，高新技术成为广东科技发展的重要支撑。同月，珠海成立的亚洲仿真公司，

① 周永章等：《创新之路：广东科技发展30年》，广东人民出版社，2008，第8页。

② 中华人民共和国科学技术部编《中国科技发展60年》，科学出版社，2009，第888—889页。

③ 万钢主编《中国科技改革开放30年》，科学出版社，2008，第92页。

④ 广东省科学技术厅、广东科技信息中心编著《御风搏浪立潮头：广东科技发展六十年》，广东人民出版社，2009，第67页。

是“火炬计划”第一批重点高新技术企业之一。1990年创办的中山火炬高新技术产业开发区，是中国首批国家级高新技术产业开发区之一。1991年，经国务院批准，深圳市政府和中国科学院共同创办的深圳科技工业园成为我国首批国家级高新技术产业园。此后，广东有重点、有步骤地推进高新技术和高新技术产业的发展，建立起一批国家级和省级高新技术产业开发区和珠江三角洲地区高新技术产业带。广东加快发展高新技术，产业结构不断优化升级，成为重要科技大省。

探索科技强省之路

1991年7月，为进一步加强科技和经济的相互作用，广东率先提出“第一把手抓第一生产力”，出台《关于依靠科技进步，推动经济发展的决定》，把发展科技放在经济和社会发展的首要位置。广东由此迈入了依靠科技进步推动经济发展，从劳动密集型经济增长方式向技术密集型经济增长方式转型的新轨道。1993年起，广东开展第二轮科技体制改革试点工作，重点进行科技系统的结构调整，促进科技队伍充分发挥作用，开展技术经济承包责任制，有效促进科技与经济、市场的结合。1995年，省委、省政府召开全省科学技术大会，要求进一步深化科技体制改革，建立新型科技体制，全面推动科技面向经济建设主战场、促进高新技术产业发展、加速科技成果向现实生产力转化。

广东利用前期优势积极进行科技体制改革和科技创新，以建立和发展高新技术产业开发区为主要突破口促进经济发展。1993年，广东出台《关于扶持高新技术产业发展的若干规定》，全省开始逐步有计划、有重点地发展电子信息、生物技术、新型材料、精细化工等领域的高新技术产业。广州高新技术产业区、中山火炬高技术产业开发区升级为国家级高新区，珠江三角洲地区高新技术产业带被批准为全国高新技术产业带，一批省级高新区加速培育形成，吸引了一大批高新技术项目入区。[①]1999年，由中国对外贸易经济合作部、科学技术部、信息产业部，深圳市人民政府，中国科学院共同主办的首届中国国际高新技术成果交易会（简称“高

① 张志强主编《高新技术企业创新发展政策与认定实务》，暨南大学出版社，2022，第43页。

交会”）在深圳举行。首届高交会以国际计算机、通信、网络产品展为主题，包含高新技术产品展示和交易、高新技术论坛三部分内容，被视为深圳乃至全国发展高新技术产业的一个里程碑。[①]

与此同时，广东民营科技经济快速发展，民营科技企业和民营科技园区迅速崛起，技术市场进一步形成。1989年，广东颁布了全国第一个民办科技机构管理方面的地方性政府行政规章《广东省民办科技机构管理规定》；1994年通过的《广东省民营科技企业管理条例》，是我国第一个民营科技企业管理的地方性法规。这两个“第一”的出台，有力地调动了科技人员的积极性、推动了民营企业和科技的发展、促进了科技与经济进一步紧密结合，在解放生产力、促进经济发展方面发挥了重大作用。20世纪90年代，广东涌现了华为、中兴、美的等一大批具有发展潜力的民营科技企业，其经济活动覆盖国民经济的主要行业，[②]成为广东经济的生力军。

1998年5月，广东明确提出“科教兴粤”战略，把发展高新技术产业作为第一经济增长点。9月，省委、省政府出台《关于依靠科技进步推动产业结构优化升级的决定》，强调增创科技新优势，掀开了新一轮科技体制改革的序幕。广东积极推进科技创新战略，推动企业成为技术创新的主体，发挥高等院校和科研机构的科技依托作用；进一步深化科技体制改革，推动科研机构和科技人员进入经济建设主战场；继续办好现有国家级、省级高新技术产业开发区，支持建设大学科技园、留学人员创业园、虚拟大学园和高新技术成果中试基地，并以此为依托聚集一批人才、科研成果和科技中介服务机构；建立多渠道、多层次的科技投入机制等。深圳市政府率先联合国内外高校建立虚拟大学，开创了产学研合作模式，开启了“科教兴粤”战略的新方向。

1999年6月，省政府颁布《广东省深化科技体制改革实施方案》，提出“稳住一头，放开一片”，以放为主，推动科研机构和科技人员进入经济建设和社会发展主战场，加速科技成果转化和高新技术产业发展，克服计划经济体制下经济与科技“两张皮”的现象。广东高新技术产业逐渐成为第一经济增长点。截至2001年，广东初步形成了以广州、深圳为龙头，

① 中共深圳市委党史文献研究室、深圳市人民政府地方志办公室编著《深圳科技创新四十年》，广东人民出版社，2020，第479页。

② 周永章等：《创新之路：广东科技发展30年》，广东人民出版社，2008，第111页。

以高新技术产业开发区为重点，带动东西两翼和山区发展的高新技术产业发展格局，全省高新技术产品产值达3500亿元，专利申请量、授权量连续多年居全国首位，科技对经济的贡献率从1995年的39.62%上升到2001年的45.17%。[①]到2003年，广东已成为全国高新技术产业园区最多的省份，广东科技进入快速发展时期。

改革开放初期，广东凭借毗邻港澳的地理位置以及先行开放的优势，乡镇企业蓬勃发展，催生出一批具有明显专业特色的乡镇。进入20世纪90年代后，省政府明确推动专业镇产业结构调整和优化，大力扶持专业镇建设。2000年3月，省委、省政府率先提出“积极开展专业镇技术进步试点工作”。同年，省科技厅正式启动“专业镇技术创新试点工作”。至2003年底，全省71个专业镇均已建立技术创新平台。在实施专业镇技术创新试点中，各镇根据本地区特色产业特点，吸引一大批大学、研究院所与镇政府或企业合作，如中山小榄镇与国家“863项目”单位合作开展信息化建设，并分别与北京大学、吉林科技大学联合开展多项技术开发；佛山张槎镇与东华大学纺织学院建立技术、人才培养合作关系；东莞石龙镇与华南理工大学、广东工业大学建立产学研联盟，有效解决企业技术创新人才缺乏问题。[②]科技因素成为专业镇转型升级的有力支撑。中山古镇发展成为全球知名的灯饰生产基地，佛山大沥则是铝材行业的领头羊。

“科教兴农”“科技兴贸”是“科教兴粤”战略的重要组成部分。1996年1月，中央召开农村工作会议，提出实施“科教兴农”战略。广东制定的科技“十五”计划将加强农业科技创新、促进农业产业化列为重点任务。到2002年，广东攻克一批农业领域的关键技术，形成并推广一批重大技术和成果，科技服务“三农”水平不断提高。1999年，外经贸部和科技部共同提出实施“科技兴贸”战略。2000年，广东省外经贸厅和科技厅共同制定了《广东省科技兴贸实施方案》，首次提出发挥科技及高新技术产业与外经贸结合的优势。高新技术产品出口成了新的增长点，高新技术产品出口份额越来越大，在全省外贸出口中所占比例也越来越高。

科技发展离不开人才支撑。广州在全国首创人才交流盛宴——中国

① 广东年鉴编纂委员会编《广东年鉴·2002》，广东年鉴社，2002，第330页。
② 广东省科学技术厅编《广东科技年鉴2004》，广东人民出版社，2005，第339—340页。

（广州）留学人员科技交流会（简称“留交会”）。1998年12月，广州市人民政府举办了第一届留交会，引起海内外广泛关注，被称为“智力广交会”。据统计，在第一届留交会上，接洽项目479个、签订合作意向书14份、项目意向投入资金超过2200万元人民币和300万美元。2002年，中共广东省第九次代表大会再次强调“科教兴粤”战略，重申科技先行、教育为本，增强自主科技创新能力和核心竞争力。2002年底，突然发生的“非典”疫情使广州成为抗击“非典”的第一战场。2003年4月，广东省政府成立防治“非典”科技攻关领导小组和由医疗、科技、教育战线著名专家组成的专家委员会，开展防治“非典”联合科技攻关，取得了重大成果。2004年，全省“科技·教育·人才”大会，强调科技是关键、教育是基础、人才是保证，将科技、教育、人才一体化。

科技强省与“创新型广东”建设

进入21世纪后，经济全球化和经济知识化步伐不断加快，科技发展日新月异，科技支撑和带动经济社会发展的作用日益明显，科技创新能力已经成为国际竞争力的主导性因素。2003年，广东进入了转变经济增长方式，率先实现科学发展的崭新阶段。2004年，广东出台《中共广东省委、广东省人民政府关于加快建设科技强省的决定》，提出广东发展的关键在科技。2005年，广东省与教育部、科技部启动了“两部一省”产学研合作项目，引导和支持全国高校、科研机构与广东产业界开展自主创新全面合作。2007年6月27日，广东省、教育部、科技部产学研结合工作会议在广州召开，教育部、科技部、广东省政府以及来自广东省内外的167所高校参与其中，是中华人民共和国成立以来最大规模的产学研结合盛会。“两部一省”产学研合作项目利用国内高校的科技资源，与国内最大、最活跃的省级经济实体相结合，实现优势互补、强强联合，是在广东“星期六工程师”“孔雀东南飞”等产学研结合经验基础上的再创新、再发展，充分发挥了科技推动经济社会发展的重要作用。

2005年10月，广东省委、省政府颁布《关于提高自主创新能力提升产业竞争力的决定》，确定了构建“创新型广东”、实现从制造大省向创新大省转变的基本战略取向，核心是转型——转变发展观念、创新发展模式、提高发展质量、增强发展动力，在广东建设一批国家创新型城市，发展一批创新型企业和产业集群。2008年，全省科学技术大会把“创新型广东”的建设提到了前所未有的高度，为推动广东科技的创新和发展增添了动力，使广东成为继北京、上海之后全国第三个科技创新中心，也是企业技术创新能力最强的地区。[①]2012年，党中央、国务院召开全国科技创新大会，提出“到2020年建成创新型国家”的战略目标。广东以建设“创新型广东”为目标，以改革创新为动力，着力推进科技体制改革，着力建设区域创新体系，着力推进协同创新，着力促进科技与经济相结合，切实增强科技进步和创新在稳增长、调结构、转方式、惠民生中的支撑引领作用。[②]

1978年至2012年，广东的科技体制改革不断深化，科技队伍日益壮大，科研机构迅速发展，科技投入大幅增长，技术市场日益繁荣；创新意识不断增强提高，传统产业结构不断调整升级，高新技术产业和战略性新兴产业发展迅速，形成了一定规模。科技领域取得的显著成绩，为广东经济发展提供了重要支撑。2012年，广东省综合科技进步水平指数为70.89%，处于全国发展第一类，高于全国当年平均水平（60.28%）。[③]

二、从“缺学上”到“有学上”再到“上好学”

教育是一个民族最根本的事业。1982年，中共十二大把教育和科学作为今后20年经济发展目标的三大战略重点之一，提出“必须大力普及初等教育，加强中等职业教育和高等教育”。广东高度重视教育事业的发展，1994年、1996年，先后提出“教育强省”“科教兴粤”战略。迈入21世纪，广东教育开始构建惠及全民的公平教育体系。广东教育阔步前进，实现了从“缺学上”到“有学上”再到“上好学”的显著变化。

教育重振与体制改革的启动

粉碎“四人帮”后，广东加快重建基本教育制度，对中小学教育、

① 蒋斌、梁桂全主编《敢为人先：广东改革开放30年研究总论》，广东人民出版社，2008，第285页。

② 广东省科学技术厅编《广东科技年鉴2013》，广东人民出版社，2014，第6—15页。

③ 科学技术部发展计划司：《2012年全国及各地区科技进步统计监测结果（一）》，《科技统计报告》（总第536期），2013年5月30日。

中专教育以及高等教育进行调整和改革，教育事业逐步走上正轨。1978年，省委作出《关于当前中小学教育工作几个问题的决定》，对全省的普教事业进行全面调整，减少学校数量，清除教育“虚肿”现象，把初中两年制、高中两年制逐步恢复为三年制，收回被占的大部分校园校舍，并逐年增加教育经费。1981年1月，广东召开全省中专教育工作会议，调整中专教育的布局、规模，提高办学水平和质量。1983年，广东把“文化大革命”时期畸形发展的部分普通高中改办为职业高中，或者在普通中学开设职业高中班；有计划地把农村相当部分的普通中学改为农（职）业技术中学，并新建一批职业中学。全省复办、合办、新办了许多高等院校；重新恢复的高考制度确立了选拔人才的公平竞争原则，调动了广大青年学习知识的积极性，教育事业焕发了生机和活力。

1983年，广东尝试施行分级办学、分级管理的教育管理体制。同时，广东率先突破传统教育投资体制，采取政府财政拨款与多元化集资、接受外资捐资办学等相结合的方法，形成多元化教育投资体制。1985年出台的《中共中央关于教育体制改革的决定》，为教育体制的全面改革指明了方向。广东积极贯彻部署，要求用抓经济工作的劲头，扎扎实实抓好教育体制的改革。1988年，中共广东省第六次代表大会提出要把振兴教育放在经济发展战略的首要位置。同年，省委、省政府作出《关于普通教育体制改革的决定》和《关于高等教育体制改革的决定》，确立了广东教育改革和发展的战略目标和方针政策。

在普通教育改革方面，广东于1984年开始开展普通教育办学体制改革的试点工作。是年，广东小学五年制开始恢复为六年制。1985年底，全省基本普及小学教育。自1986年开始，广东全面开展基础教育办学体制改革。1988年，广东明确各级政府对管辖地区教育事业的责任和管理职权，实行分级办学、多方办学的体制，从国家、集体、社会、个人等多渠道筹集教育经费，实行“谁办学，谁管理，谁负责经费”的原则。广东普通教育的管理权和办学权逐步形成了以县、乡为主的格局。分级办学、分级管理的教育管理体制充分调动了各级政府、民众和旅外乡亲的办学热忱，不少港澳同胞和海外华侨回乡捐资兴建学校。

1985年，中央提出要实施九年制义务教育。1986年，广东制定《广东省普及九年制义务教育实施办法》，对义务教育的投资作出相应规定，在学校内部管理体制方面，扩大学校的自主权。实践表明，“地方负责，分级管理”的体制，显示出巨大的激励功能，充分调动了地方和社会投资办学的积极性，保证了普及九年制义务教育（简称“普九”）任务顺利进行。“普九”是广东普通基础教育的一次重大行动，是从初等教育水平提升到中等教育水平的关键转变，意义重大。1987年9月，广东省教育厅将全省普及九年制义务教育分为三个阶段。第一阶段是示范带动阶段。1988年前巩固“普及小学教育”和在此基础上发展“九年制义务教育”，突出发挥珠江三角洲的重点试验区作用。第二阶段是稳步推进阶段。省教育厅于1989年3月提出“积极、求实、协调发展教育事业”的原则，1990年2月又提出“持续稳定、协调发展教育事业”的方针。1991年，省教育厅提出到1995年全省有64%的县（市、区），即占人口61.3%的地方，普及九年制义务教育，到2000年全省全部完成普及九年制义务教育。第三阶段是全面实现普及九年制义务教育目标阶段。1992年底，省政府提出全省争取在1997年普及九年制义务教育。1994年8月，国家教委到广东调研，提出希望广东能在1996年实现基本扫除青壮年文盲、基本普及九年制义务教育（简称“两基”）。广东顺利于1996年提前完成了九年制义务教育普及，成为全国首批完成“两基”的省份。当时，全省适龄儿童入学率达99.75%，小学毕业生升学率为96.18%，13周岁至15周岁适龄人口初中入学率为96.1%，17周岁人口初中教育完成率为95.4%。

在职业技术教育方面，广东继续调整中等教育结构，大力发展专科教育和高等职业技术教育。广东职业技术教育初奠根基时，出现了教育部门办学、劳动部门办学、经济业务部门办学、企业办学、教育部门与有关部门联合办学等多种形式办学的局面。民革、民盟、民进、农工、致公等民主党派，政协以及工会、校友会等社会团体也积极参与职业技术教育办学。此外，海外华侨和港澳同胞积极捐建职业高中。到1992年，广东全省共有普通中专学校182所、职业高中556所、中等师范学校45所、技工学校145所，逐步形成了一个从初级到高级、行业配套、结构合理且与普通教育相互沟通的职业技术教育体系，既扩大了教育的总体规模，又使教育结构得到了历史性改变，特别是中等职业技术教育的发展，优化了高中阶段教育的结构。

在高等教育改革领域，20世纪80年代初，广东出现了中心城市办大学的热潮。南粤大地先后创办了一系列高质量的综合性高等学校，对我国高等教育的改革和发展起到了先行一步的示范作用。这一热潮实际上是对改革开放前高等院校由中央、省二级办学体制的重大突破，形成中央、省、市（地区）三级办学的新体制，广东省政府管理高等教育的权限进一步扩大。为适应经济特区建设和中心城市建设的需要，汕头市于1981年创办汕头大学，深圳市1983年创办深圳大学。1985年以后，地方性大学实行省市共管、以省为主的管理体制。截至1996年，各中心城市创办普通高等学校达到14所，与地方经济社会发展紧密相连，为广东高等教育事业和地方经济社会发展作出了重要贡献。高等教育管理体制改革的方向是改善政府对高等院校的宏观管理，扩大院校的办学自主权。1984年7月，汕头大学决定在人事制度方面进行重大改革，从校长到一般教职员工均实行聘用合同制。高等院校在招生分配、专业调整、科研开发、干部任免、教师聘用、经费筹措与使用、对外学术交流等方面拥有较大的自主权。1988年5月，广东省委、省政府颁布了《关于高等教育管理体制改革的决定》。广东高等教育体制通过深入改革，发展提速，为全省经济社会发展需要的人才支撑和智力资源提供了保障。

1988年，在省委宣传部、南方日报社、羊城晚报社、广州日报社联合举办的“广东改革开放10件大事”评选活动中，“改革旧体制，教育迈新步”成功入选，充分体现了广东教育事业的新面貌和新发展。

全面深化教育体制改革

20世纪90年代，广东的教育水平与经济发展相比有“两个不”：一个是教育的发展不适应经济的发展；另一个是广东教育在全国的地位与广东经济在全国的地位不相称。1993年，中共广东省第七次代表大会提出把优先发展教育、全面提高劳动者素质作为广东实现现代化的七项主要措施之一，并对教育体制改革、教育事业发展的目标、提高教育质量、增加教育投入、提高师资的素质和教师的待遇等问题作了明确的规定。1994年11月，全省教育工作会议召开，出台了《中共广东省委、广东省人民政府关于教育改革和发展的决定》，提出建设教育强省的战略决策。1996年，广东省委作出“科教兴粤”战略决策，将努力提高科技教育水平，作为广东努力走出一条符合中国国情、具有广东特点的社会主义现代化建设路子的重要途径。1998年，中共广东省第八次代表大会鲜明地指出，“科技兴粤战略，就是科技先行，教育为本”，要“坚持教育优先的方针，力争再经过五年的努力，使广东进入教育强省的行列”。[①]

首先，在基础教育、高等教育以及职业技术教育领域深入开展改革。

基础教育领域，1994年广东省委、省政府颁布《关于教育改革和发展的决定》，逐步完善“分级办学，分级管理”制度，巩固和完善以县为主的农村义务教育管理体制。2000年税费改革后，取消农村教育集资和农村教育附加费，农村义务教育逐步纳入财政预算。2001年，广东率先探索实施义务教育“两免一补”政策，逐步实施免费义务教育政策。到2002年，基础教育“地方负责，分级管理”的体制基本落实了以县为主的格局，人事管理和学校管理已上移到县，政府财政确保教师工资等工作基本得到落实。2007年，广东农村义务教育免除课本费，比全国提早一年实现农村免费义务教育。2008年，全省城乡义务教育免除学杂费，全面实现免费义务教育，比全国提早半年实现全面覆盖。

高等教育领域，改革主要从原来部门、行业办学的体制下形成的条块分割、专业重复、学科力量分散等弊端入手，建立起“中央和省两级管理、以省为主”的新体制。率先探索“共建、合并、划转、协作、合作”等基本改革途径，对学科相同或相近以及能互相包容的部分学校进行合并组建，形成了一批高质量的高等院校。1993年，广东与国家教委共建中山大学、华南理工大学，与农业部共建华南农业大学，与卫生部共建中山医科大学；1994年，与国务院侨务办公室共建暨南大学；2000年，与卫生部共建广州中医药大学。13所部委属或省属、市属学校合并为9所。2001年，中山大学与中山医科大学合并，组成新的中山大学，形成了文理医工农艺综合发展的学科架构。

职业技术教育领域，改革的主要任务是逐步加强统筹安排，以地级市为单位，统一规划各类职业技术学校的设置布局、发展规划和专业布点，引导和支持行业之间、部门之间、学校之间合作办学和联合办学，实现资源优化配置，更好地为经济建设服务。

① 中国共产党广东省第八次代表大会报告《增创新优势，迈向新世纪，全面推进广东现代化建设》，载广东省档案馆编《改革开放三十年重要档案文献·广东卷》，中国档案出版社，2008，第1017、1023页。

其次，在各阶段教育中开展教育教学制度改革。

教材建设方面，国家教委早在1988年就设想用四五年时间逐步编写出适应现代化需要的、符合我国国情的、质量较高的几种不同类型的教材。1992年由广东组织编写的沿海版中小学文科教材通过国家教委的教材审定会审定。专家们普遍认为这套教材富有时代感和沿海开放地区的特色，在编写体例、内容结构和教学方法等方面均有重大突破。[①]2001年国务院通过《基础教育课程改革纲要（试行）》，明确规定："实行国家基本要求指导下的教材多样化政策，鼓励有关机构、出版部门等依据国家课程标准组织编写中小学教材。"至2005年，广东省已有22个科目的新教材通过立项和编写审查[②]，可在全国使用，科目数在全国各省中名列前茅。

义务教育方面，广东在加强和增设地方特色课程、选修课程、活动课程和开展综合课程研究和实验上，较早起步进行探索。2001年6月，教育部相继颁布《基础教育课程改革纲要（试行）》等一系列文件，正式启动基础课程改革实验工作，构建面向21世纪的教育课程体系，确立符合素质教育要求的课程、内容、目标与标准，改革教学手段与方法。按照教育部部署，广东积极推进基础课程改革实验，全面实施素质教育。2004年，全省义务教育阶段起始年级全部实施新课程改革实验，比全国提前了两年。

普通高中方面，2003年12月，根据《教育部关于开展普通高中新课程实验工作的通知》，广东成为全国首批普通高中新课程实验的省份之一。从2004年秋季开始，全省所有普通高中的一年级全部开展新课程实验。开展新课程改革实验以来，省教育厅先后制定了涵盖教学管理、课程设置、教学评价和教学行为等方面的指导性意见，建立对普通高中教学水平进行专项评估的教学督导评估制度，促进和保障了全省高中新课程实验顺利开展。

高等教育方面，广东省委、省政府颁布《关于教育改革和发展的决定》（1994年）、《广东省教育现代化建设纲要实施意见（2004—2010年）》，提出高等教育教学改革的方向和策略，从强调适应经济社会发展

① 《广东教育界也出了"拳头产品"中小学沿海版教材打响 全国教材审定会给予好评》，《羊城晚报》1992年5月27日，第A1版。

② 《重组转制 打造"龙头"——广东省出版集团公司改革发展纪实》，《人民日报》2005年9月10日，第2版。

的需要，转为更加重视培养学生的全面发展和创新精神；实施深化教学改革的“一三五二工程”①，推进全省高等学校名牌专业建设计划，开展精品课程建设。

职业技术教育方面，为了培养学生的职业道德和实际操作能力，广东实行学历教育与技能培训相结合、全日制与业余制相结合、职前教育与在职培训相结合的办学模式，着力打造具有广东特色的职业技术教育。

推进教育强省建设

进入21世纪以后，义务教育改革的重点是推进义务教育均衡发展，提高义务教育质量。为实现义务教育均衡发展，广东着重加强农村学校和城市薄弱学校建设，缩小校际办学条件差距，加强教师队伍建设，促进学校师资均衡配置。同时，广东强调规范办学行为，要求不得将学校分为重点和非重点学校，完善义务教育就近入学制度，积极推进素质教育。作为全国外来务工人口输入大省，切实解决进城务工人员随迁子女等群体公平接受义务教育问题，成为广东推进教育均衡的重大课题。广州、深圳、东莞、中山等地市推出了“积分入学”“租购同权”创新政策，保障进城务工人员随迁子女的合法教育权利。小榄镇作为中山市的经济较发达镇，拥有大量工商企业，外来务工人口数量庞大。长期以来，进城务工人员随迁子女读书难问题突出。小榄镇大胆进行制度创新，2007年首创进城务工人员随迁子女“积分入学”制度，积极解决他们的入学难问题，产生了良好的社会效应和示范作用。2012年，广东推行义务教育阶段学籍与户籍分离管理办法，保障进城务工人员随迁子女平等接受义务教育权利。2012至2013学年初，全省158.5万进城务工人员随迁子女入读义务阶段公办学校，占进城务工人员随迁子女总数的52.7%。②

20世纪初，广东部分较发达城市已率先普及高中阶段教育。但全省高中教育发展不平衡，总体规模偏小，结构不尽合理，教育资源短缺，优质学位紧张。中等职业技术教育发展相对滞后，未能满足经济社会发展对

① “一三五二工程”即编写100种具有广东特色和国内先进水平的教材，建设300门达到国内先进水平的省级重点课程，建设500个产学结合的校外实习基地，取得20个在全国有较大影响、对提高教学质量有较大促进作用的优秀教学成果。

② 广东年鉴编纂委员会编《广东年鉴·2013》，广东年鉴社，2013，第319页。

技能型人才的需求。为此，广东省委、省政府制定了新的基础教育发展规划，通过扩大普通高中教育办学规模，大力发展中等职业技术教育，落实和完善政府统筹、分级管理、以县为主的高中阶段教育管理体制，加强普及高中阶段教育保障能力建设以及加强高中教师队伍建设，来加快实现全省普及高中教育的步伐。2010年，广东高中阶段学校招生177.92万人，户籍适龄人口毛入学率86.2%，提前一年实现省委、省政府提出的全省基本普及高中阶段教育的主要目标。[①]到2012年，广东拥有高中阶段学校1782所，高中阶段在校生464万人，毛入学率95%，规模居全国第一。[②]

通过优化整合，广东职业技术教育取得长足发展。2006年9月，广东提出以服务社会主义现代化建设为宗旨，以市场需求和劳动就业为导向，以提高劳动者职业技能为根本的职业教育发展方向。2007年，广东进一步作出加快普及高中阶段教育的决定，把发展中等职业技术教育，加快培养技能人才和高素质劳动者作为经济社会发展的重要基础和教育工作的战略重点。中职教育规模不断扩大，增速超过全国平均水平。办学特色更加鲜明，布局结构优化，办学实力增强。2009年，广东中等职业技术教育零学费入学、零距离上岗人才模式改革成为全国先进典型。2011年，广东中等职业技术教育发展规模全国第一。在中等职业技术教育跨越式发展的同时，广东的高等职业技术教育事业也高歌猛进，教育规模和质量都有了显著提高。通过兴办大学园区为高等职业技术教育拓宽发展空间，民间资本纷纷进入高等职业技术教育领域。到2010年，广东高等职业院校已达88所。

高等教育迈向大众化，广东建立起一批高水平大学。1994年，广东省委、省政府明确高等教育以内涵式发展为主，逐步扩大办学规模，提高办学质量。1999年，广东高等学校开始扩大招生，此后一直保持着快速发展态势。2002年，高等教育毛入学率从1998年的8.1%提高到15.3%。[③]自此，广东高等教育进入大众化时代。1997年至2002年，广东普通高校由42所增加到71所，并在世纪之交率先在珠海创办了大学园区。之后，深圳、东莞、佛山都建立了各具地方特色的大学园区。2003年启动的广州大学

① 广东省教育厅编《广东教育年鉴2011》，中山大学出版社，2012，第214页。
② 广东省教育厅编《广东教育年鉴2013》，中山大学出版社，2014，第265—272页。
③ 广东年鉴编纂委员会编《广东年鉴·2003》，广东年鉴社，2003，第110页。

城，是21世纪广东推动高等教育实现跨越式发展、加强华南地区高级人才培养的重要举措。2004年9月，中山大学、华南理工大学等10所高校首批4万多名师生进驻。一流的规划设计、硬件设施和生态环境，使广州大学城蜚声全国，有“中国最好的大学城”之誉。随着高校办学空间的拓展、招生人数的增加，广东高等教育入学率显著提高，高等教育大众化成果斐然。

建设高水平大学是国家高等教育发展的重要目标。“九五”和“十五”期间，广东加大力度投入专项资金支持7所高校[①]“211工程”建设。“985工程”实施后，广东又于2001年与教育部签订重点共建中山大学和华南理工大学的协议。到2003年，“985工程”共投入建设经费16亿元，其中中央财政5亿元，省财政11亿元。同时，为加大高层次创新人才培养力度，广东省教育厅实施高校“高层次创新人才工程”，主要包括“千百十工程”和“优秀青年教师资助计划”“珠江学者特聘教授岗位计划”三个层次的人才培养与支持体系。1995年，广东“千百十工程”启动，旨在全省高校培养1000名30至40岁的校级学术骨干、100名45岁左右的省级学术骨干、10名国家级学术带头人。1996年，广东开始实施“优秀青年教师资助计划”，吸引、稳定和培养广东高等教育优秀青年骨干和学科带头人，提升教师队伍整体素质。1999年，广东启动“珠江学者特聘教授岗位计划”，以培养和造就具有国内外领先水平的学科带头人和学术大师，使之成为两院院士的后备梯队。

三、中国特色社会主义文化繁荣发展

文化是民族的血脉，是人民的精神家园。改革开放后，广东文化体制得以恢复和重建，各项文化事业重上正轨。2002年，广东提出“建设文化大省”的战略决策，2012年又提出“实现从文化大省向文化强省跨越”的重大战略。广东文化事业一步步繁荣向上，文化产业蓬勃发展，精神文明和思想道德建设成效明显。

① 1998年，中山大学、华南理工大学、中山医科大学（后并入中山大学）、华南农业大学、暨南大学、广州中医药大学、汕头大学实施了“211工程”建设。

各项文化事业重上正轨

新闻出版方面，1979年广东公开发行的报纸仅有8种，内部发行（持地方准印证）的报纸不到70种。[①]改革开放的大潮推动了广东传媒业的全面复苏。广东报刊形成了以党报为主导，多层次、多样化的报刊出版格局。《南方日报》作为广东省委机关报，坚定不移地宣传党的方针政策，推动改革开放。1980年2月15日，《羊城晚报》复刊，以“播火者”的形象和平民化的风格很快一纸风行，成为广东新闻领域改革发展的重要标志。1982年5月24日，全国第一家特区报《深圳特区报》创刊。此后，《珠海特区报》和《汕头特区报》先后创办。至1993年，广东公开发行的报纸增加至120多种，内部发行的报纸超过280种。广东报纸数量位居全国第三。[②]

广播电视方面，1980年10月20日，在广东省广播事业管理局统一领导下，设置广东人民广播电台、广州人民广播电台、广东电视台，节目丰富多彩，具有鲜明的中国特色和浓郁的地方特色。1986年12月，中国第一家大众型、服务型新型电台——珠江经济广播电台正式开播。这是第一家采用大板块主持人直播的电台，令人耳目一新，其创造的广播方式被称为“珠江模式”。

1987年3月，广东省新闻出版局成立，管理全省图书报刊的出版、印刷、发行工作。此后，各市成立相应新闻出版机构，全省形成比较健全的新闻出版管理格局。广东出版行业分工日趋明显，形成综合、科技、文艺、美术、地图等多个门类的图书出版格局，除广东人民出版社之外，广东科技出版社、广东省地图出版社、岭南美术出版社、花城出版社等出版社纷纷成立。

文学艺术是精神文明建设的重要力量。“文化大革命”结束后，广东很快恢复文联、文艺家协会、作家协会以及各艺术表演团体，艺术院校重新招生，为广东文学艺术的复苏与发展奠定良好开局。文艺家们积极投身于改革开放的沸腾生活，推出一系列富有岭南特色的文化精品。《花城》

① 陈伟军：《新闻与文学的价值追寻》，暨南大学出版社，2021，第58页
② 陈伟军：《新闻与文学的价值追寻》，暨南大学出版社，2021，第59页。

（1979）、《随笔》（1979）、《特区文学》（1982）、《当代文坛报》（1983）等相继创刊，为广东乃至全国文学创作与批评提供平台与阵地。《花城》杂志得名于秦牧的散文名篇，被誉为全国纯文学期刊的“四大名旦”之一；《随笔》素有“南有《随笔》，北有《读书》”的美誉。小说、诗歌、散文、报告文学、影视文学、儿童文学创作全面复苏，突破简单化的创作模式，在创作观念和审美风格等方面呈现出多元化特色，涌现出一大批精品创作。刘斯奋的《白门柳》三部曲（《夕阳芳草》《秋露危城》《鸡鸣风雨》）反映了明末清初政权交替时期的宏大历史场面，具有很强的历史穿透力和艺术感染力，斩获第四届茅盾文学奖；杨干华的《天堂众生录》、钱石昌的《商界》、郭小东的《中国知青部落》、刘西鸿的《你不可改变我》等优秀作品相继问世，成为广东文学创作实力和成就的标志。[①]广东的诗歌创作也出现了蓬勃发展的势头，呈现出“五多”局面，即诗歌社团最多、民间诗刊最多、诗歌活动最多、诗人数量最多、每年在诗歌刊物亮相的诗人最多。[②]毕业于暨南大学中文系的汪国真出版了《年轻的潮》等诗集，脍炙人口，畅销不衰。

广东影视创作空前活跃。电影《雅马哈鱼档》、电视剧《虾球传》《公关小姐》《情满珠江》《英雄无悔》《和平年代》等作品，展现出岭南都市文化风采和改革开放的时代风貌，在全国引起强烈反响。本地原创音乐作品如《山溪》《南方之夜》《弯弯的月亮》《涛声依旧》《小芳》等传唱大江南北，广东逐渐成为中国流行音乐的“大本营”。港台通俗流行歌曲和校园民谣、港台电影以及港台模式的文艺通俗报刊、小说等从广东沿海地区向内蔓延，逐渐进入到人们日常生活中。金庸、梁羽生等创作的武侠小说，以及根据其作品改编而成的电视剧和电影，形成了一股港台小说、电影、电视剧热潮，引起广泛的关注和研究。

1978年1月，广东省哲学社会科学学会联合会正式恢复（2002年更名为“广东省社会科学界联合会”），各种学会、协会、研究会迅速成立，社会科学研究机构也逐步建立，全省社科事业开始恢复发展。到1991年，

① 《广东省志》编纂委员会编《广东省志（1979—2000）·文化卷》，方志出版社，2014，第3页。

② 陈剑晖、徐南铁、郭小东主编《改革开放与广东文艺40年》，广东高等教育出版社，2019，第126页。

全省共有省、市（地）级学术团体171个。广东省哲学社会科学界坚持正确的政治方向，积极探索研究改革开放过程中出现的各种新情况、新问题，为广东解放思想、推进改革开放发挥了积极作用。

1984年之后，随着经济体制改革的全面展开，原有的文化体制的弊端进一步暴露出来，成为文化事业发展的桎梏。20世纪80年代初，广东率先将经济手段引入原来纯属“事业”的文化领域，在图书出版、报业和文化娱乐行业进行“事业单位企业化管理”“面向市场、自收自支”和逐步放开文化娱乐市场的改革实践。一些文化单位尝试开展“以文补文”“多业助文”的改革探索，一批文化艺术表演团体试行演出承包责任制。广东报业最先感受到市场脉动，大胆探索报业经营规律，创造性地开创党报在报业市场中占主导地位的竞争格局。《南方日报》率先创办《南方周末》；《羊城晚报》率先进行管理体制改革，并成功兼并广州化学纤维厂；《广州日报》率先扩大为每日12个版，后又成为中国第一家报业集团。随着报业经营的拓展，广告业也开始复苏并逐步壮大。1988年，《羊城晚报》《广州日报》《南方日报》《深圳特区报》皆进入我国报业广告营业额十强单位。[①]

毗邻港澳的地理优势让广东迅速成为全国文化市场最活跃的地区。1979年，广州东方宾馆开设了国内第一家音乐茶座，是新时期我国文化市场兴起的标志。广东流行音乐创作、表演和出版呈现出空前繁荣景象，歌曲排行榜、流行音乐协会等新事物相继在广东率先出现。1988年，广州电视台首次举办中国最早的选美赛事——美在花城广告新星大赛，吸引了6000多人报名，体现了改革开放后人们思想的解放和审美意识的觉醒，也是将商业与文化相结合的先锋案例。

随着文化娱乐市场的兴起，广东相继颁布了一系列规定和管理办法，引导文化娱乐市场走向健康发展的轨道，如1981年颁布的《关于开办舞厅、音乐茶座和专业艺术人员参加对外演出录音等活动的暂行规定》、1986年颁布的《广东省音乐茶座管理暂行办法》《广东省舞会管理暂行办法》《广东省营业性桌球（室）管理暂行办法》等。1986年11月，经广东

① 魏峰：《中国报业制度变迁研究：改革开放30年中国报业体制变革的经济学分析》，东南大学出版社，2013，第38页。

省委批准，成立广东省社会文化管理委员会，负责管理和协调全省社会文化。至1988年底，广东有音乐茶座74家、舞厅307间、歌舞厅99家、轻音乐队134支、桌球室4944间、综合娱乐场164座、电子游戏室510间、录像放映点（场）3306家、书报摊1754档。[①]

从文化大省到文化强省

1995年，《南粤锦绣工程——广东省文化建设发展规划》正式颁布。“南粤锦绣工程”以建设与广东省经济社会发展相适应、具有岭南特色的社会主义新文化为目标，预算总投资超过100亿元。它由艺术创作演出网络、群众文化网络、公共图书馆网络、电影放映网络、文物博物网络、文化市场网络六大骨干组成，目的在于使全省文化事业发展到一个前所未有的水平，城乡群众高尚、健康的文化需求得到基本满足，人民文化生活消费指标增长幅度达到中等发达国家水平。

营造良好的文化环境，是提高社会文明程度、推进改革开放和现代化建设的重要条件。1998年，一项跨世纪文化工程——“广东省山区文化建设工程”出台。该工程提出从1998年起至2002年，用5年时间基本实现山区各市、县的群众艺术馆、文化馆、图书馆、博物馆、乡镇文化站达到本省确定的标准；剧团、电影放映队有排练演出和放映场地，基层文化队伍建设得到加强，以初步改善山区群众文化生活落后贫乏的状况。

2002年12月，广东省委九届二次全会明确作出了“建设文化大省”的战略决策。2003年9月，省委、省政府召开广东省文化大省建设工作会议。会议指出：“加快建设文化大省，要以深化改革为突破口，破除束缚文化生产力发展的体制性障碍，广东要做文化体制改革的先行者。”2010年7月，广东省委十届七次全会专题研究部署文化强省建设工作，明确提出要实现从文化大省向文化强省新跨越。

按照这一战略定位，广东省委提出了建设文化强省“三强一好”的总体目标和“六大任务”。“三强”：一是文化事业强，基本形成全国领先的公共文化服务体系，人民基本文化权益得到充分保障；二是文化产业

---

① 《广东省志》编纂委员会编《广东省志（1979—2000）·文化卷》，方志出版社，2014，第100页。

强，既有强大的文化生产能力，又有强大的文化创新能力，规模、结构和质量整体优势明显增强；三是文化辐射力和影响力强，成为具有较强竞争力和辐射力的现代文化传播中心和对外文化交流枢纽。“一好”：广东文化形象好，公民文化素质高，初步形成开放、崇文、理性、文明的现代广东文化新气象。“六大任务”：一是提高全社会文化素养，提升广东文化形象；二是构建公共文化服务体系，推进文化事业建设；三是提高文化创新能力，促进文化产业优化升级；四是深化体制机制改革，进一步解放和发展文化生产力；五是构筑文化人才高地，加快培养文化新锐；六是加强文化交流合作，增强广东文化辐射力。通过这些举措，争取用十年左右的时间，达到与广东经济社会发展相适应的文化发展水平。

20世纪90年代开始，广东文化体制改革向分类改革推进，出台了一系列有关文化艺术、广播电视、新闻出版的改革措施，逐步实现企业化经营和市场化运作。粤版书的整体水平和影响力大大提高，涌现出一大批精品力作。《邓小平理论在广东》《花季·雨季》《帅星升起丛书》《新三字经》《健康忠告》《护士长日记》等获中宣部精神文明建设“五个一”工程奖。《岭南文库》《冼星海全集》《青藏高原研究丛书》《天界》《中国鲁迅学通史》等获国家图书奖。《邓小平理论与广东实践研究丛书》《中华文化辞典》《广东山区研究》《价值工程方法研究》《黄埔军校史图册》《孙中山辞典》《香港大辞典》《中国工人运动史》《马克思主义党的学说及其发展》《邓小平理论发展史》《竞争力经济学》《国共关系史》《中国民居建筑》等获中国图书奖。2003年6月，广东被中央确定为“文化体制改革综合试点省”，开始进行集中性、整体性、系统性的文化体制改革。9月，广东正式启动全省文化体制改革试点工作，在文化体制改革的许多重点领域和重点环节率先推进，取得了重大成效；组建南方广播影视传媒集团、广东粤剧院，加快《南方日报》、《羊城晚报》、珠江电影制片有限公司、出版集团、新华发行集团体制改革的步伐，稳步推进广东省文化体制改革。

广东省委、省政府坚持把发展公益性文化事业作为保障人民基本文化权益的主要途径，加大投入力度，大力构建结构合理、网络健全、运行有效、惠及全民的公共文化服务体系，形成了全民共享文化发展成果的新局面，有力地促进了文化大省和文化强省建设。20世纪90年代中期，广东各大文化设施落成，各类文化事业单位兴起。1994年，当时全国最大的购书中心——广州购书中心正式开业；1997年，广东美术馆正式开馆；1998年，星海音乐厅正式投入使用。广州芭蕾舞团、青年文学院、京剧艺术促进会等文化团体相继成立。

推动文化产业跨越式发展是推进文化强省建设的重要举措。1985年，国家正式把文化艺术列入第三产业，在国民经济体系中确认其经济地位和作用。2000年，“十五”计划第一次在国家层面上正式提出“文化产业”概念，成为我国文化产业发展的划时代标志。在国家政策的引导下，广东从“加快转型升级，建设幸福广东”的战略高度发展文化产业，将其作为建设文化大省和文化强省，促进文化大发展大繁荣的重要内容，作为加快转变经济发展方式，实现经济社会全面、协调、可持续发展的重要手段，作为战略性新兴产业加以培育和发展。广东文化产业从小到大、由弱到强，产业门类逐步齐全，已成为广东的重要产业和国民经济新的增长点。2004年，首届中国（深圳）国际文化产业博览交易会（简称“文博会”）顺利举办。文博会是中国唯一一个国家级、国际化、综合性的文化产业博览交易会，以博览和交易为核心，全力打造中国文化产品与项目交易平台，促进和拉动中国文化产业发展，推动中国文化产品走向世界。此后，文博会逐渐发展成为中国文化产业领域规模最大、规格最高、实效最强、影响最广的展会，堪称“中国文化第一展”，为文化繁荣贡献了广东智慧与力量。广东还创作了《喜羊羊与灰太狼》等知名本土动漫、动画作品，带动了相关主题文化产业快速发展。2008年10月，全国第一个国家级游戏游艺产业基地在中山市港口镇诞生。广东文化产业以市场为主导，规模总量迅速扩大，整体实力和竞争力显著提升；逐渐建构了完整的产业体系，培育了一批优势产业集群；基本形成以公有制为主体，多种所有制共同发展的产业格局；文化与科技加深融合，文化新型业态蓬勃发展，在全国处于领先地位。

加强社会主义精神文明建设

社会主义精神文明是社会主义的重要特征，是中国特色社会主义不可或缺的重要方面，为改革开放和经济建设起到举足轻重的引导和保障作用。1979年9月，叶剑英在庆祝中华人民共和国成立三十周年大会上代表党中央第一次提出“社会主义精神文明”的概念。同年10月，邓小平在中国文学艺术工作者第四次代表大会上正式提出要“建设高度的社会主义精神文明”。1981年6月，中共十一届六中全会通过的《关于建国以来党的若干历史问题的决议》，强调社会主义必须有高度的精神文明。1982年，中共十二大深刻论述了物质文明与精神文明的辩证关系，明确指出社会主义精神文明是社会主义的重要特征和社会主义制度优越性的重要体现。1986年9月28日，中共十二届六中全会正式通过了《中共中央关于社会主义精神文明建设指导方针的决议》，这是党的第一个关于社会主义精神文明建设的纲领性文件，为我国社会主义精神文明建设的健康发展提供了基本指导方针。①

广东省委、省政府高度重视精神文明建设，反复强调精神文明建设搞不好，经济发展也要受破坏，只有在建设高度的物质文明的同时建设高度的精神文明，使两个文明互相促进、协调发展，才是有中国特色的社会主义。20世纪80年代初，广东提出对外来文化要“有所引进、有所抵制”，坚持“排污不排外”，搞好精神文明建设。“排污不排外”的思路，突破了旧意识形态、旧传统习惯势力的束缚，造就了以后新思想、新观念、新精神的大面积覆盖，充分表现出这一阶段广东精神文明建设除旧布新的本质。②

在中共中央的重视和领导下，以“五讲四美三热爱”③为主题的社会主义精神文明创建活动在全国范围内开展，对促进党风和社会风气好转起到了积极作用。1982年10月，广东省委批转省委宣传部《关于贯彻十二大精神，深入持久地开展“五讲四美”活动的意见》，对全省精神文明建设作出具体部署。1983年9月，广东省委成立“五讲四美三热爱”活动委员会；翌年9月，成立广东省“五讲四美三热爱”活动委员会办公室，负责全省精神文明建设的组织与指导。1987年3月，广东省委五届六次全会通

① 中共中央党史和文献研究院：《中国共产党的一百年：改革开放和社会主义现代化建设新时期》，中共党史出版社，2022，第721页。

② 广东卷编辑委员会编《改革开放20年的理论与实践·广东卷》，中国大百科全书出版社，1998，第301—302页。

③ “五讲”即讲文明、讲礼貌、讲卫生、讲秩序、讲道德；“四美”即心灵美、语言美、行为美、环境美；“三热爱”即热爱祖国、热爱社会主义、热爱中国共产党。

过了《广东省社会主义精神文明建设规划》，有力推动了全省精神文明的蓬勃发展。

1989年9月，在原“五讲四美三热爱”活动委员会基础上，广东省精神文明建设领导小组成立，1991年改名为广东省精神文明建设委员会。1994年，省委、省政府制定《广东省社会主义精神文明建设纲要》。各种举措有力推动了全省精神文明建设沿着正确的轨道方向不断深入发展，逐步扩大了社会主义精神文明建设工作在全省的影响力和覆盖面。

第一，使精神文明建设制度化。省委建立每两年召开一次全省精神文明建设经验交流会和表彰大会的制度，同时每年召开一两次专题工作会议，切实加强对精神文明建设的组织领导和检查监督。1985年，省委、省政府总结了广州市海珠区南华西街创建文明村户的经验，并向全省推广。改革开放后，南华西街抓住机遇发展街道工业，1985年实现工业产值一亿多元。在发展经济的同时，南华西街倡导群众发扬“热爱南华西街、建设南华西街、造福南华西街”精神，在创建文明街巷、维护街道环境、加强社会福利方面成绩突出，成为街道建设的表率。1989年，广东省人民政府授予南华西街“广东省模范集体”称号。[①]1994年，广东提出建设一批以“高起点规划、高标准建设、高效能管理”和“经济繁荣、社会文明、环境优美、城乡一体”为基本特征的高标准文明村镇。东莞的长安镇、中山的小榄镇、广州花都的三东村、深圳宝安区等一批示范点纷纷涌现。

第二，开展以思想信念为中心的道德教育，加强思想政治工作，坚持“两手抓”方针，切实解决“一手比较硬、一手比较软”问题。广东在全省广泛开展以社会公德、职业道德、家庭美德为重点的道德教育活动，促进了良好社会风尚的形成。创“三优”（优质服务、优良秩序、优美环境）、评“三佳”（最佳服务员、最佳乘务员、最佳售货员）活动如火如荼展开。1986年11月15日，广州市5路线三辆标兵车向全线司机、乘客发出“做有教养、有公德、有礼貌、有纪律的乘客”的倡议，开展“友爱在车厢”活动，得到了广大市民的拥护，成为社会主义精神文明建设的优秀典型。[②]

① 中共广州市委党史文献研究室编著《英雄广州 百年峥嵘》，华南理工大学出版社，2022，第162—163页。

② 羊城晚报社委会编《羊城晚报新闻作品精选（1980.2—1997.7）》，广东教育出版社，1997，第196—198页。

第三，重视学校与基层思想政治工作。1986年，《关于加强学校思想政治工作若干问题的决定》对学校思想政治工作的任务、内容、方法、途径，思想政治工作队伍建设，思想政治工作干部的培训、地位、待遇等问题作出了明确的规定；编写《中国革命史》《中国社会主义建设》等政治理论课新教材；开展一系列活动加强高校学生思想政治教育。

第四，开展群众性精神文明活动，拓展和深化“五讲四美三热爱”活动，形成了点面结合、条块结合、城乡互相促进的共建文明、共促繁荣的生动局面。据不完全统计，至1998年，广东被各级党委和政府表彰、命名的文明户达620多万户，文明村镇4.6万个，各类文明单位2.5万多个，安全文明小区近5万个，高标准文明村镇示范点600多个。[①]

中共广东省第七次、第八次代表大会，省“八五”“九五”计划纲要，都对全省精神文明建设作出了战略部署，在机制、制度、法制上保障了精神文明建设的健康发展。广东建立了“育、导、建、管”有机结合的工作机制和领导协调机制、检查考核机制、表彰激励机制、教育引导机制、社会约束机制，促进了精神文明建设创新发展；在道德风尚建设、社会公德教育、职业道德教育、家庭美德教育、学生品德教育等多方面发力，促进了精神文明发展。

2003年4月，围绕“建设文化大省”的战略部署，广东省委宣传部、省文明办在全省组织“新时期广东人精神”大讨论活动，产生广泛影响，取得良好效果。是年，省委宣传部确定将“新时期广东人精神”规范表述为“敢为人先、务实进取、开放兼容、敬业奉献”。根据时代和经济社会转型发展的需要，2011年11月起，广东省委宣传部组织各界进行讨论，重新征集提炼新时期“广东精神”的表述。在中共广东省第十一次代表大会上，广东省委宣传部正式确定和公布新时期“广东精神”为“厚于德、诚于信、敏于行”。作为全国最早的经济特区之一的深圳，提出了“敢为天下先”“鼓励创新，宽容失败”“来了，就是深圳人”等精神为代表的“深圳十大观念”，反映了深圳人民的精神奋斗史和城市价值观。

① 广东省地方史志编纂委员会编《广东省志·政治纪要》，广东人民出版社，2001，第324页。

第三节

全面建设科教、文化强省

中共十八大以来，以习近平同志为核心的党中央从坚持和发展中国特色社会主义全局出发，开启了全面建成小康社会、实现中华民族伟大复兴中国梦的新征程。广东以高水平科技自立自强支撑经济高质量发展，走出了一条创新驱动、引领发展的新道路；全面推进教育高质量发展，扩大优质教育资源覆盖面，提高人才自主培养质量，推动广东由教育大省迈向教育强省，为强国建设、民族复兴提供人才和智力支撑。广东文化建设呈现出崭新面貌，着力塑造与经济实力相匹配的文化优势、文化自信，社会文明程度达到新高度。

一、迈上科技强省新征程

实现高水平科技自立自强，是中国式现代化建设的关键。广东把创新驱动发展作为核心战略、优先战略和总抓手，深入推进以科技创新为核心的全面创新，加强区域创新体系建设，进一步提升自主创新能力，在突破关键核心技术难题上取得重要进展。

深化科技体制改革

2012年是中国科技事业发展具有里程碑意义的一年。7月，全国科技创新大会提出实施创新驱动发展战略。广东是深化改革开放的先行地和探索科学发展的实验区，无论从现实需要、改革创新的历史经验，还是从国际国内发展环境出发，处于经济转型升级关键阶段的广东都迫切需要将实施创新驱动发展战略放在更高的高度，全面深化科技体制改革，充分释放科技创新的活力，增强经济社会发展内生动力，实现发展方式的全面转变，[1]进一步打通科技和经济社会发展之间的通道。

广东围绕实施创新驱动发展战略，展开了一系列的调研和探索。2014年6月，省委、省政府颁布《关于全面深化科技体制改革加快创新驱动发展的决定》，在全国率先全面深化科技体制改革，把增强自主创新能力、破除体制机制障碍“两个轮子”同步转起来。次年2月，省政府正式出台《广东省人民政府关于加快科技创新的若干政策意见》，并陆续公布和实施8个配套实施细则文件。2016年12月，广东省十二届人大常委会审议通过了《广东省促进科技成果转化条例》，打通了科技成果转化渠道，推动了创新资源充分流动。

培育新型高端研发机构

为培养新型高端研发机构，加快核心技术攻关，促进企业、高校、科研院所等多主体协同创新，广东启动重点领域研发计划项目，布局重大重点专项，集中优势资源攻关，推动形成一批标志性创新成果。

2015年11月，国务院正式批准珠江三角洲地区为“国家自主创新示范区”。2016年，广东实施国家重点实验室倍增计划，国家重点实验室、工程技术研究中心、工程实验室、企业技术中心等国家级创新平台达213家；国家在粤大科学装置建设扎实推进，累计建成产业技术创新联盟204家、新型研发机构180家；高水平大学、高水平理工科大学和重点学科建设加快，参建高校有48个学科进入全球ESI（基本科学指标）排名前1%。[2]广东举全省之力奋力打造“国之重器”，成建制引进一批国家级科技力量，在国内率先组建省级实验室，并以此为基础在国家实验室建设中取得重大成就，逐步建成以国家实验室为引领，省实验室、粤港澳联合实验室、“一带一路”联合实验室等构成的实验室体系；加快推进粤港澳大湾区国家技术创新中心建设，使其成为全国3个综合性国家技术创新中心之一。

2017年，广东国家大科学中心建设工程启动，深圳大亚湾中微子实

① 中共广东省委政策研究室、广东省科技厅文件起草小组：《广东全面驶入创新驱动发展新道路——〈中共广东省委广东省人民政府关于全面深化科技体制改革加快创新驱动发展的决定〉出台记》，《广东科技》2014年第17期。

② 数据来源见《2017年广东省政府工作报告》。

验站、中国散裂中子源、江门中微子实验站、加速器驱动嬗变研究装置、强流重离子加速器五大项目总投资超过100亿元，其设备和材料近80%均立足国内自主研发、生产。2018年8月23日，国家重大科技基础设施中国散裂中子源项目在东莞顺利通过国家验收，正式投入运营，使我国成为世界上第四个拥有脉冲式散裂中子源的国家。自中国散裂中子源对外开放以来，至2022年，已完成8轮用户实验共800多项课题，全球累计注册用户4000多名，成为粤港澳大湾区科技创新的共享性关键支撑平台，在新型能源材料、航空材料等领域取得一批重要成果。[①]中国散裂中子源的建成，填补了国内脉冲式散裂中子源应用领域的空白，对我国探索前沿科学问题、攻克产业关键核心技术、解决"卡脖子"问题具有重要意义。华为拔新领异，创立并推出中国人自己的操作系统——鸿蒙。珠海奔图自主研发的激光打印机，打破国外企业长达30多年技术垄断，使中国成为继美、日、韩后第四个掌握激光打印核心技术的国家，改变了全球打印产业格局。

提高科技创新能力

2019年2月，《粤港澳大湾区发展规划纲要》公开发布，明确提出"建设国际科技创新中心"。广东的研发投入、国家高新技术企业数量、有效发明专利拥有量均居全国前列，形成了创新型经济格局。2022年，广东基础研究重大项目和重点领域研发计划取得一批突破性成果，鹏城实验室、广州实验室两大"国之重器"挂牌运作。[②]2023年，广东围绕落实省委"1310"具体部署，瞄准建设粤港澳大湾区国际科技创新中心，打造具有全球影响力的产业科技创新中心，加快构建"基础研究+技术攻关+成果转化+科技金融+人才支撑"全过程创新链。广东区域创新能力继续保持领先，连续7年排名全国第一。研发经费支出、研发人员、高新技术企业、发明专利有效量、专利合作协定（PCT）国际专利申请量均保持全国首位。"深圳—香港—广州科技集群"连续4年位居全球创新指数第二

---

① 《广东区域创新能力连续6年全国第一 主要评价指标排名前列 创新发展动力强劲》，广东省人民政府门户网站，2022年12月12日。

② 广东年鉴编纂委员会编《广东年鉴·2023》，广东年鉴社，2023，第280页。

中国散裂中子源全景

中国散裂中子源位于东莞市大朗镇，2018年8月23日正式投入运行。这是我国首台、全球第四台脉冲式散裂中子源，粤港澳大湾区首个国家重大科技基础设施。它的建设，填补了国内脉冲中子源及应用领域的空白。

位。[①]广东在超材料、云计算集成与应用、干细胞、基因测序、新一代移动通信技术、新型光电显示、数字音视频等领域取得了一批拥有自主知识产权且产业化前景良好的核心关键技术。大批广东科技企业在技术创新、集聚创新人才、打造良好创新生态中发挥重要作用，腾讯、华为、大疆等龙头高新技术企业在日益激烈的全球竞争中进一步提升自主创新能力，日益站稳脚跟。比亚迪、格力、美的、TCL华星光电、风华高科等企业不断加强创新意识，提高自主研发能力，摘得一个又一个科学进步奖项。由比亚迪完成的“高端纯电动乘用车关键技术研发及产业化”项目，摘得2021年度广东省科技进步奖特等奖；在2022年北京冬奥会上，由广州博冠光电科技股份有限公司自主研发和生产的8K50P小型化广播级摄像机，全程服务了北京冬奥会开、闭幕式及相关赛事的现场拍摄。[②]

广东拥有珠江三角洲和深圳两个国家自主创新示范区，至2015年已引进五批117个高水平创新创业团队和89名领军人才，成为我国重要的创新创业人才高地。2016年，深圳市拥有国家级高新技术企业累计达到8037家，占全国总数近8%，已成为我国科技自主创新中心；广州连续出台多项培育创新企业的政策，聚焦新产业新业态集聚发展，实现先进制造业与现代服务业双轮驱动。广州和深圳双引擎驱动、珠江三角洲各市分工互补的“1+1+7”区域创新体系发展格局逐渐形成。2021年，粤港澳大湾区国家技术创新中心挂牌建设，广东加快建设“核心战略总部—王牌军—独立团”的技术研发与成果转化“集团军体系”，积极对接推动香港、澳门中心建设，努力实现高水平科技自立自强。

2021年12月，粤港澳大湾区科学论坛在广州举行，习近平总书记致贺信。论坛以“探索未来，共享科学”为主题，吸引了来自全球各地超过100位院士齐聚线上线下，共同探讨生命科学、纳米科学、网络通信等科学前沿热点，是一次集科学交流研讨、科学成果展示、增进科学共识、创新科学机制于一体的全球科学家盛会，对促进各国交流互鉴具有重要意义。[③]

---

① 广东年鉴编纂委员会编《广东年鉴·2024》，广东年鉴社，2024，第432页。

② 《广东区域创新能力连续6年全国第一 主要评价指标排名前列 创新发展动力强劲》，广东省人民政府门户网站，2022年12月12日。

③ 广东省科学技术厅编《广东科技年鉴2022》，广东人民出版社，2023，第3—15页。

2022年，粤港澳大湾区量子科学中心挂牌成立，全国一体化算力网络粤港澳大湾区国家枢纽节点、脉冲式散裂中子源二期获批建设，粤港澳大湾区国家技术创新中心实质运行。广东区域创新综合能力排名继续保持全国首位并创得分新高，实现“六连冠”。广东与中国科学院协同推进华南国家植物园创建工作。华南国家植物园于5月获国务院批复建设，7月正式揭牌，成为全国第二个国家植物园。华南国家植物园将为国家植物多样性保护、生态环境建设乃至经济社会发展提供源头资源植物和相关科技支持。

在2023年12月6日于广州举行的2023年超算创新应用大会上，国家超算广州中心发布新一代国产超级计算系统“天河星逸”。该系统以应用为中心，采用国产先进计算机架构、高性能多核处理器、高速互联网络、大规模存储等关键技术构建，为广州市、广东省和粤港澳大湾区的前沿科技突破、战略工程建设、产业升级转型提供了强劲的高端算力与平台支撑。

“科技是国之利器，国家赖之以强，企业赖之以赢，人民生活赖之以好。”[①]改革开放以来，广东科技进步的脚步从未停止过，在众多领域一马当先，大放异彩。2022年，中共广东省第十三次代表大会再次强调广东要勇攀科技高峰，聚力推进高水平科技自立自强，打造具有全球影响力的科技和产业创新高地，进一步深入推进科技创新强省建设，抓住打造粤港澳大湾区高水平人才高地契机推进人才强省建设，把科技发展的主动权牢牢掌握在自己的手中。至2023年底，广东形成了以2家国家实验室为引领，以11家广东省实验室、31家在粤全国（国家）重点实验室、435家广东省重点实验室为核心，以18家高等生物实验室、4家“一带一路”联合实验室、2家国家应用数学中心、31家港澳联合实验室、12家科学数据中心为拓展，以32家野外科学观测研究站、生物物质资源库、科技期刊为保障的梯次衔接、布局合理的广东省实验室体系，[②]高水平科技自立自强并日益释放出强大动能。

① 习近平：《为建设世界科技强国而奋斗——在全国科技创新大会、两院院士大会、中国科协第九次全国代表大会上的讲话》，《人民日报》2016年6月1日，第2版。

② 广东年鉴编纂委员会编《广东年鉴·2024》，广东年鉴社，2024，第437—438页。

二、打造南方教育高地

教育是国之大计、党之大计。教育事业是推动党和国家各项事业发展的重要“先手棋”。中共十八大以来，广东以“创建教育强省，争当教育现代化先进区，打造南方教育高地”和“构建高质量教育体系”为总目标和总抓手，以服务粤港澳大湾区和深圳建设中国特色社会主义先行示范区两个国家战略为契机，持续推进教育领域综合改革，教育总量位居全国前列，教育公平日益彰显，教育质量不断提高，持续为实现“四个走在全国前列”、当好“两个重要窗口”、锚定强国建设和民族复兴目标提供坚实的人才保障和智力支持。

“创强争先建高地”

中共十八大以来，以习近平同志为核心的党中央从坚持和发展中国特色社会主义出发，紧紧围绕“培养什么人、怎样培养人以及为谁培养人”这个根本问题，对教育的战略地位、根本任务、发展方向、队伍建设、发展动力等提出一系列新理念、新思想、新战略，丰富和发展了中国特色社会主义教育理论，深化了对新时代我国教育发展规律的认识，为我国教育改革与发展指明了方向。

2012年5月，中共广东省第十一次代表大会明确提出，“深化教育改革，促进教育公平，创建教育强省，争当教育现代化先进区，打造南方教育高地，走出一条具有广东特色的教育发展路子”，确立教育“创强争先建高地”战略。2013年印发《广东省人民政府关于推进我省教育“创强争先建高地”的意见》，把教育摆在“创新社会建设体制机制，促进人民安居乐业和社会安定有序”之首。

广东推动教育“创强争先建高地”工作取得明显成效。国家认定的义务教育发展基本均衡县实现全覆盖，教育结构更趋合理，师资队伍素质不断提升，高水平大学包括高水平理工大学建设进展顺利，教育服务社会发展的能力显著增强，走出了一条具有广东特色的教育发展之路，为全省深入实施创新驱动发展战略、促进经济社会平稳健康发展作出了重要贡献。[①]

① 罗伟其主编《广东教育“创强争先建高地”纪实》，广东高等教育出版社，2016，“序言”第1页。

2023年4月，习近平总书记考察广东时指出："要推进粤港澳大湾区人才高地建设，形成高端科创人才聚集效应。"①至2023年，广东具备招生资质的高校达71所，广东高校现有在读港澳学生1.5万人，规模居全国首位。②广东已建成4所内地与香港合作大学，包括北京师范大学—香港浸会大学联合国际学院、香港中文大学（深圳）、香港科技大学（广州）、香港城市大学（东莞）。此外，香港理工大学（佛山）、香港大学（深圳）和香港都会大学（肇庆）也都在筹建之中。深圳大学、中山大学赴港办学，粤港澳大湾区高校合作办学实现了双向流动。粤港澳大湾区高等教育聚集优势日渐显现，人才协同培养机制加快完善，粤港澳教育交流合作更加紧密，共同助力国际科技创新中心建设，推动产学研深度融合。

深化教育综合改革

中共十八大以来，广东深化省级政府教育统筹综合改革，改变了条块分割模式，优化了资源配置，进一步扩大和落实了学校办学自主权，增强了教育管理的协同性、整体性和科学性，有力地促进了全省教育的协调发展。

一是稳步推进教育统筹综合改革试点工作。自2011年教育部、广东省双方签订合作协议以来，每年都召开部省联席会议，合力推动解决广东教育改革发展中的重点难点问题，统筹安排6个重点领域的28类改革措施和95项重点改革任务。

二是深化基础教育课程改革。基础教育课程改革的核心是实施素质教育。2016年出台的《广东省人民政府办公厅关于全面加强和改进学校美育工作的实施意见》《广东省人民政府办公厅关于强化学校体育促进学生身心健康全面发展的实施意见》，印发的《广东省教育厅关于中小学地方综合课程的指导纲要（试行）》，为全省各地构建具有广东特色的中小学综合课程体系，提高学生素质教育，培养造就德智体美劳全面发展的社会主义建设者和接班人提供了明确的政策引导。

三是推进考试招生制度改革。2010年，广东开始实行高考平行志愿

① 《习近平在广东考察时强调：坚定不移全面深化改革扩大高水平对外开放 在推进中国式现代化建设中走在前列》，《人民日报》2023年4月14日，第1版。

② 广东年鉴编纂委员会编《广东年鉴·2024》，广东年鉴社，2024，第472页。

录取。2013年，推行高职院校面向中职学生单独考试、自主招生、三二分段、五年制高职班等多种形式的考试招生制度改革；开展本科与高职院校联合培养应用型人才招生试点工作。2016年，出台《广东省人民政府关于深化考试招生制度改革的实施意见》，明确全省考试招生改革的时间表、路线图和任务书。到2018年，基本形成分类考试、综合评价、多元录取的考试招生制度。

四是加大力度推进教育公平。从2012年起，广东统一城乡免费义务教育公用经费补助标准、分担比例和拨款方式。从2013年起，全省包括进城务工人员随迁子女在内的义务教育学生全部纳入免费义务教育公用经费补助范围，同时全面实施山区和农村边远地区义务教育学校教师岗位津贴制度，并不断完善政策措施。2017年4月，广东省人民政府发布了《关于统筹推进县域内城乡义务教育一体化改革发展的实施意见》，进一步推进教育公平。

五是提高教育信息化能力。全省各级各类学校网络接入率达100%，中小学基本实现“校校通”，农村基层教学点的宽带接入率达95%。教育信息化有力推进了全省基础教育均衡优质发展，支撑了全省教育现代化。

六是教育国际化取得新成效。澳门大学横琴校区在2013年底落成启用，香港中文大学（深圳）2014年设立并招生。广东以色列理工学院、深圳北理莫斯科大学2015年获教育部批准筹设，2016年底获得批准正式成立，2017年开始招生。全省高校留学生规模居全国前列，港澳台侨学生数居全国首位。

各阶段教育快速发展

中共十八大以后，广东把义务教育、学前教育、普通高中、特殊教育中的布局规划调整、标准化学校建设、规范化幼儿园建设、校舍安全工程、薄弱学校改造等重点工程整合并入基础教育“创强争先”工程，进行统一部署、统一推进、统一督导评估。

至2016年12月底，广东实现义务教育发展均衡县全覆盖。广东教育强县（市、区）132个，覆盖率为99%，教育强镇（乡、街道）1572个，覆盖率为99%。珠江三角洲地区推进教育现代化先进县（市、区）42个，覆盖率为86%，推进教育现代化先进市7个，覆盖率为78%。121个县（市、区）全部通过国家义务教育发展基本均衡县督导评估认定，成为全国第六个义务教育发展基本均衡县全覆盖的省份。[1]2018年，广东实现教育强镇、强县（市、区）、强市全覆盖，教育“创强”完美收官。2019年，广东推进教育现代化先进县（市、区）覆盖率达100%，国家反馈首次对省级政府履行教育职责评价结果，广东获得“优秀”等次。全省义务教育随迁子女在校学生460.32万人（含进城务工人员随迁子女329.34万人），占在校义务教育学生总数的32.36%；进城务工人员随迁子女读公办学校（含政府购买学位）比例达68.51%。[2]2023年，全省义务教育阶段进城务工人员随迁子女入读公办学校（含政府购买学位）比例在97%以上。特殊教育普惠融合发展得以进一步推进，坚持“全覆盖，零拒绝”和“一人一案”，落实3.93万名残疾学生就学，残疾儿童少年义务教育入学率达98%以上。[3]广东教育改革成果惠及面进一步扩大，教育公平愿景稳步实现。

广东较早提出“建设现代职业教育体系”目标。2015年1月，广东省政府出台《关于创建现代职业教育综合改革试点省的意见》，提出到2018年建成在国内外有较大影响力的现代职业教育综合改革先进省，形成具有广东特色、适应发展需要、基本达到世界水平的现代职业教育体系。《广东省现代职业教育体系建设规划（2015—2020年）》进一步提出建设广东特色职业教育体系的方向和途径，逐步完善中高职衔接机制、建立现代学徒人才培养模式、实施高职教育“创新强校工程”、高职教育国际化。在教育部2022年新春发布会职教专场，广东高职作为唯一省份代表介绍扩招工作。在教育部“教育这十年”系列发布会职教专场，广东作为唯一分会场和实地采访地，向全国介绍广东职业教育10年发展成就。至2022年，广东已基本建成全国最大规模的职业教育体系，拥有职业院校625所，在校生280.5万人，每年为社会输送70万以上高素质技术技能人才，[4]营造了“人人皆可成才、人人尽展其才”的良好环境。

① 罗伟其主编《广东教育“创强争先建高地”纪实》，广东高等教育出版社，2016，第9页；广东年鉴编纂委员会编《广东年鉴·2017》，广东年鉴社，2017，第287、290页。

② 广东年鉴编纂委员会编《广东年鉴·2020》，广东年鉴社，2020，第298、300页。

③ 广东年鉴编纂委员会编《广东年鉴·2023》，广东年鉴社，2023，第468—469页。

④ 《非凡十年·广东答卷 省教育厅：心怀“国之大者” 培育时代新人》，广东省教育厅网站，2022年10月8日。

高校是一体推进教育、科技、人才事业的重要结合点和关键着力点。广东以高水平大学包括高水平理工科大学建设为龙头，实施高校“创新强校工程”，引导不同办学层次及不同办学类型的高校合理定位、错位发展、办出特色、争创一流。第一，制定教育发展顶层设计方案。2016—2017年广东省教育厅先后出台《广东省“十三五”高等教育“创新强校工程”总体方案》《广东省高等职业教育“创新强校工程”（2016—2020年）实施方案》《广东省教师队伍建设“十三五”规划》《广东省“强师工程”实施方案（2017—2020年》《广东省教育发展“十三五”规划（2016—2020年）》）。第二，布局分类发展。以高水平大学建设为第一层次，对接国家“双一流”计划；以高水平理工科大学和理工类学科建设为第二层次，打造科技创新能力突出、服务广东省创新驱动发展战略特别是产业转型升级的生力军；以省市共建高校和应用型本科高校建设为第三层次，为地方经济社会发展提供强力支撑；以一流高职院校建设为第四层次，引领产业转型升级发展。同时，重视引进境外优质教育资源来粤合作办学。2015年，广东遴选7所高校[①]作为高水平大学重点建设单位，广州中医药大学中医学等18个学科作为高水平大学重点学科建设项目，推动高水平理工科大学建设项目，以“双高”对接国家“双一流”建设，在全国下了一步“先手棋”。2018年，广东整合“双高”建设、“省市共建”等多个项目，推出高等教育“冲一流、补短板、强特色”提升计划。第三，提高高校科技创新能力。2021年度广东省科学技术奖获奖名单揭晓，在自然科学奖、技术发明奖、科技进步奖3个奖项中，广东高校获奖项目占总数超八成；19所高校以第一完成单位获奖86项，占获奖项目总数近五成。第四，改革应用型人才培养模式。2012年，广东省教育厅制定印发《关于全面推进广东省高校应用型本科人才培养模式改革工作的若干意见》，启动高校应用型人才培养模式改革试点工作。中山大学、华南理工大学、暨南大学、广东商学院经教育部批准成为卓越法律人才培养基地和加入工程师教育培养计划。中山大学、暨南大学、南方医科大学、汕头大学和广州医学院经教育部和卫生部批准成为第一批卓越医生教育培养计划试点项目

① 7所高校分别为中山大学、华南理工大学、暨南大学、华南师范大学、华南农业大学、南方医科大学、广东工业大学。

高校。华南农业大学湛江荔枝龙眼农科教合作人才培养基地、云浮肉鸡农科教合作人才培养基地、江门水稻农科教合作人才培养基地、中山生猪农科教合作人才培养基地经教育部及农业部批准为首批农科教合作人才培养基地。

进入21世纪，广东高等教育规模实现跨越式增长。2012年，全省普通高校有138所，高等教育毛入学率28.2%。2023年，广东普通高校达161所，总量位居全国前列。高等教育区域布局更趋合理，全省21个地级市实现本科、高职院校全覆盖。其中，8所高校[①]入选“双一流”建设名单；中外、内地与港澳合作办学高校5所，占全国一半；理工类高校、理工类学科专业占比不断提高，学科专业结构进一步优化、学科教育水平明显提升。高等教育毛入学率达60.07%。广东高等教育从精英教育进入到大众化教育时代。2023年，广东28所高校的220个学科入围ESI全球排名前1%、27个学科入围前1‰，华南理工大学、南方科技大学获批建设国家卓越工程师学院，中山大学等6所高校立项建设省高等学校基础研究卓越中心，香港科技大学（广州）首次招收本科生。深圳、佛山入选首批国家市域产教联合体，深圳职业技术大学成为“十四五”期间全国首家获批的公办本科层次职业学校。全省高层次、高技能人才分别达94万人、690万人，有效持证外国人才达4.5万人，一大批海内外人才纷至沓来。[②]粤港澳大湾区高水平人才高地效应明显。广东高等教育的发展经历了从“有”到“优”的过程。

在义务教育和高中教育阶段，广东形成了以公立教育办学形式为主，以民办教育为辅的格局。在学前教育和高等教育阶段，民办教育规模所占比例较大，尤其是民办高等教育的蓬勃发展，为广东省高等教育从精英化教育向大众化教育转变作出了重要贡献。自20世纪90年代起，得益于省委、省政府在专项资金等方面的大力支持，广东民办教育发展较快。1993年，民办南华工商学院正式成立，这是全国第一所由群众团体（工会）创办的专科学校，开了改革开放后广东创办民办高校的先河。20世纪90年代初，广东就鼓励加快办学体制改革，形成政府为主、社会多种力量相结合

① 分别为中山大学、华南理工大学、暨南大学、华南师范大学、广州中医药大学、华南农业大学、广州医科大学、南方科技大学。

② 数据来源见《2024年广东省政府工作报告》。

的办学体制，逐渐成为民办教育第一大省。1995年颁发的《广东省私立高等学校管理办法》，是全国第一部民办高等学校的管理办法，在全国产生了积极影响。2013年7月，省政府召开全省民办教育工作会议，对民办教育发展作出全面部署。2015年1月，省政府颁发《关于深化教育领域综合改革的实施意见》，提出促进民办教育规范特色发展，并从完善民办学校的法人登记办法和法人治理结构、探索分类管理的实施办法、完善民办教育公共财政补贴、购买服务和奖励激励制度、加大政策扶持力度等方面，提出发展民办教育的方针和任务目标。截至2023年，广东省各级各类民办学校1.49万所，占全省各级各类学校总数的比例为38.11%。其中，民办幼儿园1.28万所、义务教育阶段民办学校1629所、民办普通高中310所、民办中职学校106所（不含技工学校数据）、民办高校53所。①

三、全面建设文化强省

文化是一个国家、一个民族的灵魂。文化兴国运兴，文化强民族强。改革开放以来广东能够当好排头兵、先行地、实验区，文化建设功不可没。“四个走在全国前列”的期望，需要文化的引领支撑和涵养滋润；“两个重要窗口”的文化使命，呼唤广东深刻的文化作为。2023年，习近平总书记在文化传承发展座谈会上强调，在新的起点上继续推动文化繁荣、建设文化强国、建设中华民族现代文明，是我们在新时代新的文化使命。②新的文化使命指明了中华文化的前进方向，也进一步明确了广东文化强省建设的使命要求。2023年10月7日至8日，全国宣传思想文化工作会议正式提出习近平文化思想，这在党的宣传思想文化事业发展史上具有里程碑意义，为广东担负起新的文化使命，扎实推进文化强省建设提供了根本遵循。

在党中央的坚强领导下，广东坚持不懈地塑造与经济实力相匹配的文化实力，奋力实现从文化大省到文化强省的跨越，走出了一条具有中国特色、时代特征、广东特点的文化发展新路径，为广东人民不断前进提供了

① 《2023年广东省教育事业发展统计公报》，广东省教育厅网站，2024年4月30日。

② 《习近平在文化传承发展座谈会上强调 担负起新的文化使命努力建设中华民族现代文明》，《人民日报》2023年6月3日，第1版。

坚强的思想保证、强大的精神力量和丰润的道德滋养。

全面繁荣文化发展

在文化创作方面，广东形成了一个繁荣高峰，众多优秀的文艺人才和精品佳作大放异彩。420多项（次）广东文艺作品获国家级和国际性奖项，9件获评第十六、十七届精神文明建设“五个一工程”奖。展现广东民俗文化魅力的舞剧《沙湾往事》问鼎“文华奖”；中国第一部以国家非遗项目“广东醒狮”为主题的大型舞剧《醒·狮》吸引超300万人次线上“打卡”；戏曲电影《白蛇传·情》登上中国戏曲电影票房之巅，引发了一波又一波广东优秀传统文化热潮。[①]2024年春，舞剧《咏春》凭借舞蹈与武术、咏春拳与香云纱的双非遗结合，深挖岭南文化遗产中的“根”与“魂”，迅速风靡全国，成为向世界展示中华民族优秀文化的一扇窗口。

广东文化产业进一步做大做强。广东相继出台了《“十三五”广东省文化发展改革规划》《广东省推进文化创意和设计服务与相关产业融合发展行动计划（2015—2020年）》《广东省电影发展规划（2015—2020年）》《广东省加快文化产业发展的若干政策意见》等系列专项规划，为广东文化产业的发展提供政策保障。广东文化产业规模总量连续20年居全国第一，挑起文化生产力大梁。2018—2022年五年间，广东文化及相关产业增加值增长20.7%，占全省地区生产总值比重超过5%，成为全省支柱产业，在全国占比维持在13%左右，领跑各省份。2022年，广东文化及相关产业增加值已接近7000亿元，贡献了广东5.4%的地区生产总值，成为助推广东高质量发展的重要引擎。2023年，全省数字出版（网络游戏）营业收入2450亿元，全国占比首次超过80%，其中，电竞收入占七成以上。广东文化产业无论从业人数、文化企业数量、国家文化产业示范基地和园区、人均实现增加值还是户均营业收入，均排在全国第一位。2024年5月23日至24日，“2024文化强国建设高峰论坛”在深圳国际会展中心举办，充分展示出广东作为文化窗口的活跃性和创新性。

① 《非凡十年·广东答卷——文脉赓续生机勃发 以文赋能“粤韵”绵长》，南方新闻网，2022年10月12日。

传承弘扬岭南文化

岭南文化是中华文化的重要组成部分。中共十八大以来，广东坚定“文化自信”，着力赓续岭南文脉，实施岭南文化“双创”工程，推动中华优秀传统文化创造性转化和创新性发展并取得巨大成绩，使岭南文化焕发出时代光彩。

作为岭南文化中心地，广东持续推进岭南文明起源探索和广东考古工作，卓有成效。郁南磨刀山遗址第1地点是广东目前确认年代最早的古人类文化遗存，填补了广东旧石器时代早期人类文化空白，是广东史前考古的重大突破。“南海Ⅰ号”成为世界水下文化遗产保护的经典案例，创全国单个考古项目文物发掘数量之最。文化遗产文物保护水平不断提高。至2023年底，全省有全国重点文物保护单位131处、省级文物保护单位887处、省级水下文物保护区2处、市县级文物保护单位5000余处。[①]潮州入选国家文物保护利用示范区。“侨批档案”入选世界记忆遗产名录。全省红色资源数量和级别位居全国第一方阵，多项工作创新在全国首开先河。国家级非物质文化遗产代表性项目165项，省级非物质文化遗产代表性项目816项。[②]作为首批国家级非物质文化遗产的英歌舞，不仅在国内引起热潮，更是走出国门，成为现象级的传统民俗活动，展现出持久的生命力和广泛的影响力。尤其是年轻力量的加入，为英歌舞注入了创新力量。2024年春节，来自广东普宁的南山英歌队在伦敦最古老的商业街伯灵顿拱廊上演了激动人心的表演，吸引七十多万人围观。

公共文化服务体系逐步完善，立法方面开全国先河。广东文博机构不断健全，数量不断增长。全省绝大多数市、县成立了博物馆，数量（含纪念馆）由2000年的131个增加到2022年的385个。国家一、二、三级博物馆共82家，定级博物馆总量居全国前列。[③]此外，广东加大投入，集中建设一批标志性文化工程。2013年，广州投资40多亿元规划建设包括广州博物馆、广州美术馆、广州文化馆、广州科学馆在内的新中轴线“四大馆”。2018年，深圳推进深圳歌剧院、深圳改革开放展览馆、深圳创意设计馆等

① 广东年鉴编纂委员会编《广东年鉴·2024》，广东年鉴社，2024，第497页。
② 广东年鉴编纂委员会编《广东年鉴·2024》，广东年鉴社，2024，第504页。
③ 广东年鉴编纂委员会编《广东年鉴·2024》，广东年鉴社，2024，第496页。

"新时代十大文化设施"建设。2020年，广东画院（新址）落成启用，总建筑面积14.45万平方米、总投资23亿元的省级重大标志性文化工程——广东美术馆（白鹅潭馆区）、广东省非物质文化遗产馆、广东文学馆"三馆合一"工程（现更名为"白鹅潭大湾区艺术中心"）开工。2022年7月30日，位于凤凰山麓、流溪河畔的中国国家版本馆广州分馆正式开馆。该馆不仅是中华文化种子基因库，更是为展示中华版本文化打开了一扇窗口，成为新时代广东重要的文化地标。2024年4月28日，集广东美术馆（白鹅潭馆区）、广东省非物质文化遗产馆、广东文学馆于一体的白鹅潭大湾区艺术中心正式启用，正在成为"岭南文化的标志地、大众休闲的目的地、湾区交流的会客厅"。一批已经建成的岭南文化新地标拔地而起，充分展现了广东特色、中国风范、国际水平，让广东人民享受到了实实在在的文化福利。

进一步推进和强化岭南红色资源保护和利用。作为中国近代民主革命策源地之一，广东有着光荣的革命传统，留下了深刻的红色印记和数不胜数的红色资源。全省21个市有82个县列入国家革命文物保护利用片区，是全国为数不多全域覆盖的省份。中共十八大以来，广东省采取了一系列改革措施构建红色文化资源保护利用机制，着力于将红色资源利用好、将红色传统发扬好、将红色基因传承好。广东多措并举，加强给红色资源"输血供氧"，逐年增加文物保护专项经费，支持红色革命遗址免费开放、红色教育基地打造以及革命文物保护修缮等工作。例如，中共早期的革命家、华南地区系统介绍马克思主义第一人杨匏安在广州工作生活期间的旧居杨家祠，对其进行修缮保护和活化利用，现已成为爱国主义和红色教育基地；修缮整治惠州市不可移动文物东湖旅店，现已成为广东党史学习教育基地，2020年入选全国革命文物保护利用十佳案例；加强红色场馆建设，深圳改革开放展览馆、红军长征粤北纪念馆等一批高质量博物馆新建落成，深圳改革开放干部学院、广东南岭干部学院和东江干部学院等红色教育高地先后揭牌。2019—2023年出版的《全国革命老区县发展史·广东卷》（共121册），忠实记录了广东革命老区的光辉历史和辉煌成就，是一部传承红色基因，弘扬老区精神的精品力作。2023年，广东省AAAA级以上红色旅游景区15家，全国红色旅游经典景区13家。同时，开展"走读广东粤游粤红"品牌活动，推出红色旅游产品和线路；举办"赓续红色血脉，培育时代新人”红色讲解员进校园活动，打造流动红色课堂，推进“串联红色线路，追寻革命足迹”等优质活动；通过研学旅游、梳理特色红色旅游精品线路、打造精品展览、创排红色题材大型剧目等多种形式，促进广东红色文化蓬勃发展，营建大湾区红色文化圈，为广东建设更高水平的文化强省加码赋能。

广东哲学社会科学高歌进取，文献整理工作颇具成效。《清车王府藏戏曲全编》经历了30年的系统研究、整理，最终于2013年正式出版，是近年来规模最大的通俗曲本整理总集。“车王府曲本”指的是清末民初从北京蒙古车王府流散出来的戏曲、俗曲剧本，被誉为“中国近代旧剧的结晶”，甚至有学者将其与安阳甲骨文和敦煌文书相提并论。旨在系统搜集整理和抢救保护广州文献典籍、传播广州历史文化的大型地方文献丛书——《广州大典》于2015年面世，共收录4064种文献，编成520册。随后又陆续推出《广州大典》民国编、《广州大典·民国广东公报丛编》（100册）、《广州大典·民国广东公报丛编（续编）》（100册）等，翔实反映了广州历史的变迁和发展。广东各地也陆续出版了地方文献集成，如《中山文献》《韶关历史文献丛书》《东莞历史文献丛书》等。2024年6月，《岭南文化辞典》出版。该辞典全面系统集约岭南文化知识，分类齐全，内容丰富，学术性和实用性强，是岭南文化研究集大成的一部重要著作。

以文学之力筑文化名城。广东全力推进高水平平台搭建和创作高地建设，有力支撑了文艺精品创作。2023年3月25日，花城文学院正式成立。该院实行“政府引导+企业运作”的办院模式，着力建设“新型城市文化空间+多元融合产业平台”，延续先锋、开放、包容的“花城”气质。《陈晓明文集》《走出鸦片战争的阴影——文化自信对话录》《刀尖》等一批精品力作相继发行。其中，散文集《我的阿勒泰》更是成为散文影视化现象级爆款作品。2023年5月，由广东省作家协会组织编纂的《广东文学通史》出版。该书总结了广东文学的概貌、特征和发展趋势，在地方性通史和广东文学史研究方面具有典范作用。

高擎精神文明之炬

一个民族的复兴需要强大的物质力量，也需要强大的精神力量。社会主义精神文明是人类精神文明发展的新阶段，是与过去任何社会不同的崭新文明。物质文明和精神文明“两手抓、两手都要硬”，是改革开放和建设中国特色社会主义的基本要求。实现中华民族伟大复兴，必须一以贯之抓好社会主义精神文明建设。2014年全国两会期间，习近平总书记参加广东代表团审议，要求广东“坚持物质文明和精神文明两手抓、两手硬”。[①]广东坚持以社会主义核心价值观为引领，努力推动形成适应新时代要求的思想观念、精神面貌、文明风尚、行为规范。

践行社会主义核心价值观。文化的影响力首先是价值观念的影响力。对一个民族、一个国家来说，最持久、最深层的力量是全社会共同认可的核心价值观。[②]2014年9月，广东省委常委会强调，要多措并举，把社会主义核心价值观贯穿到经济社会发展之中、渗透到人民群众日常生产生活之中、融入到法规制度制定之中，确保社会主义核心价值观建设落到实处。

广东各级党委政府周密部署，围绕富强、民主、文明、和谐的价值目标，自由、平等、公正、法治的价值取向，爱国、敬业、诚信、友善的价值遵循，推动社会主义核心价值观内化于心、外化于行，使之成为全社会的共同意识和行动。其具体举措包括在全省城乡公园、广场、车站、码头等公共场所广泛张贴、刊播社会主义核心价值观公益广告，形成强大的宣传声势；组织成立核心价值观基层宣讲团，在全省巡回宣讲；在社区、学校、机关、乡村确立100个示范点，打造100个核心价值观主题公园；开展非公有制经济组织践行社会主义核心价值观示范点的推荐和评审工作，授予101个单位为广东省非公有制经济组织践行社会主义核心价值观示范点；推动社会主义核心价值观进学校、进课堂，开展“最美家庭”评选、传承“好家风、好家训”等系列活动。社会主义核心价值观逐渐成为凝心聚力的社会新风尚，日益成为全广东奋发向上、团结和睦的精神纽带。

打造新闻舆论战线“南方铁军”与“理论粤军”。意识形态工作是关乎党和国家民族的大事，能否做好意识形态工作，事关党的前途命运、

① 《习近平李克强张德江俞正声分别参加两会一些团组审议讨论》，《人民日报》2014年3月7日，第1版。

② 中共中央党史和文献研究院：《中国共产党的一百年：中国特色社会主义新时代》，中共党史出版社，2022，第1031页。

事关国家长治久安、事关民族凝聚力和向心力。广东地处“两个前沿”，在地理位置上是“交汇处”，在文化上是“交融处”，在意识形态领域是“交锋处”，既得风气之先，也易首当其冲。广东在守好政治安全、意识形态安全“南大门”的实践过程中，着力打造新闻舆论战线的“南方铁军”。中共十八大以来，广东积极搭建省、市、县三级全媒体传播矩阵。南方报业传媒集团和广东广播电视台联合承建了省级技术平台“珠江云”；南方+、羊城派、触电新闻等移动端新型媒体成为国内有影响力的主流媒体传播平台。2016年，全国首家集媒体、数据、交易于一体的全媒体集团——南方财经全媒体集团成立。南方智库、羊晚智库等新型智库相继成立。广东的传统媒体和新兴媒体深度融合发展，主流新闻舆论传播力、引导力、公信力不断提升。2010年，广东省委十届七次全会强调，要大力建设学术强省，提升人文社会科学和自然科学研究的整体水平，增强广东学者的话语权和影响力，打造一支对科学进步和社会发展作出杰出贡献的“理论粤军”。2017年12月，中央批准成立广东省习近平新时代中国特色社会主义思想研究中心，这是党中央批准的全国首批10家习近平新时代中国特色社会主义思想研究机构之一。至2024年，广东省习近平新时代中国特色社会主义思想研究机构的中心调整优化为“中心+基地”网络，遴选设立了研究基地20家、调研基地20家、宣传基地15家，覆盖了全省重点高校、社科研究机构和宣传阵地，在团结凝聚全省社科力量，深入研究、阐释习近平新时代中国特色社会主义思想上发挥了重要作用。

实施社会主义精神文明建设水平提升计划。《广东省精神文明建设提升计划（2015—2017年）》以全面提升精神文明建设水平、培育和践行社会主义核心价值观为主线，提出扎实开展理想信念、社会主义核心价值观培育践行、法治文化建设、优秀传统文化弘扬、道德风尚、文明创建、文明行为、志愿服务等八大提升行动，唱响主旋律、凝聚正能量、树立新风尚，提高公民文明素质和社会文明程度。2021年9月1日，《广东省文明行为促进条例》正式颁布施行。这是广东首部省级文明行为地方性法规，被称为“广东人的文明宝典”，为推进广东精神文明建设提供了强有力的法治保障。

建设珠江三角洲文明城市群。2009年，广东省22个文明城市在全国率先倡导“打造珠三角文明城市群和环珠三角文明城市带”。2011年1月，广东省全面启动珠江三角洲文明城市群建设，有效提升广东物质文明和精神文明建设协调发展的整体水平。“文化微地标”星罗棋布，基层公共文化服务能力不断加强，更好地满足了人民群众对公共文化服务的新期待。2021年，广东将“在全省打造10个岭南书院”列入广东省2021年的“十大民生实事”。到2024年，岭南书院已成为集阅读、交流、科普、文创、志愿服务等于一体的新空间。

建设美丽乡村。2011年，增城、花都、从化等市（区）开始启动美丽乡村建设。中共十八大以来，广东以美丽乡村建设为抓手，深入推进社会主义新农村建设，深化农村精神文明建设。2014年，省委、省政府开展新农村连片建设，在粤东西北地区确立重点扶持28个示范片，在珠江三角洲地区确立自主创建12个示范片，对各村的生态资源、文化资源、农业资源进行有机整合。2017年1月，广东省委农办发布《关于实施新一轮省级新农村连片示范建设工程的通知》，决定在2017年、2018年组织实施新一轮省级新农村连片示范建设工程，力争到2018年全省每个县域都有一个省级新农村示范片，示范带动整县、整市全域推进农村人居环境综合整治和美丽乡村建设。2022年，广东全面实施“百县千镇万村高质量发展工程”，创新实施农村精神文明创建五大行动（村庄清洁、农房风貌品质提升、乡村文化空间营造提升、文旅融合特色村镇建设、农村移风易俗深化治理），以建设干干净净、整整齐齐、长长久久的美丽城乡，涵养向上向善、刚健朴实的文化。至2023年，全省建成新时代文明实践中心（所、站）2.8万个，实现县镇村三级全覆盖，拓展特色阵地2.4万个，“15分钟文明实践圈”持续优化。全省县级以上文明村占比82.37%，县级以上文明乡镇占比88.64%。[①]

发挥先进典型引领作用。自2008年起，中央精神文明建设办公室组织开展网上“我推荐我评议身边好人”活动。广东全面挖掘选树身边好人，不断健全身边好人推荐、审核、公示、反馈等推评机制，把组织推荐和群众推荐、网上推荐和网下推荐结合起来，形成多方位、多层次、多渠道选树典型的生动局面。广东以道德模范、“身边好人”、“最美家庭”等先进典型评选为抓手，持续做好“中国好人”“广东好人”推荐评选，创新

① 广东年鉴编纂委员会编《广东年鉴·2024》，广东年鉴社，2024，第9页。

举办每个季度“广东好人”发布活动，打响擦亮“广东好人”发布活动品牌，凝聚榜样力量，激发奋进伟力。

开展全民阅读活动。广东多年来以南国书香节为龙头，以“书香羊城”阅读月和深圳读书月为亮点，以各地市阅读活动为基础，形成“政府推动、专家指导、出版供给、阵地联盟、平台共享、品牌引领、基层参与”的公益性全民阅读活动，成为广东精神文明建设的重要名片。

建立清朗网络空间。广东是互联网大省，网络普及率高，网站、网民数量全国第一，加强网络文明建设意义重大。广东在网络生态治理方面积极打造一套多方协力共治的地方样本，如开展“粤·清朗”、“粤·守护”、网络生态治理等综合整治行动，对相关问题进行系统性整治；建设广东省互联网违法和不良信息举报中心等平台，完善举报信息的处理与反馈机制；围绕网络文明积极开展中华优秀文化宣传与展示；举办广东网络文明大会，探寻网络文明建设的广东答卷，搭建天朗气清、生态良好的网络空间。2023年，广东网络文明大会在广州召开，大会发布了《“汇聚向上向善力量涵养刚健朴实文化”倡议书》，倡议广大网友共同推进文明办网、文明用网、文明上网，为中华民族伟大复兴提供丰厚的文明资源和有力的精神支撑。

人无精神则不立，国无精神则不强。实现中华民族伟大复兴，既需要物质文明的积累，也需要精神文明的升华。广东高擎精神之炬，扎实推进精神文明建设，努力推动物质文明和精神文明的比翼双飞，书写广东精神文明建设的时代答卷。

后记

盛世修史，正逢其时。课题组为能承担这样一项意义重大的项目感到自豪和兴奋。三年来，我们夙兴夜寐，宵衣旰食，不敢有丝毫懈怠，以高度的政治责任感和强烈的事业心，数易其稿，反复打磨，终于付梓。

全书由广东省社会科学院党组书记郭跃文、院长王廷惠担任督导，李宜航同志任课题组组长。古代卷部分联系人为周鑫，近现代、当代卷部分联系人为张金超。第一至第五编负责人分别为罗燚英、杨芹、王潞、张金超、邢益海。

具体写作分工如下：

前言：李宜航。

第一编：第一章、第二章，罗燚英。第三章，马硕。第四章，彭崇超。

第二编：第一章，杨芹。第二章，申斌。第三章，林旭鸣。第四章，彭崇超。

第三编：第一章，王潞。第二章，刘璐璐。第三章，第一节，王一娜；第二节、第三节，林旭鸣。第四章，邢益海。

第四编：第一章，第一节，刘世红；第二节、第三节，李宜航、张金超；第四节、第六节，谢淑娟；第五节，吴婉惠。第二章，江伟涛。第三章，王一娜。第四章，彭崇超。

第五编：第一章，周鑫、欧阳琳浩。第二章，谢淑娟。第三章，邢益海。第四章，第一节，马硕；第二节、第三节，吴婉惠。

林旭鸣、彭崇超、欧阳琳浩、黄淑娟等同志还承担了大量编务工作。

在本书撰写过程中，我们有幸得到了前辈和同行专家的指导和支持。参加审稿的专家有：中山大学陈春声、邱捷、刘志伟、吴义雄、景蜀慧、曹家齐、安东强，暨南大学刘正刚、陈广恩，华南师范大学左双文，广东省人民政府地方志办公室王涛、顾书娟，广东省出版集团曾宪志，中共广东省委党史研究室陈宪宇、王莹，广东省博物馆肖海明，广东省文物考古研究院李岩，羊城晚报社罗韬，广东省社会科学院王杰、李庆新、张冰等先生。专家们提出了若干修改意见和建议，课题组进行了充分消化和吸收。在此，我们表示深深的谢忱。

在本书撰写过程中，李宜航同志以身作则，除了参与书稿写作，还对书稿做了八次一字不落的修改，提出了诸多针对性的修改意见。全书凝聚了他的大量心血，诚然，这也为书稿提供了质量保证。

此外，在本书编校出版过程中，我们还得到了广东教育出版社朱文清、卞晓琰、周莉、周晶等同志的竭诚帮助。在此，一并致谢。

文章千古事，得失寸心知。编写组的同志们在撰写本书过程中，尽管已做了最大努力，但囿于学识和写作时间的相对仓促，书中仍有不足之处，恳乞方家批评指谬。

《广东简史》编写组

2025年4月